원불교 100년의 과제

원불교 100년의 과제

류성태 지음

W O N - B U D D H I S M

學古房

머리말

원불교 100년이 훨씬 지날 경우, 원불교 교도로서 도서관에 드나들며 상상하기를, '원불교 100년'을 주제로 한 저서가 있다면 그 내용이 무엇일까에 대한 기대감이 있을 것이다. 『원불교 100년의 과제』라는 저술의 의도가 여기에 있다.

1916년 4월 28일, 원불교가 창립된 이래 100년이라는 세월이 흘렀다. 원불교는 가히 개혁의 시대에 진입한 것이다. 불타 사후 100년에는 불교가 출세간 불교에서 민중불교로 진입하였으며, 기독교는 창립 100년을 전후하여 구약성경이 만들어졌다. 주목할 바, 원불교 100년의 화두는 '개혁'이라 본다.

인도의 철학자였던 라다크리슈난에 의하면 답보성이나 침체성에 대한 비판은, 위대했던 제1세대 이후의 단계에 이르렀을 때 그 타당성을 지닌다고 하였다. 원불교가 1세기를 지나 2세기에 진입한 상황에서 답보와 침체의 측면이 있다면 이를 개혁해야 하는 당위성과 해법 제시에 진력할 시점이다.

이제 원불교는 국가와 세계를 향도할 새 시대의 개혁종교로 변신해야 한다. 필자는 그동안 많은 저술활동을 해오면서 원불교 100년에 과연 어떠한 성격의 저술을 할 것인가에 많은 고민의 시간을 보냈다. 마침 『원불교 100년의 과제』라는 발상을 했을 때, 과연 원불교를 새롭게 개혁할 수 있는 해법을 제시할 수 있을 것인가의 또 다른 고뇌의 시간도 보냈다.

본 저술에서 관심을 가질 부분이 있다면 제3편 '원불교 백년과 개혁정신' 중에서 「원불교 백년의 과제」 57항목 부분이다. 삼가 『원불교 100년의 과제』가 발간되도록 가호를 베풀어주신 법신불님께 감사드리며, 저술 발간에 지속적으로 협력해준 학고방 하사장님과 임직원들께 감사드린다.

원불교 100년 4월 28일
류성태 識

[제2편 종교개혁과 원불교]

[제3편 원불교 100년과 개혁정신]

[제4편 영성과 치유론]

총론

원불교 개혁의 의미

주변의 많은 사람들은 세상이 바뀌었으니 우리도 개혁해야 한다고 이구동성으로 말한다. 그들에게 개혁이 무어냐고 질문하면 잠시 머뭇거리며 심각해진다. 개혁의 당위성만 외치고 있으며, 개혁이 갖는 의미를 곰곰이 생각해볼 기회를 갖지 못했기 때문이다. 여기에서 개혁의 의미에 대하여 짚고 넘어갈 필요가 있는 것이다. 개혁의 의미를 정확히 파악해야 개혁의 대상이나 방향, 나아가 개혁의 방법까지 터득할 수 있기 때문이다.

일반적으로 개혁의 의미는 무엇인가? 개혁(改革)은 국가나 사회집단에 적용되는 제도 및 우리가 적용하고 있는 조직 기구 등을 보다 새롭게 뜯어고치는 것을 말한다. 영어로는 리폼(reform), 리포메이션(reformation) 레노베이션(renovation)이라고 하는 바, 과거의 전통 내지 현재의 여건에 만족하지 않고 새롭게 고치는 것, 즉 개신(改新)하는 것을 말한다.

개혁의 의미를 원불교적으로 접근한다면 정산종사가 밝힌 법어를 상기할 필요가 있다. 그에 의하면 현재의 종교는 개혁의 차원에서 전통종교를 인순(因循)하고 인용(因用)하였다는 것이다. 즉 과거에 부처가 바라문의 교리를 인순(因循)하였고, 예수가 구약을 연원하였으므로, 과거의 불법에 대하여 원불교의 교법은 주로 창조하고 혁신하며 인용하였다(『정산종사법어』, 경의편 39장)고 한다. 이처럼 정산종사는 개혁의 의미를 인순, 인용, 창조, 혁신이라 하였으며, 이러한 용어들이 갖는 함의는 전통종교의 수용과 그 혁신이라는 양 측면에서의 원불교 개혁인 것이다.

구체적으로 원불교 개혁의 의미를 다음 여섯 가지로 접근해 보고자 한다.

첫째, 개량(改良)을 의미한다. 개량이란 개선과 같은 뜻으로 보다 좋은 방향으로 변화시킨다는 뜻이다. 소태산은 조선이 개명(開明)이 되면서부터 생활제도가 많이 개량되었고, 완고하던 지견도 많이 열리었으나, 아직도 미비한 점은 앞으로 더욱 발전을 보게 되려니와, 지금 이 나라는 점진적으로 어변성룡이 되어가고 있다[1]고 하였다. 그가 언급한 것처럼 과거에 머물지 않고 미래적 방향으로 점진적으로 개량하는 것이 개혁이다. 이를테면 생명의 품종이 새롭게 개량되는 것도 비유적으로 개선과 관련된다.

둘째, 변화(變化)를 의미한다. 이 변화는 자주 사용하는 용어로서 변혁이라는 의미로도 통하는 바, 외부의 충격에 의한 내부의 발전을 뜻하는 것으로 새롭게 변신되는 것을 의미한다. 이를테면 문화는 충격을 받지 않으면 변화와 발전이 없으므로, 내부 충격이든 외부 충격이든 충격이 있어야 문화가 변화할 수 있다[2]는 것이다. 원불교는 교단 내외의 충격에 의해 변화해 왔으며 새롭게 변신해 왔다는 점에서 개혁은 변화를 의미하는 것이다. 외적 충격이 없다면 변화가 쉽지 않

---

1) 『대종경』, 전망품 23장.

2) 소광섭, 「대산 김대거 종사의 四大眞理 사상」, 대산 김대거 종사 탄생 100주년 기념학술강연 『진리는 하나 세계도 하나』, 원불교100년기념성업회 대산종사탄생 100주년 기념분과, 2013.6, p.54.

다는 것을 상기해볼 수 있다.

셋째, 창조(創造)를 의미한다. 인도에 있어서 우주의 최고원리인 범천(梵天, 브라흐마)은 세계를 창조하고, 비슈누신이 이를 유지하며, 시바신은 결국 그것을 파괴한다. 여기에서 창조신 범천을 상기해 보면, 원불교의 창조적 개혁은 어떻게 접근될 수 있는가? 원불교 3대 종법사였던 대산종사는 다음과 같이 말하였다. "우리는 생활 속의 원불교, 세계 속의 원불교가 되어 새 역사를 창조해야 한다."[3] 원불교가 새로운 종교로서 새 세상의 빛이 되도록 창조자적 역할을 해야 한다는 뜻으로 이해된다. 새 종교로의 부단한 개혁을 위해서 창조의 역사를 이끌어가는 교단이 되어야 한다는 것이다.

넷째, 혁신(革新)을 의미한다. 혁신이란 현재의 상태를 새롭게 개혁한다는 뜻이다. 무엇이든 혁신을 위해서는 부단한 노력이 필요한 것도 사실이다. 원불교라는 조직이 활력을 얻어 더욱 건강한 성년으로 성장하기 위해서는 지속적인 자기 혁신이 필요하며, 잘못을 혁신하지 않는다면 언젠가는 그 문제점으로 인해 조직의 와해를 맞지 않을 수가 없다[4]는 점을 인지할 필요가 있다. 혁신이란 과거로의 퇴보를 멀리하고 미래로의 발전을 위해 반드시 수행되어야 하는 것이다.

다섯째, 혁명(革命)을 의미한다. 원불교에서 혁명이란 위의 용어들과 달리 다소 무거운 어감을 지닌다. 혁명의 중압감이 적지 않음과 동시에 기성종교들이 혁명해야 한다면 그 강박관념이 클 것이다. 그러나 인류의 역사 속에는 여러 차례의 종교혁명이 지속되어 왔으며, 오

---

3) 『대산종사법문』 3집, 제7편 법훈 253장.

4) 최상태, 「원불교 교무상의 시대적 모색」, 《원불교교무상의 다각적인 모색》, 원광대 원불교사상연구원, 2003.2.7, p.13.

늘의 상황은 기성종교의 개선이나 개혁 정도가 아니라 더욱 근본적이고 철저한 종교 자체의 혁명을 요구하고 있다.[5] 이는 원불교의 사명이 환골탈태(換骨奪胎), 곧 새로 판을 바꾸는 조판의 종교혁명을 완수하는 것까지를 포함할 수 있다는 의미이다. 이러한 혁명의 완수는 원불교가 주로 추구하는 마음혁명에 관련될 것이다. 정산종사는 외부혁명을 하기 전에 먼저 마음혁명을 하라(『정산종사법어』, 국운편 14장)고 하였다.

여섯째, 개벽(開闢)을 의미한다. 구한말 선후천 교역기에 탄생한 소태산은 원불교 창립의 명분으로 물질개벽에 따른 정신개벽을 강조하였다. 물질의 범람으로 인해 정신세력의 무기력함을 인지한 그는 정신을 개벽하지 않고서는 인류구원과 낙원건설이 어렵다는 것을 직시하였다. 선천시대의 낡은 역사를 뒤로하고 후천시대의 정신개벽을 통한 낙원건설을 강조한 소태산은 전통종교의 폐단을 극복하고 새 종교 새 교법으로서 낙원건설을 위해 정신개벽을 주창하고 나선 것이다. 개혁의 대상은 다름 아닌 후천개벽 시대로의 진입을 가로막은 선천시대의 구각(舊殼)들이었다.

요컨대 개혁이라는 하나의 주제를 통해서 일반적이고 종교적이며, 원불교적인 개혁의 의미를 개량, 변화, 혁신, 혁명, 개벽이라는 점층적 의미에 무게를 두면서 접근해 본 것이다. 이러한 용어들이 갖는 의미는 기존의 것을 새롭게 고치려는 소박한 의미에서 출발하여 혁명 내지 개벽이라는 거대한 의미에 이르기 때문에 용어에 강세의 차이가 있다. 소태산은 1916년 4월 28일 원불교를 창립하고 새 시대의 새 종교

5) 신명교, 「원불교 교단관」, 『원불교사상시론』 1집, 수위단회사무처, 1982, pp.25-26.

로서 개혁의 방향을 설정하고 인류구원과 낙원건설이라는 모토를 하나하나 실현에 옮기고자 하였다. 교조로서 지고의 가치, 즉 구원과 낙원이라는 가치를 실현하기 위해 때로는 개량을 하였고, 변화를 시도하였다. 나아가 그는 혁신과 혁명을 시도하며 정신개벽의 포부와 경륜을 전개해 나갔다.

과제는 원불교 개혁의 개념 속에서 혁명이 갖는 실현 가능성의 여부일 것이다. 종교가 사회와 국가를 개혁・혁신에 이어 혁명할 수 있는가의 문제가 이것으로, 종교혁명이 갖는 한계가 있을 수 있다는 뜻이다. 하지만 혁명이든 개혁이든 종교가 특정의 사회적・정치적 문제에 대하여 덜 공헌했다고 해서 종교 전반의 개혁가치가 무시될 수는 없으며, 만일 그것의 보충이 필요하다면 보충을 통해서 그 면을 개혁할 수 있다고 본다.[6] 개혁을 중요시하는 종교는 세계변화를 주도하고, 개인의 기질변화를 촉진시키면서 점차 마음혁명으로 이어진다는 면에서 행복추구의 권리를 만끽시켜 주리라 본다. 여기에서 원불교 100년의 과제가 무엇인가를 가늠할 수 있을 것이다.

---

6) 송천은, 『열린시대의 종교사상』, 원광대출판국, 1992, p.87.

제1편

개혁의 성패

제1장
반개혁의 사회현상

1. 성채와 신전

사실 반개혁이라는 소재에서 성채(城砦)를 언급하는 것은 부자연스러운 것은 아니라 본다. 성채는 성곽 안에서 심신을 안주하며 이방의 침략을 맡는다는 점에서 개방보다는 보수적 의미를 지니고 있기 때문이다. 성채란 성과 요새를 말하는 것으로 고대 부족이나 국가를 보호할 명목으로 높이 성을 쌓은 것이다. 흥미롭게도 여행을 즐기는 사람들에게 성채는 고대 그리스 로마를 연상하게 한다.

그리스라는 국가는 산맥에 의해 고립된 여러 지역으로 인구가 분산되어 있어서 중앙집권적 국가가 되기 어렵다. 그리하여 분산된 지역들에 의해 생겨난 지형학적 관계로 종족적·종교적으로 구분되는 수백 개의 폴리스가 형성된 것이다. 이 폴리스는 보통 성벽으로 둘러싼 도시를 중심으로 주변의 농촌지역까지 포괄하며, 중심도시는 고지대의 성채(아크로폴리스)와 시장(아고라)으로 이루어진다.[1] 기원전 1500년경 지중해 연안의 그리스 남단 펠로폰네소스 반도에는 여러 성곽들이 번창하고 있었다. 그것은 요새를 만들어 이방인의 개방을 불허하는 안주의 무풍지대를 형성했던 것이다.

---

1) 세계사신문 편찬위원회, 『세계사신문』1, 사계절출판사, 1999, p.30.

이처럼 폐쇄를 상징하는 것은 성채요, 그와 달리 개방을 상징하는 것은 신전(神殿)이다. 아이러니하게도 로마 제6대왕 세르비우스는 이방인을 거부하는 성벽과 그들도 받아들이는 신전을 동시에 건설하여 완성시켰다.[2] 폐쇄와 개방이라는 양면 작전을 펼치고자 했던 장본인이 세르비우스였지만, 사실 그는 폐쇄보다는 군제개혁과 세제개혁, 선거제개혁을 시도하였다. 세르비우스는 로마시(市)의 가장 오래된 성 세르비우스의 성벽을 구축했으며, 이러한 사업은 당시 통치와 국방이 중요한 것으로 여겨졌기 때문이다. 여기에서 성채와 신전이란 전자의 경우 폐쇄, 후자의 경우 개방을 뜻하는 것으로 두 용어가 갖는 함의가 자못 크다고 할 수 있다.

유럽을 넘어서 고대 인더스 문명은 변화가 거의 없었고 무기력했으며, 그것은 도시가 성채로 둘러싸여 있었던 탓이다. 인더스 문명은 아리아(Arya)인이 인도에 침입하기 전에 있었던 인도 고대문명을 말한다. 이 문명은 BC 3000년 이전에 존재하여 거의 천년 동안 별 다른 변화가 없었으며, 도시들은 무력에 약했는데 주로 높이 치솟은 성채와 평지의 주택가로 이루어졌기 때문이다.[3] 인더스의 성채가 있음으로 인하여 계획도시들이 건설되었으며, 큰 도시에는 성채가 있어 공중목욕탕, 회의장, 사원, 곡물창고 등 공공시설이 갖추어졌다. 성채가 둘러싸여 있음으로 인하여 변화가 없었다고 해도 신전이 있었기에 그 속에서 독특한 인더스 문명을 창조해 왔으며, 이처럼 성채와 신전이라는 개념에는 상보성이 자리한다.

어떻든 성채를 그저 안주하는 곳으로 낙인찍게 된 것은 그것이 갖

---

2) 시오노 나나미 著(김석희 譯), 『로마인 이야기』 1, 한길사, 1997, p.66.
3) 이병욱, 『인도철학사』, 운주사, 2008, p.21.

는 공간 폐쇄성과 관련된다. 원래 성채는 이방의 침입을 허용하지 않는 전쟁과 관련된 요새로 지어졌기 때문이다. 중국 법가의 한비자는 다음과 같이 말한다. "위험한 성에는 가지 말고, 군대에도 나가지 말며, 천하의 큰 이익이 오더라도 정강이의 한 터럭과 바꾸지 않는다."[4] 춘추전국 시대에는 국방을 위해서 백성들을 동원하여 성채를 쌓고 다른 나라와 전쟁을 벌이는 등 수많은 사람들이 성채 주변에서 죽음을 당하였다.

따라서 고대에 있어 국가들이 성곽을 축조하면 안심할 수 있고 국방도 튼튼해질 수 있다고 확신하였다. 그러나 성채는 공간적 폐쇄성으로 인해 그 안에서 얼마든지 부패가 생길 수 있다. 『카우틸리야의 실리론』은 AD 3세기경에 바라문 학자에 의해서 편찬된 것으로 카우틸리야에 의하면, "군대는 부고(府庫)를 중심으로 한다"고 하면서 "성새(城塞)보다도 부고 쪽이 중요하다"며, 육상 교통로의 선정, 토지제도의 개혁[5]을 단행했다. 성채에 매달리는 것을 멀리하고 어떻게 해서든 개방과 개혁을 추진하는 등, 내부 통치에 진력하였던 그로서는 국방과 발전에 성채만이 능사가 아님을 예견한 인물이었다.

성채 축성에 안주하는 보수를 극복하고, 신전 설립을 통해 이방인의 방문을 허용하며 문화를 개방한 경우도 적지 않았다. 고대 인도에 있어서 정통 바라문주의의 보수성에 의해 베다 학습으로부터 소외되었던 하층계급의 사람들과 여자들에게 비슈누신의 숭배는 새로운 활로였다. 굽타왕조의 지배자들은 비슈누와 그의 화신들에 대한 신앙을 공식적으로 지원하여 많은 석조 신전과 신상들을 만들어서 비슈누신

---

4) 『韓非子』「顯學篇, 義不入危城, 不處軍旅, 不以天下大利易其脛一毛.
5) 中村 元著, 김용식・박재권 공역, 『인도사상사』, 서광사, 1983, p.69.

앙을 보급하는데 큰 공헌을 했다.[6] 이처럼 고대 인도에 있어서 신전과 신상은 보수적 상위계층에 의해 천시되어 왔던 수많은 천민들에게 개방되어 신앙의 자유를 누리게 한 것이다.

고대 신전은 수많은 사람들이 모여 수많은 정보를 제공받는 역할까지 했다. 갈릴리와 사마리아의 접경지에 있는 지중해 해변도시는 카이사레아라고 불리게 되었다. BC 22년부터 짓기 시작한 이 도시에는 예수를 재판한 빌라도 총독이 상주하였고 극장, 신전(神殿), 원형경기장, 2만명 이상을 수용할 수 있는 대전차경기장, 고급목욕탕, 총독관저, 수로시설 등이 지중해 해변을 따라 펼쳐지는데, 이것은 예수시대의 삶을 이해하는데 불가결의 정보를 제공해 주었다.[7] 여러 건물 중에서도 극장이나 신전은 예수 개인을 이해하는데 큰 도움을 주었던 것으로, 신전이 갖는 공간의 개방성을 가히 짐작할 수 있다.

성채가 갖는 폐쇄성과 신전이 갖는 개방성을 짐작한다면, 의상스님이 민중의 노역으로 성채를 축성하는 모습에 노기를 띨만한 일이다. 의상스님은 부석사를 창건하고 대화엄의 법을 크게 진작하였는데 문무왕이 축성을 거듭하자, 민중의 노역이 과중함을 보고서 다음과 같이 말한다. "왕의 정교(政敎)가 분명하면 초구(草丘)로 선을 그리는 것으로 성을 삼아도 될 것이지만 그렇지 못하면 장성(長城)이 있은들 무엇 하겠는가?"[8] 문무왕은 의상스님의 간언에 성채의 축조를 중지하였음이 『삼국유사』에 기록되어 있다. 공간이라는 둘레를 구획하는 성곽이란 본래 무상한 것으로, 드넓은 세상을 내 집 삼듯 광활한 대지를

6) 길희성, 『인도철학사』, 민음사, 2007, p.218.
7) 김용옥, 『도마복음한글역주』 2, 통나무, 2010, p.18.
8) 불교신문사 편, 『한국불교 인물사상사』, 민족사, 1990, p.54.

있는 그대로 두라는 뜻으로 이해되며, 공간의 폐쇄성을 질타하는 것이라 본다.

2. 패러다임의 고착

상고의 신화시대와 달리 그리스의 자연철학은 이성의 패러다임으로 전환한 전형이었다. 소크라테스 이전의 그리스 철학은 자연현상이 보여주는 변화에 대한 경이에 매료되어 이성을 통해 그것을 설명하려던 자연철학으로서, 그 이전의 신화적 패러다임이 아니라 이성의 패러다임을 가지고 자연의 본질, 즉 궁극적인 요소를 탐구하려는 것이었다.[9] 그리스 철학에서는 흙, 물, 불, 바람 등 네 가지의 물질적 기본 원소들을 가지고 자연을 관찰하였지만, 소크라테스 이후로는 철학이라는 패러다임으로서의 관찰이라는 대전환이 이루어진 것이다. 이성에 바탕한 철학을 통하여 본질에 대한 문답, 즉 "아르케란 무엇인가"에 이어서 등장한 것은 "존재란 무엇인가"라는 물음이었으니, 존재와 비존재 혹은 존재와 사유 문제를 설파한 파르메니데스의 패러다임을 읽어야 할 것이다.

패러다임의 개혁을 읽어낼 수 있느냐는 어제 오늘의 일만은 아니다. 소로(Henry David Thoreau, 1817-1862)는 미국 시인이자 수필가로서 "악의 이파리를 수천 개 잘라내는 것보다 뿌리를 잘라내는 것이 더 낫다"라고 했으니, 우리가 자신의 태도와 행동에 지엽적인 변화만 주는 것이 아니라 자신의 태도나 행동의 근본 뿌리인 패러다임을

9) 박재주, 『주역의 생성논리와 과정철학』, 청계, 1999, p.34.

변화시킬 때 비로소 획기적 개선을 달성할 수 있다는 것이다.[10] 패러다임은 강력한 변화의 틀이기 때문이다. 패러다임적 전환의 강력한 힘은 사진작가가 피사체를 담는 눈, 즉 렌즈와 같은 역할을 한다는 사실을 염두에 두자는 것이다.

전근대와 21세기라는 세기적 패러다임의 대 충돌 속에 있는 것이 현 시점이다. 지금은 근대 패러다임의 전환과 종언 속에서 21세기를 맞이하였으니 서양의 근대 가치관의 근간이 되어 왔던 합리주의, 환원주의, 개인주의, 객관주의, 기계론적 세계관 등에 대한 다각적인 재검토가 가해지고 있는 과정에서 우리는 패러다임 충돌의 와중에서 생을 영위하고 있다.[11] 변화해가는 시대의 패러다임을 읽지 못한다면 그것은 시대의 이동을 간파하지 못하는 것이다. 변화하는 시대에 따라 중시되는 패러다임의 실제에 익숙해져야 그에 맞는 대응책이 나온다는 사실을 망각해서는 안 된다.

현대의 지성인들에게 경종을 울리는 것이 있는데 그것은 패러다임의 혁명적 전환이 필요하다는 것으로, 새 패러다임에 대한 인식을 분명히 해야 함을 말한다. 이 땅에서 오늘을 사는 지성인의 경고는 한결같이 패러다임의 혁명적 전환에 초점을 모으고 있는 바, 우리는 흔히 이원론적 형이상학에서부터 일원론적 형이상학으로, 과학적·기계론적 인식론에서 미학적·유기체적 인식론으로, 인간중심의 윤리에서 생태 중심의 윤리로의 전환을 주장해 왔다.[12] 신과학의 등장에 따라

---

10) 스티븐 코비 지음(김경섭 외 옮김), 『성공하는 사람들의 7가지 습관』, 김영사, 2001, p.42.

11) 정인석, 『트랜스퍼스널 심리학』, 대왕사, 2003, p.19.

12) 최영진, 「주역에서 보는 인간과 자연의 관계」, 『생명연구』 4집, 서강대학교 생명문화연구원, 2001, 1987.4, p.340.

세계관 인식을 유기체적으로 바라보아야 하듯이, 데카르트와 뉴턴의 기계론적 세계관에서 전일론적(holistic) 세계관으로 바꾸어야 한다고 주장한 사람은 신과학 운동을 주도한 카프라(Fritjof Capra)였다.

지난 세기의 패러다임에 고착되어 있다면 그것은 어떠한 개혁이나 발전에 대하여 담을 쌓는 일이다. 농경사회나 산업사회의 사고방식에서 정보화 사회를 이해하려는 일이 벌어질 수 있기 때문이다. 따라서 산업사회에서 정보사회로 이행하면서 예측하기 어려운 변화를 겪고 있는 관계로 새로운 패러다임의 틀을 모색하자는 움직임이 다양하게 일어나고 있다.[13] 예측하기 어려운 시대전환을 여하히 읽어내느냐의 여부는 현재와 미래의 운명을 결정해버리기 때문이다. 농경사회와 산업사회의 현상은 소박한 정경과 기계의 대량생산이 주를 이루는 것이었다면, 이제는 전문성과 정보를 중심으로 한 소프트웨어 시대라는 새 틀이 등장하였다. 21세기에는 과거의 낡은 패러다임에 고착될 수 없는 일이다.

다소 어색하게 들릴 수도 있겠지만 불교의 화석화라는 패러다임을 어떻게 보아야 하는가? 불교는 동양에서 현행의 중심종교에 해당되지만 서구에서는 서구학자의 수집, 번역, 출판이라는 문헌적 과거로부터 출현하였고, 서양의 도서관이나 동양학연구소에 소장된 문헌들 속에나 존재하는 종교라는 지적이 있다. 이에 불교는 학문적 범주화, 패러다임의 과정을 거치며 골동품 애호적인 지식이나 유물 관리의 지식으로 변했다[14]는 것이다. 에드워드 사이드가 지적한 것처럼 불교는

13) 김낙필, 「한국 근대종교의 삼교융합과 생명·영성」, 『원불교사상과 종교문화』 39집, 원불교사상연구원, 2008.8, p.25.

14) 이민용, 「원불교와 불교의 근대성 각성」, 제28회 원불교사상연구 학술대회 《개교100년과 원불교문화》, 원불교사상연구원, 2009.2.3, p.12.

과거의 영광에 사로잡힌 채 화석화가 이루어진 것이라는 뜻이다. 기존의 향수에 젖은 불교적 패러다임으로는 사회적 책무인 사회교화를 성공적으로 수행하기 어렵다는 인식이 공통적이다.[15] 이는 불교가 과거 지향적 출세간주의에 고집하는 낙후성을 벗어나야 한다는 것으로, 새로운 시대의 불교로서 개방화 및 대중화를 지향해야 할 것이다.

원불교의 패러다임도 개교 100년 이전과 100년 이후는 달라져야 한다. 그것은 교단 1세기와 2세기의 패러다임이 분명 다르기 때문이다. 산업사회의 병폐 속에서 개벽이념으로 태동된 원불교가 이제 원기 100년을 맞이한 시점에 있으므로 새로운 시대의 도래와 변혁의 정점으로 새로운 패러다임의 획을 긋고 있다.[16] 소태산은 19세기 창립 당시 불교의 혁신이라는 창립명분을 걸고 낙원세계 건설을 지향하였다. 원불교는 1세기라는 세월이 흐름으로 인하여 지식 정보화의 시대로 진입했으며, 2세기의 변화는 원불교의 패러다임의 대전환을 예시하는 것이다.

이 같은 변화의 흐름에서 볼 때 원불교의 시대화, 생활화, 대중화라는 교리정신을 실천에 옮기는 일이 요구된다. 그것은 무엇보다도 교화 프로그램의 개혁과 관련된다. 급변하는 세상에서 안일한 대응은 침체를 불러오고 생존도 어렵게 하며, 이제 발상의 전환과 패러다임을 바꾸어서 교화 프로그램들이 개발되고 보급되어야 한다[17]는 견해

---

15) 김귀성, 「한국 근대불교의 개혁론과 교육개혁」, 『원불교학』 제9집, 한국원불교학회, 2003.6, p.327.

16) 김순금, 「21세기 원불교의 과제와 방향」, 『원불교학』 6집, 한국원불교학회, 2001.6, p.95.

17) 최경도, 「교당의 교화 프로그램 개발-인구 50만명 이상 도시 중심으로-」, 《일원문화연구재단 연구발표회 요지》, 일원문화연구재단, 2005.9.23, p.31.

를 주목해야 할 것이다. 안철수 역시 변화할 패러다임에 맞는 상품을 준비하지 않으면 장기적으로 우리는 도태될 수밖에 없는 상황(『영혼이 있는 승부』, 김영사, 2001, p.37)이라고 하였다. 원불교의 교화방향은 영혼이 있는 상품으로 개혁되어야 하며, 그것은 교화의 패러다임을 1세기에서 2세기로 이전시켜야 한다는 절박감에 직면하였다.

3. 보수주의와 안주심리

전통을 고수하고 개혁을 반대하는 부류들이란 과연 누구일까에 대하여 생각해봄직한 일이다. 세상사를 이끌어가는 데에는 양대 진영의 갈등이 있기 마련이다. 예컨대 노소, 남녀, 빈부, 보혁 등 계층 간의 갈등이 이것이다. 여기에서 보수와 진보 사이의 갈등이 개혁에 장애가 된다. 보수주의자들은 개혁을 싫어하며 새로운 일에 도전하지 않는 습성이 있다. 루스벨트(Roosevelt, Theodore)에 의하면, 보수주의자는 두 다리가 있으면서도 걷는 것을 배우려 하지 않는 사람[18)]이라고 비판하였다. 개혁에 알레르기 반응을 보이는 부류들이 이들이라는 것이다.

개혁에 과민반응을 보인다는 것은 달리 말해서 복지부동하는 사람들로서 이들은 현재의 안일에 취해 변화를 두려워한다. 급변하는 21세기에 있어서 우리를 둘러싸고 있는 정치·경제적 환경변화는 우리에게 강도 높은 개혁을 요구하고 있지만, 현실은 변화 불감증이나 복지부동에 대한 비판과 질책만이 비등할 뿐 실질적인 변화의 조짐은 보

18) 표명렬, 『개혁이 혁명보다 어렵다』, 동아시아, 2003, p.65.

이지 않는다.[19] 이처럼 복지부동의 심리는 변화 불감증을 갖고 사는 사람들에게 나타나곤 한다. 복지부동이라는 병증에 시달리는 사람들은 안일하게 살아가는 일부 공무원들을 포함하는 말이다.

공무원 외에 자영업자나 여타 조직체든 어떠한 상황에 안주하려는 것은 종교계나 정치계의 식자층에게도 나타난다. 종교적 지식인과 지도자들이 하나의 안정된 역사적 블록 안에서 안주하려는 경향을 나타낼 경우에는, 사회의 지배이데올로기를 지지하고 지배계급과 제휴함으로써 보수적이고 통합적인 성격을 나타내게 된다.[20] 지식인들이 모험보다는 현실에 쉽게 만족하고 거기에 안주하려 할 때 이러한 현상이 빚어진다. 밝은 사회를 향도하는 지식인이라면 안주보다는 개혁에 관심을 가져야 하지만, 안일자족이라는 현실의 흥취에 빠져들면 지배이데올로기와의 야합에서 벗어나지 못한다.

보편적인 학문세계, 곧 철학의 세계에서도 이러한 보수주의적 성향이 나타나는 경우가 있다. 알다시피 철학은 비판이라는 도구를 통해 세상을 바르게 향도하는 가치를 제공해주는 것이 그 중심기능이다. 철학은 이러한 비판력에 바탕하고 있음에도 불구하고 철학자조차 버거울 때가 많은데, 이는 비판보다는 옹호가, 이를테면 혁신파보다는 보수파, 개혁론자보다는 호교론자에게 자주 나타난다.[21] 옹호주의적 사고에 젖어들고 안일주의에 길들여질 경우 그가 속한 단체는 개혁보다는 현실이라는 안전판에 기대는 것이다.

---

19) 이건희, 『생각좀 하며 세상을 보자』, 동아일보사, 1997, p.54.

20) 오경환, 『종교사회학』, 서광사, 1990, pp.314-315.

21) 정세근, 「철학적 비교에서 같음과 다름」, 『범한철학』 제23집, 범한철학회, 2001년 봄, p.186.

현실의 안전판에 머무느냐, 아니면 개혁의 모험을 하느냐 하는 점이 관심사인데, 근대 한국종교의 세계에는 네 가지의 흐름이 있었다. 이를테면 자주적 배타와 전통적 보수형으로서의 위정척사, 자주적 배타와 근대적 진보형으로서의 동학사상, 주체적 개방과 전통적 보수형으로서의 동도서기, 주체적 개방과 근대적 진보형으로서의 개화사상이라는 네 가지 유형은 한국 근대 민족주의의 흐름으로 파악할 수 있다.[22] 대체적 성향에서 볼 때 개혁을 거부하는 성향과 개혁을 추구하는 성향이라는 두 부류가 상호 갈등을 야기하고 있는 것이다.

조선불교의 경우는 어떠한 갈등양상이 있었는가를 살펴보도록 한다. 한용운이 지적한 경우가 이와 관련되는 바, 그는 『조선불교유신론』에서 혁신을 기피하는 보수주의적 불교에 대해 새롭게 혁신하려는 불교의 양상을 사실적으로 거론하였다. "유신을 말하면서 파괴를 기피하는 이는, 남쪽에 있는 월국(越國)에 가려 하면서 마차를 북으로 모는 것과 다를 바가 없다. 이런 사람은 유신을 능히 해내지 못할 것이니 승려의 보수파가 유신을 감당할 수 있을지 짐작되고도 남는다."[23] 한용운은 조선불교가 보수와 개혁이라는 갈등 속에서, 개혁을 주도하는 유신불교를 촉구하고 있다.

사실 종교가 보수주의로 흐르는 조짐은 그 종교의 역사가 오래된 기성종교에 주로 나타나지만, 신종교라 하더라도 교단주의에 떨어지거나 역사의식이 희미해질 때 나타난다. 새로운 종교가 교단의 조직화 과정을 통하여 보수화함으로써 사회의 현실적 모순구조와 그로 인

---

22) 이성택, 「민족주의와 원불교사상」, 『원불교사상』 12집, 원불교사상연구원, 1988, p.49.

23) 한용운, 이원섭 역, 「4.불교의 유신은 마땅히 파괴로부터」, 『조선불교유신론』, 만해사상연구회, 1913, pp.35-36.

한 민중의 고통보다는 교단의 조직적 요구가 우선하기 때문이다.[24] 원불교의 경우도 초기교단의 근본정신을 망각하거나 교단조직의 팽창에 몰두한다면 개혁정신을 망각할 수 있다는 것이다. 민중과 사회의 시대적·역사적 요청을 엄중하게 받아들이기보다는 교세의 확장과 현실에 안주하려 할 때 이러한 개혁정신이 사라지게 된다.

그로인해 전통종교든, 신종교든 안일추구의 보수주의적 성향이 있다면 냉철한 성찰이 필요하다. 새 변화에 대한 막연한 불안감이 작용하는 우를 범하는 경우가 적지 않기 때문이다. 새로운 변화를 기대해온 집단 구성원들조차도 그 변화가 실제 외부로부터 오게 되면 이를 거부하는 심리에 놓이게 되는 바, 이는 변화의 결과 불이익이나 실수를 초래할 수 있다는 불안감에서 비롯된다.[25] 변화와 개혁에 대한 불안심리는 그 단체나 조직의 생명력과 설득력을 상실케 하며, 종교의 경우 민중구원이라는 본래 사명을 망각하게 한다.

4. 고질적인 군대문화

하필 군대문화에서 개혁의 소재를 들고 나오는 이유는 무엇인가? 그것은 군대의 여러 속성상 개혁이 쉽지 않기 때문이다. 일례로 스페인이 프랑코(1892~1975) 독재에서 벗어나 민주화를 이룩했을 당시,

---

24) 신순철, 「원불교 개교의 역사적 성격」, 『원불교사상』 14집, 원불교사상연구원, 1991, p.6.

25) 박법일, 「소집단내 상호작용 촉진에 관한 연구-교화단 활성화를 위한 접근」, 제2회 실천교학 학술발표회 《학술발표요지》, 원불교대학원대학교, 2002.3, p.70.

맨 먼저 군 개혁부터 착수했는데, 그것은 군대문화를 개혁하지 않고서는 민주적 정치문화를 뿌리내리기 어렵다는 사실을 그들은 알았던 것이다.[26] 이보다 앞서 1923년 스페인에서는 군사 독재정권이 수립되었다. 동년 9월 14일 바르셀로나 지역의 사령관이었던 미구델 프리모 데 리베라 장군이 군사정변을 일으켰으며, 이때 그는 7년 동안 독재정권을 수립했지만 결국 1930년에 붕괴되었다.

지난 역사적 사실을 살펴볼 때 우리나라에서도 전제주의의 붕괴가 있었다. 일제 침탈로부터 해방을 맞이한 것이 이것이며, 해방 직후 정산종사는『건국론』을 저술하였다.『건국론』제5장「국방」에서 주의를 요한 것은 현직 군인이 정치에 개입하는 것은 바람직하지 않다는 점이다. 그가 암시한 것처럼 현직 군인이 정치에 개입하지 않았다면 5·16 쿠데타, 군사독재, 5·18항쟁, 1980~90년대의 북풍사건과 같은 것들이 발생할 수 있었겠는가?[27] 역사적 교훈에서 볼 때 군부독재의 정치개입은 고금을 통하여 국가발전의 악순환을 가져다준다.

이처럼 군부독재라는 말이 멀리 느껴지지 않았던 한국인의 경우라면, 1980년대의 학생데모를 떠올리게 된다. 박정희 서거 후 전두환, 노태우 대통령 시절에 군사독재 타도와 민주정부 수립을 위한 민주화 운동이 전개되었던 것이다. 국민들이 군부출신 대통령에 대항한 민주화 운동을 벌인 것은 군사독재를 우려했기 때문이다. 민중은 막강한 권력을 휘둘렀던 박정희 대통령의 말로를 교훈으로 삼았으며, 피터 드러커도 지적했듯이 권력이 책임과 균형을 이루지 않으면 그것은 독재

26) 표명렬,『개혁이 혁명보다 어렵다』, 동아시아, 2003, p.32.
27) 김정호,「송정산 건국론 계시」, 정산종사 탄생 100주년 기념사업회편『평화통일과 정산종사 건국론』, 원불교출판사, 1998, p.146.

가 되고 만다.[28] 군부독재에서 권력의 민간 이양이라는 결과는 당시 개혁의 화두로서 민주화라는 국민의 열망이 활활 타올랐던 덕택이다.

최근 한국을 떠들썩하게 했던 것으로 일탈된 군대문화의 폐단이 새삼 떠오르게 된다. 임병장 총기난사와 윤일병 구타사건으로 병영문화 혁신의 기회를 맞은 것도 사실이지만, 군대문화의 고질적인 병폐는 어제 오늘의 일만은 아니다. 2014년 4월 벌어진 육군 28사단 윤승주(23) 일병 사망사건의 목격자인 김모 일병이 윤일병과 그 유족들에게 보낸 편지 내용이 공개됐다. "당시 선임들이 윤일병의 임무수행이 답답하다는 이유로 입에 냉동식품을 가득 채운 후 폭행했다"며 "윤일병이 정신을 잃고 바닥에 쓰러지자 선임들은 손가락으로 입에 있는 음식물을 제거하고 구급차에 태웠다"는 것이다.[29] 군의 약 8%에 달하는 5만 명 가까운 장병이 관심사병이 된 것은 젊은이들의 군대 적응능력에도 문제가 없진 않겠지만 입대 후 사병관리 체계에 허점이 적지 않기 때문이다.

사병관리에 있어서 문제시되고 있는 것은 선후배 사이의 관계 형성에 있어서 계급이라는 관료의식 때문이다. 한국의 관료 조직 문화는 수직적 경직성이 심각할 정도이다. 직장의 상사, 학교의 선배나 집안의 윗사람에게는 존댓말을 해야 한다. 또 아랫사람에게는 반말을 하는 등 권위주의적 문화형태를 지니고 있는데, 일본군대의 극단적 권위주의 문화에 찌든 분들이 우리 군을 주도하다 보니 더욱 철저하게 권위주의적으로 굳어졌다.[30] 권위주의적 선후배 의식으로 인해 계급

---

28) 피터 드러커 著(李在奎 譯), 『미래의 결단』, 한국경제신문사, 1999, p.107.
29) http://news.chosun.com/site/data/html_dir/2014/08/27/2014082702259.html.
30) 표명렬, 『개혁이 혁명보다 어렵다』, 동아시아, 2003, p.22.

이 낮은 사병에 대한 고참병의 행태는 폭력과 폭행으로 얼룩져왔던 것이다.

대체로 군대문화의 고질병은 군복무에 대한 부적응 때문에 나타난다. 군복무에 대한 부적응 현상의 원인으로는 여러 가지가 거론되고 있다. 부적응 병사 103명의 설문에서 이를 언급해 보도록 한다. ① 선임병과의 갈등 49%, ② 비합리적 군대문화 47%, ③ 고된 훈련 30%, ④ 부당명령 및 처벌 29%(복수응답, 한겨레신문, 2008.1.17)이 그것이다. 계급에 의한 선후임의 갈등은 비합리적인 부당명령에 의한 것임을 보면 군대문화의 개혁이 절실한 상황이다. 여기에 나타난 군복무 부적응 병사의 인권침해 유형을 보면 ① 사적인 명령 55%, ② 언어폭력 52%, ③ 차별 25%, ④ 신체폭력 10%, ⑤ 성희롱 4%, ⑥ 따돌림 3%이 차지하고 있으므로, 이에 대한 개혁이 없다면 군대의 폭력사건과 총기사건은 악순환을 가속화시킬 것이다.

무엇보다 심각한 것은 요즘 군인들이 군생활의 의미를 찾지 못하고 있다는 점이다. 군대에서 자신들이 존재감이나 역할에 대한 긍정적인 인식보다는 그저 무료하게 시간만 보낸다는 사고방식 때문이다. 애국이니 애족이니 하는 것은 건성의 말뿐이고 왜 우리가 이토록 고생을 해야 하는지에 대한 의미와 답을 병영생활 속에서 찾지 못하고 있는 점이 군대생활의 큰 문제이다.[31] 젊은 사병들로 하여금 진정으로 국방의식에 대한 자부심을 갖도록 해야 한다. 젊은 사병들이 자신들의 국방의무 수행으로 인해 내 가족과 국민이 안심하고 살 수 있다는 점을 가슴깊이 느낄 수 있도록 의식변화와 군대생활을 혁신해야 할 것이다.

군대문화를 혁신하는 방법은 군인 조직에 의해서 시행되는 것이 바

---

31) 위의 책, pp.17-18.

람직하다. 아울러 군인교화를 담당하는 군종의 역할도 필요하다. 원기 51년(1966) 2월에 원불교는 교무를 군종으로 파견할 대정부 교섭을 시작하였으며[32] 원기 91년(2006)년 3월에 국방부는 원불교의 군종 참여를 승인하였다. 군대의 민주화와 인권보호라는 일대혁신이 군 당국에 요청되는 바, 군대조직 내에서의 노력과 종교관련 단체의 노력이 아울러 진행된다면 고질적인 군대의 관료문화는 혁신될 수 있으리라 본다.

5. 봉건관료제의 문제

중세사회를 연상하면 봉건제도의 폐해가 극에 달한 시대로 인식된다. 암흑시대였던 만큼 국가 통치도 봉건제로 유지되는 경우가 태반이었다. 사실 봉건제 국가라 하면 고대 중국을 연상할 수 있다. 춘추 말에 이르러 제후국은 강력한 대부들의 손으로 넘어갔으며, 봉건 제후들과 대부들 간의 갈등이 더욱 심각해짐에 따라 서주(西周)의 종법 지배질서는 더욱 심각하게 무너졌다.[33] 당시 서구의 암흑시대와 동양의 봉건적 지배체제를 상기하면 중세가 신분차별에 의한 어두운 시대상으로 점철된 것이다.

주목할 바, 공자는 정치체제에 대해서 일면 군주제를 인정하는 듯한 발언을 하였다. "임금은 신하를 예로써 부리고, 신하는 충성으로써

32) 『원불교 교사』, 제3편 성업의 결실, 제4장 결실성업의 전진, 5. 종협참여와 해외포교 진출.

33) 최영찬, 「유학의 근본정신과 연원」, 『범한철학』 22집, 범한철학회, 2000 가을, p.101.

임금을 섬겨야 한다"[34]고 하였으니 공자사상이 전근대적 봉건사상이라는 오해는 바로 이러한 군신관계의 언급에서 기인한다. 주(周)나라의 봉건질서가 와해되면서 춘추전국 시대로 돌입하고, 송대에 이르기까지 봉건제가 부침(浮沈)의 과정을 거치게 되었던 바, 왕안석(1021~1086)은 봉건제를 개혁하려는 사회개혁가로서 당시의 모순과 투쟁을 하였다.

유사한 맥락에서 카스트제도에 의해 신분차별이 가해진 나라는 인도이다. 고대 인도의 법전들은 해탈을 인생의 목표로서 삼으면서도 현세의 삶 속에서 지켜야 할 행위를 마련해주었다. 이러한 의무적 행위체계를 이루고 있는 것은 브라만, 크샤트리아, 바이샤, 수드라와 같은 카스트 제도로서 사성제였다. 석가모니가 생존할 당시에도 이 같은 신분차별적 지배형식의 봉건제도가 있었다. 정치적으로 부족국가가 해체되고 왕권국가로 재편되는 동시에 봉건제도가 확립되어 가는 격동기에 석가는 태어나 일생을 보냈으며, 경제적으로도 당시는 극심한 변동의 시기였다.[35] 이에 석가는 사바중생을 건지고자 평등세계를 추구하면서 누구에게나 불성이 있다는 평등 불법을 전파하면서 세상을 개혁, 구제하고자 하였던 것이다.

영국의 경우, 17세기에 봉건제가 무너지게 되었다. 17세기의 혁명에 의해서 영국은 세습제의 국왕이 절대권을 가지는 것에 종지부를 찍고, 봉건적 주종관계를 규정했던 법제도를 폐지하기에 이르렀으며, 명예혁명(1688) 이후에는 인민의회의 권한도 확립되었다.[36] 이처럼

---

34) 『論語』, 八佾篇, 君使臣以禮, 臣事君以忠.

35) 정순일, 『인도불교사상사』, 운주사, 2005, p.84.

36) 이찌이 사부로오 저, 김홍식 역, 『명치유신의 철학』, 태학사, 1992, p.22.

영국혁명의 성공에는 구시대와 결별하려는 강한 의지가 충천되어 있었다. 신사의 나라이자 민주주의를 표방하는 서방의 대표국가로서 영국은 17세기부터 민주주의의 싹이 트면서 폐쇄의 봉건제도에서 개방의 물결로 합류하였으며, 이는 서방의 다른 나라들에게 모범이 되기도 하였다.

우리나라의 경우 봉건제 속에서 고통을 겪고 있었던 것은 조선조였으며, 그 중에서도 조선조 후반의 봉건제는 극에 달하였다. 이에 건실한 주체적 자세를 바탕에 두고서 낡은 봉건풍토로부터 새로운 근대를 창조하려 했던 것이 다름 아닌 조선 중후반의 실학이었으며, 실학은 우리의 역사 속에 간직된 하나의 새로운 시대를 맞는 예지(叡智)의 보고라 할 수 있다.[37] 조선조를 오랫동안 유교적 이데올로기로 지배해 왔던 성리학에 비판적 시각으로 다가선 것이 실학이었다. 성리학에 대하여 예학 중심의 형이상학으로서 공리공론이라 비판을 하면서 등장한 인물들이 실학자들로서 그들은 실사구시, 경세치용, 이용후생 등의 슬로건을 주장하며 과거를 개혁하고 새 시대의 문명을 촉구하였다.

근대에 이르러 민족주의가 등장하는데 한국의 민족주의는 봉건제에 대한 저항과 변혁의 주체로서 역할을 하고자 하였다. 한국 민족주의의 성격은 자주 독립운동이 주체가 된 저항 민족주의로 규정해 왔지만, 민족의 발전과 번영을 위해서는 변혁을 시도함으로써 달성할 수 있다는 반봉건적 변혁 주체의 민족주의적 성격도 중요한 부분을 차지한다.[38] 민족주의는 한민족의 발전을 위해 자주국가 건설을 목적으로

37) 고려대 아세아문제연구소 편, 『실학사상의 탐구』, 현암사, 1979, p.4.
38) 이성택, 「민족주의와 원불교사상」, 『원불교사상』 12집, 원불교사상연구원, 1988, p.49.

삼아 전제주의 봉건주의 제국주의를 배제하는 일종의 개혁적 운동체로서 자리하였다. 우리나라의 민족주의는 반외세의 애국적 민중 기반과 근대화를 통해 개방 개혁의 물꼬를 트고자 하였던 것이다.

뒤이어 19세기 후반은 봉건의 모순을 청산하려던 시기로서 제국주의나 봉건제를 거부하던 구한말의 전환기적 상황으로 전개되었다. 당시 한국의 역사적 과제는 봉건적인 모순의 청산과 자본주의 열강에 의한 제국주의적 침략에 맞서 싸워야 하는 시대적 과제를 지녔던 것이다. 이에 봉건적 모순과 제국주의의 착취로 인한 민중 수탈과 착취는 한계에 이르렀고 이를 극복하기 위한 변혁운동이 모색되었다.[39] 봉건제도에 의한 국민의 수탈과 제국주의의 착취가 적지 않았으므로 이를 극복하고자 반제국, 반봉건적 민족운동이 일어나는 경우가 다반사였다. 그로 인해 민란과 농민전쟁이 발발하게 되었으며, 열강대륙의 침략과 일제의 식민지에 대항한 종교의 구원적 메시아가 등장하여 신종교로서 동학, 증산교, 원불교의 창립으로 이어진다.

1916년에 원불교를 창립한 소태산은 구한말 봉건제를 개혁함으로써 새로운 이상향을 제시하고자 하였다. 조선 후반기 봉건제의 모순을 목도한 후천개벽의 선각으로서 이를 벗어나려는 간절한 여망에서 낙원세계를 건설하려는 포부를 펼친 것이다. 『정감록』의 십승지나 『홍길동전』의 율도국, 『허생전』의 변산 무인도, 동학의 지상선경 등이 봉건제의 모순을 타파하고 새로운 세계를 건설하려는 열망인 것이며, 소태산은 정신개벽을 통해 개벽세상을 펼치고자 하였다. 또 사요(四要)의 실천을 통해서 평등세상을 건설함으로써 조선조의 봉건제를 탈

---

39) 신순철, 「원불교 개교의 역사적 성격」, 『원불교사상』 14집, 원불교사상연구원, 1991, p.13.

피하고자 하였다. 이에 그가 밝힌 바대로 병든 사회, 가령 현실의 악덕 자본주의와 신식민주주의, 그리고 봉건적 지배논리의 극복[40]이라는 개혁의 과제를 상기하지 않을 수 없다.

마침내 봉건제와 식민지배로부터 벗어나고 해방이 되면서 과거의 잔재를 극복하고자 했던 정산종사는 국가재건의 『건국론』을 저술하였으니, 이는 세인의 주목을 받을 수밖에 없었다. 『건국론』의 「교육」에서는 정신교육과 도덕교육을 강조하고 있으며, 그것은 봉건사회에서 민주사회로 이행되는 과정에서 나타나는 가치관의 혼란, 즉 전통에 대한 무조건적 배척이나 외래적 가치관의 무분별한 선호 현상이 발생할 것을 예견한 데서 비롯된다.[41] 『건국론』에는 조선조 봉건제도의 구습을 탈피하고 새로운 국가건설이라는 개혁의지가 반영되어 있다. 특히 「진화의 도」에서는 세습법의 철폐와 상속법의 제한을 밝히면서 봉건제 타파를 도모하는 등 소태산이 밝힌 사요, 즉 균등사회 건설을 구체적으로 실천에 옮기고자 하였다. 이와 같이 반국가적 요소에 대한 사회와 국가개혁의 의지는 원불교의 소명의식과 관련된다.

6. 법구생폐(法久生弊)

역사가 오래된 나라는 찬란한 문화와 그 전통이 뒷받침되어 있다. 그러나 전통을 지키면서도 낡은 제도를 개혁하지 못하면 국가에 많은

---

40) 류병덕, 「원불교학 연구의 현황과 과제」, 『원불교학』 창간호, 한국원불교학회, 1996, p.11.

41) 박상권, 「송정산의 건국론에 대한 의의와 그 현대적 조명」, 『원불교사상』 19집, 원불교사상연구원, 1995.12, pp.290-291.

문제점들이 야기된다. 고대 중국의 동주(東周)는 고도의 경제적 성장, 사회적 변동, 정치적 발달의 시기였지만 세속적인 낡은 권위와 정신적인 옛 권위가 함께 실패하였기 때문에, 현실적 개혁의 문제와 더불어 새로운 문제들이 야기되었다.[42] 시대에 뒤떨어진 낡은 전통에 안주하다 보니, 그만큼 고대 중국의 발전은 더디었던 것이다. 주나라로부터 한나라와 송나라를 거쳐 청나라에 이르기까지 이러한 낡은 제도 속에서 쉽게 구각을 탈피하지 못하였다.

동양에서 인구가 가장 많은 국가로서 중국과 인도는 몇백 년 전부터 서구와의 접촉이 있어왔다. 하지만 이 국가들은 신문명의 기계생산이나 자본주의가 충분히 뿌리를 박을 수 없었으며, 인도 민족과 중국 민족의 생활양식은 오늘날에도 여전히 예로부터의 낡은 인습을 그대로 고수하는 측면이 적지 않았다.[43] 중국과 인도는 이제 찬란한 고대문명에만 취해 있어서는 안 된다는 것을 알기 시작했다. 오래된 전통의 역사와 고대문명이 새로운 변혁에 더욱 밝게 조명되면서 미래 시대를 향도하는 시대가 도래했다는 것을 인지한 것이다.

과거의 제도적 산물은 세월이 흐르면서 변질되는 관계로 새롭게 접근하려는 노력이 없다면 그 국가에 구폐(舊弊)가 생기기 마련이다. 낡은 제도가 방치되면 더 이상 쓸모없을 것인 바, 비컨대 오래된 음식이 악취가 나는 이치와 같다. 한용운은 불교개혁을 부르짖으며, 일이 더욱 오래 유지되면서도 폐단이 생기지 않기를 누가 바라지 않겠는가라고 반문하며 다음과 같이 말한다. "세월이 더욱 깊어지고 보면 어디서

---

42) 존 K. 페어뱅크 外 2인著(김한규 外 2인譯), 『동양문화사』(상), 을유문화사, 1999, p.52.

43) 中村元 著(金知見 譯), 『中國人의 사유방법』, 까치, 1990, p.5.

오는지 모르는 폐단이 뜻하지 않은 곳에서 발생하여 급속도로 악화해 전일(前日)의 면모가 없어지고 만다."[44] 그의 언급은 '법구생폐'의 이치에 따라 과거의 폐단을 인지하고, 이에 적극 대응해야 한다는 뜻이다. 무엇이든 새롭게 변신하지 않으면 쓸모없는 폐물로 전락하는 경우가 많기 때문이다.

오늘의 종교적 상황에서 법구생폐의 실상은 어떠한가? 일부 기성종교들이 세월이 흐르면서 변화를 모른 채 구각(舊殼)을 뒤집어쓰고 있는 모습들이 이와 관련된다. 이들 종교는 여러 전통적인 틀(定型)을 갖고 있지만, 그것은 어디까지나 구각이라는 것을 잊어서는 안 된다는 불교학자의 견해가 설득력을 지닌다. 이기영 박사에 의하면, 종교의 틀이 당초에는 생명력이 넘쳤지만 1천년, 2천년이 지나는 과정에서 쇄신, 개혁의 시도가 있었을 것이라 한다. 그럼에도 불구하고 이질적이고 단절된 폐쇄집단으로서 오인될 그런 틀을 여전히 유지하고 있다면 그것은 시대상황에 맞게 자체 개혁을 하는 것이 바람직하다[45]고 했다. 구각은 반드시 껍질을 벗겨내야 새순이 돋아난다는 사실을 자각하자는 불교학자의 충언이다.

고대로부터 출현한 많은 기성종교들이 조용히 사라진 이유는 무엇인가? 구각을 적절한 때에 탈각하지 못했기 때문이다. 구각을 탈피할 상황에서 종교개혁을 단행하지 못한다면 그 종교는 질식되고 말 것이다. 비유컨대 하나의 생명체가 새로운 생존환경에 적응하지 못한다면 그것은 죽는다는 뜻과 같다. 생명이 자랄 수 없는 곳에 종교도 존재할

---

44) 한용운, 이원섭 역, 「4.불교의 유신은 마땅히 파괴로부터」, 『조선불교유신론』, 만해사상연구회, 1913, p.36.

45) 이기영, 「현대에 있어서의 종교의 진리성」, 『인류문명과 원불교사상』(下), 원불교출판사, 1991, pp.1388-1389.

수가 없으며, 오래된 종교가 노쇠하여 사라지게 되는 까닭은 스스로 만든 껍질을 날로 두껍게 만들어 생명의 발아점을 질식시키기 때문이다.[46] 두꺼운 구각에 갇혀 있는 한 어떠한 생명체라도 성장이 불가능한 것처럼 종교도 시대를 향도할 변혁을 이루지 못한다면 죽은 생명과 같은 것이다.

구각이란 전통종교에만 반드시 나타나는 법은 아니다. 신종교라 해도 세월이 지나면서 점차 개혁을 도모하지 못한다면 구각의 폐단을 드러내는 것이다. 원불교의 경우도 이의 예외는 아니라 본다. 교화의 방식이 산업화의 시대나 그 이전 농업시대의 방법을 그대로 답습하고 있다면 시대에 뒤떨어진 교화로 인해 오히려 퇴보될 수도 있다[47]는 지적이 이와 관련된다. 지식 정보화의 시대임에도 불구하고 농경사회의 교화방식으로 대중들에게 다가서려 한다면 그것이 설득력 있을 것인가? 교화방식이 구시대의 방식에 머물러 있다면 교화의 정체는 물론 교단의 노쇠현상으로 이어지기 마련이다.

단연코 구각을 벗어날 때만이 새 시대가 온다는 것을 시사하는 듯이 연암 박지원 선생은 오래된 법은 새롭게 고쳐야 한다는 뜻의 '법고창신'(法古創新)을 언급했다. 정산종사도 오랜 구습으로 찌들은 관습들을 일시적으로 청소하게 되면 천지개벽의 새 시대를 여는데 한 몫을 하게 될 것[48]이라 하였다. 구시대의 관습을 과감히 극복할 때 새로운

---

46) 柳達永, 「원불교에 대한 담박에서의 제언」, 『원불교개교반백년 기념문총』, 원불교반백년기념사업회, 1971, p.517.

47) 소광섭, 「대산 김대거 종사의 四大眞理 사상」, 대산 김대거 종사 탄생 100주년 기념학술강연 『진리는 하나 세계도 하나』, 원불교100년기념성업회 대산종사탄생 100주년 기념분과, 2013.6, pp.48-49.

48) 『정산종사법설』, 제4편 하나의 세계, 10. 공산주의는.

시대를 여는 주인공이 된다는 것이다. 구각에 머물러 있기를 좋아하면 안일에 취해 변화를 싫어하는 보수적 색채를 지닌 일부 집단이나 좋아할 일이다. 연암의 언급처럼 법고창신의 자세가 필요하며, 이는 구습을 과감히 떨쳐버릴 때 가능하다.

종교적 선지자들은 구각을 벗어나야 새로운 세상을 활력 있게 맞이할 것이며, 그렇지 못하면 부패의 길에 머무른다는 사실을 분명히 알고 있었다. 범산 이공전 교무는 개인 자격으로 수운선생 득도 백년기념식에 참여하여 다음과 같이 말하였다. "달걀 속의 병아리가 그 껍질을 깨뜨려야 할 때에 잘 깨뜨리고 나와야만 너른 세상에 활발한 신생(新生)의 깃을 펼치게 되는 것이요, 고치안의 나비가 그 고치를 뚫어야 할 때에 잘 뚫고 나와야만 비로소 새 생명의 역사(役事)를 다시 하게 되는 것이다."[49] 개벽의 선지자로서 수운, 증산에 이어 소태산대종사는 구각을 탈피하여 후천개벽의 메시아로 등장하여 민중들에게 활력을 불어넣었음을 상기할 일이다.

7. 매너리즘의 타성

세상을 살아가면서 일상성의 매너리즘에 빠진 집단이나 사람들을 발견하기란 어렵지 않다. 매너리즘이 삶을 무기력하게 만든다는 데서 우리 주변의 이야기라는 것임을 알고 보면 그것은 익숙한 용어인 것이다. 이 매너리즘은 타성주의, 소극적이고 피동적이며 자주성과 책임도가 약한 자세, 기계적임, 권태와 무기력의 태도, 퇴영적이며 후진적

---

49) 이공전, 『凡凡錄』, 원불교출판사, 1987, pp.101-102.

인 자세, 침체와 소극의 원리로서 이는 우리가 벗어나야 할 일종의 정신악(精神惡)이다.[50] 우리들의 삶이 무기력해질 때 그 같은 권태와 퇴영, 침체와 소극주의로 전락하여 개혁적인 삶을 이어갈 수 없다.

우리가 매너리즘에 얼마나 가까이 있는가를 알려면 우리 스스로 무언가에 아무런 자의식 없이 반복하는 일은 없는가를 살펴보아야 할 것이다. 에이브럼스에 의하면 새로운 것을 시작하는 것에는 일종의 모험이 필요할 뿐 아니라, 어떤 일이나 관계 등을 필요 이상으로 지속하도록 만드는 타성을 극복해야 한다[51]고 했다. 과연 우리가 모험을 좋아하며, 타성을 극복하려는 의지가 있는가를 고민해 보아야 할 것이다. 새로운 모험을 싫어하고 현실에 안주하는 타성에 젖어 있다면 매너리즘을 내 곁에 두고 사는 꼴이다.

오늘날과 같이 생존경쟁이 치열한 사회에서 살아남으려면 무사안일의 매너리즘을 극복해야 한다. 치열한 국제경쟁이라는 새 환경을 맞은 우리나라의 기업경영자에게 무엇보다 필요한 것은 지금까지 무사안일해진 타성을 버리고 경쟁의식을 높여 나가는 일이다.[52] 경쟁은 더 이상 우리가 피할 수 없는 현실이 되었으며, 이 경쟁에서 뒤쳐진다면 우리의 삶은 성공적이라 할 수 없다. 누구에게나 찾아올 수 있는 매너리즘은 성공을 향한 경쟁사회의 구조 속에서 극복되어야 할 경계 대상인 것이다.

하지만 많은 사회 지도자들은 새로운 각성보다는 일상성에 떨어져

---

50) 東山文集編纂委員會, 동산문집 Ⅱ 『진리는 하나 세계도 하나』, 원불교출판사, 1994, pp.508-509.

51) 수잔 에이브럼스 지음(김영신 옮김), 『여성 CEO들의 새로운 성공법칙 10가지』, 여성신문사, 2001, p.25.

52) 조동성 · 이광현 共著, 『경쟁에서 이기는 길』, 교보문고, 1992, p.43.

있는 경우가 많다. 그것은 자신의 나태라든가, 개선의 의지력 부족 때문이다. 오늘날 이론적 지식들은 날이 갈수록 개인적 그리고 사회적 일상성의 개혁을 위해 그 어떤 융통성을 가졌는가 하는 질문에 부딪친다.[53] 자신의 변신은 물론 사회 변화에 둔탁한 원인도 있겠지만 일상적 삶에 대한 안일한 태도는 세상을 향도해야 할 지도자로서의 본연의 자세를 상실케 해버린다.

자아를 상실케 하는 일상성의 문제점을 인지하면서도 해결하려 하지 않고 그저 냉소주의에 빠져버리는 현상이 심각한 매너리즘이다. 무관심과 냉소주의는 세상을 바라보는 시각을 더디게 만들어버리고 방관적 사고에 젖게 하기 때문이다. 종교적으로 볼 때 교역자들 사이에는 문제가 산적된 현실 앞에서 답답한 나머지 무관심과 무기력, 냉소주의와 방관주의의 늪에 빠져 허덕이는 경우가 많으며, 문제가 많은데도 불구하고 공론을 모으려 하지 않는다.[54] 교단공동체의 삶 속에서 조직의 문제점을 인지하면서도 모른 척 하거나 아예 방관인으로 남으려는 태도에는 여러 원인이 있겠지만, 문제점에 대한 교단의 개선의지가 없다는 자신의 판단 속에 묻어두기 때문이다.

교역자 개인으로서 매너리즘에 떨어지는 것은, 교화자의 경우 무기력한 생활태도 혹은 맥 빠진 설교에 해당할 것이고, 교학연구자의 경우 연구태만 내지 답보적 삶에 해당될 것이다. 설교 매너리즘에 빠지거나 준비성이 부족한 상태의 교무에 대한 교도의 신뢰감 상실은 증폭될 수밖에 없다.[55] 원불교사상연구원은 근래 침체된 연구 분위기 속

---

53) 볼프강 베르그스도르프, 「무기력과 교만」, 엄창현 편저, 『지식인과 지성인』, 도서출판 이웃, 1991, p.81.

54) 박윤철, 「원불교 예비교무 지원자 감소 원인과 대응방안 연구」, 일원문화 연구재단, 2004년 4월 13일, pp.11-12.

에서 사명감 없이 타성에 빠진 것처럼 보이는 바, 예산 확보를 위한 적극적인 노력과 함께 상임연구원을 두고라도 본래의 기능을 강화하고 활성화할 수 있도록 전면적인 보완이 필요하다[56]는 지적을 새겨두어야 할 사항이다.

교단이라는 큰 조직체에서 매너리즘적 현상이 발견되는 것은 여러 가지 원인이 있겠지만, 교화행정이나 인사정책에서 오는 매너리즘이라고 본다. 중앙총부 위주의 인사이동과 6년이면 자동적으로 이동되는 현실에 구태여 애를 쓰고 교화를 하기 보다는 적당히 현상유지를 하면서 취미활동도 하고 임기가 되면 옮겨가는 것을 자연스럽게 생각하다[57] 보니 이러한 현상이 발생한다는 것이다. 어느 단체든 행정편의적・관료주의적 행태가 있으면 이를 적극 개선해보려는 의지보다는 윗사람들과 적당히 타협하려는 심리가 발동한다. 많은 사람들은 자신들의 접근법에 문제가 있고 그것이 단순하다는 것도 알지만 관료주의적 타성 때문에 어쩔 수 없다[58]고 토로하는 경우가 있다.

오랫동안 지속되어온 교단의 훈련 프로그램에도 매너리즘 현상이 나타난다. 이를테면 원불교에서 매년 출가인들에게 전개되는 훈련이 매너리즘에 빠지는 경우가 적지 않다. 정기훈련의 중요성이 이념적으

---

55) 최상태, 「원불교 교무상의 시대적 모색」, 《원불교교무상의 다각적인 모색》, 원광대 원불교사상연구원, 2003.2.7, p.17.

56) 김성장, 「원불교학 연구의 당면 과제」, 《원불교학 연구의 당면》, 한국원불교학회, 2002.12.6, pp.19-20.

57) 서경전, 「21세기 교당형태에 대한 연구」, 제21회 원불교사상연구 학술대회 《21세기와 원불교》, 원불교사상연구원, 2002.1, p.60.

58) 데이비드 스타인버그(미국 조지타운대학교 동양학과장), 「외국학자와의 대담-한국학과 동양학의 과거, 현재, 미래」, 『전통과 현대』 통권 6호, 도서출판 전통과 현대, 1998년 가을호, p.273.

로 강조된 반면 실제에서 뒤따르지 못함으로써 개개인들이 체감하는 한계는 이미 일상화된 감이 없지 않다.[59] 물론 정기훈련에 임하는 입선인의 자세에 문제가 있을 수 있다. 그러나 훈련 담당부서는 훈련 프로그램의 일상성에 빠짐과 동시에 전문훈련 인재의 부재, 강사의 참신성 문제, 같은 프로그램의 반복적 운영 등으로 훈련을 받으러 오는 입선인들에게 감동을 주는 것보다는, 올해의 훈련을 끝냈다는 훈련 참가에 의미를 두게 되는 경우가 있다는 사실이다. 이에 대하여 입선인들에게 신선하고도 차별화된 프로그램의 구비, 전문 훈련강사들의 철저한 준비 등이 지금까지 나타난 훈련 매너리즘을 극복하게 해줄 것이다.

8. 위기의식의 결핍

귓가에 자주 회자되는 위기의식이라는 용어는 오늘날에 한정된 용어가 아니다. 과거 『주역』에서는 인간의 우환의식을 염두에 두고 길흉화복을 예측하게 하였으며, 이러한 우환의식이 위기의식의 발로라 본다. 『주역』「계사하전」에서는, 위태롭게 여기는 자는 그 지위를 안전하게 지키는 자이며, 망함을 걱정하는 자는 그 현존을 보존하는 자라고 하였다. 보통의 인간을 생명의 생생(生生)으로 이끌기 위해 그 행위의 결과를 점사(占辭)에 의해 보여줌으로써 인간은 자신의 욕망 추구가 가져올 수 있는 생명의 위기라는 결과를 미리 예견할 수 있도

59) 김경일, 「정기훈련의 의의와 그 실천의 반성」, 『정신개벽』 제4집, 신룡교학회, 1985, pp.40-41.

록 했다.[60] 인간으로 하여금 삶에 위기의식을 불어넣음으로써 지혜롭게 길흉화복을 판단, 어리석음을 극복하도록 하려는 것이다.

과거 불교에서도 위기의식이 감지되곤 하였다. 알다시피 백고좌(百高座)법회는 『인왕호국반야바라밀경』 제5 「호국품」에 의하여 시설되었고, 이 경전에 입각하여 거행된 백고좌법회는 국가위기나 천재지변이라는 등식이 강조되었다.[61] 이른바 백고좌는 나라의 평안과 백성의 고통을 구제하기 위해 백 개의 사자좌(獅子座, 부처를 모시는 자리)를 마련함으로써 법사 100명이 100일 동안 설법을 하였다. 백고좌는 신라 진흥왕 12년(551)에 처음 시작하였으며, 고려 때에 흥성했다가 13세기 말부터 쇠퇴했다. 조선 초에 폐지된 후 1994년에 부활되어 지금껏 행해온 것으로 알려져 있다. 이 법회는 위기의식을 불러일으키고 백성의 고통을 구원하며 불심을 불어넣도록 하려는 의도에서 비롯된 것으로 오늘날 다행스럽게 부활되었다.

과거 기독교에도 위기의식이 있었다. 16세기에 서구의 교회가 개혁될 상황이었던 바, 교회의 율법주의적 체계는 절실히 혁신할 필요가 있었으며, 교회의 관료체제는 무능하고 부패한 것으로 악명이 높았다.[62] 고위 성직자들은 자신의 교구를 떠나 있는 일이 빈번했고, 예배의 역할도 수동적이었다. 더군다나 교황 알렉산더 6세는 여러 아내와 일곱 명의 자식들이 있었음에도 불구하고, 1492년 교황에 선출될 수가 있었다. 이에 대한 위기의식을 통해 교회는 개혁의 길을 갈 수밖

---

60) 심귀득, 『주역의 생명관에 관한 연구』, 박사논문:성균관대학교 대학원 동양철학과, 1997, pp.58-59.

61) 고영섭, 「국가불교의 호법과 참여불교의 호국」, 『불교학보』 제64집, 동국대학교 불교문화연구원, 2013, pp.99-100.

62) A.E.맥그래스(박종숙 옮김), 『종교개혁 사상입문』, 성광문화사, 1992, p.18.

에 없었으며, 루터의 종교개혁은 이 같은 중세교회의 폐단이 극에 달하였던 것에 대한 위기의식에서 비롯된다. 만일 중세 기독교에 대한 위기의식이 없었다면 기독교의 암흑시대는 훨씬 후대까지 지속되어 왔을 것이다.

중세만이 아니라 현대에도 위기의식이 각계에서 발견된다. 현대는 가히 위기의식의 시대라 할 수 있다. 생태계의 파괴에 따른 환경위기와 인간소외 등의 문제는 바로 현대사회의 기초를 이루고 있는 근대 서구적 인간관과 세계관에 내재된 논리적 귀결들이다.[63] 이에 더하여 국지전쟁, 과학의 발달에 따른 물질의 범람 등은 지구촌의 시대에 살아가는 현대인들에게 큰 고통이 아닐 수 없다. 우리는 생명보존과 행복유지에 심각한 도전이 되고 있는 환경과 사회의 제문제에 대한 위기의식을 가져야 할 것이다. 범지구적 차원에서 위기의식을 갖지 못하고 그대로 방치한다면 인류는 언제 종말을 고할지 모를 일이다.

구한말 선천시대를 극복하고 후천시대를 맞이하면서 신종교의 위기의식도 주목을 받게 되었다. 신종교가 주장하는 후천개벽은 16세기 이래 조선의 역사적 모순에 기인한 현세의 억압과 고통, 불안의 위기의식으로부터 벗어나려는 민중의식의 반영이며, 미래의 이상향을 갈망하는 정신적인 보상으로써 종교적 성격을 갖게 된 것이다.[64] 동학은 최수운으로부터 우리 학문의 절대적 위기를 극복하고자 일어난 운동이며, 그것은 당시 민중들의 위기의식과 궤도를 같이 하였다. 증산은 해원상생을 위해 원한에 쌓인 혼령들에게 위기의식을 불러일으킴

---

63) 불교신문사 편, 『불교에서 본 인생과 세계』, 도서출판 홍법원, 1988, pp.137-138.

64) 신명국, 「소태산 역사의식」, 『원불교사상시론』 제Ⅱ집, 수위단회 사무처, 1993년, p.108.

으로써 상생사회를 지향코자 하였다.

최수운과 강증산의 뒤를 이어 소태산은 선천시대의 위기의식을 직감하고 후천시대를 맞이해야 한다며 정신개벽을 모토로 하여 원불교를 창립하였다. 소태산이 활동했던 19세기 후반, 밖으로는 열강의 침략주의가 기세를 올려 세계동란의 기운이 감돌았다. 또한 급속한 과학문명의 발달은 정신세력이 그 주체를 잃게 되었으며, 외세의 침범으로 국가의 존망이 경각에 달려 있었던 것이다. 수백 년 내려온 불합리한 차별제도 아래서 수탈과 탄압에 시달린 민중은 도탄에 빠져 있는 가운데, 개화의 틈을 타서 재빠르게 밀려든 서양의 물질문명은 도덕의 타락과 사회의 혼란을 가중시켜 말세의 위기를 더욱 실감하게 하였다.[65] 위기의식의 발로가 원불교 「개교동기」에 그대로 드러나 있다. 파란고해의 일체생령을 그대로 방치할 수 없다는 것이 위기의식의 반영이다.

원불교 창립 100년에 즈음하여 위기의식이 점증되고 있다. 교화의 정체현상, 교역자의 사기저하, 예비교역자 지원의 감소 등이 그 대표적인 예이다. 청소년교화 침체가 교역자와 청소년, 나아가 교단에 절망을 주고 있으며, 이러한 위기의식은 원기 87년(2002) 청소년교화 특별위원회를 발족하게 했다.[66] 또 예비교무 지원자감소 문제는 교단의 성쇠를 좌우할 수 있는 문제이다. 이러한 위기의식을 교단 구성원 모두가 공유할 수 있는 분위기를 만들어야 하며, 위기의식을 느끼지 않는 집단에서 현실의 개선이나 발전 전망은 있을 수 없다는 사실을 깨

65) 『원불교 교사』, 제1편 개벽의 여명, 제1장 동방의 새불토, 5. 일대 전환의 시대.
66) 유용진 외 編(문향허 외 집필), 『원불교 개교 100주년을 연다』, 원불교신문사, 2006, p.20.

달아야 한다.[67] 어떻게 하면 교역자의 사기진작과 예비교역자의 흡인력을 상향시킬 것인가 대한 위기의식을 갖고 교단적으로 제도개선과 후생대책 등 모든 수단을 동원하여 합리적인 방향에서 접근해야 한다.

종교계에 더하여 사회발전의 동력인 기업계에도 위기의식이 감지된다. 의식주의 풍요를 위하여 탄생한 자본주의 체제의 경쟁사회에서 생존전략을 위해 누구를 막론하고 위기의식을 갖지 않으면 안 되는 상황에 직면한 것이다. 삼성그룹의 이건희 전 회장의 견해를 소개하여 본다. "삼성 내부는 긴장감이 없고 '내가 제일이다'라는 착각에서 벗어나지 못하고 있었다. 조직 전체에 위기의식을 불어넣는 것이 필요했다. 이듬해 제2창업을 선언하고 변화와 개혁을 강조했다."[68] 그리하여 그는 매년 초에 열리는 경영자 세미나에 참석해서 위기위식을 갖지 않으면 안 된다고 수없이 언급했다. 국가, 종교, 기업 등이 성장 발전하려면 절박한 위기의식을 갖고 이에 적극 대응해야 한다.

9. 개선과 개악의 함수

안일한 사유방식에 길들여진 개인이나 단체라면 개혁의 난제는 어제 오늘의 일만이 아닐 것이다. 개혁을 감행할 경우에도 개혁이 실패로 돌아가거나 성공하기도 하는 점에서 여간 조심스러운 일이 아니다. 기원전 340년경, 중국의 법가 상앙(商鞅)이 추진했던 개혁이 실패로

---

67) 박윤철, 「원불교 예비교무 지원자 감소 원인과 대응방안 연구」, 일원문화 연구재단, 2004년 4월 13일, p.12.

68) 이건희, 『생각좀 하며 세상을 보자』, 동아일보사, 1997, p.56.

돌아갔던 바, 그의 실패는 일찍부터 예견됐다는 게 일반적인 견해이다. 상군(商君)이라 불리는 상앙의 법이 지나치게 엄하고 형벌이 가혹해 민중의 마음을 잃었기 때문이다.[69] 국가개혁이란 민중의 합의를 얻지 못할 때 실패하는 것이다. “인심을 얻는 자는 흥하고 인심을 잃는 자는 망한다”는 『시경』의 가르침을 언급하지 않아도 개혁에 있어서 민심읽기는 매우 중요한 일이다.

어떤 일이든 그것이 잘못인 줄 알면서 개혁하지 못하고 방치하면 그것은 우리의 몸에 병균이 침입하였는데도 처방을 내리지 않는 것과 같은 일이다. 공자는 네 가지의 근심거리를 언급했다. “덕을 닦지 못함, 학문을 익히지 못함, 정의로운 것이 무엇인지 알면서도 실천에 옮길 용기가 없음, 잘못인 줄 알면서도 능히 고치지 못함, 이 네 가지가 나의 근심거리이다.”[70] 그가 말한 네 가지의 근심거리 중에서 주목을 끄는 것은 잘못을 알면서도 능히 고치지 못한다는 점이다. 쉽게 말해서 개혁할 대상을 개혁하지 못하는 것을 근심의 근간으로 보고 있다.

그렇다면 매사 개혁만이 능사인가? 개혁이 아닌 개악이 올 수도 있는 문제이므로 개혁은 매우 신중한 일로 다가온다. 막스 베버에 의하면, 역사서를 통해 우리는 이미 옛날 초(楚)의 장왕(莊王) 때에 화폐의 개악(改惡)이 있었다는 것을 알고 있으며, 또한 품질이 떨어진 화폐를 거래관계에서 사용하도록 강요한 것이 실패로 이어진 것이다.[71] 춘추오패의 한 사람으로서 초나라 장왕(재위 BC613~BC591)은 즉위 후 부패한 신하를 몰아내고 내정을 다져 부국강병을 이루고 진(晋)나라

69) 세계사신문 편찬위원회, 『세계사신문』1, 사계절출판사, 1999, p.51.
70) 『論語』, 「述而」, “德之不修 學之不講 聞義不能徙 不善不能改 是吾憂也”
71) 막스 베버 著(이상률 譯), 『儒敎와 道敎』, 文藝出版社, 1993, p.13.

와 필(邲) 땅의 싸움에서 승리하였지만 당시 화패개악이 있었다. 근래 북한이 화패개혁에서 실패한 경우를 보더라도 화폐의 개혁은 신중하지 않을 수 없다. 개혁이 개악으로 변할 수 있음을 역사를 통해 알 수 있는 바, 개혁과정이나 개혁목적, 개혁협조의 여부 등에서 개악으로 변질될 소지는 얼마든지 있는 것이다.

국가, 사회, 종교가 바람직한 개혁으로 나가느냐, 아니면 본래 의도와 달리 개악의 길로 변질되느냐는 보수와 진보 두 집단의 협조 내지 갈등이라는 변수가 뒤따른다. 러셀에 의하면, 교회는 인간의 행복과는 아무 관계도 없는 편협한 행동규범을 정해놓고 그것을 도덕이라고 한다는 것이다. 때문에 교회의 주요 역할은 여전히 세상의 고통을 덜어주는 모든 방면의 진보와 개선에 맞서는데 머물 수밖에 없다.[72] 보수진영의 현상유지와 진보진영의 개혁노선이 맞선다면 그것은 개혁될 수 없는 형국으로 변한다. 러셀의 교회에 대한 인식의 왜곡 여부를 떠나 현실보다 나은 발전, 진보, 개혁으로 나아가야 한다는 것이다.

개혁에 있어서 무엇보다 중요한 것은 사회읽기에서 전도된 시국관에 매몰될 때 그 실패를 가져온다는 사실이다. 시대를 바르게 읽고 바른 시각을 가질 때 추구하고자 하는 개혁이 실현 가능해진다. 구한말의 개화주의나 실학사상을 거부했던 쇄국주의자나 수구주의자들의 전도된 시국관이 끝내 한국을 후진국으로 정체시켜 엄청난 과오를 만들고 말았다.[73] 세상 인식에 대한 판단 잘못으로 일을 그르치는 일이 허다하다. 우리가 전후좌우를 관조하며, 미래를 판단함에 있어서 세상

---

72) 버트런드 러셀 著(송은경 譯), 『나는 왜 기독교인이 아닌가』, 사회평론, 1999, pp.39-40.

73) 이광정, 『주세불의 자비경륜』, 원불교출판사, 1994, pp.11-12.

읽기를 바르게 하지 않으면 실패로 이어지기 때문이다.

특히 국가 개혁에 있어서 실패로 이어지는 이유는 상층부에서 민심을 얻지 못하기 때문이다. 조선 후기에 있어서 실학을 중심으로 한 '위로부터의 개혁'이 실패하면서 기층 민중의 삶은 마침내 생존을 위해서는 목숨을 걸고 체제에 저항하지 않을 수 없는 상황에까지 이르렀다.[74] 탐관오리들은 민중을 억압하고 지배해온 비합리적 처사로 인해 민심을 잃을 수밖에 없었으며, 그로 인해 조선 전반기에 걸친 수탈의 역사가 후반기에 이르러 민중의식을 깨어나게 하였다. 민중의식은 저항의식의 발로인 바, 그것은 관리들의 개혁이 실종됨으로 인해 각종 민란이 일어나게 되어 조선조는 개혁보다는 부패의 연속이었다.

덧붙여 종교개혁이 실패하는 원인은 그 종교를 향도하는 구성원 간의 의견대립과 개혁에 대한 관심부족에 있다. 개혁이냐 보수냐의 갈등은 종교 개혁론에서도 나타난다. 교단내 구성원들의 개혁에 대한 의식의 공유만이 아니라 그런 개혁안 자체에 대해 서로 다른 의견, 이를테면 한국불교의 대처제도에 대한 찬반론과 같은 이견이 존재하여 결집된 개혁을 단행하는데 난관이 있었음을 엿볼 수 있다.[75] 보수집단과 진보집단 간의 의견접근이 어려운 것은 사회조직이나 종교조직이나 별반 다를 것이 없기 때문이다. 개혁의 성공이나 실패는 이러한 양대 진영에 있어서 갈등의 골을 메우는 지혜 활용의 정도에 관련되어 있다.

---

74) 박맹수, 「원불교의 민중종교적 성격」, 추계학술대회 《소태산대종사 생애의 재조명》, 한국원불교학회, 2003.12.5, pp.18-19.

75) 김귀성, 「한국 근대불교의 개혁론과 교육개혁」, 『원불교학』 제9집, 한국원불교학회, 2003.6, pp.328-329.

요컨대 개선과 개악의 함수에 있어서 개혁의 실패는 여러 측면에서 나타난다. 여기에서 주목해야 할 것은[76] 구체적 전략의 문제와 의식개혁의 여부가 핵심과제로 나타난다. 또한 관리들의 무사안일과 복지부동의 태도가 개혁의 길을 막아버린다. 국가 국민이나 종교 구성원들의 관심부족도 마찬가지이다. 원불교에 있어서 교화의 구체적 전략미비, 의식개혁의 부족, 교역자의 무사안일적 시각을 성찰해 보아야 한다. 이는 원불교 100년의 개혁론에 있어서 반드시 새겨야 할 사항이라 본다.

---

76) 《21세기 국가발전 전략을 위한 조사연구》-21세기 한국의 비전과 전략-1997년 6월, 21세기국가전략연구소, p.19참조.

제2장
시대인식과 개혁

1. 시대인식과 문화

누구에게나 개혁의 자발적 공감을 일으킬 수 있다면 그것은 무엇인가? 여기에는 여러 요인이 작용하겠지만 무엇보다도 문화 개방과 관련되는 것이라 본다. 최근 미국 하버드대학의 나이(J. Nye) 교수는 문화를 통해 자발적 공감을 이끌어낼 수 있는 능력을 '소프트 파워'라는 용어로 제시하면서 오늘날에는 하드 파워보다도 소프트 파워가 강한 나라가 세계를 향도하게 된다[1]고 하였다. 오늘의 문화는 소프트 파워로서 공유되는 것으로 세계를 선도하는 매체임에 틀림없는 바, 이는 문화의 개방을 통하여 삶의 양식을 다채롭게 전개하려는 시대인식과 맞물려 있다.

문화의 개방은 또한 새로운 시대의 조류에서 나타나는 현상으로, 문화의 흐름을 통해 외방의 문화가 자국의 문화로 수용됨으로써 개혁의 모티브가 되기에 충분하다. 어떤 문화적 요건이 비록 외래적인 요소가 접목되었다고 하더라도, 그것이 오랜 세월을 거치면서 새로운

---

1) Nye, J., Soft Power: *The Means to Success in the World Politics*, New York:Public Affairs, 2004참조(김종서, 「광복이후 한국종교의 정체성과 역할」, 제32회 원불교사상연구원 학술대회 《광복이후 한국사회와 종교의 정체성 모색》, 원광대학교 원불교사상연구원, 2013.2, p.19).

시대의 조류에 수용되어 보편적인 민중의식으로 굳어졌을 때 이미 다른 것이거나 남의 것이 아니다.[2] 외래문화가 자국문화에 영향을 주고받으면서 새 문화로의 정착과 더불어 미래 문화로의 발돋움을 할 수 있는 것이다. 이것이 곧 과거와 미래라는 시대와 시대를 잇는 문화의 흐름으로서 문화개방의 가교가 된다.

21세기의 지구촌에 사는 우리는 과거와 달리 시공의 한계를 벗어난 사이버 세계에 진입했으며, 그로 인해 과거의 단절된 문화가 상호 영향을 주고받으면서 새로운 시대의 문화적 공동체성을 지니게 된 것이다. 그리스문화권, 중국문화권, 인도문화권이 공간적으로 아무리 멀리 떨어져 있더라도 시간적인 공동 패턴을 형성함으로써 그 시대에 따른 공통적인 맥락을 보여주고 있다.[3] 여기에서 시간적 공유 속에서 문화의 흐름은 과거에 정체되지 않고 미래를 향한 방향을 가늠케 해주면서, 문화생활의 변화와 개혁의 속도를 부추기고 있는 상황이다.

그럼에도 불구하고 문화가 정체되어 있다면 그것은 시대적 흐름을 방관한 셈이다. 이에 문화의 정체를 발전사로 전환시키기 위해서는 문화 현실에 대한 슬기로운 진단과 준엄한 비판이 전제되어야 하며, 이러한 토대 위해서 전통의 보수냐 개혁이냐의 시대적 과제에 대한 명답을 창출해 내지 않으면 안 된다.[4] 문화가 정체된다면 보수에 의한 정체요, 변화로 인도된다면 그것은 개혁에 의한 결실이다. 개혁을 향

---

2) 史在東, 불교계국문소설의 형성과정 연구, 아세아문화사, p.5(김의숙, 「국문학에 나타난 불교윤회사상 是非考」, 『한국불교학』 4. 한국불교학회 편, 『한국불교학』 제6집), 불교학술연구소, 1995, p.123).

3) 김순금, 「21세기 원불교의 과제와 방향」, 『원불교학』 6집, 한국원불교학회, 2001.6, p.96.

4) 이광정, 『주세불의 자비경륜』, 원불교출판사, 1994, p.12.

한 시대적 과제의 해법은 문화의 흐름에 대한 인식이 살아있을 때 가능한 일이다.

살아있는 시대인식은 어느 단체든 개혁정신을 독려하는 계기가 된다. 새 시대로 선도할 수 있는 안목이 있기 때문이다. 개혁적인 태도는 새 시대의 정신을 수용할 수 있는 열려진 마음을 갖게 하고, 그러할 때 비로소 새 시대의 정신과 원불교의 이상과 보다 정교하게 상호보완하는 작업을 가능하게 한다.[5] 열린 마음은 개방과 개혁을 거스르지 않는 힘을 가져다주며, 그것은 종교의 온전한 발전으로 이어진다.

따라서 지도그룹의 탁월한 시대인식이 개방과 개혁을 가져다준다. 개벽기에 탄생한 원불교는 개방이라는 시대적 과제를 간과하지 않았던 것이다. 교단이 이처럼 사회적으로 개방적인 태도를 갖게 된 데는 소태산의 개벽정신에서 비롯되었다고 할 수 있으며, 이 가르침에는 탁월한 시대인식이 담겨있다.[6] 개벽기의 세상개혁은 소태산이 기성불교에 담긴 가치관을 새 불교로 혁신함으로써 다가올 문명시대를 대비한 것으로 볼 수 있다.

미래의 밝은 문명을 지향하는 단체라면 시대정신이 살아 있다는 것으로 그것은 어느 단체라 해도 반드시 발전의 동력으로 이어진다. 종교를 매력적으로 만드는 것은 시대정신과 같이 가거나 선도하는 일이라고 보며, 원불교가 가지고 있는 사상과 수행, 의식, 사회활동이 시대정신에 맞도록 개혁하는 선지자들이 많이 나와야 한다는 것이다. 김장실 문화관광부 종무실장에 의하면, 어떠한 기성종교라도 위대한

5) 윤이흠, 「21세기의 세계종교상황과 원불교사상」, 『원불교사상과 종교문화』 35집, 원불교사상연구원, 2007.2, p.29.

6) 위의 책, p.28.

개혁가가 출현해 시대상황에 맞도록 조절하면서 침체하다가 부흥하곤 했다(「원불교의 성과와 향후 발전방안」, 원불교신문, 2007.4.6)는 것이다. 교단이 항상 시대인식을 분명히 해야 함을 지적하면서 사회의 큰 흐름을 읽는 작업이 필요하다고 본 것이다. 사회의 흐름을 놓칠 때 그 종교는 정체 내지 퇴보된 역사를 걸어갔다는 점을 직시하지 않을 수 없다.

환기컨대 '문화창조기'라는 용어는 이제 우리에게 낯설지 않게 되었다. 윤이흠 교수는 원불교가 진정한 종교인의 모습으로 스스로를 사회에 잘 드러내 보이면서 원숙한 성장을 하고 있다고 보아, 종교의 발달단계를 창업기, 제도정착기, 문화창조기로 나누면서 원불교는 이에 충실한 종교라고 보았다.[7)] 오늘날 문화창조기에 접어든 원불교의 중대한 시점임을 고려하면, 21세기와 교단 100년에 진입한 시점에서 과연 우리가 문화창조기를 향도할 수 있도록 시대가치를 창조하면서 개혁의 속도를 내고 있는지 성찰해 보아야 할 것이다.

어느 종교든 문화의 창조기는 당시의 시대화와 맞물려 진행되고 있다. 시대화는 인간이 역사적 존재임을, 대중화는 인간이 사회적 존재임을 전제하는 명제인 바, 이를 확대 해석하면 인간이 문화적 존재임을 인정하고 문화적 상황 내에서 삶의 방향을 모색하는 견해라고 할 수 있다.[8)] 일상성에 떨어지지 않고 창조적 지성을 통해 시대를 새롭게 인식하려는 시대화의 의지는 인간이 만물의 영장으로서 문화적 존재임을 인지하는 것과 맞물린다. 그것은 인간이 삶의 방향을 과거보

---

7) 서경전, 「21세기를 향한 원불교 교단행정 방향」, 『원불교와 21세기』, 원불교사상연구원, 2002, p.31.

8) 김낙필, 「원불교학의 동양해석학적 접근」, 『원불교사상』 12집, 원불교사상연구원, 1988, pp.102-103.

다 새롭게 모색해내는 과정에서 적극 발휘되기 때문이다.

2. 과거와는 달라야 한다

과거의 경우, 1년이란 시간은 오늘날의 365일과 같이 고정적이지 않았다. 일례로 1년을 355일로 정한 경우가 있었다. 로마 제2대 왕 누마는 백성들의 일상에 질서를 부여하기 위해 달력을 개혁한 바 있는데 로물루스 시절의 로마에서는 1년의 날수가 정해져 있지 않았던 것이다. 누마는 달이 차고 기우는 것을 기준으로 하여 1년을 12달로 정하고, 1년의 날수를 355일로 정했다. 남는 날수는 20년마다 결산했는데, 누마가 정한 이 달력은 율리우스 카이사르가 1년을 365일로 개정할 때까지 650년 동안 로마인의 일상을 관장하였다.[9] 여기에서 분명한 사실은, 현재를 축으로 할 때 지나버린 시간은 과거이며 돌아올 시간은 미래라는 것이다. 누마가 산정한 시간도 이미 지난 과거의 일이며, 오늘날은 새로운 율력이 보편화되었다.

과거의 일을 청산하고 미래를 대비해야 하는 것은 사회 지성들로서 당연한 일이다. 그러나 여전히 많은 동양인들이 타성화의 매너리즘에 떨어져 있는 것은 과거의 습성에 집착하기 때문이다. 동양사회가 공통적으로 지니고 있는 문제점 중에서 한국사회에 만연한 채 발전을 더디게 하는 현상으로 "늘 과거에 묻혀 산다"는 것이다.[10] 흔히 "왕년에 나는 어떠한 사람이었다"며 으스대는 경우는 과거향수에 젖어 사는 사

9) 시오노 나나미 著(김석희 譯), 『로마인 이야기』 1, 한길사, 1997, p.43.
10) 김경일, 『공자가 죽어야 나라가 산다』, 바다출판사, 1999, p.41.

람들의 심리로서 일종의 카타르시스라 해도 우리는 과거에만 머무를 수는 없는 시대로 진입하였다.

학문에 있어서 역사는 과거를 다루는 것이라고 이해하는 것도 잘못된 사고이다. 철학사의 경우 현재를 다루고 미래를 말해야 진정한 철학의 가치를 드러낸다는 사실을 인지하자는 것이다. 헤겔은 "진정한 의미에 있어서 철학사는 과거를 다루는 것이 아니라 영원하고 틀림없는 현재를 다룬다"[11]고 말한다. 모든 역사는 인간 지성의 범위를 벗어난 것들을 모아둔 박물관이 아니기 때문이다. 과거를 디딤돌 삼아서 현재와 미래의 보고로 삼아야 한다는 것이다. 여기에서 과거만 다루는 역사가 아니라 미래를 가늠하게 해주는 역사, 곧 새로운 철학사의 가치가 크다고 본다.

하지만 과거는 여전히 기억을 만들어내며, 기억에 익숙한 우리는 과거에 자족해버리는 수가 있다. 과거라는 기억 속에는 이미 실제를 왜곡하는 경우가 적지 않다. 기억이라는 것은 온전한 과거의 사실이 아니며, 그것은 감성적 왜곡이 개입할 수도 있으므로 결코 과거의 총체가 될 수 없다.[12] 우리가 과거를 기억하여 과거에 매달리는 경우가 적지 않음을 보면 과거에 집착할 경우 나 자신의 지나친 과거주의에 사로잡히는 때가 적지 않음을 알아야 할 것이다.

따라서 과거에 사로잡히는 사람들은 미래보다 과거가 행복하고 안전하다는 사고에 도취한다. 이미 그는 경험한 사실에 안주하고 경험하지 못한 미지의 것에는 불안해하기 때문이다. 과거에 집착하는 구

---

11) 헤겔, 『논리학』(Logic)(Wallace 譯), p.137(라다크리슈난 저(이거룡 옮김), 『인도철학사』Ⅰ, 한길사, 1996, p.85).
12) 김용옥, 『논어 한글역주』1, 통나무, 2009, p.75.

성원들의 대부분은 현재의 정서적 경험으로부터 벗어나기 위해 과거에 대해 이야기한다.[13] 왕년에 그의 활동상이 어떻다느니, 현재와 미래에 보상받지 못하거나 못할 상황을 지레 짐작하고 왕년에 젖은 자신의 이미지를 부각시키려는 심리가 발동한다.

과거를 부각시켜서 그 과거에 매달리는 심리를 빨리 벗어나야 새로운 돌파구가 마련된다는 사실을 간과해서는 안 된다. 과거를 일단 극복해야 돌파구가 마련된다는 사실을 망각하면 개혁은 어려운 일이다. 과거에 대한 부정 없이는 개선도 없는 법이며, 모든 사물과 일을 대할 때 원점사고를 갖고 새롭게 바라보아야 비로소 본질을 파악할 수 있다.[14] 이미 경험한 과거를 극복하지 않으면 그에 대한 상념이 지속되어 창의적 아이디어가 새롭게 솟아나지 않기 때문이다.

그러나 과거를 그냥 가치 없는 것이라고 하기 보다는 미래의 개척을 위해 그것을 참조할 줄도 알아야 한다. 경산종법사도 원불교 100년 신년법문으로 과거를 거울삼아 현실에 충실히 하고 미래를 개척하라고 하였다. 과거, 현재, 미래는 우리의 시간관 속에서 드러난 총체적 삶의 모습이기 때문이다. 과거, 현재, 미래는 우주만유 모두에게 평등하게 주어진 소재이자 과정이므로 과거는 배움의 대상, 그냥 흘려보낼 대상이 아니다.[15] 여기에서 과거・현재도 배움의 대상이요 미래를 위한 가늠의 열쇠임을 알아야 한다.

과거는 나의 지나온 자취임을 알아서 나의 처사에 대한 시비를 가

13) 박법일, 「소집단내 상호작용 촉진에 관한 연구-교화단 활성화를 위한 접근」, 제2회 실천교학 학술발표회 《학술발표요지》, 원불교대학원대학교, 2002.3, p.73.

14) 이건희, 『생각좀 하며 세상을 보자』, 동아일보사, 1997, p.37.

15) 좌산상사법문집 『교법의 현실구현』, 원불교출판사, 2007, p.27.

늠하고 현재와 미래에 도움이 되는 측면에서 시정하는 정도에 머물러야 한다. 『황조경』 「세문편」(皇朝經 世文篇)』의 서(敍)에서 위원(魏源)은 과거를 잘 설명하려면 반드시 오늘에서 증거를 취하여야 한다[16]고 하였다. 이처럼 과거는 현재의 난관에 부닥쳤을 때 소중한 자료로 참조하는 정도에서 그 의미가 있다. 과거에 전적으로 의존하여 매달리는 행위는 바람직하지 않다는 것이다.

지난 일에 대하여 집착하지 말고 참조하라는 것은 앞으로 진취적으로 취사선택을 잘 하라는 의미이다. 과거는 미래로 향하여 변역(變易)이라는 과정으로 지속되어 오고 있다. 이 변역, 곧 변화의 생생한 가치를 놓쳐서는 안 되는 것이다. 이미 과거가 지났기 때문에 오늘의 내가 여기에 있는 것이고, 마찬가지로 이때가 움직이고 있기 때문에 새로운 미래가 도래하는 것으로, 이 변역(變易)에서 사람은 어떻게 자기 스스로일 수 있는 것일까[17]를 고민하지 않을 수 없다. 과거에 구속받지 말아야 하며, 그것을 거울삼아 미래의 창조로 나가야 한다.

3. 중국의 변신

중국이 미국과 더불어 G2에 속할 정도로 경제의 선진대열에 들어섰다. 여기에는 중국 근대의 개혁사상가들이 있었음을 참조할 필요가 있다. 1567년 명대의 진보적 사상가요 유물론자인 이지(李贄)를 비롯하여 왕념손(王念孫)과 장혜언(張慧言), 손이양(孫詒讓) 등은 묵자사상

16) 李康洙 外, 『中國哲學槪論』, 한국방송통신대학교출판부, 1995, p.388.
17) 다까다 아쓰시 著(이기동 譯), 『周易이란 무엇인가』, 여강출판사, 1991, p.2.

에 매료되었으며, 뒤이어 개혁사상가인 양계초, 호적, 풍우란, 전목, 방수초 등의 철학자들에 의해 묵자의 생애와 사상 등 연구가 전반적으로 활발하게 전개되었다.[18] 사실 유물론적 사유가 공산주의 국가로서 더디게 발전해오면서 근대까지 중국은 세계의 이목을 받지 못했다.

중국은 오랫동안 가난을 면치 못했고 서구학자들에 의해 부정적 평가를 받아왔던 것도 사실이다. 인문주의적 성향에 따른 '군자불기론'(君子不器論)은 산업사회의 발전을 더디게 하였음은 물론이고 실용주의적 과학기술이 서구나 일본, 한국에 비해 크게 발전되지 못하였다. 이에 중국은 19세기 말 서양에 패배하고 말았다는 막스 베버의 지적이 있었지만 덩샤오핑이 마르크스와 레닌의 이데올로기를 탈피하기 시작했으며, 수정공산주의를 통해 오늘의 발전된 중국이 있게 한 것이다.

놀랍게도 중국이 자본주의의 장점을 수용하면서 변화의 노선을 밟은 주요 사건들은 다음과 같다. 1978년 공산당 11기 3중전회, 덩샤오핑의 개혁·개방 선언, 1979년 선전·주하이 등 경제특구 설치, 1984년 계획 상품경제의 인정이 있었다. 1987년 자오쯔양 총서기의 사회주의 초급단계 제시, 1992년 덩샤오핑의 개혁·개방 가속화의 촉구가 있었다. 1997년 9월 15차 당대회 사유제의 실체인정, 1999년 3월 사영경제를 중국경제 중요구성 부분으로 격상, 2000년 1월 1일 장쩌민의 사기업주 공산당·가입허용 선언, 2001년 11월 WTO가입이 있었다(중앙일보, 2001.7.20). 공산주의적 이념으로부터 수정 사회주의 노선을 걷게 된 중국은 이처럼 경제적 풍요를 누릴 수 있는 개혁 개방 정책을 가속화했던 것이다.

---

18) 奇世春, 《민중의 시각에서 본 동양사상-儒·墨을 중심으로》, 원광대학교 동양학대학원 개강특강, 원광대 동양학대학원, 2001. 8. 30, p.1.

근대까지 서구 자본주의적 발전과 달리 크게 발전하지 못했던 중국이 대반전의 혁신적 성향을 띤 것은 마오쩌둥과 덩샤오핑 덕택이라는 사실을 부정할 사람은 없을 것이다. 1950년대 중국의 공업화는 중앙계획과 중공업을 강조하는 소련모델을 답습한 것이었으며, 그 뒤 마오쩌둥의 '대약진' 운동기간 중에 혼란에 빠졌지만 1978~1979년에 착수된 덩샤오핑의 경제개방 정책은 극적인 발전을 보게 되었다.[19] 공산주의적 농업 중심의 국가에서 가장 큰 변화가 생겼으니 제조업, 상업, 소비재 무역에 눈부신 발전을 가져온 것이다.

특히 덩샤오핑의 '흑묘백묘론'(黑猫白猫論)은 중국의 변화를 실감나게 하였다. 검은 고양이든 흰 고양이든 쥐만 잘 잡으면 된다는 것은 자본주의든 공산주의든 인민을 잘 살게 하는 것이 최고라는 뜻으로서 덩샤오핑의 실용주의적 경제 철학을 잘 묘사하고 있다. 공산주의의 체제 속에 있는 중국이 어떠한 이념이든 인민이 잘 살면 된다는 원리로서 그것은 중국의 개혁개방을 부추겼고, 자본주의의 장점을 도입하여 세계 자본계에 영향을 줄 정도로 선진국에 들어선 것이다.

주지하듯이 중국이 미국과 나란히 하며 세계 경제를 변화시키고 있으며, 세계인들에게 놀랄만한 경제적 발전을 보여주고 있다. 중국의 혁명적 노력이 경주되었던 최근 수십 년 동안, 농업용수를 저장하기 위해 관개수로를 뚫고, 전답으로 물을 퍼 올리기 위해 전력을 사용하며, 나무를 심어 조림하고 작물을 개량하는 등 엄청난 변화가 있었지만, 이와 같은 개혁은 중국인의 생활을 개조하는 과정의 시작일 뿐[20]

---

19) 폴 케네디 著(邊道殷 외 1인 譯), 『21세기 준비』, 韓國經濟新聞社, 1999, p.228.

20) 존 K. 페어뱅크 外 2인著(김한규 外 2인譯), 『동양문화사』(상), 을유문화사, 1999, pp.17-18.

이라는 서양학자의 언급은 중국의 놀랄만한 발전을 예견해 주기에 충분하다.

사실 중국은 농민들에게도 인센티브를 주는 개혁을 시도했다. 농업 생산성의 증가는 인도에 비해 훨씬 컸는데 그것은 주로 1978년 이전의 인민공사제도를 철폐한데 기인하며, 집단화 시스템이 식량생산을 20년간이나 정체시켰음을 시인한 덩샤오핑의 정권은 농민에게 인센티브를 주는 개혁을 시도했다.[21] 그의 개혁은 정치적 자유화를 허용하지 않으면서 경제적 자유화를 촉진하려는 의도를 담았던 것이다. 덩샤오핑 정부는 경제적 자유와 합작사업, 해외의 민주국가 여행, 그리고 유학 등 갈수록 많아지는 서방매체에 기울거나 혹은 수용했지만 그 때문에 1989년 민주항거가 발발했다고 폴 케네디는 지적하였다.

그동안 경제 선두대열이었던 일본을 제친 중국은 미국과 더불어 어깨를 나란히 하고 있다. 우리나라의 기술이 지금까지 앞서왔지만 중국이 바짝 뒤따르는 형국이 된 것이다. 한국기업의 중국발전과 관련한 발언을 살펴보자. 이건희 삼성그룹 전 회장은 말하기를, 중국이 경제개혁과 개방을 지금과 같은 속도로 10년만 계속한다면 세계시장에서 우리가 설 자리는 없어질 것이라는 불안감이 머리 속을 떠나지 않았다[22]는 것이다. 가히 위기의식을 불러 일으킬만한 언급이 아닐 수 없다.

LG기업이 본 중국도 주목을 끌만한 일이다. 「세상을 바꾸는 5가지 힘의 원천」으로는 ① 중국, ② 자본주의, ③ 이산화탄소, ④ 고령화,

---

21) 폴 케네디 著(邊道殷 외 1인 譯), 『21세기 준비』, 韓國經濟新聞社, 1999, pp.223-224.

22) 이건희, 『생각좀 하며 세상을 보자』, 동아일보사, 1997, p.60.

⑤ 초연결(Hyper-Connection)이라는 것이다(2010년 1월 자료). 여기에서 중국이 세계를 바꾸는 원천 중에서 첫 번째임을 알 수 있다. 하지만 중국이 개혁 개방과 물질문명에 치우친 나머지, 불건전한 사상과 부패한 생활방식의 침투로 인하여 낙후하고 건전하지 못한 현상과 요소들이 급속히 머리를 쳐들기 시작하였다.[23] 이것들은 중국의 현안이겠으나, 중국의 개혁 개방은 오늘날 세계 경제를 뒤바꾼 큰 사건이라는 사실을 알아야 할 것이다.

4. 싱가포르의 모델

싱가포르의 발전에는 혜성과 같이 등장한 리콴유를 떠올린다. 그는 싱가포르 전 총리로서 많은 사람들로부터 아테네 이후 가장 놀라온 도시국가를 만들어냈다는 찬사를 받았다. 그가 얼마나 우리의 기억에 깊이 남았는가를 보면 「리콴유만 같아라」는 일간지의 시론 제목(중앙일보, 1998.3.14)이다. 이 나라는 지하자원이 하나도 없는 열대의 정글이었다. 뛰어난 지도자가 한 나라의 국력과 운명을 결정한다는 것은 역사가 증명하는 사실인 바, 명치 일본의 근본에는 사카모토 료마가 있었고, 제정 러시아에는 스스로 스웨덴의 조선소에 가서 막노동을 했던 피터 대제가 있었으며, 후한의 광무제(劉秀)는 곤양대전에서 3천명의 병력으로 60만 대군을 물리쳤으며, 싱가포르는 리콴유 수상

23) 김경진(북경중앙민족대학 교수), 「소태산 정신개벽사상과 그 조치 및 현실적 의의」, 원광대 개교60주년국제학술회의 『개벽시대 생명·평화의 길』, 원불교사상연구원·한국원불교학회 外, 2006.10.27, pp.42-43.

에 의해 오늘의 부국이 되었다.[24] 모든 일은 사람이 들어서 큰일을 해내는 것이다.

필자는 1994년 원불교학과 예비교무들(일원학년)과 수학여행으로 싱가포르를 동행한 바 있는데, 독일의 헤르만 헤세(1877~1962)의 싱가포르 여행기를 보면 흥미롭다. "화창한 날에 싱가포르에서 드라이브하는 것보다 더 멋진 일이 있으랴. 릭샤를 타고 앉으면 눈앞의 광경 외에도 총총걸음으로 움직이는 박자에 맞춰 위아래로 출렁이는 릭샤꾼의 잔등을 느긋하게 바라볼 수 있다." 싱가포르를 여행하면 다시 방문하고 싶은 아름다운 나라임을 알 수 있는 것이다.

여행과 관련한 국가 공항의 문제에 대하여 언급해 본다. 싱가포르와 한국의 공항은 세계인들이 가장 선호하는 공항들이라는 사실이다. 우리에게 잘 알려진 공항으로 아랍에미리트의 두바이공항, 싱가포르 창이공항, 한국의 인천공항이다. 창이공항의 제1단계 공사로서 1981년 7월 1일에 개항되었고, 1990년 11월 22일 제2터미널이 완공되었으며, 2008년 1월 9일 제3터미널이 개항되었다. 창이공항은 싱가포르 동쪽으로 25㎞ 떨어진 곳에 있으며, 오늘날 잘 알려진 공항으로서 싱가포르를 여행하는 사람들은 이 창이공항을 이용한다.

한편, 싱가포르가 세계에서 어느 정도의 국가경쟁력이 있는가를 살펴본다. 2007년 싱가포르의 국가경쟁력은 1위의 미국에 이어 2위에 올랐다. 2013년도 싱가포르의 1인당 GNP는 5만 3천불에 해당한다. 싱가포르는 적은 인구에 국토는 남한의 18분의 1 정도의 좁은 국토이지만 1인당 국민소득이 5만불을 넘는다.[25] 우리나라는 아직 3만불 전

24) 김익철, 『과학이 살아야 나라가 산다』, 현실과 미래, 1999, pp.19-20.

25) 서경전, 「21세기 교당형태에 대한 연구」, 제21회 원불교사상연구 학술대회

후에 있지만 싱가포르는 5만불을 넘어섰으니 이미 선진국 대열에 진입했다. 이에 우리나라의 상황과 비슷한 작고 강한 나라의 모델로는 싱가포르나 유럽의 네덜란드가 적합할 것이다.

싱가포르의 외환보유액도 대단하다. 재정흑자가 그만큼 많다는 것이며 혁신지수도 높다는 뜻이다. 높은 경제 성장가도를 달리고 있는 중국 대륙, 세계 최대의 외환 보유고를 구가하는 타이완, 국제 금융센터인 홍콩과 싱가포르[26)]를 참고해볼만한 일이다. 각국의 외환보유액을 보면 1위-중국 1조4천억, 2위-일본 9546억, 3위-러시아 4413억, 4위-대만 2659억, 5위-인도 2625억, 6위-한국 2619억, 7위 브라질 1679억, 8위-싱가포르 1582억(2008년 9월, 달러)이었다. 2014년에는 중국, 일본, 스위스, 러시아, 대만, 브라질, 한국, 홍콩, 싱가포르의 외환보유액이 사상 최고 수준에 도달했다.

각국의 혁신지수도 눈에 띤다. 국가마다 혁신을 감행할 경우 국가발전에 큰 도움이 되는 것이다. 2009년 글로벌 혁신지수를 보면 1위 미국, 2위 독일, 3위 스웨덴, 4위 영국, 5위 싱가포르, 6위 한국, 7위 스위스로 나타났다. 이는 프랑스의 국제적 경영대학원인 인사이드(INSEASD)가 선정한 세계 각국의 혁신순위를 2009년도에 발표한 순위이다. 글로벌 혁신지수란 정부정책과 제도, 사회기반시설, 개인역량, 기술의 정교성, 시장 및 자본, 지식, 경쟁력 등을 통하여 순위를 매긴 것으로 상가포르가 5위, 한국이 6위에 해당한 것을 보면 우리나라는 상호 대비적으로 싱가포르와 비교해볼만 하다.

이어서 싱가포르의 투명성 곧 국가 신뢰도를 살펴본다. 그것은 국

《21세기와 원불교》, 원불교사상연구원, 2002.1, p.59.

26) 한비야, 『중국견문록』, 푸른숲, 2001, p.112.

가 개혁의 지남이 될 수 있기 때문이다. 2013년 5월의 경우를 보면 국제투명성 기구로서 90점을 받은 곳은 덴마크, 핀란드, 뉴질랜드가 공동 1위를 차지했으며, 스웨덴 4위, 상가포르 5위, 스위스 6위를 기록하고 한국은 45위를 기록했다. 아시아에서 싱가포르가 1위를 기록하고 있는 점을 보면 한국은 투명성에 있어서 싱가포르를 모델로 삼을만하다. 그것은 리콴유가 1959년 싱가포르 총리로 취임을 하면서 강력한 의지로써 투명한 국가로 변모시킨 덕택이다.

아시아의 용으로 우뚝 솟은 싱가포르는 변모할 수밖에 없었다. 아시아의 용(NICS : 한국, 대만, 홍콩, 싱가포르)은 21세기 초에 세계성장의 핵이 되어 세계사의 중심을 서양에서 동아시아로, 대서양에서 태평양으로 옮기도록 하였다고 하여만 칸(Herman Kahn)은 말하며, 근대화 경제발전 과정에서 영웅이 출현했다[27]고 하였다. 특히 아시아의 네 마리 용 중에서도 싱가포르가 눈부신 발전을 이룩하였던 것은 인프라 구축에 심혈을 기울였기 때문이다.

또한 국가의 환경지수에 있어서도 싱가포르는 깨끗한 나라로 잘 알려져 있다. 리콴유 전 총리는 총리직에 취임한 후 도시 주변과 해변을 깨끗이 하고자 쓰레기를 줍고 공터의 잡초까지 뽑는 등 청소도구를 들고 거리로 나섰다. 싱가포르는 벌금의 나라로도 잘 알려져 있다. 공공장소에서 담배 피우다 들켜도 벌금, 지하철 차내나 구내에서 음식을 먹고 라디오를 켜도 벌금, 자기 집의 관상수 관리가 소홀해도 벌금을 물어야 한다. 물론 길거리에 씹던 껌을 뱉어도 벌금을 내야 하는 벌금의 나라로 통하기 때문에 환경지수에서도 단연 앞선다. 일본, 싱가포

---

27) 邊鮮煥, 주제발표「韓日 兩國의 近代化와 宗教」, 1995 韓・日 宗教學術 심포지움『韓日 近代化와 宗教』, 圓光大學校 宗教問題研究所, 1995.8, p.12.

르, 타이완 같은 깨끗한 정부가 이끄는 나라들이 한국을 딛고 넘어서 새로운 도약을 하게 될 것[28]임을 알아야 한다. 한국이 싱가포르를 선진 대열의 모델로 삼아야 하는 이유가 여기에 있다.

5. 신흥 중산층

빈부차이가 크면 클수록 그 사회는 불공정하고 불안한 사회이다. 빈부 계층간 갭이 크면 가진 자와 못 가진 자의 갈등이 빈번하기 때문이다. 의식주의 수용에 있어서 중간계층이 많을수록 빈부 차이가 적으며 갈등도 그만큼 줄어든다고 본다. 산업혁명이 일어난 때부터 빈부차이가 사회적 이슈로 등장하기 시작하는데, 그것은 중산층의 중요성을 가늠하는 계기가 되기도 하였다. 물론 중산층이 두텁다고 해서 무조건 행복한 사회는 아닐 것이다. 도스토예프스키(1821~1881)는 유럽여행을 하면서 타락한 가톨릭 세계와 중산층의 속물적 근성을 비판하고 있는데, 그것은 19세기와 20세기 유럽의 물질문명의 위기에 대한 경고이다.[29] 그가 본 파리는 탐욕과 물질에 취한 중산층의 타락상이었다.

그럼에도 불구하고 오늘날 중산층이 필요한 이유는 빈자와 부자 사이의 갭을 줄이고 균형 잡힌 사회라야 사회 개혁과 발전의 동력이 되기 때문이다. 빈곤층의 성향은 가난에 허덕이며 기존의 판을 깨려는

28) 김경일, 『공자가 죽어야 나라가 산다』, 바다출판사, 1999, p.33.
29) 옮긴이 이길주 해설이다(도스토예프스키 지음(이길주 옮김), 『유럽인상기』, 푸른숲, 1999, pp.17-18).

불만 심리가 발동하면서 완전한 혁명을 꿈꾸곤 한다. 부유층은 그동안 이루어놓은 자신의 부를 존속하기 위해 보수적 성향을 지니며 개혁을 싫어한다. 그러나 중산층은 급진적 혁명도 아니고 단순한 현상유지도 아닌, 온전한 개혁을 통하여 빈자와 부유층 간의 갭을 줄이려는 동력을 지닌 집단이다. 중산층이 사회의 점진적 개혁에 있어서 온건하면서도 유연한 이유이다.

그러면 중산층이란 대체로 어떠한 부류인가? 흥미를 유도하는 것으로 영국인으로서 중산층의 외형적 징후는 ① 플리즈(please), ② 생큐(thank you), ③ 익스큐즈 미(excuse me)와 같은 언어생활에 익숙한 패턴이다. 자본주의 사회에서 중산층에 속하는 사람들로는 기술자, 종교인, 의사, 학자, 법조인, 예술가, 번역가, 언론인들로서 지적 활동의 담당자, 정신적 생산자이기 때문에 인텔리겐차인 것이다.[30] 이처럼 중산층은 고등교육을 받은 사람들로서 다소 전문화된 노동의 기능을 소유한 자들을 말한다. 그들은 월급 생활자로서 사무직, 기술자, 자유직업인을 중심으로 하는 지적 전문가들로서 사회개혁에 동력이 되는 사람들이다.

이러한 맥락에서 독일의 괴테(1749-1832)가 말한 중산층은 흥미롭게 다가온다. 그는 1786년 9월 17일 베로나를 여행하면서 다음의 글을 남긴다. "오늘은 시내의 여러 거리를 돌아다니며 특히 중간 계층의 의상과 행동방식을 관찰했다. 그들이 가장 많이 눈에 띄고 가장 활동적이기 때문이다. 그들은 걸을 때 모두 양팔을 흔들며 다닌다."[31] 그

30) 하마구찌 하루히코 著(김석근 譯), 『근대일본의 지식인과 사회운동』, 三知院, 1988, pp.225-226.

31) 괴테 著(박영구 譯), 『괴테의 이탈리아 기행』, 도서출판 푸른숲, 1998, p.78.

의 눈에는 중산층의 활동상이 깊이 새겨졌던 것이다. 가난한 사람들은 가난에 허덕이는 관계로 활동이 위축되지만 부자들은 자신이 이룩한 부로 인해 자만심에 사로잡힐 수 있다는 점에서 부에 가까운 중산층 심리가 자유롭게 비춰지고 있다. 중산층은 사회의 생산과 소비시장의 축을 이루면서 사회기반이 되고 개혁에 앞장선다는 사실을 고려하면 그들이 누리는 자유는 신흥 중산층으로서 누리는 행복감일 것이다.

행복을 누리는 중산층이 보수적일 수 있음에도 불구하고 다소 개혁적 성향을 지니는 이유는 무엇인가? 그들은 독서를 즐기는 지식인 계층으로서 사회를 선도할 수 있는 지적 역량이 있기 때문이다. 18세기 서구 신흥 중산계층은 독서를 통해 자기 개혁을 주도하였는데 도매상인, 소매상인, 점포주인, 사무원, 노동자로 이뤄진 신흥의 중산계급이 독서를 시작하게 된 본래의 동기는 그들의 자기 개선(改善)이었다.[32] 그들은 독서를 통해서 자신의 지적 성숙과 생활향상을 견지하였던 바, 중산층 가정은 대체로 풍요롭고 쾌적해진 관계로 여유롭게 독서를 즐기게 된 것이다.

19세기에 이르러 중산층은 자본 축적을 위해 과소비를 지양하고 사회 개선에 앞장서기도 하였다. 하르트만에 의하면 빅토리아 왕조 때 중산층은 19세기 경제에 필요로 했던 자본 축적의 심리학적인 근거로서 저축하고 건전한 사회적 성격을 전개시켰기 때문에 건강한 것이었다[33]며, 중산층은 자본의 축적과 사회발전에 동인이 되었음을 밝히고 있다. 중간계층으로서의 역할은 당시 사회개혁과 발전에 도움이 되었

---

32) 루이스・A・코저 著(方根澤 譯), 『지식인이란 무엇인가』, 태창문화사, 1980, p.59.

33) E.프롬 저, 강영계 역, 『현대인간의 정신적 위기』, 진영사, 1980, p.58.

음을 알 수 있다.

20세기에 들어서면서 중산층은 여전히 사회의 주체로 등장하며 시민운동을 전개하면서 개혁을 주도하였다. 1980년대까지 성장한 중산층은 사회의 주체로 역할하면서 다양한 형태의 시민운동이 활성화되었다. 이 시민운동은 정치 경제적 측면의 변혁을 지향했던 종래의 민중운동과 달리, 체제의 변혁보다는 다양한 사회 문제의 점진적 개선을 목적으로 하는 특징을 지닌다.[34] 그것은 1990년대의 '경제정의실천시민연합(경실련)'이나 '환경운동연합'과 같은 시민단체(NGO 또는 NPO)의 역할이 크게 증대되는 결실을 가져다 준 것이다.

한편 선후천 교역기라는 시대적 변천의 주요 변인으로 등장했던 시기가 한국 신종교의 등장시기와 관련된 개화기이다. 이 개화기에 우리나라 중산층의 등장과 더불어 반상차별 타파가 변화의 요인이 되기도 하였다. 즉 중인(中人)들의 대두와 더불어 확대된 반상차별의 타파는 개화기 이후 한국종교의 주체성에 결정적인 변화의 요인이 된 것으로, 모두에게 열린 기본 권리로 인식되면서 소위 대중화의 큰 물결을 타게 된다.[35] 특수층의 무대가 아니라 서민과 중산층의 무대가 확대되자 신종교들이 개혁을 주도하면서 민중종교·대중종교로서 다가선 것이다.

사회 개혁은 다수보다는 소수가 주도한다는 말이 있다. 소수의 리더가 사회를 선도하는 것은 일리가 있지만 중산층이 건전한 사회계층

---

34) 박윤철, 「원불교 예비교무 지원자 감소 원인과 대응방안 연구」, 일원문화 연구재단, 2004년 4월 13일, p.4.

35) 김종서, 「광복이후 한국종교의 정체성과 역할」, 제32회 원불교사상연구원 학술대회 《광복이후 한국사회와 종교의 정체성 모색》, 원광대학교 원불교사상연구원, 2013.2.1, p.10.

으로서 사회운동에 적극 참여하는 관계로 사회 개혁에 동인이 된다. 참신한 중산층이 된다는 것은 적어도 외국어 하나는 구사할 수 있고, 여가생활을 즐길 수 있으며, 사회참여를 긍지로 삼으며, 주변의 아이디어를 나의 아이디어로 만들어서 내 주변을 창의적으로 이끌어갈 수 있는 것을 말한다. 로마, 콘스탄티노플, 베네치아, 암스테르담, 런던, 뉴욕, 도쿄는 중산층이 몰려 살면서 공원, 음악당이 세워져 창의력과 문화활동의 중심지였다[36]는 점을 참조할 일이다.

따라서 바람직한 사회란 중산층이 두터워야 하며, 또 중산층을 살려야 사회가 건강해진다. 미국의 힐러리 클린턴은 자신의 남편인 빌 클린턴의 대통령 출마 연설을 회상하였는데, 그 내용은 미국의 꿈을 되찾고 중산층을 위해 노력하며, 더 많은 기회를 제공하는 위대한 미국에 강력한 공동체를 창조할 리더십을 제시하는 것이었다.[37] 클린턴 자신도 사회발전에 중산층의 역할이 중요하며, 중산층이 두터워야 대통령 당선 후에 국가 개혁과 재건에 도움이 된다는 것을 알고 있었다. 중산층이 붕괴하면 빈부차가 커지는 관계로 소득이 줄기 시작하고 빈부갈등은 사회의 불씨가 된다. 오늘날 중산층이 두터워져야 하는 이유이며, 또 사회의 건실한 중산층으로서 책임을 갖고 사회 개혁에 앞장서야 할 것이다.

---

36) 폴 케네디 著(邊道殷 외 1인 譯), 『21세기 준비』, 韓國經濟新聞社, 1999, p.43.

37) 힐러리 로댐 클린턴(김석희 옮김), 『살아있는 역사』, 웅진닷컴, 2003, p.157.

6. 개혁의 조건

우리의 생명을 온전히 유지하려면 생존의 여러 조건이 필요하다. 물, 불, 공기, 흙, 곡식 등이 요구되는데 이를 생존의 조건이라 한다. 조건이란 생존과 같은 목적 성취를 위해서 반드시 필요한 것들을 말한다. 이를테면 개혁의 조건도 개혁에 있어서 꼭 필요한 것들이다. 무엇보다도 개혁의 선결조건으로는 개혁 마인드[38]가 필요하다. 개혁을 하고자 하는 마인드가 없으면 개혁은 이루어지지 않기 때문이다. 개혁에 대한 마음 작용이 곧 개혁 마인드라면 이러한 자세가 개혁에 있어서 근간이 되는 것이다.

개혁에는 또한 개혁을 반드시 성취하겠다는 결단력이 필요하다. 우유부단한 성격으로는 개혁을 감히 성취할 수 없기 때문이다. 개혁이란 인류에게 이익을 가져다주는 것인 바, 『주역』의 익괘(益卦) 단전에서는 "군자는 선을 보면 곧 이를 자기에게로 옮겨 행하고, 허물이 있으면 바로 이를 고친다"[39]라고 하였다. 고쳐야 할 상황이 있으면 머뭇거리지 않고 바로 실행에 옮기는 것이 결단력이다. 개선해야 할 타이밍에서 결단력을 놓치면 개혁은 쉽게 이루어지지 않는다.

아울러 개혁의 조건으로는 지도자가 있어야 한다. 이 지도자란 개혁하고자 하는 전반 사항에 대하여 식견이 있는 전문가여야 한다는 뜻이다. 우리는 점차 증가하는 노동의 전문화를 경험하고 있는 산업사회의 문명 속에 존재해 왔다[40]는 사실을 환기할 필요가 있다. 오늘날

---

38) 박윤철, 「원불교 예비교무 지원자 감소 원인과 대응방안 연구」, 일원문화 연구재단, 2004년 4월 13일, p.12.

39) 『周易』, 「益卦」, 君子以見善則遷, 有過則改.

40) 로버트 누슨(서영일 역), 『개혁주의 역사관』, 기독교문서선교회, 1986, p.61.

은 전문가의 시대이다. 전문가로서 실력을 갖춤으로써 개혁해야 그 개혁이 성공한다는 것이다. 어설픈 지도자라면 무엇을 개혁할 것이며 어떻게 개혁할 것인가에 대한 지적 안목이 없기 때문이다.

개혁의 안목에 더하여 개혁의 과정을 가정하고 개혁의 효율성을 따져볼 필요가 있다. 전 미국 부통령 앨 고어는 1991년, 21세기 정부조직 개혁의 기본방향을 밝힌 바 있다. 정부의 경쟁력 증대, 비용의 효율성 제고, 시민사회의 강화를 제시했다. 이처럼 개혁을 전개하는데 그 비용이 얼마나 들며, 협조 조직과 그 효율성은 어느 정도인가를 살펴보는 자세가 필요하다. 특히 효율성이 있어야 개혁에 추진동력을 받는 것이다.

또 개혁에는 개혁자의 상상력과 창의성이 필요하다. 기존에 만족하는 사유방식보다 새로운 상상력을 통해서 보다 나은 방향으로 나아가는 것이 개혁에서 얻는 가치이다. 우리는 현실의 만족에 취해서는 안 된다. 직장에서 기업인으로서 현재에 만족하지 않고 개혁하고 창조하는 자세는 개혁의 중요한 동력이기도 하다.[41] 자신의 아이디어를 통한 창의력에 의해 개선하고, 개발하며 혁신을 하자는 것이다.

개혁의 조건에서 또 중요한 것은 개혁의 지속성 여부이다. 목표를 달성하기 위해서는 지속적인 노력이 필요하다는 것이다. 개혁을 위해서는 적어도 8~10년 이상 일관성을 가지고 정책을 추진해야 하고, 그러기 위해서는 지도자가 건강해야 한다.[42] 나약한 자세로 임하면 추진하던 일도 도중에 중단되고 말 것이다. 『주역』「계사전」상 5장에서

---

41) 조정제(국토개발연구원 연구위원),「원불교의 경제관에 대한 소고」,『원불교사상』4집, 원불교사상연구원, 1980, p.214.

42) 박윤철,「원불교 예비교무 지원자 감소 원인과 대응방안 연구」, 일원문화 연구재단, 2004년 4월 13일, p.12.

말하기를 '생생지위역'(生生之謂易)이라 했다. 천도(天道)는 지속적으로 운행하기 때문에 생생불식(生生不息)하는 것이다. 동양의 생철학(生哲學)처럼 생명작용의 지속성이 있어야 생명력이 발휘된다는 뜻이다.

또한 개혁에서 간과할 수 없는 것은 개혁을 향도하는 자와 민중과의 상호 공감대가 형성되어야 한다. 개혁을 위해서는 지도자와 민중의 호흡이 일치해야 그 개혁은 일취월장이 되어 성공을 거둘 수 있다. 개혁에서 실패하는 주요 이유의 하나로는 개혁자와 피개혁자 사이에 공감이 없다는 점이다. 개혁 주체자의 일방적 행위가 민중에게 전혀 공감을 얻지 못한다면 그것은 이미 동력을 상실하게 된다. 오늘날 사회경제의 개혁을 단행하고 근대화를 수행함에 있어 성공하느냐의 여부는 정치 지도세력과 지식층, 그리고 민중 사이의 정신적・문화적 갭을 얼마나 메워 가느냐에 달려있다.[43] 이슈에 대한 공감을 이루기 위해서는 이해하고 설득하고, 화합의 장을 마련하는 것이 필요하다.

보다 실제적으로 개혁에 성공을 이룰 수 있는 것으로 개혁을 위한 예산의 확보, 즉 경제적 토대가 있어야 한다. 아무런 예산 없이 일을 추진하려 한다면 자금 없이 시장에 가서 물건을 사려는 격이다. 학문과 기술에 힘입어, 물질적 토대의 개선이라는 차원에서 이룩된 개혁의 합리성[44]을 숙고해야 한다. 소규모의 행사에도 예산이 필요한데, 사회적・국가적 차원의 개혁에는 당연히 경제적 뒷받침이 요구되는 것이다. 개혁의 조건이란 이처럼 여러 측면에서 대비해야 하며, 보다 바람직한 방향으로 전진하려는 개혁 목적의 설정에 있어서 예산 투자

---

43) 林芳鉉, 『近代化와 知識人』, 지식산업사, 1974, p.235.
44) 볼프강 베르그스도르프, 「무기력과 교만」, 엄창현 편저, 『지식인과 지성인』, 도서출판 이웃, 1991, p.81.

는 반드시 필요하다.

7. 개혁의 주체성

사회 개혁에는 개혁을 이끄는 주체가 있기 마련이다. 목적사업에 능동인과 수동인이 있을 경우, 능동인이 주체가 되는 것이며 후자는 객체가 되는 것이다. 사회적 관계들의 체계를 구체화하자면, 그 관계들의 주체가 되어야 한다.[45] 주체적 역할을 해야 할 당사자가 객체가 되어버린다면 능동적 행위의 기능이 마비되어버린다. 민중을 향도할, 사회를 혁신할 지도자의 위상이 수동적이 아닌 주체자인 것이다.

개혁의 주체자는 개혁대상을 선도하는 임무가 뒤따르는데, 그 객체를 소외시키거나 이분법적으로 그르다는 판단 하에 무시하는 일이 종종 발생한다. 우리가 흔히 범하는 이분법의 모순은 개혁자는 옳다는 사고방식과 개혁당하는 대상은 그르다는 사고방식이다. 에드워드 사이드의 말처럼 개혁 지상주의자가 흔히 범하는 개혁의 주체는 옳고 개혁의 객체는 그르다는 '공동환상의 허구'를 참고할 필요가 있다. 1978년 그는 미국 콜럼비아대 석좌교수로서 『오리엔탈리즘』이라는 책을 발간하여 명성을 얻었던 인물로, 서양은 우월하고 평화적이며, 동양은 열등하고 야만적이라는 서양식 이분법의 선입견을 고수한 바 있다.

이분법적 사고방식은 양편을 갈라놓는 결과로 이어지는 경우가 많으며 전일적 사고에 도움을 주지 못한다. 개혁 주체와 개혁 대상자 사이의 흑백논리적 간극을 키우기 때문이다. 19세기부터 한국사회는 심

---

45) A.V. 페트로프스키 저, 김정택 역, 『인간행동의 심리학』, 사상사, 1993, p.221.

각한 외세의 도전, 즉 서세동점 현상에 자극받았음이 틀림없으며, 한국을 세계의 중심으로 설정하는 민중종교의 대두는 민족의 자주성과 자존을 위한 민중 민족주의의 발로로 해석할 수 있다.[46] 동양의 발전에는 서양의 자극, 서양의 발전에도 동양의 자극이 적지 않았으리라 보면서도, 근대사회에 있어서 서세 동점에 의한 동양의 자극과 개혁의 고삐는 대단하였다. 서양종교의 유입과 동학의 등장도 상호 자극의 결과였으며, 동학은 이에 개벽의 민중 개혁종교로 등장하였다. 서구종교의 영향에 의한 동양종교의 개혁이 없진 않았지만, 동학은 한국전통의 신종교적 주체로서 개벽의 기수 역할을 하였다.

이처럼 개혁의 주체가 있어야 함에도 불구하고 주객이 전도되는 경우가 적지 않다. 한국 젊은이들의 경우 동양인으로서의 주체를 망각한 채 서양식 유행이나 사고방식을 무비판적으로 수용하는 성향이 있다. 우리는 유치원부터 서양중심적 교육이었으니, 아시아라든가 동양적인 것은 촌스럽게 여겨온 점이 우리 교육에서 개선해야 할 점이다.[47] 주객이 전도되면 동양 주체로서 개혁의 근간이 흔들리게 되며, 결과적으로 서구문화가 판을 치는 혼돈의 세상이 되고 말 것이다.

물론 서구적 문화를 배척하자는 것은 아니다. 서양문화를 배우는 자세로 임하되 개혁의 실제에 있어서 주객이 전도되는 현상을 방치해서는 안 된다. 위원(魏源)은 외국의 지리와 당시의 역사적 상황을 연구하고 외국인의 장점을 배워서 외래의 침략에 저항할 것을 주장하였

46) 박맹수, 「원불교의 민중종교적 성격」, 추계학술대회 《소태산대종사 생애의 재조명》, 한국원불교학회, 2003.12.5, pp.19-20.

47) 이종훈, 「IMF시대의 大學財政」, 《원광대교직원연수자료》, 원광대학교, 1998년 2월 23일 오전 10:30분, 특강에서 언급한 내용임.

는데, 이는 그의 실제에 연계된 사상과 정치 개혁적 희망을 집약적으로 드러내는 주장이었다.[48] 서구의 긍정적인 점은 수용하되, 이를 동양의 주체자적 시각에서 개혁의 발판으로 삼자는 것이다.

어떠한 개혁이라도 주체자로서 다가설 때 개혁이 잘못되는 일은 없을 것이다. 임제선사는 『임제록』에서 말하기를 "만약 어떤 장소에서든지 주체적일 수 있다면 그 서는 곳은 모두 참된 곳일 것이며, 어떠한 경계에서도 잘못 이끌리지 않을 것이다"(隨處作主 立處皆眞 境來回換不得)라고 하였다. 그에 의하면 주인과 손님이 만나볼 적에 서로 문답을 주고받으며, 혹은 언어와 형상에 응하기도 하고, 혹은 전체 작용을 하기도 한다[49]는 것으로, 이는 주체성을 갖고 대하라는 것이다.

주체적인 자각이 있어야 그 개혁은 전도되지 않으며, 그러한 바탕하에서 개혁을 선도할 지혜가 솟아난다. 개혁의 지혜란 이처럼 주체자로서의 자각이라 본다. 이 주체자적 의식의 다른 이름인 반야(般若)는 선정에 의하여 얻어지는 것[50]이다. 개혁에 있어서 반야지혜가 발현되지 않는다면 그 개혁의 실상은 허망할 수가 있다. 이에 반야의 근본 지혜를 통한 개혁이 전개되어야 하며, 그것은 개혁자의 자각적 주체의식에서 비롯된다.

개혁의 주체의식은 모방보다는 창조적 지혜를 통해서 견지된다. 이를테면 동양종교는 동양적 사유에 근거하여 개혁해야 하며, 서구방식을 일방적으로 모방하여 개혁하는 것은 주객이 전도된 개혁이라 본다. 예컨대 힌두교의 개혁은 어디까지나 베다의 원리에 서서 해야지, 서

48) 李康洙 外, 『中國哲學槪論』, 한국방송통신대학교출판부, 1995, p.388.
49) 아베 마사오, 「선과 서양사상」(존 스태프니 外/김종욱 편역, 『서양철학과 禪』, 민족사, 1993, p.61).
50) 정순일, 『인도불교사상사』, 운주사, 2005, p.34.

구라파의 학문이나 가치를 척도로 삼아선 안 된다.[51] 오늘날 한국의 상황에서 보면 동양종교의 활약상이 약화되어 있고 서구종교의 선교 활동이 적극적이다 보니 동양의 전통종교가 위축되고 서구의 독단론적 사유와 물질적 가치가 팽배해진 상황으로 치닫고 있다.

개혁에 있어서 무엇보다 중요한 것은 개혁의 정체성을 확보하는 일이다. 이러한 정체성은 개혁의 주체자로서 그 주체성을 가지고 접근하라는 뜻이다. 사실 개혁이란 말은 무엇을 바꾼다는 것인데 거기에는 정체성을 어떻게 유지할 것인가 하는 문제가 제기된다.[52] 개혁을 선도하는 사람이 자기 주체성을 잃고 외방에 이끌리어 개혁에 임하면 자칫 개혁의 명분을 잃을 뿐만 아니라 그로 인해서 민중의 흡인력을 잃어버리는 형국으로 전락한다.

8. 개혁이냐 혁명이냐

한국 근대사를 살펴보면 19세기라는 선후천 교역기의 시기에 큰 변화의 바람이 불기 시작했다. 신구 교체에 따른 새 역사를 기다리는 많은 민중들의 여망이 있었기 때문이다. 개벽이라는 것은 어떻게 보면 세기적 변혁과 같은 큰 개혁이라 볼 수 있다. 선천시대로부터 후천시대로의 전환을 의미하는 것으로, 그것은 새 시대의 역사적 순간과도 같다. 역사의 순간은 또 한바탕 변해야만 하는 것이니, 이것에서 저것

---

51) 길희성, 『인도철학사』, 민음사, 2007, p.255.
52) 이민용, 「원불교와 불교의 근대성 각성」, 제28회 원불교사상연구 학술대회 《개교100년과 원불교문화》, 원불교사상연구원, 2009.2.3, p.17.

으로의 변이(變移)는 뛰어넘는 것보다 차차 다른 과정으로 해서 바뀌어야 했다.[53] 새 시대의 새 역사는 급작스럽게 변하는 것이 아니라 차차 변하는 과정으로 볼 수 있다는 뜻이다.

여기에서 개혁이냐 혁명이냐에 대하여 언급한다면 점진적 개혁과 급진적 혁명의 개념에 차이가 있다. 온건파의 개혁과 급진파의 혁명이라는 도식이 성립되기 때문이다. 특히 사회학 분야에서의 사회변동 이론은 갈등론과 구조기능론으로 대별되는 바, 갈등론이 대단히 급격한 사회개혁의 이론을 가지고 있다면 구조기능론은 점진적인 사회개혁을 지향하고 있다.[54] 이러한 두 가지 사회변동의 이론은 급진적 혁명과 점진적 개혁이라는 면으로 나타난다.

개혁이냐 혁명이냐에 대한 문제는 개혁의 속도 내지 범주에 관련된 것이라 본다. 점진적으로 변화시키려는 것이 개혁이라면 급속히 모든 것을 바꾸려는 것이 혁명이다. 전자에 속하는 개혁은 단계적 개혁으로, 나로부터 차츰차츰 사회를 변화시키려는 것이다. 주산 송도성 교무에 의하면 모든 것이 '자근이원'(自近而遠)이라며, 사회를 개혁하려면 먼저 나의 심리를 개혁하여야 할 것[55]이라 했다. 나를 먼저 개혁하면 차차 상대방이 마음의 문을 열고 개혁한다는 심리를 이용할 경우 개혁의 성공은 훨씬 용이할 것이라 본다.

사실 매사 개혁하기 쉬운 것부터 개혁해야 성공률이 높은 것이다.

---

53) 조명렬 편, 상타원 전종철정사 유고집 『법신불 사은이시여!』, 원불교출판사, 1996, p.59.

54) 이성택, 「사요의 사회변동적 접근」, 『인류문명과 원불교사상』(上), 원불교출판사, 1991, pp.290-291.

55) 《월말통신》 제4호, 시창 13년 陰 6월 末日(『원불교 교고총간』 제1권, 1974, 정화사, pp.27-28).

어려운 일부터 개혁하려 하면 곧바로 난관에 부닥치기 때문이다. 인간은 스스로 개조하는 동물임을 고려하면, 나부터 개조하되 적은 일에서부터, 쉬운 일에서부터, 가까운 일에서부터 점진적으로 쉼 없이 정성껏 해야 한다[56]는 것이다. 실타래가 얽혀 있을 경우 하나하나 풀기 쉬운 것부터 실마리를 찾아야 풀어낼 수 있다.

쉬운 것부터 개혁한다고 해서 느슨하게 하거나 난제의 개혁을 피해서도 안 된다. 어려운 일이 내 앞에 나타났을 경우 결코 포기하지 않겠다는 자세로 임하면 아무리 어려운 일이라도 풀어갈 수 있는 용기가 생기게 된다. 우리는 그동안 거북이처럼 비록 빠르지는 않지만 성실하게 현상을 개선해 나가는 것을 미덕으로 여겨 왔으나, 눈앞에 닥친 문제만 개선하는 점진적인 방법으로는 앞으로 경쟁에서 살아남기 어렵다.[57] 쉬운 것 중심으로 일을 개선하되 난제는 미루는 듯한 근시안에 사로잡히는 안일 심리를 벗어나자는 것이다.

점진적 개혁 속에서 혁명적 발상이 필요하며, 또 혁명적 발상 속에서 점진적 개혁도 점검해볼 필요가 있다. 다만 혁명이라는 개념이 지나치게 강박관념을 가져다 줄 수 있음은 주의할 일이다. 물론 혁명의 원의(原義)란 모든 불합리한 제도를 합리적이 되도록, 불공평한 일을 공평하도록 개선 혁신하는 것[58]임을 감안하면 반드시 강박관념으로 받아들일 것만은 아니다. 넓게 보면 개선과 혁신의 개념을 아울러 지니고 있는 것이 혁명의 의미로 이해되기 때문이다.

---

56) 東山文集編纂委員會, 동산문집 Ⅱ 『진리는 하나 세계도 하나』, 원불교출판사, 1994, p.511.

57) 이건희, 『생각좀 하며 세상을 보자』, 동아일보사, 1997, pp.113-114.

58) 《월말통신》 제4호, 시창 13년 陰 6월 末日(『원불교 교고총간』 제1권, 정화사, 1974, p.28).

혁명의 의미를 엄밀히 살펴보건대 그 범주에 있어서 작은 개혁보다 큰 혁신에 다가서는 면이 있다고 할 수 있다. 일상적으로 혁명이 개혁보다 어렵다고 이해하는 것도 이와 관련된다. 반대로 개혁이 혁명보다 어렵다는 말도 있다. 표명렬은 『개혁이 혁명보다 어렵다』라고 하였으며, 그는 루스벨트의 다음 언급을 인용하고 있다. "보수주의자는 멀쩡한 두 다리를 갖고 있으면서도 결코 걷는 것을 배우려 하지 않는 사람이다."[59] 개혁이든 혁명이든 이를 대하는 층은 크게 두 부류로 나뉜다. 하나는 보수주의자들이요, 다른 하나는 진보주의자들이다. 여기에서 전자는 개혁을 쉽사리 하려하지 않으며, 그로인해 개혁이 혁명보다 어렵다는 의미로 이해된다.

아울러 개혁과 혁명 개념을 혼재하여 쓰이는 성향이 있음을 참조할 일이다. 조송광 선진은 소태산대종사의 가르침에 대하여 말하기를 "사람의 뇌수(腦髓)를 개혁하나니, 그대도 혁명의 순서를 알고 싶거든 한 번 우리 선생님을 뵈옵고 물으라 하겠다"[60]라고 하였다. 이처럼 개혁과 혁명의 개념을 혼재하여 쓰는 경우도 있다. 용어의 혼용은 양자의 개념에 대한 분명한 구분 없이 쓰는 경우겠으나, 상황에 따라 강조하고자 하는 초점에 있어서 개혁이 혁명으로 이해되는 경우도 있을 것이다. 물론 영국혁명이나 프랑스혁명과 같은 세기적 혁명이 있는 것도 사실이다. 종교혁명 역시 종교개혁보다는 훨씬 강화된 어감으로 다가오는 개념이다.

아무튼 개혁이든 혁명이든 쉽게 이루어지지 않는다는 사실을 인지

---

59) 표명렬, 『개혁이 혁명보다 어렵다』, 동아시아, 2003, p.65.

60) 《월말통신》 제4호, 시창 13년 陰 6월 末日(『원불교 교고총간』 제1권, 정화사, 1974, pp.27-28).

해야 한다. 쉽게 개선된다면 개혁에의 여망은 적을 것이기 때문이다. 변화와 개혁은 하루아침에 이뤄지지 않으며, 미래의 승자와 패자는 누가 먼저 고정관념을 깨고 변화를 정확히 알고 받아들이느냐에 달려 있다.[61] 자신의 틀에 사로잡혀 그곳에서 벗어나지 않으려는 사람에게 개혁은 어려운 일이기 때문이다. 개혁이든 혁명이든 결단코 이루겠다는 강한 의지와 실행력이 뒤따라야 새로운 지평이 열릴 것이다.

9. 개혁이 정답이다

선택의 다양성이 주어질 경우 빠른 판단력이 따르지 않으면 원하는 정답을 쉽게 찾기가 어려워진다. 여기에서 예지와 창의력이 발동되어야 하며, 이러한 창의력은 개혁으로 가는 길이라 본다. 선택의 다양성이 많은 곳은 대학이라는 집단이다. 대학생활은 새로운 창조의 출발점으로 전공교수들의 가르침에 의하여 대학생들은 정답을 찾는 방법을 배운다. 대학시절 창의적 아이디어를 통해 새로운 돌파구를 찾는 방법을 배움으로써 사회개혁의 정답을 제시해줄 의무가 뒤따른다.

대학에서 길러진 대학생들이 문제의 정답을 쉽게 찾지 못한다면 거기에는 이유가 있기 마련이다. 그것은 대학생활에서 배운 지식을 활용하지 못하기 때문이다. 바꾸어 말하면 지금 정답을 제시할 수 있게 된 것은 바로 그가 과거의 지식을 획득했었고 기억 속에 그 정보를 보유하고 있었기 때문이며, 만일 그 지식이 사라져 버렸다고 가정한다면, 어떻게 정답을 제시할 수 있겠는가?[62] 우리가 바라는 창의적 개

61) 이건희, 『생각좀 하며 세상을 보자』, 동아일보사, 1997, p.54.

혁을 위해서는 이미 섭렵한 여러 지식을 통해서 미래의 방향을 제시할 수 있는 역량을 갖추어야 한다.

우리가 공유할 수 있는 이상적 정답은 어떠한 상황성에 대하여 가장 적절한 대응책을 내놓을 때 모색된다. 세상의 일처리에서 중요한 것은, 무슨 일이 있을 때 원인을 정확하게 진단하여 올바르게 대처해야 하는 것이다.[63] 무지한 상황에 있거나 새롭게 개혁해야 할 것에 대하여 애매하게 인식할 경우 그것은 병맥 진단과 그 대응책 제시에 등한히 한 결과이다. 문제는 대응책 제시가 미흡하다면 과거에서 미래로 전진하여 개혁할 수 없다는 것이다.

미래로 전진할 수 없는 것을 암흑의 시대라 하며, 중세를 암흑의 시대라 부르는 것도 당시의 실상이 정체되어 개혁의 방향을 찾지 못했기 때문이다. 과거의 비합리와 어두운 실상에 매몰된 채 새 시대를 향한 개혁의 의지가 발휘되지 않았던 관계로 우리는 중세를 암흑기라고 부른다. 중세에 있어서는 엄격한 규율생활과 부당한 소비억제에 의하여 축적된 부는 즉시 귀족화되어 버렸으며, 그로인해 수도원의 훈련이 파탄에 직면하여 누차에 걸친 개혁의 수술이 가해지지 않으면 안 되었다.[64] 만일 중세에 새로운 개혁의 수술이 가해졌다면 암흑기를 벗어나는 좋은 기회가 되었으리라 본다.

밝은 미래를 지향하는 길은 암운(暗雲)의 과거를 떨쳐내고 창조적 미래에 투자하는 일이다. 미래를 창의적으로 접근해야 암흑의 사슬에

---

62) K. 레러 著(한상기 譯), 『현대 지식론』, 서광사, 1996, p.86.

63) 전현수, 『정신과의사가 붓다에게 배운 마음치료 이야기』, 불광출판사, 2010, p.50.

64) 막스 베버 著(權世元 譯), 『프로테스탄티즘의 윤리와 資本主義의 정신』-세계의 대사상 12卷-, 휘문출판사, 1972, p.392.

서 벗어날 수 있기 때문이다. 미국이 암흑의 어려운 시기를 극복할 수 있도록 루스벨트 전 대통령은 다음과 같이 말하였다. “You can invest your way into a sounder future.”[65] 이를 번역하면 “당신은 보다 밝은 미래를 위해 자신을 투자할 수 있다”는 것이다. 그가 말한 의도는 미래에 적극 투자하라는 뜻이다. 미국이 1933년 대공황에 직면하자 사회전반의 개혁운동이 일어났으며, 그 1차시기로서 1933~34년에는 농업과 기업규제를 통해 대공황의 난관을 극복하고, 2차시기로서 1935~41년에는 사회・경제 입법을 추진하였다. 국가 지도자로서 그는 대공황을 벗어나기 위해서 개혁에 승부수를 던졌다.

여기에서 우리는 아일랜드를 주목해 본다. 영국에서 독립한 아일랜드는 켈트족으로 켈트족의 특징은 타협할 수 없는 듯한 개혁에의 고집이었다. 아일랜드가 오랜 가난 속에서 벗어날 수 있었던 것은 개혁이라는 정답을 내놓으려고 했던 것이다. 아일랜드 경제성장의 배경은 과감한 개혁과 세계화에 의함이며, 그로인해 아일랜드는 기적을 이루어 왔다. 북대서양 북동부에 위치한 아일랜드는 외부의 잦은 침입을 막아내고 1921년 영국으로부터 독립하였으며, 1949년 개정된 헌법에 의하여 아일랜드공화국으로 재탄생한 것이다. 곧 개혁의 승부수에는 고집이라는 뚝심이 작용하였다.

아일랜드 교훈에서 읽을 수 있듯이 삶의 혼돈과 과거에 붙잡힌 경우, 분연히 일어서 개혁을 향한 집념이 필요하다고 본다. 개혁의 정답을 얻어내는 데는 몇 가지 해법이 있다. 첫째, 부단히 개선을 추구하는 뚝심이다. 둘째, 학창시절에 배운 지식을 활용할 수 있도록 창의력

---

65) Franklin Rooseve, New Deal, ABC World News 2월 27일, 1995(《World News》 Vol.7, April 1995, pp.48-49).

을 발휘해야 한다. 곧 모든 조직은 스스로 지식을 터득하는 집념에 의해, 지금 성공하고 있는 것을 바탕으로 해서 다음 세대를 위한 지식활용 방법을 배워야 한다.[66] 지식 활용법을 배움으로써 자신에 잠재한 창의력을 발휘하는데 집중하는 것은 개혁의 정답과 관련된다.

위에 언급한 두 가지 방법 외에, 효율적인 개혁을 위해서는 조직력이 필요하다. 조직이 있어야 개혁의 프로그램을 가동하게 되어 그것을 조직적으로 응용할 수 있게 되는 것이다. 현대는 개인의 인격적 감화에 의한 것보다는 사회적 조직방식과 조직능력에 의해서 인간을 통제하는 것이 가능해졌다.[67] 현대사회의 특징은 조직이 있어야 그 힘을 발휘한다는 것이다. 이에 개인과 개인을 조직력으로 연결할 수 있는 역량이 요구되는 바, 사회와 국가의 개혁에 있어서는 반드시 조직의 특성을 이해해야 한다. 개혁을 향한 정답은 어쩌면 사회의 유기체적 조직력을 얼마나 활용하느냐에 달려 있다고 본다.

이와 달리 엉뚱한 오답만을 찾는다면 그것은 새로운 개혁보다는 과거방식에 머무르려는 사람들의 행위일 것이다. 과거방식의 안이한 사유란 위태로움이 올 것이라는 것을 예상하지 못하고 거기에 안주해버리는 일이다. 우주 만물은 부단히 변화되는 운동 속에서 그들의 꿈틀거리는 생명력을 유지한다. 『주역』의 기본원리는 다가올 변화를 요해하면서, 미래를 대비하는 것에 관련되어 있다. 즉 만물이 변화하는 보편적 규칙과 형식을 깊이 탐구하여, 만물의 변역(變易)으로부터 편안하게 거처할 때에도 위태로운 상황을 미리 생각하는(居安思危) 사상

---

66) 피터 드러커 著(李在奎 譯), 『미래의 결단』, 한국경제신문사, 1999, pp.102-103.

67) 불교신문사 편, 『불교에서 본 인생과 세계』, 도서출판 홍법원, 1988, p.120.

을 이끌어 내고, 다함이 있으면 변하고(窮則變), 변함이 있으면 통하고(變則通), 통함이 있으면 장구하게 되는(通則久) 운행공식을 제시하였다.[68] 우리가 개혁의 정답을 찾으려는 것은 『주역』에서 밝힌 것처럼 우주의 부단한 변화원리를 직시하여 미래를 보다 온전하게 이끌어 내는 일이다.

---

68) 유장림 지음(김학권 옮김), 『주역의 건강철학』, (주)정보와 사람, 2007, p.26.

제2편

종교개혁과 원불교

제1장
한국종교의 개혁

1. 루터의 종교개혁

어느 종교든 창립기가 지날수록 초기교단의 생명력을 쉽게 잃기 때문에 쇄신의 차원에서 종교개혁에 있어서 그 힘을 받는다. 교조 생전의 활력을 회복하려는 것은 종교신앙체의 생리인 것이다. 기독교를 갱신하여 초기의 생명력을 회복하고자 하는 환상이 16세기가 동틀 무렵 많은 사람들의 마음을 사로잡았으며, 개혁의 일정이 잡히고 개혁을 성취할 도구들이 준비되었다.[1] 교단설립 후 교조정신이 희미해질 즈음에 신도들은 창립정신으로의 회귀를 원하며, 그로인해 교조의 본의와 경륜을 회상하려는 심리가 발동하는 것이다.

그동안 있어온 종교개혁은 여러 원인이 있겠지만 가장 흔한 것으로 장엄적·미신적·기복적 행위가 범람하면서 나타난다. 중세의 종교개혁도 이와 무관하지 않다. 중세교회는 성지순례, 금식, 고행, 독신생활 등으로 구원을 받는다고 보았으며, 심지어는 성자들의 유품을 모으고 귀를 모으는 것, 성녀의 유두를 모으는 것, 성자와 성녀의 뼈를 갈아서 물에 타서 마시면 구원받는다는 착각과 미신에 빠지기도 하였다.[2] 루터가 종교개혁의 중심으로 삼았던 것은 이에 더하여 교회에서

---

1) A.E.맥그래스(박종숙 옮김), 『종교개혁 사상입문』, 성광문화사, 1992, p.37.

면죄부를 판매하는 일이었으며, 성직자들은 신자들이 면죄부 명목으로 헌금을 함으로써 연옥(지옥)에 있는 부모의 영혼과 조부모의 영혼들이 구원받는다는 식의 미신신앙을 유도하였다.

또한 루터가 종교개혁을 선언한 주요 이유는 교황의 세속적 권력 남용에서 비롯된다. 르네상스 시대의 교황들은 영적 문제들보다는 세속적 권력을 사용하여 여태까지 유례를 찾아볼 수 없는 탐욕과 재물에의 집착, 부도덕, 그리고 구경거리가 될 만한 성공적이지도 못한 권력 추구 정책에 매달려 있는 것으로 보였다.[3] 이에 루터를 비롯한 당시의 개혁파들은 세속적 가치의 탐닉을 벗어나도록 하는 의미에서 기독교의 교리, 곧 신학의 개혁을 요구하고 나섰던 것이다.

루터의 종교개혁은 누구나 신 앞에 평등하다는 점에서 설득력을 더하였다. 기독교의 평등관은 신 앞에 모든 인간이 평등하다는 것이다. 종교개혁에 있어서 루터와 캘빈에 의해 신앙의 주체로서 인간의 평등이 주장되고 간접적이긴 하지만 근대적 평등관 형성에 큰 영향을 미쳤다.[4] 이를테면 불교의 불성은 누구나 부처가 될 수 있다는 평등의식이 인도사회에 설득력을 더하였듯이 기독교의 평등관은 신 앞에 인종차별이라든가, 노예 신분, 남녀차별을 극복하고자 하였다는 점에서 높이 평가되고 있다.

종교개혁은 신앙인의 평등과 구원에 관련될 때 성공률이 높은 것이다. 따라서 교회 사목은 교회 자체를 위한 것이 아니라 그 종교를 신앙하는 사람들을 위한 것이어야 한다. 예수는 안식일에 의사가 환자

---

2) 김홍기, 『종교개혁사』, 知와 사랑, 2004, pp.43-44.
3) A.E.맥그래스(박종숙 옮김), 『종교개혁 사상입문』, 성광문화사, 1992, p.19.
4) 불교신문사 편, 『불교에서 본 인생과 세계』, 도서출판 홍법원, 1988, p.107.

를 치료할 수 없는 형식화된 유대교의 율법을 과감히 고쳤으며, 안식일을 위해 사람이 있는 것이 아니라, 사람을 위해 안식일이 있음을 사랑으로 가르쳤다.[5] 모든 사람은 신 앞에 평등함과 더불어 각 종교는 신앙인을 최우선으로 구제하며 그들을 보살피는 종교의식으로 개혁되어야 하며 부수적인 것이 우선이 되어서는 안 된다는 것이다.

아울러 신앙인에 있어 영성의 회복은 종교개혁론에서 핵심 과업으로 작용한다. 구원을 향한 종교의 개혁에 더하여 영성을 키울 수 있는 종교의 개혁은 종교의 중심기능이기 때문이다. 후기 르네상스의 이탈리아에 있어서 개혁되어야 할 가장 절박한 것은 교회의 영성에 관한 것이었으며, 기독교 신앙의 활력과 순수성이 회복되어야 할 필요성이 있었다.[6] 절대자를 향한 고백이나 신앙인의 신앙체험은 곧바로 영성을 살찌우는 일이다. 나의 감성이 신앙체험에서 풍부해지고, 그것이 종교적 신성으로 이어진다면 종교 본연의 기능에 충실한 것이며, 이에 방관하는 종교라면 반드시 개혁되어야 한다.

그렇다면 루터의 종교개혁에서 시사하는 점이 적지 않다고 본다. 그것은 기독교가 시대의 요청에 따라 개혁해야 한다는 점이다. 루터의 종교개혁에서 우리가 얻어야 할 역사적인 교훈은 종교의 중심사상을 그 시대의 언어와 논리로 새롭게 해석했다고 하는데 있다.[7] 시대가 요청하는, 시대를 담는 종교의 역할이 부족하다면 그것은 시대에 뒤쳐진 종교로 전락하기 때문이다. 어떠한 종교든 시대성을 표현해내

---

5) 박도광, 「율법과 말씀」, 《원광》통권 322호, 월간원광사, 2001년 6월호, p.99.
6) A.E.맥그래스(박종숙 옮김), 『종교개혁 사상입문』, 성광문화사, 1992, pp.18-19.
7) 김순금, 「21세기 원불교의 과제와 방향」, 『원불교학』 6집, 한국원불교학회, 2001.6, p.112.

는 종교해석학에 소홀히 할 수 없는 이유이다.

시대성을 고려하면서 루터의 개혁정신을 주목해 본다. 500여 년 전인 1517년 10월 31일, 로마 가톨릭교회의 수도사였던 마르틴 루터는 교회의 면죄부 남발을 비판한 95개 조항의 반박문을 발표했으니 이는 자신의 목숨을 위태롭게 할 수도 있는 일이었다. 신앙심 깊은 루터였기에 16세기 독일의 상황에서 종교개혁을 성공적으로 전개할 수 있었지만, 그가 16세기라는 시간과 독일이라는 환경 속에서 활동했기 때문에 위대한 종교개혁가 될 수 있었던 것도 사실이다.[8] 마르틴 루터의 95개조 반박문 전문에서 제1조와 95조를 소개해 본다. "우리들의 주님이시며 선생이신 예수 그리스도께서 회개하라고 말씀하실 때 그는 신자들의 전 생애가 참회가 되어야 한다는 것을 의미한다"(1조). "이같이 하여 그리스도인으로 하여금 위안에 의해서보다 오히려 많은 고난을 통하여 하늘나라에 들어가는데 더욱 깊은 신뢰를 가지게 하라"(95조). 개혁하지 못하는 교단은 참회를 거듭해야 함을 시사하고 있다.

무엇보다 종교개혁에는 개혁의 비전과 개혁 프로그램이 중요하다. 모두가 공감할 수 있는 개혁의 비전에 더하여 실현가능한 프로그램이 수반된다면 개혁에 박차를 가할 수 있을 것이다. 종교개혁은 다소 정합적인 일련의 이념들(ideas)에 기초한 운동이었으며, 이러한 이념들은 이 운동에 있어서 개혁 프로그램의 토대로서 작용할 수 있는 것들이었다.[9] 개혁의 비전과 프로그램이라는 두 가지가 결핍된다면 어떤 종교든 현대사회에서 도태될 수밖에 없다.

---

8) 김홍기, 『종교개혁사』, 知와 사랑, 2004, pp.19-20.

9) A.E.맥그래스(박종숙 옮김), 『종교개혁 사상입문』, 성광문화사, 1992, p.3.

2. 종교의 아노미현상

오늘날 선진국은 물론 한국사회에 자살이 많이 늘어나는 이유는 무엇인가? 2014년도에 나타난 우리나라의 자살률이 OECD 회원국 가운데 10년째 1위라는 불명예를 안게 되었다. 보건복지부에 의하면 인구 10만명당 29.1명으로 OECD 평균보다 7명이 더 많다(OBS NEWS, 2014.7.3). 프랑스 사회학자 에밀 뒤르켐은 개인의 자살동기를 그가 속한 사회의 불안감 내지 가치규범의 상실로 연결시켰다. 그는 아노미적 자살, 이기적 자살, 이타적 자살을 언급하면서 아노미적 자살은 사회적 혼돈이나 무규범 상태에서 오는 자아 상실감이나 무력감이 그 원인이라 하였다.

그러면 종교 아노미현상이란 무엇인가? 그것은 전통종교의 가치관이 무기력해지면서 나타나는 것으로, 여기에 등장하는 신종교는 개혁이라는 명분을 가지고 새로운 돌파구를 추구하려는 본능을 지닌다. 새뮤얼 헌팅턴은 이에 말한다. "개인적 차원에서 보면, 근대화는 전통적 유대와 사회적 관계의 와해와 함께 소외의식과 아노미현상을 낳고 자아정체성의 위기를 가져오는데 여기서 종교가 출구를 제시한다."[10] 헌팅턴에 의하면 새로운 종교가 출현해서 아노미 현상을 극복하도록 하는 동력을 갖게 된다는 것이다.

폭넓은 의미에서 아노미현상은 그 당시 사회가 안고 있는 개인주의의 도덕적 혼란 내지 일탈로 인해 나타나기도 한다. 그로 인해 일탈된 도덕을 대체할 에너지의 보충이 필요하며 그것은 굳이 종교적 성격만이 아니라 보편적인 인간의 덕성과 관련된다. 맥킨 타이어는 궁극적

---

10) 새뮤얼 헌팅턴 著(이희재 譯), 『문명의 충돌』, 김영사, 1997, p.97.

으로 볼 때 계몽주의 이래 강하게 뿌리내린 개인주의적 자유주의에서 비롯되는 도덕원리의 파편화나 아노미현상들을 예리하게 비판하면서, 현대사회의 도덕적 혼란 극복의 가능성을 인간의 덕성 발견, 즉 덕의 윤리에서 찾고 있다.[11] 아노미현상은 개인주의적 도덕성의 파괴에서 나타나므로 도덕성 회복이 관건이다.

여기에서 종교적 아노미현상에 대하여 구체적으로 접근해 보도록 한다. 근래 서구종교가 우리나라에 급속히 퍼지는 이유는 민족 전통 종교가 새 시대에 맞도록 패러다임을 바꾸지 못했기 때문이다. 물론 근대들어 동서 문화의 잦은 교류가 있게 되고, 미국의 한국에 대한 영향력이 커진 원인도 있을 것이다. 중요한 것은 우리나라에서 서구종교가 급속히 민족종교를 대체한 것은 외적·사회적 원인이 크겠지만, 내적으로 민족종교가 스스로 새 시대에 맞게 개혁하고 적응하지 못한 것도 하나의 요인이다.[12] 민족의 전통종교가 무기력함에서 아노미현상을 낳은 원인이라는 것이다.

신종교 내지 민중종교는 유불도 삼교의 통합 활용이라는 명분을 지닌 점에서 전통종교의 역할부재에 대한 혁신적 의미를 지니고 있다. 다시 말해서 기성종교의 무기력한 종교 아노미현상에 대하여 대안종교로서의 신종교가 출현한 것이다. 19세기말에 탄생한 한국의 종교들은 대체로 신종교라 부르는데, 이들 신종교는 전통가치의 혼돈, 기성종교의 퇴락을 보고 생명과 영성의 문제를 해결하기 위해서 삼교 중

---

11) 송영배, 「세계화 시대의 유교적 윤리관의 의미」, 『새로운 21세기와 유교의 禮』, 전남대 인문과학연구소, 1999.10, p.90.

12) 김수중, 「양명학의 입장에서 본 원불교 정신」, 제18회 원불교사상연구 학술대회 《少太山 大宗師와 鼎山宗師》, 원광대 원불교사상연구원, 1999년 2월 2일, p.30.

어느 하나 가지고는 불충분하며, 삼교융합을 통해 전인적 생명과 영성을 구현할 수 있다고 본데 특징이 있다.[13] 신종교의 성향에서 볼 때 유교에 대한 천도교, 도교에 대한 증산교, 불교에 대한 원불교가 이와 관련되며, 이들 종교는 모두 유불도 삼교의 개혁이라는 공통점을 지니고 있다.

우선 동학을 보면, 유불도의 운세가 다하자 최수운은 다음과 같이 말한다. "유도 불도 누천년에 운이 다했던가. 윤회같이 둘린 운수 내가 어찌 받았으며…"(『용담유사』, 교훈가)라고 하여 비판적 태도를 취하고 있다.[14] 이처럼 수운은 유불도 삼교가 운이 다했음을 한탄하고 있는데, 이는 신종교 성립의 명분이 되기에 충분하다. 그것은 기성종교의 사회적 역할부재로 인해 종교 아노미현상이 나타남과 더불어 새로운 메시아의 등장을 뜻하는 것이다. 수운이 선천을 타락한 시대로 보고, 후천을 이상향으로 규정하고 있다는 점에서 후천개벽론은 동학사상의 근간으로 자리한다.

증산교 역시 구한말 신종교 출현의 맥락에서 접근된다. 그것은 한국의 민중종교가 출현할 무렵에 심각한 위기상황이 계속되어 민중들의 위기의식이 최고조에 달했던 시대라는 점에서 종교사회학에서는 이를 아노미현상이라고 하며, 창시자 자신에 의해서는 선후천 교역기로 표상되었다.[15] 강증산은 과거의 묵은 원한이 천지에 꽉 차있으니,

13) 김낙필, 「한국 근대종교의 삼교융합과 생명·영성」, 『원불교사상과 종교문화』 39집, 한국원불교학회·원불교사상연구원, 2008.8, p.26.

14) 양은용, 「소태산대종사의 『조선불교혁신론』과 불교개혁이념」, 『원불교사상과 종교문화』 32집, 원불교사상연구원, 2006.2, p.113.

15) 박맹수, 「원불교의 민중종교적 성격」, 추계학술대회 《소태산대종사 생애의 재조명》, 한국원불교학회, 2003.12.5, pp.19-20.

해원상생만이 민중을 구원한다고 하였다. "나는 삼계의 대권을 주재하여 선천의 도수를 뜯어고치고 후천의 무궁한 선운(仙運)을 열어 낙원을 세우리라"(『대순전경』 공사 1.1.2)고 하며, 증산은 천지의 도수를 정하여 상생의 대도로써 민중을 구하리라고 하였다. 선천의 운이 지나고 후천의 운수가 도래함에 따라 스스로 새 시대의 메시아임을 선언하고 있다.

기성종교의 아노미현상에 대한 원불교의 경우도 수운과 증산의 역할론과 크게 다르지 않다. 소태산은 기존의 종교로는 국가와 사회가 구제되기 어렵다고 보았다. 이 민족을 이끌어오던 전통종교인 불교, 유교, 도교 등이 시대를 감당할 능력을 상실하고 있음을 역력히 보았으며, 새로 들어온 그리스도교도 그 대안이 되기에 어려움이 있었다고 본 것이다.[16] 이와 더불어 물질의 범람에 따른 정신의 세력이 쇠퇴함을 보고, 정신개벽을 통해 세상을 구원하고자 하였다. 소태산은 유불도 삼교가 각자의 도만으로 세상을 구원하려는 것은 미래시대에 적합하지 않음을 알고 유불도의 통합 활용(『대종경』, 교의품 1장)을 통해서, 불교혁신과 아울러 새 시대의 생활불교임 자처한 것이다.

16) 이은봉, 「미래종교에 대한 원불교적 대응」, 第18회 원불교사상연구 학술대회 《少太山 大宗師와 鼎山宗師》, 원광대 원불교사상연구원, 1999년 2월 2일, p.11.

3. 한국교회의 개혁

한국교회는 근대 교육사업에 큰 공을 세웠다는 점에 의심의 여지가 없다. 기독교는 서구문물을 한국으로 도입하여 나라를 개화하고 근대화하는데 큰 기여를 하였기 때문이다.[17] 기독교 유입의 역사를 보면 1885년 스크랜튼(W.B Scranton) 부처(夫妻)와 아펜젤러(H.G Appenzeller) 부처에 의해 기독교 교리가 한국사회에 전파되기 시작하였다. 기독교가 한국사회에 들어오면서 제반 분야에서 공헌하였는데, 교육사업, 민주화 운동, 사회참여 등에서 공을 세웠으며, 다만 비판적 시각에서 기독교를 보는 시각도 적지 않다. 여기에 한국 기독교 개혁의 명분이 성립된다.

한국 기독교의 개혁에 대하여 언급해 본다면 우선 오늘날 한국교회가 교세확장을 위해 지나치게 몰두한다는 점이며, 거부감 있는 선교활동도 개혁의 대상이다. 한국 기독교가 급속히 팽창한 것은 해방 이후의 일이다. 과연 언제까지 기독교가 커질 것인가를 반문하며, 이에 개신교는 벌써 성장률이 최고점에 달한 뒤 급속이 떨어지고 있다[18]는 지적이 있다. 거리에서, 가가호호의 방문에서 복음전파의 방법상 타종교에 대해 공격적이라든가, 이기적 교세확장에 몰두한 나머지 그 부작용이 적지 않다는 것을 모르고 있다면 이는 한국 기독교가 개혁해야 할 폐부라 본다.

---

17) 한승조, 「한국정신사의 맥락에서 본 원불교」, 『원불교사상』 4집, 원불교사상연구원, 1980, pp.62-63.

18) 김종서, 「광복이후 한국종교의 정체성과 역할」, 제32회 원불교사상연구원 학술대회 《광복이후 한국사회와 종교의 정체성 모색》, 원광대학교 원불교사상연구원, 2013.2.1, p.20.

교세가 확장되면서 종교는 지배와 권력의 유혹에 빠진다. 권력에 탐닉되어 있다면 어느 종교든 종교혁신이 필요할 것이다. 세계에서 기독교가 가장 위세를 떨치는 나라 대한민국의 꼴이 왜 이럴까를 지적한 리영희는 기독교를 호되게 비판한다. "권력과 돈에 눈이 먼 종교가 어떻게 인간의 영혼을 구제할 수 있을까? 한국의 종교에는 혁명이 필요한 것 같다."[19] 교세가 확장되다 보니 권력화되고 구원을 면죄수단으로 삼아 불법과 비도덕적인 일을 자행하는 경우가 많다는 것이다. 이러한 권력화는 일부 개신교 교회들의 세습과 관련된다. 또한 한국교회가 정신세계의 가난과 물질세계의 확대, 곧 물량주의로 치닫는다면 그것은 무엇보다도 개혁의 대상이다. 오늘의 한국교회가 지나치게 물량화되고 이웃의 가난과 고난에 무관심하는 것은 중세 암흑기의 타락상의 전철을 밟는 것이 아닌가 우려된다[20]는 것이다. 어느 종교든 물질의 풍요는 세속화를 유발하고, 세속화의 검은 구름은 물량적 종교로 변질시키고 만다. 중세교회가 면죄부를 팔아 그 금액으로 성직자의 사치를 유발하였다는 사실에서 종교개혁이 요청되었다.

오늘의 한국교회는 양적으로 크게 성장했지만 신학의 빈곤이라는 지적은 깊이 새겨야 할 것이다. 교화현장 속에 살아있는 신학이 되기 위해서는 교회와 신학의 거리를 좁히고, 교회를 교회답게 만든 종교개혁자들의 신학사상을 탐구해야 할 것이다.[21] 신학의 빈곤으로 한국교회에 위기가 들이닥쳤는데 교회는 신학을 외면하여 신학의 빈곤을 가져왔으며, 교세는 양적으로 성장하였으나 신학적으로 성숙한 교회

---

19) 리영희, 『스핑크스의 코』, 까치, 1998, p.31.
20) 김홍기, 『종교개혁사』, 知와 사랑, 2004, p.44.
21) 위의 책, p.13.

가 되지 못하였다. 참신한 신학이 빈곤하면 영성의 가난은 물론 기독교의 비전과 구원 방법론의 모색이 어려워지게 된다. 영혼을 밝힐 신학의 정착을 위한 기독교의 개혁이 기대된다.

또 한국 기독교의 타종교에 대한 배타주의를 어떻게 볼 것인가? 오늘날 종교다원주의가 세계의 대세인 점을 보면 한국교회는 종교다원주의를 어떻게 보아야 하는가를 고민해야 한다. 길희성 교수에 의하면 포스트모던 사회에서 한국의 신학은 배타주의에서 다원주의로 나아가야 하고, 다원주의를 받아들이는 그리스도교 신학은 하느님 중심 혹은 실재 중심, 그리고 무엇보다도 하느님의 사랑 중심의 신학이어야 하며, 그런 신학은 한국적 신학, 아시아적 신학으로 이어진다는 것이다.[22] 여기에는 종교간의 대화가 절실하며, 그럼에도 불구하고 한국 기독교의 배타주의는 오히려 기독교의 발전에 장애가 되고 있다.

한국의 기독교가 한국사회에 정착하는데 있어서 고민해야 할 점은 과연 서구종교의 성향을 고수한 채 한국인의 정서에 맞게 토착화할 수 있는가에 대한 것이다. 한국교회가 한국인의 심성 속에서 무리 없이 수용될 수 있었는지에 대한 물음이 생겨났다[23]며, 기독교인들이 그렇게 확신하는 교리가 과연 기독교 신앙의 본질인지, 그것이 창시자의 정신과는 얼마나 멀어졌는지, 아울러 그것이 현대적 정신세계에 적합성을 보일 수 있는지에 대한 신학자의 비판은 설득력이 있다. 종교의

---

22) 길희성, 「포스트모더니즘, 종교다원주의, 사랑의 하느님」, 『포스트모던 사회와 열린 종교』, 민음사, 1994, pp.94-117(강돈구, 「종교 상호공존의 논의, 그 이후」, 한국종교학회 춘계학술대회 《종교협력운동의 재조명》, 한국종교학회, 2003.5.16, p.10).

23) 이정배(감신대교수), 「신앙의 미래, 미래의 신앙-한국 기독교의 시각에서」, 제26회 원불교사상연구 학술대회 《신앙의 미래, 미래의 신앙》, 원불교사상연구원, 2007.1, p.1.

진정한 토착화는 한국인의 정서와 한국의 전통에 섞이어 용해될 때 가능한 것이며, 교회의 개혁방향에서 이를 무시해서는 안 된다.

기독교가 개혁해야 한다면 한국사회에서 어떠한 방향을 취해야 할 것인가는 분명해진다. 현용수에 의하면 종교개혁 이후에도 하나님의 세계선교사 주역이 독일, 영국, 미국 등으로 바뀌었으니, 이제 그 사명의 주역이 한국에 왔다[24]는 것이다. 한국의 기독교가 종교개혁의 기회를 잘 활용해야 한다는 뜻이다. 각 민족들이 처음 예수를 믿었을 때의 믿음을 자손대대로 전수하지 못하고 중도에 세속문화에 빼앗기고 이방화되고 있는 것을 지적한 현용수의 비판을 어떻게 새겨야 할 것인가?

한국 기독교는 국가를 위한 새 가치관 정립에 노력해야 한다. 변선환 교수의 견해를 주목해 보자. 곧 구한말에 당면하였던 근대화의 과제를 오늘의 시점에서 다시 한번 새기라는 것이다. 그에 의하면 서구역사에서 기독교가 시도한 경험을 살피면서 한국종교는 전통사회에서 근대사회를 향하여 움직여 나가는 역사의 방향을 직시하며, 새로운 우주관과 새로운 인간론, 새로운 종말론을 겨레 앞에 제시하여야 한다[25]고 했다. 이는 한국교회의 개혁방향을 가늠해주는 것으로 기독교의 개혁은 한국 전통종교들과의 괴리감을 극복하고 상보적 시각에서 종교의 주기능인 한국인의 영성회복과 평화건설에 동참하는 일이라 본다.

24) 현용수, 『IQ는 아버지 EQ는 어머니 몫이다』, 國民日報社, 1997, p.34.

25) 邊鮮煥 「한국종교의 근대화 방향-기독교 특히 개신교의 입장에서」, 『圓佛教思想』 第8輯, 圓佛教思想研究院, 1984, p.338.

4. 한용운의 조선불교유신론

불교개혁과 관련한 저술로 우선 『조선불교개혁론』이 있다. 한용운의 『조선불교유신론』과 같이 조선의 불교를 혁신한다는 점에서 같은 맥락이다. 즉 권상로의 『조선불교개혁론』(1912)은 모두 4편으로 구성되어 있는데 그 중에 마지막 편에서는 당면과제인 개혁의 대상으로 단체, 재단, 교육개혁을 주장하고 있다. 그 중에서 간경, 참선과 전도, 포교의 두 가지 중요 과업을 위해 우선 교육기관인 사범, 서적, 체제장소 등을 개량해야 한다[26]고 하였다. 그의 개혁론은 점진적 개량주의를 일차적으로 실시하며, 제한된 범주 내에서 현실 열세를 만회하려는 실리적 노선이 깔려 있다는 평을 받는다.

당시의 불교개혁을 주장한 사람들을 좀 더 소개해 보면 다음과 같다.[27] 위에서 언급한 권상로의 『조선불교개혁론』에 더하여, 한용운의 『조선불교유신론』은 승려의 교육·참선·염불당 폐지·포교·사원위치·숭배 소회(塑繪)·의식·승려인권과 자생·승려가취(嫁娶)·주지선거·승려단체·사원통괄 등의 개혁을 거론하고 있다. 이영재는 『조선불교혁신론』에서 개혁준비(본말제도타파·사찰령철폐)·법국(法國)건설(포교·교육·경전번역·금융기관설립·사회사업) 등을 개혁하자고 하였다. 김벽옹의 「조선불교기우론」은 기관·사업·재단·사찰·교육·포교 등을 개혁하자는 것이다. 모두가 승려교육과 사찰의 개혁 내지 포교의 개혁을 거론하고 있다.

26) 김귀성, 「한국 근대불교의 개혁론과 교육개혁」, 『원불교학』 제9집, 한국원불교학회, 2003.6, p.329.

27) 양은용, 「소태산대종사의 『조선불교혁신론』과 불교개혁이념」, 『원불교사상과 종교문화』 32집, 원불교사상연구원, 2006.2, pp.127-128.

여기에서 새겨보아야 할 바, 당시 불교가 개혁해야 한다는 것은 조선조의 억불정책을 전제로 진행되었다는 점이다. 그리하여 한용운(1870~1948)의 『조선불교유신론』(1913), 권상로(1879~1965)의 『조선불교개혁론』, 이영재(1900~1927)의 『조선불교혁신론』 등의 논저는 당시의 불교현실을 진단, 비판하는 것으로, 이들에게 있어서 한국불교의 개혁은 지난 시대의 불교를 다시 살려내는 의의를 지니며, 일정한 제도 정비와 실천적인 방법에 대한 개량 이상의 의미를 지닌다.[28] 일련의 불교개혁 운동은 불교가 법구생폐이듯이 새롭게 거듭나는 것으로서 불자들에게 큰 기대감을 가져다주었다.

이와 같은 불교개혁론들은 당시의 불교계가 나아가야 할 방향을 제시했다는 점에서 주목을 끄는 것이다. 특히 권상로의 『조선불교개혁론』과 한용운의 『조선불교유신론』은 조동종과 임제종에 관련된 불교개혁을 주문한 점에서 관심을 끌기에 충분하다. 『조선불교개혁론』은 한일합방 직후(1910.10) 일본의 조동종과 맹약을 체결한 수구파, 즉 원종(圓宗)을 대변하는 점진적 개혁입장을 취하고 있다면, 『조선불교유신론』은 조동종과의 맹약에 반대하며 일으킨 임제종 운동(1911.1)의 주역, 즉 유신당의 입장을 취하고 있다.[29] 조동종과 임제종의 개혁을 촉구하는 면에서 조선불교가 당면한 문제점을 새롭게 돌파하려는 것이다.

그러면 한용운이 『조선불교유신론』을 저술하게 된 동기를 살펴보도록 한다. 한용운은 말한다. "우리 조선에 불교가 시작된 지도 1500여

28) 이민용, 「원불교와 불교의 근대성 각성」, 제28회 원불교사상연구 학술대회 《개교100년과 원불교문화》, 원불교사상연구원, 2009.2.3, p.16.

29) 양은용, 「소태산대종사의 『조선불교혁신론』과 불교개혁이념」, 『원불교사상과 종교문화』 32집, 원불교사상연구원, 2006.2, p.125.

년이나 되었다. 오랜 시일을 거치며 폐단이 생기고, 폐단이 다시 폐단을 낳아 지금에 이르러서는 폐단이 그 극치에 달했다."[30] 그는 당시 조선불교의 폐단이란 실로 파괴해야 할 것인데도 불구하고 피상적인 개량이나 추구한다는 것은 있을 수 없다는 것이다. 불교의 유신에 뜻을 둔다면 진정 불교의 폐단을 파괴하지 못함을 걱정해야 할 것이라 하였다.

여기에서 개혁의 다른 용어인 '유신(維新)'이란 무엇인가를 살펴보고자 한다. 폐단을 파괴하는 것이 중요하다고 말한 한용운은 파괴란 '유신의 어머니'라고 하였다. 즉 파괴 없는 유신이 없다는 것이다. 그가 말하는 파괴란 모든 것을 무너뜨려 없애버리는 것이 아니며, 다만 구습 중에서 시대에 맞지 않는 것을 고쳐서 이를 새로운 방향으로 나아가게 한다는 것이다.[31] '파괴'라는 용어가 과격한 것 같지만 어의 그대로의 파괴가 아니라 좀 더 유신을 잘하자는 뜻이다. 한용운은 파괴가 느린 사람은 유신도 느리고, 파괴가 빠른 사람은 유신도 빠르며, 파괴가 작은 사람은 유신도 작고, 파괴가 큰 사람은 유신도 큰 것이라 했다. 즉 유신의 정도는 파괴의 정도와 비례한다며 조선불교를 유신하려면 과거의 폐단을 단호히 파괴해야 한다고 하였다.

과거불교와 단절하려는 한용운의 불교 유신을 역사의식에서 살펴본다면 불교의 미신적 신앙을 극복하려 한 것이다. 그가 다양한 신앙의 대상을 모두 미신적인 것이라 하여 이를 배격해야 한다고 했기 때문이다. 이는 불교사상 면에서 볼 때에는 종교적 신앙사상을 배격하고 있

---

30) 한용운, 이원섭 역, 「4. 불교의 유신은 마땅히 파괴로부터」, 『조선불교유신론』, 만해사상연구회, 1913, p.36.

31) 위의 책, pp.34-35.

는 것이라 하겠으며, 한편 간결을 주장하고 가상에 의탁할 것이 아니라 진상에 의탁하여야 하며, 공양은 법공(法供)이어야 하고 반공(飯供)이어서는 안 된다고 한 것은 선(禪)사상에 입각한 주장이었다.[32)] 한용운의 개혁방향은 근세 한국불교의 폐단을 벗어나려는 역사의식의 발로였다.

특히 한용운은 선(禪) 수행법에 있어서 혁신을 해야 한다고 하였다. 선을 실제의 삶에서 화두와 연관시켜 연마해야 한다는 것이다. 근세의 불교혁신가인 한용운의 『조선불교유신론』에 의하면, 선을 생활 속에서 해야 한다고 하면서 선은 간화선을 해야 한다고 하였다.[33)] 그러나 한용운이 간화선 위주로 선을 하는 것은 후대에 소태산의 비판을 받기도 한다. 묵조선과 간화선을 아울러야 하는 것으로 간화선만 하다보면 머리에 상기병에 걸릴 우려가 있기 때문이다.

한용운이 주장한 조선불교의 유신은 실현되지 못한 점이 큰 아쉬움으로 남는다. 불교 유신론이 이론으로 끝나지 않고 실행으로 이어져야 그 빛을 발하는데 한용운의 유신론은 그렇지 못했던 것이다. 성리학에 대한 실학적 경향이나 불교에 대한 실학적 경향으로서의 한용운의 『불교유신론』은 주장에서 끝나고 실천되지 못한 관념상의 문제로만 역사적 의미를 지닌다.[34)] 어떠한 이론이든 실현될 때 그 혁신의 이론은 역사의 평가를 받게 되는 것이다.

---

32) 홍윤식, 「진리적 종교로서의 원불교의 역사적 위치」, 류병덕 박사 화갑기념 『한국철학종교사상사』, 원광대 종교문제연구소, 1990, p.1086.

33) 한정석, 『원불교 정전해의』, 도서출판 동아시아, 1999, p.38.

34) 홍윤식, 위의 논문 p.1088.

5. 박은식의 유교구신론

구한말 유교혁신 운동의 대표로는 이승희와 박은식이었다. 이때 유교의 종교화를 통한 혁신운동이 다양하게 시도되었으며, 특히 전통 영남유림이던 한계 이승희는 1913년 만주에서 동삼성(東三省) 한인공자회를 만들었으며, 백암 박은식은 『유교구신론』(1909)을 주장하였다.[35] 이승희와 박은식은 유교를 바람직한 방향에서 개혁하고 국난의 시기에 유교적 개혁을 통해서 구국의 활동을 하였던 것이다.

박은식의 생애 중에서 불혹의 40세(1898년)의 활동이 주목된다. 그는 일제의 침탈을 겪은 52세(1910)까지 사회운동을 활발히 전개하였다. 40세의 나이에 독립협회에 가입하고 황성신문과 대한매일신보의 주필을 맡았다. 그의 대표적 저술은 『한국통사(韓國痛史)』와 『한국독립운동지혈사(韓國獨立運動之血史)』이다. 본 저술에 나타나듯이 백암은 한일합방에 의해 독립운동을 전개하고 교육에 남다른 관심을 가졌다.

3.1운동 전후에 일제는 독립운동과 같은 민족의식을 고양시키는 행위에 대하여 갖은 탄압을 가했다. 일제당국은 유생들이 구국을 위해 독립운동을 하는 것에 대하여 두려움이 적지 않았던 탓이다. 유생들의 항일운동 참여를 두려워했던 일제는 '대동사문회'(1919년 결성), 유도진흥회(1920년 결성) 등 유생들의 친일단체를 만들었다. 하지만 3·1운동 이후에는 젊은 유생들이 개인적 차원에서 항일운동에 참여하는 경우가 많았고, 박은식의 대동교(大同教) 운동과 최병헌의 공자교운동은 일제시대를 전후하여 민족의식 고양에 일정한 영향을 주었

35) 천인석, 「유교의 혁신운동과 송정산」, 정산종사탄생100주년기념 추계학술회의 《傳統思想의 現代化의 鼎山宗師》, 한국원불교학회, 1999.12, p.51.

다.[36] 박은식의 독립운동과 같은 유교 구신의 활동은 구한말 유생을 비롯한 청년들에게 민족의식을 섭렵하도록 자극을 주었다.

특히 박은식의 『유교구신론』은 정치계보다는 보다 실질적인 방향에서 전개되었는데 그것은 경제계에 대한 것이었다. 박은식은 종래의 유학자들이 '학우등사'(學優登仕)의 관습에 따라 지나치게 환로(宦路)를 추구하는 폐습을 고쳐서 각종 사업에 힘 쓸 것을 주장하여 정치계보다 경제계에 진출할 것을 강조하였다.[37] 이와 더불어 교육의 중요성을 인지하여 모든 국민의 의무교육을 주장하였다. 그의 의도는 한국 젊은이들의 교육을 통해서 국가의 튼튼한 경제를 구축하도록 유도하려는 것이었다.

또한 박은식의 『유교구신론』은 성리학을 양명학으로 전개하여 유교를 개혁하는 것이었다. 성리학은 다분히 사변적이고 이론적이라는 사고에 젖어있었기 때문에 그는 성리학에 의해서는 당시 시대적 요청에 부응할 수 없음을 깨달았다. 곧 박은식은 성리학이 아니라 양명학으로서 심학(心學)을 드러내고자 하였다. 양명학은 지행합일을 강조하는 실제적 공부법이라는 인식이 깔려 있었다. 따라서 그는 양명학으로서 유학을 새롭게 변신하고자 『유교구신론』을 밝힌 것이다.

구체적으로 박은식의 『유교구신론』이 근간을 둔 사상이란 무엇인가? 그는 공자의 대동주의, 맹자의 민중군경(民重君輕)의 민본주의, 특히 주자학이 아닌 간결한 양명학을 기초로 한 민중유교, 세계유교, 실천유교로 개혁해야 한다고 했다.[38] 그는 공자의 대동주의에 다가서

---

36) 류성민, 「일제 강점기의 한국종교와 민족주의」, 『한국종교』 제24집, 원광대 종교문제연구소, 1999, p.208.

37) 천인석, 「유교의 혁신운동과 송정산」, 정산종사탄생100주년기념 추계학술회의 《傳統思想의 現代化의 鼎山宗師》, 한국원불교학회, 1999.12, p.51.

고자 하였으며, 맹자가 강조한 민본주의를 추구하였다. 나아가 민중에 다가서는 유교, 세계에 드러나는 유교, 실천 지향적인 유교를 통하여 국가를 발전시키고자 한 것으로 그의 『유교구신론』이 이와 직결된다.

그렇다면 박은식의 『유교구신론』에서 거론되는 세 가지 문제점은 무엇인가? 그는 『유교구신론』에서 종래 유학의 3대 문제를 지적하고 그 개혁안을 촉구하였다. 첫째 그 정신이 제왕(지배층)측에 있어 민중사회에 보급시킬 정신이 부족한 점, 둘째 열국 천하에 통용될 주의를 강구하지 않고서 '내가 남을 찾는 것이 아니라 남이 나를 찾는' 폐쇄적 태도를 지키고 있는 점, 셋째 간이직절(簡易直切)한 법문(양명학)을 찾지 않고 지리한만(地理汗漫)한 공부(주자학)를 숭상하는 점이다.[39] 이처럼 그는 유교구신의 시각을 분명히 하면서 민중을 위한, 천하에 통용될, 간이능행한 유교로서의 변혁을 일으키자고 했다.

다만 박은식의 유교개혁 운동은 큰 호응을 얻지 못한 한계를 지녔다. 그가 대동교를 창시해 유교적 이상사회인 대동사회를 제시하였지만 그것이 실현되지 못한 것이다. 오히려 당시의 사회는 약육강식과 적자생존의 투쟁적인 제국주의의 성향이 난무했다. 그는 약육강식과 제국주의를 극복하고 인류가 공존하는 문명사회를 갈구했지만 실현되지 못한 한계를 직시해야 한다. 한말 계몽적 애국운동가 박은식(1859~1925), 신채호(1880~1936), 정인보(1892~1950) 선생은 '근세적 유학'인 양명학으로 나라를 구하고자 하는 유교개혁 운동(儒教求新論)을 펼친 바 있지만 당시 급변하던 사회에서 큰 호응을 얻어내지는 못하였다[40]는

---

38) 위의 책, p.51.

39) 위의 책.

40) 김수중, 「양명학의 입장에서 본 원불교 정신」, 제18회 원불교사상연구 학술대회 《少太山 大宗師와 鼎山宗師》, 원광대 원불교사상연구원, 1999년 2월 2일,

점은 오늘날 유교혁신의 측면에서 매우 아쉬운 부분이라 본다.

6. 소태산의 조선불교혁신론

소태산이 탄생할 당시에 조선불교는 3천년의 오랜 세월을 보내오면서 더욱 피폐해짐에 따라 불교 본연의 역할을 하지 못하는 상태였다. 조선의 유교역사에 비추어 볼 때 조선의 불교는 억압의 역사 속에서 개혁의 물결에 합류할 수밖에 없었던 것이다. 즉 조선의 숭유억불정책에 따라 조선불교의 정체성 상실을 염두에 두면서 새로운 불법의 해석을 시도함으로써 불법의 실천적인 방향을 제시하는 것[41]이 진정한 불교혁신의 길이었다. 이러한 시대정신은 불법의 대중화, 시대화, 생활화를 표방한 소태산의 교판사상으로 연계된다.

소태산의 교판정신에서 본다면 『조선불교혁신론』의 제6조에 「분열된 교화과목을 통일하기로」[42]라는 항목이 주목된다. 그에 의하면 재래불교에서 신자에게 가르치는 과목은 혹은 경전을 가르치며, 화두들고 좌선하는 법을 가르치며, 염불하는 법을 가르치며, 주문하는 법을 가르치며, 불공하는 법을 가르치는데, 그 가르치는 본의가 모든 경전을 가르쳐서는 불교에 대한 교리나 제도나 역사를 알리기 위함일 뿐이라는 것이다. 따라서 원불교는 이 분열된 과목을 통일하여 삼대력 병진으로써 교리가 자연 통일될 것이며, 불교신자의 공부도 통일될

---

p.30.

41) 이민용, 「원불교와 불교의 근대성 각성」, 제28회 원불교사상연구 학술대회 《개교100년과 원불교문화》, 원불교사상연구원, 2009.2.3, p.19참조.

42) 『조선불교혁신론』, 「총론」, 6. 분열된 교화과목을 통일하기로.

것이라 했다.

이 같은 『조선불교혁신론』의 중요성은 소태산의 친저 『불교정전』에 편입되었다는 사실에서 드러난다. 『불교정전』의 편차를 보면 전3권 중 권1의 제1편 개선론은 총 11장으로 종전의 혁신론 내용이 거의 그대로 수정 편입되었다. 원불교의 『불교정전』은 소태산이 친히 저술했다는 점에서 중심교서로 간주되는데, 여기에 『조선불교혁신론』이 편입된 사실을 보면, 원불교의 중심교서가 혁신의 의지를 그대로 드러냈다는 점에서 소태산의 불교혁신에 대한 의지가 돋보인다. 아울러 『대종경』을 보면, 서품 16~19장에서 『조선불교혁신론』 1~6장의 내용을 그대로 다루고 있다.

그러면 『불교정전』에 나타난 불교혁신의 일면들이 무엇인가를 살펴보고자 한다. 우선 소태산은 소수인에 한정된 불교를 극복하고자 했다. 원불교는 출가와 재가의 차별을 두지 않았으며, 엄밀히 말한다면 재가, 일상생활, 상시(常時)를 위주로 하고 있다는 점을 간과해서는 안 된다.[43] 여기에서 그는 출세간적 제도를 고치고자 했으며, 그것은 불교가 출세간 중심으로 전개된 과거 제도와 관행으로는 후천개벽의 시대에 처하여 불법을 통한 교화는 어렵다는 것을 파악한 것이다.

이와 유사한 맥락에서 과거의 예법이나 불공하는 법이 구시대적인 측면이 있음을 소태산은 간파하였다. 이를테면 「과거의 예법을 현재의 예법으로」와 「불공하는 법」 등이 두드러지게 보완되었다.[44] 그 외의 내용은 『조선불교혁신론』과 대체로 동일하다. 과거의 예법은 소태

43) 장진영, 「원불교 교역자제도 변천사 연구」, 『원불교사상과 종교문화』 46집, 원광대・원불교사상연구원, 2010.12, p.186.

44) 한기두, 「조선불교혁신론 해제」, 『원불교사상』 제7집, 원불교사상연구원, 1983, p.266.

산이 이미 원기 11년 천명한 신정의례로 개혁되었지만, 『조선불교혁신론』에서 보다 실제적인 언급을 함으로써 미래에 적합한 새 예법실천을 도모한 것이다. 「불공하는 법」도 과거방식이 아니라 새로운 사실불공과 실지불공을 지향하려는 뜻이다.

환기컨대 『조선불교혁신론』은 목차[45]에서부터 당시 불교의 제반 혁신론과의 차별성을 지니고 있다. 그것은 구체적인 제도개혁의 논리보다는 불교 본질의 이념이 무엇이며, 어떤 신앙·수행을 전개해야 하는가에 초점이 맞추어져 있으며, 이렇게 전개된 불교개혁 운동은 법신불 신앙운동이라는 특징으로 드러나 있다.[46] 불교가 추구하는 바는 진리신앙과 사실수행이라는 시각에서 인격신앙이나 편벽수행에 치달을 수 있는 상황을 극복하고자 한 것이다. 이것은 법신불 신앙·수행에 바탕한 진리적 종교와 사실적 도덕이라는 정법교리의 측면에서 과거불교와의 차별성을 지닌다.

돌이켜 보면 『조선불교혁신론』이 발간되던 때는 원불교의 교리형성과 법신불 신앙이 정립되던 과도기에 해당된다. 원기 20년(1935) 4월에 『조선불교혁신론』이 편찬되었는데, 소태산은 등상불숭배를 불성일원상숭배로 돌려야 함을 지적하고, 일원상 조성법을 구체적으로 제시하고 있다. 이때는 신앙대상으로서의 일원상의 의식화(儀式化)·제도화가 완전히 이루어지지 않은 과도기였다.[47] 동년 4월 27일 중앙총

45) 『조선불교혁신론』의 목차는 다음과 같다. 1) 과거 조선사회의 불법에 대한 견해, 2) 조선 승려의 실생활, 3) 석가모니불의 지혜와 능력, 4) 외방의 불교를 조선의 불교로, 5) 소수인의 불교를 대중의 불교로, 6) 분열된 교화과목을 통일하기로, 7) 등상불 숭배를 일원상 숭배로.

46) 양은용, 「소태산대종사의 『조선불교혁신론』과 불교개혁이념」, 『원불교사상과 종교문화』 32집, 원불교사상연구원, 2006.2, p.112.

47) 송천은, 『열린시대의 종교사상』, 원광대출판국, 1992, pp.358-359.

부에 대각전이 준공되면서 법신불이 처음 봉안되었지만, 사실 사은위패를 모셔놓고 있는 상태였으므로 초기교단의 과도기에 혁신을 추구한 것이다.

당시 교단의 과도기적 상황 속에서도 한국사회에 불법이 정착할 수 있도록 소태산은 불교혁신의 고삐를 죄었다. 그는 「외방의 불교를 조선의 불교로」라고 하였는데 이것은 불교가 한국사회에 진입한 지 오래지만 시대에 적응하는 토착화의 길에 이르지 못했음을 지적하고 현실 속에 토착화하기 위한 이념을 제시한 것이다.[48] 오늘의 원불교가 생활불교로서 한국사회에 정착되어 시대를 선도하고, 사회를 정화시키는 종교로서 역할을 해야 하는 것은, 한국사회에서 원불교가 정착되고 세계적 종교로 탈바꿈하고자 함이다. 소태산이 추구한 불교개혁의 목적이 바로 여기에서 발견된다.

7. 한국종교의 난제

오늘날 한국종교의 신뢰도가 추락하고 있다. 이러한 사실은 기독교윤리실천운동이 전국 19세 이상 남녀 1000명을 대상으로 글로벌리서치에 의뢰해 2014년 12월10일~11일 실시한 결과이다. 신뢰하는 종교를 묻는 질문에 가톨릭이 29.2%, 불교(28.0%), 개신교(21.3%), 유교(2.5%), 원불교(1.3%) 순이었다. 개신교는 종교기관별 신뢰도에서도 천주교(가톨릭), 불교보다 훨씬 낮은 것으로 나타났다. 개신교를 '신

---

48) 한기두, 「조선불교혁신론 해제」, 『원불교사상』 제7집, 원불교사상연구원, 1983, p.266.

뢰한다'는 응답은 19.4%에 그쳤다. 반면 '신뢰하지 않는다'는 응답은 44.6%나 됐다. 개신교의 신뢰회복을 위한 개선점으로는 다른 종교에 대한 배타적 태도(24.0%), 불투명한 재정 사용(22.8%), 교회 지도자들(21.0%), 교회성장 제일주의(14.5%), 교인들의 삶(13.1%)을 꼽았다. 개신교뿐 아니라 불교나 여타 종교의 신뢰도 역시 미세한 차이로 추락하고 있는 것이다.

신뢰도의 추락을 상기한다면 한국종교의 정체성 확보가 시급하다. 한국종교의 정체성은 과연 무엇인가, 한국종교 정체성의 탐구 자체는 무슨 의미가 있는가, 이 땅의 종교학도들에게 새로 던져지는 절실한 질문이다.[49] 한국종교의 정체성 확보를 위한 노력이 이루어질 때 그 신뢰도가 추락하는 속도를 더디게 할 수 있으며, 정체성 확보가 이루어질 때 신뢰도는 다시 회복될 수 있으리라 본다. 고운 최치원이 말한 유불도 삼교의 '풍류사상'이라는 기저가 오랫동안 지속되어 왔던 한국종교의 고유정신을 새겨보면, 새 시대에 맞는 한국종교의 정체성 확보가 더욱 필요하다.

한국종교의 정체성 확보는 한국에 난립한 각 종교의 건실한 발전방안이 마련될 때 가능하며, 이에 새로운 종교로의 부단한 변신 노력이 있어야 한다. 여기에서 불교, 유교, 기독교 개혁의 사례를 살펴볼 필요가 있다. 역사적으로 종교개혁은 새 시대의 개혁정신을 보이는 자세에서 전개되었다. 이를테면 용수보살에 의하여 이루어진 소승에서 대승으로의 개혁운동, 훈고학에서 성리학으로 이어진 유학의 개혁운

49) 김종서, 「광복이후 한국종교의 정체성과 역할」, 제32회 원불교사상연구원 학술대회 《광복이후 한국사회와 종교의 정체성 모색》, 원광대학교 원불교사상연구원, 2013.2.1, p.20.

동, 가톨릭에서 프로테스탄트로 넘어온 유럽에서의 개신교의 개혁운동이 그러한 과정을 거쳤다.[50] 기성종교의 부단한 개혁만이 한국종교로서 역할을 할 수 있을 것이며, 그것은 한국사회에서 건실한 종교로 살아남는 길이기도 하다.

개벽을 외치며 등장한 동학, 해원상생을 모토로 하여 나타난 증산교는 과연 한국종교로서 우뚝 솟았는가? 이들 종교가 한국의 민족종교로 남아있지만 살아있는 종교로서 활동하고 있는가를 성찰해보자는 것이다. 동학사상은 강한 사회개혁 정신으로 인해 동학 농민혁명이라는 사회변혁 운동으로 이어졌으며, 동학혁명이 실패로 돌아가자 증산은 보다 신비적이고 주술적인 면을 강조하면서 종교적 상징화의 방향으로 선회하였다.[51] 한국의 신종교로서 개벽은 개혁이라는 점에서 얼마나 종교개혁에 적극적이냐는 그 종교의 활력과 관련된다고 본다.

정신개벽을 모토로 하여 1919년 4월, 원불교를 창립한 소태산은 새 시대정신을 통한 종교개혁을 이룬 결과, 한국종교 개혁의 모델이 되어가고 있다. 새 시대의 정신을 수용하지 않은 종교개혁은 진정한 개혁으로 이어지는 법이 없다는 사실에서 소태산의 가르침은 진정한 종교개벽의 모델을 제시한 셈이다.[52] 조선불교의 무기력함을 인지한 그는 불법을 주체로 하여 시대화, 생활화, 대중화를 지향하며 생활불교·대중불교로서 원불교의 발전을 도모하였다.

50) 윤이흠, 「21세기의 세계종교상황과 원불교사상」, 『원불교사상과 종교문화』 35집, 원불교사상연구원, 2007.2, p.29.

51) 김낙필, 「한국 근대종교의 삼교융합과 생명·영성」, 『원불교사상과 종교문화』 39집, 한국원불교학회·원불교사상연구원, 2008.8, p.36.

52) 윤이흠, 「21세기의 세계종교상황과 원불교사상」, 『원불교사상과 종교문화』 35집, 원불교사상연구원, 2007.2, p.29.

그럼에도 불구하고 개벽기에 나타난 동학, 증산교, 원불교와 같은 신종교들로서 한국종교의 발전에 어려움이 적지 않다. 전통종교가 쇠락한 원인은 과연 무엇인가를 교훈으로 삼아야 이러한 난제를 극복할 수 있다. 근대 이후 우리나라만큼 급속한 사회변화를 경험한 나라는 유례가 없다고 한다. 이런 과정에서 근대화는 필연적으로 서구화를 수반함으로써 한국문화와 종교는 서구화됨과 동시에 그 전통문화는 파괴되었고 민족종교도 서구종교로 거의 대치되었다.[53] 한국종교의 활동사를 보면 기독교의 교세에 비해 전통종교의 교세는 오히려 퇴조하게 되었으니, 그것은 전통종교의 파괴라고 할 법한 일이다. 한국의 신종교가 개혁을 주도해야 하는 이유가 여기에 있다.

사실 서구종교의 배타주의적 포교전략은 한국종교의 신뢰가 추락하는 원인이 되었음을 상기한다면 신뢰회복의 관건이 무엇인지를 가늠할 수 있다. 이제 한국종교는 세계적으로 확산되고 있는 종교다원주의를 적극 섭렵해야 할 것이다. 광복 이후 한국종교의 중요한 측면은 종교들이 다원화되었다는 것이며, 그것이 사회적으로 당연히 받아들여지는 이른바 종교다원주의가 상당히 팽배하게 되었다는 사실이다.[54] 종교의 자유가 보장된 나라에서 종교의 배타적 선교활동은 많은 사람들로 하여금 종교에 대한 회의를 갖게 하기에 충분하다. 한국종교가 이러한 난맥상을 극복하지 못하거나 개혁하지 못한다면 신뢰의 추락은 불을 보듯 뻔한 일이다.

---

53) 김수중, 「양명학의 입장에서 본 원불교 정신」, 『원불교학』 제4집, 한국원불교학회, 1999, p.615.

54) 김종서, 「광복이후 한국종교의 정체성과 역할」, 제32회 원불교사상연구원 학술대회 《광복이후 한국사회와 종교의 정체성 모색》, 원광대학교 원불교사상연구원, 2013.2.1, p.15.

그렇다면 한국종교의 난제를 어떻게 풀어갈 것인가? 우선 한국종교 성직자들의 질적인 문제가 있다는 점에서 그들의 질적인 향상을 도모하는 개혁이 필요하다. 근래 각 종교에는 성직 지원자의 숫자가 감소되고 있으며, 성직 지원자의 문제는 양적인 문제뿐만 아니라 질적인 면에서도 문제를 진단하고 개선해야 한다.[55] 사회적으로 무능하거나 물의를 일으킬 정도의 성직자들이 있다는 것은 성직자 양산에 대한 위기의식을 느끼고 개혁방향을 마련해야 하리라 본다.

성직자뿐만 아니라 한국종교의 신자 확보가 쉽지 않은 상황이다. 기성종교의 신뢰추락으로 인해 신자의 이탈이라는 위기를 극복하는 개혁방안이 모색되어야 한다. 한국의 각 종교들은 갈수록 새 신자 확보가 어려워질 뿐만 아니라 기존신자의 이탈도 증가될 조짐이 상당하다는 점에서 오늘날의 한국종교는 위기에 직면하고 있으며, 개혁의 필요성이 제기되고 있다.[56] 신자의 확보가 어렵거나, 기존신자들도 기성종교에 회의를 하여 이탈하려 한다면 그것은 종교 자체의 과감한 개혁을 통한 신자 중심의 종교로 거듭나야 할 것이다.

8. 종교대화와 개혁

종교가 개혁을 통해 발전하려면 종교간 상호 교류가 빈번해야 한다. 종교 간의 만남은 건설적인 대화와 상호 자극을 통한 발전을 유도

55) 묘주 스님, 「조계종에서 성직자 지원의 현황과 과제」, 『전환시대의 성직자 교육 현황과 전망』, 영산원불교대학교 출판국, 1997년, p.37.

56) 박윤철, 「원불교 예비교무 지원자 감소 원인과 대응방안 연구」, 일원문화 연구재단, 2004년 4월 13일, p.3.

하기 때문이다. 종교들끼리의 만남은 당연히 종교대화의 전제가 있어야 한다. 그럼에도 불구하고 서구종교의 배타적 신념이나 일부 광신도들의 한국 전통종교에 대한 불신이 있다면 종교대화가 쉽지 않을 것이다. 단군성전 건립이나 홍익인간 그리고 다양한 불사(佛事)들을 보수정통의 개신교 신앙에서는 용납하기 어려웠던 바, 광신도들에 의한 훼불사건 등 갈등양상이 오래도록 끊이지 않았다.[57] 종교간 갈등을 극복하기 위한 종교간 대화가 필요하며, 여기에는 한국종교인협의회, 한국종교자평화회의 그리고 한국종교학회라는 활동이 있었던 것이다.

그동안 한국 기독교 중에서 상당수가 독선적 행위로 인해 합리적 종교대화를 나누는데 애로가 적지 않았다. 만일 우리가 신에 대한 대화에 있어서 기독교적 견해를 다루려 하면 난처한 입장에 서게 되며, 그 신앙을 가진 사람들의 독선적·맹신적 태도 때문에 냉정한 합리적 대화를 나눌 수 없는 경우가 한국 기독교계에 지배적인 공기였다.[58] 오로지 자기종교 포교에만 열성을 다하는 것은 이웃종교에 대한 불신을 가미시키는 경우로 이어진다. 이웃종교에 대한 포용적 자세가 결여된다면 종교간 발전적 영향이 줄어들게 되며, 그것은 호혜적 종교개혁이 쉽지 않은 상황으로 이어진다.

열린 마음으로 종교간 대화를 통해서 자기 종교의 정체성 확보가 수월해질 수 있으며 이는 종교간 상호 발전을 가능하게 해준다. 이웃종교와 대화를 할 때 제기되는 중요 논의가 바로 정체성의 문제로, 타

57) 김종서, 「광복이후 한국종교의 정체성과 역할」, 제32회 원불교사상연구원 학술대회 《광복이후 한국사회와 종교의 정체성 모색》, 원광대학교 원불교사상연구원, 2013.2.1, pp.15-16.

58) 이기영, 「현대에 있어서의 종교의 진리성」, 『인류문명과 원불교사상』(下), 원불교출판사, 1991, p.1395.

자와 대화를 할 때 손실될 수 있는 자기 정체성에 대한 우려가 종교간 대화를 가로막았다.[59] 종교의 정체성은 상호 영향을 주고받으면서 확보되는 것임에도 불구하고 오히려 이웃종교와의 대화를 단절함으로써 자기종교의 정체성을 확보하려는 경우가 발생한다. 이는 구원의 다원주의에 대한 불신을 극복하는 것, 즉 종교간 대화와 이해를 통해서 자기종교의 정체성을 확보할 수 있다는 것을 망각할 때 주로 나타난다.

종교간 대화를 통한 상호 포용적 자세가 아쉬운 일이지만 인도의 힌두교는 이웃종교에 대한 포용정신으로 종교대화에 아무런 장애가 없었다. 라다크리슈난은 종교대화에 대한 적극적 입장임과 더불어 인도 지성을 대표하는 근대 사상가이다. 비베카난다가 일찍이 힌두교의 세계관과 종교사상을 서양에 소개함으로써 종교적 다원성을 수용해 온 힌두교의 포용적 정신을 라다크리슈난이 밑받침해서 종교간 대화에 많은 영향을 주었다.[60] 이들이 강조한 범재신론적 힌두교의 교리 정신은 이웃종교를 포용하는 시각을 분명히 하였다.

환기컨대 지구촌의 갈등 문제를 해결하는데 종교간 대화가 필요하며, 개혁을 추구하고 개방화를 지향하는 종교라면 마땅히 종교대화에 지혜를 발휘하게 된다. 동서 종교간 대화, 협력, 회통은 지구촌의 문제를 해결하는 수단으로만이 아니라, 역사적 사명을 지닌 종교인들에게 창조적으로 변화하려는 진정한 용기를 가져다준다.[61] 이러한 용기

---

59) 김명희, 「원효 화쟁론의 해석학적 접근-종교대화 원리를 중심으로」, 제27회 원불교사상연구 학술대회 《현대사회와 원불교해석학》, 원광대 원불교사상연구원, 2008년 1월 29일, pp.38-39.

60) 길희성, 『인도철학사』, 민음사, 2007, p.260.

61) 김경재, 「기조발표-동서종교사상의 화합과 회통」, 《춘계학술대회 요지-동서종교사상의 화합과 회통》, 한국동서철학회, 2010.6.4, p.22.

는 비록 다른 진리관, 세계관, 구원관을 지닌 종교라 해도 상호 만남을 통해 종교 본연의 사회구원이라는 사명의식을 발휘하도록 해준다.

오늘날 고무적인 일이 종교교육의 현장에서 발휘되고 있다. 종립학교만의 종교교육이 이제 일반학교의 교양과목으로 채택되어 종교 전반에 대한 이해의 장이 열렸다. 1980년대부터 종립학교에서 독자적으로만 실시되던 종교교육이 교양과목으로서 공교육으로 인정되었기 때문이다.[62] 이것은 학교의 종교 교사들이 자기 종교가 무엇이냐는 문제보다는 한국에서 다른 종교들이 서로 공존하도록 종교적 교양지식을 섭렵하게 해준다는 면에서 여간 고무적인 일이 아니다.

한국의 신종교로서 종교대화를 강조한 원불교는 국제적 종교대화의 기구로서 종교연합기구 유알(UR)의 건립을 제창하기에 이른다. 원불교 3대 종법사였던 대산종사는 원기 50년(1965) 3월, 종법사 취임법설에서 '하나의 세계건설'을 강조하였고, 원기 51년(1966) 3월에는 '종교인으로서 갖추어야 할 세 가지' 법설에서 종교 상호간의 융화와 종교인 간의 대화를 강조하면서 종교연합기구의 창설을 구상하였다.[63] 그는 원기 56년(1971) 10월 개교반백년 기념대회의 결의문에서 국제적인 종교연합기구를 통하여 모든 종교의 교리적 융통과 종교적 공동과제를 토의하도록 하였다(원광 제71호, 1971.10. p.13). 종교대화를 통해서 진리는 하나, 인류는 한 가족, 세상은 하나의 일터임을 천명함과 더불어 종교간 합력하자는 것이다.

---

62) 김종서, 「광복이후 한국종교의 정체성과 역할」, 제32회 원불교사상연구원 학술대회 《광복이후 한국사회와 종교의 정체성 모색》, 원광대학교 원불교사상연구원, 2013.2.1, p.16.

63) 손정윤, 「개교반백년 기념사업」, 『원불교 70년정신사』, 성업봉찬회, 1989, p.337.

한국 종교계에서 원불교의 종교대화에 대한 의지는 이웃종교에 귀감이 되었다. 원불교의 국내외 NGO 활동은 종교협력을 위한 활동으로 전개되고 있다. 국내에서는 한국종교인평화회의, 한국종교지도자협의회, 한국종교협의회 등의 종교협력기구에 참여하고, 국제적으로는 UN의 종교 NGO와 세계불교도우의회(WFB), 국제자유종교연맹(IARF) 등의 종교협력기구에 참여함으로써 인류가 처한 난제들을 실천할 방안을 종교연합 운동을 통해 모색하고 있다.[64] 그로인해 원불교는 이웃교단과의 갈등이 적을 뿐만 아니라 교단 내적으로도 화합하는 등 사회적 인식이 좋은 편이다.

다양한 종교 층에서 화합과 평화를 위한 종교대화와 종교인의 역할이 필요한 시점에서 원불교는 앞으로의 활동이 기대된다. 종교인들의 심도 있는 대화, 협력, 회통은 자기종교의 정체성을 견지하면서도 이웃종교에 열려 있어서 자기가 귀의하는 역사적 종교보다 더 큰 진리 앞에 겸손할 줄 아는 사람들 사이에서만 일어난다[65]는 사실에 주목해야 할 것이다. 종교간 대화와 협력은 건실한 방향에서 자기종교의 개혁을 불러일으킬 것이며, 그것은 이웃종교에도 영향을 미치게 된다. 이러한 종교의 상호 개혁은 세계 평화를 향한 기초가 되기에 충분하리라 본다.

---

64) 박광수, 「원불교 사회참여운동의 전개양상과 과제」, 『원불교사상과 종교문화』 30집, 원광대·원불교사상연구원, 2005.8, p.252.

65) 김경재, 「기조발표-동서종교사상의 화합과 회통」, 《춘계학술대회 요지-동서종교사상의 화합과 회통》, 한국동서철학회, 2010.6.4, p.17.

9. 개벽의 상징성

인간은 전통종교 내지 기성종교에 기대서 구원을 얻으려고 하지만 종교가 그 역할을 다하지 못할 때 종교의 무기력함이 나타나며, 이를 계기로 새롭게 종교개혁을 시도하는 것이다. 종교개혁은 기성종교가 가지고 있는 종교관으로는 미래 인류의 종교에 대한 요구를 도저히 만족시켜 줄 수 없음을 의미하며, 진리관, 신앙관, 수행관에 있어서 개벽적인 변화가 없이는 종교가 살아남을 수 없음을 의미한다.[66] 원불교는 기성종교가 무력했던 구한말 개벽이라는 명분 속에서 불교혁신을 도모하며 출현하였다.

개벽은 근대 한국 신종교들의 창립 명분으로서 구현될 수 있는 계기를 마련하게 해주었다. 혜강 최한기의 기학, 수운 최제우의 동학, 강증산의 해원상생, 소태산의 정신개벽이 이와 관련된다. 기학이나 동학, 증산의 해원, 원불교의 보은사상은 고대 우리나라의 '한'사상이 면면히 그 생명력을 유지하면서 시대를 따라 새롭게 창조되어 온 것으로 현대의 위기를 치유할 수 있는 대안으로 등장하였다.[67] 이들은 대체로 후천개벽기에 출현하여 물질개벽에 따른 정신개벽을 선언한 것이다.

최수운, 강증산, 소태산으로 이어지는 개벽은 선천시대를 지나 후천시대라는 세 시대가 도래했음을 의미한다. 수운에서의 선후천 개념

66) 신명교, 「원불교 교단관」, 『원불교사상시론』 1집, 수위단회사무처, 1982, p.26.

67) 박맹수, 「한국사상사에서 본 대산종사」, 대산 김대거 종사 탄생 100주년 기념 학술강연 『진리는 하나 세계도 하나』, 원불교100년기념성업회 대산종사탄생 100주년 기념분과, 2013.6, p.35.

은 천지창조 후 자신의 득도 전까지를 선천의 개념에 넣고 그 이후 5만년까지를 후천으로 보았다, 또 증산은 자기가 살았던 시대를 시점으로 그 이전을 선천 그 이후를 후천으로 보고, 소태산은 앞으로 다가올 큰 문명을 상징하는 뜻으로 대명천지 혹은 양세계라 부르기도 하였다.[68] 대명천지의 세계에서는 정신세력의 확장을 통해서 낙원세계를 건설하자는 것이다.

여기에서 언급하고자 하는 개벽의 성격은 원불교적 입장에서 보면 단절과 갈등이 아니라 지속적 개혁이며 평화적 개혁이다. 원불교는 동학처럼 비타협적인 저항이나 과격한 투쟁방법을 버리고 상생 보은의 방법으로 개혁 문제를 해결하려고 한다.[69] 원불교가 지향하는 바는 과격한 투쟁이 아니라 실현가능한 개혁이요, 일원사상에 기반을 둔 방법이기 때문이다. 다시 말해서 일원상의 원융무애한 진리에 근거하므로 타협할 수 없는 것이 아니라 서로 타협이 가능한 합리적 개혁인 바, 그것은 평화를 가져다주는 보은으로 전개된다.

일원주의 즉 평화의 보은사상에 기반을 둔 개벽은 새 불법의 신앙으로, 소태산은 불법을 혁신적 자세로 접근하였다. 이에 그가 말한 개벽은 불법의 혁신이며, 새 불법으로 세상을 구원하는 것이다. 원불교의 참뜻은 하나의 낙원을 건설하는 불교이며, 일체중생을 제도하는 큰 불법이며 항상 새롭게 개조하는 새 불법이다.[70] 소태산의 개벽은 이처럼 불법을 주체로 한 개벽이며, 그것은 미래의 교법으로서 제생

---

68) 김홍철, 『원불교사상논고』, 원광대학교출판국, 1980, pp.340-355.

69) 한승조, 「한국정신사의 맥락에서 본 원불교」, 『원불교사상』 4집, 원불교사상연구원, 1980, p.64.

70) 한기두, 「불교와 원불교」, 《院報》 제46호, 원광대 원불교사상연구원, 1999년 12월, p.29.

의세의 불법이라는 확신에서 비롯된 것이다.

소태산을 계승한 정산은 개벽을 '천지개벽'이란 의미로 새기고 있다. 정산에 의하면 오랜 구습에 사로잡힌 관습들을 일시적으로 청소를 하게 되니 천지개벽의 새 시대를 여는데 한 몫을 하게 될 것[71]이라 하였다. 천지개벽은 구시대의 모든 것을 청산하고 새 시대의 물결을 있는 그대로 받아들이는 것이다. 천지가 개벽된다는 말이 있듯이, 낡은 모든 것을 결별하자는 것이며, 이는 낙원건설을 위하여 구시대와 새 시대의 세대교체와도 같은 것을 뜻한다.

그리하여 낙원건설을 향한 소태산의 개벽은 구시대의 고리를 끊고 새 시대를 향한 개혁과 직결된다. 구시대의 단절 없이 새 시대의 개벽은 어렵기 때문이다. 현대는 개벽이라 불리는 세기적 역사의 매듭을 거친 새로운 시대로서 이전의 시기와 비교하여 밝고 열린 시대이므로, 미래의 사람들은 천지의 기운에 합하여 내면의 평화를 지향하며 상생의 세계로 나아갈 것이라고 소태산은 예견하였다.[72] 개벽이란 우주의 새 기운을 통해 상극에서 평화로운 상생의 시대로의 전환을 의미하는 것이다.

돌이켜 보면 구한말을 지나 근대사회에서 요청되었던 개벽은 당시 범람했던 물질을 거부하는 것이 아니라 물질을 선용하는 정신세력의 확충과 직결된다. 곧 소태산의 개벽사관은 물질문명을 배척하는 것이 아니며 그것을 선용할 인간의 자주력이 필요한 관계로 정신개벽이라 본 것이다.[73] 물질의 선용을 위해서는 정신세력의 확충이 필요하며,

---

71) 『정산종사법설』, 제4편 하나의 세계, 10. 공산주의는.

72) 정현인, 『오늘은 부처가 없다』, 원불교신문사, 2008, pp.156-157.

73) 양은용, 「원불교의 마음공부와 치유」, 『한국그리스도 사상』 제17집, 한국그리스도사상연구소, 2009.12, p.105.

이 같은 정신세력은 인간의 자주적 힘에 의해 가능한 것이다. 즉 물질에 끌리는 것이 아니라 이를 선도하는 정신의 자주력이 요구된다는 뜻이다.

정신의 자주력은 또한 자력과 타력의 병진이 가능한 상태에서 발휘된다. 이에 소태산의 개벽은 선천시대의 타력적 힘만으로 되는 것이 아니라 후천시대의 자타력 병진을 통해서 이루어지는 것이다. 그는 개벽이 타력적 절대타자에 의해서만 이루어진다고 보지 않았으며, 오히려 주체적 자아의 자력적 노력에 의해 자력과 타력이 함께 만나는 가운데 이루어진다[74]고 보았다. 원불교신앙이 자타력 병진신앙의 특성을 지니고 있는 것도 이러한 맥락에서 이해된다.

그렇다면 정신개벽은 구체적으로 어떻게 전개되는가? 인류 구원을 위한 교화의 대 개혁 곧 교화개벽과 더불어 진행되어야 한다. 물질개벽을 활용하여 전 인류가 고루 빠르게 정신개벽에 이르게 하는 추진체로서, 물질개벽에서 정신개벽으로 이어주는 교화방식 자체에 개벽이 일어나야 한다.[75] 원불교 교화가 지체된 원인은 과거 농경사회의 교화방법에 의존한 결과이며, 이를 탈피하여 개혁하는데 얼마나 노력했느냐를 성찰하지 않을 수 없다.

아무튼 소태산의 개벽은 원불교 100년에 맞는 방향에서 지속되어야 한다. 2015년 3월 현재, 원불교 창립 100년인 상황에서 창립정신에 버금가는 개벽정신이 일어나야 한다. 소태산은 현실세계의 대 혼돈에

---

74) 박광수, 「원불교 후천개벽 세계관」, 『원불교사상과 종교문화』 44집, 한국원불교학회・원불교사상연구원, 2010.2, p.101.

75) 소광섭, 「대산 김대거 종사의 四大眞理 사상」, 대산 김대거 종사 탄생 100주년 기념학술강연 『진리는 하나 세계도 하나』, 원불교100년기념성업회 대산종사탄생 100주년 기념분과, 2013.6, p.49.

대한 대안으로 법신불 일원상을 제시하였는데 이는 창립 100년을 준비하는 원불교 문화운동의 방향이며, 오늘날 전 인류가 갈망하는 개벽의 길을 여는 일이다.[76] 원불교 개벽의 구현은 교단 100년을 새롭게 출발하는 길이자 한국종교로서 세계종교로 비약하는 길이라 본다.

76) 김지하, 「일원상 개벽에서 화엄개벽으로」, 제28회 원불교사상연구 학술대회 《개교100년과 원불교문화》, 원불교사상연구원・한국원불교학과, 2009.2.3, p.1.

제2장
교단 100년과 개혁담론

1. 의견제출 제도의 활성화

과거와 달리 오늘날 대부분의 공동체 사회는 구성원들의 건전한 의견제출 제도를 실시함으로써 사회발전과 민원해소에 대하여 해법 장치를 마련하고 있다. 원불교는 창립 초기부터 의견제출 제도를 시행해 왔다. 이를테면 원기 9년(1924), 익산에서 불법연구회 창립총회 때 6장 22조의 『규약』을 채택한(『원불교 교사』, p.62) 이래 법규에 의하여 교단을 합리적으로 운영해 왔다. 공사(公事)제도를 마련한 것이라든가, 의견제출 제도를 실시하여 대중의 창의적 의견을 교단운영에 반영하려 노력한 것이다.[1] 교단은 법규를 마련하여 가족적 분위기를 살리면서도 합리적 제도장치를 설치함으로써 교단개혁과 발전을 도모해 왔다.

초기교단에서의 의견제출 제도는 본질적으로 인도상의 요법에 의하여 창립기의 혁신을 도모하려는 것이었다. 『불법연구회통치조단규약』에서는 교화단의 목적을, 통치기관으로서 상무기관의 제반규칙과 교

---

1) 손정윤, 「개교반백년 기념사업」, 『원불교 70년정신사』, 성업봉찬회, 1989, p.335.

리를 회원에게 훈련하여 의무적으로 실행케 하며, 각 방면의 의견제출을 장려하여 인도혁신의 법을 세워 허위와 사실에 구별 없는 인간의 생활로를 개혁하는데 두고 있었다.[2] 과거 불합리한 차별제도를 혁신함으로써 비합리적인 일들이 있다면 새롭게 개혁하려는 교조정신이 본『규약』에 그대로 드러나 있는 것이다.

그러면 교단의 법규라는 제도 속에서 의견제출 제도를 실시한 것은 어떠한 의미를 지니는가에 대하여 몇 가지 측면에서 살펴보고자 한다.

첫째, 일상생활에 있어서 불합리한 것들을 개선하려는 것에서 출발한다. 초기교단의 의견제출이라 함은, 현재의 제반 상황을 살펴서 그 전에 있던 불합리한 일을 변경하여 합리가 되도록 불편한 일을 개선하기 위해 각자의 의견을 발표하는 제도이다.[3] 불합리한 것을 합리적인 것으로 개선하는 것은 불편한 일들을 공의에 따라 적합하게 개선하려는 이성적 사유방식으로서의 조처인 것이다.

둘째, 의견제출 제도의 시행은 상향식 민주주의라는 방식으로 이는 구한말 전개되어온 조선유교의 하향식 봉건주의적 의사전달 방식에 대한 혁신적 의미를 지닌다. 소태산은 민주주의적 제도로서 의견제출 제도를 일찍부터 채택하여 일자무식의 회원이 제출한 의견일지라도 합리적인 의견이면 얼마든지 채택하여 불법연구회라는 공동체 조직의 활성화에 활용했다.[4] 이것은 하향식 관료주의적 의견전달의 방식을 극복하고 상향식 민주주의적 의견전달 방식을 시행함으로써 교단 운

2) 이성은, 「조직제도 변천사」, 『원불교70년 정신사』, 성업봉찬회, 1989, p.426.
3) 박용덕, 선진열전 1-『오, 사은이시여 나에게 힘을 주소서』, 원불교출판사, 1993, p.198.
4) 박맹수, 「소태산 박중빈과 종교공동체운동」, 《국제원광문학학술논집》 volume 01, NO.02, 원광보건대학교 원광문화연구원, 2011.7, p.10.

영의 혁신적 방향을 전개하려는 뜻이다.

셋째, 의견제출이나 의견교환은 초기교단 구성원들의 공부와 사업의 평가에 반영하려는 것이다. 불법연구회의는 공부하는 공동체였으며, 소태산은 공부와 사업을 병행하는 제자들에게 서로 의견을 교환하게 하고 생활을 공유하도록 하며 의견제출을 평가에 반영할 정도로 철저한 민주적 공동체를 견지하였다.[5] 제자들을 평가하고자 한 이유는 공부와 사업을 창의적으로 유도하고자 하려는 것이었다. 특히 의견제출을 평가항목에 넣으려는 의도는 상호 권면을 통한 적극적 개혁의식을 불어넣으려는 취지이다.

교단의 구성원들로 하여금 의견제출을 적극 독려한 것은 구성원의 교화조직인 '교화단' 활동에서 잘 나타난다. 10인1단의 교화단 조직에서 의견제출을 권면한 것은 교도 각자가 의견교환으로 자기개혁과 세계개혁을 하자는 목적과 뜻이 있는 것이다.[6] 교도의 교화 조직체가 교화단으로서 본 조직이 갖는 의미는 모든 구성원들이 단활동을 통해서 자신개혁은 물론 사회개혁을 이루며 인류구원이라는 본연의 목적을 실현하려는 뜻이다.

의견제출은 인간 개혁과 구제만이 아니라 교단의 주요 현안까지 해결하는 것으로 이어졌다. 그동안 출가자의 호칭이 마땅치 않아서 출가자에게 '씨' '선생'이라 불렸던 것이 '교무'라는 호칭으로 바뀐 것도 이춘풍의 의견제출에 의한 것이었다. 이와 관련한 사항은 초기교단의 정기간행물을 통해 살펴보도록 한다. 불법연구회 회원의 칭호는 서로

---

5) 위의 책, pp.9-10.

6) 김홍철, 「불법연구회통치조단규약 해제」, 『원불교사상』 제7집, 원불교사상연구원, 1983, pp.267-268.

존대하려는 의도이지만 아쉬운 점이 있는 관계로 서로 법명을 칭호하든지, 법호가 있으면 법호를 호칭하든지, 그렇지 않으면 '교무'라고 호칭하는 것이 옳다는 안에 대하여 대중이 찬성하고 소태산도 허가하였으며 '갑'으로 감정을 받았다.[7] 이처럼 의견제출을 통하여 '교무'라는 호칭이 정착된 것이다.

오늘날, 모든 교화단이 함께하여 모임을 갖는 것으로 단조직으로서의 각단회 내지 총단회가 있는데, 여기에 제출된 안건을 상정하여 각 단회의 단장, 중앙 및 단원들이 자유롭게 의견을 밝힘으로써 교단의 현안 및 개혁에 대한 담론들이 활력 있게 전개되고 있다. 이를 통해서 교단의 미래 방향을 혁신하는 실마리를 삼기도 한다. 수위단회 제1회 각단회에서는 초창기부터 실시해 오던 단원 의견제출안을 제도화하여 교단발전의 밑거름이 되도록 좋은 안건에 대해서는 시상도 하고 사업성적에 반영해 주는 '단원의견 제출안 처리요령'도 제시됐으며, 방위별 전 단원이 총단회를 갖는 건의도 제시됐다.[8] 이처럼 단원들의 의견이 제출되어 교단발전의 초석이 되도록 하는 것은 바람직한 교단개혁과 맞물려 있다.

공식적인 의견제출 제도 외에도 개혁의 성향을 지닌 언론매체에 의한 시론으로서 초기교단의 정기간행물 '회설'의 역할이 주목된다. 회설에 나타난 대외 인식의 차원은 세계정세 등 정치・시사 문제에 기본적인 관심을 피력하면서 그것을 구체적인 조선반도 공간 안에서 적극 수용하여 실천하려 할 때, 민중의 기저에 흐르는 전통불교의 제도를

---

7) 『월말통신』 11호, 1929년 음 1월(장진영, 「원불교 교역자제도 변천사 연구」, 『원불교사상과 종교문화』 46집, 원광대・원불교사상연구원, 2010.12, pp.199-200).

8) 편집자, 「의견제출안 채택 사업성적 반영」, 《원불교신문》, 2001년 2월 23일, 1면.

혁신해야 한다고 보는 것이다.[9] 대체로 회설은 전통불교의 구각을 벗고 새 시대의 불법으로 사회를 혁신하려는 소태산의 의지를 대변하면서도, 회설을 담당하는 창립제자들의 날카로운 사회 비판의식이 두드러진다.

원기 13년(1928)에 창간된 교단초기 기관지인 『월말통신』과 『회보』의 회설은 불법연구회 회원들의 의식을 일깨우고 교단과 사회를 향도할 수 있도록 하는 의견제시의 성격을 지녔다. 회설은 주로 혜산 전음광이 담당했는데, 여기에서 교단과 사회에 나타난 문제점들을 드러내어 개혁하자는 것이다. 혜산 전음광은 회설을 통해 교단과 인류를 향해 명쾌한 필치로 교단비전을 제시하고, 대종사의 경륜과 포부를 만천하에 펴는 작업을 전개함으로써 모든 조직과 제도상에 나타나는 문제점들을 보완 개혁하는 혁신가이기도 했다.[10] 소태산의 제자로서 혜안이 있고 사회를 바라보는 예리한 시각이 있었기 때문에 이처럼 그는 날카롭고 지혜로운 사회 비판의식을 키웠던 것이다.

오늘날 월간 『원광』이나 「원불교신문」의 '사설'은 초기교단의 회설과 같은 성격으로 건전한 여론조성, 의식개혁, 의견제안의 성격을 지님으로써 교단의 개혁방향을 설정해주는 역할을 한다. 「원불교신문」의 사설에는 다음과 같은 제안이 있어 주목된다. 즉 작은 모임에서 이야기된 내용, 인터넷 교역자방 등에 올라온 좋은 의견들을 출가교역자 총단회에서도 허심탄회하게 토론하고 이러한 토론마당을 준비해야 한다[11]는 것이다. 건전한 토론문화를 만들고, 서로 의견을 제출하여

---

9) 박영학, 「일제하 불법연구회 會報에 관한 연구」, 『원불교학』 창간호, 한국원불교학회, 1996, pp.175-176.

10) 김성철, 「혜산 전음광의 생애와 사상」, 원불교사상연구원 編, 『원불교 인물과 사상』(Ⅰ), 원불교사상연구원, 2000, p.348.

자유롭게 의견을 개진하자는 뜻이다. 재가 출가가 제안하는 의견제출 제도의 중요성을 인지하는 교단이라면 의견제출 제도의 활성화를 더욱 도모해야 한다.

2. 문답법의 교훈과 세상개혁

인간은 호기심에 찬 유년시절부터 부모와의 문답과정을 통해 점차 세상사를 터득하게 되며, 그것이 인지작용의 확대로 이어져 성인이 되면 사회를 밝게 향도하는 지도자로 변신하는 것이다. 새로운 지식을 획득하는 방법은 자신과의 문답, 선지자와의 문답을 통해서 이루어지는 것이 보통이다. 우리는 각자가 획득하려는 것을 염두에 두고, 그와 관련한 전제들로부터 질문을 제기하고, 또 그렇기 때문에 우리의 대답들은 서로 연관된다는 사실이다.[12] 이처럼 상호 문답법은 자신의 인식영역을 키워가며 깨달음을 얻게 해주고, 나아가 세상사에 대한 해법을 슬기롭게 밝혀내는 것이다.

깨달음의 종교인 불가에서 이러한 문답법이 유행하였던 점은 잘 아는 사실이다. 선가에서의 스승과 제자의 문답법은 궁극적으로 깨달음을 유도하는 것이기 때문이다. 선문답은 일찍이 보리달마로부터 수행과 깨침에 있어서 중요한 방법이었으며, 보리달마가 구체적인 사물을 지목하여 그 뜻을 묻는 방식으로 제자들을 지도한 『지사문의(指事問義)』가 그것이다.[13] 스승이 제자의 어리석음을 깨우치려는 의도에서

11) 박달식, 「사설-건전한 토론문화를 만들자」, 《원불교신문》, 2002년 9월 20일, 3면.
12) W.H.월쉬 지음(김정선 옮김), 『역사철학』, 서광사, 1989, p.46.

질문을 던지며, 제자는 스승의 질문에 답변하는 과정에서 자신의 어리석음을 깨달아가며 스승의 지혜를 터득하는 것으로 이것이 불가에서 말하는 '법거량'(法擧量)이다.

일찍이 깨달음과 인류 구원에 대한 법거량은 종교의 교조와 제자들 사이에서 자주 애용되었다. 석가모니와 수제자의 문답이 이와 관련된다. "수보리야 네 뜻이 어떠하냐? 만일 어떠한 사람이 있어 삼천대천세계에 가득 찬 칠보로써 보시에 사용하면 이 사람이 이 인연으로써 복을 얻음이 많겠느냐?" "그러하옵니다, 세존이시여, 이 사람이 이 인연으로써 복 얻음이 심히 많겠나이다." "수보리야, 만일 복덕이 실상(實相)이 있을진대 여래가 복덕 얻음이 많다고 말하지 아니하련마는 복덕이 없음으로써 여래가 복덕이 많다고 말하나니라."[14] 이는 석가모니가 제자 수보리에게 질문을 유도하여 깨달음의 세계로 인도하는 대화이다.

원불교의 교조 소태산 역시 대화형식의 문답법을 통해 제자들로 하여금 깨달음의 세계로 나가도록 하고 있다. 즉 과거의 폐단을 극복하고 새 종교로의 나갈 방향을 대화로 점검하였다. 소태산은 몇 제자들에게 다음과 같이 질문한다. "우리가 기위 한 교문을 열었으니 어찌하여야 과거의 모든 폐단을 개선하고 새로운 종교로써 세상을 잘 교화하겠는가?"[15] 이러한 그의 질문은 개혁방향과 그 해법을 점검하려는 의

13) 김호귀, 『선문답 강화』, 도서출판 석란, 2009, p.11.

14) 『금강경』 19장, 須菩提야 於意云何오 若有人이 滿三千大千世界七寶로 以用布施하면 是人이 以是因緣으로 得福多不아 如是니이다 世尊하 此人이 以是因緣으로 得福이 甚多니이다 須菩提야 若福德이 有實인댄 如來- 不說得福德多니 以福德이 無故로 如來- 說得福德多니다.

15) 『대종경』, 교의품 39장.

도이며, 자신의 포부를 제자들로 하여금 직시하도록 하려는 대화법의 하나이다.

소태산이 질문한 것에 대하여 제자 박대완은 무엇보다 마음개혁이 우선이라고 말한다. "모든 일이 다 가까운 데로부터 되는 것이오니 세상을 개선하기로 하오면 먼저 우리 각자의 마음을 개선하여야 하겠나이다."16) 원불교의 정체성이 이것으로 원불교는 마음공부를 하는 종교로 언급되기도 한다. 세상을 개혁하기로 하면 외부의 세계를 대상으로 하는 것도 있지만 그 출발점은 자신의 마음개혁이다. 매사의 개혁에 있어서 주종본말이 있어야 하는 것이며, 가장 기본적인 자신의 마음개혁이 우선인 것이다.

원불교 개혁론과 관련한 소태산의 질문에 대하여 다음 제자의 답변은 교리와 제도개혁으로 연결된다. 예컨대 송만경은 스승에게 다음과 같이 사뢴다. "우리의 교리와 제도가 이미 시대를 응하여 제정되었사오니 그 교리와 제도대로 실행만 하오면 자연 세상은 개선되겠나이다."17) 뒤이어 제자 조송광은 원불교의 교법이 호대하므로 세계의 대운을 따라 무위이화(無爲而化)로 모든 인류가 개선될 것이라 하였다. 소태산은 박대완, 송만경, 조송광이라는 세 제자와의 문답법을 통하여 세상의 개혁방법을 제시하고 있다.

이처럼 문답법을 통한 소태산의 가르침은 제자들의 답변을 경청한 후 제자들에게 개혁의 방향을 제시해주는 형식이며, 제자들의 답변은 새로운 것이 아니다. 평소 스승 소태산이 강조한 것을 제자들이 숙지하여 답변한 내용이다. 소태산은 제자들의 말이 다 옳다고 하면서, 사

---

16) 『대종경』, 교의품 39장.
17) 『대종경』, 교의품 39장.

람이 만일 세상을 개선하기로 하면 먼저 자기의 마음을 개선하여야 할 것이라 했다. 마음의 개선에는 교법이 있고, 또 제자들이 공부법을 터득하였으니 정성을 다하라는 것이다. 중요한 것은 '각 종교가 개선되면 사람들의 마음이 개선될 것'이며 '사람들의 마음이 개선되면 나라와 세계의 정치도 또한 개선될 것'이라며, 소태산은 마음개혁을 실마리로 한 세상개혁을 전개하도록 하였다.

한편 교단개혁을 유도하는 문답법의 중요성은 소태산 당대에 제자들이 매월 낭독한 「선서문」에도 잘 나타나 있다. 이를테면 교조의 가르침을 받던 제자들은 매월 초 예회에서 정식으로 낭독한 「선서문」 13개 항목 가운데 두 항목이 문답법의 소중성과 관련된 내용이다. "우리는 배우는 사람이니 종사주의 처리하신 일에 혹 의혹이 있는 때는 그 의혹을 품어 두지 말고 직접 품달하여 해혹(解惑)할 것이요." "우리는 공의를 존중히 하고 관유(寬裕)를 배우는 사람이니 어떠한 회의석이나 어떠한 처결처가 있는 때에는 항상 서로 양보하고 서로 문의하여 원만한 의견을 교환할 것이요."[18] 의견교환의 중요성이 초기교단의 「선서문」에 그대로 나타나며, 그것은 상호 의견교환을 통해서 배움과 처세를 바르게 하기 위함이다. 이러한 의견교환의 소재는 자신개혁과 교단개혁에 관련되어 있다.

아무튼 문답법은 오늘날 교단에서도 자주 애용하는 공부법으로, 특히 개혁방향과 관련한 문답법은 명쾌한 방향제시가 되는 것이다. 어느 교무가 일찍이 대산종사를 뵙는 기회에 '개벽'의 어의에 대해 여쭤본 적이 있었다. 그때 대산종사는 개벽이란 말의 원래 의미를 '하늘과 땅이 서로 맞닿아 그 안에 있는 기존의 모든 것을 갈아엎고 새 것으로

---

18) 「선서문」, 『회보』 8호, 불법연구회, 원기 19년 3월호.

만드는 것'이라며 아주 이해하기 쉽게 설명해 주었다[19]는 것이다. 기존의 모든 것을 뒤집어 새로운 것으로 만든다는 의미의 개벽론은 문명창조, 곧 정신개벽으로 이해될 수밖에 없다.

오늘날 교단이 안고 있는 제반의 문제점들을 새롭게 개혁해야 하는 과제가 놓여있다. 이러한 개혁담론의 물꼬를 터서 그동안 수행되어온 사제간 문답법이라는 풍토를 진작시켜야 할 것이다. 서로 막힌 언로를 트고 깊은 신뢰 속에서 개혁할 수 있는 것들을 하나하나 개혁해 나가야 한다. 언로가 막히고 신뢰가 떨어지면 개혁은 불가능한 일이기 때문이다. 원불교는 다른 교단에 비해 언로가 트인 교단이라는 점에 주목할 수 있다[20]는 이방인의 언급은 원불교가 건전하게 발전할 수 있는 새 시대의 불교라는 점을 기억해야 할 것이다.

3. 교단주의의 극복

종교에 있어서 교단주의 혹은 교조주의가 등장하게 된 배경은 무엇인가? 교단주의·교조주의는 교조의 열반과 더불어 교조의 숭경에 따른 우상화 내지 종단의 세력화에 빠져들기 때문에 등장하는 용어이다. 석가모니로부터 시작된 불교가 그 정신적 창조의 시대를 마감하고 정리와 고착화로 접어들게 됨에 따라 교조화의 시대로 들어서게 되는 것

---

19) 박맹수, 「한국사상사에서 본 대산종사」, 대산 김대거 종사 탄생 100주년 기념 학술강연 『진리는 하나 세계도 하나』, 원불교100년기념성업회 대산종사탄생 100주년 기념분과, 2013.6, p.39.

20) 강돈구, 「원불교의 일원상과 교화단」, 『한국종교교단연구』 5집, 한국학중앙연구원 문화종교연구소, 2009, pp.42-43.

을 의미한다.[21] 불교의 경우 석가 열반 후 부파불교 시대에 그러한 현상이 드러나기 시작하였다.

이처럼 교조주의나 교단주의는 부정적 측면에서 접근되므로 교조나 교법의 고정된 신조가 화석화로 이어지는 것을 말한다. 이를 극복하지 못하면 국 좁은 교단주의의 폐단으로서 신조의 화석화라는 나락에 떨어지고 만다. 따라서 종교가 어떤 고정된 신조를 구체화하려 할 때마다 그 믿음을 호되게 비판하며, 진실을 옹호하고 거짓을 몰아내어야 종교적 영성의 회복이 시도된다[22]는 사실을 알아야 할 것이다. 여기에서 종교적 영성은 교단주의가 갖는 폐단을 벗어나게 하는 지성의 영혼 확충과 관련된다.

구체적으로 말해서 교단의 화석화는 교단에 대한 교만심, 교법의 우상화 및 율법에 얽매이는 일이다. 그것은 유아독존적인 아만심에서 그 행위를 정당화시킬 위험이 있는 바, 소승적 계율 문구에 얽매이지 않는 생활태도가 요구되는 것이다.[23] 종교를 지극히 주관적 믿음 체계로 이해하거나, 절대자를 권위적으로 미화하거나, 제도나 율법주의로 다가선다면 그것은 교단주의와 교조주의로 전락하게 된다는 사실을 인지할 필요가 있다.

이러한 교단주의의 극복에는 불교의 공관(空觀)을 참조해야 할 것이다. 반야공관(般若空觀)은 부파불교의 출가중심주의, 율법주의, 형식주의, 교조주의에 큰 타격을 가하는 결과를 낳았던 바, 이 공관으로부터 노출된 논리 필연적인 결론은 윤회와 니르바나는 그 자체로서 하

---

21) 정순일, 『인도불교사상사』, 운주사, 2005, p.308.
22) 라다크리슈난 저(이거룡 옮김), 『인도철학사』 I, 한길사, 1996, p.49.
23) 불교신문사 편, 『불교에서 본 인생과 세계』, 도서출판 홍법원, 1988, pp.91-92.

등 다름이 없다고 가르쳤다.24) 교단주의를 극복하기 위해서는 어떠한 외부적 유혹을 극복하는 본래 무상의 공(空)을 관하는 지혜가 필요하다. 공(空)의 체득에 의한 자비행은 불교의 이상주의와 관련되며, 그러한 운동과 관련된 대표적 경전은 『유마힐소설경(維摩詰所說經)』으로 알려져 있다.

교조주의의 극복에는 또한 종교적 지성의 힘이 필요하다. 즉 그것은 종교의 교리를 끊임없이 합리적으로 해석하고 철학화하는 것과 관련되어 있다. 인도의 종교가 교조적이지 않은 이유로는 그것이 철학의 발달에 따라 끊임없이 새로운 개념들을 그 자신 속에 수용해가는 합리적인 종합25)이기 때문이다. 그것은 종교가 지성의 심오한 철학에 귀를 기울이면서 시대적 종교로 부단한 탈바꿈을 하는데 도움을 준다. 종교가 새 시대의 종교로 변화하는 것은 물론 교법의 시의적절한 해석학적 시도가 있어야 하는 것도 교조주의를 극복하게 해준다.

많은 기성종교들이 교단주의·교조주의에 굴복하고 있음에도 불구하고 원불교가 이를 극복, 교단개혁에 앞장설 수 있는 몇 가지 방법이 있다.

첫째, 교단을 자기종단의 울타리에 가두지 않는 일이 요구된다. 지나친 주인심리의 소유자는 지혜집단을 교단주의로 전락하게 하는 장본인이 될 수 있으며, 그런 사람들은 이 법에 다가서려는 사람들에게 거부감을 불러올 수도 있다는 것을 알아야 한다.26) 원불교의 입장에서 교단주의적 사유로 인해 자기종단의 울타리를 더욱 높게 세우는 행

---

24) 中村 元著, 김용식·박재권 공역, 『인도사상사』, 서광사, 1983, p.102.

25) 라다크리슈난 저(이거룡 옮김), 『인도철학사』 I, 한길사, 1996, p.49.

26) 류병덕, 「21C의 원불교를 진단한다」, 제21회 원불교사상연구 학술대회 《21세기와 원불교》, 원불교사상연구원, 2002.1, p.16.

위는 타종교와 담을 쌓는 일 외에도 종교간 협력이나 대화를 어렵게 한다는 것을 인지해야 한다.

둘째, 교세확장을 위한 집단이기주의에 사로잡히지 않는 것이 요구된다. 오늘날 기성종교가 교세확장이라는 권력에 유혹되어 본연의 중생구원이라는 이타주의를 망각하곤 한다. 현대종교가 자유경쟁체제, 시장경제와 같은 체제에 있다고 하더라도 자기종교의 번영을 위한 지나친 교단주의 같은 집단적 이기주의를 벗어나 통합된 완성으로 인도할 수 있는 높은 이상을 지녀야 한다.[27] 종교가 추구하는 이상주의는 교단주의에 사로잡힌 상태의 세속주의나 집단이기주의 속에서 실현이 불가능하기 때문이다.

셋째, 교리 해석에 있어서 독단론이나 우상화 행위보다는 합리적 유연성을 지닐 때 교조주의는 극복될 수 있다. 교리의 우월론은 결국 자기종교의 독단론에 의한 교조주의적 발상에서 드러난다. 미래사회의 종교는 지금까지 종교인들이 저질러온 과오를 겸허하게 자인하고 지금까지와는 달리 종교가 편협한 교조주의에서 보다 폭넓은 합리성 속에서 이해되도록 하는 유연성을 보완하여야 할 것이다.[28] 성직자는 설교에 있어서 자신의 돈독한 신심이라는 착각 속에서 교조의 우상화나 교법의 우월론을 강조하는 경우가 있는데 그것은 교조주의의적 맹신에 의하여 나타난다.

위에서 언급한 몇 가지 항목들은 교단주의의 극복에 필요한 것들로서, 원불교가 사회구원을 종교적 신념으로 삼는 소태산의 개교동기와

27) 송천은,『열린시대의 종교사상』, 원광대출판국, 1992, p.90.
28) 서경전,「21세기를 향한 원불교 교단행정 방향」,『원불교와 21세기』, 원불교사상연구원, 2002, p.14.

관련된다. 교조의 교단 설립과 중생 구원의 측면에서 본다면 교단주의는 발을 붙일 수 없다고 본다. 이는 교단주의에서 벗어나 소태산의 “파란고해의 일체생령을 광대무량한 낙원으로 인도한다”는 교화이념을 새롭게 인식하는 계기가 될 것이다.[29] 이를 위해서 원불교는 개교의 동기를 실현하도록 적극 노력해야 할 것이며, 원불교의 설득력 있는 사회참여는 지상의 교화명령으로 자리할 것이다.

원불교가 새 시대의 개혁종교로서 교조주의를 극복해온 모델이 되어왔다는 이방인의 언급은 주목되는 바이다. 윤이흠 서울대 교수에 의하면 소태산의 가르침은 진정한 종교개벽의 모델을 제시한 것으로, 그러한 모델이 원불교의 신앙인과 교단에 영원한 지침이 되기 때문에 원불교는 지금까지 교조주의적 신행과 교단운영에 안착하지 않았다[30]는 것이다. 이방인의 긍정적인 평가는 원불교가 앞으로 나가야 할 방향이 무엇인가를 분명히 제시해주고 있는 셈이다. 원불교인으로서 유혹되지 말아야 할 것은 독단적 주세불론이나 교법우월론적 사유에 사로잡힌 상태의 교조주의·교단주의이다.

4. 시스템이 화두다

혁신을 시도하는 규모에는 크게 두 가지 방법이 있다. 개인적으로 시도하는 혁신이 있고, 집단적으로 시도하는 혁신이 있다. 후자의 경

29) 박희종, 「원불교 실천교학의 정립 방향」, 『원불교사상과 종교문화』 31집, 원불교사상연구원, 2005.12, p.255.

30) 윤이흠, 「21세기의 세계종교상황과 원불교사상」, 『원불교사상과 종교문화』 35집, 원불교사상연구원, 2007.2, p.29.

우에 해당하는 것이 시스템적 혁신이다. 존 코터는 조직을 관리 유지하는데 있어서 혁신이란 새로운 시스템을 창조하는 것으로 리더십을 요구하는 과정이라고 하였다.[31] 후자의 혁신은 집단조직을 보다 효율적으로 관리하고 유지하는데 있어서 시스템의 창의적 접근이 필요하다는 것이다. 조직의 혁신은 창조적 지혜가 더욱 요구되며, 여기에는 개인적인 방식보다는 시스템적이어야 한다는 것이 시사된다.

현대사회는 사회, 국가, 세계라는 거대한 조직의 효율적 운영이라는 과제를 안고 있는 시대이다. 이에 조직의 효율성이 더욱 요구되는 것으로 이와 관련한 시스템적 혁신이 요구된다. 피터 드러커에 의하면 급변하는 현대사회는 사회·경제적 구조, 정치적 개념과 시스템을 재조정하여 나타나는 것으로 어느 누가 상상하는 그 무엇과도 다르다[32]고 했다. 오늘날 과학기술의 발달로 인해 국가와 세계 단위의 경제시스템과 문화시스템이 더욱 개선되어가고 있음을 숙고해야 한다.

이러한 시스템적 혁신은 정치나 문화의 측면만이 아니라 종교적 측면에서도 이미 언급되었다. 원불교의 대산종사는 일찍이 1972년 신년을 맞이하여 "새 사람, 새 자연, 새 문명을 가꾸자"라는 법문을 내리면서, 일상생활의 소소한 생활개벽, 생산 및 소비와 같은 삶의 양식개벽, 시책 즉 국가나 세계 차원의 시스템개벽은 물론이고 궁극적으로는 인간 정신의 근본적 개벽을 통한 문명개벽까지 지향하고 있다.[33]

31) 김순금, 「21세기 원불교의 과제와 방향」, 『원불교학』 6집, 한국원불교학회, 2001.6, p.117.

32) 피터 드러커, 이재규 역, 『자본주의 이후의 사회』, 한국경제신문사, 1994, p.23.

33) 박맹수, 「한국사상사에서 본 대산종사」, 대산 김대거 종사 탄생 100주년 기념 학술강연 『진리는 하나 세계도 하나』, 원불교100년기념성업회 대산종사탄생 100주년 기념분과, 2013.6, p.40.

그는 새 나라 새 세계 새 회상을 건설하자는 신조로 개개인은 물론 교단이나 국가의 시스템적 개혁을 지향하였던 것이다.

원불교에서는 10년 전부터 시스템 개혁을 강조하여 왔다. 원불교 100년과 관련한 저술에서 교단의 해외교화는 원기 91년(2006)을 기준으로 17개 나라에 52개 교당, 19개 기관, 112명의 전무출신을 중심으로 진행되었으며, 미주총부 건설과 미주선학대학원의 지원체제 아래 현지인 교화 시스템이 해외에서 펼쳐지고 있다[34]는 것이다. 교화시스템을 해외 상황에 맞게 개혁을 한다면 그것은 원불교 교화의 개혁 드라이브를 강화시킬 수 있다는 교화진단이 이와 관련된다.

교단의 바람직한 정책을 수립하는 기관인 원불교정책연구소의 자료집에는 시스템 완비를 주장하고 있다. 교단발전을 위한 10가지 혁신과제를 선정하는 의견수렴안에 의하면, 전무출신의 공부풍토를 조성하는 시스템이 완비되어야 한다며 전무출신 연령제한 폐지, 다양한 재가 활용 교역자화, 퇴임 후 대우 차등적용 실시[35]를 거론하고 있다. 전무출신의 개선책을 시스템으로 접근하여 개혁을 도모하자는 것이다.

이와 같은 의미에서 필자는 원불교 언론매체를 통해 교단의 시스템 개선을 제안한 바 있다. 즉 교단의 시스템개선과 원불교 문화・예술의 정체성 확보가 시급하며, 시스템의 개선으로는 ① 교단 제도, ② 인재 선발, ③ 교화 패턴 등이라 한 것이다.[36] 시스템을 점검하자는 언론매체의 사설도 주목을 끈다. 본 사설에서는 「교정원의 행정시스템

34) 유용진 외 編(문향허 외 집필), 『원불교 개교 100주년을 연다』, 원불교신문사, 2006, p.29.

35) 출가교도 의견-출가교화단 건항 1단 건방 6단(원불교정책연구소, 『교단발전을 위한 10가지 혁신과제 선정-의견수렴 자료집』, 원기 94년 4월, p.8).

36) 류성태, 「원불교 100년의 의미」(원불교신문, 2013.8.16).

점검하자」라는 제목으로 지금 교정원의 행정시스템이 제대로 작동되고 있는지 점검이 필요하다(「원불교신문」, 2006.4.21)며, 행정체계를 혼란스럽게 하거나, 업무수행에 전문성이 결여되지는 않는가를 지적하고 있다. 모든 목적사업의 성취도에 있어서 시스템이 85%, 개인의 역량이 15% 영향을 미친다는 '85:15'의 법칙을 염두에 두어야 한다.

환기할 바, 교단의 교화정체 원인으로 시스템 개혁의 경직성을 거론하지 않을 수 없다. 이를테면 청소년 교화침체의 원인 세 가지를 찾아보면 급속한 사회변화에 의한 종교 불감증, 교화 시스템의 경직성, 청소년 교화에 대한 교역자의 비호감[37] 등이 거론되고 있다. 이처럼 청소년교화가 정체되는 원인으로 교화 시스템의 경직성을 거론하고 있는 점을 보면, 교단 교화에 있어서 유연한 시스템으로의 혁신적 체제를 갖추는 것이 절실하다.

따라서 원불교의 사회교화에 있어서 종합시스템의 구축이 필요하다는 다음의 지적은 시의적절하다고 본다. 즉 원불교 사회활동의 체계화와 효율성을 위해서는 종합적이고 체계적인 사회교화를 위한 정책의 수립과 함께, 그것을 위한 구체적인 프로그램의 모색과 평가 그리고 한국사회의 구조와 변동을 분석할 수 있는 종합시스템의 구축이 필요하다.[38] 이러한 시스템의 구축은 교화와 사회복지에 관련된 여러 부서들이 포함되기 때문에 하위조직 단위보다는 상위기구인 총부 차

---

37) 「청소년전문가를 키우자」, 조경철 전북교구 청소년전담교무(유용진 외 編(문향허 외 집필), 『원불교 개교 100주년을 연다』, 원불교신문사, 2006, pp.26-27).

38) 노길명, 「한국사회에 있어서 원불교의 소명-사회발전을 위한 원불교의 역할과 과제를 중심으로-」, 제23회 원불교사상연구 학술대회 《원불교개교 백주년 기획(Ⅰ)》, 원불교사상연구원·한국원불교학회, 2004년 2월 5일, p.10.

원에서 추진되는 것이 바람직할 것이다.

오늘날 원불교 중앙총부의 인터넷 시스템은 구성원 간의 상호소통에 있어서 시의적절한 수단이다. 즉 교당과 교구, 교구와 총부 및 각 기관의 네트워크 구축의 필요성을 배경으로 하는 통신망 구축 및 홈페이지 개설, 교당별 홈페이지 구축 지원, 교당과 교구의 네트워크 형성에 의한 업무처리, 교구와 총부 및 기관의 네트워크, 홍보와 교화정보를 공유할 수 있는 종합정보 시스템으로서의 홈페이지 구축은 교단의 시스템 개혁의 귀감이다.[39] 이것은 인터넷 이용자 수의 증가에 따른 교화 시스템의 다양화 요구를 수렴한 것으로, 시스템적 혁신이 얼마나 중요한지를 가늠하게 해준다.

교단의 과업 중에서 전 분야에서 시스템적 개혁이 요구되는 바, 예컨대 교학연구에도 시스템 구축이 요구된다. 원불교에 관심을 가지고 있는 전문연구자들에게 끊임없이 자료를 제공해주고, 그들의 자문에 응하는 시스템이 구축되어야 한다.[40] 교단 미래를 합리적이고 실제적인 방향에서 진단하고 대안을 마련할 수 있는 분야는 어느 분야든 시스템의 구축이 필요하다. 원불교 100년부터 교단행정의 시스템 구축을 통해서 제반의 해법을 풀어간다면 이보다 바람직한 일은 없을 것이다. 이것이 교단으로서는 시스템 개혁의 화두인 이유이다.

---

39) 정보전산실 사이버교화팀 주관, 사이버 교화를 위한 토론회 자료집 「원불교 사이버 교화 현황」, 원불교교정원정보전산실, 2003년 4월 16일 오후 2시(중앙총부 법은관 대회의실), p.8.

40) 고시용, 「원불교 연구의 최근동향과 과제」, 한국원불교학회보 제10호 《원불교학 연구의 당면과제》, 한국원불교학회, 2002.12.6, p.42.

5. 인재양성의 패러다임

고대와 중세에 비해 근대사회의 변화는 가히 비교할 수 없을 정도로 빠르다. 근대 변화의 속도와 이에 따른 패러다임의 전환은 과거와 견줄 수 없게 되었다. '페러다임 전환'이란 용어는 토마스 쿤의 대표적인 저술인『과학 혁명의 구조』에서 처음으로 소개되었다. 그는 과학의 연구 분야에서 기존의 전통, 낡은 사고방식, 그리고 낡은 패러다임을 파괴함으로써 실현되었다는 사실을 보여주었다.[41] 현대사회는 고대와 중세의 농경사회, 근대의 산업사회에서 지식정보사회로 전환을 이루고 있으니 오늘날 세계관이나 문명의 틀이 대전환을 이루고 있는 것이 사실이다. 현대의 지성들은 패러다임의 혁명적 전환에 대하여 창의적으로 접근하고 있다.

여기에서는 주로 인재양성에서 패러다임적 전환을 해야 하는 당위성과 이를 통하여 인재양성의 과제와 그 해법을 모색해 보고자 한다. 그동안 부모의 자녀교육에는 부모 위주의 패러다임이었지만, 새 시대에 맞는 새로운 변화가 필요하다는 것이다. 우리의 자녀 문제는 자녀들의 성공 척도뿐만 아니라 부모로서의 성공 척도에 대해 우리 속에 깊이 뿌리박힌 패러다임 때문이었으며, 부모가 자녀 때문에 경험했던 패러다임 전환은 느리고 어려웠던 관계로 인해 심각한 과정을 거쳐야 했다.[42] 주입식 교육에 더하여 성공 제일이라는 기성세대의 가치관에서 탈피하지 못한 채 참다운 자녀교육을 시도하지 못한 것이다.

---

41) 스티븐 코비 지음(김경섭 외 옮김),『성공하는 사람들의 7가지 습관』, 김영사, 2001, pp.38-39.

42) 위의 책, pp.42-43.

근래 기성종교의 인재교육 역시 패러다임적 변화를 해야 살아남을 수 있다는 것을 종교 지도자들은 인지하기 시작했다. 전통불교의 개혁론 역시 근대적 패러다임으로의 전환을 시도하였다. 이를테면 불교개혁론의 하위 내용으로 제시된 근대불교의 교육개혁론은 불교개혁을 위해서 불교종단 내의 승려교육이 가장 주요한 대상으로 인식된 것이다. 이에 승려교육을 근대적인 교육 패러다임으로 전환할 것을 촉구함과 동시에 종교교육의 제창, 근대학교의 설립 및 운영을 통한 불교의 사회적 역할을 꾀하고 있음[43]은 아는 사실이다.

원불교를 창립한 소태산은 『조선불교혁신론』을 통해 새 시대의 새 불교로서 개벽이라는 패러다임의 전환을 시도하였다. 개벽의 종교를 향도할 인재양성의 새로운 전환이 요구되는 것은 이러한 사명의식의 구현과 관련된다. 그동안 예비교역자 양성의 틀이 점진적인 변화로 이어진 것도 사실이다. 원기 10년(1925) 3월, 훈련법 발표 이후 동하선은 각각 3개월씩 원기 22년까지 계속되었으며, 이때의 동하선은 교역자의 양성과 일반교도의 훈련을 동시에 수행하였다고 볼 수 있다.[44] 원불교 인재양성의 원형이라고 볼 수 있는 것이 동하선의 훈련이었으며, 그것은 전무출신들의 집단공동생활이 이루어진 원기 9년(1924) 원불교중앙총부의 설립과 교세의 확장, 교당교화를 위한 인재육성의 필요성에 기인한 것이다.

교단 내의 인재양성은 원불교 육영교육기관의 효시인 유일학림의 출발과 더불어 진행되었다. 해방 후 유일학림의 설립에 따라 동하선

---

43) 김귀성, 「한국 근대불교의 개혁론과 교육개혁」, 『원불교학』 제9집, 한국원불교학회, 2003.6, p.332.

44) 김경일, 「정기훈련의 의의와 그 실천의 반성」, 『정신개벽』 제4집, 신룡교학회, 1985, p.30.

형태의 훈련은 소멸되었기 때문이다. 유일학림은 이어서 원광대학으로 계승되어 인재양성 교육기관의 패러다임적 전환을 이루었다. 원기 37년(1952) 7월 제1대 성업봉찬사업의 일환으로 교지확보와 교사의 건축에 착수하여 원기 38년(1953) 1월에 교학과·국문과 두 과가 4년제 대학으로 승격되었으며, 동년 3월에 제1본관을 준공하고 원기 39년(1954)에 도서관을 신축하여 총부 도서실의 장서를 전부 이양받은 후 해마다 학과증설과 교사증축을 거듭하였다.[45] 원광대는 원기 52년(1967)에 대학원을 설립하고 원기 56년(1971)에 종합대학교로 승격되었다.

인재양성 교육과 관련한 패러다임적 전환기가 바로 이때였다. 원광대의 발전과 영산선학대학교의 인가, 원불교 인재양성 대학원의 설립이 이루어진 것이다. 국내에서 원불교 성직자를 대상으로 원불교대학원대학교를 1997년에 설립하여 대학 졸업 후 2년 동안 전문적인 대학원 과정을 밟게 하였고, 2002년에 미국 펜실바니아 주에 '미주 선학대학 대학원대학교'를 설립함으로써 국제교화 인재를 전문적으로 양성하는 단초를 만들었다.[46] 학부만 졸업하면 교역자 자격증이 주어지던 시대를 뒤로 하고 대학원을 마친 후 석사학위 소지해야 원불교 성직자의 자격이 주어진 것이다. 학사교무 시대에서 석사교무 시대라는 패러다임적 전환이 이루어졌다.

이와 같은 인재양성의 변화를 겪어오면서 원불교 교육심의위원회가 심도 있는 교육을 위해 교육발전위원회를 탄생시켰다. 원불교 교육발

---

45) 김혜광, 「교육사」, 『원불교 70년정신사』, 성업봉찬회, 1989, pp.587-588.

46) 박광수, 「원불교 사회참여운동의 전개양상과 과제」, 『원불교사상과 종교문화』 30집, 원불교사상연구원, 2005.8, pp.233-234.

전안을 가동시킨 교육발전위원회는 미래의 교단발전을 좌우할 예비교무의 교육혁신을 목적으로 원기 75년(1990) 11월 11일, 제3회 교무회의 결의와 동년 12월 10일 임시수위단회 의결을 거쳐 발족되었다.[47] 교발위는 현대사회를 적극 향도할 수 있는 인재를 양성하는 것으로, 실력을 갖춘 교역자 양성과 창립정신의 계승을 통한 후천개벽의 종교를 지향하려는 교단적 응집이 발로된 것이다. 예비교무 교육발전안 연구위원회는 원기 86년(2001)에 보고서를 발표하였다. 예비교무 교육인증제, 순환적 자율개선형 예비교무 교육모델 방안이 여기에서 주목을 받았다.

미래 인재양성의 과제와 그 해법을 모색해보고자 한다. 예비교역자 인재양성에 있어서 가장 큰 현안으로 떠오르고 있는 난제는 성직 지원자의 감소이다. 이는 한국종교가 안고 있는 문제와 맞물려 있으며, 성직이라는 직업이 매력으로 다가서지 못한 현실인식 때문에 나타난 현상이다. 여기에서 원불교가 안고 있는 가장 큰 이슈는 성직지원자 수가 급감하고 있다는 것이다. 전무출신 지원자들이 줄어가는 추세이고 퇴임자들은 늘어가는 형국이며, 인재양성을 위해서는 전무출신 용금을 현실화해야 한다[48]는 견해가 설득력을 지닌다. 아울러 여자교역자(정녀) 지원의 감소가 현격하게 나타난다는 점에서 허혼 등의 대응책 마련도 필요하다. 교무에 더하여 도무 덕무 정무제도의 활성화라든가, 원무의 양성을 통한 다양한 교역자제도의 시행 등 혁신적 전환이

---

47) 양제우, 「예비교무 교육제도 개선방향」, 『원불교사상』 21집, 원불교사상연구원, 1997.12, p.276.

48) 출가교도 의견-출가교화단 건항 1단 건방 3단의 견해이다(원불교정책연구소, 『교단발전을 위한 10가지 혁신과제 선정-의견수렴 자료집』, 원기 94년 4월, p.7).

요구된다.

다음으로 원불교대학원대학교의 패러다임적 변화가 언급되고 있다. 정보화 사회의 시대적인 흐름에 따라 대학원대학교 교육의 패러다임적 변화가 일어나고 있다며, 교육의 시간적·공간적 확대, 교육내용의 다양화, 교육 주체의 변화, 교육방법의 변화[49]를 언급하였다. 즉 예비교무의 학부과정과 대학원과정에는 모종의 단절이 있는 듯하며, 이는 두 과정을 담당하는 교수가 다르고, 서로 목표수준과 과업에 관하여 명료한 분업과 협조가 부족하기 때문[50]이라는 것이다. 아울러 본 대학원에 재학 중인 예비교무들도 전문대학원이라는 대학원대학교의 취지를 명료하게 의식하지 못한 듯이 보인다거나, 대학원 과정을 마치면 현장에 바로 적응할 수 있는 교과과정이 정비되어야 한다[51]는 지적이 있다. 하지만 최근 대학원교직원들의 헌신적 노력으로 맞춤형 인재교육을 시도하고 있는 것[52]은 이러한 변화를 향한 해법으로 보인다.

또 인재양성의 현안으로 주목되는 것은 각 육영기관이 설정한 교육목표의 공감대에 대해서 언급하지 않을 수 없다. 그것은 원불교가 지향하는 성직자의 수준과 관련된다는 점에서, 예비교역자상은 현대사회의 교육목표인 보편성과 개방성을 지닌 인물이어야 하는가, 또는 교단의 창립정신에 투철하면서도 정체성이 있고 훈련된 교역자상을

---

49) 김도영, 「정보화 사회의 원불교대학원대학교 교육방향에 대한 연구」, 제2회 실천교학 학술발표회 《학술발표요지》, 원불교대학원대학교, 2002.3, p.102.

50) 김도현, 원기 93년도 기획연구 《예비교무 교과과정개선 연구》, 원불교 교정원 기획실, 2008.11.28, pp.15-16.

51) 원불교정책연구소, 『교단발전을 위한 10가지 혁신과제 선정-의견수렴 자료집』, 원기 94년 4월, p.9.

52) 필자는 2015년 2월 현재 원불교대학원대학교의 개방이사로 활동하면서 대학원대학교 교직원의 이같은 헌신적 노력을 정례 이사회에서 보고받은 적이 있다.

도모하고 있는가를 고민해보자는 것이다. 교단의 예비교역자 교육목표와 육영기관들의 교육목표 사이에는 일관성이 있어야 한다[53]는 지적이 있기 때문이다. 영산선학대학교가 지닌 교육목표와 원광대학교 교학대학이 지닌 교육목표가 반드시 일치하지는 않는다 해도 예비교역자 양성이라는 육영기관의 공통된 교육목표의 설정이 요구되며, 이러한 교육목표는 시대변화에 적극 대응하는 것이어야 한다.

바람직한 예비교역자상을 정립하는데 있어서 중요한 것은 교과과정의 정비이다. 시대화 생활화 대중화를 지향하는 생활불교인 점을 고려하면 육영기관 커리큘럼의 변신은 지속되어야 한다. 육영기관의 교과과정으로는 교학 교과과정과 서원 교과과정으로 구성되어 있다. 교학 교과과정은 원불교학 및 인접학문의 탐구를 위한 교과과정(예비교무 규칙 8조 2항)이며, 서원 교과과정은 정기, 상시의 신앙, 수행훈련 및 기타 일과생활에서 이루어지는 교과과정(규칙 8조 1항)이다. 교학의 분류에 있어서는 경전교학, 교의교학, 역사교학, 실천교학 등과 같은 분류가 함께 존립하고 있으니, 원불교학 연구자들의 구체적인 논의를 거쳐서 분류기준을 재정립하는 것이 선결되어야 할 과제이다.[54] 이에 더하여 간사, 학부, 대학원이라는 인재양성의 제도를 교과과정에서는 어떻게 유기적으로 연계할 것인가와, 실천교학의 교과과정이 부족하다는 지적도 어떻게 극복해야 할 것인가의 과제는 교과과정의 대전환에 있어서 시급히 모색해야 할 것이라 본다.

---

53) 김도현, 원기 93년도 기획연구 《예비교무 교과과정개선 연구》, 원불교 교정원 기획실, 2008.11.28, pp.2-5.

54) 고시용, 「원불교 연구의 최근동향과 과제」, 한국원불교학회보 제10호 《원불교학 연구의 당면과제》, 한국원불교학회, 2002.12.6, p.39.

궁극적으로 인재양성과 관련한 제반의 해법을 제시하는데 있어서 교단의 인재양성에 대한 관심과 투자가 최우선이라 본다. 어느 재가 학자의 지적을 새겨보아야 한다. 김도현 교수에 의하면 교단의 재정이 아무리 열악하더라도, 예비교무를 위한 교육은 가장 좋은 것이어야 하기 때문에 교육에 아낌없는 재정적 지원이 있어야 하며, 교도의 기부금과 성금을 모아 예비교무의 교육만을 위한 장학기금을 조성하는 것도 한 방법[55]이라는 것이다. 예비교무들의 어학연수, 해외 전지훈련, 도서구입, 기능훈련과 같은 최고급의 교육여건이 지원되어야 한다는 것을 새겨야 하리라 본다. 인재양성의 패러다임적 전환과 교육투자는 특히 원불교 100년이 적기라 본다.

6. 인사정책과 교단개혁

교단의 발전을 기약하는 방법으로는 여러 가지가 있겠지만 교역자 관리와 바람직한 인사정책이 전개되어야 한다. 각 교단의 미래는 교역자의 수준에 의해 좌우될 것인 바, 한국 자생종교인 원불교는 교역자의 발굴과 인사 등 교역자 제도에 걸친 논의가 심도 있게 이루어져야 한다.[56] 인사가 만사라는 말이 있듯이 인사정책이 합리적이어야 구성원의 성취도는 물론 교단발전은 수월해질 것이기 때문이다.

그동안 교단의 인사정책에 있어서 아쉬운 점이 적지 않았을 것이

55) 김도현, 원기 93년도 기획연구 《예비교무 교과과정개선 연구》, 원불교 교정원 기획실, 2008.11.28, pp.16-17.

56) 장진영, 「원불교 교역자제도 변천사 연구」, 『원불교사상과 종교문화』 46집, 원광대·원불교사상연구원, 2010.12, p.182.

다. 인사정책은 구성원 모두가 만족하기 쉽지 않다. 그간 있어온 인사정책의 한계나 과제가 있었다면 그것이 무엇인가를 살펴보고자 한다. 「원불교 인사제도 평가」에 대한 설문조사 결과(2006)[57]를 살펴보자. 당시 나타난 인사정책의 문제점으로는 공정하지 않다(57.9%), 능력과 자질이 고려 안 된다(53.3%), 연고주의 영향 크다(78.1%), 객관적인 근무평점자료가 없다(51.2%), 인사담당자의 전문성이 없다(60%)는 결과(복수응답)가 나와 객관적이고 명료한 인사시스템을 원하고 있는 것으로 나타났다. 비록 수년 전의 인사자료지만 앞으로 바람직한 인사정책을 위해 참고삼을 필요가 있다고 본다.

어느 단체나 발견되는 인사정책의 제반 문제점들을 숙고하면서, 원불교 인사정책의 난제를 성찰해 보도록 한다.

첫째, 인사의 공평성에 대한 지적이 있다. 인사정책의 공평성은 구성원들의 생애 만족도에 기여를 하지 못하지만, 인사정책의 불공평성 인식은 구성원들의 불만족도 형성에 크게 영향을 미친다는 사실이다.[58] A라는 구성원과 B라는 구성원의 인사단행이 아주 공평하게 진행된다면 불평이 없다. 그러나 어느 한 사람의 인사가 불공평하게 전개되었다고 인지하는 순간 그는 불행을 느끼게 된다. 교단의 인사가 공평하게 진행되느냐의 여부는 구성원의 성직수행 만족도와 직결되는

---

57) 출가교역자 1급(33.9%), 2급(14.9%), 3급(26.0%), 4급(12.8%), 5급(10.3%)과 여자 60.7%, 남자 37.6%가 설문 대상이며, 242명이 최종 설문에 참여했다. 이번 설문의 내용은 인사의 중요성·인사가치·현행제도 문제점·인사제도 방향이 중심이 됐다(정도연, 「능력본위 인사제도 절실」, 《원불교신문》, 2006년 6월 16일, 7면).

58) 한창민, 「교역자들의 자아 존중감과 삶의 질간의 관계에 관한 연구」, 제19회 원불교사상연구 학술대회 《鼎山宗師의 信仰과 修行》, 원광대 원불교사상연구원, 2000년 1월 28일, p.185.

이유가 여기에 있다.

둘째, 인사배치 제도의 안일성에 대한 지적이 있다. 즉 임기가 지나면 순환제에 의한 인사배치가 있게 되므로 굳이 열심히 할 필요가 있느냐 하는 교역자의 안일감을 거론하지 않을 수 없다. 중앙총부 위주의 인사이동과 3~6년이면 자동적으로 이동되는 현실에 구태여 애를 쓰고 교화할 필요가 있겠느냐고 생각하기 쉽다. 적당히 현상유지를 하면서 취미활동도 하고 임기가 되면 옮겨가는 것을 자연스럽게 생각하다보니, 건강에 무리를 하면서까지 죽기 살기로 욕심을 부릴 것도 없어서 나도 모르게 안일무사의 타성에 젖어 살고 있음을 절감하게 된다.[59] 인사초빙제의 긴장과 달리 순환인사제가 갖는 한계가 이러한 긴장 없는 상황으로 이어질 수가 있다.

셋째, 교화계획의 지속성, 곧 장기적 계획을 수립하기 힘든 난제가 등장하는데, 그것은 3년 내지 6년이라는 순환임기제에 따른 현상이다. 순환임기제는 단기적 교화계획에는 수월할 수 있겠지만 중장기적 계획에는 시한의 제한이 따른다. 「원불교신문」 사설에서도 지적하기를, 임기제 인사이동 때문에 설혹 전임자가 장기계획을 세웠다 하여도 교화에 관한 것은 주임교무가 바뀌면 그 계획이 백지화되거나, 계획은 살아있어도 추진하기가 퍽 어렵다는 교화현장의 목소리[60]가 있다는 것이다. 3년 내지 6년쯤 교화기간을 보내야 교도 개개인의 신앙과 수행 정도가 파악되고 성격도 알 수 있으며 실현가능한 교화전략을 수립할 수 있는데, 순환임기제로 인해 다른 교당으로 이동을 해야 하

59) 서경전, 「21세기 교당형태에 대한 연구」, 제21회 원불교사상연구 학술대회 《21세기와 원불교》, 원불교사상연구원, 2002.1, p.60.

60) 원불교신문사장 박달식 교무의 사설 「6년되어야 3대를 안다」에 이와 관련한 언급이 있다(원불교신문, 2002.4.12).

는 형국에 직면한다.

넷째, 교단 구성원의 인사 불만이 있으면 교화침체 현상으로 이어질 수 있다는 점이다. 원불교의 교화정체 현상으로 여러 가지가 거론될 수 있겠으나, 교무 사기침체의 원인으로 인사에 관한 불만이 쌓이고, 경제적인 어려움이 겹쳐 좌절감으로 이어졌을 것으로 본다.[61] 인사 불만에 의해 휴무를 하는 경우가 없지 않으며, 또 원하지 않은 교당에 인사발령을 받을 경우 자발적 교화의지가 쉽게 발휘될 수 없다는 것이다. 어느 단체든 인사에 불만이 있을 수 있다고 보지만, 인사가 만사형통이라는 점을 고려해야 한다. 교역자의 사기저하 내지 교화침체에는 인사 불만이 조금이라도 연계되어 있다는 점을 보면 주의해야 할 일이 아닐 수 없다.

다음으로 인사정책에 있어서 해결해야 할 과제를 살펴보도록 한다.

첫째, 인사고과에 의한 적재적소의 인사배치가 필요하면서도, 능력평가의 표준 마련이 시급하다. 인사고과를 산정할 수 있는 능력평가의 표준이 서 있지 않으면 인사에 설득력이 없어지기 때문이다. 능력평가에 대해 모두가 납득할만한 표준을 갖지 못한 교단에서 인사정책을 편다는 것은 매우 난해한 문제가 아닐 수 없으므로 어떠한 인사 결과가 나타나도 불만을 갖는 사람들은 등장하게 된다.[62] 인사발령에 대한 불만을 없애는 방법으로 능력평가에 대한 납득할만한 기준들을 마련하고 이를 공개해야 할 것이다.

---

61) 김덕권(중앙청운회장), 「원불교 교무상의 다각적인 모색」, 《원불교교무상의 다각적인 모색》, 원광대 원불교사상연구원, 2003.2.7, p.26.

62) 한창민, 「교역자들의 자아 존중감과 삶의 질간의 관계에 관한 연구」, 제19회 원불교사상연구 학술대회 《鼎山宗師의 信仰과 修行》, 원광대 원불교사상연구원, 2000년 1월 28일, p.185.

둘째, 교무초빙제를 긍정적으로 보아 교당발령에 그곳 재가교도의 의견이 반영되어야 한다는 견해에 주목해야 할 것이다. 재가교도의 교무인사에 대한 인식을 참고해 보면 '총부나 교구에서 알아서 하는 것이 좋겠다(48.9%)는 응답과 더불어 재가교도의 의견이 반영되어야 한다(42.2%)는 응답[63]이 있어 재가교도들의 교무인사에 대한 관심도가 상당히 높음을 알 수 있다. 각 교당의 요인들이나 교도들이 교무인사에 관심을 기울일 때 교역자들의 교화의지에 대한 열정과 실력향상에 대한 긴장도가 커질 것이다.

셋째, 중앙총부와 교구의 상호 유기적인 관계 속에서 인사정책을 수행하는 것이 바람직하다. 인력부족에 의한 중앙행정과 교구행정 간의 충족하지 못한 인사가 없는지를 성찰하자는 것이다. 교구 자체 내의 교역자는 그 교구에서 지속적인 교역생활을 원칙으로 하되 만일 타 교구로의 이동이 불가피할 경우에는 교구자체의 인사위원회와 총부인사위원회의 합의 하에 실행토록 하는 것이 고려될 수 있다.[64] 교구 내의 인사를 교구장 중심의 교구자체 인사위원회에서 결정하는 장점은 장기적인 교구교화 계획에 부응한 인사가 이루어진다는 것이다. 오늘날 교구소속 교당·기관에 배치되는 인사에 있어서 교구배치는 중앙에서, 교당과 기관배치 제청은 해당 교구에서 행하고 있다.

넷째, 인력관리의 전문 테스크포스팀(TFT)의 상설화가 요구된다. 그것은 합리적 인사제도의 연구를 본격화하자는 것이며, 이는 전무출신 인력관리 테스크포스팀의 발족으로 전문성과 대중적 합의를 도출

---

63) 『세미르통신』 9호, 원불교정책연구소, 2010년 3월, p.5.

64) 서경전, 「21세기를 향한 원불교 교단행정 방향」, 『원불교와 21세기』, 원불교 사상연구원, 2002, p.22.

하는 것이다. 전무출신 인력관리 테스크포스팀(TFT)이 원기 92년(2007) 출범한 바 있지만, 그간 인사제도 중에서 연고주의·전문성 결여·평가지표 결여가 가져다준 인사 불만요인은 적지 않았다고 본다. 이웃종교기관의 인사관리를 참조하고 인사관리에 대한 지속적인 연구를 하며, 전문인력을 양성하기 위해 체계적인 연구가 필요하다.

무엇보다도 철저한 인사관리는 교단행정에 있어서 중요한 일이다. 교단에서 수행해야 할 행정 가운데 인사행정이야말로 효율적 인사배치에 의한 구성원들의 사기앙양을 가져다줄 수 있으며, 이에 교화력의 증대가 뒤따르는 것이다. 따라서 인사관리는 교단행정의 중심적 과제로 조직행정을 구성하는 임원에게 소질과 능력을 발휘하게 하여 교당사업에 참여시키고 임원들에게 훈련시켜 일정한 책임과 권한을 위임하는 관리의 업무를 해야 한다.[65] 인사행정을 담당하고 있는 황성학 총무부장은 젊은 교역자 수가 줄어들고 있는 상황에서 인사고과를 반영함과 동시에 총부와 교구간 원활한 의사소통이 될 수 있도록 노력하겠다(「원불교신문」, 2014.2.28)고 하였다.

하지만 주목해야 할 것은, 어느 단체든 누구나 만족할 수 있는 인사발령은 쉽지 않다는 것이다. 100명 중에서 99명의 인사발령을 잘 했다고 해도 1명만 잘못해도 인사불만은 모두에게 파급되기 때문이다. 원불교 교역자는 일단 발령을 받으면 호불호를 떠나 기관이나 교당의 권한을 받게 되므로 스스로가 자각하여 주어진 권한을 법답게 이용하여 기관과 교당의 발전을 도모해야 할 것이다.[66] 부임하는 곳이 어느

---

65) 이종진, 「원불교 교무론」, 『원불교사상시론』 1집, 수위단회사무처, 1982, p.248.

66) 전이창, 『죽음의 길을 어떻게 잘 다녀올까』, 도서출판 솝리, 1995, p.87.

기관·교당이라 하더라도 성불제중의 사명감을 갖고 초연히 자리를 옮겨 교화에 임해온 교단의 선진 교역자들의 희생적 삶을 보감삼자는 뜻이다.

7. 교역자의 의식개혁

만물의 영장으로서 인간은 동물이나 식물과 달리 자신의 존재가치를 이성적으로 의식하면서 자기 발전을 향해 부단히 노력한다. 의식(意識)은 자기 존재에 대한 바른 인식을 통해서 이루어지며, 그것은 무의식을 깨달아가는 과정이기도 하다. 의식은 어떻게 해서 형성되는가를 보면 자기신체, 자기존재에 대한 인식을 통해서, 또는 일련의 기억에 의해서 형성된다"(이부영, 『분석심리학』, pp.46-47)는 것이다. 다만 의식은 우리의 정신 모든 것을 대별하지 못하기 때문에 나의 전체를 통괄하고 자각하려면 무의식을 깨달아 가는 의식화 과정이 필요하다.[67] 자아확대의 의식화를 통해 큰 깨달음으로 이어진다면 세상을 책임지는 지도자로 거듭나는 것이다.

그러나 존재가치와 자기발전에 무관심한 상태의 의식개혁은 쉽사리 이루어지지 않는다. 기존의 틀에 안주하려는 인간의 심리가 존재하는 한 더욱 의식개혁은 어렵게 된다. 캐나다의 정신과의사 벅크 박사는 20세기동안 일어날 3대 혁명을 예언했는데 그것은 교통혁명, 사회혁명, 심리혁명으로 근대의 중요한 3대혁명이라 했다. 여기에서 심리혁

---

67) 이만, 「제8아뢰야식과 무의식에 관한 비교」, 『한국불교학』 4(한국불교학회 편, 한국불교학 제6집), 불교학술연구소, 1995, pp.106-107.

명이란 의식개혁과 관련된다. 이러한 의식개혁은 종교적 명상이나 요가수련을 통해 이루어지는 것이다.[68] 우리 인간의 의식수준이 불타와 예수가 체험한 우주의식으로 이어진다면 그것은 상상할 수 없는 심리적 낙원세계가 전개될 것이다.

낙원건설을 명분으로 해서 1916년 창립된 불법연구회는 교조 소태산의 가르침에 따라 문자보급 운동을 통해 국민의 의식개혁을 주도하였다. 해방 후 야학은 거의 전국 각지 교당에서 이뤄졌다. 기존의 야학당을 이용하여 총부에서는 구내 아동들에게 국문을 가르쳤고 원기 31년(1946) 1월에는 각 지방교무를 소집, 한글강사를 초빙하여 문맹퇴치 운동에 노력하였으니, 야학을 개설하여 해방 직후까지 국민의 의식개혁과 문맹퇴치 운동을 전개한 것이다.[69] 의식개혁이란 일차적으로 문맹퇴치를 통해 의식을 새롭게 혁신함으로써 세상을 바르게 볼 수 있는 안목을 키워주는 것이다.

해방 후 원불교의 의식개혁 운동은 정산종사의 『건국론』에 잘 나타나 있다. 『건국론』 제3장의 정치 「종교장려」에서 정산종사는 치교(治敎)병진을 언급함으로써 조선의 실제로부터 종교가 나라를 도움으로써 국민의식을 향상시키는데 적극적으로 기여하겠다는 것이다.[70] 정산종사의 『건국론』이 발표된 지 70여년이 지났지만, 그가 밝힌 건국

68) 한국불교 의식개혁의 방향을 소개해 본다. "각종 제도의 문제, 어떤 종단의 세력문제, 신도수 증대의 문제, 儀式의 문제, 사찰경영의 문제에 앞서 그 근본적 정신자세를 바꾸는 의식개혁의 문제에서부터 출발해서 고찰되어야 한다"(李箕永 「韓國宗敎의 近代化 方向—불교적 입장에서」, 『圓佛敎思想』 第8輯, 圓佛敎思想硏究院, 1984, p.312).

69) 김혜광, 「교육사」, 『원불교 70년정신사』, 성업봉찬회, 1989, p.585.

70) 김정호, 「송정산 건국론 계시」, 정산종사 탄생 100주년 기념사업회편 『평화통일과 정산종사 건국론』, 원불교출판사, 1998, p.144.

의 포부는 교단이 앞으로 국민의 의식개혁 운동에서 참조해야 할 것이라 본다. 건국과 사회발전의 모티브로서 고전(古典)과도 같은 정산종사의 『건국론』은 교단이 국가 발전과 세계평화 건설을 위한 의식개혁이 얼마나 소중한지를 가늠하게 해준다.

근래 과학문명의 발달로 인간의 의식구조에 많은 변화가 일어난 것이 사실이다. 첨단과학이 발달함에 따라 인간의 의식이 이에 미치지 못한다면 그것은 구한말 소태산이 우려한 바대로 인간은 물질의 노예가 되고 말 것이다. 과학문명의 발달이 인간세계를 편리하게 하였고, 또 많은 영향을 미치면서 과학문명이 준 생활의 편리는 인간의 의식구조와 사고의 방향에도 많은 변화를 초래하였다.[71] 그러나 인간의 의식구조가 의식주의 편리한 사용에만 고착된다면 그것은 물질의 노예생활을 면하지 못할 것이다.

이에 물질문명의 일방적 독주를 멈추게 해야 한다는 소태산의 위기의식은 이웃종교의 선각들과 더불어 후천개벽의 정신개벽을 유도하였다. 수운과 증산의 개벽에 대한 공감과 함께 소태산은 물질문명의 폐단을 극복하는 방안으로 의식개혁을 주도하게 된다. 이에 소태산의 정신개벽의 논리는 새로운 시대의 주체로서 민중의식의 성장을 전망하고 또한 민중의 의식화를 위한 방법으로서의 정신개벽이라 할 수 있다.[72] 정신을 개벽해야 한다는 것은 민중의 의식을 새롭게 혁신해야 한다는 뜻으로, 그것은 인간이 최령한 존재로서 마음개벽을 최우선으로 해야 한다는 자각심이라 본다.

---

71) 이성택, 「원불교 수행론」, 『원불교사상시론』 1집, 수위단회사무처, 1982, pp.40-41.

72) 신순철, 「원불교 개교의 역사적 성격」, 『원불교사상』 14집, 원불교사상연구원, 1991, p.19.

이러한 맥락에서 원불교 100년 기념성업회가 발표한 「원불교 100년 비전」에서 주목을 끄는 대목은 의식개혁이다. “원불교인은 개교 100년을 맞아 … 교역자 제도를 혁신하고 의식을 개혁하여, 재가 출가가 함께하는 회상공동체를 만들며, 교서정역과 미주총부 건설로 세계교화를 활짝 열어간다.”[73] 이처럼 의식개혁이란 일종의 마음혁명으로서 어떠한 개혁에 직면하더라도 마음혁명이 우선임을 감안하면 전 교도의 의식개혁이 갖는 상징성은 크다고 본다. 의식개혁을 통해서 민족의 발전과 세계 평화를 주도하는 교단이 되어야 한다는 뜻이다. 이처럼 미래 교단의 발전을 위해서는 전 교도의 의식개혁이 필수임을 자각하지 않을 수 없다.

교단이 앞으로 영세성을 면하려면 교단 구성원 모두 근시안적 안목을 벗어나는 의식전환이 필요하다. 과거의 한계를 극복하고 현실의 위기를 진단하며 미래를 설계하는 데에는 구성원의 깨어있는 의식개혁이 요구된다. 원불교가 영세적인 모습을 탈피하기 위해서는 무엇보다도 획기적인 의식전환이 요구되며, 그 이유로는 영세적인 안목과 사고방식을 가지고는 보편성을 지닌 세계적인 종교로 발전하기 어렵기 때문이다.[74] 기존제도에 안주한다든가, 판에 박힌 고정관념에서 탈피하지 못하는 근시안은 미래교단의 발전을 저해할 따름이다.

오늘날 교화의 정체를 극복하지 못하고 있는 교당이 적지 않은 상황에서 교화가 활성화되려면 교역자의 발분적 의식개혁이 요구된다. 원기 87년(2002) 교정원 기획실의 교정보고에 의하면, 원불교가 21세

73) 《세상의 희망이 되다-원불교 100년》, 원불교 100년 기념성업회, p.4.

74) 김성장, 「원불교학 연구의 당면 과제」, 《원불교학 연구의 당면》, 한국원불교학회, 2002.12.6, p.19.

기 사회발전에 절대적으로 기여할 수 있다는 출가 교역자의 확고한 신념이 가장 중요하며, 이를 위해서는 마인드를 바꾸는 일이라고 하였다. 무엇보다도 교당이 활성화되고 활기 있는 교당이 되기 위해서는 교역자들의 의식개혁이 이루어져야 한다.[75] 교역자의 의식개혁은 단순히 당위성만을 강조하는 것에 만족해서는 안 되며, 의식개혁과 관련한 구체적 방안이 마련되어야 하는 것이다.

교단적으로 구성원 모두의 의식개혁을 위해서는 다양한 프로그램의 개발을 통한 전문훈련이 중요하다. 정산종사도 언급하고 있듯이, 훈련이란 국민의 의식수준을 향상시키는 것이다. 그는 국가적 차원에서 국민의 의식수준을 향상시키기 위하여 일정한 프로그램을 작성, 시행하여야 한다[76]고 보았다. 교도의 의식개혁 프로그램의 창안과 시행은 주로 원불교 중앙중도훈련원에서 담당해야 하리라 본다. 현재 중앙훈련원의 훈련과정은 교역자의 공동체적 의식과 법연의 친목[77]을 배려하고 있지만 교무와 부교무의 차별화훈련 외에 전 교역자의 졸업연도에 근거한 전문화과정으로서 차별화된 프로그램의 결여는 아쉬움으로 남는다.

---

75) 서경전, 「21세기 교당형태에 대한 연구」, 제21회 원불교사상연구 학술대회 《21세기와 원불교》, 원불교사상연구원, 2002.1, p.55.

76) 한종만, 「정산종사의 건국론 고」, 『원불교사상』 15집, 원불교사상연구원, 1992, p.423.

77) 원불교중앙중도훈련원은 1년에 일주일간 교역자 훈련을 통하여 교역자로서 동질의식을 공유하게 하고 전무출신으로서 공감대를 이루며 법연으로 교류하면서 자신을 되돌아보고 교역자로서 품위 유지를 가능하게 하는 교역자 공동체의 연대감을 형성하고 있다(황민정, 「교역자 공동체 생활 모색」, 2000학년도 《학술발표회요지》, 원불교대학원대학교, 2000년 12월, p.80).

8. 재가교도의 역할

기독교의 생명력은 사제에 있는 것이 아니라 평신도에게 있다고 하면 사제들은 의아해할지 모를 일이다. 에라스무스는 기독교의 미래적 생명력은 평신도에게 있다고 했는데, 성직자들은 평신도들을 성직자들의 수준에까지 이르도록 가르치는 기능이 있음을 강조하고, 평신도들이 크리스천의 소명의식을 깨닫는 것은 교회부흥의 열쇠라고 했다.[78] 에라스무스의 이와 같은 발언은 성직자의 권위를 축소시키는 것으로 오해될 수 있지만 그의 평신도론은 후에 루터의 만인사제론에 영향을 미쳤다.

불교 역시 출가중심의 교단에서 재가중심으로 혁신을 시도하였다. 석존의 전기나 그 전생의 이야기, 석존보다 훨씬 전에 출현하였다고 하는 과거불의 이야기, 유명한 불제자들의 인연이야기 등 이러한 설화문학은 상가보다도 오히려 재가신도들 사이에 더 인기가 있어서 불교의 전파를 촉진시키는 힘이 되었다.[79] 아소카왕의 불사운동은 출가교단보다는 재가를 위한 측면이 적지 않았다. 이를테면 마애법칙 제13장에는 아소카왕이 인도의 변방과 그리스 등 여러 지방에 법의 사신을 파견한 사실이라든가, 북쪽의 간다라・카슈미르・네팔, 남쪽의 데칸・스리랑카・버마로의 불교전파가 이와 관련된다.

육조 혜능도 출가교단보다는 생활불교로서 재가불자의 역할을 강조하였다. 이미 무상게를 설하고 무념과 무주 무상을 주장하였던 혜능의 남종선 정신은 마음이 부처이고, 평상심이 도요, 출가자만의 불교

78) 김홍기, 『종교개혁사』, 知와 사랑, 2004, pp.30-31.
79) 정순일, 『인도불교사상사』, 운주사, 2005, pp.221-222.

가 아닌 생활 속의 불교이다.[80] 보조국사 지눌은 혜능의 남종선을 한국에 들여왔다. 또한 급고독장자는 석가모니가 사위국 기수급고독원에 있을 때, 재가신자로서 전법포교를 하였으며, 주변의 불자들에게 삼보를 언급함과 더불어 오계를 지키도록 하였다. 불교 전파는 이처럼 재가교도들의 역할이 적지 않았던 것이다.

원불교를 창립한 소태산은 본래 출가교단을 중시하기보다 재가들이 불법을 실천하고 생활 속에서 선(禪)을 행할 수 있도록 생활불교로의 개혁을 시도하였다. 『조선불교혁신론』의 의의는 생활불교로서 그것은 재가 출가의 구분을 극복하는 종교혁명이었다. 소태산 당시의 불교계는 조선조의 억불숭유 정책으로 인해 기력을 상실하기 직전이었다. 이에 소태산은 불법을 중심으로 하는 새로운 회상을 건설하였으니 그것은 불법의 시대화, 생활화, 대중화로의 개혁이었다. 교단 창립초기에 재가의 성공적 활동을 볼 때 재가가 교화의 주체가 되어야 한다는 것은 역사적으로 확인된 사실이므로, 재가와 출가 공히 교화 주체로의 참여는 원불교 교화의 성공뿐만 아니라 불교혁신의 정신과 창립의 이념을 실현할 수 있는 주요 측정기준이 된다.[81] 소태산의 『조선불교혁신론』이 갖는 의미는 이처럼 지대한 것이다.

소태산대종사를 계승한 정산종사, 그리고 대산종사 등 역대 종법사는 재가 출가 모두가 차별 없이 교법을 수행하도록 하였다. 대종사가 일원대도 회상을 창건하고 정산종사는 그 뒤를 이어 교단의 기틀을 다져준 후, 대산종사는 두 분 스승의 경륜을 받들어 가난했던 교단의 모

---

80) 김방룡, 「보조 지눌과 소태산 박중빈의 선사상 비교」, 『한국선학』 제23호, 한국선학회, 2009.8, p.134(주1).

81) 장진영, 「원불교 교역자제도 변천사 연구」, 『원불교사상과 종교문화』 46집, 원광대·원불교사상연구원, 2010.12, p.209.

든 여건 속에서 재가와 출가의 전 대중을 단합시켜 교단의 기틀을 세우고 인재를 키우며 교법을 세계로 뻗어가게 하였다.[82] 좌산종법사도 「종법사 퇴임법문」에서 재가 출가 교도들에게 감사함을 전하며, 이제 경산 새 종법사를 중심으로 재가출가 상하좌우가 혼연일체가 되어 소태산대종사의 대자대비의 경륜 실현에 만전을 다해 주기를 당부한다고 하였다. 경산종법사는 대산종사탄생100주년 기념대법회를 앞두고 원기 99년(2014) 5월 19일 중앙총부 전직원 조회에 임석해 "공경하는 마음으로 재가교도를 섬겨야 한다"고 강조했다.

그럼에도 불구하고 오늘날 교당교화가 출가자 중심으로 전개되고 있는 현실은 교화에 활력을 불어넣는데 한계가 뒤따른다. 이제까지 교당교화를 운전하는 주요 역할은 출가교역자였으며, 앞으로도 출가교역자 중심으로 전개되는 교당교화의 양상은 크게 바뀌지 않을 것[83]이라는 우려는 심각하게 다가온다. 출가 못지않게 재가의 교화 주체적 역할이 크다는 사실을 인지해야 하며, 그것은 교역자의 의식전환이 있어야 가능하다. 오늘날 교화정체 현상은 출가 위주의 의식에서 비롯되었다고 하면 이를 부인할 수 없으리라 본다.

원기 98년(2013) 11월, 재가 원로들의 중앙총부 방문을 어떻게 의미지울 것인가를 숙고할 필요가 있다. 동년 동월 6일, 오후1시 중앙총부 교정원장실에 재가 원로교도 7명이 방문했던 사실을 상기해 본다. 서울교구 교도회장단 원덕회는 「교정 전반에 대한 근본적인 성찰」에

82) 김주원, 「대산종사의 사상과 경륜」, 대산 김대거 종사 탄생 100주년 기념학술강연 『진리는 하나 세계도 하나』, 원불교100년기념성업회 대산종사탄생 100주년 기념분과, 2013.6, p.9.

83) 박혜훈, 「21세기의 원불교 교당교화 방향 모색」, 『원불교와 21세기』, 원불교사상연구원, 2002, p.266.

관한 "종법사님께 올립니다"라는 청원서를 채택하였다. 청원의 발단은 교정원 교육부 육영기금 손실건과 관련된 것이다. 이와 관련해서 서울교구 재가 원로교도들의 충정을 교정원에 전달하기 위함이었다. "재가 교도의 입장에서 본 전반적인 교단미래 발전방안을 간략하게 전하는 것이 바람직하다"(「재가원로들의 청원서」, 원불교신문, 2013. 11.15)는 기사가 주목된다. 즉 원로들은 「세 가지 성찰의 문제」의 하나로서 "재가 출가를 차별하지 않는다는 교법과 교헌의 취지와 정신을 살려 재가인력을 교정에 적극 활용해야 한다"는 의도였다. 아울러 재가교도의 전문인력을 최대한 활용할 것과 IT기술을 이용해 가장 앞서가는 원불교가 되어야 한다는 것이었다.

이처럼 재가원로들의 총부 방문을 통한 교단사랑의 정신과, 뒤이어 전개된 교헌개정특위의 발동은 매우 의미 있는 일이었다. 경산종법사는 재가 출가가 함께 한 교헌개정특별위원회 위원들에게 위촉장을 수여했다. 그는 이 자리에서 "위원들은 교단 100년의 역사를 성찰하고 새로운 100년을 설계하는 영광스럽지만 막중한 책임을 지게 됐다"며 교헌개정은 종교적인 합의가 있어야 하고, 법과 공의로 운영되는 교단, 재가 출가교도의 화합, 교화개척의 열정이 살아나는 방향이면 좋겠다고 했다.[84] 교헌개정은 원불교 100년을 기하여 수행되는 것으로, 재가들

---

84) 뒤이어 법은관 대회의실로 자리를 옮긴 위원들은 '제6차 교헌개정특별위원회' 첫 회의를 열었다. 김성대 특별상임위원과 황성학·강해윤 위원이 포함되면서 7인체제로 운영된다. 모두발언에서 김성대 위원은 "이번 특위는 원기 2세기를 설계하는 한시적인 교단 최고의 기구로 종전의 교헌개정위원회와는 성격이 완전히 다르다"며 "전면 리모델링을 위해 교단의 중요사항을 다 다룰 수 있다. 〈불조요경〉을 교헌상에 교서로 넣을지 말지부터 교정원 서울이전이나 교무의 결혼 문제, 재가 출가의 역할 등이 종합적으로 논의돼야 한다"고 말했다(「운영규정안 마련-원기 2세기 설계」, 원불교신문, 2013.11.15).

의 교단참여 정신을 계기로 더욱 박차를 가하게 된 것은 사실이다.

교단이 열린 종교로서 발전하려면 재가들의 요청을 적극 수용할 수 있는 분위기를 만들어야 한다. 다음 항목들은 교화발전을 위한 비판으로 〈출가교화단보〉에 실려 있는 내용들이다.[85] "재가들의 언로를 만들어 달라, 교도와 교역자간에 신뢰감이 부족하다." "교역자가 교도의 정서를 이해하지 못한다. 교역자는 주인의식을 갖돼 서비스맨이다." 돌이켜 보면 초기교단에서 재가 출가의 구분이 크게 드러나지 않았다. 재가와 출가가 공히 교단창립에 헌신해 왔기 때문이다. 영산과 변산에서 소태산이 교화경륜을 실현할 때 출가와 재가의 구분보다는 '전무노력자' '전무주력자'로 통칭되었다. 창립 9인제자나 당시 여성제자들도 기혼자들이 주류를 이루었다.

공부의 정도를 평가하는 법위사정이나 수위단원 선출에도 재가 출가의 구분이 거의 없다. 원불교에서는 출가와 재가교도 모두 3년에 한 번씩 일정한 절차를 거쳐 법위사정을 한다. 출가와 재가를 막론하고 모든 교도들을 공부성적에 의해 대각여래위, 출가위, 법강항마위, 법마상전급, 특신급, 보통급으로 구분하고 사업성적에 의해 모든 교도들을 특등, 1등, 2등, 3등, 4등, 5등으로 구분한다.[86] 단지 차별이 있다면 그것은 지우차별뿐이다. 교법에 있어서 사요의 하나가 지자본위로서 지자 우자의 차별이 거론되며 능력에 따라 대우법을 달리하는 것으로 이는 합리적인 교법이라 볼 수 있다.

알다시피 세월이 흐르면서 교단은 출가 중심으로 교단운영을 해온

---

85) 편집자, 「교화발전을 위한 의견교환 내용」, 《출가교화단보》 제131호, 2003년 3월 1일, 2면.

86) 강돈구, 「원불교의 일원상과 교화단」, 『한국종교교단연구』 5집, 한국학중앙연구원 문화종교연구소, 2009, p.40.

점이 있었음을 부인할 수 없다. 재가와 출가의 균형이 무너진 것은 초기교단이 아니라 소태산 사후 전개되어온 교단의 현실이었다. 교단의 규정에 있어서도 전무출신 관련 규정은 교단 성장과정에서 세밀하게 다듬어져 온 것에 비하여 재가교역자 규정은 그 숫자도 「거진출진규정」, 「원무규정」, 「재가교역자 인사임면규정」 등이 고작이며, 규정의 분량도 2쪽을 넘지 않아 매우 소략한 편이다.[87] 이러한 상황에서 원불교가 출가중심의 교단을 고집하는 한 교화 정체현상은 지속될 것이다. 소태산이 『조선불교혁신론』에서 강조한 바와 같이 출가 재가의 차별이 없는 생활불교로서 불법과 생활이 다르게 전개되어서는 안 된다.

그렇다면 앞으로 교단개혁은 재가의 교단참여의 폭을 넓히는 방향을 고려해야 한다. 교단 운영의 재가교도 참여의 폭을 확대해야 한다[88]는 것이 교단발전을 위한 10가지 혁신과제의 하나로 수렴되었음을 참조할 일이다. 교무만이 아니라 기간제교무, 도무, 덕무, 정무에 이어 재가교역자로서 원무의 역할이 더욱 기대되는 것도 사실이다. 출가와 재가에 있어서 주역과 조역의 문제가 대두된 것을 계기로 재가들의 교당교화에 있어서 주역 역할을 해야 할 것이다. 교정원 역점사업(원기 86년~88년)으로서 「교화부문」에 '재가 주역의 교화 전개'(「원불교신문」, 2001.2.23)라는 용어가 새삼스럽지 않다. 원불교의 개혁방향으로서 재가와 출가의 차별보다는 상호 호혜와 평등의 자세로 교

---

87) 재가교역자와 관련된 규정으로 「교당교화단규정」, 「교도사업성적사정규정」, 「교역자대회규정」 등도 있지만 직접적인 규정이라 할 수는 없다(장진영, 「원불교 교역자제도 변천사 연구」, 『원불교사상과 종교문화』 46집, 원광대·원불교사상연구원, 2010.12, p.209).

88) 출가교도 의견-출가교화단 건항 1단 건방 6단(원불교정책연구소, 『교단발전을 위한 10가지 혁신과제 선정-의견수렴 자료집』, 원기 94년 4월, p.9).

단사를 꾸려가야 할 것이라 본다.

9. 소태산 개혁론의 특징

어떤 대상을 설명할 때 자주 접하는 '특성'이란 개념은 무엇인가? 개성이라고도 할 수 있듯이 어느 개체나 단체에 나타나는 타자와의 차별화된 성향을 특성이라 한다. 인간의 특성은 누가 부여해주는 것이 아니라 자신의 습성이나 노력에 따라 그 결과가 나타나며, 인간을 둘러싼 환경도 사람마다 다르기 때문에 그 특성이 나타난다.[89] 개인에게 나타난 특징을 개성이라 한다면, 조직이나 사회의 특성은 조직적·사회적 성향으로 나타난다. 자의적으로 소태산 자신의 특성은 개인 인물 중심의 표현이요, 교단적 특성은 소태산이 창립한 교단의 성향이라 볼 수 있다. 소태산은 원불교를 창립한 교조이기 때문에 소태산 개혁의 특징은 주로 교단 개혁의 특징인 것이다.

따라서 소태산 개혁의 특징은 정신개벽을 주창한 원불교 개혁의 특징으로 거론될 수 있다는 점을 인지하면서 이에 대하여 하나하나 살펴보도록 한다.

먼저 소태산이 수행한 개혁의 특징은 자신으로부터의 개혁이었다. 그가 도모한 사회개혁은 나 자신으로부터의 개혁을 바탕으로 해서만 가능하다고 믿었으며, 자신의 개혁 없이는 가정, 사회, 국가의 개혁도 불가능하다고 믿었다.[90] 『정전』「최초법어」에서 말하고 있듯이 수신

89) 장응철, 「원불교 생사관」, 『원불교사상시론』 1집, 수위단회사무처, 1982, p.69.

의 요법, 제가의 요법, 강약 진화상 요법, 지도인으로서 준비할 요법이 이와 관련된다. 자신개혁의 단계적 내지 점진적 개혁의 성향이라는 점에서 이는 개인에서 세계로 나아가는 개혁의 특징이라 본다.

소태산 개혁론의 특징에서 또 거론될 수 있는 것은 교리체득을 훈련법으로 접근하였다는 점이다. 원불교의 훈련법은 교리를 구체적으로 인간에게 체득시키는 방법을 교시함으로써 또 다른 원불교의 독특한 면을 선보이고 있다.[91] 곧 원불교의 훈련법은 『정전』 수행편에 나오는 것으로 인간개조를 체험하게 하는 것이며 동정간 물샐틈없는 훈련법으로 이에 접근한다. 이는 훈련법이라는 교리체득으로 일종의 기질수양과 심성수양을 통하여 중생으로부터 불보살로 나아가도록 하려는 것이다.

또 교단개혁의 특성으로 거론할 수 있는 것으로는 시대성과 생활성에 관련된다. 원불교 교의에 있어서 시대성을 언급하는 것으로는 교법정신에 입각한다. 그것은 시대화 생활화 대중화라는 것이다. 이처럼 원불교의 특성은 개혁과 창조성이라고 할 수 있는 바, 교단은 시대화・생활화・대중화를 성취하기 위해 불교의 개혁에서부터 출발하고 있다.[92] 원불교 교의와 제도가 이러한 시대성과 생활성, 나아가 대중성을 지닌 새 종교의 면모를 갖추도록 혁신의 정신이 강조된다.

다음으로 언급할 수 있는 특성으로서 도가에서 개혁의 고삐를 조이

---

90) 한창민, 「원불교 사회관」, 『원불교사상시론』 제Ⅲ집, 원불교 수위단회, 1998년, p.221.

91) 이성택, 「정기훈련 11과목의 구조적 조명」, 『원불교사상』 14집, 원불교사상연구원, 1991, p.178.

92) 손정윤, 「문학・예술사」, 『원불교70년정신사』, 원불교출판사, 1989, pp.640-641.

는 목적은 교의와 현실의 조화, 다시 말해서 현실과 이상을 일치시키는 것이다. 그 종교의 교리를 실천함으로써 현실세계에서 행복감을 누릴 수 있도록 하자는 것이다. 소태산 사상의 특징 중의 하나는 지극히 현실 지향적이라는 점이며, 이 현실은 이상을 구현할 바탕이며 궁극적으로는 현실과 이상이 다르지 않다는 철저한 불이론(不二論)의 입장을 견지한다.[93] 불교가 초탈주의적 측면에 안주해온 성향이 있음을 간파한 소태산은 현실주의적 불법을 주창함으로써 이상과 현실을 넘나들 수 있는 종교로의 혁신을 추구하였다.

이어서 소태산 개혁의 특징에서 나타나듯이, 혁신이라는 가치를 중시하는 일방으로 나아갈 경우 전통의 가치를 소홀히 할 수 있지만 소태산은 전통사상을 간과하지 않았다. 전통을 무시한 채 혁신을 강조한다면 분명 과거와의 단절을 가져올 수 있다는 점에서 주의해야 할 일이다. 소태산은 전통을 계승하면서도 개혁의 묘를 살렸다고 본다. 원불교는 전통문화・전통종교에 대한 수렴과 개혁에서 한 걸음 나아가 새로운 창조를 시도하였다[94]는 점을 고려하면, 전통을 수용하면서도 이를 창의적으로 응용하였다.

전통을 중시하는 측면에서, 소태산은 한국의 전통종교로서 지속되어온 유불도 3교를 통합, 활용하였다. 유불도 3교의 특성을 밝히면서 소태산은 이를 수용함과 동시에, 과거에는 유불선 3교가 각각 그 분야만의 교화를 주로 하여 왔지마는, 앞으로는 그 일부만 가지고는 널리 세상을 구원하지 못한다는 것이다. 이에 모든 교리를 통합하여 수양

---

93) 박상권, 「소태산의 종교적 도덕론 연구-『대종경』 인도품을 중심으로-」, 『원불교사상과 종교문화』 29집, 원불교사상연구원, 2005, pp.77-78.

94). 손정윤, 「문학・예술사」, 『원불교70년정신사』, 원불교출판사, 1989, pp.640-641.

연구 취사의 일원화(一圓化)와 또는 영육쌍전・이사병행 등 방법으로 모든 과정을 정하였다.[95] 전통불교를 새 불법으로 활용하고 있으며, 도교의 경우도 수련의 측면에서 접근해온 점은 전통종교를 섭렵하면서 새 종교로의 개혁을 단행한 것이다.

소태산은 유불도라는 전통종교의 섭렵만이 아니라 한국 신종교의 흐름을 선도하는 면모를 드러내 보였다. 구한말 한국을 중심으로 하여 창립된 종교로는 동학, 증산교, 원불교임은 주지의 사실이다. 이들 신종교의 공통점은 한민족의 토속신앙에 기초하여 유불선 3교를 통합한 민중신앙 운동이었으며, 외세의 탄압에 대한 민족의 주권회복 운동이었으며, 또 민주적인 사회개혁 운동이었다.[96] 원불교는 신종교 중에서도 건실하게 발전해온 민중종교로 자리하였으며, 그것은 소태산의 개혁정신에 바탕한 새 종교의 역할을 선도하고 있기 때문이다.

주목할 바, 소태산의 개혁성향의 핵심은 병행과 조화, 쌍전의 정신에서 발견된다. 그는 개교의 표어로서 "물질이 개벽되니 정신을 개벽하자"고 하였으며, 처처불상 사사불공, 무시선 무처선, 동정일여 영육쌍전 등의 정신에서 이러한 특징을 발견할 수 있다. 용심법에서 병진이 강조되고, 도학과 과학에서 병진이 강조되며, 『정전』 표어 등에서도 병진과 개혁성향이 나타난다.[97] 그의 개혁론은 조화를 도모하고 병행을 추구하는 기본 원리를 벗어나지 않았던 것이다.

---

95) 『대종경』, 교의품 1장.

96) 한승조, 「한국정신사의 맥락에서 본 원불교」, 『원불교사상』 4집, 원불교사상연구원, 1980, pp.56-58.

97) 송천은, 「법신여래 일원상」, 제30회 원불교사상연구 학술대회 《인류정신문명의 새로운 희망》, 원광대 원불교사상연구원・한국원불교학회, 2011.1.25, p.26참조.

개혁대상의 측면에서 소태산의 성향을 보면 다음과 같다. 즉 그의 전 생애를 통하여 실현하였던 개혁운동은 크게 인간개혁, 생활개혁, 사회개혁, 종교개혁 등 네 가지로 나누어 볼 수 있다.[98] 그의 개혁론은 기본적으로 인간개혁에서 출발하는데 이는 종교 출현의 목적과도 관련된다. 그리고 개인의 생활개혁과 공동체의 사회개혁, 나아가 종교개혁으로 이어진 것이다.

이와 같은 소태산의 제반 개혁론을 참조할 때 개혁의 핵심은 원기 20년(1935)에 선포한 『조선불교혁신론』에서 발견된다. ① 과거 조선사회의 불법에 대한 견해, ② 조선승려의 실생활, ③ 세존의 지혜와 능력, ④ 외방의 불교를 조선의 불교로, ⑤ 소수인의 불교를 대중의 불교로, ⑥ 분열된 교화과목을 통일하기로, ⑦ 등상불 숭배를 불성 일원상으로. 이처럼 그는 7가지 개혁항목을 통하여 새 불법으로의 혁신을 천하에 공표한 것이다. 특히 일원상신앙은 개혁에서 한걸음 나아간 창조의 표본이라 볼 수 있다.[99] 소태산의 개혁론에서 가장 두드러진 점은 불상이 아닌 일원상으로의 귀결에 초점이 맞추어져 있다는 것이다.

아무튼 소태산이 창립한 원불교의 개혁정신은 정산종사의 언급을 빌리면 창조요, 모방이요 개혁이다. 정산종사는 일찍이 이 교단의 형성원리로서 창조, 모방, 개혁을 제시한 바 있으며(『정산종사법어』, 경의편 38장), 이 원칙은 원불교의 성립요건이기도 하다.[100] 오래된 종

---

98) 김수중, 「양명학의 입장에서 본 원불교 정신」, 제18회 원불교사상연구 학술대회 《少太山 大宗師와 鼎山宗師》, 원광대 원불교사상연구원, 1999년 2월 2일, pp.35-36.

99) 손정윤, 「문학・예술사」, 『원불교70년정신사』, 원불교출판사, 1989, pp.640-641.

교로서 기독교는 유태교로부터, 불교는 자이나교로부터 창조와 모방, 개혁을 도모한 흔적이 적지 않으며, 원불교는 전통불교를 새롭게 혁신하였던 바, 창조와 모방과 개혁이라는 성향을 지닌 것이다.

---

100) 류병덕, 「원불교학 연구의 현황과 과제」, 『원불교학』 창간호, 1996, p.9참조.

제3편

원불교 100년과 개혁정신

제1장
교단 100년과 창립정신

1. 원불교 100년의 의의

1) 의미의 위기

2015년 1월, 원불교 창립 100년을 맞이하게 되었다. 원불교 역사도 이제 연륜을 쌓는 단계에 들어섰다는 것이다. 이에 백년을 준비하는 현 상황에서 어떻게 하면 기념성업을 거룩하게 할 것인가에 대하여 고심할 때이다. 소태산의 대각과 더불어 탄생한 원불교가 개교 100년을 의미 있게 맞이하기 위해서는 무엇보다도 개교 100년이 지니는 의미를 파악해야 한다고 본다. 100년 성업의 의의가 무엇이며, 그 의미가 살아나기 위해서는 이에 대한 평가와 대비가 필요하다는 뜻이다.

여기에서 개교 100년에 대한 교단적 의미가 무엇인가를 숙고해야 한다. 분명한 의미를 파악해야 그 의미에 맞는 기념성업을 대비할 수 있기 때문이다. 만일 100년의 의미를 정확히 파악해내지 못한다면 성업을 준비하는 방향설정에 한계가 생긴다. 이른바 현대인의 위기도 의미의 위기인 바, 급변하는 상황들과 수많은 정보들을 의미로 충만되게 이해하고 해석해내지 못하는 안타까움[1)]을 생각해 보자는 뜻이

---

1) 김성관, 「원불교 일원상 상징의 융화 효능성」, 『원불교학』 제2집, 한국원불교학회, 1997, p.173.

다. 원불교 100년의 의미부여가 중요하다는 것이며, 나아가 현대의 의미를 부여할 수 있는 능력을 잃는다면 현대인의 위기가 올 수밖에 없다는 지적은 어제 오늘만의 일이 아니다.

교단은 이에 개교 100년의 의미를 다양한 각도에서 밝힘으로써 100년의 기념성업을 충실히 준비하는 일이 요구된다. 이러한 100년의 의미를 도출함에 있어서 일반적 개념을 파악한 후 그간 있었던 교단의 성업 행사의 의의를 모색해야 한다. 다시 말해 100년이 갖는 객관적 의미가 무엇인가를 진단하고, 교단 반백주년, 소태산 탄백주년, 정산 탄백주년의 기념 성업에서 추출할 수 있는 의의가 무엇인가를 진단하는 것이 교단 100년대의 방향을 새롭게 전개할 수 있다.

이처럼 개교 100년의 의미는 그에 관련된 일련의 일들에 대한 사실 해석과 진단, 직관 등 다양한 채널을 통해 여러 가지로 모색될 수 있다. 그만큼 100년이 갖는 의미는 구체화되어야 한다는 것이다. 그리고 원기 100년이라는 의미 파악이 갖는 효과는 급변하는 현대사회에 있어 원불교의 대응 능력과 미래 교단에 대한 기대가치를 상승시키는 것이며, 그로 인한 원불교의 위상은 달라질 것이다. 100년에 즈음한 교단 활동의 우선가치를 설정하고, 거기에 교단적 힘을 차근차근 실어가며 100년을 향도하는 일이 중요하다.

여기에서 중요한 것은 원불교 개교 100년의 의미는 본질적이고 형이상학적인 측면에 각도를 맞출 필요가 있겠지만, 한편으로 교단의 현실적 과제를 노정하여 해법을 제시하는 측면에서 모색하는 것을 간과해서는 안 된다. 도출하고자 하는 의미가 현실성을 갖고 구성원의 공감대를 얻기 위해서는 더욱 그렇다. 교단의 미래사를 대비하기 위한 의미부여 등 어떠한 사안에 의미를 부여하기 위해서는 현실과 미래의 방향에 대한 자료들을 충실히 검토하는 것을 우선으로 해야 한다.

축적되어 가는 종교문화 혹은 역사성이란 인간(종교)이 그 자신과 세계의 관계를 지각하면서 의미의 모색을 통해 스스로를 드러낸다[2]는 점을 망각하는 것이야말로 의미의 위기인 것이다.

2) 개교 100년의 일반적 의미

개교 100년의 의미를 파악함에 있어서 거기에 따르는 일상적 기준과 근거가 있을 것이다. 100년에 합당한 준거가 있지 않다면 100년의 가치는 희석될 것이며, 의미 없는 성업행사가 되고 말 것이기 때문이다. 아울러 100년이 갖는 기쁨도 공감대를 얻지 못할 것이다. 따라서 100년의 의미 파악에 있어 기반이 되는 준거에 의한 일반적이고 객관적인 의미는 다음 몇 가지 측면에서 거론될 수 있다.

첫째, 100주년에 있어 주년(週年)이란 용어는 일정기간의 회계연도로서 한 바퀴 돌아오는 해를 말한다. 인간의 나이로 보면 1년이 지나면 생일을 맞이하고, 60주년이 지나면 회갑을 맞이하며, 결혼한 지 상당한 기간이 흐르면 은혼식과 금혼식 등을 거행하는 것 등이 이와 관련된다. 영어의 밀레니엄(millennium)이라는 단어는 1000을 뜻하는 라틴어 밀레(mille)에서 연유하여 1000년제를 기념하는 것이며, 센테니얼(centennial)은 100주년을 기념하는 것이다.[3] 곧 100주년이란 의미는 그 어원으로 볼 때 100년이라는 일정 기간을 지나면 이를 되돌아보며 그 의의를 찾아 기념하자는 것이 일반적인 의미이다.

따라서 일정 기간이 지나는 것을 주년으로 보아 20주년, 50주년,

---

2) 위의 책, p.165.

3) 존 나이스비트 외 1人 共著(金弘基 譯), -1990년대 대변혁 10가지-『메가트렌드(Megatrends) 2000』, 한국 경제신문사, 1996, p.15.

60주년, 100주년 등의 거룩한 행사를 기념하는 것이 일종의 축제로서 역사적 단면들이다. 이를테면 50주년을 희년(禧年)이라고 하는데 50년마다 돌아오는 유대교의 절기가 바로 그것이다. 즉 안식년이 일곱 번 지난 다음해에 종을 놓아두고 땅을 원래의 주인에게 다시 돌려주는 경사스러운 해가 이것이며, 우리나라에서도 기독교인들은 1995년을 희년으로 경축하였다.

둘째, 주년(週年)이자 희년(禧年)의 어의를 생각해 본다면, 그 같은 특별한 해를 맞이하는 것은 이를 경축하는 당사자 및 인류 공동체라는 장이 있다는 사실이다. 이를테면 지금으로부터 십 수년 전 1999년은 헤밍웨이 탄생 100주년 역시 그의 탄생을 기념하는 해였으며, 그가 태어난 일리노이 오크파크시, 그리고 그가 살았던 파리 작품의 무대인 팜플로나시 등에서 벌어진 축제는 헤밍웨이를 클로즈업시켰다는 점이다. 헤밍웨이 탄생 100년은 이와 관련된 당사자는 물론 인류가 공통 관심사를 가지고 주인공의 탄생과 업적을 기리는 것에 초점이 맞추어졌다.

셋째, 주년과 희년은 업적이나 공로의 가치를 품부하고 있다. 2000년 역시 예수가 탄생한 지 2천년 째 되는 해요 정산종사가 탄생한 지도 100년이 되는 해였다. 기독교에서는 이 해를 대희년(大禧年)으로 삼고 경축하였으며 원불교에서도 정탄백 기념행사를 성대하게 거행했다. 이처럼 경사스런 해를 맞이하자 한국천주교 주교회 사무총장 김종수 신부는 모든 행사와 활동이 참된 평화와 구원을 갈망하는 인류의 오랜 염원을 반영하고 있다며, 이를 계기로 원불교와 천주교가 인류의 평화를 위하여 함께 노력할 수 있기를 바란다[4]고 하였다. 그의 언

4) 김종수(신부, 한국 천주교 주교회 사무총장), 「정탄백 기념대회 축사-온국민

급처럼 100년의 일반적 의미는 인류평화에 기여한 업적과 공로의 가치를 드러내고 있다.

넷째, 주년과 희년은 그것이 갖는 오랜 역사성에 기반하고 있는 것이다. 2007년은 한국 성결교회의 선교 100년이 되는 해였다. 따라서 성결교회 100년 기념사업회가 마련한 사업 계획은 선교 100주년의 역사를 정리하고 선교 100주년을 축하하는 의미를 담고 있다. 본 사업은 백주년대회 개최와 백주년기념관 건축, 성결신학총서 등 출판사업 등으로 구성되어 있었다. 사실 100년이란 그 성격에 맞춰 관련 단체의 지나온 역사를 점검하고 그 연륜을 축하하는 의미에서 하나의 역사성을 기반으로 하고 있다.

이러한 역사성에 비추어 볼 때 그 특성상 탄생 100년, 선교 100년 외에 득도 100년이 있다. 예컨대 최수운 득도 100년이 1959년이었던 바, 원불교 성직자로서 이공전 교무는 그날 다음과 같이 축사를 남기고 있다. "수운 스승님 득도 100년 기념을 하루 앞둔 어제에는 하늘이 달고 기름진 봄비를 지상에 내리어 그 덕의 한 끝을 우리에게 보여 주고, 오늘은 다시 화풍과 경운(慶雲)을 이 시점에 보내어 그 덕의 또한 끝을 거듭 이렇게 보내주시니 크신 천덕(天德)이 여러분 앞에 이렇듯 많이 내려지심을 먼저 충심으로 경하합니다."[5] 이처럼 수운의 득도 100년 성업을 축하하는 모습이 이방인에 의해 표출되고 있다. 100년을 맞이함에 있어 득도라는 의미는 당사자는 물론 주변인의 축제가 되기에 충분하다.

이 귀기울이고 따라야 할 가르침」, 《원광》315호, 월간원광사, 2000년 11월호, pp.38-39.

5) 이공전 개인 자격으로 참여 다음의 축사「수운선생 득도 백년 기념일에」, 원광 29호, 원기 44.7, 신도안서(이공전, 『凡凡錄』, 원불교출판사, 1987, p.101).

위에 언급한 것처럼 탄생, 선교, 득도의 특성을 지닌 100년은 각기 상황과 목적에 따라 다채로울 수밖에 없으며, 이에 원불교의 경우 '개교'(대각)라는 특성을 지닌 100년이 다가온 것이다. 본 연구는 이러한 원불교 개교의 특성에 따른 100년의 의미 파악에 초점을 맞추었으며, 그것은 교단의 미래적 과제와 희망을 도출하고자 하는 목적이기도 하다. 이러한 의미 도출에는 교단의 현황을 점검하고, 성업의 기념사업을 거룩하게 치루며, 교단 미래를 철저히 준비하자는 뜻이 있다. 이를 위해 우선 교단에서 거행한 성업 행사들을 점검해 보며 그 의의를 모색하고자 한다.

3) 교단성업과 100년의 의의

(1) 반백주년 행사의 의의

원불교 개교 100년의 의미를 파악함에 있어 선행해야 할 것은 이미 교단에서 치러진 몇 가지 성업봉찬 사업들을 되돌아보는 일이다. 각 행사의 내용이야 다르겠지만, 성업 행사라는 공통성에서 서로 접근되기 때문에 이미 치러진 성업봉찬사업의 의의를 살펴본다면 자연스럽게 교단 개교 100년의 의미가 부각되리라 본다. 사실 의의란 가치와 의미를 동시에 포괄하는 용어라는 면에서 의의 모색이 곧 의미 파악으로 이어진다는 사실을 언급해 두고자 한다.

그러면 먼저 교단에서 초창기 성업봉찬으로 행해진 반백년 기념대회의 의의를 살펴보고자 한다. 원불교 반백년기념대회의 표어는 알다시피 '진리는 하나 세계도 하나, 인류는 한 가족 세상은 한 일터, 개척하자 일원세계'였다. 본 표어에 나타나듯이 반백년 기념대회가 교단 내외적으로 처음 맞는 가장 큰 행사의 하나였던 점을 감안하면, 원불교의 교법이 원만 융통함을 천하에 공표하는 것이 중요 사안이었다. 따라서 반백주년 행사의 의의는 진리는 하나요, 세계도 하나이며, 인류는 한 가족이라는 원만한 교법을 천하에 드러내고자 했던 점에서 발견된다.

물론 반백주년 행사는 정확히 개교 50주년이 아니라 이보다 6년 뒤인 원기 56년(1971) 10월 7일부터 12일까지 거행되었다. 이 시기는 교단 창립 제2대에 해당되는 바, 당시 교단은 조직이나 제도에서 정비의 기회를 가졌고 교단의 대형화에 힘을 기울였다고 할 수 있다.[6] 이처럼 반백주년 기념사업은 교단의 조직과 제도 면에서 교세의 확장으로 나아가는 계기가 마련되었다는 측면에서 그 의의가 있다.

당시의 행정책임자였던 박장식 교정원장은 수년간의 힘으로 준비한 반백년의 기념대회는 성대한 행사였다고 했다. 즉 1964년(원기 49)부터 1971년(원기 56)까지 8년간에 걸쳐 전 교단이 힘을 합쳐 추진한 개교 반백년 기념사업은 원불교 역사상 주목할 만한 큰 사업이었다[7]는 것이다. 그 이유로 반백주년은 원불교가 '사오십년 결실'이란 소태산의 법어와 연결되기 때문이다. 따라서 반백주년 행사는 원불교 교단사에서 결실이라는 소태산의 법어를 확인한 것에서 그 의의가 있다.

이러한 교단 결실을 반영이라도 하듯이 반백년 기념사업의 항목들은 결실을 향한 일련의 성과물이라 볼 수 있다. 당시 있었던 개교 반백년 기념사업으로는 첫째, 교서 발간사업이 이루어졌다. 둘째, 교화 3대 목표 추진운동으로서 연원달기·교화단 불리기·연원교당 만들

6) 간행위원회 編, 담산이성은정사 유작집 『개벽시대의 종교지성』, 원불교출판사, 1999, p.229.

7) 박장식, 『평화의 염원』, 원불교출판사, 2005, pp.122-123.

기의 세 가지 목표가 설정되었던 바, 8년 동안 연원교당 90여개, 교화단 1,450여 단, 7만9천명의 새 교도가 함께한 놀라운 성과를 이루었다.[8] 셋째, 교도 법위향상 운동을 통해 교단의 내적 충실을 도모하였으며, 넷째, 건축사업으로 반백년 기념관・영모전・종법실・정산종사성탑・만고일월비가 세워졌다. 그 외에도 기념사상 대강연회, 경축예술제 등 문화행사가 거행되었다.

어떻든 반백년 기념사업은 원불교 교단사에서 중요한 의미를 갖는다. 이 기념사업은 '원불교의 제2의 창립'[9]이라 할 수 있기 때문이다. 초창기를 지나 제2의 정착단계에 접어들었다는 뜻이다. 교단은 초창기 창립정신을 이어받아 도약했으니 당시 교세가 양적으로 2배 이상의 큰 발전을 가져왔고, 원불교가 한국사회에 정착되기 시작하였다. 또 원불교의 대외활동으로서 종교연합운동과 해외교화에 물꼬를 트기 시작하였다.

결론적으로 반백년 기념사업에서 의미 짓고자 하는 중요한 것은 무엇인가? 사오십년 결실 성업이라는 것과 제1대성업봉찬사업의 연장[10]이라는 것이다. 이것은 또 원기 56년까지 끝난 사업이라기보다 개교 2대말과 개교 1백년대를 향하여 지속되는 사업이기도 하였다.

---

8) 위의 책.

9) 손정윤, 「개교반백년 기념사업」, 『원불교70년 정신사』, 성업봉찬회, 1989, p.315.

10) 교단창립한도는 36년으로 하며 이를 창립 제1대로 하였으며, 이를 구체적으로 12년까지를 1회, 24년까지를 2회, 36년까지를 3회로 나누었다. 제1대성업봉찬사업은 소태산대종사 열반후인 원기 38년(1953) 4월에 거행되었다. 전쟁의 와중으로 원래 예정한 기한을 1년 연기하여 거행한 제1대 성업봉찬대회는 새회상 창립1대를 공식적으로 기념하는 행사로 원광대 광장에 5천여명의 교도가 운집, 교도의 공부 사업 원성적 발표와 성적표 수여가 있었다.

아울러 창립 3대말과 4대말의 기념사업에도 많은 시사가 되는 성업이기 때문에 그 의의 또한 크다고 본다. 반백년 기념사업 때 이루어진 결실 하나하나를 새겨보면서 원불교 개교 100년의 의미를 찾고자 하는 것도 이 때문이다.

(2) 소태산탄백행사의 의의

반백주년의 성업봉찬이 1971년(원기 56)에 이루어졌다면 소태산 탄백주년 성업봉찬대회는 이보다 20년 뒤인 1991년(원기 76)에 이루어졌다. 소태산의 탄생이 1891년이기 때문에 100년을 더하면 1991년에 해당하는 것이다. 교단창립 반백주년 행사를 마친 후 20년 만에 또 다시 소태산 탄생 100주년의 큰 행사를 거행한 것은, 전자는 주로 교단형성사를 기념하는 것이라면 후자는 교조 탄생을 기념하자는 뜻이다.

물론 성격에 따른 성업봉찬의 각 특성은 있다고 해도 반백주년 대회 이후 탄백주년 행사를 거행한 것은 공통적인 교단의 축제로서 교단도약과 교조신봉을 점검하는 의도인 것이다. 반백년 성업봉찬을 거행한 20년 이후 소태산 탄백 성업봉찬 때의 교단발전은 양자를 비교해보더라도 잘 알 수 있다. 원기 50년대만 해도 교단의 세력은 미미하기 그지없었다. 교단의 반백년 기념사업 당시인 원기 55년의 교세는 전국 교당이 60여개, 법위사정 교도가 9천8백여 명이었다면, 20년이 흐른 소태산 탄백 성업봉찬 때의 교세를 보면 너무나 큰 차이가 난다[11]는 지적을 눈여겨보자는 것이다.

이제 교조 소태산의 탄생 100주년이 갖는 의의를 새겨보려면 본 성

---

11) 성도종, 「소태산대종사탄생 100주년 기념특집7-교화의 새로운 전기를 기대」, 《원광》 203호, 월간원광사, 1991.7, p.35.

업의 목적이 무엇이었는가를 살펴보면 알 수 있다. 즉 소태산의 탄생과 더불어 이 땅에 오심을 감사하며 그 뜻을 깊이 체받아 개인과 교단이 거듭나는 계기로 삼고 그 은혜가 널리 미치게 한다는 것이 그 목적이었다. 소태산은 개벽의 성자로서 후천시대의 주세불이자 구세성자임을 교단 내외적으로 널리 알리며, 이를 통해 교단발전을 기하려는 뜻에서 소태산 탄생 100주년 성업을 봉찬하였던 것이다.

당시 전 교단적으로 행해진 탄백주년 행사의 지침을 살펴보자. 소태산 탄백 성업봉찬사업회는 본 대회를 준비하면서 다음 몇 가지를 지침으로 정하였다. 즉 개인과 교단이 성숙하고 거듭날 수 있는 행사, 신앙・경축・봉공이 아울러져 내외로 기여하는 행사, 민족과 어려움에 처해 있는 이웃이 가능한 함께 하는 행사, 새로운 문화와 역사를 창조하는 행사를 지침으로 삼았던 것이다.[12] 교단의 성숙과 교단 외적인 기여 그리고 새 역사 창조의 발판이 되어야 한다는 당위성을 탄백행사의 지침으로 삼았다고 볼 수 있다. 여러 지침을 통해 도출할 수 있는 탄백 성업의 의의가 구체적으로 묘사되고 있다.

아울러 탄백 기념대회를 통해 발전하는 교단의 위상을 정립하는데 그 의의가 있다. 다시 말해 탄백행사는 국내는 물론 국제사회에 있어서 원불교의 위상을 정립하는데 목표를 두었던 것이다. 교단 내적으로 중앙총부의 소태산기념관과 법은관의 준공, 각종 문화・예술의 발표로써 원불교문화의 모색 등 1백억 원이 넘는 각종 사업을 완수하였고, 교단 외적으로는 한국 및 국제사회에 원불교의 위상을 정립할 수 있는 계기를 마련하였다.[13] 이를 보아 알 수 있듯이 당시 교단의 위상

---

12) 이성은, 「소태산대종사탄생 100주년 기념특집-영광스러운 교단의 역사를」, 《원광》 203호, 월간원광사, 1991.7, pp.24-25.

이 격상되는 계기가 마련된 셈이다.

교단의 결실 속에 탄백행사는 보다 본질적인 역할, 즉 민족과 인류 구원을 위한 교화 활동을 재점검하는 기회가 되었다. 소태산의 대각에서 출발한 교단으로서 광대무량한 낙원건설이라는 개교동기가 실천되는 일이 탄백행사에서 점검되었다. 사실 교단은 짧은 기간 동안 타 종교의 발전상과는 비교할 수 없을 만큼 발전해 왔다. 소태산의 참 제자들로서 재가 출가가 합력하여 최선을 다하는 교단 사랑의 정신이 민족과 인류 구원을 향한 국내외에서의 교화 활동으로 전개된 것이다.

하지만 탄백의 성업봉찬 사업을 회고해 볼 때 교단사가 모두 발전적이었고 긍정적이었는가를 반성해 보는 것도 필요하다. 물론 이에 대한 평가는 여러 가지로 검토될 수 있지만, 일례를 지적해 본다. 이를테면 1991년 소태산 교조탄생 백주년기념사업의 일환으로 전개된 영산성지 장엄사업은 성지장엄이라는 명목 아래 심각한 원형 훼손으로 이어졌다.[14] 이 장엄사업에 의해 영산성지 일대의 유적들은 원형 복원이나 복구가 불가능할 정도로 원형 훼손의 우를 범했다는 것은 성업봉찬 사업의 공과(功過)를 평가해야 할 법한 일이다.

(3) 정산탄백행사의 의의

서기 2천년은 국내외적으로 20세기를 지나 21세기에 접어드는 길목에 있는 해로서 의미 있는 한 해였다. 또 교단 내적으로는 소태산대

---

13) 유용진, 「소태산대종사탄생 100주년 기념특집-오색 원광이 서린 기념대회」, 《원광》 204호, 월간원광사, 1991.8, p.24.

14) 박맹수, 「원불교 종교문화유산의 보존 및 활용방안」 소태산사상연구원 학술세미나 《근대종교 문화유산의 보존과 전승》, 한국역사민속학회, 2004.9.10, p.90.

종사를 계승한 정산종사의 탄백주년의 해로서 성업을 기리는 해이기도 하였다. 사실 정탄백의 2천년은 소태산 탄생 100주년 기념성업을 마친 후 9년 만에 다가온 교단사적 행사였다. 이에 출가 재가 모두가 개벽계성 정산종사를 추모하고 업적을 기리는 측면에서 서기 2천년의 정탄백 행사는 그 의의가 있다고 본다.

당시 교단의 법좌에 있었던 좌산종법사는 정탄백 행사를 성대하게 맞이하면서 다음과 같이 의미를 부여하였다. "금년은 더욱이 정산종사 탄생 백주년을 기념하는 해이다. 정산종사께서는 대종사를 주세불로 받드시고 대종사의 공부법으로 원만한 인격과 대각여래위의 큰 법력을 이루셨다."[15] 이처럼 정사종사 탄생 100주년을 기념하여 정산종사가 대종사께 올렸던 신성과 여래 심법을 체받아 정산종사의 법은이 인류에게 두루 미치기를 염원하였다. 정탄백 성업을 맞이하여 그 의의로 새겨볼 점은 정산종사의 대종사에 대한 대신봉의 정신을 확인한 것이다.

아울러 정산종사는 해방 전후 및 6.25를 겪으며 당시 험난했던 세파를 견디어내어 교단을 굳건히 계승했다는 점이 주목할 만하다. 그는 해방을 맞이한 이후 혼란했던 당시의 국제정세 속에서도 『건국론』으로 구세제중의 여래적 경륜을 실현하는데 전력을 다하였다. 당시 조정근 교정원장도 말하기를, 정산종사 탄생 100주년 기념대회를 맞아서 안으로 정산종사님의 거룩한 인격을 닮고 그가 밝힌 『건국론』의 실천을 다짐하자[16]고 하였다. 이처럼 정탄백의 성업에서 우리가 점검

---

15) 좌산 종법사, 「원기 85년 대각개교절 경축사-법문공부」, 《원광》 309호, 월간원광사, 2000년 5월호, p.27.

16) 조정근(교정원장), 「정탄백 기념대회 봉축사-교단 만대의 토대를 닦아주신 정산종사님」, 《원광》 315호, 월간원광사, 2000년 11월호, p.28.

할 수 있는 것은 국가와 교단의 어려운 상황에도 불구하고 교법정신에 바탕한 『건국론』의 공표로서 국가 재건의 의지를 천명했다는 점이 큰 의의로 다가온다.

또한 정탄백 성업을 돌이켜 볼 때 무엇보다도 이념적으로 '삼동윤리'의 정신을 국내외에 선양했다는 점이 의의로 다가온다. 세계종교인평화회의 벤들리 사무총장은 당시 정탄백 기념대회에 참석한 이유를 다음과 같이 말한다. "한 집안 한 권속의 형제자매로 인류 공동의 미래를 개척하는, 한 일터 한 일꾼으로 우리 존재의 근원을 밝혀준, 한 울안 한 이치에를 주창한 정산종사의 뛰어난 삼동윤리의 살아있는 정신을 실천하는 마음으로 정탄백 기념행사에 참석했다."[17] 여기에서 알 수 있듯이 정산종사의 삼동윤리는 국내외적으로 인류가 한 가족임을 드러낸 법어였던 셈이다. 이것은 일원주의에 바탕한 삼동윤리로써 세계평화에 기여하는 인류 화합의 메시지와도 같다.

나아가 정산종사 탄백사업에서 새겨볼 수 있는 의의는 정산종사가 이미 간행한 『예전』 및 교법 실천의 정신을 새겨보는 것에서도 발견된다. 정산종사는 마음공부를 강조하여 신앙인의 교양과 인품을 고양토록 한 것이다. 이에 정탄백 행사를 통해서 그 의의를 조망할 수 있는 것은, 『예전』과 교법을 실천에 옮기는 마음공부를 통해 여래의 심법을 닮아가는 것이다. "마음공부 잘 하여서 새 세상의 주인되라"는 법어 말씀을 실천에 옮기는 일이 이와 관련된다.

회고해 보건대 정산종사의 탄백 기념사업에서 전개된 분야의 내역을 보면 재정건설분과의 각종 시설, 학술편찬분과의 원불교 관련 국

---

17) 윌리엄 벤들리(세계 종교인평화회의 사무총장), 「정탄백 기념대회 축사-살아있는 인류정신」, 《원광》 315호, 월간원광사, 2000년 11월호, p.39.

제학술회의, 기획행사 분과의 기획 활동, 특별사업의 원음방송국과 대안학교의 설립 등이 이루어졌다. 이러한 성업의 여러 결실에 나타난 재가 출가의 혈심 노력이 원불교의 위상을 새롭게 정립하는 계기가 되었다. 괄목할만할 정도의 교단 위상이 세워진 것은 정탄백 행사를 통해서 확인된 것이다.

정탄백 행사를 전후하여 구체적으로 확인할 수 있는 교단적 성장은 당시 교세의 원불교로서는 축복이었다. 이를테면 좌산종법사는 지난 6년 동안 유엔창설 50주년 기념강연을 시작으로 미주, 서울, 부산, 금강산 대법회, 정산종사 탄생 100주년 기념대회 등을 통해 법풍을 크게 불리고 교구자치제 정립, 교헌개정, 교규정비, 교서정역사업 등을 통해 교단의 내실을 다져왔다. 이러한 업적들은 정탄백 성업의 의의를 전해주는 것들이었다.

어떻든 반백주년, 소태산 탄백주년과 정탄백주년이 지난 지금, 개교 100년을 준비하는데 심혈을 기울였다. 「원불교신문」(2006.6.23)에 「개교 백주년 준비 서둘러야」라는 제목의 사설 기사가 게재되었던 것도 한 예이다. 또 월간 원광지에도 2006년 1월호부터 지속적으로 개교 100년을 대비하는 각 분야의 목소리가 특집기사로 게재되었다. 아울러 원불교 교정원 기획실에서 원불교 개교 100년을 준비하기 위한 모임과 발표의 장을 마련한 것[18)]도 같은 맥락이다. 소태산 탄백주년을 회고함으로써 이 같은 개교 100년이 갖는 함의를 도출하는 것은 100년성업이 교단적으로 큰 획을 긋는 행사이기 때문이다.

---

18) 2006년 6월 26일, 교정원 기획실 양제우 교무가 필자에게 「원불교 개교 100주년의 의미」를 발표해주도록 부탁하여 본 연구를 하게 된 것이다.

4) 개교 100년의 교단적 의미

개교 100년에 당도한 현 상황에서 그 의미를 규명하는 것은, 원불교 100년의 역사라는 1세기 동안 전개된 교단사적 의미를 찾아보자는 뜻이다. 아울러 교단 100년에 즈음하여 교단의 성숙된 위상을 기념하고 개교의 본질적인 의의와 가치가 무엇인가를 추출하여 100년대의 교단을 밝게 이끌어 나가자는 뜻도 포함된다. 반백주년과 소태산 탄백주년, 그리고 정탄백 행사를 치러온 원불교 교단의 저력을 거울삼아, 개교 100년대를 철저히 점검해보자는 뜻에서 그 의의를 모색할 수가 있다. 개교 100년을 아무런 성과 없이 보낸다면 교단은 무력한 일상성에 빠져 결국 새로운 시대의 종교로서 대응을 못할 우려가 크기 때문이다.

아울러 개교 100년의 의미를 규명함에 있어 알아야 할 것은 오늘의 혼돈스런 상황에서 개교 100년과 교단상황을 재점검해 봄으로써 다가올 미래사회를 대비하자는 것이다. 미래사는 예측 불허한 가변성으로, 원기 100년대까지의 현 역사와 100년대 이후의 미래 역사가 전혀 예측하지 못할 상황으로 변모될지도 모른다는 것을 상정해야 하기 때문이다. 우리는 교단 창교 100년을 맞이한 상황에서 그 시대 상황이 어떻게 변할 것인가를 성찰해 보지 않을 수 없다.[19] 따라서 개교 100년의 의미 파악은 원불교를 둘러싸고 있는 국내외의 종교 및 사회 환경이 앞으로 어떻게 구성될지에 대한 우리의 예측과 점검이기도 하다.

근래(원기 91.6.19) 좌산 종법사는 중앙총부 직원 월요합동조회에

---

19) 최경도, 「교당의 교화 프로그램 개발-인구 50만명 이상 도시 중심으로-」, 《일원문화연구재단 연구발표회 요지》, 일원문화연구재단, 2005.9.23, p.23.

임석하여 교단 100년을 대비해야 함을 강조한 후, 한국사회가 변하고 있고 교화환경도 변하고 있다는 것을 전제하며 "변화하는 사회환경을 잘 파악해야 하고, 기회를 삼아 준비해야 한다"고 하였다. 이에 동년 6월 23일자 「원불교신문」에서도 '개교백주년 준비 서둘러야' 한다는 사설이 게재되었다. 주된 내용으로는 좌산종법사의 유시에 따라 우리가 준비해야 할 제반 사항들이었다. 그 하나는 개교100년 기념대회를 기념하여 영산성지와 익산성지의 기본적인 틀이 갖추어지도록 준비해야 하는 것이며, 다른 하나는 국가와 세계로부터 교단의 역할을 요구받았을 때 수용할 수 있는 준비가 되어있어야 한다는 것이다.

이에 원불교 개교 100년의 의미를 여러 측면에서 살펴보고자 한다. 그것은 두 가지의 큰 틀에서 접근해 보는 것이 가능하다. 그 하나는 지난 교단의 성업을 되돌아보면서 의미를 모색해 보는 것이다. 앞에서 언급한 바 있는 반백년기념, 대종사 탄백기념, 정탄백기념 행사의 의의에서 추출될 수 있는 것들이 이에 해당된다. 이에 대해서는 다음 세 가지로 언급해 보고자 한다.

첫째, 개교 100년의 의미를 반백년 성업과 연계해서 살펴본다면 근본적으로 창립정신의 계승과 관련된다. 이제성 교무에 의하면, 정산종사의 「불법연구회창건사」 서문을 보면 개교 반백년의 역사가 곧 창립의 연한이라 하였으며, 창립정신은 개교 반백년의 역사 속에 고스란히 담겨 있다(「원불교신문」, 2002.7.5)고 하였다. 류병덕 교수도 원불교의 창업사는 아직까지 100년을 넘기지 못한 창업말기이며, 지금까지 선진들의 희생적 창립정신을 토대로 하고 발돋움했다[20]고 하

20) 류병덕, 「21C의 원불교를 진단한다」, 제21회 원불교사상연구 학술대회 《21세기와 원불교》, 원불교사상연구원, 2002.1, p.15.

였다. 이처럼 반백년을 포함, 원기 100년 이내까지는 선진들의 창립정신을 토대로 발돋움해 왔다는 지적이 적절한 표현이다. 그리하여 반백년 기념성업과 아울러 개교 100년의 성업은 창립정신의 계승이라는 교단사적 의미를 지니고 있다.

둘째, 개교 100년의 의미를 소태산의 탄생과 더불어 창립된 원불교의 위대한 성자정신에서 모색된다. 다시 말해 원불교를 개교한 소태산의 주세불적 자취를 드러내는 면에서 그 의미가 모색된다는 뜻이다. 지난 탄생 100주년을 통해 나타난 소태산의 위대한 생애를 개교 100년에도 한국의 성자뿐만 아니라 온 인류의 구원을 위해 오신 개벽의 성자로 드러내야 한다[21]는 언급이 이것이다. 개교 100년의 성업에서 인류 구원의 성자인 교조 소태산을 기념해야 하는 이유가 여기에 있으며, 100년의 교단사적 의미도 이러한 맥락에서 나타난다.

셋째, 교단 100년 성업을 정탄백 기념성업과 연계하여 보면 정산종사의 교단 계승과 삼동윤리 정신에 바탕한 평화세계의 건설이 바로 100년의 의미로 다가선다. 좌산종사도 정탄백의 참다운 성업봉찬은 "도덕을 살리고 하나의 세계를 만들어 가야 한다"[22]고 하였다. 그것은 달리 말해서 개교 100년에도 도덕부활로 이어가야 한다는 뜻이다. 정산종사가 교단의 어려운 상황을 극복해 왔음은 물론 소태산대종사를 계승한 하해 같은 은혜를 생각해보면 그 정신은 바로 원불교 창립 100년에도 지속되어야 한다. 원불교 개교 100년을 맞이하면서도 삼동윤리에 기반한 평화세계의 건설을 지속해야 하는 이유가 여기에 있다.

---

21) 최세종, 「소태산대종사탄생 100주년 기념특집-문화・예술의 역할과 과제」, 《원광》 204호, 월간원광사, 1991.8, pp.34-35.

22) 좌산 종법사, 「교단의 위상과 역할」, 《출가교화단보》 제102호, 2000년 9월 1일, 1면.

이어서 원불교 개교 100년의 교단적 의미 모색에 있어 또 다른 큰 틀이 있다. 이는 100년을 맞이하여 현재 진행되는 교단사 및 사회 변화에 대한 대응, 그리고 앞으로 교단이 나아가야 할 방향과 국가 사회에 기여해야 할 방향 등을 부각시킴으로써 접근해 보자는 것이다.

첫째, 100년의 교단적 의미는 역대 종법사로 이어지는 법통의 계승과 교법 실천의 참 주인으로 거듭나는 신앙인의 자세에서 발견된다. 상산 박장식 교무는 원불교가 개교 100년을 맞이하며 다음과 같이 말했다. “재가 출가 전교도가 대종사님의 일원대도를 몸으로 실행하고 마음으로 증득하여 만고 후세에 이 법통을 길이 힘차게 굴려 나가는 새 회상의 참 주인으로 거듭나기를 다짐하고 하루하루 새롭게 결심해 나아가야 하지 않겠는가?”[23] 이처럼 개교 100년의 의미는 원불교의 법통이 지속되어야 하며, 그것은 회상의 참 주인으로서 매일매일 적공하는 생활에서 모색된다. 이러한 종교인의 신앙적 풍토가 교단 100년을 향해 나아가고 개교 200년, 300년에도 영원히 지속되어야 하는 것이다.

둘째, 교단의 현실적인 상황에서 100년의 의미는 원불교 교화의 비전을 충실하게 세우는 것과 관련된다. 원불교 미래의 희망은 교화의 활력에서 모색된다는 점에서 이는 더욱 절실한 상황이다. 정체된 교화활동이 교단 100년에는 활력 넘치는 교화비전을 제시해야 한다. 사실 원불교는 소태산의 전망대로 후천개벽의 주세불 회상, 용화회상, 미륵불 회상임을 자부해 왔다. 이러한 염원을 이루기 위해서는, 개교 100년을 맞이하면서 우리가 핵심적으로 준비해야 할 바, 교화비전을 세워 이를 구체적으로 실천에 옮기는 일이 급선무이다.

---

23) 박장식, 『평화의 염원』, 원불교출판사, 2005, p.162.

셋째, 개교 100년의 의미 부여는 교화 활동에 있어서도 청소년 교화 및 군교화의 정착과 연계된다. 교정원 교화부가 중심이 되어 시도했던 원불교 개교 100년을 향한 청소년교화 종합계획(1996년), 교단 제3대 제2회 종합발전계획(2000년), 청소년교화특별위원회가 1년여의 활동 끝에 마련한 원기 100년을 향한 청소년교화 발전계획안(2003년) 등[24]을 참조해 보면 이를 잘 알 수 있다. 원불교가 젊은 인재에 대한 관심과 흡인력 없이 개교 100년의 충실성을 도모하기란 어렵다고 본다. 청소년 교화로서 어린이, 학생, 청년, 군인 교화 등에도 활력을 불어넣어야 할 것이다.

넷째, 개교 100년의 교단적 의미는 원불교 문화와 예술의 정체성을 확보하는 것에서 모색된다. 원불교는 100년의 과제에 대하여 손정윤 교무는 다음과 같이 말한다. "원기 100년대까지에는 기독교문화・예술이나 불교문화・예술과 뚜렷이 구별되는 원불교 문화・예술이 부각되어야 할 것이다."[25] 원불교의 교리・교서・제도 등은 거의 확립되어 있다고 해도 민중에게 다가설 수 있고 국가 세계에 설득력 있는 원불교가 되려면 원불교 고유의 문화와 예술의 정착이 중요하다. 원기 100년의 과제는 이러한 종교문화와 예술의 파급이며, 이 같은 효과를 통해 교단교화의 저력이 확고해질 것이다.

다섯째, 100년의 교단적 의미는 원불교가 타종교, 국가 세계에서 그 위상을 확고히 정립하는 것에서 모색된다. 오늘날 교단이 원기 100년을 맞이하여 세계와 인류에 기여하는 측면에서 정신세계를 향도하

---

24) 박윤철, 「원불교 예비교무 지원자 감소 원인과 대응방안 연구」, 일원문화 연구재단, 2004년 4월 13일, p.9(주13).

25) 손정윤, 「문학・예술사」, 『원불교70년정신사』, 원불교출판사, 1989, p.668.

려면 이웃종교와의 잦은 만남, 나아가 세계의 일원으로서 종교활동이 요구되며, 이러한 일들의 중심축으로서 대산종사가 강조한 '종교연합운동'이 그 방향타가 될 것이다. 이는 소태산의 일원주의 정신과 정산종사의 삼동윤리 정신에 보다 다가서는 것이며, 원불교가 국가 세계적으로 도약할 수 있는 방법의 하나가 된다. 여기에는 이웃종교와의 호혜적 활동과 학술적 교류 등이 이루어져야 하는 과제를 안고 있다.

여섯째, 개교 100년의 의미 부여에는 원불교 역사가 1세기 동안 지속되어온 만큼 교단의 지나온 과거사의 회고 및 재정비가 선행되어야 하는 과제가 남겨져 있다. 이를테면 원불교에 관련된 각종 사업들의 공과(功過)를 회고해 보는 것에서부터 교단법을 위반한 전무출신들에게 법 개정을 통해서라도 사면 복권의 기회도 주어져야 한다는 뜻이다. 「원불교신문」(2006.4.14) 사설에도 100년을 준비하면서 「정기 사면복권 도입하자」라는 글이 실려 있어 설득력을 더하고 있다. 종교인 본연의 자세는 과거사의 참회와 용서라는 것에서 발견되므로, 비록 소수에 해당하는 전무출신이라 할지라도 참회와 복권의 가치는 개교 100년의 역사에서 강조할수록 그 의미가 크다고 본다.

이처럼 개교 100년의 의미를 새겨보면 여러 측면에서 언급될 수 있는 바, 위에서 언급한 사항들 외에도 접근해야 할 분야가 많으리라 본다. 그것은 어디까지나 교단의 냉엄한 현실 파악과 미래 과제를 망라하는 점에서 의미 부여가 되어야 하기 때문이다. 이를테면 교금제도 개선, 인재부족의 타개책, 원티스 활용의 활성화, 청소년 전담교무제, 신앙수행 공동체, 전무출신 재교육과 같은 현안이 한두 가지가 아니다. 이러한 현안들의 하나하나를 해결해 나감으로써 원기 100년의 교단적 의미는 그 충실도를 더할 것이며, 원불교가 한 단계 도약하여 기성종교와 어깨를 겨룰 수 있는 계기를 마련하게 되는 것이다.

5) 개교 100년의 상징성

본 연구의 말미에 개교 100년의 의미가 갖는 상징성을 거론하는 것은, 전장에서 밝힌 100년의 교단적 의미 이상이 무엇인가를 살펴보려는 의도가 있다. 곧 100년의 의미가 우리의 인식력에서 표출되는 언어적 수단으로 어떠한 것들이라고 상정하는 순간부터 이미 표현된 문자에 구속되는 인식 능력의 한계를 극복해 보자는 뜻이다. 인식과 해석의 범위를 넘어선 직관의 세계에서 100년의 교단적 의의를 생각해보는 지혜가 필요하기 때문일 것이다. 이를테면 한정된 인식을 벗어버리고 교단 100년이 갖는 인식 이면의 기쁨과 행복을 얻어나가려는 목적도 있다[26]고 본다.

여기에 상징의 의의가 크게 다가온다. 주지하듯이 상징이란 도출하고자 하는 의미가 갖는 이상의 것이다. 개교 100년의 의미 모색에 있어 그것이 갖는 한계를 상징성의 접근을 통해 재음미해보자는 뜻에서 100년의 의미가 갖는 상징성의 메시지를 음미해 보고자 한다. 사실 상징이란 합리적인 우리의 인식 개념으로는 표현할 수 없는 그 무엇을 의미한다. 만일 상징이 남김없이 모조리 설명된다면 그 상징은 생동성을 잃는다고 할 것이다.[27] 위에서 언급한 100년의 의미를 문자만으로 파악하려 한다면 그것이 갖는 한계에 봉착하기 때문이다.

이에 개교 100년이 전하는 상징적 메시지로서 우선적으로 받아들여야 할 것은 신앙인으로서, 수행인으로서 기도 정진이다. 근본적으로 자신의 기도 정진이 뒷받침되어야 개교 100년을 기리는 근본 자세가

---

26) 김기원, 「조화로운 삶의 방향」, 《월간교화》154호, 2006년 2월호, 원불교 교화훈련부, pp.29-30참조.

27) 김성관, 앞의 책, p.169.

퇴색하지 않을 것이기 때문이다. "진리 앞에 간절히 기도하고 내가 내 자신 스스로를 더 믿고 챙겨서 교단 100년의 주인되기 위해 정진하련다"(「원불교신문」, 2006.6.30). 이처럼 교단 100년의 주인은 우리 신앙인의 맑은 영성에 의한 기도 정진에서 접근될 수 있다는 상징적 메시지가 되기에 충분하다.

개교 100년을 맞이함에 있어 또 다른 상징적 의의는 교단이 보다 내실을 기하는 방향으로 나가자는 것이다. 개교 100년에는 외형보다는 내적으로 실력 갖추기, 내실 다지기에 중점을 두어야 한다[28]는 주장도 같은 맥락이다. 현재 교단은 성업 때마다 외형적 행사에 치중해온 면이 없지 않으며, 개교 100년에 있어서도 외형적 행사에 치우칠 우려가 있다는 면에서 개교 100년의 상징적 의의는 내실을 기하는 것이 요구된다.

이 같은 내실을 기하는 측면에서 개교 100년의 과제는 교화침체를 어떻게 극복해야 하는가의 해결방안이 원불교인에게 상징적 메시지로 다가온다. 사실 교단 100년을 맞이하여 원불교 교화의 침체 현상을 우려하는 목소리가 커지고 있다. 교화의 침체 현상은 여러 면에서 거론될 수 있겠지만 농경사회에서 지식사회로 접어드는 과정에서 교단적으로 시대불공을 충실히 하지 못했기 때문이라는 지적이 많다. 우리는 그간 교화침체 현상을 수차례 지적해 왔고, 해법도 제시해 오고 있지만 여전히 침체현상은 지속되고 있다. 원기 100년대의 화두는 교화침체를 어떻게 극복해야 하는가 하는 점이 교단에 던지는 상징적 메시지이다.

---

28) 고시용, 「원불교 연구의 최근동향과 과제」, 한국원불교학회보 제10호 《원불교학 연구의 당면과제》, 한국원불교학회, 2002.12.6, p.40.

그렇다고 교역자의 사기마저 떨어뜨릴 수 없으므로 긍정적 사유가 필요하다. 개교 100년을 맞이한 현 시점에서 원음방송 설립과 군종승인에 이어 교헌개정이라는 교단사적 과업을 100년의 성업으로 기리자는 것을 상징적 메시지로 삼을 만하다. 이러한 100년의 상징적 과업에서 빠뜨릴 수 없는 것은 아직도 교단은 창업기라는 점이다. 개교 100년이라는 세월이 여전히 창업기라는 점을 인지해야 할 것이다. 100년 전후의 제자들은 모두 소태산의 창립제자이다. 교단이 창업기인 이상 욕속심으로 기성종교의 흉내를 내는 일에 급급하지 말고 더욱 긍정적으로 겸허한 자세로 교단발전을 도모하자는 뜻이다.

2. 교헌개정과 교단 100년

1) 교단의 정체성

1916년에 창립된 지 1세기가 지난 2015년 3월 현재, 원불교 개교 100년에 당도했음을 실감한다. 원불교 2세기의 역사적 전환점에서 교단발전과 교조정신을 계승하기 위해서 해야 할 일이 무엇인가의 고민이 필요한 시점이다. 무엇보다도 교단의 정체성 확보와 교단체제가 새롭게 개혁되어야 하며, 원불교 교도들의 신앙체험이 심화되어야 하고, 교단이 목적하는 제생의세의 과업이 수행되어야 한다는 것이다.

이러한 교단의 염원에는 교화활력이 이루어져야 한다는 공통된 사항이 있다. 그것은 교단 100년대에 진입하면서 교단교화의 활력을 얻어서, 새롭게 변화해야 한다는 것이다. 교단 100여년이라는 세월 동안 여러 측면에서 정체된 모습을 성찰하기 위함인 바, 교단 3대사업의 활력을 위한 '원불교 개혁'이 화두로 등장하고 있다.

그렇다면 개혁의 개념을 분명히 함으로써 그 방향을 찾는 것이 필요하다. 개혁이란 무엇을 새롭게 바꾼다는 것인데, 종교의 경우 기존 종단체제의 낡은 것을 혁신하는 것으로 여기에는 개혁방안이 필요하다. 한용운의 『조선불교유신론』에서는 승려의 교육, 참선, 염불당 폐지, 포교, 사원위치, 의식, 승려인권, 극복, 자생, 승려, 주지선거, 승려단체 사원총괄 등의 제도 교육, 경영 개혁 등이 나타나며, 이영재의 『불교혁신론』에는 본말제도 타파, 사찰령 폐지, 포교교육 경전번역, 금융기관 설립, 사회사업 등과 같은 현실적이고 직접적인 항목들의 개혁이 등장한다.[29] 소태산의 『조선불교혁신론』도 기성종교의 개혁이라는 측면에서 높이 평가받고 있는 것이다.

우리가 논의할 교단 개혁론에는 여러 가지가 있을 것이다. 교화, 교육, 자선에 관련된 전반 사항은 21세기에 적합한 제도와 교화방식으로 변화해야 하며, 이러한 3대사업의 새로운 변화를 위해서는 교단구성원의 합의와 노력이 필요하다. 그것은 교단개혁을 위한 현행 원불교 교헌의 혁신 작업과 맞물려 있다. 경산종법사는 원기 98년(2013) 203회 수위단회 개회사에서 "대중의 공론을 모아 교헌 개정을 하고 교단의 전 분야에 걸쳐서 세상변화를 주도할 수 있는 교단혁신을 이뤄가자"며 여성교역자 복장문제와 공동생활문제, 재가 출가의 역할분담과 합력, 수도권교화를 위한 총부의 서울진출, 합리적이고 효과적인 교단경제 및 금융운용 등을 열거하며 개혁의 의지를 천명하였다.

현 시점에서 교단 미래를 위한 교헌 개정의 작업에 관심을 갖는 것

---

29) 이민용, 「원불교와 불교의 근대성 각성」, 第28회 원불교사상연구 학술대회 《개교100년과 원불교문화》, 원불교사상연구원, 2009.2.3, p.17.

은 원불교 100년이 시작되었다는 사실 때문이다. 원불교 2세기라는 기대감과 비전이 요구되는 시점이다. 「원불교 100년 비전」을 보면 이를 잘 알 수 있다. 개교 100년을 맞아 교화단의 창의적 운영과 훈련강화, 2만교화단결성, 교역자제도의 혁신, 재가 출가의 회상공동체, 민족과 세계가 직면한 시대과제에의 헌신, 심전계발과 종교연합운동, 인류평화와 관련한 것들이다.[30] 이러한 비전이 단지 구호로 끝나지 않으려면 교단개혁과 이를 뒷받침할 교헌개정이 절실한 상황이다.

근래 원불교 100년에 적합한 혁신의 의지가 교단 도처에서 드러나고 있다는 점은 고무적인 일이다. 이것은 4~5백년 결복을 향한 원불교 미래의 교운과 직결된다는 사실을 알아야 할 것이다. 개혁 작업은 교단의 역사적 과업임을 잊지 말고 소태산대종사의 본의를 살리는 원불교 2세기적 변신이 요구된다. 타산지석으로 문화 변동에서 거듭나게 되었던 경우를 보면, 고전 종교인 불교의 대승불교운동, 기독교의 종교개혁운동, 그리고 유교의 송대 성리학운동을 들 수 있다.[31] 원불교의 개혁운동이 원불교 100년의 시점에서 물꼬를 트지 않으면 새 시대의 개벽종교로서 역할을 충실히 할 수 없다는 사실을 잊어서는 안 된다.

따라서 본 연구는 현 원불교의 역사적 전환점에 처하여 교단개혁 과업의 수행을 위해서 교헌 변천과정을 살펴봄으로써 개혁의 방향을 조심스럽게 진단해보려는 것이다. 이와 관련한 참고자료로는 세 가지가 주로 거론된다. 『규약』, 『회규』, 『교헌』이라 할 수 있으며, 교헌변

---

30) 《세상의 희망이 되다-원불교 100년》, 원불교 100년 기념성업회, p.4참조.
31) 김순금, 「21세기 원불교의 과제와 방향」, 『원불교학』 6집, 한국원불교학회, 2001.6, p.111.

천의 과정에 있어서 『불법연구회규약』이 원기 9년(1924) 4월 제정된 이래, 원기 19년(1934) 3월 1차 개정되었고, 원기 27년(1942) 4월 『불법연구회 회규』라는 이름으로 2차 개정되었으며, 원기 33년(1948) 4월 『원불교 교헌』, 『원불교내규』가 제정된 점을 감안해 보자는 것이다.[32] 『교헌』은 뒤이어 몇 차례 더 변화가 있었던 사항도 본 연구에 포함할 것이다.

교단의 개혁을 위한 다양한 진단에는 비판적 시각에 더하여 창의적 의견제시가 포함되며, 이는 원불교해석학적 시각과도 관련된다. 교헌 개정 내용의 범주로는 총칙 내지 총강의 1-3조에 집중하여(종지와 목적) 살펴보고자 한다. 그것은 ① 교체와 연원, ② 신앙호칭의 정착, ③ 교법과 낙원건설이라는 세 가지 측면을 진단하면서 그 방향을 점검해 보려는 것이며, 이는 큰 틀에서의 원불교 100년의 방향 제시와 관련된다고 본다.

2) 교헌의 변천과정

(1) 『규약』과 『회규』의 교헌개정

최초의 교헌개정과 관련된 초기교서 『불법연구회규약』에 대하여 알아볼 필요가 있다. 본 『불법연구회규약』(원기 12년)은 공부인으로서 숙지해야 할 대략적인 순서와 절차, 전체적인 규범을 알리는 불법연구회의 교서라 볼 수 있다. 『규약』이 전체교도를 대상으로 생활 속의 규범을 주로 망라하고 있어 상시훈련의 성격이 강하다면, 동년도에

32) 하종희, 원사연 제137차 월례발표회 「원불교 교단 기록물 분류에 관한 연구」, 원불교사상연구원, 2003.11.24, p.5.

출간된 『수양연구요론』은 전문적 수련, 혹은 정기적 훈련을 목적으로 하는 일부 전문계층 혹은 출가 수도인을 위한 교과서로 분류될 수 있다.[33] 이처럼 『불법연구회규약』은 활자화된 초기교단의 최초교서로서 생활규범과 훈련의 성격을 지닌 교서였던 것이다.

『불법연구회규약』이 인쇄되기 이전의 모습은 임시로 발간된 『취지규약서』였다. 원기 9년 창립총회 때 서중안의 주선으로 본 『취지규약서』를 임시 인쇄하였으나 그 내용이 미비하였던 관계로 이듬해 매년 2회의 정기 공부에 모든 교재를 등서(謄書) 학습하던 바, 원기 12년 3월에 구타원 이공주의 주선으로 『불법연구회규약』 『수양연구요론』 『상조조합규약』 등 3종의 교서를 발간하니 새 회상의 첫 교서가 공부인들에게 보급되었으며[34] 이는 초기교단의 공부풍토의 면모가 서서히 드러나는 계기로 이어졌다.

여기에서 공부인의 규범적 성격을 지닌 『불법연구회규약』이 현행본 『원불교 교헌』의 효시임을 알 수 있다. 본 『교헌』은 원불교인의 생활규범서로서 정착되었기 때문이다. 이에 교헌변천사를 살펴봄으로써 교단의 혁신과 신앙인의 생활규범의 변화에 대하여 살펴보려는 것이다. 원기 9년(1924) 4월 임시 인쇄된 『취지규약서』, 곧 『불법연구회규약』의 제1장 총칙을 소개하면, 제1조 본회는 불법연구회라 칭함, 제2조 본회는 정신을 수양하며 사리를 연구하며 작업을 취사하기 위하여 신분의성을 세우고 불신, 탐욕, 나, 우를 제거하기로써 목적함, 제3조 본회는 본회의 목적을 찬성하는 자로써 조직함[35]이라 하였다. 제

---

33) 정순일, 「원불교 성리의 성립사 연구」, 『원불교사상과 종교문화』 33집, 한국원불교학회 · 원불교사상연구원, 2006.8, pp.62-63.

34) 『원불교 교사』, 제2편 회상의 창립, 제2장 새 제도의 마련, 5. 첫 교서의 발간과 교당들의 설치.

1조~3조를 보면 원불교 최초의 교명, 교강, 목적이 분명하게 드러나 있다.

등사본 『규약』이 원기 12년(1927) 최초의 교서 『불법연구회규약』으로 발간되었으며, 나아가 규약의 조항이 1차 개정되었는데 그것은 원기 19년(1934) 3월의 일이다. 총칙의 제1조는 원기 9년의 조항과 변함이 없으며, 제2조는 다소의 변화가 있다. 곧 "본회는 공부의 요도 삼강령 팔조목으로 공부하여 인생의 요도 사은사요로써 제생의세하기를 목적함"이라 했으며, 제3조는 동일하며, 제4조의 경우, "본회의 본부는 전라북도 익산군 북일면 신룡리 344 번지의 2에 치(置)함. 단 필요한 지방에 지부 우(又)는 출장소를 설립함도 득(得)함"이라 하여 전과 달리 지부 외에 '출장소'라는 말이 덧붙여지고 있다. 중요한 것은 제2조의 경우로, 원기 9년도에는 단순히 삼강령 팔조목만 등장했던 것이, 1차 개정이 이루어진 원기 19년도에는 '공부의 요도' 삼강령 팔조목 외에 '인생의 요도 사은사요'가 등장하고 있으며 '제생의세'라는 용어를 등장시켜 본회의 설립 목적을 분명히 하고 있다.

이처럼 『규약』이 개정된 당위성을 보면 원기 9년 초기교단의 소박한 모습이 10여년의 세월이 흐르면서 새롭게 변천될 수밖에 없는 상황이었다. 원기 18년 소태산대종사는 정산종사에게 회규의 개정 작업을 진행하도록 하였다. 19년 3월, 총대회의 찬성을 얻어 그 동안 시행 해온 총재·회장 아래 7부제로 된 회규를 대폭 개정하여, 종법사·회장 아래 이원 십부제(二院十部制)를 골자로 하는 총 12장 75조로 새 회규

35) 이어서 4조~5조를 소개하여 본다. 제4조 본회의 본부는 전라북도 익산군 북일면 신용리 344번지의 2에 置함, 단 필요한 지방에 지부를 설립하도 得함, 제5조 본회는 좌의 七부를 置하야 부무를 분장함.

를 제정 시행하게 되었으니, 이는 실로 새 회상이 교단의 새 체제를 형성하게 된 중요한 작업이었다.[36] 그 동안 소태산대종사를 '총재'라 칭하던 최고직위를 '종법사'라 하였으며, 그 아래 회장과 2원 10부를 두어 교정원에 교무・연구・통신・감사 4부를 두어 공부계의 모든 사무를 총관하게 하였다. 또 서정원에 서무・상조・산업・공익・육영・공급 6부를 두어 사업계의 모든 사무를 총관하게 하였다.

교헌의 최초변천사를 알 수 있는 원기 9년의 등사판 『불법연구회규약』은 교단 교헌의 변천사에서 볼 때 의미심장함을 지닌다. 그것은 『취지규약서』로도 잘 알려진 규약이 원기 12년에 인쇄되었으니, 본 『불법연구회규약』에는 회상의 유래와 취지 설명과 규약을 먼저 수록하고 연구인 공부순서라 하여 삼강령 팔조목, 삼십계문, 솔성요론, 고락법문 등과 재가 출가 공부인들의 훈련방법을 수록한 다음, 14개항의 각 항 세칙을 수록하여 새 회상 교리제도의 개요를 알게 하였다.[37] 원불교 교조 소태산의 교단창립에 있어서 본래의 취지가 무엇인가를 확인할 수 있다는 점에서 『취지규약서』라는 첫 호칭이 갖는 상징성을 알 수 있다.

『불법연구회규약』의 교헌 개정은 『불법연구회회규』 시대에 이르러 또 다른 교헌의 변화를 가져온다. 본 『불법연구회규약』에 나타난 교헌 개정은 기존의 산발적이던 교단의 법규를 재정비한 『불법연구회 회규』(원기 27년)를 거쳐 후술할 『원불교 교헌』(원기 33년~현행), 『원불교 내규』[38](원기 33년~원기 50년)의 전(前) 단계 과정으로 이해할 수

36) 『원불교 교사』, 제2편 회상의 창립, 제3장 교단체제의 형성, 3. 각 조단의 정비와 새 회규의 시행.

37) 한정석, 「교리형성사」, 『원불교70년정신사』, 원불교출판사, 1989, pp.382-383.

38) 『원불교 교헌』이 원불교 교단의 기본 법규로 최상위 법이라고 한다면, 『원불

있다. 원불교 기록물관리의 측면에서는 세칙 수준에 머물렀던 『규약』 1차 개정에 비해, 몇 조항 안 되는 규정일지라도 2차 개정(『불법연구회회규』)에 포함됨으로써 1차 개정보다 상위 수준에서 그 사항을 통제하도록 한 체계적이고 발전된 법규[39]라고 평가할 수 있는 것이다.

보다 체계화된 불법연구회 교헌의 변천은 원기 27년(1942) 4월의 2차 개정으로, 그것은 『불법연구회회규』였던 것이다. 사실 『회규』는 원기 26년부터 경성법전 출신 박장식에게 기초하게 하여 이듬해 시행하였으며, 본 『회규』는 원기 27년 4월 26일부터 32년 4월 『원불교 교헌』이 반포 시행되기까지 소태산 열반 전후 만 6년 동안 시행되었다[40]는 점에서 오늘날 통용되고 있는 『원불교 교헌』이 탄생하기 전까지 기반이 되었다.

『회규』의 제1장 총칙을 보면 『규약』과 달리 조항 순위의 변화가 있었다. 1차 개정된 『규약』의 4조가 『회규』에는 2조로 옮겨졌으며(제2조 본회 사무소는 전라북도 익산군 북일면 신용리 344번지-2에 置함), 『규약』의 2조는 회규에서 3~5조로 보다 구체화되었다.[41] 즉 삼

교내규』는 『원불교 교헌』을 시행하기 위하여 필요한 구체적인 규범인 것이다. 즉 법규나 교리서 등 여러 가지 기능을 하였던 종래의 『불법연구회규약』과 비교해 볼 때, 이 시기부터 원불교 교단의 법체계가 기본 틀을 갖추었다고 볼 수 있다(하종희, 원사연 제137차 월례발표회 「원불교 교단 기록물 분류에 관한 연구」, 원불교사상연구원, 2003.11.24, p.7).

39) 하종희, 원사연 제137차 월례발표회 「원불교 교단 기록물 분류에 관한 연구」, 원불교사상연구원, 2003.11.24, p.7.

40) 박용덕, 『천하농판』, 도서출판 동남풍, 1999, p.188.

41) 제3조 본회는 불교정전의 심인 즉 법신불 일원상의 진리에 근본하여 그 교리와 제도를 시대화 생활화 대중화시켜서 정각정행 지은보은 불교보급 무아봉공의 사대강령을 신앙하므로써 그 본지로 함. 제4조 본회는 불교정전의 심인을 悟得하고 공부의 요도삼학 팔조와 인생의 요도 사은사요를 실천하므로써 그 교의로 함. 제5조 본회는 우주만유의 근본이 되는 법신불(청정법신 비로

강령 팔조목과 사은사요의 용어에서 법신불 일원상이 추가된 것이다. 그리고 『규약』에 없던 조항으로 제6조가 등장하는데, 그것은 "본회는 선리(禪理)에 입각하여 있으므로 광범한 경론은 다 사용하지 아니하나 그중 요제를 취하여 『불교정전』을 편성하고 차(此)로서 일상수지케 하며 기타 경론은 총히 참고로 함"이라 하고 있다. 『규약』에서 『회규』로 교헌개정이 이루어지면서 신앙의 대상은 물론, 교조와 경전까지 거론하고 있는 점을 보면 원불교 교단이 체계화된 면모를 드러내기 시작한 것이다.

(2) 『원불교 교헌』의 개정

『원불교 교헌』으로 정착되기까지 초기교단의 개혁 과정은 『규약』과 『회규』에 나타나 있음을 살펴보았다. 따라서 원기 33년(1948) 4월 26일에 제정된 『원불교 교헌』의 모태는 원기 9년에 발행한 등사본 『불법연구회규약』(원기 9년)이다. 이어서 『불법연구회통치조단규약』(원기 16년)을 거쳐 『불법연구회규약』(원기 19년), 『불법연구회 회규』(원기 19년) 등과 같이 개정의 정도를 넘어서 『원불교 교헌』을 제정한 것은 임시 교명을 정식 교명으로 확정함과 더불어 교단을 중흥시키고 재창립한다는 강한 의지가 나타난다.[42] 원기 33년도에 제정된 『교헌』의 시대에 들어와서 비로소 원불교적 체계가 갖추어졌다고 볼 수 있다.

물론 『원불교 교헌』의 개정도 여러 차례 있어왔던 관계로 교단 체제

자나불) 일원상을 수행의 표본과 진리적 신앙의 대상으로 본당 정면에 안치하고 석가모니불을 교주로 숭배함.

42) 고시용, 「정전의 결집과 교리의 체계화」, 『원불교학』 제9집, 한국원불교학회, 2003.6, p.248.

는 시대를 따라 점진적으로 변모해왔던 것도 사실이다. 이를테면『원불교 교헌』은 원기 33년 4월 제정, 원기 44년 4월 1차 개정, 원기 49년 4월 2차 개정, 원기 62년 3월 3차 개정, 원기 72년 11월 4차 개정, 원기 84년 11월 5차 개정(종법사 선거규정)을 하였다[43]는 점에서 원불교의 교헌사는 완성태가 아니라 진행태라는 것을 확인할 수 있다.

따라서『원불교 교헌』의 개정 과정을 제1편 제1장 총강 1~4조(종지와 목적)에서 주로 살펴보고자 한다. 최초의『원불교 교헌』개정은 원기 33년 4월 26일 전문을 제정 공포한 것에서 비롯된다. 제1편 교정의 제1장 총강을 보면 "제1조 본회는 원불교라 한다"라고 하여 원불교의 교명이 공식화된다. 제2조를 보면 "본회는 우주의 원리요 제불의 심인인 즉 일원의 대도에 근본하여 정신 정각 정행(正信,正覺 正行)을 종지로 한다"고 하여 교단의 종지를 밝히고 있다. 제3조의 경우 "본회는 인생의 요도 사은사요와 공부의 요도 삼학팔조를 제정하여 제생의세의 교재로 한다"고 하여, 교리강령을 밝히고 있으며, 제4조의 경우, "본회는 처처불상 사사불공과 무시선 무처선의 도리를 선포하여 전 세계를 불은화하고 그 일체대중을 선법화하기로 목적한다"고 하여 제생의세를 통한 낙원세계 건설을 밝히고 있다.『규약』과『회규』의 시대를 지나『교헌』의 시대에 접어들어 원불교라는 공식 명칭이 등장한 것이 특징이다.

『원불교 교헌』의 제1차 개정은 원기 44년(1959) 4월이며, 제1장 총강을 보면 개정 이전의『교헌』과 비교하여 볼 때 1~2조를 합하여 제1조로 축약하였으니, "원불교는 우주의 원리요 제불의 심인인 즉 일원

---

43) 장진영,「원불교 교역자제도 변천사 연구」,『원불교사상과 종교문화』46집, 원광대·원불교사상연구원, 2010.12, p.185.

의 대도에 근본하여 정신 정각 정행을 종지로 한다"라고 하였다. 그리고 교헌제정 당시의 3조와 4조가 1차 개정에서는 2조와 3조로 단순 이동하였다.[44] 이처럼 1차 개정의 내용은 첫 교헌의 4조를 3조로 축약하였지만 큰 변동은 없다.

그리고 『교헌』의 제2차 개정은 원기 49년(1964) 4월에 이루어졌는데, 여기에서도 1차 개정과 유사점을 띠고 있으며 그것은 총강의 조항을 축약한 점이다. 이를테면 제1조는 그대로 변화된 것이 없지만, 1차 개정의 2조와 3조가 2차 개정에서는 2조로 합해졌다. 1차 개정 때에 2~3조[45]가 2차 개정 때에 2조로 언급된 내용은 "본교는 인생의 요도 사은사요와 공부의 요도 삼학팔조로써 전 세계를 불은화하고 그 일체 대중을 선법화하여 제생의세 하기를 목적한다"고 하였다. 다만 1차 개정 때의 문구 "처처불상 사사불공과 무시선 무처선의 도리를 선포하여"라는 항목이 2차 개정 때에는 빠져 있다. 이는 불은화하고 선법화한다는 내용에 포함될 수 있다는 점에서 생략한 것으로 본다.

『원불교 교헌』의 제3차 개정(원기 62년 3월)에서는 제2차 개정 때와 달리 제1장 총강의 항목이 제1절 종지와 목적으로 나뉘면서 '장'에서 '절'로 구분되었다. 2차 개정 때 1장의 제1조와 2조가 3차 개정에서는 제1장 제1절의 제1조와 2조로 된 것이다. 2차 개정 때의 1조 "원불

---

44) 제1조 圓佛教는 宇宙의 原理요 諸佛의 心印인 卽 一圓의 大道에 根本하여 正信, 正覺, 正行을 宗旨로 한다. 제2조 本會는 人生의 要道 四恩四要와 工夫의 要道 三學八條를 濟生醫의 教材로 한다. 제3조 本會는 處處佛像, 事事佛供과 無時禪, 無處禪의 道理를 宣布하여 全世界를 佛恩化하고 그 一切大衆을 禪法化하기로 目的한다.

45) 제2조 本會는 人生의 要道 四恩四要와 工夫의 要道三學八條를 濟生醫의 教材로 한다. 제3조 本會는 處處佛像, 事事佛供과 無時禪, 無處禪의 道理를 宣布하여 全世界를 佛恩化하고 그 一切大衆을 禪法化하기로 目的한다.

교는 우주의 원리요 제불의 심인인 즉 일원의 대도에 근본하여 정신 정각 정행을 종지로 한다"가 3차 개정 때에 1조 "원불교는 우주의 원리요 제불(諸佛)의 심인인 일원상의 진리를 종지로 하고, 이를 신앙의 대상과 수행의 표본으로 삼는다"라고 하여, '정신 정각 정행'을 없애는 대신에 '신앙의 대상과 수행의 표본'이라는 말로 바뀐다. 2조는 큰 변화가 없지만 3차 개정에서는 '전조(1조)의 종지아래'라는 말[46]이 서두에 들어가 있다.

이어서 『원불교 교헌』의 제4차 개정(원기 72년 11월) 때에는 1조(종지)의 경우, 3차 개정 때 "원불교는 우주의 원리요 제불의 심인인 일원상의 진리를 종지로 하고, 이를 신앙의 대상과 수행의 표본으로 삼는다"라는 문구가 4차 개정에서는 "원불교는 우주만유의 본원이요 제불제성의 심인이며 일체중생의 본성인 일원상의 진리를 종지로 한다"라고 하여, 종지의 변경에 있어 '일체중생의 본성'이 첨가된 것이다. 일원상 진리가 보다 체계적으로 서술되고 있음을 알 수 있다. 그리고 제2조(목적)는 3차 개정 때에 "본교는 전조(前條)의 종지아래 인생의 요도 사은사요와 공부의 요도 삼학팔조로서 전 세계를 불은화하고 일체대중을 선법화하여 제생의세 하기로 목적한다"가 "본교는 전조의 종지 아래 진리적 종교의 신앙과 사실적 도덕의 훈련으로써 일체중생을 광대무량한 낙원으로 인도함을 목적으로 한다"로 변경되었다. 불은화 및 선법화라는 용어가 생략되는 대신, '진리적 종교의 신앙과 사실적 도덕의 훈련'이라는 말로 대신하고 있으며 낙원건설의 목적을 분

---

46) 제2조 〈목적〉 본교는 전조(前條)의 종지아래 인생의 요도 사은사요와 공부의 요도 삼학팔조로서 전 세계를 불은화하고 일체대중을 선법화하여 재생의세하기로 목적한다.

명히 하고 있다.

이러한 『교헌』의 변천과정을 살펴볼 때 교단의 종지와 목적이 체계화되고 있음을 알 수 있다. 따라서 원불교 100년에 즈음하여 교헌 개정이 화두로 등장하고 있는 상황에서 이러한 종지와 목적을 다시 한번 새겨 보아야 할 것이며, 100년의 교단개혁이 얼마나 중요한지를 알게 해준다. 경산종법사는 2013년 9월 3일, 203회 수위단회 개회사에서 대중의 공론을 모아 교헌개정을 하자고 하였으며, 제205차 정기수위단회에서는 제6차 교헌개정특별위원회의 구성과 더불어 교헌개정특별위원회 준비위원회가 올린 특별위원을 선임(22명)하면서 본격적인 교헌개정의 신호를 보였다.[47] 교단 100년의 역사를 깊이 있게 성찰함으로써 교단 미래를 설계하지 않을 수 없었기 때문이다.

3) 교헌변천 과정의 함의

(1) 교체와 불법의 연원

원불교라는 교체(敎體)의 성립과정을 살펴본다면 교단의 정체성을 파악할 수 있으며, 그로 인해 원불교가 나아가야 할 방향을 가늠할 수 있다고 본다. 원기 1년(1916) 소태산은 깨달음을 얻고 9명의 혈심제자를 규합하여 원기 2년(1917) 저축조합이라는 이름으로 초기교단의 첫 교체를 탄생시켰다. 교단이 저축조합으로 출발한 이래 원기 4년(1919) 불법연구회기성조합으로 개칭되었다. 교체의 최초명칭 저축조합은 외관상 종교적 성격보다는 가난을 극복하려는 마을운동 성격에서 출발한 것으로 이해된다.

---

47) 나세윤, 「교헌개정특별위원회 구성 가결」, 《원불교신문》, 2013년 11월 8일.

물론 원기 2년(1917)의 저축조합 운동이 종교적 색채가 전혀 없었다는 것은 아니며, 원불교라는 교체의 성립을 위한 경제자립의 성격이었음을 알 수 있다. 이는 교단의 창립사에서 볼 때 이소성대라는 창립정신의 기반이 되기도 하였다. 저축조합의 교체 기반사업이 성립된 후 방언역사를 시작함과 더불어 원기 3년(1918)에 구간도실을 짓고 그 이름을 대명국영성소좌우통달만물건판양생소(大明局靈性巢左右通達萬物建判養生所)라 하였으니. 이 도실의 명칭에 의하면 초기교단은 좌우로 통달하여 만물을 건판하는 국이 트인 교체[48]임을 확인할 수 있게 해주었다.

이러한 교단창립의 과정은 원기 2년 저축조합, 원기 3년 만물건판양성소, 원기 4년 방언공사를 완수함으로써 새로운 교단의 창립을 준비한 것이다. 소태산대종사는 이어서 원기 4년 10월 6일, 불법연구회 기성조합으로 하고 불법이라는 연원적 성격을 드러내면서 모든 기록에도 일제히 불법의 명호(名號)를 사용하게 하였다. 그는 원기 4년(1919) 겨울에 부안 월명암을 처음 방문한 후 5년 실상사 초당에서 몇 달간 기거한 후 석두암(봉래정사)을 신축, 불법을 연원으로 한 교체의 성격을 드러내었다.

봉래정사에서 소태산은 교강을 구상함과 더불어 불교 선사들과 교류를 하면서 『조선불교혁신론』을 구상함과 더불어 정산종사로 하여금 월명암에 잠시 기거하도록 하여 전통불교를 개혁하려는 마음을 굳힌다. 원기 5년(1920) 불교혁신의 구상은 불교에 대한 개혁으로서 일종의 근대성의 자각을 촉구한 것이다. 곧 전통불교의 개혁론이라는 표제

48) 한정석, 「조축조합과 방언공사」, 『원불교 70년정신사』, 성업봉찬회, 1989, p.102.

밑에 외방의 불교를 조선의 불교로 내면화·자기화하고, 소수인의 불교를 대중의 불교로, 등상불 숭배를 불성 일원상의 포괄적 상징으로 개혁하고, 분열된 교화과목의 일관성 있는 통일을 촉구하였으니 새로운 교체의 설립으로 구상한 불교적 종교혁명일 수 있다[49]고 본다.

이러한 초기교단의 변모과정에서 볼 때 소태산은 교법의 연원을 불법으로 삼음과 동시에 불교혁신으로서의 교체의 모습을 분명히 한 것이다. 교헌변천사에 나타난 바처럼 원기 2년의 저축조합에서 시작된 교체가 연원불교와 관련한 교체로 변모하였으니 원기 4년의 불법연구회기성조합이라는 이름으로 출발한 이유를 알 수 있을 것이다. 교체의 성격은 『불법연구회규약』에서 밝힌 바처럼 원기 9년에 천명된 불법연구회라는 임시교명에서 확연히 알 수 있다. 동년 4월 29일 익산 보광사에서 불법연구회 창립총회를 열어 종래의 기성조합을 발전적으로 해체한 후 새 회상을 내외에 공개하였다.

원기 9년(1924) 불법연구회 창립총회를 개체한 상황과 관련하여 보면, 초기교서에 나타난 교헌의 최초의 개정은 원기 9년 4월로서 『불법연구회규약』에 불법연구회라는 이름으로 교체가 선포된 것이다. 제1장 총칙, 제1조를 보면 "본회 불법연구회라 칭함"이라 하고 있으며, 그 후 교헌의 1차 개정은 원기 19년(1934) 3월에 이루어졌는데 본 『규약』에서도 원기 9년의 내용과 동일하게 본회를 불법연구회라 칭하였다.

이처럼 『불법연구회규약』은 불법연구회라는 교단의 정체를 기록물이라는 매체를 통해 분명히 하고 있다는 것에 사료적 의의가 크다. 『불법연구회규약』의 내용을 보면, 불법연구회의 유래와 취지규약을

49) 이민용, 「원불교와 불교의 근대성 각성」, 제28회 원불교사상연구 학술대회 《개교100년과 원불교문화》, 원불교사상연구원, 2009.2.3, p.19.

밝혀 원불교의 독자적이고 역사적인 의의를 천명하였고, 불법연구회의 교단규약을 분명히 하여 일반인이 교단의 정체를 정확히 알도록 교헌의 원천인 규약을 세웠다.[50] 교단의 정체성은 불법을 연구하는 것으로 『규약』에 그대로 나타나 있으며, 여기에 교법의 정체성이 드러나 있으니 그것은 불교를 혁신한 교리로서 삼학팔조와 계문, 솔성요론, 고락의 법문, 훈련법의 초기 모습을 알 수 있게 하였다.

교헌의 초기변화에서 볼 때 2차 개정이 이루어진 초기교서는 『불법연구회 회규』(원기 27년 4월 개정)이다. 여기에서도 불법연구회라는 교체의 명칭은 변함이 없다. 그러나 주목을 끌고 있는 것은 비록 임시적 성격이었다고 해도 석가모니불을 교주로 한다는 기록이다. 『불법연구회회규』 1차 개정(원기 19년 3월) 때 없었던 석가모니를 교주로 숭배한다는 것이 드러나 있으니 우연 혹은 뜻밖의 일로 보일 수 있다. 그것은 총칙 제5조[51]에 잘 나타나 있으며, 교헌변천사에서 석가모니를 교주로 숭배한다는 말은 『원불교 교헌』이 발간된 후 사라졌다.[52]

---

50) 이공전, 「불법연구회규약 해제」, 『원불교사상』 제6집, 원불교사상연구원, 1982, p.243.

51) 불법연구회회규 제1장 총칙 : 제1조 본회는 불법연구회라 칭함, 제2조 본회 사무소는 전라북도 익산군 북일면 신용리 344번지-2에 置함, 제3조 본회는 불교정전의 심인 즉 법신불 일원상의 진리에 근본하여 그 교리와 제도를 시대화 생활화 대중화시켜서 정각정행 지은보은 불교보급 무아봉공의 사대강령을 신앙함으로써 그 본지로 함, 제4조 본회는 불교정전의 심인을 悟得하고 공부의 요도삼학 팔조와 인생의 요도 사은사요를 실천함으로써 그 교의로 함, 제5조 본회는 우주만유의 근본이 되는 법신불(청정법신 비로자나불) 일원상을 수행의 표본과 진리적 신앙의 대상으로 본당정면에 안치하고 석가모니불을 교주로 숭배함.

52) 원기 62년(1977)에 개정된 교헌 제3조 '본존'을 보면 ① 본교는 법신불 일원상을 본존으로 한다. ② 일원은 사은의 본원이요 서가모니불과 소태산대종사의 정전 심인이심을 신봉하여 진리로써 숭배한다고 하고 있으며, 그것은 석가모

교주로 숭배한다는 것은 방편이었던 것이며, 『대종경』(서품2장) 등에 나타난 것처럼 석가모니를 깨달음의 연원으로 삼는다는 뜻이었다.

알다시피 『불법연구회회규』의 등장은 교헌개정사에서 주목을 끌기에 충분하다. 불법연구회 교체의 조직이 매우 구체적으로 구성되었기 때문이다. 소태산대종사는 원기 18년(1933)부터 정산종사에게 명하여 「회규」의 개정 작업을 진행케 하였으니, 19년(1934) 3월 총대회의 찬성을 얻어, 그 동안 시행해온 총재 · 회장 아래 7부제로 된 회규를 대폭 개정하여, 종법사 · 회장 아래 이원 십부제(二院十部制)를 골자로 하는 총 12장 75조로 새 회규를 제정 시행하였으며, 이러한 구성은 새 회상으로서 교단의 새 체제를 형성하게 된 중요한 작업이었다.[53] 회체의 구성에 따라 대종사를 총재라 칭하던 것을 종법사라 칭하고, 2원의 하나로서 교정원에 교무 · 연구 · 통신 · 감사 4부 공부계 사무를 총관하게 하며, 서정원에 서무 · 상조 · 산업 · 공익 · 육영 · 공급 6부를 두어 사업계 사무를 총관하게 하였던 것이다. 교체의 큰 틀이 형성됨과 더불어 새 회규를 시행한 후, 만 7년만인 원기 27년 4월에 종법사와 회무총장 아래 5부를 두었으며, 그것은 교조 생존 당시 불법연구회라는 교체로서 마지막 회규였다.[54] 다음해인 원기 28년 소태산대종

니를 교주로 한다는 조항이 사라지고 대신 석가모니와 대종사의 정전 심인이라 하였다.

53) 『원불교 교사』, 제2편 회상의 창립, 제3장 교단체제의 형성, 3. 각 조단의 정비와 새 회규의 시행.

54) 원기 26년부터 박장식에게 명하여 기초케 하신 이 회규는 총 12장 250조로 되어 있는 바, 「하시든지 그 임무를 대행 할 자격자가 있을 때 교체」하기로 되어 있던 종법사의 임기를 6년제로 규정하고, 회장과 양원장 대신 회무총장 1인을 두며, 종전의 10부를 총무 교무 서무 공익 산업 5부로 줄이고, 총부 중요 직원으로 원의(院議)를 조직하여 사무 원활을 기하며, 지방에는 수반 지부를 두어 관내 교당을 통할하게 하고, 총지부 중요 직원으로 본지부 연합회를

사는 교단 체제를 정비한 후 열반에 들었기 때문이다.

불법연구회라는 명칭으로 지속되어온 『불법연구회회규』 시대가 『원불교 교헌』 시대로 변화된 것은 원기 33년(1948) 4월 26일이며, 본 『원불교 교헌』에 나타난 교체는 오늘날 교단의 공식 호칭인 원불교라는 이름으로 변경되었다. 제1편 교정, 제1장 제1조에 의하면 "본회는 원불교라 한다"라고 되어 있다. 소태산의 열반 후 일제로부터 해방이 되자 교명을 원불교라고 내정하여 교헌을 새로 기초하여 재단법인 등록 절차를 밟았던 것이다. 원기 32년(1947) 1월 16일 재단법인 원불교(이사장 유허일)의 등록인가가 나옴으로써 그 해 4월 총회에 공식으로 교명의 결정을 보고하였고, 1년 동안 교헌을 더 손질하여 33년(1948) 4월 26일 총대회에서 원불교 교헌의 정식 통과를 보는 동시에, 27일 총부 대각전에서 교명 선포식을 가짐으로써 새 회상은 원불교라는 정식 교명을 천하에 공시하였다[55]고 『원불교 교사』에서 밝히고 있다.

정식 교명을 원불교라고 선포한 정산종법사는 교체의 의미를 분명히 하고 있다. 교단을 방문한 객으로부터 원불교의 '원'에 대한 질문에 대한 답이 그것이다. 곧 원은 언어명상이 끊어진 자리라 무엇으로써 이를 형용할 수 없으나(형이상), 우주 만유가 다 이 원으로써 표현되어 있으니(형이하), 이는 만법의 근원인 동시에 만법의 실재이므로 이 천지 안에 있는 모든 교법이 비록 천만 가지로 말은 달리 하나 그 실에

조직하여, 종법사 선거, 수위단원 선거 등을 하게 하며, 임기 6년인 남녀 각 9인의 수위단원과 단장 1인으로 수회단회를 조직하여, 종법사를 보좌하는 최고 기관으로 하였다(『원불교 교사』, 제2편 회상의 창립, 제4장 끼쳐주신 법등, 2. 최종 회규의 시행과 전법게송).

55) 『원불교 교사』, 제2편 회상의 창립, 제5장 교단체제의 완비, 4. 원불교 선포와 교헌반포.

있어서는 원 이외에는 다시 한 법도 없는 것[56]이라 했다. 그렇다면 원불교라 하지 말고 차라리 원교라 하면 어떻겠느냐는 객의 질문에 대해 정산종사는 원불교의 '불(佛)'은 곧 깨닫는다는 말씀이요 또는 마음이라는 뜻이니, 원의 진리가 만법을 포함하였다 할지라도 깨닫는 마음이 없으면 이는 다만 빈 이치에 불과한 것이라며, '원불(圓佛)' 두 글자는 원래 둘이 아닌 진리인 바, 세상 사람들이 자연 과거불교 교의로 오인할 것이니 그 제도를 새로이 하면 불법의 정체가 진리 그대로 원만하게 세상에 나타나게 된다고 하였다. 불교 혁신의 의미가 원불교라는 용어에 분명히 들어있음을 밝히고 있다.

이처럼 정산종법사는 재단법인 원불교를 세상에 공식 선포함으로써 원불교라는 교체의 성격을 분명히 하고 있다. 불법을 혁신한 새 불교적 성격을 지닌다는 것으로 그것은 소태산대종사의 본의를 계승한 것으로서 원불교의 교체가 불교혁신에 의한 새 불교임을 확고히 해준 것이다. 이때 총 2편 24장 225조로 된『원불교 교헌』반포가 갖는 의의는 새 회상이 정식 교명과 함께 새 교단의 체제를 정립하였다는 것이다.『원불교 교헌』은 제1편 교정(敎政) 총 15장 138조로 구성하여 교명을 원불교로 하였으며, 교단 대표를 종법사로 규정하는 동시에 교단 최고 결의기관으로 중앙교의회와 최고 집행기관으로 중앙총부를 두되, 중앙총부에 교정원과 감찰원을 두며, 교정원에 교무·서무·산업·재무 4부와, 감찰원에 감사·사서 2부를 두고, 종법사의 최고 자문기관으로 수위단회를 규정하였다.[57] 정산종법사는 시국의 어려운

56)『정산종사법어』, 경륜편 1장.

57) 뒤이어, 제2편 교제(敎制)에는 전무출신 거진출진 희사위 공부등위 사업등급 법계 연원 은족 부칙 등 9개장이 있는 바,「교조 소태산대종사로 위시하여 법계를 계산한다」는 것과「법계는 연수로써 계산하되 매 대수를 36년으로 한다」

상황에서도 원불교의 교체를 분명히 함과 동시에 소태산대종사의 정신을 계승함으로서 교단체제를 확고히 한 것이다.

원기 62년(1977)과 72년(1987)에 4차 개정된 『교헌』에서 원불교의 교체가 더욱 정비되었다. 다시 말해서 소태산대종사 사후 원불교로 정식 명칭을 개정한 원불교 교단은 원기 33년(1948)에 『원불교 교헌』을 최초로 제정하는데, 그 후 원기 44년(1959) 1차 개정과 49년(1964)의 2차 개정을 거치면서 큰 변화가 없다가, 원기 62년(1977) 3차 개정된 교헌에서 현대적 형태의 총강이 이루어지고[58] 이어서 원기 72년(1987) 4차 개정된 교헌에서 오늘의 교단 체제가 완비된 것이다.

앞으로 원불교 100년의 교단개혁이 갖는 의의와 과제는 무엇인가? 여기에는 다음 세 가지 차원에서 접근해 볼 필요가 있다. ① 불법을 주체로 한 교체가 분명해야 한다는 점이다. 그것은 소태산대종사의 깨달음이 불법이며, 아울러 불법연구회라는 교체를 이어 정산종법사 시대에 원불교로 변화해온 시점에서도 불법을 주체로 한 교체의 성격이 지속적으로 요구되고 있기 때문이다. 한때 유행하였던 바, 불교가 아니라는 일부의 주장은 거두어들어야 할 것이다. ② 불법을 연원으로 한 교체라면 원불교와 불교의 관계가 더욱 정비되어야 한다는 점이다. 따라서 원불교 2세기에는 불교와 원불교의 해석학적 접근이 요구

는 것과 「영모전을 건설한다」는 것과 「영모전 향례는 연중 2차씩 거행한다」는 것 등이 규정되어 있다. 또한 새 교헌에 의한 제1회 중앙교의회는 종법사와 수위단원은 제1대 기념총회 연도(원기 38년 4월)까지 초대 감찰원장에 오창건을 선임하였으며, 중앙교의회 의장은 당연직으로 교정원장이 겸임하였다(『원불교 교사』, 제2편 회상의 창립, 제5장 교단체제의 완비, 4. 원불교 선포와 교헌반포).

58) 정순일, 「법신불 사은 호칭 재고」, 『원불교사상과 종교문화』 49집, 원광대학교 원불교사상연구원, 2011.9, pp.126-127).

되는 것이다. ③ 교체의 정체성을 위해 중앙총부 체제의 부단한 변신이 요구된다는 점이다. 초기교단의 2원 10부제가 2원 7부제로, 또 오늘날 중앙총부의 체제로 지속적인 변혁이 이루어진 것처럼 원불교 2세기에도 교정원 체제의 새로운 변신이 요구되며, 중앙총부의 서울로의 이전이라는 과업을 구체화하는 방안도 거론될법한 일이다. 원불교 100년에 진입하여 이러한 체제개혁의 과제에 소홀히 할 경우, 교체유지의 한계, 교단행정의 비효율, 교화의 지체현상이 지속될 수 있으며, 그것은 미래 교단의 발전에 도움을 주지 못한다.

(2) 신앙호칭의 정착

원불교 100년에는 신앙호칭의 개정도 심도 있게 거론되어야 한다. 현재 다양하게 불리고 있는 신앙호칭에는 신앙적 응집력이 약화될 수 있다는 점에서 이를 심각하게 고민해 보자는 것이다. 일례로 신앙호칭에 대하여 문제제기를 한 서경전 교수는, 원불교 100년에 즈음한 시점에서 '원불님'이라는 호칭을 심도 있게 거론해야 하며, 앞으로 원불교학의 쟁점 중의 하나가 원불교신앙의 호칭이라는 점을 새겨야 할 것[59]이라고 하였다. 어떠한 신앙호칭으로 결정되든 간에, 신앙호칭의 다양성에서 통일된 호칭으로 정착시키는 것이 신앙의 응집력을 강화시키는데 도움이 된다고 본다.

오늘날 교학의 쟁점으로 부상된 원불교의 통일된 신앙호칭의 정착을 위해서 교헌변천사에 나타난 신앙호칭의 문제를 점검해 보고자 한다. 최초로 규정된 『불법연구회규약』(원기 9년 4월) 제1장 총칙의 제2

---

59) 서경전, 「기고-원불님과 교화의 활력」, 원불교신문, 2013.2.22.21면.

조를 보면, 본회는 정신을 수양하고 사리를 연구하며 작업을 취사하기 위하여 신분의성을 세우고 불신, 탐욕, 나, 우를 제거하기로써 목적한다고 하였다. 아직 신앙호칭이 나타나 있지 않다. 『규약』에 일원상이 나타나지 않은 이유는 교단으로서 초창기에 불과했던 관계로 당시 신앙의 대상에 대한 정비가 심도 있게 이루어지지 않았다[60]는 사실에서 비롯된다.

사실 소태산대종사의 봉래주석기(원기 5~9)는 초기교단의 교강 준비기간으로서 일원상과 사은사요의 형성 이전으로, 삼강령 팔조목이 선포되었던 사실을 주목할 필요가 있다. 원기 12년(1927)에 발간된 초기교서 『불법연구회규약』에서 특기할 것은 원불교 기본교리인 일원상, 사은, 최초법어가 다소의 암시된 분야는 있지만 공식적으로 천명된 것이 없는 점이라 하겠으며, 삼학이 연구 중심으로 기술된 것은 또한 연구해 볼 여지가 있는 분야라 하겠다.[61] 원불교 교강의 형성사에서 볼 때 신앙대상에 앞서 삼강령 팔조목이 그 효시를 이루고 있다는 점을 알 수 있다.

원기 19년(1934)에 1차 개정된 『불법연구회규약』에는 사은사요가 출현하고 있다. 즉 제1장 총칙 제2조를 보면 "본회는 공부의 요도 삼강령 팔조목으로 공부하여 인생의 요도 사은 사요로써 제생의세하기를 목적함"이라 하고 있다. 이처럼 초판본 『규약』(원기 9년)과 개정판 『규약』(원기 19년)은 교리체계에 있어서 거의 비슷한 수준이며, 다만 사은 사요가 출현하고 있는 점이 특기할 만하다.[62] 원기 19년에 개정

60) 정순일, 「법신불 사은 호칭 재고」, 『원불교사상과 종교문화』 49집, 원광대학교 원불교사상연구원, 2011.9, pp.125-126.

61) 이공전, 「불법연구회규약 해제」, 『원불교사상』 제6집, 원불교사상연구원, 1982, p.243.

된 『규약』에는 사은 신앙이 나타나 있지만 일원상이라는 신앙대상 호칭이 여전히 나타나 있지 않다. 일원상이 원기 20년(1935) 원불교중앙총부의 대각전에 봉불되기 직전의 단계로서 교강 삼학팔조와 사은사요가 완성된 체계라는 점에 의미를 부여할 수 있을 정도라 본다.

원기 27년(1942) 4월에 2차 개정된 『불법연구회회규』에서는 신앙적 정비가 체계화되어 있다. 본 『불법연구회회규』에서는 제1장 총칙 제2조와 5조[63]에 신앙호칭이 등장하고 있는데, 법신불 일원상 내지 일원상이라는 용어가 그것이다. 본 『회규』 제3조를 예로 들면, 본회는 불교정전의 심인 즉 법신불 일원상의 진리에 근본하여 그 교리와 제도를 시대화 생활화 대중화시켜서 정각정행 지은보은 불교보급 무아봉공의 사대강령을 신앙함으로써 그 본지로 한다고 하였다. 교헌변천사에서 보면 원기 27년(1942)에 법신불 일원상이 등장하고 있지만, 일원상의 형성은 이미 소태산의 대각과 더불어 상징적으로 나타난 이래 점차 정착단계에 이르며, 공식적인 일원상 봉안은 언급한 바대로 원기 20년(1935) 대각전 봉불식에서 이루어지고 있다.

---

62) 원기 14년에 사은이 출현한다. 원기 17년(1932)에 발간된 『보경삼대요령』에서 「심고와 기도」 장이 삽입되고, 예회식순에 심고식순이 생기면서 이후 심고의 대상은 사은으로 정착된다. 한편 원기 20년(1935) 대각전에 일원상이 봉안되는데 이때의 명칭은 심불이었으며, 같은 해 출간된 『예전』에서 이 용어가 공식 명칭이 된다. 이후 소태산 말기에 이르기까지 교단은 내면적으로는 사은신앙으로부터 심불 즉 일원상 신앙으로 급격히 이행하였으며, 교리 면에서는 사은이 곧 일원이라는 원리적 연결을 시도하고 있었다(정순일, 「법신불 사은 호칭 재고」, 『원불교사상과 종교문화』 49집, 원광대학교 원불교사상연구원, 2011.9, p.127).

63) 제5조 본회는 우주만유의 근본이 되는 법신불(청정법신 비로자나불) 일원상을 수행의 표본과 진리적 신앙의 대상으로 본당정면에 안치하고 석가모니불을 교주로 숭배함.

〈표 1〉일원상의 의미 변천과정[64)]

연대	원기	일원상의 표현	비고
1916.04.	1. 3	대각 一聲 '한 두렷한 기틀'	『대종경』서품 1장
1918.10.	3.10	'一圓'을 운(韻)으로 정산에게 詩를 짓게 하다.	『정산종사법어』기연편 2장
1918.10.	3.10	구간도실 상량문 '梭圓機日月…'	『대종경』서품 12장
1920.04.	5. 4	'佛性一圓相'을 강조	『조선불교혁신론』
1932.05.	17. 5	朴大完의 설교제목 '四恩의 本體는 一個一圓相'	『월보』제36호
1932.06.	17. 7	「단결의 위력」중 '一圓의 大團結'	『월보』제37호
1932.07.	17. 7	宋奎의 '圓覺歌' '一圓大德 결과로다'	『월보』제38호
1935.04.	20. 4	『조선불교혁신론』의 '佛性一圓相'	『조선불교혁신론』
1935.08.	20. 8	『예전』중 '心佛 服標'	『예전』(초판)
1937.04.	22. 4	宋道性의 「신앙과 수양」 중 '心佛一圓相'	『회보』제34호
1937. .	22. 9	송규 '一圓相에 대하여'	『회보』제38호
1937.09.	22. 9	법설 '一圓相을 模本하라'	『회보』제40호
1938.08.	23. 8	'법설' '一圓相과 人間과의 關係'	『회보』제46호
1938.11.	23.11	'心佛奉安에 대하여'	『회보』제49호
1938.11.	23.11	'心佛 ○如來之佛性 四恩之本源'	
1938.12.	23.11	'心佛一圓相內譯及誓願文'	『회보』49, 『불법연구회근행법』
1939.04.	24. 4	徐大圓의 '一圓相의 由來와 法門'	『회보』제54, 55, 56호
1939.06.	24. 6	창씨개명 '一圓'씨(氏)	
1939.11.	24.11.20	○'不增不減自金剛 身法身來本三昧	『불법연구회근행법』
1940.11.	25.11.25	○'古佛未生前 凝然一相圓 釋迦猶未會 迦葉豈能傳	『불법연구회근행법』呫2
1941.01.28	26. 1.28	'偈頌'	『대종경』성리품 31장
1943.03.20	28. 3. 20	'法身佛 ○ 古佛未生前 凝然一相	『불교정전』(초판)

64) 고시용, 「원불교 교리 형성사 연구」, 원광대 박사논문, 2003. p.161.

연대	원기	일원상의 표현	비고
		圓' 外	
1947.09.26	32. 9. 26	○' 外	『정전』
1962.09.26	47. 9. 26	'일원상'이라 표현	『원불교 교전』

공식 원불교라는 호칭의 교체가 완비된 후 발간된 『원불교 교헌』의 변천사를 살펴보면 신앙대상으로서 일원상의 용어가 정착되었으며, 다만 일원상을 전후한 수식어의 변동이 나타나고 있다. 이를테면 원기 33년(1948) 4월 26일 전문을 제정 공포한 『교헌』을 보면 제1편 교정, 제1장 총강 제2조 "본회는 우주의 원리요 제불의 심인인 즉 일원의 대도에 근본하여 정신·정각·정행을 종지로 한다"고 하였으며, 제1차 개정된 『원불교 교헌』(원기 44년 4월)의 경우 "원불교는 우주의 원리요 제불의 심인인 즉 일원의 대도에 근본하여 정신·정각·정행을 종지로 한다"고 하여 '본회'라는 용어가 '원불교'라는 용어로 바뀌었을 따름이다. 그리고 5년 후 2차 개정된 『원불교 교헌』(원기 49년 4월)에서는 제1장 총강 제1조를 종지로 하고 제2조를 목적으로 하여[65] 1조와 2조 서두에 종지와 목적을 밝히고 괄호 처리하였다.

이어서 3차 개정된 『교헌』(원기 62년 3월)에서는 일원상과 관련한 설명이 구체적으로 변화되었다. 즉 원기 49년(1964) 2차 개정에서는 "원불교는 우주의 원리요 제불의 심인인 즉 일원의 대도에 근본하여 정신·정각·정행을 종지로 한다"고 하였으며, 원기 62년(1977) 3차 개정에서는 "제1조 〈종지〉 원불교(이하 본교라 칭한다)는 우주의 원리요 제불의 심인인 일원상의 진리를 종지로 하고, 이를 신앙의 대상과

65) 제1장 총강, 제1조 (종지) 원불교는 宇宙의 原理요 諸佛의 心印인 卽 一圓의 大道에 根本하여 正信 正覺 正行을 종지로 한다.

수행의 표본으로 삼는다"고 함으로써 '정신, 정각, 정행'이라는 단어가 사라지고 '신앙의 대상과 수행의 표본'이라는 문구가 가미되어 있음을 알 수 있다. 다시 말해서 전자의 경우 종지의 설명이 정신·정각·정행이었다면 후자의 경우 종지의 설명이 신앙과 수행이라는 용어로 대신하고 있으니, 원기 62년에 이르러 일원상을 종지로 하고 그 설명을 보충하여 신앙의 대상과 수행의 표본이라 하였다.

그러나 3차 개정 때의 신앙의 대상인 일원상을 서술하고 의미를 부여하는 내용과, 4차 개정 때의 경우와 그 차이가 나타난다. 즉 전자의 경우 '우주의 원리요 제불의 심인인 일원상'이라 했다면, 후자의 경우 그 뒤에 '중생의 본성인 일원상'을 덧붙인 것이다. 4차 개정본은 원기 72년(1987) 11월 15일자이며, 여기에서는 "우주만유의 본원이요 제불제성의 심인이며 일체중생의 본성인 일원상의 진리를 종지로 한다"라고 하여 현행본 『정전』의 내용[66]과 그대로 일치하고 있다. 원불교신앙의 대상이자 수행의 표본인 일원상의 의미가 『정전』에 밝혀진 일원상진리와 일치하고 있어서 원기 72년에 일원상 신앙의 의미부여가 완비되었음을 알 수 있다.

이처럼 원불교신앙의 대상이자 수행의 표본인 일원상의 등장과 더불어 의미가 완비되기까지 교헌변천사의 접근은 또 다른 과제를 가져다준다. 그것은 앞으로 원불교 100년대에 신앙호칭의 정착화를 위한 과제는 무엇인가에 대한 것이다. 이와 관련한 몇 가지 과제를 언급해 본다. ① 여러 호칭으로 불리는 신앙호칭 문제가 교화에 미치는 영향이 적지 않음을 인지해야 하며, ② 신앙호칭의 일원화를 위한 당위성

---

66) "일원은 우주만유의 본원이며, 제불제성의 심인이며, 일체중생의 본성이며…"(정전, 제2교의편, 제1장 일원상, 제1절 일원상의 진리).

과 교단적 합의가 있어야 한다. ③ 대중교화에 설득력 있는 신앙호칭이 무엇인가에 대한 것이다. 이러한 문제제기는 『정전』에 나타난 신앙의 대상인 일원상을 다른 것으로 대치하자는 것이 아니며, 신앙인들이 현재 다양한 신앙호칭을 부르고 있는 관계로 단일화된 신앙호칭의 응집성과 신앙정서에 적합한 호칭용어의 등장이 필요하다는 점이다. 『정전』에 나타난 바대로 '법신불 사은'이라는 호칭에 대한 문제제기가 있어왔음을 고려하면[67] 부처님, 법신불, 일원불, 원불님 등 호칭의 일원화가 요구되는 것[68]이다.

차제에 소태산대종사의 호칭도 고려해봄직한 일이다. 대종사라는 용어는 불교의 선지자들에게 붙여지는 호칭이기 때문이다. 소태산대종사의 호칭문제는 『원불교 70년 정신사』의 연구에도 나타나 있다.

---

67) 법신불 사은이라는 용어는 『정전』에서 「심고와 기도」 장에서 유일하게 출현하고 있다. 나머지 부분은 모두가 법신불 혹은 법신불 일원상이다. 『대종경』에서는 법신불이라는 단일개념이 7곳이며 법신불 일원상은 5곳이 사용되고 있다. 그러나 법신불 일원상은 존재에 대한 설명을 위해 사용한 것이었으며, 법신불 사은은 단 한 곳에 불과하다(『대종경』, 교의품 10장). 그러나 이 또한 불공의 대상으로서 법신불이 지닌 성격을 설명하기 위한 내용이다. 오히려 진리불공의 대상을 법신불이라 명기하고, '몸과 마음을 재계하고 법신불을 향하여'(교의품 16장) 라 한다든지 '법신불 전에 매일 심고올리는 재미'(신성품 16장)라 하여 기도의 대상에서조차 법신불 단일개념을 사용한 경우가 더 많다(정순일, 「법신불 사은 호칭 재고」, 『원불교사상과 종교문화』 49집, 원광대학교 원불교사상연구원, 2011.9, pp.129-130).

68) 신앙대상의 호칭에는 앞에서 살펴본 理智悲, 진리 빛 사랑, 싸트 치트 아난다 등의 3속성이나 본체(궁극성), 현상(구체성), 중보자(조화성)라는 내용적 3대 요소를 갖춘 함축성 외에, 특히 민중적 신앙정서를 충족시키기 위하여 신성성, 간명성, 친화성 등의 요소가 요구된다. 이러한 관점에서 논자의 소견으로는 부처님이라는 호칭에 주목할 필요가 있다고 보는 바, 실제로 교단적으로도 논자의 유소년 시절이나 학부 재학시절만 하여도 부처님의 호칭이 거부감 없이 병용되어 왔다(노권용, 「교리도의 교상판석적 고찰」, 『원불교사상과 종교문화』 45집, 원광대 원불교사상연구원, 2010.8, p.277).

소태산대종사의 호칭으로 아버님, 영부님, 사부님, 종부주, 종사님, 성사님 등 다양한 이름으로 불리던 소태산대종사의 존칭은 마침내 대종사로 통일되었으며, 대종사란 호칭은 재래불교 법계(法階)의 하나요, 현재 상당수의 대종사 법계를 가진 스님들이 있기 때문에 대종사란 호칭에 대해서는 원불교 교단 안에서 논란이 일어나고 있다.[69] (원각성존) 소태산대종사라는 용어를 계속 사용하는 것이 바람직한지, 소태산 여래라는 용어를 사용할 것인지 개혁의 여지가 있다.

(3) 교법과 낙원건설

교법의 의미는 원불교 교리의 다른 뜻인 바, 좀 더 쉽게 말하면 교리법규를 통틀어 교법이라 한다. 그렇다고 교법을 법규로만 이해해서는 안 되며 마음공부가 그 핵심이므로[70] 마음공부를 통해서 원불교 정신에 투철한 것을 교법정신으로 볼 수 있다. 다만 여기에서 『원불교 교헌』의 변천사에서 본 교법을 통해 낙원건설의 방향은 무엇인가를 살펴보려는 것이다.

교단초기에 선포된 『불법연구회규약』(원기 9년 4월)에 나타난 교법과 낙원건설의 방향에 대하여 살펴보도록 한다. 본 『규약』의 제1장 총칙 제2조를 보면, 본회는 정신을 수양하며 사리를 연구하며 작업을 취

---

69) 대종교의 경우에 있어서도 교조 나철의 경우에만 대종사란 존칭을 사용하고 그의 후계자들의 경우 최고 존칭은 종사이다. 원불교도 마찬가지로 소태산대종사의 경우에만 대종사이고, 그의 후계자들의 최고 존칭은 종사이다(손정윤, 「문학・예술사」, 『원불교70년정신사』, 원불교출판사, 1989, p.642).

70) 김복환, 「마음공부와 정기훈련법」, 『마음공부 잘하여 새 세상의 주인되라』 하, 영산선학대학교출판국, 2000, p.270(이경열, 「마음에 대한 연구」, 『실천교학』 11호, 원불교대학원대학교, 2012, p.154).

사하기 위하여 신분의성을 세우고 불신·탐욕·나·우를 제거하기로써 목적한다고 하였으며, 제3조를 보면 본회는 본회의 목적을 찬성하는 자로써 조직한다고 하였다. 이처럼 최초의 『규약』에 나타난 교법은 삼강령 팔조목이었다. 그리고 교법에 찬성하는 수행인들은 원만한 인격함양을 위해 교강을 실천함으로써 낙원건설을 지향하고 있음을 알게 해준다.

원기 19년(1934) 3월, 본 『규약』이 1차 개정된 내용을 살펴보면, 제1장 총칙의 제2조를 보면 "본회는 공부의 요도 삼강령 팔조목으로 공부하여 인생의 요도 사은 사요로써 제생의세하기를 목적함"이라 하였다. 최초의 『규약』에서 언급한 삼강령 팔조목이라는 교법은 동일하며, 1차 개정된 『규약』에 사은사요가 등장한다. 사은 사요는 원기 14년에 처음 규정된 관계로[71] 원기 9년의 『규약』에는 등장하지 않았으며, 원기 19년에 개정된 『규약』에 이르러 등장하게 된 것이다. 또한

---

71) 원기 14년 10월 『월말통신』 제20호의 내용을 들 수 있다. 그곳에는 「교법제정안 사은사요」라는 중앙교무부에서 발송하는 공문형식의 내용이 있다. 여기에 사은 사요에 대한 내용이 나오는데 본문에서는 이어서 사은 사요에 대한 교리의 구조를 설명하고 있다. 원기 14년 『사업보고서』에도 「訓綱 教綱 法綱의 제정」이라 하여 훈강에 정신수양 사리연구 작업취사의 삼강령을, 교강에 천지은 부모은 동포은 법률은의 사은을, 법강에 부부권리동일 지우차별 무자녀자타자녀교양 공도자헌신자이부사지의 사요를 배당하고 있다. 이어 원기 15년 『사업보고서』를 보면 「…동시에 전음광의 기재한 사은사요를 종사주께 일일 친감하시와 완정하옵시다」라는 내용이 나온다. 이들 자료에 의거하여 생각해 본다면, 원기 14년에 원시형태의 사은사요가 출현하고 이를 원기 15년에 전음광이 오늘날의 것에 가까운, 즉 『육대요령』에 실린 내용으로 정리하고 이를 소태산이 친감하여 완정한 것으로 보인다. …(월말통신 21호, 원기 14년 11월). 이로써 우리는 원기 14년에 사은의 교리가 공식적으로 성립된 것을 알 수 있다(정순일, 「사은신앙의 형성사적 연구-법신불 사은연구1」, 『원불교사상』 21집, 원불교사상연구원, 1997.12, pp.343-344).

삼학 팔조는 공부의 요도, 사은 사요는 인생의 요도라는 용어가 등장하고 있음도 주목된다. 현행본 『정전』의 교강이 완정된 상태에까지 왔음을 감안하면, 이를 공부의 요도와 인생의 요도로 배대하고 있음이 놀라운 일이며, 여기에서 낙원건설을 향한 교법의 체계가 형성되어 있다.

교헌변천사를 알 수 있을 뿐만 아니라 교리형성의 과정을 알 수 있는 기록은 본 『규약』이 출발점이 되며, 뒤이어 최초의 『정전』 성격인 『육대요령』의 탄생으로 이어진다. 위에서 언급한 바대로 원기 9년(1924)에 선포된 임시 취지규약서인 『규약』에 기반하여 원기 12년(1927)의 인쇄본 『불법연구회규약』에는 삼학 팔조와 솔성요론·계문 등은 보이지만 사은이 나타나지 않으며, 원기 17년(1932) 『육대요령』에서 삼학팔조와 사은사요를 중심으로 하는 교리의 기본 골격이 확립되었다.[72] 본 『육대요령』이 발간된 후 2년 만에 『불법연구회규약』의 1차 개정이 있었던 관계로 당연히 『규약』에 사은사요가 등장하고 있다.

이처럼 인생의 요도 사은사요가 등장한 1차 개정 때의 『불법연구회규약』에는 인생의 요도를 포함하면서 인류 구원의 메시지가 분명하게 드러나 있으며, 후천개벽을 추구한 소태산대종사의 낙원건설을 위한 현실구원과 직결된 것으로 보인다. 본 『규약』에서 언급한 것처럼, 사은의 은혜로 새 문명이 개현됨을 천명한 점은 크게 주목해야 할 일이며, 사은의 힘으로 교단발전의 기초를 세웠음을 암시한 글임과 동시에 당시 민족사회의 비참한 현실을 극복하기 위한 점이 엿보인다.[73]

---

72) 신순철, 「몽각가와 소태산가사 수록 문헌 연구」, 『원불교사상과 종교문화』 29집, 원불교사상연구원, 2005, p.289.

73) 이공전, 「불법연구회규약 해제」, 『원불교사상』 제6집, 원불교사상연구원, 1982, p.244.

처음 선포된 『규약』이 세월이 흐르면서 개정되어야 하는 분명한 메시지가 담겨있는 점을 보면 교헌 개정의 지속성과 그 의의가 심대함을 알 수 있다.

2차 개정된 『불법연구회회규』(원기 27년 4월)에는 신앙대상이 드러남으로써 교법정신과 낙원건설의 메시지가 분명하게 나타나 있다는 점에서 주목되는 것이다. 본 회규의 제1장 총칙의 제3조를 보면, 본회는 불교정전의 심인 즉 법신불 일원상의 진리에 근본하여 그 교리와 제도를 시대화 생활화 대중화시켜서 정각정행 지은보은 불교보급 무아봉공의 사대강령을 신앙함으로써 그 본지로 한다고 하였다. 여기에서 제4조를 보면 본회는 불교정전의 심인을 오득하고 공부의 요도 삼학 팔조와 인생의 요도 사은사요를 실천함으로써 그 교의로 한다고 하였다.

그리하여 본 『회규』 1장 총칙의 제3조를 보면 전장의 '신앙호칭의 정착'에서 밝힌 바대로 원불교신앙의 대상인 법신불 일원상 호칭이 처음 등장한다. 이미 원기 20년도에 일원상 봉불이 시작되었으므로, 7년 후 2차 개정된 『규약』에 당연히 교법의 종지인 일원상이 등장한 것이며, 또한 교법정신인 시대화 생활화 대중화라는 용어와 더불어 사대강령이 등장하고 있다. 원불교의 교리 내용을 집약한 것이 교리도라면, 그 내용과 사상을 다시 4강령으로 밝혀준 것이 사대강령이라고 할 수 있다[74]는 점에서, 사대강령은 교법의 집약과 더불어 이의 실천을 통한 낙원건설의 방법이 보다 구체화되었다.

다음으로 『원불교 교헌』에 나타난 교법과 이를 통한 낙원건설의 방

74) 노권용, 「교리도의 교상판석적 고찰」, 『원불교사상과 종교문화』 45집, 원광대 원불교사상연구원, 2010.8, p.291.

향에 대하여 살펴보고자 한다. 최초로 선포된 『원불교 교헌』(원기 33년 4월 26일) 제1편 교정의 제1장 총강 제2조를 보면 "본회는 우주의 원리요 제불의 심인인 즉 일원의 대도에 근본하여 정신 정각 정행을 종지로 한다"고 하였으며, 제3조를 보면 "본회는 인생의 요도 사은사요와 공부의 요도 삼학팔조를 제정하여 제생의세의 교재(教材)로 한다"고 하였고, 제4조를 보면 "본회는 처처불상·사사불공과 무시선·무처선의 도리를 선포하여 전 세계를 불은화하고 그 일체대중을 선법화하기로 목적한다"고 하였다. 이처럼 낙원건설을 향한 교법의 구체화가 이루어지는데 '정신·정각·정행'의 용어와, 사은사요와 삼학팔조에 대한 '제생의세의 교제'라는 용어가 등장하며, '처처불상·사사불공, 무시선·무처선'을 등장시켜 세상을 불은화·선법화한다고 함으로써 낙원건설의 구체적인 방법론을 드러내고 있다. 제생의세는 불은화·선법화를 통해서 낙원건설이 가능하다는 점에서 교법의 낙원건설이라는 방향이 분명해진 것이다.

처음에 등장한 『교헌』의 총강 제1조에서는 '본회'라고 하였지만, 1차 개정 때부터는 '원불교'라 하고 있다. 『교헌』의 제1차 개정(원기 44년 4월)에 이어서 제2차 개정(원기 49년 4월), 그리고 제3차 개정(원기 62년 3월)의 내용은 교법과 낙원건설의 문구가 최초본 『원불교 교헌』(원기 33년)의 내용과 대동소이하다. 다만 1차 개정과 2차 개정의 차이를 보면, 제1장 총강 제2조에 다소의 차이가 나타난다. 1차 개정된 총강 3조가 2차 개정에서는 2조로 축약되면서 처처불상·사사불공, 무시선·무처선이라는 용어가 빠진다.[75] 불은화와 선법화라는 용

75) 1차 개정된 원불교 교헌, 제1장 총강 : 제1조 "원불교는 우주의 원리요 제불의 심인인 즉 일원의 대도에 근본하여 정신 정각 정행을 종지로 한다." 제2조

어 속에 이와 관련한 의미가 포함된 것으로 본다. 이는 교법의 체계화 과정에서 정비된 것으로 보이며, 분명한 것은 일원상과 삼학팔조 사은사요를 통한 불은화·선법화를 지향하는 것으로, 이것은 낙원건설의 의지 표명이다. 그리고 원기 62년 3월에 3차 개정된『원불교 교헌』의 교강과 낙원건설에 관련한 내용이 2차 개정과 같음을 알 수 있다.

제4차 개정된『원불교 교헌』(원기 72년 11월)에서는『정전』「개교의 동기」가 부분적으로 나타나면서 낙원건설의 방향이 원불교 출현의 목적과 관련되어 있다. 제1장 총강의 제1절 종지와 목적 중에서 제2조의 목적을 보면 "본교는 전조의 종지 아래 진리적 종교의 신앙과 사실적 도덕의 훈련으로써 일체중생을 광대무량한 낙원으로 인도함을 목적으로 한다"라고 하였다.『정전』「개교의 동기」에 의하면, 물질의 남용에 의해 사람들의 정신은 쇠약하게 되어 결국 물질의 지배를 받게 되므로 물질의 노예생활을 하게 된다며 파란고해의 폐단을 지적하였다. 이에 "진리적 종교의 신앙과 사실적 도덕의 훈련으로써 정신의 세력을 확장하고, 물질의 세력을 항복 받아, 파란고해의 일체 생령을 광대무량한 낙원으로 인도하려 함이 그 동기니라"[76]고 하였음을 참조할 일이다. 최종적으로 교헌 개정이 이루어진 본『교헌』에 비로소 낙원건설의 필요성과 그 방법론이 등장하고 있다.

"본회는 인생의 요도 사은사요와 공부의 요도 삼학팔조를 제생의세의 교재로 한다." 제3조 "본회는 처처불상 사사불공과 무시선 무처선의 도리를 선포하여 전세계를 불은화하고 그 일체대중을 선법화하기로 목적한다."

제2차 개정된 원불교 교헌, 제1장 총강 : 제1조(종지) "원불교는 우주의 원리요 제불의 심인인 즉 일원의 대도에 근본하여 정신 정각 정행을 종지로 한다." 제2조(目的) "본교는 인생의 요도 사은사요와 공부의 요도 삼학팔조로써 전세계를 불은화하고 그 일체대중을 선법화하여 제생의세하기를 목적한다."

76)『정전』제1편 총서편, 제1장 개교의 동기.

그러면 교법을 통한 낙원건설에 있어서 현행본 『교헌』이 완성상태로서의 완성본일 수 있는가? 앞으로 원불교 100년대에 진입하여 교법의 낙원건설을 위한 과제는 무엇인가를 고민해야 할 것이다. 오늘날 원불교가 교법을 사회에 실현하려는 노력[77] 여부에 대한 진단이 필요하다는 뜻이다. 따라서 ① 원불교 교법 실현으로서의 구원활동에 대한 현실진단이 필요하며, ② 교법의 시대화 생활화 대중화의 개혁이 있어야 하며, ③ 교법의 체계화와 관련한 해석학적 접근에 근거하여 낙원건설의 방안이 구체화되어야 한다. 교헌개정은 100년에 진입하여 또 다른 과제가 주어진다는 사실을 감안하여 그 해법모색에 골몰해야 할 것이다.

4) 교헌변천사와 개혁

교헌변천사를 비추어볼 때 원불교 100년의 과제는 크게 보면 교체와 연원, 신앙호칭의 정착, 교법과 낙원건설이라는 세 가지 측면에서 모색될 수가 있다. 이러한 세 가지 측면의 대안을 제시해야 하며, 본 연구는 이와 관련한 문제제기의 형식을 지닌다. 물론 원불교 2세기는 이 3가지 사항만 개혁하면 된다는 뜻인가? 여기에 더하여 부수적으로 개혁해야 할 과제가 뒤따른다고 본다. 이를 다음 네 가지 차원에서 접근해 보고자 한다.

---

77) 원불교의 광대무량한 낙원은 우리가 살고 있는 현실세계에서 이루어져야 할 목표이며, 종교와 사회의 불가분의 연계관계를 알 수 있으며, 종교는 적절한 사회적 참여를 통해 종교적 이상을 실현해야 하는 당위성을 찾아볼 수 있다(박광수, 「원불교 사회참여운동의 전개양상과 과제」, 『원불교사상과 종교문화』 30집, 원광대・원불교사상연구원, 2005.8, p.229참조).

첫째, 교서결집의 과제이다. 교헌변천사에서 나타난 교서결집과 관련된 것으로, 2차 개정된 『불법연구회규약』(원기 27년 4월) 제6조를 보면 광범한 경론은 다 사용하지 아니하나 그중 요제를 취하여 『불교정전』을 편성하고 차(此)로서 일상수지케 하며 기타 경론은 총히 참고로 한다고 하였다. 원기 28년에 『불교정전』이 발간되기 직전의 언급으로 보이며, 뒤이어 원불교 교서가 지속적으로 발간되어 왔다[78]는 점을 참조할 일이다. 타산지석으로 기성종교 중에서 불교의 경우 원시경전만 필요했던 것이 아니며 대승경전이 있음으로 인해 불교의 대중화가 가속되었음을 참고하자는 것이다. 원불교 교리는 점차 체계화되어 가고 있으며, 세월의 흐름 속에 언어 역시 변화하기 마련이다. 19세기 언어와 21세기 언어에 간극이 있는 관계로 대종사 법어의 전달에 효율성을 증가시키는 차원에서 교서결집이 필요하다. 필자는 최근 「교서결집에 대한 연구-『대종경』을 중심으로」에 대하여 발표하였다. 원광대 원불교사상연구원에서 2013년 10월 11일 주최한 '2013년 제33회 원불교사상연구원 추계학술대회 「원불교 개교백년 기획(7) 개교백년과 원불교문화(2)」에서 이와 관련한 논문을 발표한 것이다.[79]

---

78) 경전결집 6년차 계획 : 원불교의 기본교서 편수·간행 특설기관으로서의 정화사가 사칙에 예정된 9종교서의 몇 가지 보충교서를 연차적으로 완결하기 위하여 책정한 「경전결집 6년차 계획」은 다음과 같다. 1) 정전·대종경=원기 47년 완결, 2) 불조요경=원기 50년 완결, 3) 예전·악전=원기 52년 완결, 4) 세전·법경=원기 54년 완결, 5) 교사·교헌=원기 56년 완결, 6) 기타보충교서=원기 60년도까지 완결. 이상과 같이 정화사의 기본 과업인 9종교서의 결집은 원불교 결실 총회 연도인 5십5주년도까지 완결하고, 기타 보충교서도 원기 50년대 안으로 완결할 방침이다(원기 50년, 12월8일, 「정화통신」(이공전, 『凡凡錄』, 원불교출판사, 1987, pp.130-131).

79) 『대종경』 재결집은 중요한 성업 중 하나라고 역설하고 있는 원광대 원불교학과 류성태 교수. 그는 "교조의 정신과 교단발전을 계승하기 위해서는, 창립에

경산종법사도 2013년 9월 3일 제203회 임시수위단회에서 '원불교 100년의 약속' 법문을 통해 "교헌 개정과 더불어 각종 교서의 오탈자를 점검하여 정리하자"고 하였다. 주의할 사항은 오탈자 정도에 머무는 것만이 아니라 최소한의 『대종경』 재결집이 필요함과 더불어 『정전』 재결집도 필요하다고 본다.

둘째, 원불교 100년의 키워드는 혁신으로서 교단제도 개혁이 과제라는 것이다. 교헌변천사에 교단의 개혁과정이 그대로 드러나 있는 점을 고려할 경우, 원기 20년에 발표한 『조선불교혁신론』의 상징성에서 볼 때 교단의 제도 개혁이 부단히 요구된다. 덧붙여 『조선불교혁신론』은 불법에 대한 의식으로부터 신앙생활, 그리고 사회구원을 향한 제도조직에 이르기까지 개선의 구체안이 유감없이 나타나고 있으므로 교단이 틀잡혀진 것이라 본다.[80] 소수인의 불교를 대중의 불교로, 분열된 교화과목을 통일하기로, 등상불숭배를 불성일원상으로 혁신하자는 등 모두 7개 항목이 제시되고 있다. 아울러 교단의 권력구조 개혁도 거론되고 있다. 교단의 권력구조는 교단혁신을 끌어내는 단서가 될 수 있는 매우 중요한 일이기 때문이다. 원불교 2세기에 맞는 교정원 구조의 개혁, 수위단회의 개혁 등이 이와 관련되며, 기복신앙문제, 남녀교역자 결혼불평등 현상 등 제도개혁은 한두 가지가 아닐 것이다.

서부터 교리의 체계화와 교조 법어의 용이한 전달이라는 당위성이 요청된다"며 "『대종경』은 『정전』과 더불어 중심교서인 만큼 제자들에게 생명력 있게 다가서야 할 것이며 이를 위해 시대의 변천과 더불어 새롭게 변하는 이론과 언어에 융통성 있게 대응해야 한다"고 밝혔다. 특히 그는 "『대종경』이 소태산의 언행록이라는 점과 원불교의 1차 자료라는 점을 상기한다면 재결집은 원100년사에서 교단 혁신의 핵심과제로 다가서야 한다"고 주장했다(원불교신문, 2013년 10월 18일, 13면).

80) 양현수, 「원불교사상연구사」, 『원불교70년 정신사』, 성업봉찬회, 1989, p.794.

셋째, 원불교 100년에 적합한 인재양성 방안이 마련되어야 한다. 교헌변천의 과정에서 알 수 있는 초기교서 『규약』에 인재양성에 대한 포부가 나타난다. 『불법연구회규약』 가운데 핵심이 되는 것은 취지 설명인 바, "혼몽중에 있든 우리, 취중에 있든 우리, 권세와 재산 형식만 쓰던 우리, 외방문명과 물화(物貨)를 보지 못한 우리, 수입지출 모르고 예산없이 살던 우리 … 동포의 은혜인가, 이제 이미 차서 있는 교육이 생겨나서 상당한 교육자로 모든 법을 유지케 하며"라는 글이 보인다. 무명극복과 인재육성의 필요성이 그대로 드러나 있다. 원기 19년(1934) 3월 『불법연구회규약』의 1차 개정이 있을 당시 혜산 전음광은 「회규제정에 제하여」라는 글에서 법과 규정의 제정보완의 필요성을 말하고 있다. 어느 국가나 사회를 막론하고 문명한 국가 문명한 사회가 되기로 하면 법률과 규약을 운용할 인물이 있어야 한다는 것이다. "만일 문명한 법률과 규약은 있다 하더라도 그것을 운용할 인물을 만나지 못한다면 그 법률과 규약은 일편의 공문(空文)이 되고 말 것이요"[81]라고 하였으니, 인재양성이 시급함이 드러난다. 오늘날 교단의 현안으로 등장한 인재자원의 부족현상을 어떻게 해야 할 것인가? 여성예비교역자의 절대부족은 차치하고 영산·익산에 있는 육영기관의 지원자 감소는 원불교 100년의 최대 현안으로 등장하였다.

넷째, 현행의 교화방식에서 미래사회에 적합한 교화방향을 모색해야 한다. '교화대불공'이라는 용어가 익숙한 상황에서 교단의 가장 큰 과제는 교화라는 사실에 의심의 여지가 없다. 교단의 교화가 정체현상에서 쉽게 벗어나지 못하고 있기 때문이다. 근래 교당교화에 있어

---

81) 『회보』 8호, 1934년 3월분(김성철, 「혜산 전음광의 생애와 사상」, 원불교사상연구원 編, 『원불교 인물과 사상』(Ⅰ), 원불교사상연구원, 2000, p.352).

서 학생과 청년법회의 침체는 인재자원의 감소로 이어졌고 일반교화 역시 정체현상을 벗어나지 못하고 있다. 『규약』에서 『회규』로 넘어가면서 교화와 관련한 '포교'라는 용어가 새롭게 다가온다. 『회규」의 경우 총 12장 250조에 달하며, 특히 초기교단에서 포교라는 용어가 등장하는데, 포교와 관련된 조항만 해도 제2장 교의의 선포 및 의식의 집행에 9개조, 제4장 포교사에 9개조 등 18개조이다.[82] 이때부터 포교가 강조되고 있으며, 오늘날 교화라는 용어 대신 사용되고 있으나 원불교 교화지체 현상은 지속되고 있다. 교화활성화를 위해서는 기성종교의 교화방식을 참조할 필요가 있으며, 선의의 교화 경쟁력을 살리는 측면에서 교무초빙제도라든가, 개교당제도를 조심스럽게 시도해 볼 필요가 있다.

앞으로 교단이 주목할 것은 100년의 화두는 개혁이라는 것이며, 그것은 출가와 재가 공히 합력해야 한다는 것이다. 최근 재가의 목소리가 커지고 있다. 일례로 원덕회의 중앙총부 방문이 이와 관련된다. 원기 98년(2013) 8월 6일 원덕회원(서울교구 교도회장단 모임) 7명이 중앙총부 교정원을 방문하여 교정원교육부 육영기금 손실건 등 교단사에 대한 근본적인 성찰의 청원서를 전한 것이다. 오정법 원덕회장은 청원서 작성 원칙에 대해 전반적으로 개혁이 필요하나 우선 발생한 현안 중심, 사업 진행상 재발 방지 근본대책 방안, 시급한 대책안 등을 밝힌 것이라 하였다(「원불교신문」, 2013. 8.30). 교단개혁에 재가들의 목소리가 커지고 있는 현실을 감안하면, 재가·출가 공히 공동체의식을 갖고 교단혁신에 힘을 모아야 할 것[83]이다.

---

82) 장진영, 「원불교 교역자제도 변천사 연구」, 『원불교사상과 종교문화』 46집, 원광대·원불교사상연구원, 2010.12, p.202(주50).

1세기 동안의 교헌변천사를 보면 교단에는 부단한 개혁이 이루어져 왔음을 알 수 있다. 교단 혁신에 있어서 중요한 것은 소태산대종사의 포부와 경륜에 보다 충실한 교헌개정이 이루어져야 하며, 그것은 원불교 100년을 충실히 대비하는 것이라 본다. 좌산종사에 의하면 교헌은 참 문명세계의 기틀을 다지는 중요한 법규이므로 교단 만대의 경륜을 가진 시각에서 개정되어야 한다[84]고 했다. 교단에서는 교헌개정특별위원회를 꾸려 2013년 11월 11일부터 본격적인 활동에 들어갔다. 경산종법사는 위원들에게 교단 100년의 역사를 성찰하고 새로운 100년을 설계하는 막중한 책임을 지게 됐다며, 법과 공의로 운영되는 교단, 재가 출가교도의 화합, 교화개척의 열정이 살아나는 방향으로 접근하라고 하였다. 교헌개정은 교단발전을 위한 전반적인 의제를 포함해야 할 것이며[85] 이러한 개혁을 통해서 교단의 재가・출가 공히 교

83) 교헌개정특별위원회 워크숍에서 김성대 부위원장은 100가지의 점검사항을 제시하며 워크숍을 주도했다. 그는 "일원세계건설의 성공을 위한 법치의 틀을 고친다"는 교단의 목표 아래 3개 분과로 나눠 〈교헌〉개정 작업을 시작할 것을 제안했다. 1분과는 새 교헌에서는 일원세계 건설의 성공을 위해, 어떻게 우리 교조의 위대함과 교리의 참신성과 우수성이 드러나도록 고쳐야 할 것인가, 2분과는 어떻게 교화주체(교역자)를 대우하고 일 시킬 것인지, 교화시설(교당)을 효율적으로 기능하도록 설치하고 유지관리 하며 잠재적 교화대상(교도)들의 교화방법을 찾아 고쳐낼 것인가, 3분과는 더 효율적인 기능을 위한 교단조직의 틀을 어떻게 고쳐 짤 것인가로 나눠 제시했고, 이를 근거로 교헌의 조항을 나눠 분과에 배당했다(원불교신문, 2014년 1월 24일).

84) 좌산종법사, 「교헌 개정의 3대 원칙」, 《출가교화단보》89호, 원불교 수위단회 사무처, 1999년 7월 1일, 1면.

85) 교헌특위 김성대 위원은 "이번 특위는 원기 2세기를 설계하는 한시적인 교단 최고의 기구로 종전의 교헌개정위원회와는 성격이 완전히 다르다"며 "전면 리모델링을 위해 교단의 중요사항을 다 다룰 수 있다. 『불조요경』을 교헌상에 교서로 넣을지 말지부터 교정원 서울이전이나 교무의 결혼 문제, 재가 출가의 역할 등이 종합적으로 논의돼야 한다. 논의 한계를 두지 말고 책임감 있

단발전을 염원하고 있다는 것을 염두에 두어야 할 것이다.

3. 원불교 100년의 과제

원불교 100년을 맞이하여 우리가 주목해야 할 것은 소태산의 개교정신이 제대로 전개되고 있는지, 개혁의 필요성과 개혁방향은 무엇인지에 대한 과제일 것이다. 원불교 개교의 목적을 가늠하지 않고서는 원불교 100년의 의미는 퇴색될 것이라 본다. 개교 100년을 성찰하면서, 원불교는 소태산의 본래 의도대로 교단이 충실히 이행하고 있는지를 점검하는 단계를 마련해야 할 것이다.[86] 소태산의 탄생시기인 19세기를 지나고 교단의 활동기인 20세기마저 지난 21세기의 현재, 원불교 100년의 비전을 위해서 개혁은 아무리 해도 지나치지 않으리라 본다.

숙고할 바의 57가지 항목을 통해서 교단개혁의 방향을 언급하고자 한다. 엄밀히 말해서 이 항목들은 소태산의 근본정신으로 회귀하자는 뜻에서 원불교 100년대의 과제일 수 있고, 또는 당장 개혁해야 할 항목일 수도 있다. 여기에서 언급하고자 하는 과제란 원불교라고 하는 한계를 극복하면서 사회의 문화 공기(公器)로서의 큰 변혁을 시도함으로써 더 큰 발전을 도모해야 하는 과제[87]인 것이다.

교단의 과제로 제기한 57항목들의 성격은 신앙, 수행, 교리, 제도,

게 개정안을 만들어가자"고 말했다(원불교신문, 2013년 11월 15일).

86) 양은용, 「소태산대종사의 『조선불교혁신론』과 불교개혁이념」, 『원불교사상과 종교문화』 32집, 원불교사상연구원, 2006.2, p.134.

87) 이운철, 「출판언론사」, 『원불교 70년정신사』, 성업봉찬회, 1989, p.559.

행정, 경제, 교육, 대인관계 등으로 분류하여 기술할 수 있겠지만, 두서없이 비교적 자유롭게 기술하였다. 여기에서 언급한 사항들은 문제제기의 성격이며, 이러한 문제는 새로운 해법을 모색하는 계기가 된다는 점을 알아둘 필요가 있다. 그리고 이를 풀어가는 해법의 방식도 사안의 성격에 따라 신앙인 개인적으로 풀어갈 수 있고, 교단적으로 풀어갈 수도 있다고 본다. 이제 원불교 구성원과 교단의 과제를 하나하나 언급해보고자 한다.

(1) 원불교 신앙호칭의 통일이 요구된다. 종교신앙에서 절대자에 대한 신앙호칭이 갖는 의미가 적지 않으며, 이에 다양한 신앙호칭이 있다면 신앙정서가 분산될 수 있기 때문이다. 신앙인들이 절대자를 신성으로 칭념(稱念)함으로써 자신의 신앙정서를 돈독히 할 수 있다. 우리는 언어라는 수단을 통해 사상과 감정을 주고받는 만큼, 종교언어는 신앙심 고양에 있어서 매우 중요하다. 원불교에 있어서 신앙호칭의 통일문제가 부각된 것은 이러한 용어가 신앙정서에 미치는 영향이 크기 때문이다. 원불교 신앙호칭의 통일문제는 교단의 정체성에 관계되는 제1과제로서 곧바로 정리되어 교도의 신앙 수행이나 교화에 동력이 되도록 해야 한다.[88] 법신불 사은이라는 용어는 소태산대종사가 친히 사용한 용어가 아닌 관계로 논란의 여지가 있다는 점에서 부처님, 법신불, 사은, 원불님 등으로 불리는 호칭을 공론(公論)에 의해 통일하는 일이 시급한 일이다. 신앙감정이 쉽게 우러나올 수 있으면서도 원불교의 정체성을 살리는 신앙호칭으로의 통일이 요구된다.

---

88) 김인철, 「교단의 정체성과 신앙의 호칭문제」, 제28회 원불교사상연구 학술대회 《개교100년과 원불교문화》, 원불교사상연구원·한국원불교학과, 2009.2.3, p.31.

(2) 역사의식에 바탕한 원불교 사관(史觀)의 정립이 중요한 과제로 등장한다. 교학계에는 원불교 역사관의 정립문제가 등장하며, 그간의 선행연구는 원불교의 역사인식 태도에 대한 전반적인 내용을 밝히지 못한 것[89]이라는 비판이 있다. 교단사 인식에 대한 시야를 확대하기 위해서는 초기교단사와 관련한 사료의 보완이 필요하고 역사적 시각을 가진 사학자로서 교단사관 정립에 게을러서는 안 된다. 현행본『원불교 교사』는 원기 60년(1975)까지 수록된 관계로 원불교 100년(2015)에 이르러서도 교단 100년사의『교사』 재결집을 단행하지 못한 점은 성찰해야 할 일이다. 본『교사』는 정산종사의『불법연구회창건사』(원기 22년)가 근간이 되었으며, 40년이 지난 원불교 100년의 시점에서 교사 재결집은 당연히 이루어졌어야 한다. 이에「원불교학계의 당면문제」로 사관의 문제(류병덕,『전환기의 한국종교』, 집문당, 1986)를 거론한 점이나, 원불교 100년의 교사공부(김복환, 총부예회보 제1082호, 2015.1.11)를 환기시킨 점을 새겨볼 필요가 있다.

(3) 교단개혁에 있어서 제도개혁을 얼마나 충실히 수행하느냐에 교단발전이 좌우된다는 점을 상기할 필요가 있다. 제도개혁이 미비할 경우 어느 단체든 목적사업을 성취하는데 제약이 따르기 때문이다. 교단이 정체된 원인의 하나로는 사회변화 속도에 능동적으로 대응할 제도개혁이 미비했기 때문이다. 이에 교단은 사회변화에 능동적으로 대응하기 위한 제도적 변화를 시도하는 적극적인 노력을 해왔어야 한다.[90] 원불교가 교화 교육 자선이라는 삼대목표를 성실히 수행할 수

---

89) 신순철,「불법연구회창건사의 성격」, 김삼룡박사 화갑기념『한국문화와 원불교사상』, 원광대학교출판국, 1985, p.911.

90) 서경전,「21세기 교당형태에 대한 연구」, 제21회 원불교사상연구 학술대회《21세기와 원불교》, 원불교사상연구원, 2002.1, p.55.

있도록 제도적 뒷받침이 되어왔는가를 성찰해보자는 것이다. 사회변화에 능동적으로 대응할 수 있도록 중앙총부・교구・교당 등 전반의 개혁이 요구되는 바, 제도개혁 자체가 충분조건은 아니지만 필요조건임을 인지할 필요가 있다.

(4) 교단사업의 우선순위로서 교화에 총력을 기울여 입교수와 법회참여도를 높이는 일임에도 불고하고 교화정체 현상이 지속되고 있다. 입교자수의 증가가 교화의 능사인가라는 지적도 있겠지만 원불교의 이념이 아무리 이상적이라 해도 실제의 교세가 미약하다면 낙원세계의 건설에 한계가 있다. 교화의 정체의 단면을 보면 원불교 100년을 1년 앞둔 원기 99년(2014)의 법회출석률이 원기 92년(2007)의 법회출석률의 75%라는 수치이다. 원기 92년 법회 평균출석률이 32,664명이었지만 원기 99년 법회 평균출석률이 24,386명이라는 통계는 현재의 교세가 7년 전보다 오히려 줄었다는 뜻이다. 교세의 정도를 가늠함에 있어서 입교자수와 법회출석률은 가장 중요한 요인으로서 교화대불공의 목표이기도 하다. 원불교는 새 종교로서 이상적 모델이지만 교세가 약한 것이 참으로 아쉽다[91]는 이방인의 지적은 설득력 있는 충고라 본다.

(5) 교단의 역량 있는 인재확보와 인재관리를 위해 강력한 개혁의 드라이브를 걸어야 한다. 원불교 100년(2015)을 전후한 현재 예비교무 지원자 수는 정원에 미달하고 있으며, 예비교역자 성비(性比)는 남

---

91) "원불교는 타종교 이해에 개방적이다. 이에 교세만 더 커지면 좋겠다"고 강원룡 목사가 언급하였다. 1996년 10월 18일 필자는 태국 종교지도자회의(ACRP)에 참여하였는데, 그때 강목사(세계종교인평화회의 공동의장)도 함께 하였다. 대회 마지막날 필자를 포함한 몇몇 한국 대표팀들이 모인 가운데 강목사는 이와 관련한 언급을 하였다.

학생에 비해 여학생 수가 60~70% 적은 편이다. 근래 여성 예비교역자 숫자가 현저하게 줄어드는 이유는 과거에 비해 여성교무에 대한 선호도가 떨어졌기 때문으로 남녀 평등성에 바탕한 결혼문제 등 교단제도의 개선이 요청된다[92]는 것이다. 많은 예비교역자들이 성직을 지원하여 제생의세 사업을 할 수 있도록 교단의 총력을 모아야 한다. 원불교의 못자리판인 서원관에 생활하는 인재의 관리는 중요한 일이며, 차제에 원불교 100년 성업을 기하여 부득이 중도에 하차한 인재들에게 보은의 기회를 주는 차원에서 대사면이 이루어져야 할 것이다.

(6) 원불교 성직자의 복지와 후생문제를 거론하지 않을 수 없다. 전무출신의 복지향상으로 후생제도 마련(요양환자 지원확대, 퇴임 후 복지대책 마련, 휴양제 확대 및 교무휴일제 실시, 교구별 휴양관 마련, 후생회비 운영에 대한 검토), 생활보장제도 마련(전무출신 후원공단 활성화, 정토장학회 발전·육성)이 제3대 제2회 95대 전략과제중 제2과제로 부상한 바 있다(교단 제3대 제2회 『종합발전계획』(안), 교정원, 2000.11). 아울러 전무출신 생활상의 열악함은 이미지에 좋지 못한 영향을 주게 되는 바, 교역자의 후생은 교단이 책임진다[93]는 사실을 간과해서는 안 될 것이다. 여기에는 막대한 예산이 필요할 것이므로 교단의 경제적 부담이 적지 않으리라 본다. 교단사업의 우선순위에서 후생사업이 차지하는 비중을 높여야 하며, 이에 대한 제정대책 방안의 강구가 요청된다.

(7) 교당교화의 활성화를 위해 개교당제도의 운영과 그 확대가 필요

---

92) 박도광, 「원불교예비교무 인재발굴 및 육성에 관한 연구-설문조사를 바탕하여」, 일원문화 연구재단, 2004년 4월 13일, p.4.

93) 출가교도 의견-출가교화단 건항 1단 건방 4단(원불교정책연구소, 『교단발전을 위한 10가지 혁신과제 선정-의견수렴 자료집』, 원기 94년 4월, p.7).

하다. 원불교에서는 현재 천주교의 성당운영 방식과 유사하게 중앙집권제 형식으로 교당이 운영되고 있다. 이에 비해 개신교는 개교회제도를 통해 목회자가 교회를 개척하고 직접 운영하며 경제적 책임까지 떠맡고 있는 상황이다. 이에 원불교가 중앙집권제만이 아니라 개교당제를 시도해봄직한 일이다. 중앙총부의 인사배치와 개교당주의의 병행(「원불교신문」, 2002.7.5)이 이미 언급된 바 있으며, 개교당제도는 교무가 경제적 부담을 안고 스스로 교당을 개척하는 제도이며, 시범적으로 1교구 3~4교당이라도 초빙 교무제를 실시해야 한다[94]는 제언을 새겨볼 필요가 있다. 초빙제교당 운영, 나아가 개교당제 운영 등을 실험적으로 실시하고, 점차 이를 확산해가면서 선의의 경쟁을 통한 교당교화의 활성화를 이루는 방안이 마련되어야 한다. 그것은 교무들의 경쟁력 갖춘 역량확대로 이어져 자력적 경제기반의 확립, 교화 활성화의 물꼬를 틀 수 있다고 본다.

(8) 원불교 100년이라는 역사의 상징성에 맞게 교서재결집의 필요성이 있다. 결집(結集)은 부처 입멸 후 여러 제자들이 모여서 각자 받든 불법을 외어 이것을 결합집성(結合集成)함으로써, 대승·소승경전을 만드는 것을 뜻한다. 불교의 교서결집 운동사를 보면 왕사성에서의 소승경, 바이샬리성에서의 대승경, 파탈리푸트라성에서의 비밀경, 카슈미르성에서의 소승경 결집이라는 4기로 나누어진다. 원불교의 경우도 교서결집 운동이 일어났다. 초기교서 시대(1927~1943), 『불교정전』 시대(1943~1962), 『원불교 교전』 시대(1962~1977), 『원불교전서』 시대(1977 이후)가 그것이다. 원불교 100년에 이르러 교서재결

94) 서경전, 「21세기 교당형태에 대한 연구」, 제21회 원불교사상연구 학술대회 《21세기와 원불교》, 원불교사상연구원, 2002.1, p.61.

집 운동을 하자는 주장들이 있다. 경산종법사는 「원불교 100년의 약속」에서 각종 교서의 오탈자를 점검하여 정리하자(「출가교화단보」 258호, 2013.10.1)고 하였고, 필자도 「교서결집에 대한 연구」라는 주제로 학술발표를 하였으며(원불교사상연구원 추계학술대회, 2013. 10.11), 원불교 언론에서도 교서 재결집의 필요성[95]을 언급하였다. 이웃종교들의 지속적인 결집사를 참조하면서 시대의 변화에 따른 언어유동성이 갖는 갭을 줄임으로써 새 시대에 맞는 법어의 효율적 전달을 유도하자는 것이다.

(9) 출가중심의 교단운영에서 재가교도의 역할이 확대되는 교단개혁이 요구된다. 원불교서울교구 교도회장단 모임인 원덕회 원로교도 7명은 2013년 11월 6일 중앙총부 교정원 교정원장실을 방문했다. 여기에서 「세 가지 성찰의 문제」를 언급하며, 재가 출가를 차별하지 않는다는 교법정신을 살려 재가인력을 교정에 적극 활용해야 한다고 했다. 재가 전문인력의 활용은 지자본위 정신에도 부합되며, 교정 각 분야에 유능한 재가인력의 참여를 제도적으로 규정할 것을 건의한다(「재가원로들의 청원서」, 원불교신문, 2013.11.15)고 하였다. 출가인력의 급격한 감소에 대응하고 교당교화의 활성화를 도모하기 위해 교정당

---

95) 교서 재결집이라는 과제가 있으며, 교단 현안과 원불교사상의 다양한 해석학적 접근이 요구된다. 교서결집사를 보면, 원기 12년 『수양연구요론』과 『불법연구회규약』, 원기 17년 『육대요령』, 원기 28년 『불교정전』, 원기 47년 『원불교 교전』의 결집으로 이어졌다. 교서 결집연도의 순환곡선을 보면 5년, 11년, 19년의 간격이 있으며, 어느덧 마지막 결집 후 41년이라는 긴 세월이 흘렀다. 물론 숫자가 중요한 것은 아닐 것이나 「원불교 100년」이라는 상징적 숫자를 염두에 두면 맞춤법 등을 포함하여 수정해야 할 부분이 적지 않다(류성태, 「원불교 100년의 의미」, 원불교신문, 2013.8.16. 20면). 원불교 100년에 즈음한 시점에서 교서대결집운동이 일어났어야 한다(서경전, 「기고-원불님과 교화의 활력」, 원불교신문, 2013.2.22).

국의 전문인력 배치에 재가교도의 동참이 요구되는 것이다.

(10) 교역자 설교에 있어서 신앙체험담과 관련한 소재가 미약(微弱)한 관계로 이를 보완, 신앙집단으로서의 설교 풍토를 유도해야 한다. 근래 법회분위기에 있어서 계율준수, 도덕성과 수행청정을 중심으로 설교가 전개됨으로써 신앙체험의 설교내용이 미비한 실정이다.[96] 원불교 설교내용에서 삼학수행의 중시도 필요하지만 사은신앙을 중시하지 않으면 신앙단체라기보다는 수도집단 같은 느낌을 줄 수도 있기 때문이다. 세계적 종교가 된 기독교의 신앙인들은 어느 때나 하나님의 은혜를 말하면서 모든 공덕을 하나님께 돌리며, 모든 설교의 끝에는 하나님 은혜로 결론을 맺는다.[97] 이어서 설교에서 세상만사를 하나님 은혜에 연결하는 것이 기독교 발전의 원동력인 만큼 지나치게 수행중시의 설교현상을 극복해야 한다. 다시 말해서 신앙정서를 불러일으키는 신앙체험담의 설교가 아쉽다는 것이다.

(11) 원불교학 연구에 있어서 호교론적 연구의 탈피가 필요하다. 개교 3대를 여는 원불교학 연구과제의 하나로 「호교론적 입장의 해석학 연구」(『원보』 27호, 1988, 3쪽)를 극복해야 한다. 앞으로 교학연구는 호교론 중심의 의미부여 차원을 넘어서 보다 객관적이고 비판적인 논리에 의한 학문접근이 필요하다고 보며, 원불교의 핵심교리인 일원상 진리에 입각한 교상판석적 검토가 우선적으로 요청된다.[98] 지금까지

---

96) 1984년 72명의 교무들을 대상으로 설문조사를 한 바에 의하면, 교무 스스로 교화에서 가장 어렵다고 느끼는 것은 설교라는 반응이 38.6%이며, 가장 부족감을 느끼고 있는 설교는 신앙체험에 관한 것이라는 반응이 41.4%로 나타나 있다. 교당에서는 신앙 정서가 활발히 살아나야 한다(서경전, 「21세기 교당형태에 대한 연구」, 제21회 원불교사상연구 학술대회 《21세기와 원불교》, 원불교사상연구원, 2002.1, pp.53-54).

97) 박장식, 『평화의 염원』, 원불교출판사, 2005, p.208.

80여년의 교학연구사에서 볼 때 원불교가 한국사회에 있어서 주목받은 것은 학술활동이었음이 주지의 사실임을 고려하면, 원불교 100년대의 교학연구는 교리방어나 교리우월의 사고방식을 극복, 다양한 학제간 연구를 통해서 냉철한 비판과 객관적・합리적인 해석학적 접근이 필요하다.

(12) 도가에 대각도인이 많이 나와야 한다는 과제가 있다. 중생들이 방황할 때, 그리고 구도적 열정이 솟아오를 때 그러한 도인을 찾아뵙기만 해도 묵은 업장이 다 녹을 정도로 심법 갖춘 도인이 많아야 한다는 뜻이다. 혹자는 주변에 숨은 도인이 많다고 안위를 할법한 일인데, 견성에 자족하여 큰 공부를 하지 않아 더 이상 나아가지 못한 조각도인[99]이 적지 않다는 것이다. 소태산은 '앞으로 백여년만 지나면 대각여래위의 도인이 많이 생겨날 것'이라며, 그러한 도인이 설법을 하면 수많은 대중이 운집하여 법을 들으며 환희용약하고, 과거의 죄를 참회하며 그 말씀에 감동하여 눈물 흘리는 사람이 많을 것[100]이라 했다. 원불교 100년에는 구도적 정열에 의한 공부인, 중생들의 의지처로서 깨달음의 해탈도인들이 도처에 출현할 것이라는 기대가 커지는 이유이다.

(13) 원불교 훈련기관에서의 전문인재의 역할과 훈련내용의 다양화・차별화가 요구된다. 원불교 전무출신의 의식개혁을 주도할 수 있는

98) 노권용, 「교리도의 교상판석적 고찰」, 『원불교사상과 종교문화』 45집, 원광대 원불교사상연구원, 2010.8, pp.260-261.

99) 박상권, 「소태산 성리해석의 지향성 연구」, 『원불교사상과 종교문화』 32집, 원불교사상연구원, 2006.2, p.102.

100) 이공주 법설기록, 「대각도인이 많은 미래세계」, 1932.10.6, 영산지부 예회 마치고 정관평에서, 『청하문총』 1권, 222-224쪽(박용덕, 『금강산의 주인되라』, 원불교출판사, 2003, pp.150-151).

교단의 주요 제도적 장치로는 원불교중앙훈련원에서의 매년 1주일 동안의 정기훈련일 것이다. 그동안 훈련 내용의 질적 향상과 의식화의 교육에 있어서 그 영향력은 엄정히 말해서 큰 기대에 미치지 못했다. 오늘날 정기훈련의 양적, 질적 구축현상은 근본적으로 정기훈련의 의의를 무력케 하고 있으며 어느 면에서 제2기능 또는 변질기능으로 전락되어진 감이 없지 않다.[101] 7일간의 정기훈련 프로그램에 있어서 교무훈련과 부교무훈련의 차별화 외에 졸업연도에 따른 교무훈련의 차별화는 전무한 실정이며, 교역자 상호친목과 휴양의 분위기에 젖는 경우가 없지 않다는 점을 인지해야 한다.

(14) 사회문제에 대한 전문지식을 갖춘 인재를 양성하여 시민운동에 대안을 제시할 수 있음과 동시에 비행청소년의 치유, 소외받는 자의 인권보호 등에 적극적으로 다가서야 한다. 원불교는 시민・종교단체와 연계하여 여성평등・인권과 관련하여 사회참여를 해오고 있지만, 사회문제에 대한 충분한 인식과 전문성을 갖추지 못한 채 산발적으로 이루어지는 시민운동은 지속적이지 못한 단순참여가 되기 쉽다.[102] 역량을 갖춘 전문인재의 활동으로 사회참여의 방법을 전문화・다양화해야 사회의 기대에 부응할 수 있다. 그것은 교단으로 하여금 사회적 설득력을 키워갈 수 있게 해주며, 21세기의 민중종교로서의 활동력을 확대할 수 있도록 해주는 것이다.

(15) 출가교화단의 운영이 교리공부와 친목, 행정편의, 구성원의 관리 중심으로 전개되고 있는 현실적 한계는 없는지 진단함으로써 입교

---

101) 김경일, 「정기훈련의 의의와 그 실천의 반성」, 『정신개벽』 제4집, 신룡교학회, 1985, p.40.

102) 박광수, 「원불교 사회참여운동의 전개양상과 과제」, 『원불교사상과 종교문화』 30집, 원광대・원불교사상연구원, 2005.8, p.253.

와 전법(傳法)교화에 보다 비중을 두는 교화단 운영이 요구된다. 원불교의 고유한 교화방법인 교화단 활동이 소태산의 원래 의도대로 전개될 수 있는 인프라 구축[103]이 필요하다는 뜻이다. 소태산은 시방세계 모든 사람을 두루 교화할 십인일단의 단조직 방법을 제정하였음(『대종경』, 서품 6장)을 참조할 일이다. 다시 말해서 교화단은 아무리 많은 수를 입교, 교화할지라도 가히 지도할 수 있는 방법이라 하였던 것이다. 따라서 출가자끼리만의 교화단 구성이 과연 바람직한 일인지, 실제 재가입교 연원자와 연계한 구성을 검토할 필요가 있다. 원불교가 오랫동안 교화정체 현상에서 벗어나려면 교화단 운영의 다양성을 살리는 방향으로 개선해야 한다.

(16) 교단사의 지체현상이 개인의 신심부족 때문이라는 이유도 있겠지만 시스템의 비효율화가 더 큰 원인이라는 의식전환이 요구된다. 이에 인재등용이나 교단발전의 장애요인이 구성원 개인의 종교적인 믿음의 문제라서 그렇다고 넘길 문제가 아니라 믿음의 속성에 인도할 수 있는 시스템이 필요하다[104]는 것이다. 교단 100년에 임하여 시스템의 변화에 대한 관심을 기울여야 할 때로서 21세기를 향도하는 종교라면 시대변화에 따른 신속하고 유연한 시스템으로 운영해야 하는 것은 당연하다. 이에 어느 단체든 목적한 바의 사업이 실패로 돌아가는 원인은 시스템 잘못이 85%이고 개인 잘못이 15%라는 '85:15률'에 대한 언급(「원불교신문」, 2001.2.16)이 주목되는 바이다.

---

103) 소광섭, 「대산 김대거 종사의 四大眞理 사상」, 대산 김대거 종사 탄생 100주년 기념학술강연 『진리는 하나 세계도 하나』, 원불교100년기념성업회 대산종사탄생 100주년 기념분과, 2013.6, pp.50-51.

104) 최상태, 「원불교 교무상의 시대적 모색」, 《원불교교무상의 다각적인 모색》, 원광대 원불교사상연구원, 2003.2.7, p.21.

(17) 재가 출가의 법위사정에 있어서 공정하고 엄정한 잣대가 요구된다. 법위등급의 원형은 원기 2년(1917)에 시행된 「성계명시독」에서 찾을 수 있으며, 여기에서 제자들의 신성의 정도는 청・홍・흑색으로 표시되었다. 대산종법사는 원기 50년(1965)에 법위사정에 대한 특별유시를 발표하였고, 원기 61년(1976)부터는 생전 항마위 사정을 양성화한 이래 오늘날에는 생전 출가위를 양성화하고 있다. 여기에서 법위사정의 문제점을 거론하고자 하는 바, 법위사정에서 공부보다 사업이 우선시되고 있다는 인식이 보통 교도들의 인식이다.[105] 이는 법위사정이 『정전』 법위등급의 기준대로 시행되지 않고 양산하기 위한 방향과 정서로 달음질치기 시작하면서부터 야기되었다는 지적이다. 근래 양산문제로 부각된 출가위의 경우, 법위사정을 사후 법위사정제로 변환하자[106]는 의견이 제출된 것을 참고할 필요가 있다.

(18) 원불교신앙에 있어서 기복신앙이나 신비적 장엄화의 유혹을 지속적으로 극복하는 일이 요구된다. 상산 박장식 교무는 "요즘 우리의 신앙이 기복적이고 미신적으로 흐르기도 한다"(「교단원로들, 정전 통한 마음공부 확산 강조」, 원불교신문, 2002.3.15)라고 하였다. 소태산은 기복신앙을 사실신앙으로 개혁했지만 기성종교들은 세월이 흐르면서 기복적 형태로 변질되어온 것을 상기하자는 뜻일 것이다. 사은을 절대적 신앙의 대상과 같이 알고 주로 개인의 기복적 진리불공 대상으로 삼는 것은 문제가 있다[107]는 항산 김인철 교무의 의견은 이

105) 제129회 임시 수위단회에서 '교화발전을 위한 의견교환' 시간에 제기된 내용들을 요약한 것이다(편집자, 「교화발전을 위한 의견교환 내용」, 《출가교화단보》 제131호, 2003년 3월 1일, 2면).

106) 원불교정책연구소, 『교단발전을 위한 10가지 혁신과제 선정-의견수렴 자료집』, 원기 94년 4월, p.9.

를 반증한다. 절대자의 장엄과 더불어 개인의 기복을 위해 헌공금을 은연중 강요해왔던 기성종교의 폐단을 타산지석으로 삼아야 하리라 본다.

(19) 부득이한 일이지만 교정원의 회의가 비교적 많은 편이며 회의시간이 길어지는 등 원불교의 회의문화에 대한 비판적 성찰이 요구된다. 교단사로 전개되는 각종 회의가 보다 생산적 방법으로 전개될 필요가 있다는 뜻이다. 교역자들이 공사간 분주한 편이므로 교정 통신망이 자동화될 경우에 모든 교구장회의도 반드시 총부에서 할 필요가 없다는 지적이 있다. 즉 전국 각 교구장이 교구사무실이나 교구장실에서 동시 영상회의를 할 수 있으며, 이는 회의시간과 비용을 절감할 수 있고 회의결과의 시행도 빨라지게 되어 여러 이득을 얻을 수 있다[108]는 것이다. 물론 중앙총부 교정원이 전 교단사를 책임지는 관계로 사소한 일에도 다수가 의사결정에 참여하게 되고, 의견의 수합을 위해서 회의가 반복되는 경우가 많다. 그로 인해 출가 재가교도들은 많은 시간을 회의에 소모할 수밖에 없다.[109] 각종 회의의 효율적 진행이 요구되는 바, 지나치게 많은 회의 빈도수를 줄인다거나, 총회와 같이 다수가 참여하는 회의는 토론의제와 시간의 효율적인 배려가 요구된다.

(20) 즉흥적 감성위주의 당위성을 강조하는데 길들여진 사유로부터 이성적 사유에 바탕한 현실적 대안제시의 역량을 갖춘 교역자상이 요

---

107) 김인철, 「교단의 정체성과 신앙의 호칭문제」, 제28회 원불교사상연구 학술대회 《개교100년과 원불교문화》, 원불교사상연구원 · 한국원불교학과, 2009.2.3, p.31.

108) 서경전, 「21세기를 향한 원불교 교단행정 방향」, 『원불교와 21세기』, 원불교사상연구원, 2002, p.28.

109) 김성철 교도(개봉교당), 「지금은 회의중」, 《원불교신문》, 2002년 11월 1일, 5면.

구된다. 성직자의 도덕성에 무장한 채 매사 당위성을 앞세우는 감성적 판단이 지배하는 경우를 종종 볼 수 있다. 따라서 현실을 사려있게 냉철히 진단, 이의 구체적 대안제시에 있어서 역부족이었던 점들을 성찰하자는 뜻이다. 그동안 교단에서는 사회문제들을 전지구적 차원에서 보면서 인권, 소수민족과 신생국의 자주권, 남북문제와 경제정치, 도덕과 사회문제를 세계적 차원에서 대안을 제시해 오지 못하였다.[110] 세상을 치유하는 대안마련에 심혈을 기울여야 한다는 것으로, 그것은 세상을 바라보는 섬세하고도 치열한 안목 제시보다는 즉흥적인 감상주의에 길들여진 측면이 없지 않았는가를 성찰해보자는 것이다.

(21) 오늘날 많은 종교인들이 개인주의와 세속주의에 물들었다는 지적에 대해, 원불교의 경우도 이를 전적으로 부인할 수 없는 상황이 되어버렸다. 「지금까지의 원불교를 반성한다」며 "원불교는 지금까지 서구문명에 의해서 받아들여진 개인주의·자유주의·자본주의의 세속적 타성에 물들었다"[111]는 비판이 있다. 또한 하비 콕스가 종교인의 세속화를 비판하였음은 주지의 사실이며, 자본주의 하에서 운영되고 있는 모든 종교들은 이러한 세속화의 성향을 벗어나지 못하고 있다. 물론 소태산은 영육쌍전의 정신을 언급하며 생활종교·대중종교를 지향하고 있지만, 맑은 영성이 고갈된 채 지나치게 세속화된 한국종교의 현실을 여하히 극복할 수 있을 것인가는 우리 모두의 과제로 등장한다.

---

110) 서경전, 「21세기 교당형태에 대한 연구」, 제21회 원불교사상연구 학술대회 《21세기와 원불교》, 원불교사상연구원, 2002.1, p.53.

111) 류병덕, 「21C의 원불교를 진단한다」, 제21회 원불교사상연구 학술대회 《21세기와 원불교》, 원불교사상연구원, 2002.1, pp.15-16.

(22) 시대의 변화에 따른 계문조항의 재점검이 필요하다. 이를테면 원불교계문 중 "연고 없이 사육을 먹지 말며"(법마상전급 3조)의 경우는 흔히 범하는 계문에 해당되어 경계심이 늦추어진 감이 없지 않다. 이에 사소한 계문조차 지키지 못한다는 지적을 받을 수 있으며, 이와 관련하여 선결해야 할 것들은 참으로 많다.[112] 아울러 "간음을 말며"(보통급 3조)와 "두 아내를 거느리지 말며"(법마상전급 2조)는 내용이 중첩되는 계율로서 후자의 경우를 전자로 합할 수 있는 방안이 있는지를 검토해야 한다. 여기에 더하여 계문준수에 있어서 지나치게 율법주의로 나아갈 경우 계문강요라는 형식적・소승적 수행에 치우칠 수 있음을 간과해서는 안 된다. 시대적 환경과 인지의 발달로 변화된 현실에 맞지 않는 계율은 비록 수백 년 동안 지켜져 왔다 할지라도 생명력이 없다[113]는 사실을 인지하자는 것이다. 원불교계문은 초기에 완정된 것이 아니라 시대를 따라 몇 차례 변화해온 것들임을 감안하면 계문조항을 재검토할 때가 왔다고 본다.

(23) 원불교와 불교의 관계정립이라는 과제가 있다. 『대종경』 서품 2장은 교조 소태산이 불교와의 기연과 불법을 주체로 하여 새 회상을 건설하겠다는 의지의 천명이다. 이를 해석함에 있어서 원불교는 불교인가 아닌가라는 논란의 여지가 있다. 원불교와 불교의 관계정립은 현재 원불교학이 지닌 과제의 하나이며, 이는 교단사 연구의 과정을 통해서도 해명될 문제이다.[114] 다만 원불교는 불교가 아닌 새 종교라

---

112) 최정풍, 「새 생활을 개척하는 초보」, 《교화를 위한 열린 토론회》, 원불교 교정원, 2004년 11월 5-6일, p.14.

113) 박혜훈, 「원불교 계문의 성립과 현대적 조명」, 『원불교사상과 종교문화』 48집, 원광대 원불교사상연구원, 2011.6, p.112.

114) 신순철, 「불법연구회창건사의 성격」, 김삼룡박사 화갑기념 『한국문화와 원

는 시각과, 원불교는 불법을 주체로 하고 있기 때문에 불교가 아니라는 말은 지나친 말이라는 시각의 양면성에서 고뇌가 뒤따른다. 불교가 아니라고 하는 등 독자성만 강조하고 전통불교와 벽을 갖게 된다면 원불교의 세계화를 위해 바로갈 수 있는 길을 멀리 돌아가는 결과를 가져올 수도 있다[115]는 점을 새겨야 할 것이다.

(24) 일원상 진리를 지나치게 이법적 신앙으로 전개하는 경우가 있으며, 그것은 신앙정서를 고취하는데 한계를 가져다준다는 사실이다. 법신불, 일원상, 사은 등 신앙의 대상을 지칭하는 호칭이 사변적이고 철학적이라면 신앙의 대상으로 친근하게 느껴지지 않을 수 있기 때문에 일원상의 진리가 이법적인 성향으로 치우칠 수 있다.[116] 『대종경』 교의품 3장에서 일원상의 진리는 유가의 태극이나 무극, 도교의 도, 불교의 청정법신불이라 하여 이법적인 설명을 하고 있으며, 이는 신앙감성을 유도하는 신앙성 강화에 한계를 지닐 수 있다고 본다. 일원상 진리에 있어서 이법적 해석위주로 접근하는 것을 극복하고 감성적 신앙정서를 유도할 수 있는 해석학적 전개가 요구된다. 원불교가 수행중심에 치우쳐 있다는 주장은 일원상 진리의 이법적 해석으로 접근하여 감성적 정서를 간과한 측면 때문이다.

(25) 청소년교화 및 학생교화의 정체현상이 원불교 교화의 전반적 정체로 이어지고 있다는 점을 심각히 인지할 필요가 있다. 이에 청소년과 학생교화를 살려야 하며 그 타개책으로 청소년교화에 역량을 갖

불교사상』, 원광대학교출판국, 1985, p.904.

115) 김영두, 「원불교학 쟁점의 해석학적 고찰」, 『원불교사상과 종교문화』 39집, 한국원불교학회·원불교사상연구원, 2008.8, pp.87-88.

116) 정순일, 「법신불 사은 호칭 재고」, 『원불교사상과 종교문화』 49집, 원광대학교 원불교사상연구원, 2011.9, pp.133-134참조.

춘 전문인재를 양성해야 한다. 현재 타종교의 현황을 보면 기독교 계통에서는 엄청난 물량공세와 공격적인 선교전략을 바탕으로 첨단 멀티미디어에 익숙한 청소년들을 흡인하고 있으며, 불교계에서는 천혜의 자연조건을 이용한 템플스테이나 선방 등을 통한 이색문화의 접목으로 청소년들을 불러들이고 있는데, 과연 우리들은 무엇으로 청소년의 마음을 잡을 것인가?[117] 청소년교화의 활성화를 위해 청소년 교화비용을 늘릴 필요가 있으며, 청소년교화를 담당하는 부교무가 3년단위 순환인사로 자주 이동되는 관계로 청소년교화의 지속성 결여의 문제를 해결해주어야 한다.

(26) 교학계에서 원불교의 교리를 지나치게 이분법적으로 해석하는 성향이 있는 바, 일원상과 사은, 진공과 묘유, 물질과 정신, 유와 무, 유상과 무상, 입정처와 생사문을 둘로 나누려는 성향이 이와 관련된다. 일례로 원불교학계에서는 일원상과 사은에 대해 일원즉사은, 사은즉만유라는 상즉성의 논리에 입각하여 이들의 관계를 동일시하는 관점(한종만, 『불교와 유교의 현실관』, 원광대출판국, 1981)과, 이와 달리 본원이라는 개념에 주목하여 이들의 관계를 구별하여 보는 입장(송천은, 「소태산의 일원상진리」, 『한국근대종교사상사』, 원광대출판국, 1984)의 상반된 견해가 있다.[118] 전자는 현상세계 밖에 따로 본체세계가 없다는 철저한 일원론적 입장이라면, 후자는 본성에 있어서는 본체와 현상이 다를 수 없으나 존재의 질적 차원에 있어서는 엄연히

117) "청소년전문가를 키우자" 조경철 전북교구 청소년전담교무의 언급이다(유용진 외 編(문향허 외 집필), 『원불교 개교 100주년을 연다』, 원불교신문사, 2006, p.27).

118) 노권용, 「교리도의 교상판석적 고찰」, 『원불교사상과 종교문화』 45집, 원광대 원불교사상연구원, 2010.8, pp.262-263.

구별되어야 한다는 이원론적 성향(이원론적 일원론)을 지닌다. 일원론적 입장과 이원론적 입장에 대하여 원불교학계에서 앞으로 논구되어야 할 과제들이다.

(27) 종법사·수위단원 선거제도의 지속적 보완과 합리적 의사결정, 교정간부의 적정 임기제와 엄정한 책임의식 등에 대한 건설적인 토론이 필요하다고 본다. 균형 있는 권한 배분으로 책임과 견제가 명확해야 한다는 면에서 최근 간행된 저술에 의하면, 현재 여러 단위의 중앙총부 직제를 종법사 수위단 교정원 3단위로 재편하고, 합리적이고 민주적인 절차에 의해 재가와 출가 수위단원을 각각 선출해야 한다[119]는 의견이 제시되고 있다. 행정수반과 관련된 다양한 의견들이 토의됨으로써 보다 합리적인 방향으로 의사결정이 이루어진다면, 원불교 100년은 개방적 사유의식에 더하여 개혁 속도를 앞당길 수 있다. 교단 집행기관의 권한과 책임에 관련된 건설적이고 합리적 의견을 열린 안목으로 수렴함으로써 교단은 앞으로 더욱 민주적인 방향으로 전진할 수 있으리라 본다.

(28) 상당수 원불교 교무들은 자신도 모르게 교도들의 섬김과 대접에 길들여진 양상이 있다. 오히려 교화자로서 교도를 섬기는 자세가 필요하며, 섬김을 받는데 길들여진 태도는 바람직하지 않다는 뜻이다. 물론 교당교화의 책임을 맡은 교무로서 교도들의 섬김을 받는다고 해도, 교무 스스로 교도들을 모시는 자세가 더욱 교화를 훈훈하게 한다고 본다. 서울 원남교당의 정성곤 원무는 말하기를 "내가 잘 아는 후배가 출가하여 교무가 된 후로 서로 대화가 어색해진 감이 있다. 내 자녀가 출가를 하겠다고 해서 '너는 교무가 되면 모시는 마음으로 임

119) 서경전, 『원불교의 얼과 흐름』, 원광대학교 출판국, 2014, p.62.

하되 대접받는 자세는 바람직하지 않다'고 말한 적이 있다"[120]고 하였다. "교무는 군림하는 자가 아니고 섬기는 사람이다"[121]는 언급은 출가한 교역자로서 깊이 새겨야 할 충고라 본다. 기독교에서도 섬김을 받으려 함이 아니라 도리어 섬기려 하라(막 10:45)고 하였음을 참조할 일이다.

(29) 통일성 없이 산만한 디자인으로 보일 수 있는 교당의 건축물 내지 법당의 디자인을 극복, 원불교 고유문화의 정체성을 확보하는 것이 중요하다. 이를테면 원불교를 찾는 사람들에게 일상적 형태의 교당건물을 성스럽게 보이도록 고안해 보자는 것이다. 원불교적 특성을 위해서 해결되고 전제되어야 할 과제의 하나는 교당건축 양식의 개발과 통일이며, 이에 문화예술에 대한 교단의 관심이 고조되어야 한다.[122] 개신교의 경우 십자가와 교회건물이 서로 일관성을 지니고 있다. 천주교의 성당 역시 우아하고 신앙적 정서를 드러내면서 성당 내부의 장엄한 채색은 귀감이 될 것이다. 현재 정체성 미흡의 교당 건축 양식은 이웃종교 건물과의 경쟁력에서 뒤질 수밖에 없다. 원불교 2세기에는 하루속히 정형화된 교당건축과 적정 주차장 시설이 보완되어야 한다[123]는 지적을 새겨보아야 한다.

---

120) 원기 100년(2015) 1월 17일 저녁 7시, 원불교중앙총부 상주선원에서 원무훈련을 받고 있던 정성곤 원무가 필자를 포함한 교학대학 교수들(박광수, 한창민, 염관진 참석)과의 문답시간에 조심스러운 마음으로 이러한 충언을 하였다.

121) 김덕권(중앙청운회장), 「원불교 교무상의 다각적인 모색」, 《원불교교무상의 다각적인 모색》, 원광대 원불교사상연구원, 2003.2.7, p.23.

122) 손정윤, 「문학・예술사」, 『원불교70년정신사』, 원불교출판사, 1989, pp.668-669.

123) 김대선, 「질적 교화에서 양적 교화로의 정책변화에 대한 제안」, 《수위단회 상임위원회 전문위원 연구발표회》, 2003년 10월 13일, 수위단회 사무처,

(30) 지역사회와 함께 하는 교화의 틀과 그 구체적 방법론의 개발이 교화성공의 비결임을 알아야 할 것이다. 원불교에서는 그동안 지역사회 교화를 위해 활동해 왔지만, 방법론적으로는 여러 문제들이 있었다. 즉 ① 대부분의 교화방법들이 선심성 일회적 행사에 그치고 있으며, ② 교당이 있는 지역사회가 아닌 원불교 복지기관에 주로 관심을 가지고 있고, ③ 지역사회 관계기관에의 참여와 활동을 통한 교화체계가 없으며, ④ 지역사회의 구조적 문제해결을 위한 교화차원의 방법이 결여되었다[124]는 것이다. 원불교 2세기의 교화활력은 지역사회와 함께 하는 교화여야 하며, 이러한 당위성 하에 지역사회의 실정에 맞는 교화 방법론의 개발이 필수적이라는 것이다.

(31) 현장교화 중시의 교화에서 탈피, 원불교 사이버교화에도 적극 관심을 갖고 사이버 인재양성, SNS활동 강화, 페이스북, 블로그활동, 앱개발에 투자를 해야 한다. 각 종교의 교화는 이제 실제와 사이버의 양 방향에서 전개되는 양상이다. 이에 원불교사이버 교화의 과제로는 사이버교화의 이념과 목적 정립, 사이버교화의 방법 및 실현방안 모색, 사이버교화의 조직 및 역할[125] 등이 있다. 2013년부터 경산종법사의 일상을 사이버의 페이스북 「원불교 종법사」 코너에서 소개하고 있는 모습, 그리고 이를 공유하는 원불교 사이버 활동가들의 역할은

---

p.12.

124) 정천경, 「사회교화 방법에 대하여」, 『원광』 제238호(노길명 고려대 사학과 교수), 「한국사회에 있어서 원불교의 소명-사회발전을 위한 원불교의 역할과 과제를 중심으로-」, 제23회 원불교사상연구 학술대회 《원불교개교 백주년기획(Ⅰ)》, 원불교사상연구원・한국원불교학회, 2004년 2월 5일, p.10).

125) 정보전산실 사이버교화팀 주관, 사이버 교화를 위한 토론회 자료집 「원불교 사이버 교화 현황」, 원불교교정원정보전산실, 2003년 4월 16일 오후 2시(중앙총부 법은관 대회의실), p.8.

앞으로 원불교 사이버교화 및 홍보가 얼마나 중요한지를 가늠하게 해준다. 필자는 현재 다음 블로그(류성태사진전), 네이버 블로그(류성태 포토갤러리), 카카오스토리, 페이스북에서 직간접적인 사이버교화 활동을 하고 있다. 다만 시간적 제약과 콘텐츠 부족으로 구체적이고 실질적인 교화방법으로의 접근에는 한계를 느끼고 있다.

(32) 교무와 부교무의 소원함, 교무와 교도의 갈등은 교화에 치명타를 안겨준다는 점을 알아서 상호 신뢰가 필요하다. 즉 교당교무 사이의 갈등 혹은 교도와의 갈등은 교세신장뿐만 아니라 신앙생활에도 치명적인 결과를 가져올 수 있으며, 출가교역자의 갈등과 불신이 점차 팽배하여지고 있다.[126] 어느 종교단체든 구성원 간의 갈등은 있을 수 있으며, 이는 비단 원불교만의 문제는 아니리라 본다. 원불교는 신종교로서 구성원과 화합하는 분위기 속에서 발전해 오고 있지만 근래 상호 불신이 증가하고 있는 현상은 간과할 수 없으며, 이와 관련하여 전문적인 갈등치유의 방법개발이 요구된다.

(33) 원불교 공금의 투명한 운영과 관리만이 경제사고를 줄일 수 있는 방안임을 알아야 할 것이다. 예컨대 부실한 건축사업의 하나로 교단사에서 빼놓을 수 없는 것이 서울회관 건립이었던 바, 서울회관 건립과정에 있어서 남한강개발주식회사에 대해 교산(教産)을 담보해준 사건이 이와 관련된다. 남한강주식회사의 부실로 교단이 부채를 짊어지게 되었고, 따라서 교단은 큰 곤경을 겪게 되었다.[127] 또한 근래 교

126) 김대선, 「질적 교화에서 양적 교화로의 정책변화에 대한 제안」, 《수위단회 상임위원회 전문위원 연구발표회》, 2003년 10월 13일, 수위단회 사무처, p.12.

127) 손정윤, 「개교반백년 기념사업」, 『원불교 70년정신사』, 성업봉찬회, 1989, p.325.

정원 교육부 육영기금의 부실투자로 인한 손실[128]은 반복된 경제사고의 전형으로 많은 재가와 출가에게 상처를 안겨준 사건의 하나였음을 알아야 할 것이다. 경제사고를 일으킨 당사자에게 응분의 징벌과 투명한 경제운영만이 난관을 극복할 수 있는 길이다.

(34) 농경시대에 창립된 원불교교화는 당연히 농촌교화 형태를 지닐 수밖에 없었지만 이제 이농현상과 도시화에 따른 농촌교화의 한계를 어떻게 탈피할 것인가에 대하여 심도 있는 논의가 필요하다. 현재 농촌인구의 절대감소에 의하여 원불교 농촌교화에 어려움이 있기 때문이다.[129] 초기교단의 농촌교화에 활력이 있었을 때를 보면, 예컨대 박대완 선진은 용신교당 교무로 있었는데 예횟날이면 교당을 중심으로 사방의 논밭길, 산길로 흰옷 입은 촌민들이 줄을 이었으니 300여 명 촌민들이 도시락을 싸들고 모여들었다.[130] 그러나 오늘날의 현실에서 보면 과거 공간적 안배에 따라 군읍면 등에 있던 농촌교당은 이제 인구고갈을 직시, 공간안배라는 방식에서 탈피해야 한다. 농촌교당은 지역의 인구수에 비례하여 적정 교도수와 규모에 맞게 구조조정을 하거나 재편성되어 교무가 배치되어야 한다.

(35) 원어민 교역자발굴의 시대에 접어든 원불교 100년에는 해외교

---

128) 9월25일 총단회 이후 속개된 출가교화단 각단회의에서는 '교육부 육영기금 손실에 따른 성금 모금'을 합의했다. 기존 우세관 교무가 발의해 만들어 놓은 '재단법인 원불교(교육부)'통장에 출가자들의 자유의지에 따라 모금활동을 전개하기로 한 것이다. 이에 따라 총단회에서 합의는 없었지만 출가교화단을 중심으로 모금활동이 올 연말까지 활발하게 진행될 것으로 보인다(원불교신문, 2013.10.4).

129) 이농현상으로 농촌교당 교화 침체가 있다(강낙진, 「성직자 지원의 현황과 전망」, 『전환시대의 성직자 교육 현황과 전망』, 영산원불교대학교 출판국, 1997년, p.35).

130) 박용덕, 『금강산의 주인되라』, 원불교출판사, 2003, p.181.

화의 패러다임적 전환이 요구된다. 지금까지 해외교화는 몇몇 교당을 제외하고 재외한국인을 중심으로 이루어져왔음을 부인할 수 없으므로 정역사업, 미주선학대학원의 역할로서의 전문인재 양성, 인프라 구축을 통해 현지인을 중심으로 교화가 이루어져야 한다. 원기 99년(2014) 처음으로 해외 출가교역자대회를 중앙총부에서 거행하였으며, 이때 해외교무들과 교정원과의 만남을 통해 교정에 관한 질의문답을 나눴다. 여기에서 교구편제 해외교화자의 인재양성이라든가 교화인프라 구축 등 교화전략에 관해 심도 있는 토의가 진행됐다(「원불교신문」, 2014.5.23). 아울러 영세한 해외교당의 경제적 자립이 요구되는 바, 열악한 경제의 현실을 극복하는 방안 마련이 절실하다.

(36) 원불교가 개혁종교로서의 모습보다는 변화에 둔감한 채 기성종교를 답습하는 전철을 밟고 있는지를 성찰해야 한다. 이것은 소태산의 「조선불교혁신론」의 종교혁신 정신이 시대의 흐름에 따라 퇴색되고 있다는 의미이기도 하다. 개벽시대의 새로운 법은 과거 묵은 시대의 윤리와 도덕이 아님에도 불구하고 어느 순간 우리 교단은 새로운 시대를 향도할 참신성과 역동성을 잃고 말았다[131]는 재가교도의 비판을 간과할 것인가? 그는 "오늘날 우리는 한 여름에 낡은 겨울 외투를 걸치고 있는 모습으로 서 있음을 깊이 반성하고 성찰해야만 한다"며 따끔한 충고를 하고 있음을 보면, 원불교는 종교개혁에 망설여서는 안 된다. 지금 우리 교단에 소태산대종사의 개혁정신이 변질되지 않고 도도히 흐르고 있는가[132]라는 원로교무의 외침에도 귀 기울여야

131) 박경석, 원사연 제149차 월례발표회 「네트워크 세대의 이해와 교화」, 원불교사상연구원, 2005.11.21, p.1.

132) 조정근, 『일원화를 피우소서』, 원불교출판사, 2005, p.141참조.

할 것이다.

(37) 교역자들의 일상을 보면 타인불공보다 자신불공에, 타인교화보다 자신교화에 더 소홀히 하는 경우가 있다. 교당교화에서 교역자들은 수많은 교도들을 만나며, 그들에게 일천정성으로 불공을 한다. 가히 희생심으로 교도들에게 불공하는 교역자의 삶은 귀감이라 본다. 그러나 정작 자신불공을 제대로 할 시간이 없어 육신에 병을 얻는 경우가 많다. 자신불에게 정성스럽게 기도와 불공하고 자기의 분별도 사사불공으로 다스리라[133]는 언급을 새겨야 할 것이다. 효산 조정근 교무에 의하면, 자기문제가 무엇인지, 어떻게 해결해야 할 것인지 아무런 연마도 없다[134]며 자신문제를 자기 스스로 해결해야 함을 밝혔다. 교역자의 희생적 교도교화는 아무리 말해도 소중한 제1과제이지만, 자신불공과 자신교화에 소홀히 할 경우에 그것은 모래위에 성을 쌓는 격이다.

(38) 교무의 간사・부직자 훈도에 있어서 그들의 눈높이 방식이 아니라 교무 자신이 살아온 엄격한 방식에 구애되어 꾸지람하는 매너리즘이 사제 간의 신뢰에 금이 가게 만드는 경우가 적지 않다. "나는 간사 시절을 어떻게 살았는데 그럴 수 있어?" "나는 부교무 시절에 스승을 어떻게 모셨는데 그럴 수 있어?" 이러한 식으로 노여워할 경우, 사제 간의 신뢰는 더 멀어지게 되며, 그로인해 간사들이 근무도중에 출가생활을 접는 경우가 있다. 어느 날 교당 간사가 외출하여 오후 늦게까지 교당에 돌아오지 않자 어느 교무는 화가 났으며, 이에 대한 자신

---

133) 송천은, 「일원상 진리」, 창립10주년기념 추계학술회의 《원불교 교의 해석과 그 적용》, 한국원불교학회, 2005년 11월 25일, pp.F-G.

134) 조정근, 『일원화를 피우소서』, 원불교출판사, 2005, p.137.

의 마음일기[135]를 작성하였다. "나의 마음을 요란하게 한다. 그래 오기만 해봐라." 심각한 표정을 억지로 참고 "왜 늦었냐"고 물었더니 간사는 부득이한 이유가 있었다는 것이다. 교무로서는 간사시절 그렇게 늦어본 적이 없었던 터였다. "모든 것을 나의 수준에서 생각하니 간사 역시 답답하겠다. 선입견이나 편견이나 추측으로 사람을 보지말자." 교무의 간사경계에 대한 마음일기를 보면, 교역자로서 후배교무들에 대한 가르침에 있어서 눈높이가 맞지 않았던 상황을 마음대조 공부로써 잘 극복한 단면이다.

(39) 불법과 생활을 일치해야 한다는 교리표어 정신과 달리 불법과 생활의 괴리감 속에서 사는 경우가 적지 않다는 것이다. 소태산은 불법시생활, 생활시불법을 표어로 등장시키고 있지만, 일부 수행자의 삶은 생활 속에서 불법을 잊는 경우라든가, 불법만을 생각하여 생활을 등한시하는 경우가 있다. 불법주의에 떨어질 경우 고상한 수행자일 수 있고, 생활주의에 떨어져도 세속화에 물든 수행자일 수 있다. 물론 현실적인 생활과 진리적인 불법의 일치를 의식적으로 지향한다고 해도 이상과 현실을 행동으로 일치시키기란 쉽지 않을 것이다. 과거불교는 출세간 본위가 되어 인간의 생활과 격리되어 불법과 인간의 생활이 서로 반대되는 경향이 있었던 바[136] 원불교는 이의 개혁을 시도하였으므로 각자 부단한 적공이 필요하다.

(40) 교학연구에 있어서, 또 예비교역자 교육의 커리큘럼에 있어서 실천교학 교과목이 부족하다는 지적이 있음을 고려하여 교수교무들은 이론교학뿐만 아니라 실천교학 연구와 교과목 개설에 관심을 가져야

---

135) 유현실, 「추측」, 『마음은 어디서 쉬는가』, 출가교화단, 1997, pp.111-112.
136) 한정석, 『원불교 정전해의』, 도서출판 동아시아, 1999, p.37.

할 것이다. 실천교학에 있어서, 학부수준에서는 가능한대로 교화실습의 높은 수준이 몸에 배도록 하고, 실천교학의 비중이 높은 대학원에서는 원리의 이해와 개발에 치중을 하는 것이 좋을 것[137]이라는 견해가 있다. 또한 「원불교 예비교무 교육발전안」에 있듯이 교정원 교육부와 예비교무 교육기관의 자체평가 보고서에 드러난 예비교무 교육의 문제점들을 보면, 실천교학 교육의 부족, 학부 고학년에 종합설계 과목의 부족[138]이 거론되었다. 이에 육영기관에서는 교단이 제시하는 교육방향에 바탕하여 보다 적합한 교과과정과 교육방법을 개발하는데 심혈을 기울여야 한다.

(41) 근래 교역자들의 실력부족이라는 소리를 자주 듣고 있는데, 그 이유로 교역자의 독서부족 및 교화 정체현상이 지속되기 때문이라는 것이다. 실력부족이란 법위나 교리, 설교 실력 등을 포함하여 교화자로서의 역량부족이라는 점에서 새겨볼 사항이다. 예컨대 교무는 언제 어디서 어떤 설법이라도 청중에게 감명을 줄 수 있는 실력을 갖추어야 하며, 설교를 통해서 자기를 재확인하고 청중을 진리적인 신앙과 사실적인 도덕 실천으로 인도하여야 할 중대한 임무가 주어져 있다[139]는 점을 망각해서는 안 된다. 특히 교화현장에 있으면 바쁜 교화일정에 더하여 교도들과의 상담시간에 많은 시간을 보내기 때문에 교리연마의 시간이 부족한 현실이 있다면 안타까울 따름이다.

---

137) 김도현(충북대 교육학과 교수), 원기 93년도 기획연구 《예비교무 교과과정개선 연구》, 원불교 교정원 기획실, 2008.11.28, pp.9-10.

138) 정순일, 「교립대학 교육개혁의 추이와 전망-원광대 원불교학과의 경우-」, 제18회 국제불교문화학술회의 『불교와 대학-21세기에 있어서 전망과 과제』, 일본 불교대학, 2003.10.28-29, pp.181-182.

139) 이종진, 「원불교 교무론」, 『원불교사상시론』 1집, 수위단회사무처, 1982, p.247.

(42) 원불교신앙의 근간인 인과해석의 경우, 운명론적 인과의 해석보다는 운명 개척적인 인과해석이 요청된다. 현재 교단의 상황에서는 일부 기계론적 운명론의 인과보응이 강조되고 있는 상황에서 법열 환희의 신앙심이 살아나기 쉽지 않다.140) 우파니샤드에서는 인과를 숙명론적으로 보는 경향이 있으며, 중국이나 한국에서도 불교의 인과설을 받아들일 때 그러한 면으로 받아들였다.141) 이와 달리 원불교는 불교를 혁신한 생활불교로서 인과를 해석함에 있어서, 운명론적 체념이나 달관의 자세로 유도하기 보다는 운명을 적극적으로 개척하는 교학적 접근이 요구된다. 천도법문에 있어서도 영가의 죽음이 전적으로 영가의 응당한 업보에 의해서 이루어졌다고 하면 억울한 죽음의 문제를 설득력 있게 접근하는데 한계가 뒤따를 수 있다.

(43) 전무출신의 사기를 진작시키는 일에 대하여 교단 지도자들은 지속적인 관심을 가져야 한다. '신임 정수위단원에게 묻는다'라는 내용의 기사(「원불교신문」, 2012.9.28)를 보면, 당선소감과 함께 교단의 당면과제에 대해 질문을 했다. 거론된 모든 내용을 종합 정리한 결과 「교역자부분」 20항목 중에서 눈에 띄는 3가지 항목이 있다. 「현장교무의 사기진작」, 「재가출가들의 사기·법열 충만」, 「전무출신의 사기진작 필요」가 이것이다. 교무들의 사기침체 원인이야 여러 가지가 있겠지만 대체로 교단 상층부와 대화의 통로가 막혔다는 것이고, 인사에 관한 불만이 쌓이고 경제적인 어려움이 겹쳐 좌절감으로 이어졌을 것으로 생각되며, 급기야 교단을 등지거나 휴무에 들어간 교무들

---

140) 서경전, 「21세기 교당형태에 대한 연구」, 제21회 원불교사상연구 학술대회 《21세기와 원불교》, 원불교사상연구원, 2002.1, p.53.

141) 한종만, 『원불교 대종경 해의』(上), 도서출판 동아시아, 2001, p.18-19

을 심심찮게 볼 수 있는 것이 오늘의 현실이다.[142] 전무출신 정신의 재무장, 후생복지 지원, 훈련과 교육을 통한 사기진작 등의 방법으로 저하된 교역자의 사기를 북돋우는 일에 총력을 기울여야 한다.

(44) 교화마인드의 개방화로서 기존 법회방식의 전형을 변화시키는 데 주저하지 말아야 것이다. 기존의 일요법회(하드웨어) 중심의 사고에 젖어 있다면 이 역시 틀에 박힌 사고방식에 고착되는 것으로 어느 때든 현장을 찾아가는 교화(소프트웨어)를 통해 교화 및 법회 스타일을 바꿀 필요가 있다. 하드웨어적인 사유에 사로잡혀 있다면 소프트웨어의 창의적 지혜를 발휘함으로써 교화의 다변화가 필요하다는 것이다. 책상에 있는 컴퓨터로 인터넷을 접하던 시대에서 스마트폰에 의한 포터블 인터넷에 길들여진 오늘의 현실이다. 교무가 일요법회 단상에서 교도 전체를 대상으로 설교하는 것이 기존 법회양식이라면 이제는 움직이는 교당(Moving Temple), 고객을 찾아가는 1:1의 법회를 시도해봄직한 일이다. 또한 현실에 맞는 교화나 연구를 수행하는 경우 필요한 장비와 소프트웨어를 적극 지원해야 한다.[143] 하드웨어적 사유는 변화의 쉽게 대응하기 어렵다면 소프트웨어적 사유는 법회방식의 패러다임을 용이하게 전환시킴으로써 다양한 법회모델을 제시할 수 있다.

(45) 교정원, 교구, 기관, 교당 구성원 사이의 소통부족을 지적하는 경우가 많으며, 이에 상호 소통을 보다 원활히 해야 할 것이다. 조사

---

142) 김덕권(중앙청운회장), 「원불교 교무상의 다각적인 모색」, 《원불교교무상의 다각적인 모색》, 원광대 원불교사상연구원, 2003.2.7, p.26.

143) 김도영, 「정보화 사회의 원불교대학원대학교 교육방향에 대한 연구」, 제2회 실천교학 학술발표회 《학술발표요지》, 원불교대학원대학교, 2002.3, p.106참조.

에 의하면 교단에 있어서 상호 소통에 대한 항목이 19항목이 등장하고 있어 이를 열거해 본다. 「소통의 문로로 다양한 의견 정책반영」, 「의사결정구조 합리적 개선」, 「교단 대의와 전통, 대중과의 소통 필요」, 「교단정책 수립 및 시행에 소통 확대」, 「이단치교를 통한 소통활성화」, 「각 분야의 협의체 구성으로 의견교환 많아야」, 「교단의 정책과 현장의 열망이 서로 소통을」, 「공의제도 활용, 존중과 배려」, 「열린 장과 의견수렴 실행」, 「소통 공유할 수 있는 시스템 구축」, 「소통, 배려 양보」, 「교단 구성원들의 화합」, 「교단정책에 반영할 수 있는 믿음, 확신 필요」, 「상하간 세정 알아주기-소통」, 「소통과 변혁의 필요성」, 「쌍방의 소통속 합의와 공유」, 「서로 도움이 되는 소통과 변혁」, 「솔선수범으로 소통」, 「상호존중과 신뢰에 의한 선택과 집중이 변혁으로」(「원불교신문」, 2012.9.28). 서구중심의 세계관과 가톨릭의 독선에 갇혀 있던 교회의 문을 열고, 다른 종교 및 다른 세상과 대화하고 소통하도록 한 세기적 모임이 1962년 10월 11일의 2차 바티칸 공의회였음을 참조하면 교단내의 구성원과의 소통, 이웃종교와의 소통이 21세기 원불교의 과제라 볼 수 있다.

(46) 원불교에 스타교무가 없다는 지적과 더불어 스타교무의 탄생을 바라는 목소리가 적지 않다. 2007년 봄날, 원불교 중앙총부를 방문하여 「원불교의 성과와 향후 발전방안」이라는 주제로 월례특강을 하였던 문화관광부의 김장실 종무실장에 의하면, 1980년대 초 불교가 법란(法亂)이라는 이름하에 힘든 때가 있었는데 이때 성철스님이 스타로 발굴되었다는 것이다. 김장실 실장은 다음과 같이 말한다. “회사든 종교든 스타의 등장이 필요하다. 교무님 가운데 적극적으로 스타를 발굴해 원불교를 알리는 작업이 필요하다”(「원불교신문」, 2007. 4.6). 업무의 추진에 있어서 일은 사람이 들어서 하는 것이다. 21세기

정보영상매체의 브라운관 시대는 스타의 시대라 해도 과언이 아닌 만큼 원불교를 민중에게 홍보하고, 민중을 향도할 스타교무의 탄생이 바람직하다고 본다.

(47) 원불교학 연구에 있어서 다양한 방법론적 접근과 연구인력의 확보가 시급하다. 원기 59년(1974) 7월 원광대 원불교사상연구원이 개원되면서 교학연구의 성과가 적지 않았다고 보며 대외적으로 원불교의 인식을 높이는 계기가 되었다. 그러나 육영기관 중심의 한정된 연구인력 만으로 다양한 학문활동을 전개하다보면 다채롭고 바람직한 연구성과를 담보하기 어렵다. 아울러 교학의 연구방법론이 심화되지 못하면 원불교 교의는 물론 역사, 제도, 문화, 이웃종교 등 각종 관련 사업을 섭렵하고 해석하는데 교학의 정체성을 상실할 수도 있다.[144] 원불교학의 학제간 비교연구를 통해서 소태산의 포부와 경륜을 드러내는 일은 교학 연구방법론과 연구인력의 확충으로 더욱 용이해질 것이다. 아울러 교정당국에서는 교학연구의 성과물을 각 정책에 참조한다면 교정방향에 지남(指南)이 되리라 본다. 성숙한 정책의 채택에 있어서 지성집단의 연구를 활용해야 하는 것은 이성적·합리적 교단이기 때문이라 본다.

(48) 『원불교 요전』의 발간이 미루어지고 있는 바, 이에 대한 결집 여부의 결단이 필요하다. 『원불교 교고총간』의 기록에 의하면 유불도 3교의 활용정신에 따라 『원불교 요전』을 발간하기로 결의하였던 점을 상기할 필요가 있다. 원기 47년(1962) 2월 21일, 제5회 임시수위단회

144) 양은용, 「원불교 학술활동의 현황과 과제-원불교사상연구원의 학술·연구활동을 중심으로」, 『원불교사상과 종교문화』 47집, 원광대·원불교사상연구원, 2011.2, pp.152-155참조.

에서 정화사는『원불교 요전』발간에 관한 건으로 "종전의 근행법 제2부 「불교요목」과, 종전의『정전』2권~3권에 편입된 경론(經論)과, 유(儒)·선(仙)·기독교 및 한국 신흥종교의 경전 중에서 정선(精選)한 제교요목(諸教要目)을 합편하여 보조경전으로 엮되 서명은『원불교 요전』으로 한다"[145]라고 하였다. 현재 원불교 교서로서 소의경전으로 편찬한 것이『불조요경』이며, 유불도 등을 망라한『원불교 요전』은 아직까지 발간되지 않고 있는 관계로 본 경전의 결집작업이라는 과제가 남아있다.

(49) 교역자로서 흔히 생각하기 쉬운 바, 외학(外學) 외지(外知)를 지나치게 금기시해서는 안 된다. 소태산은 시대를 따라 학문을 준비하라 했으며, 또 원불교 교리정신을 보면 시대화 생활화 대중화를 지향하고 있다. 정산종사는『건국론』「진화의 도」에서 발명자 우대, 특별 기술자 우대, 영재의 외학장려, 연구원 설치를 주장하고 있다. 이 모두가 외학과 외지를 필요로 하는 것이며 원불교학 역시 해석학이라는 외학을 통해 정립되어 온 것이다. 원기 31년 원불교중앙총부「사업보고서」를 보면 총부는 유일학림을 설치하여 강사 6인의 교편하(教鞭下) 공비생 30여명과 입학생 30여명으로 5월 1일 개강하였고 동시에 서울 각 대학을 통하여 공비생 남녀 4인을 파견하여 열심히 공부중[146]이라고 하였다. 다만 교역자 본연의 도학공부를 등한히 한 채 과학위주의 공부를 한다면 병진의 측면에서 외학·외지 섭렵을 적절히 조절해야 할 것이다. 하여튼 도학박사 되러 왔지 과학박사 되러 왔느냐는 말은 도학과 과학의 균형적 섭렵 차원을 환기하는 말이라면 문제

---

145)『원불교 교고총간』제6권, 정화사, 1974, p.303.
146) 시창 31년도 사업보고서,『원불교교고총간』5권, 171참조.

될 것이 없겠으나 과학박사를 폄하하는 듯한 발언은 바람직하지 않다.

(50) 교단의 공동체적 집단이미지에 의해 교역자의 개성에 대한 선입견 내지 고정관념이 작용하여 역량 갖춘 교역자의 개성을 살려내지 못하는 문제점이 노정되고 있다. 도가라는 공동체 사회의 분위기 속에서도 개인의 성취도가 다르게 작용하는 것이 인간심리이다. 도가의 공동체라는 집단심리에 의해 개인의 개성을 쉽게 용인하지 못하는 성향이 있는 관계로, 고정관념으로 접해진 개인으로서는 상처를 받는 경향이 적지 않다. 그로인해 개인의 능동인(能動因)에 의한 업무 성취도보다는 대강대충의 적당주의에 흘러 수동적 눈치보기식 처세주의에 관심이 더 많아질 수 있다는 점을 주의할 일이다. 긍정적인 측면에서의 개성은 한 사람의 기질, 성품, 인지과정의 특질, 능력, 개인적 활동유형과 같은 것이다. 이에 개인의 개성이란 적극적인 성장의 계기를 의미하는 것으로, 반드시 차별성으로 바라볼 필요는 없다.[147] 그렇다면 교단이라는 공동체에서 교역자 개인의 개성과 역량을 키워주는 방향에서, 즉 집단과 개성의 상호 유기체적 관계설정을 적절히 해주어야 경쟁력 갖춘 교역자들이 배출된다는 것이다.

(51) 원불교의 문화창조기를 이어갈 수 있도록 다종교사회의 주도적 사상으로서 원불교철학을 계발해야 할 것이다. 지금까지 원불교가 시대정신을 수용하라는 소태산의 개방적 태도를 지키면서 종단을 정비하는 비교적 단순한 작업을 통하여 현대종교의 체제를 갖추는데 성공하였다고 윤이흠 교수는 말한다. 그러나 윤교수는 제3단계 문화창조기에 들어서서 다종교사회의 주도적 성원으로서 지도적 역량을 발휘하기 위하여 원불교가 지금보다 더 적극적이고 세련된 철학을 계발

147) 라다크리슈난 저(이거룡 옮김), 『인도철학사』 I , 한길사, 1996, p.46참조.

하고 더 세련된 운동의 계획을 수립하여야 할 것[148]이라 했다. 문화창조기에 접어든 원불교 100년의 시대가 활짝 열린 만큼 종교다원주의 사회에서 새 문화를 선도할 원불교철학을 심도 있게 계발해야 하는 과제가 부여되어 있다.

(52) 원불교 교역자들의 지나친 주인심리가 교도들로 하여금 교당교화를 위축시킬 수 있다. 지나친 주인심리는 지도자들이나 교역자들이 빠지기 쉬운 병[149]이라는 비판을 새겨볼 일이다. 소태산은 금강산과 그 주인(대종경, 전망품 5-6장)이라는 법문을 설하였으며, 이에 원불교 출가자는 시방오가의 주인으로서 제생의세라는 거대한 목적을 위해 헌신하는 주인의식을 자부심으로 삼는다. 하지만 지나친 주인심리로 교무는 교당의 주인이요, 교도는 교당에 내왕하는 객이라 쉽게 생각할 수 있다. 『교헌』 제15조(재가・출가)항에서는 “재가와 출가는 차별하지 아니하고 공부와 사업의 실적에 따라 자격과 대우를 정한다”라 하고 있다. 재가나 출가 전 교도가 다 같이 능동적 참여 속에 주인이라는 평등의식을 갖자는 뜻이다.

(53) 자칫 청렴주의와 결벽증에 의해 성직자는 고결하고 일반 세속인은 재색명리에 오염되었다는 선입견에 떨어지는 경우가 많다. 결벽증이란 청렴과 고결성만을 지고의 가치로 인정하는 태도로서 이 세상은 더러운 것이며, 나는 내생에 깨끗한 곳으로 갈 몸이라는 등식이 인생관에 설정되어 스스로를 율법의 굴레에 얽어매는 것이다.[150] 항타

---

148) 윤이흠, 「21세기의 세계종교상황과 원불교사상」, 『원불교사상과 종교문화』 35집, 원불교사상연구원, 2007.2, p.31.

149) 류병덕, 「21C의 원불교를 진단한다」, 제21회 원불교사상연구 학술대회 《21세기와 원불교》, 원불교사상연구원, 2002.1, pp.15-16.

150) 불교신문사 편, 『불교에서 본 인생과 세계』, 도서출판 홍법원, 1988, p.86.

원 이경순 교무는 "청렴도 좋으나 자비심을 갖고 국을 넓히는 공부를 하라"151)고 하였다. 출가 수행자로서 성직자와 세속인 사이에 의도적 괴리감을 갖는다면 성속일치의 이념은 어디에 있다는 것인가?

(54) 원불교 언론의 비판적·방향제시적 역할을 상기함으로써 사안의 중립성을 감안함과 동시에 냉철한 감시자 시각의 기사가 아쉽다는 지적이 있을 수 있다. 매스컴의 4대 창시자의 한 사람인 윌버 슈램은 언론의 핵심기능을 '워치독'(watchdog, 감시자) 역할이라고 했다. 원불교 언론을 주도해온 「원불교신문」은 창간 이래 지속적인 교단발전을 위해 여론을 형성해 왔다는 점에서 긍정적으로 평가할 수 있다. 그러나 원불교 현장의 소리를 제대로 담아내고 있는가, 출가는 물론 재가의 언로(言路)를 적극 개진할 수 있도록 소통의 역할을 다해왔는가를 숙고해야 할 것이다. 교정당국에게 "재가들의 언로를 만들어 달라"152)는 요청은 원불교 언론기관의 소통 역할을 보다 적극적으로 해 달라는 뜻으로 이해된다. 각 교단의 언론기관들은 인권과 존엄성의 가치를 증진시키기 위해 그 수호자, 그리고 짓밟힌 자에게 발언할 기회를 제공해야 한다는 점에서 발분의 노력이 요구된다.153) 물론 교단의 언론매체로서 도가의 안정된 공부풍토 조성과 비판 감시의 기능이라는 양면성을 어떻게 조화시키느냐 하는 과제가 있지만, 슈램의 말

---

151) 한창민, 「항타원 이경순의 생애와 사상」, 원불교사상연구원 編, 『원불교 인물과 사상』(Ⅱ), 원불교사상연구원, 2001, p.266.

152) 제129회 임시 수위단회에서 '교화발전을 위한 의견교환' 시간에 제기된 내용들을 요약한 것이다(편집자, 「교화발전을 위한 의견교환 내용」, 《출가교화단보》 제131호, 2003년 3월 1일, 2면).

153) 박영학, 「문명충돌과 한국의 종교·언론 과제」, 제21회 원불교사상연구 학술대회 《21세기와 원불교》, 원불교사상연구원, 2002.1, p.88.

처럼 감시자적 핵심기능은 아무리 강조해도 지나치지 않다.

(55) 사회와 세계에 대한 원불교 고유의 이미지 마케팅이 요구된다. 원불교신앙의 대상인 일원상을 디자인하는 방법이라든가, 원불교는 마음공부를 중심으로 하는 종교라는 이미지의 개발이라든가, 원불교를 적극 소개할 콘텐츠의 개발 등이 이것이다. 이 같은 마케팅은 오늘날 자본주의 사회에서 교화 홍보의 차원에서 접근해야 한다고 본다. 한국 미래학 연구원에서 보고한 「원불교 엑설런스 마킹전략」의 머리말에서, 원불교의 엑설런스 마킹전략의 몇 가지로는 지식사회에 알맞는 교단문화 구축, 교도 유인체제 구축, 원불교의 대중화, 원불교의 글로벌화 등으로 설계되어야 실현 가능성과 효율성이 높아질 것[154]이라 했다. 오늘날은 마케팅의 시대인 만큼 원불교의 홍보로서 이미지 마케팅에 관심을 기울여야 한다는 것이다.

(56) 원불교의 국가적 위상과 세계적 종교를 염원한다면 원불교중앙총부를 수도 서울로 이전해야 한다는 과제가 있다. 현재의 원불교중앙총부가 중소도시인 익산시에 위치해 있는 관계로 교단 구성원들의 사유가 좁은 지역적 한계를 면하기 쉽지 않다는 점을 숙고해야 한다는 것이다. 교세가 해외까지 뻗어있으나 원불교중앙총부와 원광대학교가 익산에 있어서 지역종교라는 인식이 있으며, 중앙총부에 버금가는 공간을 서울에 두거나 다양한 지역적 배경을 가진 활동가들이 있음을 드러내는 것이 과제이다(김장실 전문화관광부 종무실장, 「원불교의 성과와 향후 발전방안」(원불교신문, 2007.4.6). 최근 남궁성 교정원장의 주요일간지 기자긴담회에서의 내용이 「원불교 서울시대」라는 제목으

154) 최경도, 「교당의 교화 프로그램 개발-인구 50만명 이상 도시 중심으로-」, 《일원문화연구재단 연구발표회 요지》, 일원문화연구재단, 2005.9.23, p.21.

로 밝혀지기도 했으며(2015.2.27) 원불교의 심장부가 명실상부하게 수도권에 있어야 한다는 견해는 시대를 향도하는 측면에서 설득력을 더하고 있다.

(57) 창립정신과 전무출신정신의 재무장으로써 21세기에 직면한 국가와 세계의 난제를 극복하는데 모두가 합력해야 할 것이다. 사회적 불의에 타협하지 않도록 하는 원불교 정의 실천에 더하여, 교단의 난제를 극복할 수 있는 정신무장은 원불교가 지탱하는 가장 큰 원동력이다. 이에 원불교 100년에 진입한 상황에서 지난 교단 반백주년행사를 회고해 보고자 한다. 원기 56년(1971) 10월 10일에 교역자총회가 열려 교단의 새 방향에 관한 논의를 한 끝에 다음과 같이 9개항의 「교역자 결의문」[155]을 채택했는데 이를 소개해 보고자 한다.

① 우리는 구인선배의 혈인정신을 체잡아서 법을 위하여는 신명을 바치고 공을 위하여는 사를 버린다.

② 우리는 법통을 존중히 하며 대의는 금강같이 세우고 공의에는 물과 같이 합한다.

③ 우리는 진리적 신앙과 사실적 수행의 심법을 본위로 하는 공부풍토를 조성하여 만대에 이어갈 정신적 지주를 확립한다.

④ 우리는 교단 창립정신인 이소성대를 본위로 하는 사업풍토를 조성하여 만대에 이어갈 개척정신을 확립한다.

⑤ 우리는 법규와 역량을 본위로 교단을 운영하여 법치교단으로서의 전통을 확립한다.

⑥ 우리는 훈련과 실력을 본위로 하는 교단풍토를 조성하고 형식과 외

155) 손정윤, 「개교반백년 기념사업」, 『원불교 70년정신사』, 성업봉찬회, 1989, p.329(원불교신보 제58호, 1971.10.15, 7면).

화를 앞세우는 일을 지양한다.

⑦ 우리는 스스로 맡은 천직이니 각자의 양심에 부끄러움이 없이 의무와 책임에 성실 근면하며 교단 전체를 향하여 항상 합력한다.

⑧ 우리는 선후진 동지간에 존경과 사랑, 신의와 화합으로써 법연을 더욱 두터이 한다.

⑨ 우리는 결실교단과 세계적 종교로서의 역사적 사명을 완수해 나아가기 위하여 부단한 창조와 개척, 조화와 봉공정신을 남김없이 발휘한다.

원불교 100년의 과제이자 개혁해야 할 사항들로서 위에서 언급한 57가지의 항목들을 열거한 이유는, 교단의 비판적 접근이라는 필자로서의 부담감 속에서도 2세기에 진입한 교단이 구각(舊殼)을 벗겨냄과 동시에 해법을 찾는 계기로 삼아야 한다는 교단사랑의 성찰의식 때문이다. 교단 100년의 화두로서 개혁이라는 저서 내용의 키워드에 걸맞게 종교혁신을 주도하자는 뜻이다. 원불교의 조직이 활력을 얻어 건강한 성년으로 성장하기 위해서는 지속적인 자기정화와 자기혁신이 절대적으로 필요하다.[156] 어느 단체든 구습을 비판하는데 게으르거나 개선하려는 몸부림이 없다면 정체의 늪으로 빠질 것이며, 결과적으로 조직의 와해와 퇴보를 맞을 수밖에 없다. 원불교의 재가 출가 모두가 위에 기술한 56가지 사항을 환기하여 극복할 것은 극복하고, 개혁할 것은 개혁하며, 권면할 것은 권면해야 하는 절박함에 직면해 있다.

---

156) 최상태, 「원불교 교무상의 시대적 모색」, 《원불교교무상의 다각적인 모색》, 원광대 원불교사상연구원, 2003.2.7, p.13.

제2장 개혁정신과 교서결집

1. 창립정신의 정립방향

1) 창립정신의 연구동기

"개구리가 올챙이 적 생각을 못한다"는 속담에는 의미심장한 교훈이 담겨 있다. 이것은 개인이나 단체든 초창기의 어려움에서 출발한 과거사를 생각하지 않고 현재 풍요로운 나만을 생각하고 있다는 것에 대한 교훈이다. 혈인정신이 깃든 창립사의 회고차원에서 뿌리정신을 강조하는 것도 이 때문이다. 정산종사도 유일학림(원광대 전신) 1회 졸업식 훈사에서 '무슨 사업이나 초창기에는 의례히 그렇게 한미(寒微)한 것이며, 창립주는 의례히 그렇게 고생을 해야 하는 법'[1]이라 하였다.

종교 교단도 기업 단체의 초창기적 창립과 같은 어려움에서 출발하였다. 그러나 세월이 흐르고 발전하다 보면 어려웠던 초창기의 비장한 각오들이 부족하거나 사라질 수 있다. 이와 관련하여 본 연구는 원불교 초창기 정신을 밝혀 보고, 또 그러한 정신을 계승하는 방향설정은 어떻게 해야 할 것인가를 점검해보는데 초점이 맞추어져 있다.

---

1) 이공전, 凡凡錄』, 원불교출판사, 1987, p.53.

원불교 창립정신에 대하여 관심을 갖게 된 동기는, 지난(2002년) 3월 12일 개최되었던 제124회 임시수위단회에서 「교단 창립정신 정립」안이 제출되었고, 그 일부 내용이 3월 22일자 「원불교신문」(제1142호)에 게재되어 토론의 여지를 남겨두었기 때문이다. 더욱이 수위단회사무처에서는 동년 5, 6월 교화단 회화주제를 '교단의 창립정신'으로 정하고, 창립정신을 다룬 교무들의 자료를 발췌・정리한 참고자료를 교역자들에게 보냈다. 시간적 여유를 가지고 충분히 토의한 결과 의견제출서에 기재하여 그곳에 제출해 주길 바란다[2]고 하였다.

당시 124회 임시수위단회에서 창립정신에 대해 거론되었던 내용으로는, 그간 지상 발표된 것으로서 이공전, 유기현, 한정석, 송천은, 손정윤, 서경전 등의 기존 주장을 살펴보는 것이었다. 본 회의에서 성도종 교무는 '교단 창립의 역사를 신봉하는 입장과 더불어 만들어 나가는 입장에 따라 달라질 수 있는 문제'라 했고, 이성택 교무는 '심포지엄 같은 공식적인 논의의 장을 통해 교단적인 공론화 과정'을 강조하였다.[3] 이의 공론화 과정에 있어서도 본 연구는 일익이 될 것이라 본다.

본 연구의 방향은 창립정신이 무엇이냐는 항목추가의 성격이라기보다는 창립정신을 어느 방향으로 정립할 수 있느냐는 것에 초점이 맞추어져 있다. 여기에는 선행연구들의 자료가 필요에 따라 선별적으로 인용되고 있음을 밝힌다.

---

2) 원불교 수위단회사무처, 《창립정신에 대한 참고자료를 보내드리면서》, 2002년 4월 22일, 표지면.

3) 문향허, 「창립정신 재정립 논의」, 《원불교신문》, 2002년 3월 22일, 1면.

2) 창립정신의 의미와 기한

(1) 창립정신의 의미

원불교의 창립정신이란 무엇인가? 원불교를 신앙하는 사람들에게 본질적인 질문이면서도 또 알아야 하는 사항이기도 하다. 손정윤 교무는 원기 51년(1966)에 다음과 같이 말한다. "창립정신이란 과연 무엇인가? 거기에 대해 공통적 개념규정도 명확한 것 같지 않다."[4] 그의 언급처럼 창립정신이 무엇인지 정확히 모른다면 교단 정체성의 결핍을 가져올 수 있다. 여기에서 창립정신의 의미파악이 소중함을 알게 해준다.

1966년대의 창립정신과 관련한 발언이 원기 87년(2002)이 되어, 정확히 36년이 지난 뒤에도 분명한 의미파악의 작업이 없었던 점은 아쉬움으로 남는다. 원기 100년대에 진입한 현 시점에서 창립정신의 의미를 인지하지 못한다면 교단의 공동체 의식이 결여되는 상황으로 전락할 것이다. 여기에서 우리는 미래지향적으로 창립정신의 의미를 규명해야 하리라 본다.

창립정신의 의미를 밝히는 일은 교단발전의 혼을 다시 세우는 중요한 일의 하나라고 본다. 조정근 전 교정원장도 이에 말한다. "교단 창립정신을 다시 일으켜 세우는 것이 혼을 바로 세우는 길로 생각한다."[5] 창립정신이란 곧 원불교를 이끌어 가는 혼과도 같은 것으로, 소태산 대종사의 성자혼이라 할 수 있다. 따라서 창립정신은 원불교 교조의

---

4) 손정윤, 「창립정신의 새로운 모색」, 『원광』 第52호, 원불교원광사, 1966.8.1, p.4.

5) 조정근 교정원장의 언급이다(박혜명 대담, 「불교와 원불교의 만남」, 《원광》 284호, 월간원광사, 1998년 4월, p.42).

경륜에 나타난 교단발전의 얼과도 같은 것이다.

그리하여 교단을 창립할 당시 비장한 각오로 출발한, 공동체 사회에 맥맥히 흐르는 주인정신과도 같은 창립정신을 오늘날 되살려야 한다고 본다. 좌산종사는 「창립정신 정립」이라는 법어에서 다음과 같이 말한다. "창립정신은 교단 창립사를 가꾸어 오는 과정에서 그 밑바닥 저류에 깔려 있는 정신을 말하는 개념이다."[6] 마치 땅속 깊은 기반에서 솟아오르는 샘물줄기와도 같다는 것이다.

창립정신의 기원은 어디에서 모색될 수 있는가? 원불교는 원기 원년(1916), 소태산대종사의 깨달음과 더불어 시작되었다. 원기 원년이라는 범주에서부터 창립정신이 거론될 수 있으며, 그것은 교조 소태산의 각적(覺的) 경륜에서 나오는 성자혼이다. 이러한 의미에서 한산 이은석 교무는 「창립정신이란 무엇인가」라는 논문에서 '창립한 정신과 창립할 때의 정신이 함께 집약되어 이루어진 것'[7]이라 하였다. 교조의 교단 창립과 더불어 9인 제자의 혈성정신으로 교단을 창립해 온 것이 창립정신이다.

구체적으로 말해서 창립정신은 교단이 어렵게 출발하면서 처절한 몸부림으로 교단사업을 일구어 지속 발전시키려는 모든 정신성을 담고 있다. 그 정신은 '교법제정, 교단운영, 교화, 공부, 사업할 때의 정신'[8]을 포함하고 있다. 교단이 창립되었다는 것은 새 불법으로서의 교법이 제정되고, 교단운영 기반이 시작되며, 3대사업이 수행되는 정신적 교훈이 거론될 수밖에 없기 때문이다.

---

6) 좌산종법사, 「창립정신정립」, 《출가교화단보》 제124호, 2002년 8월 1일, 1면.
7) 이은석, 「창립정신이란 무엇인가」, 『원광』 56호, pp.36-44.
8) 서경전, 「원불교 교단 창립정신론의 새로운 모색」, 『원불교사상』 제8집, 원불교사상연구원, 1984, pp.181-182참조.

그간 교단에서는 선지자들이 창립정신을 조항별로 두어 '이소성대, 일심합력, 근검절약, 사무여한' 등으로 규정함과 더불어 이를 체받도록 하여왔다. 따라서 창립정신이란 위의 몇 항목들이 꿈틀거리며 살아 움직이는, 그리하여 교단발전의 원동력이 되는 교조정신과도 같은 것으로 이해하였다. 하지만 창립정신의 항목을 이 시대에 완정, 규정해 버리는 것은 생각해 볼 문제라는 지적[9]도 만만하지 않다. 창립정신의 근간은 변하지 않겠지만 교단발전은 거듭하는 것으로 이 시기에 창립정신을 단정해 버리는 것은 시간적 한계를 노정하는 우를 범하게 된다.

따라서 창립정신의 항목과 그 의미는 지속적으로 규정되어야 하고, 새롭게 정립되어갈 것이라 본다. 어느 한시적 의미 규정만으로는 완벽한 개념이 되지 못한다는 뜻이다. 사실 창립정신이 개교, 법인, 방언정신과 구별된다[10]는 엄밀한 지적이 있고 보면, 창립정신의 개념규정은 신중을 기할 필요가 있다. 지금 당장 창립정신의 항목이 무엇이냐에 지나친 관심보다는 어느 방향에서 단서를 모색하여 그 의미를 정립해 나갈 것인가의 방향설정이 중요하다.

(2) 창립의 기한

어느 단체든 창립 당시의 특별한 시대상황이 있을 것이다. 원불교의 창립시기를 보면 당시는 한국의 일제 수난기였다. 그래서 소태산

9) 최근의 경우로 한정하여 보면, 원불교신문에서 주관한 토론에서 차윤제·송홍인 교무 들이 이와 관련된다(우세관 정리, 「창립정신 재조명과 절대신봉」, 《원불교신문》, 2002년 7월 5일, 4면).

10) 좌산종법사, 「창립정신정립」, 《출가교화단보》 제124호, 2002년 8월 1일, 1면.

의 종교활동은 식민지의 지배 권력으로부터 간섭과 수난을 경험하였고, 또한 종교활동의 방향을 몇 차례 수정하지 않을 수 없었다.[11] 한민족의 주권이 일제 식민지배의 권력자에게 있었기 때문이다. 이것은 원불교의 창립기가 불운한 시대였다는 것을 보여준다.

그럼에도 불구하고 원불교는 창립의 시기를 불행한 것으로 돌리지 않고 역경을 견디어 내어 교단결속을 다지는 계기로 삼았다. 소태산의 교단창립과 재세의 기간이 해방 이전이었던 관계로 초기교단은 설산의 찬바람을 견디어 내듯 고초를 겪으며 발전의 초석을 다졌다. 그리고 그는 창립의 시기를 가깝게 제1대 3회(36년)로 볼 수 있게 기한을 확정한 것이다. 다시 말해 창립 제1대 제1회로서 원기 12년까지 교단창립의 기초와 창립인연을 만나는 시기로, 2회인 원기 24년까지 교법제정 및 교재편정 기간으로, 3회인 원기 36년까지는 인재양성 및 훈련을 통하여 실제교화의 주력기로 삼았다.

그렇다면 불법연구회의 제1대 1회(원기 12년간)의 교단모습은 어떠하였을까를 상기한다면 당시야말로 고난의 창립초기였던 것이다. 원기 13년(1928) 5월 15일(음 3.26), 제1대내 제1회 기념총회가 불법연구회 익산본관 신축강당(현 구조실)에서 개최되었는데, 이날 모여든 불법연구회 회원은 총 130여명이었다.[12] 원불교로서는 창립초기의 중요한 회의였다.

이에 더하여 제1대 제1~3회 36년까지는 원불교가 가난했던 창립기였으며, 정산종사가 손수 지은 「불법연구회창건사」를 보면, 이 시기

11) 신순철, 「소태산의 일본 제국주의 인식」, 『원불교학』 7집, 한국원불교학회, 2001, p.135.

12) 박용덕, 선진열전 1-『오, 사은이시여 나에게 힘을 주소서』, 원불교출판사, 1993, p.32.

가 매우 어려웠던 점을 보다 생생하게 알 수 있다. 본 『창건사』에 나타난 바대로 창립정신은 개교 반백년의 역사 속에 고스란히 담겨 있다. 여기에는 초기교단의 구체적인 역사의 경륜이 드러나 있고 개교 반백년 전후 새로운 원불교 출발을 알리는 교단사였다. 그는 원기 12년(1927)까지의 교단 창립사를 생생하게 회상하여 본 저술에 기록하였던 것이다.

이러한 『불법연구회창건사』의 정신을 확대하여 볼 때, 개교 반백주년까지도 창립의 시기로 볼 수 있다. 원기 56년(1971) 10월 7일부터 12일까지 총부와 영산에서 거행된 개교반백주년 기념대회에서는 원불교의 반백년 역사를 기념하고 이 기념의 건물을 짓는 등 초기교단의 성장을 성대하게 축하하였다.

보다 장기적으로 볼 때, 원기 100년대까지를 창립기로 보기도 한다. 이른바 법문에도 있듯이 5백년이나 1천년이 흐르면 개교 반백년이 1백년까지도 창립기로 볼 수 있으므로 창립을 어디라고 규정짓지는 말고 가변성을 두어야 한다는 것이다. 원기 200년이 되면 100년이 창립기요, 원기 500년이 되면 200년도 창립기일 수 있기 때문이다. 이처럼 창립기의 가변성은 얼마든지 거론될 수 있는 것이다. 다만 교조 생존시기라든가 시대별 창립기의 특성을 엄밀히 구분하면 그 차이점들은 나타날 것이라 본다.

일반적으로 학계에서는 대체로 창립기를 어떻게 규정하고 있는가? 일부 종교학자들은 한 종교가 창립되어 성숙된 경지로 성장하는 과정을 창업기, 제도정착기, 문화창조기 등 세 가지 단계로 구분한다. 짧게 보면 교단은 지금 창업기를 지났다고 볼 수 있고, 제도정착기도 지났으며, 문화창조기로 진입하였다고도 볼 수 있다. 그러나 이것은 오늘의 시점에서 거론한 것일 뿐이며, 창립기한을 달리하여 본다면 가변적일 수 있다. 몇 세기가 지나면 또 다른 문화 및 제도창업기가 시도될 수도 있기 때문이다. 그러면 교단창립 후 3, 4백년도 창립기로 볼 수 있다는 논리가 성립되는데, 교단의 역사가 3, 4백년의 시기에 이를 때를 가정한다면 1, 2백년 정도를 창립기로 보아도 크게 틀린 말은 아닐 것이다.

아무튼 창립기의 제자들에게 자부심을 키워주었던 교조 소태산의 창립기와 관련한 법어를 소개해 본다. '앞으로 제1대만 지내도 이 법을 갈망하고 요구하는 사람이 많아질 것이며, 몇십 년 후에는 국내에서 이 법을 요구하게 되고, 몇백 년 후에는 전 세계에서 이 법을 요구하게 될 것'이라며 "제1대 창립한도 안에 참례한 사람들까지도 한없이 부러워하고 숭배함을 받으리라"[13]고 하였다. 이는 창립제자들에게 창립의 공로와 그 자부심을 심어주려는 법어이다.

중요한 것은 창립정신의 항목을 지금 당장 무엇 무엇이라는 것에 한정하여 격론을 벌이는 것은 바람직하지 않다고 본다. 이러한 항목들을 어느 방향에서 지속적으로 설정할 수 있느냐는 가변성을 두고 그 방향을 제시하는 것이 바람직하다고 본다.

3) 기존 창립정신론의 유형

(1) 이공전 · 김복환의 창립정신론

원불교 창립정신의 정립에 있어 교역자들의 사유방식에 따라 다양한 주장이 있을 수 있다. 근래 창립정신론에 대하여 처음 밝힌 범산 이공전 교무의 견해에 대해 알아보자. 창립정신에 대해 대업성취의

---

13) 『대종경』, 전망품 4장.

주인이 되자는 뜻에서 그는 다음과 같이 말한다. "우리 일심 대중들은 다 같이 창립정신을 거울하고, 이 정신을 이어받고, 이 정신을 구현하여 억만년 우리 대업에 하나같이 앞장서며 하나같이 주인 되어, 꾸준히 함께 나아가기로 다시 마음을 추어잡자."[14] 이처럼 그는 창립정신의 항목들을 거론하기에 앞서 대업성취라는 창립정신의 목적을 환기시키고 있다.

그러면 범산 이공전 교무가 『원광』 53호서 밝힌 「창립정신론」의 핵심은 무엇인가? 그는 초창기 정신을 네 가지로 분류 요약해 본다며 다음과 같이 말한다. 첫째는 절대복종의 대신봉 정신, 둘째는 일심합력의 대단결 정신, 셋째는 사무여한의 대봉공 정신, 넷째는 이소성대의 대근실 정신이다. 오늘날 절대신봉론이 거론되는 근거가 될 수 있는 첫째의 '절대복종'이라는 대신봉 정신을 거론하고 있다. 우리에게 익숙한 일심합력과 사무여한 이소성대 등의 창립정신 항목 등도 여기에 거론되고 있다.

이공전 교무가 본 창립정신의 대본(大本)은 법인성사라든가 방언공사 등 교단의 대역사와 관련하고 있다. 그는 이에 말한다. "대종사님 받들고 하나같이 뭉쳐서 그 거창한 방언 대역(大役)과 그 거룩한 법인성사를 장엄하게 원만 회향해 주신 아홉 분 어른들의 기본적 정신자세, 그것이 다름 아닌 우리 회상 창립정신의 대본인 것이다."[15] 그의 언급은 소태산대종사의 창립대업에 기반하고 있으며, 또한 구인제자의 교단사업 전개에 대한 혈성의 정신과 관련짓고 있다.

그리하여 창립정신을 통해 교단발전의 원동력이 되어야 한다는 뜻

---

14) 이공전, 「창립정신론」, 『원광』 제53호, 원불교원광사, 1966.11.1, p.47.
15) 위의 책, p.46.

에서 창립정신의 실천이 강조되고 있다. 이는 평지조산과도 같은 교단 초창기의 거룩한 정신과 연결된다는 것이다. 이에 범산은 '원불교를 평지에 산 쌓아 올리듯 일으켜 세운 기본적 정신자세'가 무엇이겠는가를 환기시킨 후 다음과 같이 질문한다. "어떠한 정신자세가 우리 회상의 창립대업을 정초하고 추진 성공하게 한 원동력이 되었던가?"16) 교단 창립의 대업을 정초한 정신, 교단발전의 초석이 되는 원동력이 곧 창립정신이라는 면에서 위의 네 가지 항목을 언급하였다.

최근에 창립정신론을 새롭게 주장한 좌타원 김복환 교무의 창립정신론에 대하여 소개해 본다. 원기 87년(2002) 3월 12일에 열린 제124회 임시수위단회에서는 창립정신론의 정립에 있어 새 제안이 토론되었으며, 그 동안 주장되어온 창립정신의 여러 항목에 더하여 새로운 창립정신의 항목을 제안하는 것이었다.

여기에서 김복환 수위단회 상임중앙단원은 '오늘의 교단이 있기까지는 무형한 창립정신이 바탕이 되어 면면히 전해온 결과'17)라면서 창립정신론 제안에 대해 그 당위성을 설명하고 있다. 김교무는 기존 창립정신에 이어서 새로운 창립정신의 항목으로 절대신봉을 제안하고 있는 것이다. 물론 이는 1966년 이공전 교무의 절대복종의 대신봉 항목과 유사한 맥락이지만, 이것이 창립정신의 항목에 정착화되지 못한 측면에서 이를 언급하였다.

절대신봉에 이어 거론된 다른 항목들은 우리에게 잘 알려진 항목들이다. 이를테면 일심합력, 근검저축, 이소성대, 무아봉공의 정신이 그것이다. 당시 토론에서 절대신봉에 대한 견해에 있어 의견이 분분하

---

16) 위의 책.

17) 문향허, 「창립정신 재정립 논의」, 《원불교신문》, 2002년 3월 22일, 1면.

였다. 당시 이춘일 단원은 '절대 신봉이라는 단어는 절대자에 대한 신봉이라는 면으로 받아들일 우려'(「원불교신문」, 2002.3.22)가 있음을 지적하고 있다.

아무튼 좌타원 김복환 교무의 창립정신론은 수위단회사무처에서 각 단회에 보낸 유인물(2002.4.22) 「창립정신에 대한 참고자료를 보내드리면서」에 정식으로 나타나 있다. 여기에는 이공전, 류기현, 한정석, 송천은, 손정윤, 서경전, 김복환의 제안들이 제시되고 있다. 일부 교무들이 제안한 그간의 내용과 다소 다른 입장에서[18] 김복환 교무는 절대신봉이라는 항목을 강조하고 있어 주목되고 있다.

(2) 류기현 · 송천은 · 손정윤의 창립정신론

창립정신이란 항목이 원래부터 있었던 것은 아니다. 선지자들이 초창기 교단사를 이끌어오면서 자연스럽게 창립의 소중한 정신이 자산이 되어 전수되기 때문이다. 원불교의 창립정신도 원기 1년부터 있었던 것은 아니며, 초기교단을 일정기간 이끌어오면서 성립되었다. 여산 류병덕 교무는 이러한 과정 중에 나타난 정신으로 이소성대 사무여한 일심합력 등을 거론하고 있다. 여기에서 그는 창립정신을 교단이 지내온 과정을 돌이켜보며, 자기가 처해 있는 상황을 극복하고 새로운 전통을 그 위에 수립할 수 있었던 정신이 바로 창립정신[19]이라 하였다.

위의 언급에 의하면 교단 초창기의 한계상황을 극복하고 놀랄만한 발전을 가져올 수 있었던 혼이 창립정신임을 알 수 있다. 창립정신을

---

18) 이공전 교무의 견해와는 이 부분에서 일치하고 있다.
19) 류병덕, 『원불교와 한국사회』, 원광대 종교문제연구소, 1978, p.259.

되새겨 보는 것은 종교인으로서, 또는 인간으로서 지녀야 할 근본정신이며 추원보본의 한 작업[20]임을 류병덕 교수는 밝히고 있다. 원불교의 근본정신이자 교조 소태산을 향한 숭경과 추원보본의 정신이 창립정신의 본질이라는 것이다.

이어서 융산 송천은 교무의 창립정신론을 살펴보자. 그가 본 창립정신의 네 가지 항목을 보면, 그간 주장된 원불교 창립정신의 항목과 별반 다를 것이 없다. 이를테면 첫째 근검저축의 정신, 둘째 이소성대의 정신, 셋째 일심합력의 정신, 넷째 무아봉공의 정신[21]이 그것이다. 류교무와 송교무 견해는 사무여한과 무아봉공이라는 항목 차이가 발견되는 정도이다.

주목할 바, 송천은 교무는 원불교가 한국사회에 공헌할 수 있는 정신의 하나로 창립정신이라 하였다. 다시 말해서 세계뿐만 아니라 민족종교로서도 공헌해야 한다면서 그는 다음의 예를 든다. ① 일치운동과 화합운동, ② 감사와 신바람 운동, ③ 사요정신, ④ 창립정신[22]이 그것이다. 이처럼 원불교의 창립정신은 교단뿐만 아니라 국가 세계에도 보편적 정신이라는 점이 여기에서 강조되고 있다.

다음으로 효산 손정윤 교무는 전문적 교학연구의 입장에서라기보다는 소박한 교리정리의 측면에서 창립정신을 거론하고 있다. 이른바 보편적으로 알려져 있는 이소성대, 무아봉공, 일심합력, 근검저축이 그것이다.[23] 그가 밝힌 창립정신의 네 가지 항목은 위에서 말한 류병덕·송천은 교무의 견해와 일치하고 있으며, 비교적 초기(1966)에 이

---

20) 위의 책, p.261.

21) 송천은,『일원문화산고』, 원불교출판사, 1994, pp.239-241참조.

22) 위의 책, p.170참조.

23) 손정윤 편저,『원불교 용어사전』, 원불교출판사, 1993, pp.1052-1053.

러한 항목들을 지상에 발표한 것이 특징이다.

창립정신이 전 교단적으로 번진 출발점을 손정윤 교무는 1966년이라는 기한을 두고 있다. 당시『원광』에 밝힌 내용이 '지난 6월을 기점으로 우리 교단의 일부 젊은이들에 의해서 창립정신 복귀운동이 힘차게 일어나 이제 요원의 불길처럼 전 교단에 번져가고 있는 것'(원광 52호, p.4)이라고 하였다. 이러한 계기는 창립정신의 복귀, 고취, 계승운동이라는 것이다.

어쨌든 원불교학이 태동한 1960년대 후반기에 보여준 교역자들 창립정신론은 최초의 창립정신 정립사라 본다. 지금까지 알려진 창립정신론은 그들이 발표한 창립정신론의 기본항목을 크게 벗어나 있지 않다. 그러나 김복환 교무의 절대신봉 정신이라든가 후술할 한종만・서경전 교수의 창립정신론은 새로운 각도에서 제기되고 있다. 그럼에도 불구하고 필자의 견해는 창립정신 항목의 측면보다는 정립의 방향설정에 대한 중요성을 밝히고 있다는 점에서 이들과 다른 차원에서 접근한 것이다.

(3) 한종만 서경전의 창립정신론

창립정신론에서 전장(前章)의 언급과 다소 다른 항목들을 밝힌 사항이 있는데, 그것은 한종만 교수와 서경전 교수의 견해이다. 한종만 교수는 "창립정신은 어떻게 한다"라는 방법적인 면보다는 "무엇을 하느냐"의 목적 측면에 중점을 두어 생각해야 할 것이라 하고 있는데, 필자의 방향설정과 다소 달라 보이는 듯 하다. 어쨌든 그는 저축조합운동에서 본 자립정신, 방언공사에서 본 개척정신, 법인성사에서 본 봉공정신[24]을 거론하고 있다. 자립과 개척, 그리고 봉공의 정신을 창립정신의 항목으로 설정하였다.

이러한 창립정신론은 교단 3대사업을 실천하는 길이기도 하다. 한종만 교수에 의하면 자립, 개척, 봉공의 창립정신이 뿌리가 되어 이 같은 초기교단사가 이루어졌다는 것이다. 그에 의하면, 교단 3대 사업인 교화 교육 자선 사업도 이러한 창립정신을 표준으로 해서 원불교인의 정신적 각오와 교단의 교정방향이 영원하게 설정되어야 한다[25]는 것이다. 그가 말하는 창립정신은 교단 3대 사업의 시행에 있어 원동력으로 작용하는 측면이 부각되고 있다. 교단의 미래 모든 사업들이 창립정신에 근간하고 있어야 하는 것은 주지의 사실이다.

어쨌든 소태산대종사가 원불교를 창립한 여러 동기의 핵심은 제생의세라는 과업이다. 고통 받는 중생들을 구원하기 위해 새 종교를 창립한 것이기 때문이다. 따라서 교단의 창립정신이란 궁극적으로 병든 사회를 치료하는 원동력이 되기도 한다. 한종만 교수도 이러한 입장에 동조하고 있다. 다시 말해 '병들어 있는 인간과 사회를 구원하기 위해서 교단을 창건한 것'[26]이라며, 창립정신의 본질을 이와 연결 짓는다.

이어서 서경전 교수의 창립정신론을 살펴보자. 그는 기존의 창립정신과 다른 입장에서 항목들을 정리한다. 이를테면 결복기의 역사 창조의 이념, 즉 21세기를 향도할 이념으로서 원불교 창립정신론을 새롭게 모색해 보려는 의도가 실리어 있다. 그에 의하면 첫째, 조단정신, 둘째 방언정신, 셋째 혈인정신[27]을 창립정신의 항목들로 설정한

24) 한종만, 저축조합과 방언역사, 『원불교70년 정신사』, 성업봉찬회, 1989, pp.135-136.

25) 위의 책, p.137.

26) 위의 책, p.135.

27) 서경전, 「원불교 교단 창립정신론의 새로운 모색」, 『원불교사상』 제8집, 원불

다. 창립정신론을 밝힌 선지자들의 견해와 달리 한종만 교수와 서경전 교수의 견해는 초창기 사업과 관련지어 다소 구체화된 양상이다.

나아가 서경전 교수는 다른 주창자들과 견해를 달리하여 창립정신론을 구체적인 논문으로 정립하고자 하였다. 곧 창립정신이라는 것을 단일주제로 심화시켜 논문화한 것이다. 그에 의하면 원불교에 있어서 창립정신이 논의된 것은 1966년 6월을 기점으로 해서 중앙총부 원불교학과 학생기숙사를 중심으로 창립정신 복귀운동이 힘차게 일어났음을 주지시킨다. 물론 창립정신 정립의 계기는 원광중·고의 무리한 증축에 따른 힘겨운 부채 때문에 교단이 부담하게 될 경제적 타격과 인적 불협화음 등이 직접적 원인이었던 것[28]이다.

이처럼 상기자의 언급들과 다른 입장에서 항목들을 거론한 서경전 교수의 견해라 하더라도 교단의 개교동기를 구현하는 원론에서는 상통한다고 본다. 서교수는 이에 말하기를, 원불교에 있어서는 개교동기가 있기 때문에 창립정신은 개교동기의 정신을 구현하기 위한 방법론적 종속개념[29]이라 했다. 주개념과 종개념이라는 엄밀한 구분이 필요하다고 해도 창립정신의 궁극적 목적은 개교동기에 기반하고 있음을 알 수 있다.

필자는 이미 언급한 바와 같이 여러 선지자들의 창립정신론 항목을 참고하면서, "창립정신의 항목이 무엇이냐"라는 것보다는 "어떤 방향에서 설정해 나갈 것이냐"의 방향성이 중요함을 언급코자 하는 것이다. 따라서 필자는 창립정신의 개별적 항목보다도 그 방향설정의 중

교사상연구원, 1984, pp.184-186.

28) 위의 책, p.175.

29) 위의 책.

대성을 밝히려는 것이다. 창립정신의 정립방향이 설정된다면 당시의 상황에 따라 앞으로 창립정신의 항목을 공동체의 공감대 속에서 지속적으로 재정립할 수 있다는 것이다. 고정된 항목을 고착화시키려는 것보다는 창립정신의 방향제시적 유연성을 살리자는 뜻이다.

4) 창립정신의 정립방향

(1) 교법혁신의 방향

원불교가 창립된 것은 소태산의 대각과 더불어 중생구제에 대한 그의 소명의식에 기인한다. 재생의세를 위해 정법교리가 창안되고, 제도가 뒷받침되었던 것이다. 교법이 인류를 위한 묘법이 되도록 노력하라는 소태산의 법어가 바로 창립정신과도 같다고 본다. "우리의 법을 잘 연마하여 전 세계 인류에게 무상묘법이 된다면 아니 취해갈 자 그 누구이랴?"[30] 소태산대종사의 정법교리에 대한 신념은 원불교 창립정신의 방향이 되기에 충분하다.

주지하듯이 정법교리의 언급은 원불교의 불교혁신과 관련된다. 석가모니의 교법이 3천년을 지내오면서 정법, 상법, 말법기를 통해 우리에게 전해져 왔다. 말법이 되면 교조 당시의 창립이념이 퇴색되는 것은 역사적 사실이다. 이에 소태산은 『조선불교혁신론』을 주창하고 새 교리 새 정법을 부르짖은 계기가 된 것이다. 산속의 불교를 민중의 불교로, 직업과 결혼의 자유를 인정하는 교리로, 등상불 신앙을 법신불 신앙으로 혁신한 것이 바로 개교정신 곧 창립정신의 구현과 관련된다.

---

30) 《월말통신》 제4호, 시창 13년 陰 6월 末日(『원불교 교고총간』 제1권, 정화사, 1974, pp.28-29).

이러한 불교혁신은 단순한 불교 겉모습만의 혁신이 아니다. 전통불교의 혁신은 원불교 창립의 명분이 되며, 이 명분은 원불교가 미래를 향해 나아갈 길이기도 하다. 소태산은 불교를 개혁해야겠다는 의지만이 아니고 미래세계에 인간혼·영성이 빛나는 종교가 있어야 할 길을 밝히려 하였다.[31] 창립정신의 흐름은 이 같은 불교 교리의 새로운 혁신에 기반되어 있다.

그간 주장된 창립정신 항목에서 빠진 것이 제법정신이라는 견해도 있다. 무에서 유를 창조하는 정신이 소태산대종사의 대각과 더불어 교단을 건립, 교법을 창안한 것으로 이어졌기 때문이다. 창립정신의 카테고리에서 뭔가 빠진 것이 있는데, 그것은 제법정신이 빠진 것 같으며, 우리의 창립정신은 창조와 혁신까지도 담고 있어야 한다[32]는 것이다. 이처럼 소태산은 과거에 없었던 새 교법을 창안해 냈으니, 이것이 창립정신으로 새겨야 할 것이라는 뜻이다.

위에서 언급한 불교혁신과 제법정신은 바로 창립정신의 방향성을 제시하는 것이다. 곧 불교교리의 혁신과 제법정신은 무에서 유를 창조한 방향제시인 것이다. 따라서 구습의 폐해를 극복하고 새로운 교리의 창안, 즉 제법(製法)을 하면서 교리의 삼학팔조 사은사요를 만들어냈고, 보다 새롭게 혁신을 하면서 정법교리의 방향성을 밝힌 것이다. 창립정신의 방향설정에서 이러한 측면을 부각시켜야 한다.

따라서 창립정신에는 교법제정 및 교법혁신의 정신이 뒷받침되어

---

31) 류병덕, 「21C의 원불교를 진단한다」, 제21회 원불교사상연구 학술대회 《21세기와 원불교》, 원불교사상연구원, 2002.1, p.8.

32) 우세관 정리, 「창립정신 재조명과 절대신봉」, 《원불교신문》, 2002년 7월 5일, 4면.

있다. 원불교가 1916년 창립되고 대종사의 대각 일성(一聲)이 전달되면서 교리의 창안 및 혁신의 계기가 마련된 것이다. 이러한 일들이 구체적으로 진행된 때는 소태산이 부안 봉래정사에 주석한 시기이다. 28년간 소태산의 종교활동은 다음 세 가지 시기로 구분되는데, 제1기는 영산에서의 창업기(1916~1919), 제2기는 변산에서의 제법기(1919~1924), 제3기는 익산에서의 전법기(1924~1943)[33]로 구분할 수 있다. 이처럼 변산에서 주석할 당시의 소태산의 교법창안은 바로 창립정신의 산실이었다.

종합적으로 창립정신의 방향설정은 개척정신이나 제법정신 그리고 불교혁신의 정신이 거론될 수 있다. 창립정신을 단지 몇 개의 용어로 한정할 것이 아니라, 이의 정립방향에서 여러 방향이 검토될 수 있어야 한다는 의미이다. 창립정신의 정립방향을 설정하여 여러 가지로 언급될 수 있는 범주를 확대해야 한다는 것이다.

(2) 사업전개의 방향

오늘날 창립정신을 실제 응용의 차원으로 되새기는 의미에서 일반기업들의 사례를 살펴보자. 이를테면 삼성자동차 부산공장에는 "우리가 왜 자동차사업을 해야 하는가"라는 글이 붙어 있다고 한다. "나는 그처럼 자동차 임직원에게 우리가 사업을 시작했을 때의 초심을 잃지 않고, 더욱 정진해서 한국 자동차산업사에 새로운 이정표를 세워가자고 격려하고 있다."[34] 이는 삼성그룹 이건희 전 회장의 언급이다. 이

---

33) 신순철, 「소태산의 일본 제국주의 인식」, 『원불교학』 7집, 한국원불교학회, 2001, p.137참조.

34) 이건희, 『생각좀 하며 세상을 보자』, 동아일보사, 1997, p.92.

처럼 초심을 잃지 않도록 하기 위해 표어를 걸어놓고 기업의 창립정신을 새긴다고 한다.

그러한 의미에서 창립정신의 의미는 초창기에 만들어진 사업정신을 돌이켜 보며 그 사업의 발전과 간절한 성취의 염원을 모색하고자 하는 정신과 관련된다. 정산종사도 이와 관련한 예를 들고 있다. "내 들으니 서울 어떤 부호의 집 사당에는 소금지게를 모시고 위한다더라. 그것은 자기네 조상이 소금장사를 하여 그 살림을 이룬 관계로 자손만대에 이르도록 영원히 그 사실을 기념하기 위함이라."[35] 이처럼 초창기의 소금장사 시절을 상기하면서 사업을 전개하는 것은 창립정신을 지속적으로 계승하려는 생존전략 중의 하나이다.

사업의 발전적 전개를 위해서 창업주 및 계승자는 살아있는 혼을 찾아내는 역량이 필요하다. 원불교 역시 창립 이후 지속적 발전을 향한 방편으로 종교사업의 전개를 도모하였다. 금주금연과 공동출역 등 저축조합 운동이 그것이다. 초창기의 이러한 사업을 전개하면서 회상의 사업기초를 쌓아 올리던 이소성대의 정신은 대업을 굳건하고 착실히 이룩한 근실정신의 극치였고, 표준적 정신이 또한 우리 회상창립의 원동력이 되어 온 것[36]이라고 이공전 교무는 말한다. 이소성대의 정신이야말로 사업전개에 있어 새겨볼 수 있는 창립정신이다.

아울러 교단사업의 성취에 있어서 근검절약 정신도 창립정신의 한 방향이 된다. 소태산은 종이 한 장, 연필 한 자루라도 아껴 쓰라고 하였다. 고현종 교무도 소태산대종사의 근검절약 정신을 다음과 같이 회상한다. 그가 16세의 어린 나이에 간사시절을 보내면서 대종사를

35) 시창 34년 4월 7일, 정산종사, 유일학림 1회 졸업식 훈사이다.

36) 이공전, 「창립정신론」, 『원광』 제53호, 원불교원광사, 1966.11.1, p.47.

뵙자 "잘 살았냐"며 "무엇이든지 아껴 써야 한다. 편지봉투도 뒤집어 써야 하고 전기도 아끼고 수돗물도 아끼는 것이 불법연구회의 창립정신이다"[37]라고 하였다는 것이다. 이처럼 근검절약의 정신은 교단사업을 탄탄히 할 수 있는 기초가 되며, 전무출신으로서의 소중한 정신이라는 것이다.

이어서 일심합력의 정신도 사업전개에 있어 필요하다. 9인 선진은 소태산대종사의 정신을 계승하여 일심합력으로 교단의 탄탄대로를 만들어온 분들이다. 이러한 정신은 개교 반세기 동안 우리 수많은 후진 전무출신들에게 꾸준히 알뜰하게 계승되어 왔고, 또한 바로 거진출진 정신의 연원이 되어 재가 출가 일심합력으로 오늘의 우리 회상을 이룩하여 온 것이다.[38] 사업을 전개함에 있어 구성원의 단결이 요구되며, 특히 종교사업에는 일심합력이 창립정신의 모토가 된다.

사업의 전개에 있어 무아봉공도 창립정신이라고 볼 수 있다. 원기 4년(1919) 음 7월 26일 혈인의 날은 바로 진리계의 인증을 받은 날이다. 백지혈인의 기적을 가져다 준 것은 방언공사를 마치고 원불교가 바로 진리계에 봉고한 덕택이다. 사업에 있어 무아봉공의 자세가 있었기에 교단창업의 터전은 오늘의 발전을 약속했던 것이다. 교단의 창립정신은 이러한 봉공이라는 방향성을 살려야 한다.

아무튼 창립정신을 언급함에 있어 사업전개의 방향에서 거론할 수 있는 것은 근검절약, 이소성대, 무아봉공 등 여러 가지가 거론될 수 있다. 다시 말해 교단 사업의 전개에 근간이 되는 정신을 촉구하는 방향

37) 정도연 정리, 「대종사친견제자 특별좌담(1)」, 《원불교신문》, 2002년 6월 7일, 4면.

38) 이공전, 「창립정신론」, 『원광』 제53호, 원불교원광사, 1966.11.1, p.46.

이라면 이 같은 항목 모두를 창립정신의 범주로 할 수 있다는 것이다.

(3) 교조신봉의 방향

교단과 교조신봉의 방향에서 창립정신은 여러 가지로 언급될 수 있는 바, 그중 대표적으로 사무여한, 무아봉공, 절대신봉 등이 거론될 수 있다. 우선 사무여한의 정신을 살펴보자. 사무여한이란 원불교를 창립한 후 얼마 지나지 않아 소태산이 구인 선진들과 기도를 올리면서 이적으로 나타난 백지혈인과 관련된다. 이러한 이적은 제자들이 기도를 올리며 교조 소태산을 향해 죽어도 여한이 없다는 맹세를 함과 더불어 충천한 신성의 정신을 통해 법계의 인가를 얻은 징표이다. 생명도 불사하는 순교자적 정신을 가진 것이 이것으로, 그들은 진리계의 인증을 받음과 동시에 대종사로부터 법명을 부여받아 중생구제의 사명을 지녔다.

이어서 무아봉공도 거론될 수 있다. 이 무아봉공은 백지혈인의 이적을 나툼과 더불어 사바세계에 이 한 몸을 바쳐 성불제중 제생의세의 자세에서 비롯되며, 또 소태산을 중심으로 해서 공중을 향해 대가 없이 봉공하겠다는 정신에서 출발한다. 혹자는 무아봉공이 창립정신의 카테고리가 아니다[39]고 하지만, 널리 보면 창립정신 속에 무아봉공의 정신이 있음을 생각해볼 일이다. 교단 초창기에는 교조의 가르침을 따라 무아봉공의 자세로 임하였기 때문이다.

---

39) 무아봉공은 사대강령이란 교리체계 속의 의미이다. 따라서 그것도 창립정신의 카테고리가 아니다. 창립정신은 교리 즉 얼을 실현해 가는 역사 속의 구체적 실천의 모습이기 때문이다(류병덕 원로교무의 주장). 우세관 정리, 「창립정신 재조명과 절대신봉」, 《원불교신문》, 2002년 7월 5일, 4면.

아울러 근래 창립정신을 다시 정립하자는 제안이 나오게 된 기본배경에는 절대신봉이라는 항목을 넣자는 견해가 있다. 이 절대신봉을 주장하는 것은 교조에 대한 신봉의 정신을 가다듬고 다시 구인선진의 정신을 체받자는 뜻이다. 김복환 교무의 제안이 이것이며, 뒤이어 이제성 교무도 이를 거들고 있다. 이교무는 다음과 같이 말한다. "절대신봉이라는 표현도 잘못이라 보지 말자. 『금강경』에 신수봉행(信受奉行)이라는 말이 나온다. 믿어서 받아야 한다."[40] 원불교에서 절대신봉은 창립의 원동력이 되었기 때문이라는 그의 주장이다.

여기에 대해 반대의견을 소개해 보자. 우선 표현상의 거부감을 지적하는 견해가 있다. 다시 말해 절대신봉을 창립정신으로 넣자는 의견에 반대입장이 이것이다. "교단의 현재적 약세를 보여주는 근거이다. 종교는 어차피 절대를 향해 가는 것이다. 극한적인 표현보다는 대중화된 표현이 중요하다."[41] 교단의 약세를 보여준다는 것은 다소 지나친 표현이지만, 이 같은 극한적 표현보다는 대중화된 표현이 낫다는 견해는 무시할 수만은 없다.

아울러 절대라는 용어에 폐쇄적 사유가 깃들 수 있다는 우려의 표명도 있다. "절대신봉이 향하는 곳이 교단인가 대종사인가 종법사인가 등이 문제가 되고 있다. 강압적으로 융통성이 없는 언어라는 것 때문에 문제가 되고 있다."[42] 이는 절대신봉 대신 무아봉공이라는 용어가 좋다는 의미이다. 무아봉공도 절대신봉과 다를 것이 없기 때문이다.

---

40) 우세관 정리, 「창립정신 재조명과 절대신봉」, 《원불교신문》, 2002년 7월 5일, 4면.

41) 위의 신문, 4면.

42) 송홍인 교무의 언급이다(우세관 정리, 「창립정신 재조명과 절대신봉」, 《원불교신문》, 2002년 7월 5일, 4면).

덧붙여 절대신봉의 용어에 대해 반대의견의 하나는, 개인 및 개체 신앙화할 우려 때문이라는 것이다. 이는 보다 직설적으로 언급해 볼 수 있다. 절대신봉은 종법사를 향한 신봉의 정신이 약해서 그런가라는 문제제기가 있을 수 있다는 견해가 주목된다. 즉 개체신앙이 아닌 진리신앙을 하자는 것이 우리 법인데 절대신봉은 종법사에 대한 개인 신앙으로 갈 위험성을 내포하고 있다(「원불교신문」, 2002.7.5)는 것이다. 물론 MRA 같은 조직은 절대정직·절대순결·절대무사·절대사랑 등 '절대'라는 단어를 쓰고 있다면서 절대를 쓰려면 우리도 절대근검·절대합력·절대봉공 등 모든 것에 적용시켜야 한다는 것이다. 이는 용어를 다소 순화하자는 비판적 충정에서 비롯된 것 같다.

그럼에도 불구하고 상산 박장식 교무는 절대신봉의 정신에서 다음의 항목들을 말한다. "(교단삼보가) 우리 교단에서는 법신불 일원상, 『정전』·『대종경』, 9인 선진의 대신성·대봉공·대단결의 정신이라고 볼 수 있다"[43] 이는 교단과 교조를 향한 신봉의 자세에서 창립정신의 항목을 얼마든지 거론할 수 있다는 것이다. 그의 주장은 절대신봉의 정신을 살려가되, 유연하게 용어를 수용할 수 있는지 검토해보자는 뜻이다.

어쨌든 본 장의 주된 흐름은 창립의 원동력이 교조를 향해 수화라도 불피하는 정신이 기반이 되어 있다. "대종사님 명령에는 수화라도 불피하고 죽음도 오히려 기쁘기만 한 당시 두마음 없던 절대복종의 정신, 이는 스승님 교단의 중심 향한 신봉정신의 극치였고, 이 표준적 정신이 우리 회상 창립의 원동력이 되어온 것이다."[44] 이처럼 교조

---

43) 박장식 원로교무의 언급이다(우세관 정리, 「창립정신 재조명과 절대신봉」, 《원불교신문》, 2002년 7월 5일, 4면).

소태산을 향한 절대신봉의 정신은 두고두고 교단 창립의 밑거름이 될 것이다.

따라서 절대신봉이라는 용어가 강하다느니, 보편적이지 못하다느니 하는 주장들이 많은데, 필자는 용어 하나하나에 너무 민감한 반응을 보이지 말고 교조를 향한 절대신봉의 방향에서 창립정신의 항목들을 다양하게 수용해야 한다고 본다. 교조를 향해 그리고 교단을 위해 절대신봉을 주장하거나 절대단결을 주장하거나 절대근검을 주장할 수도 있다는 뜻이다. 절대라는 용어에 긍정적 측면과 부정적 측면이 있음을 감안한다면, 전자의 경우도 도외시할 필요는 없다고 본다.

(4) 정신개벽의 방향

소태산의 대각과 더불어 원불교의 개교가 비롯되었으며, 역사적 개교가 이루어지면서 교단이 지향할 바 목표를 분명히 하는 것은 창립정신의 정립과 직결된다. 따라서 원불교 개교의 궁극적 목표는 이 땅위에 낙원을 건설하는 것이다. 그리고 이 낙원건설의 가장 중요한 결실은 정신개벽이다. "물질이 개벽되니 정신을 개벽하자"는 소태산의 가르침은 창립정신의 방향설정에 있어 핵심으로 자리한다.

사실 초기교서에 이 개교동기가 드러나 있으며, 이는 창립정신의 구현이라는 면에서 생각해볼 일이다. 『육대요령』 속표지의 표제 좌우에 "물질이 개벽되니 정신을 개벽하자"는 표어가 등장한 것은 원불교가 지향해야 할 바의 목표요 창립정신의 구현으로 이해된다. 『육대요령』에 이어 『삼대요령』 그리고 오늘의 『정전』에도 개교동기가 나타나

44) 이공전, 「창립정신론」, 『원광』 제53호, 원불교원광사, 1966.11.1, p.47.

있다. 이를 보아 알 수 있듯이 원불교가 창립된 것은 인류의 정신개벽을 도모하기 위한 것이다.

혹자는 창립정신과 개교정신을 나누어 보자고 할 수 있을 것이다. 엄밀히 보면 나누어 볼 수도 있겠으나 결국 같은 맥락이다. 원불교 창립의 정신은 정신개벽에 있고 개교한 목적도 정신개벽에 있기 때문이다. 앞으로 구체적으로 창립정신과 개교정신의 관계도 정립돼야 할 것이나, 원불교가 창립되어 인류구원이라는 방향에서는 같은 측면으로 볼 수 있다.

따라서 소태산은 대각을 이룬 후 제자들과 교단을 창건하면서 정신개벽을 슬로건으로 내걸었던 점을 상기할 일이다. 그는 제자들과 함께 정신개벽으로 가는 길을 몸소 선보였던 것으로, 방언역사와 법인성사 등은 원불교 혼(魂)의 역사이다.[45] 이들의 초기 창립활동은 모두가 정신개벽을 위한 사업으로 한결같이 지상에 낙원을 건설하고자 하는 구원의 의지를 드러내었다.

이 정신개벽은 원불교의 존재가치로서 시대적 사명이 아닌가 본다. 고려대 한승조 교수도 '정신개벽을 통한 사회개벽·민족개벽이 원불교의 시대적 사명'[46]이라 보았던 것이다. 사회를 개벽하고 민족을 개벽하려는 소태산의 충천된 의지는 교단창립 당시부터 시대적 사명으로 받아들여지고 있다.

시대적 사명이자 역사적 과업으로서 정신개벽은 초기교단사를 알 수 있게 하는『불법연구회창건사』에도 잘 나타나 있다.『불법연구회

---

45) 간행위원회 編, 담산이성은정사 유작집『개벽시대의 종교지성』, 원불교출판사, 1999, p.227.

46) 한승조,「한국정신사의 맥락에서 본 원불교」,『원불교사상』4집, 원불교사상연구원, 1980, p.64.

창건사』를 보면, 교단의 정신개벽을 실행하는 일대 역사가 일제의 탄압에 의한 민족적 암흑시대 속에도 의연히 전개되어 왔음을 엿볼 수 있다.[47] 이러한 정신개벽은 어떠한 시대적 상황이건 원불교 신앙인들에게만 해당되는 것이 아니라 사회와 민족, 그리고 세계 모든 사람들에게 해당되는 것이다. 따라서 창립정신에 있어 정신개벽이라는 시대적 사명의식은 가장 중시되고 또 실현되어야 할 것이라 본다.

주목할 바, 창립정신과 개교정신을 달리 말하는 견해가 있다고 해도 이 또한 동전의 양면이다. 진리 인식의 두 측면에서 체로 보면 한 맥락이요, 용으로 보면 나눠 볼 수 있다는 뜻이다. 이에 창립정신은 개교와 더불어 나타나는 것이고, 개교를 하면서 창립정신이 모색된다는 점에서 정신개벽은 이의 필요충분조건임을 알게 해준다. 따라서 창립정신의 정립방향으로는 정신개벽의 방향, 개척정신의 방향, 개교정신의 방향이라 해도 무방하다고 본다.

(5) 역사창조의 방향

교단 초기의 역사와 더불어 교단의 발전에 가속도가 붙으면 으레 초기교단의 창립정신이 거론되곤 한다. 역사적 성찰과 난제의 돌파구를 마련하고자 하는 정신적 작업이 이것이다. 짧은 교단사와 더불어 이 정신은 면면히 전승 발전되어가야만 할 것[48]이라는 지적도 이와 관련된다. 역사적 창조작업은 보다 성숙된 공동체 일원으로서 그 공동체가

---

47) 한기두, 「소태산대종사와 정산종사」, 『원불교사상』 24집, 원불교사상연구원, 2000, p.22.

48) 손정윤, 「창립정신의 새로운 모색」, 『원광』 제52호, 원불교원광사, 1966.8.1, p.4.

정체됨을 극복하고 미래지향적 발전을 도모하는 작업과도 같다.

교단의 유구한 역사는 말 그대로 초창기 창립의 과정에서 현재까지 살아있는 역사의식에서 나타나는 것이다. 사실 초기교단의 창립역사는 순수한 출발 그대로의 모습이며, 교조의 정신이 가장 사실적으로 나타나 있다. 그러나 세월이 흐르며 교조정신이 망각되거나 사라지게 된다. 최근의 교단사에서 볼 때 역사의식을 지닌 창조적 소수자를 지도자들은 키우려고 노력해 왔던가[49]라는 반성이 제기되고 있다. 이와 같이 세월이 지나면서 초창기의 교조정신과 창조적 역사의식에 바탕하여 혈성정신을 되새기자는 반성론이 대두되는 것은 자연스러운 일이다.

이 창립정신에의 성찰은 천단한 교단사에서 볼 때 원불교의 정체성을 확인하는 길이기도 하다. 교단의 정체성이 사라질 때 창립정신이 자주 거론되는 것도 이 때문이다. 창립정신이 보이지 않는 것은 정체감의 상실, 즉 역사적 안목과 반성이 뒤따르지 않기 때문이다. 따라서 원불교의 새로운 정체성을 확보하려 할 때 창립정신이 거론되는 것은 당연한 일이다. 그런 의미에서 원불교의 정체성을 찾기 위해 선진들의 창립정신에 대한 다양한 견해표명은 다행스러운 것이며, 최근 창립정신론의 부활은 의미 있는 것이다.

중요한 것은, 창립정신은 원불교의 역사창조에 있어 근간이 된다는 사실이다. 우리가 말하는 창립정신의 실현은 부단한 역사창조 작업이 있어야 가능하기 때문이다. 이러한 고뇌의 작업이 뒤따르지 않는다면 창립정신은 교서에 거론되는 정도에 그치며 묻히고 만다. 따라서 오

49) 서경전, 「원불교 교단 창립정신론의 새로운 모색」, 『원불교사상』 제8집, 원불교사상연구원, 1984, p.193.

늘날 회룡고조의 정신으로 창립정신론에 대해 재론하는 것은 역사창조의 당연한 과정이라 본다. 이에 창립정신론의 정립에서 역사창조의 측면이 간과된다면 곤란한 일이다. 교단역사에서 볼 때 개척정신이라든가, 불교혁신의 정신이 창립정신의 정립의 방향으로 자리할 수 있다는 것이다.

앞으로 역사의 안목에서 교단발전을 도모해야 하며, 여기에서 창립정신은 고금의 나침판이 된다. 교단 100년의 역사는 기성종교에 비하면 여전히 창업기라고 볼 수 있다. 이러한 짧은 역사 덕택에 오늘의 교단은 소태산과 9인선진의 정신을 순수하게 보전해 왔다.[50] 이는 소태산을 중심으로 한 교단창업에 있어 선진들의 역사적 안목에 의한 희생적 정열을 후진들이 본받고자 하는 열정과 맞물린다. 여기에서 우리는 역사적 안목으로 창립정신의 재정립의 필요성을 느낄 수 있다.

사실 교단의 창립정신을 추출하는 작업은 역사적 안목을 통해 더욱 용이해진다. 역사적 안목이 없다면 그것은 시대정신이 사라진 것이요, 과거와 미래를 연결하는 시각이 결여됨을 의미한다. 이에 좌산종사는 창립정신 추출작업의 자세로서 다음과 같이 말한다. "오직 창립사를 가꿔온 과정에서 맥맥히 흘러 작용했던 대표적 정신이 무엇인가? 그 정신을 추출하는 작업이 창립정신 정립작업이다."[51] 그의 언급처럼 교단 창립사를 일구어온 교단선진들과 현재의 우리들은 역사적 안목에 의해 창립정신을 정립해야 한다.

주지하듯이 정산종사는 『불법연구회창건사』에서 창립정신의 고취

50) 류병덕, 「21C의 원불교를 진단한다」, 제21회 원불교사상연구 학술대회 《21세기와 원불교》, 원불교사상연구원, 2002.1, p.15.

51) 좌산종법사, 「창립정신정립」, 《출가교화단보》 제124호, 2002년 8월 1일, 1면.

와 그 이해를 적극 도모하고 있다. "창립초기로 비롯하여 실지적 참견한 바가 있으므로 오직 그 견문된 바를 기술하여 감히 대중에게 보이는 바이니, 독자 제위는 이를 양해하시고 매양 그 실경만 잘 조감한다면 본회의 창립취지에 많은 이해가 있을 줄로 믿는다."[52] 이처럼 역사적 안목으로 초기교단사를 기술한 정산종사의 혜안은 창립정신 정립에 근간이 된다. 그리하여 개척 정신, 무아봉공 정신, 불교혁신의 정신 등이 이러한 창립정신의 역사적 안목에서 거론될 수 있는 것들이다.

5) 창립정신의 고취

근래 창립정신을 재정립하자는 의견은 일견 바람직한 일이다. 교단역사가 원기 100년대로 진입하면서 초창기 정신이 해이해지기 쉽기 때문이다. 창립정신의 항목이 무엇이니 하는 주장도 어느 면에서는 바람직한 일이라 본다. 이는 교단 구성원 모두가 창립정신을 되새기고, 창립정신을 실천하고자 하는 여망에서 나오기 때문이다.

하지만 창립정신을 거론함에 있어 흑백론적 입장에서 어느 것은 창립정신의 항목이 될 수 없다는 식의 논쟁은 바람직하지 않다. 다시 말해 각자가 교단사랑의 시각에서 일관된 관점을 갖고 거론하는 창립정신론에 대해 기본적으로 검토해 볼 수 있는 유연한 자세가 필요하다는 뜻이다. 다만 이러한 주장들을 교학적으로 정리하는 일이 뒷받침되어야 한다. 논쟁을 위한 논쟁이 중요한 것이 아니라 여러 주장들을 수용, 정리해가면서 실천에 초점을 두는 것이 중요하다.

---

52) 정산종사, 『불법연구회창건사』「머리말」(박정훈 편저, 『한울안 한이치에』, 원불교출판사, 1982, p.181).

그동안 창립정신론이 거론된 역사를 회고하면, 「원광대신문」에 창립정신이 처음 발표된 이후 이공전, 이은석 교무 등이 각자의 창립정신론을 발표하기 시작하였다는 것이다. 그러면서 원불교가 창립되는 과정은 교단이 창조적 사회로 가는 동력이었다며, 창립정신을 정립하고 그 고취운동이 필요함(「원불교신문」, 2002.7.5,4면)을 역설하고 있다. 1966년에 발표된 『원광』의 창립정신론(이공전, 손정윤)도 같은 맥락이다. 이와 같이 창립정신론이 지상에 발표된 것은 벌써 수십 년 전의 일이다.

근래 창립정신론이 거론된 배경도 다름 아닌 창립정신을 적극 계승하자는 교단 구성원들의 여망에 따른 것이다. 수위단회사무처가 원기 87년(2002) 「교단 창립정신 정립의 건」으로 제안된 절대신봉, 일심합력, 근검저축, 이소성대, 무아봉공에 대해 의견을 교환한 것이 이것이다. 당시 주로 거론된 창립정신 항목은 절대신봉으로, 이는 교단의 생명력이라는 것이다.

절대신봉이라는 용어에 이의를 제기할 수도 있다. 절대라는 말이 타력적이고 개체신앙의 뜻하는 느낌을 줄 수도 있기 때문이다. 하지만 여기에서 필자가 거론하고자 하는 것은 창립정신의 정립방향이며, 각각의 항목정립은 아니라는 점이다. 따라서 여러 방향에서 여러 항목들을 다양하게 거론할 수 있는 장은 바람직하며, 어느 항목만은 안 된다는 식의 논쟁은 지양하자는 것이다.

요컨대 창립정신 항목이 무엇이라는 개념논쟁에 지나치게 집착하지 않았으면 한다. 어떻게 하면 창립정신을 되살리느냐, 그리고 창립정신을 어떤 방향으로 점검해 나가느냐가 과제이다. 항목설정도 중요하지만, 그보다 더 중요한 것은 다양한 방향에서 이를 거론하다 보면, 자연스럽게 창립정신의 항목들이 추출될 것이다.

또 창립정신의 항목은 시대에 따라 그에 맞게 재론될 수 있어야 하며, 다양한 항목들을 재정립하는 과정도 필요하다. 따라서 수위단회 사무처가 배포한 「창립정신에 대한 견해 비교표」[53]에서 어느 것이 옳고 그르다는 식의 논쟁보다는 다양한 방향에서 여러 항목을 거론할 수 있는 유연성 여부가 중요하다고 본다. 참고로 필자는 원불교 100년을 기념하여 발간된 『원불교대사전』(2014년 발간) '원불교창립정신' 조항에서 창립정신론을 집필하였으며, 거기에서 이소성대, 일심합력, 사무여한이라는 항목을 밝혔으며, 그 외에도 절대신봉과 근검저축을 더 논의할 수 있다고 하였다.

2. 원불교 신앙호칭과 신앙성 강화

1) 신앙호칭의 중요성

본 연구의 성격은 원불교사상의 전반적인 영역 가운데 원불교 신앙론이라는 큰 범주에서 모색된다. 오늘날 원불교 신앙론에서 검토되어야 할 사항은 여러 가지가 있을 것이다. 근래 원불교는 신앙성이 약하다는 지적이 있어온 것을 상기하면 원불교신앙의 특성이라든가, 원불교 신앙대상 호칭의 변천과정, 법신불 사은의 성격, 일원상 진리의 인식, 일원상 신앙과 수행 등에 대한 비판적 성찰이 필요한 시점이다. 이러한 맥락에서 본 연구는 원불교 신앙대상 호칭의 성찰에 초점을 두고자 한다.

---

53) 수위단회사무처, 《창립정신에 대한 참고자료를 보내드리면서》, 2002년 4월 22일, 표지 뒷면.

신앙호칭은 종교 절대자 내지 신앙대상을 부르는 명칭으로 그것은 신앙심을 유발할 뿐만 아니라 원불교 교화에 전반적인 영향을 미친다는 면에서 이에 대한 성찰은 침체된 원불교 교화를 극복할 수 있는 기반이 될 것이다. 이를테면 청소년교화특별위원회(청교특위) 실무위원들은 평송청소년수련원에서 모임을 갖고(원기 87.12.27) 청소년교화 전반에 대해 논의했는데, 자유로운 토론방식을 통해 청소년교화의 문제점을 제시한 바 있다. 여기에서 지적된 청소년교화 과제의 하나로는 원불교 신앙대상 용어의 복잡성이었다. 원불교 신앙대상 호칭이 너무 복잡하여 청소년 교화에 상당한 애로가 있다는 견해는 교학연구의 큰 과제로 남겨진 셈이다.

신앙대상 호칭이 연구의 대상이 된다는 것은 신앙대상이 청소년교화는 물론 신앙인의 신앙감성에 미치는 영향이 크기 때문이다. 원불교 수위단회도 이를 직시하여 만덕산 훈련원에서 제140회 임시회의를 열고(2004.7.23) 교화 활성화를 위해 「신앙정론」 등을 현안문제로 삼고 발표와 토론을 벌인 적이 있다. 당시 토론된 내용으로는 새로운 호칭의 논리성 부족, 신앙대상의 인격성 문제, 신앙호칭의 단순화 및 효율성의 극대화, 진리세계와 인식구조의 차이, 호칭의 다양성에서 오는 혼란 등이 거론되었다. 이처럼 신앙호칭의 문제가 최고 의결기관인 수위단회에서까지 거론된 것은 신앙호칭이 원불교인의 신앙감성 약화 및 교화정체의 한 원인이 된다는 사실 때문이다.

이에 본 연구에서는 원불교 신앙대상 호칭의 중요성을 밝히고, 초기교단에서부터 변화해온 신앙호칭 등을 점검함으로써 보다 바람직한 신앙대상 호칭을 모색할 수 있는지 살펴보고자 한다. 나아가 원불교 신앙호칭이 신앙성 약화로 이어지는 요인들을 살펴봄으로써 신앙성 강화를 위한 방향에 대하여 접근하고자 한다. 신앙성 강화를 유도하는 원불교 신앙대상의 호칭은 무엇이며, 그 이유는 무엇인지에 대한 접근도 본 연구동기의 하나이다.

그러면 원불교 신앙대상 호칭과 관련한 선행연구로는 어떠한 것들이 있는가? 「원불교신앙의 대상 호칭문제」(서경전)라는 연구에서는 신앙대상 호칭의 현상과 호칭의 논리적 근거를 밝히고 있다. 이의 논리적 근거로 종교학적 측면, 신앙 체험의 측면, 교리의 본질적 측면, 교화 활성화의 측면을 중심으로 언급하였다.[54] 또 다른 선행연구로는 「원불교 용어의 의미 전달문제」(김성장, 『원불교사상』 제8집)라든가, 「일원과 일원상의 호칭에 대한 조명」(박도광, 제31차 신룡교학회 학술발표회), 「교화활성화로서의 원불교 용어」(졸고, 『원불교와 동양사상』) 등이 있다. 선행연구들은 나름대로 본 연구방향에 시사성을 주고 있다. 하지만 신앙대상 호칭의 신앙성 강화를 위한 방안모색이라는 점에서 본 연구는 선행연구들과 다소 차이가 있다.

어떻든 본 연구는 신앙대상 호칭과 신앙성 강화와의 관계를 밝힘으로써 원불교 신앙호칭의 바람직한 모색의 시도라는 점에서 의의를 지닌다. 신앙대상 호칭에 있어 불교의 경우 부처님, 기독교의 하나님, 이슬람교의 알라, 원불교의 법신불 사은이 공식화되어 있다. 하지만 이웃종교와 달리 법신불 사은이라는 호칭은 어린이 및 청소년(일반인)의 신앙감성 유도에 상당한 애로가 있다는 점에서 본 연구는 그러한 문제의식에서 출발하였음을 밝힌다. 이에 원불교 교서 등에 나타난 신앙대상 호칭은 물론 신앙인들이 교화현장에서 사용하는 호칭들을 대상으로 접근해서 연구 방법론의 실마리를 찾아보고자 한다.

---

54) 서경전, 「원불교신앙의 대상 호칭문제」, 『원불교사상』 제7집, 원불교사상연구원, 1983, pp.1-26.

2) 신앙호칭의 의의

우리가 사용하는 종교언어가 상징성을 지닐 수밖에 없는 요인은 무엇인가? 언어가 전달하고자 하는 묘의(妙意)를 충분히 전할 수 없는 언어의 한계성 때문이며, 이에 제2의 언어가 필요한 것이다. 제2의 언어란 다름 아닌 언어의 상징성으로 이어진다.[55] 예술이나 종교의 심오한 경지를 담보하기 위해서 언어의 상징성은 더욱 강조된다. 언어만으로 의미심장함을 다 담아낼 수 없는 예술과 종교의 특징이 그 상징성과 연계된다.

원불교라는 교단이 형성되어 발전하다 보면 그에 따른 사상의 독특성이 나타나고 그로 인한 종교언어의 특성이 발견된다. 신앙인들이 시공간 안에서 공통적으로 사용하는 언어의 범주 때문이다. 신앙대상 호칭은 교의의 심오한 뜻을 담아내려면 종교의 독특한 언어환경으로 인해 그 호칭이 상징성으로 전개되는 경우가 많다. 일례로 교단과 유사한 개념을 지닌 용어들로서 공도, 회상, 도가, 수도문중, 교문, 교중, 종문, 공중, 공가, 도문, 가게, 교회, 못자리판, 기러기떼[56] 등이 이와 관련된다. 따라서 원불교의 용어나 호칭들은 원불교 신앙 수행의 특수한 정서와 분위기를 자아내는 상징성을 지니게 된다.

이에 원불교에서 사용되는 용어, 특히 호칭에 대하여 다양한 연구가 필요한 바, 진리를 담아내는 교리, 교단을 상징하는 용어, 교역자들의 호칭, 경전의 명칭, 신앙의 호칭 등이 앞으로 연구의 대상이라

55) 박상권, 「소태산 성리해석의 지향성 연구」, 『원불교사상과 종교문화』 32집, 원불교사상연구원, 2006.2, p.96.

56) 신명교, 「원불교 교단관」, 『원불교사상시론』 1집, 수위단회사무처, 1982, p.19.

본다. 이러한 원불교 용어 중 시급히 연구되어야 할 것이 신앙호칭 문제로, 다른 종교의 언어를 수용하면서도 원불교적 특성을 지닌 언어를 계발해야 할 것이다.[57] 이러한 맥락에서 원불교의 신앙감성을 충실히 유도해 낼 수 있는 신앙호칭이 무엇인가에 대한 연구가 우선순위라고 본다.

먼저 원불교 신앙대상 호칭의 의의는 무엇인가를 살펴본다. 신앙대상 호칭은 숭경대상에 대한 원불교인의 경외심 내지 생명력을 심어주는 매체로서 절대자에 대한 귀의감정과 연결된다는 면에서 그 의의가 크다. 따라서 신앙대상에 대한 인간의 언어가 가지는 최대의 형식은 호칭이며 절대자(하나님)의 호칭을 통하여 생명력을 얻을 수 있다[58]고 설파한 실천신학의 대가 루돌프 볼렌의 견해는 설득력이 있다. 하나님이라는 호칭은 신앙인으로 하여금 경외감 내지 생명을 얻게 하는 통로라는 면에서 그 의의 또한 큰 것이며, 원불교 신앙호칭의 의의도 이와 다르지 않다.

신앙호칭의 의의를 감안할 때, 먼저 원불교신앙의 특징은 무엇인가를 살펴본다. 신앙의 특징에 따라 신앙호칭이 영향을 받기 때문이다. 원불교신앙의 특징은 다양하게 거론될 수 있으나 대체로 진리신앙, 사실신앙, 전체신앙이라 할 수 있다. 미신신앙을 인도정의의 진리신앙으로, 신통묘술의 기복신앙을 사실신앙으로, 유일신의 독점주의 신앙을 구원의 보편주의 신앙으로 개혁을 실현하였다[59]는 점에서 더욱

---

57) 손정윤,「문학・예술사」,『원불교70년정신사』, 원불교출판사, 1989, p.668.

58) Rudolf Bolren(박근원 譯),『설교학원론』, 대한기독교출판사, 1992, pp.134-144.

59) 김수중,「양명학의 입장에서 본 원불교 정신」, 제18회 원불교사상연구 학술대회《少太山 大宗師와 鼎山宗師》, 원광대 원불교사상연구원, 1999년 2월 2일,

그렇다. 진리와 사실, 그리고 전체라는 개념을 담아내는 신앙대상 호칭이 원불교신앙의 특성으로 자리한다.

여기에서 원불교적 특성을 지닌 신앙대상 호칭이 돈독한 신앙성을 함유하려면 어떠한 조건이 필요한가? 그러한 조건을 지닌 호칭이라야 신앙인의 생명력을 불어넣을 수 있기 때문이다. 만일 신앙대상 호칭에 신앙성 및 종교적 생명력이 부족하다면 이의 극복책이 필요한 바, 원불교로서의 종교적 생명력 유지를 위해서이다. 신앙호칭에 있어 원불교적 특성을 지니면서도 생명력을 담아내는 호칭이 정착되어야 하는 이유가 여기에 있다.

그러면 신앙성은 물론 생명력을 담은 신앙호칭을 모색하기 위해 먼저 원불교 신앙호칭이 전개되어온 역사를 간략히 살펴보고자 한다. 신앙대상 호칭의 변천사를 점검해봄으로써 신앙호칭의 중요성을 새겨보고 신앙호칭의 새로운 정착 가능성을 타진해 보고자 한다.

먼저 원기 2년에 천제(天帝)와 천지신명이라는 호칭이 사용되었다. 이는 원불교 초기교단사에서 소박하게 일컬어진 신앙대상 호칭이다. 소태산이 큰 깨달음을 이룬 후 40여 제자를 모아 함께 사용한 신앙호칭은 천제였으며, 원기 3년(1918)에는 천제에 더하여 천지신명 혹 천지허공이 병칭되었다. 방언공사를 시작할 때 소태산은 제자들에게 "불변하겠다는 서약을 천지허공에 그 사유를 고백하여 후일에 증명하라" 하였고, 그 서약문에 "천지신명은 일제히 통촉하사 만일 이 서약에 어긴 자 있거든 밝히 죄를 내리소서"라 하였다.[60] 이처럼 초기교

p.36.

60) 송규, 창건사, 11장「방언역사와 회실건축」시창3년항, 서약서 《회보》 42호 (1938).

단의 소박하고 전통신앙적인 신앙호칭의 모습이 엿보인다.

이어서 원기 4년(1919) 산상기도 때 사은에 대한 표현이 있는데, 소태산이 대각한 뒤 자신의 구도 경로를 돌이켜 보고 사은의 은혜를 피력하였으며 자신의 깨달음을 경축하는 가사에 사중보은(四重報恩)이라는 용어가 나타난다. 더욱이 동년, 금산사에 심불 일원상을 그려 모시기도 하였다. 이처럼 초기교단의 신앙호칭은 변화를 지속하는데 신앙대상인 일원상으로 전환되면서 심불은 일원상이 지닌 성격의 일단을 표현하는 용어로 자리바꿈하는 계기가 되었으니 원기 20년(1935) 4월에 발간된 『조선불교혁신론』의 경우가 이것이다.[61] 심불, 사은, 일원상이라는 익숙한 호칭이 이때에 등장하였다.

원기 20년(1935) 『조선불교혁신론』의 발간에서부터 『불교정전』의 간행 직전까지 8년 동안 심불과 일원상의 호칭이 사용되었다. 원기 28년(1943)에 출간된 『불교정전』에서는 심불 일원상이 법신불 일원상으로 바뀌었다. 본 경전이 발행되면서 법신불 일원상을 중심으로 한 원불교의 교리체계가 정립된 것이다. 물론 법신불 일원상 신앙이 정착된 후에도 여러 신앙대상 호칭들이 사용되었다. 법계, 천지, 시방삼계, 음부(陰府), 진리라는 용어 등이 이것이다. 오늘날에는 법신불 사은(『정전』, 심고와 기도)이라는 호칭이 공식적으로 사용되고 있다. 다양한 호칭의 등장과 병용으로 인해 신앙성 약화의 요인이 되었던 것을 부인할 수 없다.

---

61) 정순일, 「일원상 신앙 성립사의 제문제」, 제21회 원불교사상연구 학술대회 《21세기와 원불교》, 원불교사상연구원, 2002.1, pp.94-95.

3) 신앙호칭의 신앙성 약화요인

각 종교에 있어 신앙성이 약화되는 것으로 여러 요인이 있다면 그것은 무엇 때문인가? 특히 신앙호칭에 있어 원불교의 신앙호칭이 그것으로, 돈독한 신앙감성의 전달에 미흡한 부분이 있다면 다음과 같이 크게 네 가지 차원에서 언급할 수 있을 것이다. ① 신앙호칭의 혼재(混在)현상, ② 신앙대상 호칭의 전거(典據)문제, ③ 이법신앙의 한계, ④ 일원상과 사은의 이분법적 인식구조가 그것이다. 여기에 지적된 항목들을 중심으로 신앙성이 약화되는 원인을 점검해 보고자 한다.

먼저 신앙호칭의 혼재현상에 대하여 언급해 보고자 한다. 신앙대상 호칭이 교단 창립 때부터 일사분란하게 정착되기란 쉽지 않다. 교단이 발전하는 역사적 과정에서 시간과 공간의 제약과 변화, 그리고 신앙인의 신앙정서, 곧 깨달음의 체험이나 근기에 따라 신앙호칭이 방편적으로 다르게 불리는 성향 때문이다. 불교의 경우 지눌은 『진심직설』에서 보살계의 심지(心地), 『반야경』의 보리(菩提), 『화엄경』의 법계, 『금강경』의 여래, 『반야경』의 열반, 『금광명경』의 여여(如如), 『정명경』의 법신, 『기신론』의 진여, 『열반경』의 불성, 『원각경』의 총지(總持), 『승만경』의 여래장, 『요의경』의 원각 등이 진심(眞心)의 다른 명칭들이라 했다.[62] 또 『화엄경』 「여래명호품」에서 부처의 다양한 호칭(十號)의 등장은 구업(口業), 행업(行業), 권도(權道), 여래의 방편법설(『60화엄』, 「여래명호품」, 大正藏9, 420中) 때문이라 했다.

원불교 초기교단에서도 신앙호칭의 혼재현상이 있어왔다. 언급한 것처럼 원기 2년의 천제와 천지신명, 원기 3년의 천지허공, 원기 4년

62) 宋天恩, 『열린시대의 종교사상』, 원광대학교 출판국, 1992, p.160.

의 사은, 원기 20년의 심불 일원상, 원기 28년(1943)의 법신불 일원상 등이 그것이며, 원기 47년(1962) 『정전』이 발간되면서 법신불 사은이라는 호칭이 등장한 것이다. 오늘날 통용되는 신앙호칭은 그 외에도 허공, 법계, 천지, 부모, 동포, 법률, 일원불, 둥그신님, 진리부처, 원불님, 부처님 등이 호칭되고 있어 혼재현상이 그대로 노정되어 있는 상황이다.

원불교신앙의 혼재된 호칭 중에서 오늘날 가장 많이 사용되는 것이 법신불과 관련한 호칭이다. 법신불 일원상, 법신불 사은, 법신불이 그 예이다. 이중에서 법신불 사은이 공인되어 사용되고 있으나 여기에는 개념의 혼란이 들어있는 바, 법신불이란 말은 불교에서 사용하는 법신불·보신불·화신불 중의 법신불과 혼돈될 우려가 있다.[63] 이처럼 법신불이라는 신앙호칭이 원불교에서는 3신불을 포괄하는 의미로 사용되지만, 일반적으로 불교의 3신불과 개념상 혼동될 여지가 있다. 신앙호칭의 혼재 및 개념의 혼선은 결국 원불교 신앙호칭의 돈독한 신앙성 함유에 장애가 될 수 있음을 뜻한다.

그리하여 신앙호칭이 혼재된 채 다양한 명칭으로 불리게 된다는 것은 신앙성이 분산되는 현상을 낳는다. 한 튜브 속의 물줄기가 여러 갈래로 흐르면 물 속도가 느려지는 것과 별반 다를 것이 없기 때문이다. 이를테면 일원상의 다른 이름으로서 『원불교 교전』에는 심불, 심인, 자성, 심지(心地), 성품, 청정법신불, 법신불 사은, 진리 등의 다양한 명칭으로 부르고 있는 이상[64] 불교의 부처님이나 기독교의 하나님처

63) 손정윤, 「문학·예술사」, 『원불교70년정신사』, 원불교출판사, 1989, p.643.
64) 노대훈, 「원불교의 불타관」, 『원불교사상시론』 제Ⅲ집, 원불교 수위단회, 1998년, p.76.

럼 단일화된 신앙감성의 유발에 한계를 지니게 된다. 불교의 신앙감성은 부처님이라는 하나의 통로가 있으며, 기독교의 신앙감성도 하나님이라는 하나의 통로가 있는데 원불교의 신앙감성은 호칭의 통로가 매우 많다는데 신앙심 분산의 소지를 안고 있다.

이어서 신앙호칭의 전거(典據)문제에 대하여 언급해 본다. 『정전』 9장의 「심고와 기도」에서 신앙의 대상이 법신불 사은으로 되어 있어 일원상이란 호칭은 빠져 있다. 이는 후일 『정전』을 편찬하면서 심고와 기도의 대상이 법신불 사은이라는 신앙 대상으로 급히 변경되었음을 말한다. 『조선불교혁신론』 당시 신앙의 대상은 불성 일원상이었지만 교서가 새롭게 발간되면서 변모한 것이다. 이는 교학적으로 심도 있는 검토와, 신앙적 파장에 대한 충분한 고려가 덜 된 상태에서 법신불을 주불(主佛)로 하는 원불교 기본종지와 기존의 사은이란 표현의 연결을 시행한 성급한 수정이란 평가를 받을 수도 있다.[65] 일원상이라는 신앙의 대상이 있음에도 불구하고 법신불 사은이란 호칭이 처음 등장하였으니, 신앙대상의 전거에 한계를 가져올 수 있다. 소태산대종사 당시에 없었던 신앙호칭이 『정전』에 등장함으로 인해 원불교 신앙호칭의 전거가 분명하지 않기 때문이다.

법신불 사은이란 호칭은 『정전』의 「심고와 기도」 장에서 유일하게 사용되고 있다. 소태산 생존 당시로서는 사은이라는 표현이 있었을 뿐 이렇게 두 단어가 조합되어 있지 않았다. 소태산 당시, 초기에는 사은이라고 부르다가 일원상이란 표현을 하게 되었다[66]는 점을 상기

65) 정순일, 「일원상 신앙 성립사의 제문제」, 제21회 원불교사상연구 학술대회 《21세기와 원불교》, 원불교사상연구원, 2002.1, p.104.

66) 박장식, 『평화의 염원』, 원불교출판사, 2005, p.157.

해보자는 것이다. 따라서 오늘날 호칭되고 있는 법신불 사은이라는 용어가 돈독하고 자연스런 신앙성 유발에 논의의 여지가 있다는 주장에 설득력이 있다. 소태산이 신앙호칭으로 사용하지 않은 것을 후래 원불교의 공식 신앙호칭으로 사용한다는 것은, 물론 당시 교서편수위의 합의를 얻었다 해도 원불교 신앙호칭의 전거에 한계를 가져다 줄 수밖에 없다.

더욱이 법신불 사은의 호칭은 자타력 병진 신앙에서 볼 때 자력신앙의 자성불 신앙의 의미를 다 담아내지 못하고 있다는데 문제가 있다. 비록 법신불 사은은 원불교 신앙대상에 대한 구체적 내용을 드러낸 것이라고 볼 수는 있을지라도, 신앙대상의 호칭으로서는 함축적 간결성이 부족할 뿐만 아니라 자력신앙의 측면에서 원불교의 주체적 내재성을 강조한 자성불의 의미까지를 포함한 표현이라고는 볼 수 없다.[67] 일원상은 자력과 타력을 아우르는 신앙의 대상이지만, 사은은 타력적 신앙의 대상으로 비추어지는 것을 부인할 수 없기 때문이다. 여기에서 자성불 신앙이 포함되지 않으며 그로 인해 신앙성 심화에 한계가 생기는 것이다.

만일 법신불 사은을 신앙호칭으로 공식화하여 지속적으로 사용하려면 이러한 호칭이 소태산 사상의 본의에 적합한지, 적합하다면 본 호칭의 전거에 대한 교학적 설명이 필요하다. 즉 신앙호칭의 정체성에 대한 성찰이 요구되며, 이에 원불교 신앙감성을 충실히 담고 있는 신앙호칭을 모색하는 일이 앞으로 교학의 과제라는 것이다. 따라서 돈독한 신앙성을 지닌 호칭은 소태산이 사용하였던 것을 우선 검토할 일이

67) 노권용, 「원불교 신앙론의 과제」, 『원불교학』 창간호, 한국원불교학회, 1996, pp.31-32.

다. 만일 소태산이 사용하지 않은 신앙호칭이 있다면 원불교 신앙감정을 충실히 담아내는 호칭은 공의수렴 과정을 거쳐야 한다는 것이다.

다음으로 신앙호칭에 있어 이법신앙의 한계를 점검, 영성의 신앙성을 드러내는데 있어 이법신앙을 성찰해 보자는 것이다. 원불교신앙의 특성을 보면, 교조의 인격신앙이 거부되다보니 이법신앙의 성향이 강하게 나타난다. 이에 대한 반대급부로 대종사 성령신앙의 분위기가 있어왔다. 근래 원불교의 신앙현상을 보면 교조 소태산이 의도한 진리적 종교의 신앙과 사실적 도덕의 훈련이라는 교리적 본질과 다른 현상들이 나타나고 있는 바, 소태산 탄생 100주년 기념행사를 전후해서 나타난 교조의 인격숭배 현상이 전혀 없다고 할 수 없다.[68] 고래로 인격신앙을 극복하기 위한 방편으로 이법신앙이 강조되어 왔던 바, 일원상의 진리라든가 진리불이라는 호칭도 그 일면이다.

따라서 원불교신앙의 특징은 교조신앙(인격신앙)의 현상을 극복, 일원상 신앙으로 정착한 것에서 나타난다. 교조 생전의 일부 제자들은 소태산대종사를 신앙의 대상으로 섬기고자 하려는 상황도 있었다. 소태산 모친의 「고축문」 내용이라든가, 대종사 진영을 걸어놓고 거기에 기도하려 했던 현상이 이것이다. 교단 초창기 소태산에 대한 신앙의 존재여부에 대해 질문하자, 상산 박장식 교무는 어느 종교나 마찬가지이듯이 교조에 대한 신심이 신앙의 차원으로 나타난 적도 있었지만, 소태산은 사람만 믿지 말고 그 법을 믿으라고 강조하였다[69]고 했다. 소태산은 곧 부처님의 형체를 나타낸 종래의 불상 숭배를 넘어서

68) 김성장, 「원불교학 연구의 당면 과제」, 《원불교학 연구의 당면》, 한국원불교학회, 2002.12.6, pp.15-16.

69) 원불교사상연구원 주최 제 100차 월례발표회, 「원로교무 초청 교리형성사」(5월 28일, 중앙총부 법은관), 《圓佛教新聞》, 1997년 6월 6일, 1면.

서 유무를 총섭하고 삼세를 관통한 심불 일원상을 숭배할 것을 제창했기 때문이다.

그리하여 장엄신앙, 곧 인격신앙을 멀리하려는 불교혁신의 뜻에 의해 법신불 일원상 신앙을 강조하다 보니 상대적으로 이법신앙이 중시된 것이다. 즉 장엄신앙을 법신불 일원상 신앙으로 돌린 것으로, 소태산은 법신불 일원상의 진리를 깨쳐서 그 진리를 신앙으로 돌리었다.[70] 그가 깨달은 일원상 진리는 불생불멸의 진리와 인과보응의 이치라는 두 가지 원리로서 이는 진리를 중시하는 이법신앙으로 유도된다. 사실과 진리의 원리에 기반한 신앙호칭이 이법적으로 유도되면서 원불교신앙은 영성과 감성의 체험을 드러내는 신앙성 강화의 측면이 감소되는 현상이 발생한 것이다.

더욱이 원불교신앙의 대상으로서 법신불과 일원상이라는 호칭 자체가 사변적이고 철학적이다. 허공법계 삼라만상(사은)을 총칭하는 법신불에 대한 호칭이 사변적이고 난해하여 신앙의 대상으로는 친근하게 느끼지 못한다는 점이 지적되곤 하며, 이는 일원상의 진리가 철학적이고 사변적인 이법신앙의 특징을 지니기 때문이다. 곧 진리적 종교로서 원불교의 일원상은 우리들에게 철학적 묘리의 실상임을 보여주고 있으므로 일원상에는 신의 섭리가 깃들어 있는 것도 아니요, 오직 그 안에 철학적 진리만이 함축되어 있다고 해야 할지 모른다.[71] 특히 소태산은 일원상을 설명할 때 유가의 태극이나 무극, 도교의 도, 불교의 청정 법신불과 같이 매우 이법적으로 설명하고 있다는 점에서

70) 한종만, 『원불교 대종경 해의』(上), 도서출판 동아시아, 2001, p.519참조.
71) 이을호, 「원불교 교리상의 실학적 과제」, 『원불교사상』 8집, 원불교사상연구원, 1984, p.264.

감성을 수반하는 신앙성 강화에 한계가 있을 수 있다.

끝으로 신앙호칭에 있어 일원상과 사은의 이분법적 인식구조가 신앙호칭의 일체화에 장애가 되고, 그로 인해 신앙성이 분산되는 현상을 부인할 수 없다. 원불교신앙의 호칭은 크게 두 가지의 명칭이 있다. 그 하나는 일원상이요, 다른 하나는 사은이다. 이 두 호칭을 병칭하는 주된 이유는 진리의 양면성 때문이다.[72] 진리의 양면성이란 달리 말해서 본체와 현상의 두 측면을 말하는 것으로 본체로서 일원상의 측면이라면, 현상으로서 사은이라는 진리의 이중적 인식구조가 이와 관련된다.

그리하여 원불교의 신앙대상에 대한 추구에 있어 철학적으로 접근하면 일원상의 진리가 강조되며, 은적 존재로서 감성적으로 접근하면 사은이 강조되는 현상은 인식의 괴리감을 자아낼 수 있다. 곧 교리의 근간을 이루던 사은이 일원상과 결합하면서, 사상적으로는 일원상의 내역이면서 호칭으로는 일원상과 병칭하여 법신불 사은이라는 독특한 용어로 정착하게 된다.[73] 이러한 이중현상으로 인해 일원상의 진리와 사은의 현상적 호칭이 인식의 일체화를 어렵게 하는 것이다. 따라서 본원으로 인지되는 일원상 진리와 그 현상으로 인지되는 사은이 인식의 양면성을 지닌 채 신앙성이 약화되는 현상을 초래한다.

또한 일원상 신앙은 자타력병진 신앙을 포함하고 사은신앙은 타력신앙이라는 점에서 신앙인식의 괴리감을 가져다준다. 곧 일원상과 사은이 신앙호칭으로 병칭되지만 자타력에 관련된 인식의 논리에 있어

72) 박상권, 「진리 인식에 있어서 합리론과 경험론」, 『원불교학』 제8집, 한국원불교학회, 2002.6, pp.162-163.

73) 정순일, 「일원상 신앙 성립사의 제문제」, 제21회 원불교사상연구 학술대회 《21세기와 원불교》, 원불교사상연구원, 2002.1, p.90.

이중성이 발견된다는 것이다. 주지하듯이 원불교신앙에는 자력신앙과 타력신앙으로 설명되지만, 사은이 신앙의 대상이라면 엄밀히 말하면 타력신앙의 대상이요 자력신앙의 대상은 될 수 없다는 사실을 알아야 한다.[74] 이처럼 일원상과 사은신앙의 이중적 인식구조는 원불교신앙의 일체성에 한계를 드러냄으로 인해 신앙성 약화의 원인이 된다.

원불교 신앙인식의 이중적 현상은 여전히 교학의 일치점을 찾지 못하고 있음을 증명한다. 일원상과 사은의 상즉성이냐 이원성이냐 하는 교학적 논란도 신앙성 약화의 원인이라는 점이다. 현재 원불교 학계에서 문제로 부각되는 쟁점 가운데 하나는 바로 일원상과 사은과의 관계이다. 사은을 중심으로 신앙해야 한다고 하는 주장은 일체 만물이 바로 일원상의 진리라고 하는 상즉적인 관점이며, 일원상을 중심으로 신앙해야 한다고 하는 주장은 일원상과 사은을 분리하여 사은의 본원으로서의 일원상을 중시해야 한다는 관점이다.[75] 오늘날 두 가지 견해가 일치를 보지 못하는 것은 원불교 신앙론의 단면이며, 그로 인해 신앙호칭의 신앙성 약화를 초래하는 것이다. 이에 신앙호칭의 신앙성 강화의 방안모색을 시도할 수 없다.

4) 신앙호칭의 신앙성 강화방향

전장에서 분석한 원불교 신앙호칭의 신앙성 약화원인을 토대로 하여 그 대응책으로 신앙성 강화의 방향을 모색해 보고자 한다. 신앙성

---

74) 최광선 정리, 「교리테마토론-일원과 사은의 관계」, 《院報》 제46호, 원광대 원불교사상연구원, 1999년 12월, p.83.

75) 원불교사상연구원 編, 『원불교 인물과 사상』(Ⅰ), 원불교사상연구원, 2000, pp.116-117.

강화의 방향은 약화원인의 대안으로 보면 좋을 것이며, 여기에는 다음 네 가지를 거론할 수 있다. ① 호칭의 대중성과 단순성, ② 시대와 국민(신앙인) 정서를 대변할 수 있는 신앙호칭, ③ 신앙체험 유도의 호칭, ④ 신앙대상의 단일성이 이것들이다. 이러한 네 가지 항목을 초점으로 하여 원불교 신앙성 강화의 방향을 점검해 보고자 한다.

첫째, 대중성과 단순성을 지향하는 신앙호칭이어야 한다. 일본 소니(Sony)사의 이름은 원래 '도쿄쓰신코교가부사키(동경통신공업주식회사)였다. 그런데 1953년 미국 뉴욕에 가서 상품을 소개하는데, 미국인들이 이름을 이해하기가 난해하였으므로 소니사는 소리와 유사한 소너스(Sonus)로 했다가, 보다 대중적인 이름을 고안하여 소니(Sony)로 바꾸었다.[76] 우리가 부르기 어색한 이름이 있고 부르기 쉬운 이름이 있으며, 암기하기 어려운 이름이 있는가 하면 암기하기 쉬운 이름이 있다. 따라서 원불교신앙의 대상은 그 내용면에서 심오하고 다양한 의미를 함축하되, 호칭에 있어 대중이 부르기 쉬운 대중성, 친근감, 간결 단순함이 요청된다.

기독교 신앙호칭의 예가 이와 관련될 것이다. God 혹 여호아는 한국에서 주님, 아버지, 하나님 등으로 호칭되면서, 사랑을 실천하는 하나님, 가난한 이들의 하나님으로 다가서서 기독교를 신앙하는 사람들에게 친근하고, 간결하며, 대중성을 지니는 것이다. 기독교에서는 부르기 쉽고 단순한 하나님이라는 호칭을 사용하고 있음을 참조할 일이다. 불교의 신앙호칭도 마찬가지이다. 부처님이라는 호칭 하나가 대자대비의 불타 모습을 그대로 드러내고 있다. 부처님이라는 호칭은

---

76) S. 케버나, R. 마네트 著(황웅선 譯), 『글로벌드림스』 1권, 고려원, 1994, p.61 참조.

그야말로 단순하고, 간결하며, 친근하고 대중성이 있기 때문이다.

그럼에도 불구하고 오늘날 원불교 신앙호칭의 혼재현상은 그간 원불교신앙을 약화시켜 왔다. 이를테면 일원상 부처님, 법신불 사은, 법신불, 진리불, 진리님, 사은님, 마음부처님, 원불님, 둥그신님, 자성불 등 다양한 명칭을 사용해 왔으므로 이의 통일이 요구된다는 것이다. 신앙대상이 여러 이름으로 불리고 있는 데에는 일면 원불교신앙의 개방성과 다양성의 일면을 드러낸 것이나, 다른 한편으로 거기에는 보다 간결하게 구심화하고 단일화한 호칭이 요청되고 있다.[77] 원불교 신앙호칭의 신앙성이 용이하고 돈독하게 드러나려면 무엇보다 원불교 신앙호칭의 단순성이 요구된다. 오늘날 법신불 사은이라는 공식적 호칭이 있다고 해도 대중성과 간결성의 면에서 재검토되어야 한다는 것은 지나치다고만 할 수 없다.

이처럼 호칭의 대중성과 단순성은 신앙성 강화의 필수요건인 바, 원불교 신앙호칭은 어떻게 하면 그러한 의미를 모두 포함할 수 있을 것인가? 단순성과 간결성이라는 함축적 의미가 수렴된 신앙호칭을 통해 신앙적 법열을 유도하자는 것이다. 신앙호칭으로서의 원불교 브랜드화는 부처님 혹은 원불님이라는 호칭이 적당하며 단순성과 간결성이 수렴된 글로벌 브랜드 호칭이라는 주장[78]도 있다. 부처님이니, 원불님이니 하는 호칭만을 전적으로 사용해야 한다는 뜻은 아니다. 다만 부르기 쉬운 단순성과 대중적 친근성이 수반된 원불교적 신앙호칭을 정착하도록 하는 것이 신앙감성 및 교당교화의 활력을 되찾는 길임

---

77) 노권용, 「원불교 신앙론의 과제」, 『원불교학』 창간호, 한국원불교학회, 1996, p.31.

78) 서경전, 「21세기 교당형태에 대한 연구」, 제21회 원불교사상연구 학술대회 《21세기와 원불교》, 원불교사상연구원, 2002.1, p.54.

은 분명하다.

둘째, 시대와 민족(신앙인)정서를 대변할 수 있으면서도 변화의 유연성을 지닌 신앙호칭이 요구된다. 한국천주교에서 사용하고 있는 모든 기도문이 29년(1997)만에 전면 개정됐다. 한국천주교 주교회의는 「가톨릭 기도서」의 최종 개정안을 승인하였다. 「가톨릭 기도서」가 개정된 것은 1969년 이후 처음이며, 여기에는 천주→하느님으로, 성신→성령으로 바꾸는 등 현대어법과 어투에 맞도록 손질되었다. 미국의 사회학자 팔머 교수는 한국기독교 선교의 성공을 토착화 이론에 두었는데, 선교사들이 성경의 신이라는 단어를 하나님으로 번역한 것으로 구약에 나오는 많은 의식과 풍속은 한국인의 문화적 정서와 일치한다는 것이다.[79] 이처럼 2천년의 역사를 지닌 기성종교의 신앙호칭은 과감하게 시대를 따라, 국가의 정서에 따라 유연하게 개정하였다.

알다시피 언어란 시간의 차이에 따라 변화하기 마련이며, 공간의 차이에 따라 변할 수 있다. 미국에선 법신불 사은보다는 원부다(Won-Buddha)라는 신앙호칭이 상산 박장식 교무의 견해처럼 더 어필할 수도 있다는 뜻이다. 시공간의 차이에 따라 변할 수 있는 것이 호칭의 속성이다. 원불교용어의 변화를 상기할 때 시공의 변화에 대응하기 위한 교헌개정에 의해 지부와 지소 대신에 교당이란 명칭을 사용토록 했으며, 지부장(지소장)이란 이름도 고쳐진 역사가 있다.[80] 또한 불교의 불탄일이 부처님오신날, 석가탄신일로 개칭되었다. 원불교의 경우 대각개교절은 생일기념일, 공동생일기념일, 춘기기념일, 개교축하

---

79) 김대선, 「질적 교화에서 양적 교화로의 정책변화에 대한 제안」, 《수위단회 상임위원회 전문위원 연구발표회》, 2003년 10월 13일, 수위단회 사무처, p.6.
80) 원기 62년 1월 10일 변경됨(간행위원회 編, 담산이성은정사 유작집 『개벽시대의 종교지성』, 원불교출판사, 1999, p.256).

일이란 몇 개의 이름으로 변화해 왔다. 오늘날 대각개교절이란 호칭은 일반인들이 이해하기 쉽지 않으므로 원불교열린날로 하자는 의견의 제시는 시대 및 호칭의 변화성 때문이다.

교강 중에서도 원불교 사요가 시대를 따라 바뀔 수 있다는 교법정신을 새겨 본다면, 소태산대종사 당시 사용하지 않은 법신불 사은이란 호칭을 시대에 맞게, 신앙인의 정서에 맞게 변화시킬 필요성이 있게 된 것이다. 돌이켜 보면 원불교 신앙호칭이 변화해온 내역이 있다. 천제, 천지신명, 사은, 심불, 일원상, 법신불 사은으로 변화해 온 점을 참조할 필요가 있다. 오늘날 통용되고 있는 법신불 사은이란 호칭을 시대에 맞고 신앙인 정서에 맞추어 보다 적합한 호칭으로 변화시킬 수 있는 유연성이 있어야 한다. 시공변화에 따른 교법의 탄력적 유연성에서 원불교 교화의 활력도 되찾고, 신앙성 강화도 가능해지기 때문이다.

원불교 역사를 돌이켜 볼 때에 신앙호칭이 자연스럽게 변화해 왔다. 신앙의 대상에 대한 호칭이 끊임없이 변화해 온 점을 상기해 볼 때, 법신불 사은이라는 용어는 하나의 과도적 표현일 수 있으며, 이후 원불교적 신앙정서를 수렴하면서도 교리적으로 적합한 단일용어의 출현도 기대될 수 있다.[81] 물론 여기에서 과도적 표현이라는 말 자체가 부담으로 작용할 수 있겠지만, 법신불 사은이라는 호칭이 청소년이나 교역자들에게 신앙심 유발의 최적한 호칭이라고 볼 수 없을 것이다. 이에 신앙호칭의 변화와 정착의 유연성을 통해서 신앙심의 확충과 교화활력을 기대할 수 있다.

---

81) 정순일, 「일원상 신앙 성립사의 제문제」, 제21회 원불교사상연구 학술대회 《21세기와 원불교》, 원불교사상연구원, 2002.1, p.102.

셋째, 신앙체험을 적극 유도하는 호칭이 바람직하다. 영성을 살찌우는 간절한 신앙체험을 유도하기 위해 기독교나 불교는 역사적으로 호칭의 변신을 거듭하면서 많은 노력을 해왔다. 기독교의 여호아가 아버지 하나님으로 변화해온 것이라든가, 불타에 대한 호칭은 여래, 응공(應供), 명행족(明行足), 세간해(世間解), 무상사(無上士), 천인사(天人師) 등을 거치며 마침내 부처님이라는 대자대비의 호칭으로 변모해온 것이다. 이러한 불타의 위덕은 더욱 추앙되어 32상 80종호 및 18불공법 등을 갖춘 초인적 존재로 절대화되었다.[82] 여러 호칭 중에서 하나님이나 부처님(世尊)이라는 호칭은 오늘날 신앙인들로 하여금 신앙체험을 유도하는 가장 적절한 용어로 정착되었다고 볼 수 있다.

어쩌면 원불교 초기교단의 신앙호칭이 변모해 온 것도 신앙인들의 신앙체험을 유도하는 일면이라 볼 수 있다. 산신, 천제, 천지신명이라는 호칭은 소태산의 구도과정과 깨달음을 반영한 신앙성 유발의 호칭이었다. 이는 소태산의 구도염원에 사무친 호칭들로서 신앙체험을 유발하기에 적절했다고 본다. 하지만 불교혁신의 의지를 발한 후 한때 있었던 교조신앙적 분위기를 극복하면서 이법적 신앙호칭이 부각되었으니 사은, 심불, 법신불, 일원상 등으로 변화해 오면서 신앙감성을 유도하는데 미흡한 점이 있었던 것이다. 이러한 용어들, 특히 심불이라는 용어를 보면 불교혁신으로서 여래장적 성격에다가 선종풍인 바, 돈독한 신앙감성을 드러내는 데에는 다소 미흡한 표현일 수 있다.

환기컨대 어떤 호칭이든 신앙인의 영성을 불러일으키어 돈독한 신앙체험을 유발하는 호칭이 좋을 것이다. 부처님은 단순한 이법만 믿

---

82) 노대훈, 「원불교의 불타관」, 『원불교사상시론』 제Ⅲ집, 원불교 수위단회, 1998년, p.64.

는 것이 아니라 영원한 존재이자 죄복의 근본이며, 이름이나 형식을 넘어선 우주의 성령이자 만유생육의 은이요, 무소부재한 덕의 원천이자 심고와 기도에 감응하는 위력이다.[83] 물론 법신불 사은이라는 호칭이 신앙감성의 유발에 적합한 용어가 아니라고 단정할 수는 없지만, 청소년들에게 쉽게 다가서지 못하는 호칭이라는 일부의 지적 속에 부처님이나 원불님이라는 신앙호칭의 용어가 제시되고 있다. 이러한 의견을 무조건 무시할 것이 아니라 앞으로 공의의 수렴과정을 거쳐서 출가 재가 모두가 공감하는 돈독한 신앙심 촉진의 호칭으로 정착되어야 할 것이다.

그렇다면 깊은 신앙적 정서를 유도하고, 영성체험을 유도하는 호칭이란 과연 어떠한 호칭인가? 불교혁신 이전으로 돌이켜 보면, 소태산 대종사가 어린 시절 사용한 천지신명이란 표현은 민족정서에 부합하고 영성에 가까운 말이 아니었을까 본다. 하지만 이는 불법을 연원한 교조정신에서는 다소 미흡하며, 또 법신불 사은의 호칭에 있어서도 한국 민중의 정서에 맞게 부처님(일원불님, 원불님)이라는 호칭이 더 적절하지 않을까 생각해봄직 하다. 이때 부처님의 호칭 속에는 원불님, 비로자나불, 대일여래, 아미타불, 석가불, 대종사불, 사은불, 자성불 등 일체의 법보화 3신불은 물론, 이·지·비(理·智·悲)의 3속성이 하나로 융섭된 부처님이라는 의미가 함축되어 있다.[84] 매우 의미 있는 제안이라고 보지만, 부처님이란 호칭에 대하여 앞으로 공감대 형성이라는 과제가 남아 있다.

---

83) 서경전, 「원불교 신앙의 대상 호칭문제」, 『圓佛敎思想』 第7輯, 圓佛敎思想硏究院, 1983, p.14.

84) 노권용, 「원불교 신앙론의 과제」, 『원불교학』 창간호, 한국원불교학회, 1996, p.33.

넷째, 신앙대상의 단일성이 요구된다. 이를테면 법신불과 사은의 단일성, 일원상 신앙과 수행의 단일성, 신앙호칭의 상즉성, 신앙대상의 삼위일체성 등이 이것이다. 먼저 법신불과 사은의 일체성에 대해 언급해보자. 법신불 사은은 이 세상을 진리적으로 표현한 것이고, 현실적인 표현은 사은이라[85]는 인식은 곧 법신불과 사은의 이중적 시각을 드러내므로 일원상과 사은의 본체와 현상이라는 이중적 구조를 어떻게 극복하느냐 하는 것이 관건이다. 이에 법신불 사은의 이중구조를 극복하는 신앙호칭이 요구된다. 이를테면 밀교에서는 지수화풍공식(地水火風空識) 육대를 체로 하는 법신불육대를 그대로 부르지 않고 대일여래라 부르고 있는 것처럼 법신불 사은을 부처님이라는 호칭으로 접근할 수 있다고 본다.

또 일원상 신앙과 수행의 단일성이 요구된다. 일원상 진리를 보면 신앙문과 수행문이라는 양 대문이 있다. 이는 일원상 진리의 인식이 이중구조로 되어있지만, 신앙과 수행이라는 양면적 인식이 신앙성 유발에 장애가 될 수도 있다. 즉 신앙문과 수행문이 있어서 따로 생각하기 쉬우나 하나임을 알아야 한다.[86] 의도적 관점에서 둘을 하나로 인식하도록 유도할 수 있지만, 그 같은 이중적 구조를 하나라고 강요할 수 없는 것도 난제이다.

그리고 신앙호칭의 상즉성이 바람직한 방향이다. 이를테면 번뇌즉보리, 허공즉법신, 성즉심(性卽心), 심즉불(心卽佛), 불즉법(佛卽法)이라는 상즉논리를 생각해 보자는 것이다. 이러한 논리에서 보면 일원의 내역은 사은이요, 일원즉 사은이어야 한다. 나누어 보면 안 된다

---

85) 박장식, 『평화의 염원』, 원불교출판사, 2005, pp.193-194.
86) 위의 책, p.194.

는 것이다. 사실 원불교 명칭에 사용된 원(圓)의 의미가 만법의 근원인 동시에 만법의 실재임을 주장한다.[87] 일원상이라는 호칭 자체는 일체화된 호칭임에 틀림이 없으나 신앙성 담보에 한계가 있다. 그리고 법신불 사은이라는 호칭이 상즉성을 추구한다고 하지만, 법신불과 사은이라는 양면 구조로 인식되는 현상이 있으므로 문제의 여지가 남는다.

어떻든 원불교 신앙대상의 일체성을 언급함에 있어 다소 생경한 삼위일체성을 언급해보고자 한다. 이를테면 신앙호칭은 부처님이요, 그 구체적 내용은 법신불 사은 및 자성불이며, 그 상징적 표상은 일원상이 되어서, 신앙호칭과 그 내용과 상징적 표상이 상호 모순 없이 조화를 이룰 수 있다[88]는 것이다. 신앙호칭의 삼위일체성이 이것으로 세 가지가 일체화될 때 신앙호칭의 삼위일체라는 말이 성립된다고 본다. 부처님이라는 호칭은 신앙적 감성을 자연스럽게, 또 교리를 함축적으로 대응하는 바람직한 방향이라 본다.

위에서 언급한 신앙호칭 강화의 네 가지 방향을 지향하기 위해서 앞으로 공의수렴과 단일화의 노력이 필요하다. 원불교 신앙호칭의 바람직한 방향과 그 창출은 앞으로 시일을 요할 것이다. 대중성과 단순성을 지닌 신앙호칭, 시대와 국가 정서를 대변할 수 있는 신앙호칭, 영성적 신앙체험을 유도하는 신앙호칭, 신앙대상의 일체성을 지닌 신앙호칭은 원기 100년을 훨씬 지나서 등장할지도 모를 일이다. 본 연구는 그러한 과업수행에 있어 하나의 디딤돌이 되었으면 하는 것이다.

---

87) 윤사순, 「濟度意識에 있어서의 실학적 변용-원불교와 實學」, 『원불교사상』 8집, 원불교사상연구원, 1984, p.280.

88) 노권용, 「원불교 신앙론의 과제」, 『원불교학』 창간호, 한국원불교학회, 1996, pp.32-33.

5) 신앙인의 자세와 신앙호칭

종교언어의 상징성을 감안하여 원불교의 신앙호칭이 신앙적 정서와 감성을 충분히 드러내지 못하는 여러 요인을 본 연구에서 다각도로 분석하였다. 그 외에도 빠뜨릴 수 없는 요인으로는 신앙인의 간절한 신앙적 자세의 결여이다. 소태산은 이를 염두에 둔 원기 22년(1937) 9월 10일 하선해제 법문「일원상을 모본하라」를 통하여 "제군은 그동안 심불일원상 즉 사은의 내역을 배웠고 따라서 신앙하고 숭배하였다. 그러면 오늘부터라도 집에 가거든 그 일원상 원형을 조그마하게 하나씩 만들어서 몸에다 지니든지 벽에다 붙이든지 하고 행주좌와 어묵동정간에 오직 일원의 그 공한 자리만을 생각하여 사심 잡념을 떼버려라. 그런다면 곧 일원상을 체받게 될 것이다"[89]라고 하였다. 신앙성 약화의 원인이 신앙인의 간절한 신앙태도의 결여에서 오는 것이며, 반드시 신앙호칭 자체에서만 발견되는 것은 아니라고 할 수도 있다.

그러나 인간은 언어와 호칭에 영향을 받을 수밖에 없다. 언어를 통해서 의사를 전달하고 언어를 통해서 깨달음의 내용을 알 수 있기 때문이다. 교리의 심오함을 담고 있는『정전』과『대종경』도 법어라는 종교언어로 묘사되고 있지 않은가? 여기에 등장하는 원불교 신앙호칭도 이 언어의 조합인 이상 신앙대상 호칭과 신앙성이 서로 관련이 있는 것이다. 따라서 신앙호칭이 신앙감성의 유발에 장애가 있을 수 있음을 감안하여 돈독한 신앙심을 유도하는 호칭은 무엇일까를 숙고해 보고자 한 것이 본 연구의 중심과제였다.

이미 언급했지만 원불교 신앙대상 호칭이 혼재하여 신앙성 유발에

---

89) 법설,「일원상을 模本하라」, 이공주기록(『회보』 40호), 1937년 12월.

한계가 있다는 점은 원불교 신앙성 강화에 있어 무엇보다도 시급히 극복해야 할 과제로 등장한다. 그러면 원불교 신앙호칭을 부처님이란 호칭으로 통일할 경우를 생각해 보자. 새 종교 원불교의 특색을 지니는 것으로 부처님이란 호칭이 적합하지 않다는 의견이 있을 수 있다. 하지만 소태산대종사 당시의 교명이 불법연구회였고, 정산종사가 교명을 원불교로 개칭한 의도를 생각해보아야 하며, 대산종법사가 호칭한 부처님과 원불님 등을 참조하면 부처님이란 호칭도 생각해볼만한 호칭이다.

사실 우리는 설교단상이나 교화선상에서 부처가 되자(성불)는 말을 가장 많이 사용하고 있다. 천주교에서도 하나님, 개신교에서도 하나님, 통일교에서도 하나님이라는 호칭을 부르고 있는 것을 타산지석으로 생각해 보자는 것이다. 불교에서도 부처님, 원불교에서도 부처님이라 하면 전통신앙의 정서에도 부합한다. 외람스런 주장이겠지만 소태산대종사가 석가를 연원삼고 불교를 혁신한 점을 고려한다면 부처님과 관련한 호칭이 어색하지 않다.

법신불, 법신불 사은, 일원불이란 호칭도 좋을 것이나 법신불이란 법보화 3신불과 혼동될 여지를 남길 수 있다. 법신불 사은이란 신앙감성의 유발에 있어 이중구조의 한계가 있다. 대중성과 간결성이 있는 부처님이라는 호칭이 더 좋을 것이라 판단해 본다. 부처님이란 호칭을 부득이 원불교와 연관하여 고려한다면 부처님(일원불님, 혹 원불님)이라는 병칭도 한 방법이라 본다. 중요한 사실은 오늘날 통용되는 법신불 사은이라는 호칭은 신앙성 유발에 한계가 있다는 점이며, 또 호칭 전거(典據)에 있어 소태산이 직접 사용하지 않고 『정전』 편찬 과정에서 급조된 감이 있다는 것이다.

이미 지적했듯이 원불교 신앙호칭은 장엄신앙, 인격신앙이 아닌 진리신앙을 지향하는 특성을 지니고 있기 때문에 이법 신앙적인 면을 지니고 있어 신앙적 정서 유발에 애로가 있다는 점이다. 이러한 인격신앙과 이법신앙을 포괄한 대중적 신앙호칭은 없는 것인가? 천도교의 신앙대상은 한울님이고, 증산교는 옥황상제 또는 구천상제로 신앙하여 유불선 3교와 같이 무속 등의 전통적 의례를 복합적으로 수용하였다.[90] 이를 참조한다면 원불교는 부처님이라는 호칭이 이법성과 인격성을 포괄하는 전통적 신앙정서에 보다 부합할 수 있다. 원불교가 불교가 아니라는 말은 틀린 말이며 생활불교, 혁신불교라는 점에서 소태산의 불교혁신의 의지와도 맞는 것이 부처님이라는 신앙호칭이다.

하지만 본 연구의 한계성도 나타난다. 곧 동양종교의 수행적 특징을 고려하지 않은 채 신앙적 호칭에 한하여 신앙적 감성이 부족하다고만 할 수는 없다고 본다. 더욱이 교단의 짧은 역사를 반영하여 앞으로 많은 세월이 지나면서 해결될 수 있는 호칭정착을 서두르느냐는 지적도 있을 수 있다. 나아가 『정전』의 「심고와 기도」장에 이미 나와 있는 법신불 사은이란 호칭의 변경은 『정전』 자구를 수정해야 하는 난제가 있다. 어떻든 불교의 호칭변천사를 쉽게 알 수 있는 불신관과 원불교 신앙 호칭론을 비교하는 것이 필요하다고 본다.

---

90) 박광수, 「원불교의 성스러움에 대한 인식과 소태산대종사의 성적지 실태 및 과제」, 추계학술대회 《소태산대종사 생애의 재조명》, 한국원불교학회, 2003. 12.5, pp.42-43.

3. 교서결집에 대한 연구 -『대종경』을 중심으로-

1) 창립 100년과 교서결집

어느 종교든 창립 후 100년의 세월이 흐르면 시대의 변화에 부응하기 위해 변혁해야 할 사항들이 등장한다. 교단 2세기에 접어들어 변혁해야 할 조항들은 한두 가지가 아닐 것이다. 대체로 한 종교가 개혁해야 할 것들은 교단행정, 교화방법, 각종 제도, 경전결집 등이 포함될 것이나, 여기에서는 경전결집의 필요성을 노정함으로써 소태산의 언행록인『대종경』에 실린 법어 전달의 용이성을 모색하려는 것이다.

교서결집은 기성종교들의 경우, 역사가 흐르면서 부단히 전개되었다.[91] 불교에 있어서 인도 마우리야 왕조 이후 교리를 기술한 경전은 석존의 설법 기록이라는 형태를 취해 부분적으로 편찬되어 경전독송이 행해지고 있던 차, 칠엽굴(七葉窟)의 고요 속에서 가섭존자를 받들고 5백 비구와 더불어 첫 결집이 이루어졌다. 뒤이어 아소카왕 때가 되면서 교단은 상좌부와 대중부로 분열되었는데 이때가 불멸 후 100년경으로, 당시 밧지족의 비구가 종래 계율의 세세한 규율을 무시하고 십사(十事)를 주장했다. 그로 인해 교단의 내부에 분쟁이 일어나 상좌 장로들은 10사를 비법(非法)으로 의결함과 동시에 바이샬리성에서 700인의 회의를 열어 성전의 결집을 단행했다.[92] 참고로 불경 결

---

91) 구약복음서가 기독교 창립 100년을 전후하여 결집되었는데, 기원 후 100년 전후(예수 사후 67년) 구약성경은 이미 만들어졌다는 것이다. 한국의 경우, 1911년 시작된 증산도(증산교파)는 2011년 기념행사를 갖고 증산도『도전』을 발간했으며,『도전』은 6개국어로 번역되어 세계교화의 발판을 마련하였다.

92) 中村 元著, 김용식・박재권 공역,『인도사상사』, 서광사, 1983, pp.73-74. 불멸 후 100년쯤 지난 뒤 제2결집이 이루어진다. 당시 승단이 사람들에게 금은

집사를 약술해 보면 ① 왕사성에서의 소승경, ② 바이샬리성에서의 대승경, ③ 파탈리푸트라성에서의 비밀경(秘密經), ④ 카슈미르성에서의 소승경 결집이라는 제4기로 분류할 수 있다.

그렇다면 기성종교의 결집이 왜 부단히 이루어져 왔는가? 모든 종교는 신앙의 대상과 그를 향한 종교적 행위들에 대한 이야기와 기록들이 시간의 흐름에 따라 다듬어지고 체계화되는 과정을 거치기 마련이며, 체계화되는 결과가 경전의 결집에 반영된다.[93] 원불교의 경우도 이러한 전철을 밟아왔던 바, 원기 17년(1932)의 『육대요령』, 28년(1943)의 『불교정전』, 47년(1962)의 『교전』(정전, 대종경) 순으로 결집되어 온 것은 원불교 100여년이라는 시간의 흐름 속에 원불교 교리가 체계화되어 왔다는 뜻이다. 하지만 『교전』의 합본으로 되어 있는 『정전』의 재결집과 달리 『대종경』은 그러한 재결집의 과정을 한 번도 거치지 않았다. 교조 당시 경전에 사용된 언어란 시대의 변화와 더불어 언어의 속성에 따라 변화하기 마련이며, 이에 경전결집 과정에 나타난 한계 내지 미비점이 있는 관계로 인해 창립 2세기를 맞은 교단으로서는 『대종경』 재결집의 적기(適期)가 된 것이다.

원불교 100년이라는 중대한 시점에서 『대종경』의 재결집은 교단변화와 혁신의 항목 가운데 중요한 항목의 하나에 포함된다고 본다. 교

의 기부를 권유하고 있었는데, 그것에 반대하는 사람들과의 사이에 싸움이 일어나게 된 것이다. 이 싸움의 옳고 그름을 가리기 위해 열린 700인의 회의는 '10사'의 심의가 목적이었지만, 그 다음에 성전을 결집했다는 설이 스리랑카의 왕통사인 『디파방사』(島史)에 있기 때문에 이 700인의 회의를 제2결집 또는 7백결집, 바이샬리 결집이라고 한다(정순일, 『인도불교사상사』, 운주사, 2005, p.174).

93) 고시용, 「정전의 결집과 교리의 체계화」, 『원불교학』 제9집, 한국원불교학회, 2003.6, p.243.

단이 처한 현재의 상황에서 경전결집과 관련한 문제제기의 성격을 띤 주장들이 있어왔던 것도 사실이다. 최근 「원불교신문」에서도 이러한 주장이 제기되었다. "원불교 100년에 즈음한 시점에서 교서대결집 운동이 일어나야 한다"(서경전, 「원불교신문」, 2013. 2.22)는 주장이나, 「원불교 100년의 의미」라는 글에서 "교서 재결집이라는 과제가 있으며, 교단 현안과 원불교사상의 다양한 해석학적 접근이 요구된다"(류성태, 「원불교신문」, 2013.8.16)라는 주장이 이것이다.

교서결집의 범위는 기본적으로 『원불교 전서』 전반에 해당할 것이나, 여기에서는 그 범위를 좁혀 『대종경』에 한하고자 한다. 『대종경』을 중심으로 재결집을 논의하는 것은 다른 경전의 결집이 필요 없다는 뜻이 아니며, 본 연구의 범위를 좁혀 보다 구체화하려는 뜻이다. 실제 성가곡수의 증가와 더불어 『성가』의 지속적인 결집이 있었던 것처럼 『대종경』의 재결집도 필요한 시점이라 보는 바, 이들 경전이 갖는 중요성이 크기 때문이다. 『정전』은 원경이요, 『대종경』 통경[94]이라는 점에서 전자는 크게 세 차례의 결집을 단행해 오면서 체계화 과정을 거쳤다면, 후자의 경우는 전무한 점에서 『대종경』의 재결집이 시급한 실정이다. 『정전』은 초기경전으로서의 원기 17년(1932) 『육대요령』, 열반 전 친감한 『불교정전』, 개교반백년에 즈음해서 출간된 『정전』의 결집이 있었지만, 그의 언행록인 『대종경』은 초판 결집된 이래(원기 47년, 1962) 현행본 경전이 지금까지 수지 독송되고 있다.

어느 종교든 교서결집이 진행되어 왔다고 해도 보수적 성향을 지닌 종교 집단에서는 여전히 경전의 결집이란 단어 사용은 금기시되고 있으며, 더욱이 핵심교서의 재결집이란 원불교에서는 매우 어려운 과제

---

94) 『정산종사법어』, 경의편 2장; 『정전대의』-대산종사법문집 1, 1. 교전.

로 여겨지고 있다. 교조의 법어에 대한 신중성 내지 성경에서 언급하는 것과 같은 경전문구 무오류론이라는 완벽증에 도취될 수도 있기 때문이다. 교조의 친감이라는 『정전』 결집의 성격과 달리 『대종경』은 후래 제자들(대종경편수위원)의 임의에 의해 결집되었다고 해도 원불교 양대경전에 속한다는 점에서 재결집을 시도하는 것은 여간 조심스러운 일이 아니며, 여기에는 교단을 향도하는 종법사의 의지 천명[95] 나아가 구성원 모두의 공감이 뒷받침되어야 한다.

최근 원불교 100년 성업을 준비함과 더불어 교서결집에 대한 필요성이 회자되고 있는 시점에서 교서결집의 과업에 탄력을 받을 것으로 보인다. 『대종경』 재결집을 위한 비판적 시각에서 접근하려는 것은 교단의 개혁과 맞물려 있는 것이며, 본 연구는 『대종경』 전반의 재결집이라는 범주 속에서 그 과제와 방향 점검의 성격을 지닌다. 급변하는 시대의 요청에 능동적으로 대처해야 하는 현재의 상황에서 『대종경』을 초점으로 하여 바람직한 재결집의 방향을 모색하려는 것이다.

본 연구와 관련한 자료 중에서 간과할 수 없는 것은 초기교단의 기관지(월말통신, 월보, 회보)는 물론 교서결집의 편집 실무를 담당했던 범산 이공전 교무의 『범범록』이다. 범산은 회고록 성격의 『범범록』에 교서결집에 대해 보다 구체적인 기록을 남기고 있다는 점에서 주목을 끌고 있다. "나는 대종경편수위원회와 정화사의 실무책임을 맡아 정산, 대산 두 분 총재를 차례로 모시고 새 회상 7대교서의 결집과 『교고총간』 등 막중한 사업에 당무하였다"[96]는 것이다. 덧붙여 필자는

95) 2013년 9월 3일 제203회 임시수위단회에서 경산종법사는 "교헌 개정과 더불어 각종 교서의 오탈자를 점검하여 정리하자"(원불교신문, 2013.9.16)라고 하였다. 다만 여기에서 논하고자 하는 교서 결집의 성격과 범위는 오탈자 수정 정도에 머물러서는 안 된다는 것이다.

교서결집[97]에 관련된 연구로서 졸고 「정전의 변천사 연구」(『원불교사상과 종교문화』 43집, 원불교사상연구원, 2009)와 더불어 「대종경 연구방법론」(『원불교사상과 종교문화』 29집, 원불교학회, 2005)의 연장선에서 교서결집과 직간접으로 관련된 선행연구들을 참고하였음을 밝힌다.

2) 『대종경』 결집의 과정

『대종경』 결집의 과정을 살펴보는 것은 연구의 성격상 경전교학의 심화에 관련되는 것으로 그 의의가 있다고 본다. 재가 출가의 신행에 있어서 본 경전의 역할이 지대하다는 사실에서 볼 때, 원불교 100년의 역사에 즈음하여 『대종경』의 재결집이 필요한 시점이라는 것이다. 『대종경』이 소태산대종사의 언행록으로서 의미심장한 역할을 해왔음에도 불구하고 1세기가 지난 긴 세월동안 지체됨으로 인해 경전으로서 법어전달의 장애현상 및 경전결집의 완벽성 여부에 대하여 비판적으로 접근해보려는 것이다.

먼저 『대종경』 결집의 단초는 소태산대종사의 열반 직후부터 산발적으로 발론되었지만, 본격적으로는 열반 5주기인 원기 33년(1947), 대종사 법어자료의 수습 차원에서 『종화대강』(宗化大綱)이라는 임시명으로 시작되었는데 이와 관련된 『종화대강』의 서(序)를 소개해 본

96) 이공전, 『凡凡錄』, 원불교출판사, 1987, p.25.

97) 본 연구에서 결집, 편집, 편수 등의 용어를 구분 없이 사용하고자 하며, 좌우 문맥의 흐름에 따라 적절한 용어를 선택하였음을 밝힌다. 초기교단에서는 '대종경편수위원회'라는 용어를 공적으로 사용한 관계로 '대종경편수'라는 말을 자연스럽게 사용하고자 하며, 학술적 용어의 '결집'은 각 종교의 성업으로서 교서의 편수, 편집이라는 말과 크게 상충되지 않는다고 본다.

다. 『종화대강』의 이명이 『대종사교화사상사료제강』(大宗師敎化思想史料提綱)이라는 것이며, 그것은 소태산대종사의 교화사상과 관련한 사료를 취합하려는 것이었다. 범산 이공전은 말하기를 '대종사의 사상을 연구하기로 하는데 있어서 먼저 그 기본이 될 자료를 수집 정리해 보는 것은 결코 무의미한 일이 아닐 것'[98]이라 했다. 그럼에도 불구하고 『대종경』이 소태산의 교화행적의 전수와 관련해서 충분한 자료를 섭렵하고 있는가는 의문의 여지가 있다고 본다. 후래 제자들의 시공 한정적 자료수합은 물론 소태산 사후 20여년만에 발간되었기 때문이다.

이러한 사실을 감안하면서 『대종경』 편수과정을 소략하게 살펴보도록 한다. 소태산의 교화행적이라는 자료수합이 시작된 3년 후인 원기 36년(1951), 교단의 최고의결기관인 수위단회에서 「교서편집위원회」를 구성하기에 이른다. 『불교정전』이 절판되고 새로 『예전』이 탈고되는 동시에 『대종경』 편집이 진행 중에 있으므로 교무부 당국에서는 교서의 재판 및 신간에 대하여 각방으로 방안을 강구하던 중, 8월 초순 교서편집위원회 구성에 대한 의견이 제출되니 동년 9월 20일 드디어 그 조직을 보게 되었다.[99] 마침내 11월 「대종경 편집자료 모집요항」에 대한 교무부 공한(公翰)을 발송하여 자료를 수집하기 시작하였다.

뒤이어 원기 41년(1956) 5월 전반의 교서편집위원회는 수위단회의 의결로 인해 대종경편수위원회로 독립되어 활동하면서 『대종경』 편수자료를 본격적으로 수합하기에 이른다. 본 대종경편수위원회는 정산 종법사를 총재로 하여 수위단 남녀 중앙단원을 지도위원, 수위단원

98) 이공전, 『凡凡錄』, 원불교출판사, 1987, p.40.
99) 「시창 36년도 사업보고서」(원불교정화사편, 『원불교 교고총간』 제5권, 정화사, 1974, p.202).

전원을 자문위원으로 하고, 전문 편수위원을 임명하여 발족되었다.[100] 사실 『대종경』 편수는 교조의 열반 직후 발론, 그 과업이 제1대 성업봉찬회에 위임되었으나 별다른 진전을 보지 못한 터였다. 하지만 대종경편수위원회에서는 본격적으로 소태산 재세 당시의 수필 공표된 법설, 소태산 열반 후 송도성 등 시자들에 의하여 편편이 기록된 법설 등을 수합하기에 이른다.

교서결집이라는 중차대한 업무를 수행함으로써 『대종경』 편수자료의 수집에 진력한 후 원기 42년(1957) 10월부터 자료의 집약, 분류 작업을 남원 산동교당에서 매듭지었다. 당시 언행록 편수의 비장했던 상황은 산동교당의 기도문에 생생하게 드러나 있다. "만고 대사업인 『대종경』 편수의 중임에 당무하게 되오니 황공하고 과중하기 이를 데 없사오나, 사명(師命)과 공의(公議)를 받들어 이 업무를 진행함에 당하와 있는바 정성과 역량을 이에 다하기로 서원하옵고 … 자자구구가 일일이 성지(聖旨)에 계합되옵고, 품품장장(品品章章)이 낱낱이 온오(蘊奧)를 진발(盡發)하여 시방삼세 육도사생이 한 가지 환희봉대하올 만세 대보전(大寶典)이 이룩되게 하여 주시옵소서."[101] 그간 수합된 자료의 분류를 통한 『대종경』 편수라는 막중한 사명감이 절절히 드러나 있음을 알 수 있다.

교서결집의 업무를 개시한 이래, 원기 43년(1958) 5월에 이르러 대종경편수위원회는 발전적으로 해체되고 정화사가 그 업무를 대신한다. 『원불교 교고총간』 기록에 의하면, 정화사는 동년 5월에 장수교

---

100) 한정석, 「교리형성사」, 『원불교70년정신사』, 원불교출판사, 1989, p.398.

101) 원기 43년 발행의 『원광』 22호(이공전, 『凡凡錄』, 원불교출판사, 1987, pp.118-119).

당에서 우선 그 업무를 개시하였으며, 대종경편수위원회는 발전적으로 해체되고 본사에서 그 업무를 계승하였다[102]는 것이다. 당시 장수교당에는 정산종법사가 요양 중이었던 관계로 정화사가 중앙총부로 옮기기 전까지 그곳에서 임시 임무를 시작하였으며, 이처럼 막중한 사명을 지닌 채 탄생한 정화사는 교서편수와 관련한 업무를 분장하였으니 동년 7월부터 초안의 자문과 재편수 및 감수작업이 차질 없이 진행되었다.

원기 45년(1960)년에 이르러 정화사는『정전』과『대종경』의 결집을 겸하여 업무를 진행하였으며, 교서 결집이라는 성업의 과정에는 정산종법사의 친재(親裁)가 뒤따랐다. 동년 1월 수위단회에서「정전의 자구수정과 그 재간의 추진」이 의결됨으로써 정화사는『대종경』의 편수와『정전』의 재편을 수행하게 되었다. 교서 편수작업을 진행하던 도중 정산종법사의 환후가 점차 침중해지자 원기 46년(1961) 12월 25일에는 최후의 특별유시로 김대거, 이공주, 이완철, 박광전, 이운권, 박장식에게『교전』교서의 감수가 위촉되고 담당위원들에게 편수의 조속 추진을 촉구하는[103] 긴박한 상황에 이르렀다.

이어서 교서 편집부서인 정화사는 원기 47년(1962) 교서의 발간 완수와 더불어 해체하기에 이른다. 동년 2월 수위단회에서는 정화사의 제안을 채택하여 그동안『불교정전』권1이던『정전』과 새로 편수한『대종경』을 합간하여『원불교 교전』으로 발행할 것을 결의하였으며, 9월 26일 양대 경전의 합본으로서『교전』이 발간되었고, 10월 7일 중앙총

---

102)「교전교서編刊관련사료집」(원불교정화사 편,『원불교 교고총간』제6권, 정화사, 1974, p.266).

103) 한정석,「교리형성사」,『원불교70년정신사』, 원불교출판사, 1989, pp.398-399.

부 대각전에서 교전간행 봉고식을 거행하였다. 봉고식 후 11월 5일, 이공전이 기록한 정화사의 해체보고서를 보면, 정화사 설립당시 사무장 겸 편수위원을 배명한 후 20년 만의 일이었으니, 원기 43년(1958) 5월 정산 스승의 교시로 전북 장수교당에 첫 간판을 걸고 대종경편수위원회의 업무를 계승하여 제1차 과업인 교전의 편수에 착수했던 정화사가 20년 동안 막중한 과업들을 대과 없이 마치고 과업의 완결보고와 해체의 인사를 드리게 되었다[104]는 것이다. 이처럼 『대종경』 편수과정을 소략하게 살펴봄으로써 『대종경』 재결집의 타당성 및 필요성을 점검해 보려고 한다.

3) 대종경 결집의 필요성

『대종경』 편수과정에 나타난 결집의 필요성을 먼저 원칙론의 측면에서 거론해 본다. 일반적으로 어느 종교든 교서 결집본에 있어서 초판본의 한계와 그 보완이 있을 수 있다는 가정이 가능하다고 본다. 단시일 내지 일회성에 의한 교서결집의 무오류적 완벽성은 불가능에 가깝다는 사실 때문이다. 소태산대종사 열반 5주기인 원기 33년(1948) 『종화대강』이라는 『대종경』 결집의 모태에 이어, 원기 41년(1956) 대종경편수위원회가 독자적으로 발족된 이래, 원기 42년(1957) 자료의 집약, 분류작업을 매듭지면서 다음해인 원기 43년(1958) 본 편수위원회가 해체되었다. 곧 바로 정화사에서 그 업무를 이어받음과 동시에 원기 45년(1960) 교서감수 작업을 마친 후 원기 47년(1962) 교서가 발간되는 과정에서 과연 완벽한 결집이었는가를 재검토할 필요가 있

---

104) 이공전, 『凡凡錄』, 원불교출판사, 1987, p.26.

다고 본다.

『대종경』 편수과정에서 나타난 바와 같이, 당시 전개된 본 경전의 편수에 대한 원칙을 살펴보면 편수위가 설정한 원칙에도 한계가 있을 수 있다는 추론이 가능하다. 이를테면 「대종경 편수진행에 관한 사항」에서 밝힌 정리단계가 주목된다. ① 수다(數多)한 자료 중에서 간결명료한 건을 먼저 선취(選取)함, ② 장문(長文)의 것은 부득이한 것을 제하고는 분건 또는 촬요(撮要)함, ③ 중복된 것은 비교 상량(商量)하여 취장취단(取長取短) 또는 합건함[105]이라 하고 있는데, 여기에는 적지 않은 문제점을 노출하고 있다. 비록 편수위원들의 합의에 이루어진 일이라 해도 자료 산삭(刪削)의 임의성이 적지 않았다는 것이다. 당시로서는 최선을 다했다고 해도 오늘의 시점에서 볼 때 편수위의 수합과 분류, 선택의 과정에서 그 기준정도에 대한 임의성 내지 과불급이 없었다고 단언할 수 없는 만큼 재결집의 필요성이 거론될 수 있다.

이어서 교서의 결집 후 교서 편수위원들이 발간한 경전의 무오류성이 갖는 지나친 확신의 한계를 거론해 본다. 기록에 의하면 "교전발간 후 여기서 주목해야 할 점은 '앞으로는 길이 이에 대한 일자 일구의 수정도 가할 수 없음'을 거듭 결의한 것이다"[106]라고 되어 있다. 이처럼 결집된 경전의 신격화한 성격을 지닌 것으로 무오류성을 확신한 이유는, 결집이 소태산의 열반 후 진행된 관계로 성지(聖旨)에 훼손될 것을 우려하여 훗날 준례가 될 수 있다는 판단 아래, 현행본『교전』결집의 자신감 때문이다.[107] 그러나 2세기가 시작된 현 시점에서 시공

105) 박도광, 「주산 송도성 종사의 '대종사법설 · 법문수필집' 2에 대한 연구」, 제18회 원불교사상연구 학술대회 《少太山 大宗師와 鼎山宗師》, 원광대 원불교사상연구원, 1999년 2월 2일, p.109.

106) 『원불교 교고총간』 제6권, 정화사, 1974, p.289.

의 변화와 더불어 언어의 변화성에서 볼 때 교단으로서는 경전 법어의 효율적 전달을 감안해야 하며, 기성종교 역시 일회성의 교서결집에 머무르지 않고 지속적 과업으로 교서결집을 수행해 왔음을 참조해야 한다.

이와 같이 교서결집의 원칙론을 감안하면『대종경』의 후속으로『대종경 선외록』이 발간된 것은『대종경』의 재결집이 필요하다는 것을 역설적으로 드러내주고 있다.『대종경』 편수 당시 수집된 모든 자료는 거의 800여건이 넘는 것으로 나타났으며, 그로인해『대종경 선외록』(이공전, 1982년)은 저자가『대종경』 편수과정에서『대종경』에 채택되지 못했던 자료를 정리하여 소태산대종사의 사상 이해에 풍부한 자료를 제시해 놓은 것이다.[108] 본『선외록』은『대종경』 편수 실무를 담당했던 범산 이공전 개인 자격으로 발간한 것에 보다 큰 의미를 두어야 하며, 그것은 교단 공의를 거친『대종경』 재결집 위원회를 구성, 본 위원회에 의한 재결집이 필요하다는 뜻이다.

구체적으로『대종경』 재결집이 필요한 이유를 다음 다섯 가지 사항에서 접근해 보고자 한다.

첫째,『대종경』 15품 547장에 대한 법문전거(典據)의 한계이다. 필자는『대종경풀이』(상・하)에서「출전근거」를 그동안 발굴된 자료의 범위 내에서 밝혔지만, 출전근거가 밝혀진 자료는 547장 중에서 242장이며, 아직 밝혀지지 않은 전거는 반수 이상으로 적지 않다는 것이다. 출전근거가 미흡한 것으로서 대표적으로 거론되는 법문은『대종

107) 고시용,「정전의 결집과 교리의 체계화」,『원불교학』 제9집, 한국원불교학회, 2003.6, p.264.

108) 이운철,「출판언론사」,『원불교 70년정신사』, 성업봉찬회, 1989, pp.570-571.

경』 서품 1장이다. 서품 1장은 교리적으로 후기에 속하는 내용으로, 형태 또한 매우 세련된 형태라는 점에서 그 내용은 대각일성이라 하기 어려우며, 교리가 완정된 이후의 것이라 판단될 수 있다.[109] 이처럼 『대종경』 법문의 출전근거의 결여가 가져다주는 한계는 출전의 지속적인 발굴과 보완이라는 과제를 가져다주며, 이는 『대종경』 재결집의 필요성을 확인시켜 준다.

둘째, 『대종경』 법문 중 상당수가 상황법문의 미완이라는 점을 거론할 수 있다. 상황법문의 미완이란 소태산이 언제, 어디서, 누구에게 법문을 설한 것인가의 설법연기(說法緣起)가 분명하지 않다는 것이다. 『대종경』 각품 각장의 설법연기가 분명하지 않으면 전체적인 해석에도 지장을 가져오게 된다는 점에서 모든 법문의 원형을 확보하는 작업은 교리사적으로 중요한 의미를 지닌다.[110] 물론 소태산의 『대종경』 547장의 설법연기를 다 파악할 수는 없겠지만, 가능하다면 법어가 어떠한 시공의 상황에서 설해진 법문인가를 파악하는 일은, 원불교가 100년이라는 짧은 역사인 점을 감안하면 빠를수록 좋을 것이다.

---

109) "서품 1장은 대각 당시에 일어났던 감상을 적어도 20여년 후에 설하였을 가능성이 있고, 혹은 후일 『대종경』 편수과정에서 균형과 형식을 위하여 삽입되어진 가능성도 있다. 실제로 논자는 『대종경』 편수과정에 깊이 관여한 범산 이공전 교무와의 대화에서 그러한 의문을 제기하였고, 범산은 후자임을 말한 바 있다"(정순일, 「일원상 신앙 성립사의 제문제」, 제21회 원불교사상연구 학술대회 《21세기와 원불교》, 원불교사상연구원, 2002.1, pp.90-91). 범산 이공전은 서품 1장의 근거로 대종사는 대각후 동학교인들이 '弓弓乙乙'을 하는 소리를 듣고 "궁궁을을을 하나로 이으면 일원상이 아닌가" 하는 것에 근거를 두고 "한 두렷한 기틀을 지었도다"라고 한 것이라 하였다(원불교사상연구원 주최 제 100차 월례발표회, 「원로교무 초청 교리형성사」(5월 28일, 중앙총부 법은관), 《원불교신문》, 1997년 6월 6일, 1면).

110) 양은용, 「주산종사수필 소태산대종사법문집 法海滴滴의 연구」, 『원불교사상과 종교문화』 34집, 원불교사상연구원, 2006.12, p.318.

『대종경』 재결집의 수행이 시급한 이유로는 교조 당시의 생존 및 교서 편수 제자들이 열반에 들고 있는 상황에서[111)]『대종경』과 관련한 자료의 발굴이 늦추어질수록 자료의 발굴이나 발굴된 자료의 신빙성이 적어질 수 있기 때문이다.

셋째, 『대종경』 편수과정에서 편수위원들의 법문자료 첨삭에 대한 임의성이 적지 않았다는 것이다. 물론 교단적 합의에 의해 선정된 대종경편수위원회의 임의성은 공인된 것이지만, 자료수합과 분류과정에서 자료의 미비 및 작업의 시한(時限)이 있었을 것이다. 『대종경』 편수의 근간자료는 『월말통신』, 『월보』, 『회보』 등 소태산의 친감에 의해 게재된 123편의 법설인데, 경전에 수록된 법어 전문이 충실하게 수록되지 못한 관계로 무미건조한 법어가 적지 않다. 물론 불비한 법어자료의 성격상 편수위의 임의적 절장보단이라는 부득이한 원칙에 따랐을 것이라 본다. 당시 실무를 담당했던 이공전은 『대종경』 결집의 단초인 『종화대강』 서(大宗師敎化思想史料提綱)에서 『대종경』과 창건사의 편집이 완료되어 간행될 때까지는 불완전한 편집이 있을지 모른다고 하면서, 『대종경』 초록(抄錄)에 있어 친저문장 가사 외에는 반드시 원문의 일자일구에 충실하지 못하였으며, 애초에 촬요(撮要)를 위주하고 시작한 일인 이상 당돌한 일이나 어쩔 수 없었다[112)]고 자인하였다.

넷째, 『대종경』에 인용된 용어나 문맥의 파악에 난해한 점이 적지

111) 최근 교서 편수위원 및 전문위원으로서 『교전』, 『정산종사법어』, 『예전』, 『불조요경』, 『성가』 등 원불교 7대교서를 완간하는데 공훈을 세웠던 범산 이공전 원정사가 2013년 9월 24일 원요양병원에서 열반에 들었다(원불교신문, 2013. 10월 4일참조).

112) 이공전, 『凡凡錄』, 원불교출판사, 1987, p.41.

않게 발견된다. 소태산의 법어는 진리의 심오함을 드러내는 용어, 즉 불교의 정령이라든가 개령과 대령, 소승적 인과론과 내생 여부의 문제, 유불도 섭렵에 의해 원용된 유교의 무극과 태극 용어, 성리 및 음양상승의 변용, 도교의 무위자연 등 난해함으로 인해 해석상의 어려움이 뒤따른다. 더욱이 일월성신이 정령이라는 것은 오늘의 상황에서 납득하기 쉽지 않으며, 무극과 태극을 유교사상이라고 한 점은 논란의 여지가 있다. 이러한 사실을 감안하면 『대종경』의 편수과정에 있어서 전문학자들에 의한 고증을 거쳤다는 기록은 존재하지 않으며[113] 원전의 인용에 있어서 원문과 다른 경우[114] 해석상의 한계가 발견된다.

다섯째, 법문 서술방식에 문제점이 산견된다. 이를테면 오자와 탈자, 미완성 문장으로서의 문장서술 방식이 그것이다. 또 『대종경』에는 한문체와 고어체의 표현이 적지 않은 관계로 현대인들이 읽는데 어색한 점이 발견된다. 『대종경』에는 특이한 어미형들을 찾아 그 유형

---

113) 오광익, 「정전 대종경 한문 인용구의 원전검토」, 제30회 원불교사상연구 학술대회 《인류정신문명의 새로운 희망》, 원광대 원불교사상연구원·한국원불교학회, 2011.1.25, p.136.

114) 『대종경』 천도품 14장에서 대종사 말씀하시기를 "옛글에 '대개 그 변하는 것으로 보면 천지도 한 때를 그대로 있지 아니하고, 그 불변하는 것으로 보면 만물과 내가 다 다함이 없다'한 구절이 있나니 이 뜻을 연구하여 보라" 하였다. 이는 蘇軾(東坡)의 『前赤壁賦』에 나오는 글귀로 보인다. 즉 원문은 "蓋將自其變者而觀之則 天地曾不能以一瞬 自其不變者而觀之 則物與我皆無盡也"이다. 이와 관련하여 원문을 표시할 것인가, 혹은 주석에 넣을 것인가 숙고해 볼 사항이다. 번역에 있어서는 중국어판 『圓佛教教典』에는 이를 "古語云 大凡從變的方面看 天地亦無一時是原有的樣子 從不變的方面看 萬物與我都無窮盡"이라 하였으니, 식자층에서 납득할 일인가 의심된다. 이는 번역자의 오류가 아니라 교단에서 이러한 준비를 해오지 않은데 문제가 있는 것이라 본다(오광익, 「정전 대종경 한문 인용구의 원전검토」, 제30회 원불교사상연구 학술대회 《인류정신문명의 새로운 희망》, 원광대 원불교사상연구원·한국원불교학회, 2011.1.25, p.142).

대로 분류하면 여덟 개의 유형으로 나누어 볼 수 있다. ① 원인과 전제형 : ~나니, ~거늘, ② 이유형 : ~는지라, ③ 추측형 : ~터이니, ~ㄹ꼬, ~으리라, ④ 단정형 : ~이라, ~이러라, ~이니라, ⑤ 당위형 : ㄹ지니, ⑥ 명령형 : ~지어다, ⑦ 고어형 : ~사, ⑧ 조건형 : ㄹ진대[115] 등이 그것이다. 이러한 문체는 오늘날 어색할 따름으로 현대인들에게 소태산 법어의 용이한 전달에 애로가 있다. 또한 『대종경』 인용구의 원전표기가 잘못된 경우 교정을 해야 할 것인가? 즉 천도품 35장의 인용 경전은 『열반경』이 아니라 『삼세인과경』인 경우, 이를 오자로 간주하고 교정해야 하는 과제가 있다[116]고 본다.

위에서 열거한 원칙론과 구체항목에 몇 가지 문제점으로 인하여 『대종경』의 재결집이 절실하다. 『정전』의 결집은 원불교의 짧은 역사 속에서 몇 차례 이루어져 왔지만, 『대종경』의 경우 초판본 이래 아직 한 번도 결집되지 않았다. 따라서 원불교 100년이라는 상징성을 염두에 둘 때 재결집의 필요성은 아무리 강조해도 지나치지 않다.

---

115) 이현성, 「대종경의 典範的 문체에 대한 소고」, 『원불교사상과 종교문화』 34집, 원불교사상연구원, 2006.12, p.341.

116) 『대종경』 천도품 35장에는 "涅槃經에 이르기를 '전생일을 알고자 할진대 금생에 받은 바가 그것이오, 내생일을 알고자 할진대 금생에 지은 바가 그것이라'고 하였사온데"라 하였다. 이 내용은 "欲知前生事, 今生受者是, 欲知來生事, 今生作者是"로 성문이 될 것이다. 그런데 이 글귀는 『열반경』이 아니라, 『삼세인과경』·『화엄경』에 나타나고 있다. 그러면 이를 교정하는 작업이 대두된다. 번역에 있어서는 실제로 중국어역(2005) 『圓佛教教典』에서는 "欲知前生事 今生所受卽是 欲知來生事 今世所爲卽是"라 하였으니 문제가 된다(오광익, 「정전 대종경 한문 인용구의 원전검토」, 제30회 원불교사상연구 학술대회 《인류정신문명의 새로운 희망》, 원광대 원불교사상연구원·한국원불교학회, 2011.1.25, p.141).

4. 대종경 결집의 과제와 방향

『대종경』 재결집의 과제와 방향을 전장에서 구체적으로 지적한 다섯 가지 문제점의 해법을 중심으로 살펴보고자 한다. 그것은 본 경전의 재결집을 위한 필요성 차원에서 비판적 접근을 시도한 것이므로 이에 대한 해법적 방향을 모색하려는 본 연구의 목적과 부합되기 때문이다.

첫째, 현행본 『대종경』 법문전거(典據)의 한계를 극복할 수 있는 방안이 있다면 그것은 출전 근거의 발굴이라는 과제가 뒤따른다. 『대종경』 각 법문이 어느 자료에서 발췌되었는가를 파악하는 일은 『대종경』 법어가 편수된 정확한 사료적 근거를 마련해야 한다는 점에서 대단히 중요한 일이라 본다. 이와 관련한 출전근거의 자료 성향은 다음 몇 가지 측면을 참조할 수 있다. ① 송도성 수필 『법설수필집』 1~2권으로 주로 봉래산 주석기와 익산총부 건설기의 법문이 있고, ② 『월말통신』 등의 기관지수록 법문으로 1927년(원기 12)부터 1940년(원기 25)까지 매회 1~3편이 채록되어 있는데 수필인은 정산종사・송도성・이공주・전음광 선진이 주를 이루며, ③ 1940년 이후의 경우는 송도성 수필의 『법해적적』, 박창기 수필의 『법설집』이 있는 바, 1962년 『대종경』의 결집 당대에는 대종사 만년에 법문을 받든 인물이 주를 이룬다.[117] 그 밖에 서대원의 『우당수기』, 조송광의 『조옥정백년사』 등도 이와 관련된다. 이처럼 출전근거의 성향을 고려하면서 소태산 친견 제자들이 소장했던 사료들을 발굴하는 일은 사안의 중대성만큼이나 시급한 일이다.

---

117) 양은용, 「소태산대종사의 정기훈련 중 법문 연구」, 『원불교사상과 종교문화』 41집, 원불교사상연구원, 2009.2, pp.165-166.

사실 『대종경』 15품 전장과 관련된 출전근거를 발굴하는 일은 쉽지 않겠지만, 지속적인 관심을 통해 전거(典據) 발굴의 결실을 보인 것도 얼마 전의 일이다. 그것은 원불교 법보(法寶)를 확보하는 것과도 같은 것으로 볼 수 있는 바, 최근 소태산대종사의 법문을 수필한 주산종사 친필본이 발굴되었다는 점은 고무적인 일이다. 주산종사 추모집을 편찬하기 위해 관련 자료를 찾는 과정에서 발굴된 그의 수필집은 『대종경』에 수록된 법문의 원본이라 볼 수 있기 때문이다. 즉 실전된 것으로 여겨졌던 주산종사의 소태산대종사 수필법문집 『법해적적』(法海滴滴)을 찾기 위해 노력을 기울인 결과, 원광대 도서관의 원불교자료실 박현덕 교무가 교사자료실 문건 속에서 찾아냈다(「원불교신문」, 2006.8.25). 주산종사가 채록한 『대종사약전』에 더하여 새로 발굴된 『법해적적』에 의해 『대종경』 출전근거의 파악이 더 용이해진 것이다. 출전근거와 관련한 사료의 발굴 및 보완을 위해서는 기존 자료의 재점검, 관변측 자료의 발굴, 구술자료의 보존 및 활용 등의 대책이 필요하며, 초기 교서류와 정기간행물, 사업보고서, 각종 회의록, 그리고 구술자료들이 최대한 활용되어야 한다[118]고 보는 것이다.

둘째, 『대종경』 법문 중 상당수가 상황법문의 미완이라는 문제점을 제기하였던 바, 『대종경』 각품을 설한 설법연기를 사료적 근거에 의해 유추함으로써 법어의 생명력 확충이라는 결집의 과제와 방향을 제시하고자 한다. 법문이 설해진 상황성의 부각 자체가 법어에 생명력을 부여해준다는 점을 고려하자는 것이다. 『대종경』이 현 시점에서 꼭 재검토되어 그 상황성이 부가 설명되어야 한다고 보는 이유는, 특

118) 신순철, 「불법연구회창건사의 성격」, 김삼룡박사 화갑기념 『한국문화와 원불교사상』, 원광대학교출판국, 1985, p.910.

정 법문의 정확한 상황성은 그것 자체의 대소와는 관계없이 후래 연구자나 수지 독송하는 이들에게 새로운 영감과 시사를 이끌어 줄 수 있기 때문이다.119) 무엇보다도 경전은 신앙 수행을 하는 이들에게 생명력 있는 법어로 다가서야 하는 것이며, 이러한 생명력의 손실이 법문의 육하원칙의 설법연기가 확실하지 않는다는 사실에서 비롯된다.

따라서 초판 결집된 현행본『대종경』의 상황성이 미흡한 부분을 발췌하여 자료 원본과 대조해봄으로써 그 상황성이 묻힌 경우는 없는가를 살펴볼 필요가 있다.『대종경』의 법문수록과 기관지의 발췌 등을 통해 편집된 관계로, 원본과 편집본의 분량에 상당한 차이가 있다는 사실에서 이러한 상황성이 사장된 경우가 적지 않았음을 감안하면 이의 보충을 통한 생명력 확충이라는 과제가 있다. 법문 전후의 상황성 보완을 통한 생명력 확충이라는 과제를 해결하는 데에는 자료발굴에 더하여 서지학적 연구와 해석학적 접근이 필요하다.『대종경』은 여러 분야에서 다양한 관점으로 해석되겠지만 설법연기를 중심한 서지학적 연구는 대종사 법문의 상황성을 밝힌다는 점에서 연구의 토대가 될 수밖에 없다(양현수)고 했으며, 소태산 생전의 제자들이『대종경』을 읽으며 대종사를 모시던 그때 그 정황을 연상하는 모습에 더하여『대종경』을 보는 눈도 새롭게 열려야 하는데, 이러한 상황논리를 적용할 수 있는 해석학이 개발되어야 한다(류병덕)고 하였다.120)『대종경』의 재

119) 서경전,「21세기를 향한 원불교 교단행정 방향」,『원불교와 21세기』, 원불교사상연구원, 2002, p.26.

120) 양은용,「주산종사수필 소태산대종사법문집 *法海滴滴*의 연구」,『원불교사상과 종교문화』34집, 원불교사상연구원, 2006.12, p.318.
류병덕,「21C와 대종경 해석의 몇 가지 과제」,『원불교사상』제24집, 원불교사상연구원, 2000.12, p.184.

결집은 당시 법문이 설해진 설법연기라는 상황성을 추출할 수 있는 부분은 추출해야 하며, 그것은 무미건조한 경전 법문의 생명력을 확충하는 계기가 되는 것이다.

셋째, 『대종경』 편수과정에 나타난 것처럼 편수위원들에 의해 취합된 자료 첨삭의 임의성이 적지 않았다는 것이며, 여기에는 현행본 『대종경』 분량 규모를 미리 산정했기 때문인 바, 이러한 사실로 인해 원자료 및 『대종경』 초본과 현행본을 대조함으로써 절장보단된 자료의 보완이라는 과제를 가져다준 것이다. 다시 말해서 원기 41년(1956) 4월 수위단회의 의결로써 「대종경편수위원회」가 수집된 자료를 4종류로 분류하였으니, ① 소태산이 친감(親勘)하여 기관지를 통하여 발표한 법설, ② 소태산의 제자들이 수필한 법설, ③ 취재자료, ④ 기고자료[121]였던 점을 고려하면, 이러한 자료가 수합, 분류되면서 그 임의성이 적지 않았을 것이다. 따라서 당시 절장보단된 자료의 재점검을 통해 보충해야 하는 과제가 제기되며, 이러한 과제를 수행함으로써 부분적으로 『대종경』의 규모를 확대할 필요가 있다. 규모 확대가 능사는 아닐지라도 설해진 법어가 사장된 자료의 규모를 인지해야 한다는 것이며, 다시 말해서 『대종경』 편수과정에 제시된 800여편의 자료가 547장으로 축소된 것을 재고하여 재결집의 방향을 설정하자는 뜻이다.

법문 자료의 상당부분이 편수과정을 통해 산삭(刪削)된 부분이 적지 않았다는 사실은 『대종경』 첫 출발이 된 『종화대강』의 서(序)에도 짐작할 있다. 범산 이공전은 여기에서 말하기를, 그간 모든 기록을 뒤

121) 박도광, 「주산 송도성 종사의 '대종사법설 · 법문수필집' 2에 대한 연구」, 제18회 원불교사상연구 학술대회 《少太山 大宗師와 鼎山宗師》, 원광대 원불교사상연구원, 1999년 2월 2일, p.109.

적여 창건사와 초대교과서 등에서 취록(聚錄)하고, 봉래회상법설집, 월선법설록, 회보법설편 및 여러 교과서들 가운데서 초집(抄集)하였다고 하였다. 특히 「종화대강(『대종사교화사상사료제강』)을 제1집과 제2집으로 분장하여, 제1집에서는 무진(戊辰) 총회까지의 준비시대의 교화경로 및 가사 등을, 제2집에는 무진 이후 각 기록에 발표된 법설 등을 초록하였고, 산전(散傳)의 친저문장 가사 등은 수집된 대로 원문을 전부 수록하였으며, 전일의 교과서들 중에서도『정전』에 편입되지 않은 부분의 특색 있는 구절들을 될 수 있는 대로 많이 전재(轉載)하였다[122]고 하였다. 이처럼 생명력이 넘치는 자료의 편집에 최선을 다하였다 해도, 정작 현행본『대종경』에는 취합된 자료들이 상당부분 산삭되었다는 점에서 이를 보완할 필요가 있는 것이다.

넷째, 법어에 사용된 용어의 이해나 문맥파악에 난해한 부분이 적지 않다는 문제에 대해서는 법어의 해석학적 접근이 필요하다고 본다. 용어 이해에 논란의 여지가 있는 부분은 재결집 과정에서 취사선택의 지혜가 필요하며, 해석학적 방법론의 도입도 필요하다. 달이 정령(精靈)이라는 것에 대한 문제라든가, 천동설과 지동설의 문제, 유교의 무극과 태극의 문제 등은 논란의 여지가 있으므로 해석학적으로 해법을 마련하든가, 아니면 일반이론과 대립되는 용어는 재결집 과정에서 바람직한 방향으로 취사 결단을 내려야 할 것이다. 또한『정전』에 신앙편은 없고 수행편만 있으며,『대종경』에는 신앙품은 없고 신성품만 있으므로 이를 어떻게 보완되어야 할 것인가 등 논란의 여지가 있다는 점에 대해서도 필요하다면 수정 및 보완작업이 이루어져야 한다[123]는

122) 戊子 6월, 대종사 입멸 5주기념일(이공전,『凡凡錄』, 원불교출판사, 1987, p.41).

견해도 주목된다.

이러한 용어와 문맥의 난제는 경전 재결집에서 해소해야 할 필요가 있으며, 그것은 시대에 걸맞는 『대종경』 해석학의 시대로 진입해야 한다는 뜻이다. 오늘의 시대사조는 밀레니엄과 세기를 달리하는 중대한 전환기에 놓여있으므로, 원불교는 이와 같은 일대 전환의 시기를 당하여 『대종경』 해석학이 새롭게 제기되어야 한다[124]는 것도 같은 맥락이다. 교서 결집에 있어서 논쟁을 위한 논쟁에 치우치지 말고 법어전달의 효율성을 감안하여 해석학적 접근을 시도해야 한다는 것이다. 『대종경』 법어들 중에서 논란의 여지가 있는 일부 용어들의 취사 내지 해석학적 접근을 해야 하며, 법어에 주장된 이론이나 학설 역시 무비판적 수용보다는 성찰적 접근이 요구된다.

다섯째, 법문 서술 형식의 문제점이 노출된 이상, 서술방식의 대전환이 필요하다. 『대종경』 문체의 특성을 보면 고어체 형식임과 더불어 명령의 형식이 주를 이루고 있다는 점을 고려해볼 일이다. 고어체와 명령형을 씀으로서 『대종경』의 문체는 법신불과 소태산대종사에 대한 지극한 경배의식을 드러내고, 논증적 추론과 어투의 장중함을 드러냈지만[125] 고어체는 법문전달에 있어서 어색하며, 명령형 위주는 다소 강압감을 가져다준다. 『대종경』 법어의 본질을 벗어나지 않는 면에서 이의 표현을 유연하게 보완해야 할 것이다. 이러한 문체는 소

123) 鄭舜日, 제93차 원불교사상연구원 월례발표회 발표요지 「圓佛學 探究方向에 관한 一提言」, 원불교사상연구원, 1996년 3월 28일, p.2.

124) 류병덕, 「21C와 대종경 해석의 몇 가지 과제」, 『원불교사상』 제24집, 원불교사상연구원, 2000.12, p.184.

125) 이현성, 「대종경의 典範的 문체에 대한 소고」, 『원불교사상과 종교문화』 34집, 원불교사상연구원, 2006.12, p.348.

태산이 직접 사용한 어투라기보다는 대종경편수위원회에 의해서 의도적으로 장엄 성격의 어투를 사용하였을 가능성이 있으며, 이에 가능한 소태산이 사용한 원래의 문체를 살리는 방향을 고려해야 한다.

전반적으로 『대종경』의 서두는 '대종사 말씀하시기를'이라는 문체로 시작하고 있지만 끝맺는 글이 없다. 이를테면 '말씀하시기를'이라고 시작한 글이라면 '라고 하셨다'라는 맺음말이 필요하다는 뜻이다. 특히 '말씀하시기를'이라는 편집의 성향은 논어적 표현에서 말하듯 '자왈(子曰)'과 같은 형식을 띠고 있는 바, 『대종경』의 언행록적 성격에 있어서 『논어』의 편제와 유사하다는 점에서 참고 되었을 것이다.[126] 사실 『대종경』 편수의 기본방침이 유교의 『논어』 형식과 같이 편제하자는 의견이 강하게 표명되어 교단의 언론기구(월보, 회보, 월말통신)를 통해 선보이게 된 초기 법문들마저도 새로이 편제될 수밖에 없었다[127]는 점을 고려하면, 새로이 결집할 『대종경』의 문체는 시작과 끝맺음의 글이 있어야 한다는 점을 숙고해야 할 것이다. 이러한 서술방식의 문체는 수정방향에서 점검되어야 하며, 재결집의 과정에서 오자와 탈자의 교정이라는 작업도 포함되어야 할 것이다. 법어 문장 속에는 오자와 탈자가 다소 발견되기 때문이다.

아무튼 『대종경』 결집의 과제와 방향은 소태산대종사가 『대종경』을 친감하지 않았다는 사실과 대종경편수위의 의도적 편집성향 등으로 인해 후래 여러 문제점이 발견된 이상 더 이상 미루어서는 안 되

126) 류성태, 「대종경 연구방법론에 대하여」, 『원불교사상과 종교문화』 29집, 원불교사상연구원, 2005.2, p.214.

127) 박도광, 「주산 송도성 종사의 '대종사법설 · 법문수필집' 2에 대한 연구」, 제18회 원불교사상연구 학술대회 《少太山 大宗師와 鼎山宗師》, 원광대 원불교사상연구원, 1999년 2월 2일, p.110.

며, 『정전』 결집과 마찬가지로 『대종경』 재결집의 필요성이 부각된 것이다. 사실 『교전』에는 많은 선진들이 등장하는 예화가 있고 대종사가 친히 내린 법문들이 실려 있지만, 법문과 예화를 기술하고 있는 문체는 그분들 당대의 말씀이 아닌 일정한 의도를 가지고 후대에 편수되었다[128]는 사실에 비추어 보아 『대종경』의 재결집은 더 이상 미루어서는 안 된다고 본다. 원기 47년(1962) 발간된 이래 50여년 세월의 흐름과 더불어 독특한 어투라든가 개념이해의 난제, 첨삭된 자료의 재검토 등을 통해 소태산 사상의 본지에 벗어나지 않는 선에서 재결집 과업은 교단적 관심과 더불어 전개되어야 한다고 본다.

5. 교서결집과 성업

어느 종교든 경전의 결집은 중요한 성업의 하나이다. 그것은 교조의 정신과 교단발전을 계승하는 것으로, 창립에서부터 교리의 체계화와 교조법어의 용이한 전달이라는 당위성에서 알 수 있다. 『대종경』 편수의 실무를 담당했던 범산 이공전 교무는 이러한 심경에서 밝히기를, 우리는 정관평 방언사업과 『대종경』 편수사업 등을 비롯한 공부사업 양방면의 모든 성업에 공을 쌓고 또 쌓아서 창립정신을 받드는 일에 다함께 마음을 추어잡아야 한다[129]고 하였다. 원불교 경전의 결집이라는 성업은 교리의 체계화 과정에 따라, 또는 소태산대종사의

128) 이현성, 「대종경의 典範的 문체에 대한 소고」, 『원불교사상과 종교문화』 34집, 원불교사상연구원, 2006.12, p.338.

129) 원기 35년 6월 『원광』 6호에 실린 내용이다(이공전, 『凡凡錄』, 원불교출판사, 1987, p.72).

사상을 반조하는 차원에서 지속적인 과제라 할 것이다.

이미 언급한 바처럼 『대종경』은 『정전』과 더불어 원불교의 중심교서인 만큼 제자들에게 생명력 있게 다가서야 할 것이며, 이를 위해서 시대의 변천과 더불어 새롭게 변하는 이론과 언어에 융통성 있게 대응해야 한다. 특히 본 경전은 소태산의 언행록이라는 점에서 원불교의 1차자료라는 점을 상기한다면 『대종경』의 재결집은 원불교 100년사에서 교단혁신의 핵심과제로 다가서야 할 것이다.

『대종경』의 결집작업은 정산종사와 대산종사가 대종사를 직접 받드는 정신자세로 임했던 만큼 앞으로 재결집 과정에서도 성자정신을 반조해야 한다. 『대종경』은 대종사의 친저가 아니라 후래 제자의 결집에 의해서 수행된 관계로 성자의 심법을 계승하는 지혜가 필요하다는 것이다. 정산종사는 병상에서 시자에게 『대종경』 초안을 읽게 하고는 반드시 일어나 앉아서 듣고 피로를 느끼면 읽기를 그치게 한 후 누웠다.[130] 정산종법사는 또 대산종사에게 몇 차례 서신을 보낸 바 있는데, 『대종경』 초안 교정 및 감수의 과정을 성실히 수행하도록 당부하는 글로 이루어져 있다(한울안 한이치에, 제7편 감응도우)는 점을 결집의 자세에서 참조할 일이다.

그리하여 『대종경』 재결집의 방향설정에 있어서 주의해야 할 것은 『대종경』 법어의 전반적 성격을 염두에 두어야 한다. 즉 원불교가 지향하는 진리적 종교의 신앙과 사실적 도덕의 훈련에 근거하여 신비나 이적보다는 사실적이고 실질적인 소태산 정신을 살려내야 한다고 본다. 소태산의 어록인 『대종경』에서는 내용의 대부분을 현실에서 진리를 수용하는 방법과 진리적인 생활을 하는 목적 및 방법에 대해 술하

130) 『정산종사법어』, 유촉편 35장.

고 있다[131]는 사실을 감안하자는 것이다.

덧붙여 『대종경』 재결집의 방향은 교단 구성원들의 큰 공감을 얻어야 한다. 이를 위해서는 종법사의 감수 하에 결집위원의 주도적 역할과 재가 출가의 공감을 이끌어내는 공청회 등이 진행될 필요가 있다. 결집위원회의 역할은 전문위원들 중심으로 전개되어야 하며, 여기에는 원불교사상, 교사, 국어문법과 관련한 전문학자가 포함되어야 한다. 또 구성원들의 공감을 얻어야 한다는 것은 교단의 공의를 거쳐 결집의 과정과 그 내용이 설득력 있고 신중하게 전개되어야 한다는 뜻이다. 그리고 종법사는 주법이자 결집의 총 책임자로서 감수를 해야 할 것이다.

더불어 원불교 교서의 결집이 완성된 상태가 아니라는 의식도 중요하다. 교서결집은 미완이라는 상태에서 지속적인 보완작업이 필요하다는 뜻이다. 『원불교 교고총간』에서는 유불도 3교의 활용정신에 따라 『원불교 요전』을 앞으로 발간하기로 하였던 점을 상기할 필요가 있다. 원기 47년(1962) 2월 21일 제5회 임시수위단회에서 「원불교 요전 발간에 관한 건」으로 유교, 선교, 기독교 및 한국 신흥종교의 경전 중에서 정선한 제교요목(諸敎要目)을 합편하여 보조경전으로서 『원불교 요전』을 발간할 것이라 했다.[132] 당시 교단적 합의가 있었음에도 불구하고 오늘날 이와 관련한 경전 결집이 지체된 것은 아쉬운 일이 아닐 수 없다.

타산지석으로 기성종교, 특히 기독교의 성경 결집도 현재 진행형의

---

131) 박상권, 「원불교 신앙론」, 『인류문명과 원불교사상』(上), 원불교출판사, 1991, p.227.

132) 『원불교 교고총간』 제6권, 정화사, 1974, p.303.

상태라 보며 한때 결집된 경전으로 끝나지 않았음을 알아야 한다. 모든 종교의 교서결집이 이러한 과정을 거쳐 온 것이며, 기독교에 있어서 우리가 알고 있는 성경도 똑같이 2000여 성상을 거쳐 같이 형성되어 온 것이라는 사실이다.[133] 기독교 100년 이내에 형성된 구약이 시간의 흐름과 더불어 오늘의 성경으로 부단한 재결집의 형식을 통해 변화를 거듭해 왔기 때문이다. 그리고 불교의 『팔만대장경』처럼 원불교 법보(法寶)의 지속적인 결집이 요구된다. 이를테면 역대 종법사 법어집의 결집을 통해 원불교 법보경전의 편찬과 그 확대가 필요하다는 것이다, 교단적 공인 속에서 일정한 틀의 형식을 갖춘 법어집의 발간이 요구된다는 것으로, 소태산대종사를 계승한 역대 종법사 법어집의 발간을 통해 이를 법보로 보전하자는 것이다. 이미 발행된 『정산종사법어』가 그것이며, 『대산종사법어』집도 이와 관련된다. 소태산대종사의 어록(대종경)을 뒷받침할 역대 종법사 어록의 결집이라는 지속성을 지닌 법보의 탄생이 필요하다는 것이다.

환기컨대 교단의 중의(衆議)를 모아 경전 결집을 원불교 100년 성업으로 완수한다는 것은 준비의 미흡과 시간의 촉박함으로 쉽지 않다. 창립 100년을 기념하면서도 제3대3회 말이라는 큰 틀에서 더 많은 시간의 할애가 필요하다. 원불교 100년이라는 짧은 기간 내의 촉박함에서 단순한 오자·탈자의 교정을 수행하려 한다면 본 연구가 지향하는 『대종경』 재결집의 방향은 아닐 것이다.

133) 김용옥, 『도마복음이야기』 1, 통나무, 2008, p.24.

제4편

영성과 치유론

제1장 영성과 생명윤리

1. 원불교의 영성함양

1) 영성과 마음공부

다소 늦은 감이 있지만 교단 내에서 「영성과 마음공부」라는 주제의 연구 발표회가 원불교사상연구원 학술회의(원기 90년 1월27일)를 통해 개최된 것은 시의적절하다고 본다. 뒤이어 동년 9월, 원광대와 일본 불교대가 공동 주최한 국제불교문화학술회의에서 「생명과 영성」이라는 주제로 발표회가 있었던 것도 고무적인 일이다.[1] 그것은 오늘날 영성이라는 용어가 사회에서 보편화되고 있다는 증거이며, 영성이 원불교인의 신행(信行)에 있어서도 필요한 일이다. 영성이라는 이슈가 종교적 영역에서 앞으로 자주 거론될 가능성이 커지고 있다는 뜻이다. 이 영성이라는 용어는 정신개벽 및 마음공부를 교단의 정체성으로 들고 나온 원불교에서 깊이 연구되어야 하리라 본다.

---

1) 원광대에서 개최된 영성관련 발표자는 다음의 여섯 분이었다. 「정보화시대에 있어서 영성의 문제」(이평래), 「영성 문화와 불교-死後生의 관점에서」(池見澄隆), 「불교적 영성의 일고찰」(田中典彦), 「禪에서 본 생명과 영성」(김영두), 「인도에 있어서 생명과 영성의 문제」(K・S.Mishra), 「글로벌라이제이션과 영성」(廣瀨卓爾)(제19회 국제불교문화학술회의 《지식정보사회에 있어서 불교-생명과 영성》, 원광대학교・일본불교대학, 2005.9.9-10.

사실 영성의 용어는 서구종교에서 주로 사용되어 왔고, 동양종교에서는 그 사용 빈도가 상대적으로 적었던 관계로 우리에게 다소 생경하게 들릴지 모른다. 그간 영성이란 용어는 종교적 신앙의 강화에 있어 기독교의 전유물이다시피 했기 때문이다. 그리스도교 영성생활의 공통 수단들로는 매일의 양심성찰과 잦은 고해성사, 기도생활, 영성수련, 신앙에 생기와 활력을 넣어주는 다양한 모임과 운동[2])이 있어 왔다. 이러한 종교적 정신운동들이라면 동양의 종교에서도 모색될 수 있다고 본다. 원불교에도 이와 유사한 종교적 신앙행위들이 전개되고 있기 때문이다.

이에 원불교가 수많은 중생들의 닫힌 마음을 열어줄 영성의 종교라는 점에서도 영성의 개념과 함양의 방법이 도출되어야 한다. 만약 어느 종교든 영성개념을 간과하고 영성함양을 도외시한다면 그만큼 신앙과 수행에 활력을 잃을 것이며 교단교화도 더딜 수밖에 없을 것이다. 사회적 정신 운동체들도 이러한 영성에 적극 관심을 갖고 영성함양을 위한 방법론을 개발하고 있는 상황에서 원불교는 이와 관련한 연구들을 더 이상 미룰 수만은 없다.

그리하여 서구종교나 사회의 정신운동체들에서 거론되어온 영성개념과 함양 방법론이 원불교에서 적극 도출된다면 미래교화의 활로는 물론 신앙인의 신앙·수행 적공에 큰 도움이 될 것이다. 원불교 교화의 방향으로서 나 자신의 영적 깨달음과 인류 구원을 위해서라도 영성함양의 방법에 대해 연구할 당위성은 커진 것이다. 오늘날 지체된 원

---

2) 박문서, 석사학위청구논문 『교구사제 영성에 관한 연구』, 수원가톨릭대학원, 1993.12, pp.64-69(예컨대 '보다 나은 세계를 위한 운동' '꾸르실료' '행복한 가정 운동' '성령쇄신 운동' '레지오 마리애' '휘꼴라레').

불교 교화에 있어 그 활로를 영성함양의 길에서 타개해 보려는 시도는 있을수록 좋을 것이다.

본 연구는 우선적으로 영성의 보편적인 개념파악과 영성함양의 필요성을 점검하고자 한다. 그리고 이에 근거하여 원불교의 영성개념을 도출하고자 하며, 도출된 원불교 영성개념을 통해 그에 적합한 영성함양의 방법들을 모색하고자 한다. 물론 원불교의 영성개념은 다양한 시각에 의해 거론될 수 있겠으나, 본 연구에서는 보편적 영성개념을 모델로 하여 원불교 영성개념을 찾아보려는 것이다. 먼저 연구의 실마리로서 영성의 일반적 개념과 영성함양의 필요성을 살펴보도록 한다.

2) 영성의 개념과 영성함양

영성이란 무엇인가를 모색해 본다면 소박한 의미에서 살아있는 마음, 역동적인 정신세계, 신념을 지닌 영혼 등 여러 측면에서 다양하게 접근할 수 있을 것이다. 전인적 의미에서 영성은 인격과 그 소산, 학문, 문화, 시대정신, 주의 등을 망라한 인간행위를 유발하는 그 어떤 태도나 정신이다. 영성은 어떤 특정종교에만 국한되지 않으며 신적 또는 초월적인 것을 믿는 사람에게는 누구에게나 적용되어 각자의 종교적 확신에 따른 어떤 생활양식을 형성한다는 보편적인 의미를 지니고 있다.[3] 필자는 나름대로 다음 몇 가지 측면에 한정하여 일반적 영성개념을 정의해 보고자 한다.

첫째, 영성을 인간의 인격성숙과 연결해 보면 우리의 자아확충의 인품에 관련된다. 곧 정신적으로는 도덕적 삶을 지향하여 건전한 성

---

3) 이홍근 역, 『영성신학』, 분도출판사, 1987, p.18.

품을 유지하고, 육체적으로는 건강한 신체를 유지하여 삶의 의지가 충천하며 자신의 자아발현과 더불어 자신의 잠재력에 활력이 넘치는 상황으로 진전되는 것이 영성의 참 모습이다. 따라서 영성은 자아발현의 인격성숙과 관련되며[4] 이러한 인격성숙은 내 마음 본연의 모습, 곧 무한한 자아발견으로 이어진다. 이에 영성은 우리의 무의식이 발현된 성숙된 인격성과 직결되는 것이다.

둘째, 영성(靈性)을 어의적으로 접근해 보면 그것은 문자 그대로 신령 영(靈)자, 성품 성(性)자이기 때문에 신령한 분별성이라 할 수 있다. 달리 말해서 영혼의 신비한 분별성이라 볼 수 있으므로 어둠에 사로잡힌 무명의 품성이 아니라는 뜻이다. 역동적이고 신비하며 현묘한 품성으로서 영성은 곧 일상의 타성에 젖은 마음을 벗어나 영혼・절대자・초자연으로서의 힘을 발휘하는 속성이자 실체[5]이기 때문이다. 그것은 진리에 대한 영혼의 분별성으로, 무명을 극복하는 영혼의 신령스런 지혜작용과도 같다. 진리에 대한 무지와 무명은 결국 우리의 두렷한 분별작용을 멈추게 하여 영성의 신령스런 활동은 멈추고 만다. 따라서 영성은 우리에게 신령하게 품부된 분별성으로서 진리를 밝게 파악하는 지혜 분별력이 된다.

셋째, 영성은 나 개인에 구애됨이 아니라 전체 대아를 향하는 경지로서 성성(聖性)에의 합일을 말한다. 기독교에서 영성을 성성과 동일시하고 있는 것은 주지의 사실이다. 기독교의 성성은 곧 하느님의 은총과 합일하려는 노력에서 오는 결실[6]이기 때문이다. 다시 말해서 기

4) 곽종남, 석사학위청구논문 『교구사제의 영성에 관한 고찰』, 광주가톨릭대학원, 1997, p.32.

5) 이경열, 「영성 구성 요인」, 제24회 원불교사상연구 학술대회 《영성과 마음공부》, 원불교사상연구원・한국원불교학회, 2005.1.27, p.61참조.

독교의 영성은 삼위일체적 관계로서 성령의 은총 안에서 신을 향해 나아가는 성숙된 기독교인의 신성이라 할 수 있다. 이는 나의 속화된 심신을 절대자의 성스러움에 합일하여 사회 국가 및 세계를 향한 헌신, 나아가 종교적으로 볼 때 절대자의 정신을 닮아가는 성성이 된다. 여기에서 소아를 극복하여 사회와 국가를 위해 희생하고, 절대자의 정신을 체받아가려는 성스러움을 느끼게 된다. 이러한 성령적 의미에서 기독교의 영성은 신과 합일을 추구하는 기도, 속죄, 선교, 전례적(典禮的) 과업, 개인적 신행(信行) 등 돈독한 체험의 경지가 된다.

넷째, 영성의 개념은 한국종교의 정신세계에서 충분히 발견될 수 있는 바, 무교 및 유불도 3교의 신앙 기저에서 발견되는 한국인의 신바람이다. 곧 유불도 삼교 정족적 세계관이 한국인의 얼을 형성하면서[7] 드러나는 영성은 한국인의 풍류적 신바람에 관련되어 있다는 것이다. 유불도 삼교의 풍류, 그리고 이를 통해 나타나는 심혼으로서 신바람의 유형들이 한국 근래의 신종교 정신세계에 용해되어 왔으며, 영성의 심취적 작용들이란 이러한 세계와 유사하다. 나 자신에게서 법열에 찬 마음 즉 신바람이 발견된다는 것은 심신의 활력으로서 영성의 활력이 넘치는 것과 같다.

위의 네 가지 차원에서 언급된 영성의 보편적 개념들이 종합적으로 지향하는 세계는 무엇인가를 살펴본다. 영성은 종교적・실존적 의미를 포함하는 다차원적 개념으로서 밝은 지혜와 자신의 고양된 인품에

---

6) 최석우, 영성의 토착화, 「전례・영성의 토착화」, 사목연구총서 제5권, 한국천주교중앙협의회, 1992, p.154참조(박문서, 석사학위청구논문 『교구사제 영성에 관한 연구』, 수원가톨릭대학원, 1993.12, pp.37-38).

7) 신광철, 「종교협력운동의 회고와 전망」, 한국종교학회 춘계학술대회 《종교협력운동의 재조명》, 한국종교학회, 2003.5.16, p.47.

서 꿈틀거린다는 것이다. 또 이것은 자신, 자연과 이웃, 상위존재와의 조화로운 관계를 추구하며, 현실을 초월하여 경험하는 삶의 의미와 목적, 자각 및 봉사심으로 살게 해주는 영적인 태도 및 행위를 추구한다.[8] 따라서 영성의 개념 속에 종교적, 철학적, 사회과학적, 심리학적 용어가 동원된다. 인류 정신의 보편가치를 추구하고 인간의 무명을 벗어나서 선행을 유도하는 심리, 사회 공익을 향한 자세, 종교적 성화(聖化) 등의 개념으로서 영성의 본질이 지향하는 바를 알게 해준다.

위의 영성에 자발적 행동을 유도하는 새로운 용어로서 영성지수(SQ)라는 것이 근래 관심을 끌고 있다. 이 SQ라는 영성지능은 인류의 역사만큼 오래된 인간지능이지만, 그 용어를 충분히 정의한 것은 비교적 최근의 일이다. 물론 이것이 우리에게 아직 정착된 단계는 아니지만 인류에게 익숙한 IQ, EQ 외에 SQ가 근래 들어 빈번하게 등장하고 있다. 우리가 의미 있고 가치 있는 일을 추진하거나 해결하려 할 때 사용되는 인간의 정신지능 곧 영성지수(SQ)를 새롭게 접근, 촉진해 나가야 하는 현실이 되었다. 삭막해져 가는 세태와 과학 위주의 현실을 대응하는데 있어, 또 IQ와 EQ가 효과적으로 기능하는데 있어, SQ는 그 기본이 되는 인간지능인 것[9]으로 인지되고 있다.

이제 영성지수의 확충이라는 과제에 직면한 이상 종교인이나 사회지도자로서는 영성함양의 필요성을 절감하지 않을 수 없게 되었다. 영성을 함양해야만 인간의 삶에서 실존의 존재가치를 느끼고 만물의 영장으로서 인격형성이라는 과제를 해결할 수 있기 때문이다. 아울러

---

8) 이경열, 앞의 논문, p.65참조.

9) 김헌수, 「영성발달과 원불교」, 제6차 전무출신훈련 교재 『하나 적공 체득』, 원불교중앙중도훈련원, 2001. 6.22-28, p.70.

종교인의 신앙생활에 있어 구원감정의 정신적 원동력을 가져다주기 때문이기도 하다. 따라서 우리는 각자 자아에 깊아 있는 영성지수를 묵혀둘 수만은 없다. 우리가 신앙인으로, 원불교 교도로서 영성지능에 대해 더 이상 방치해 둘 영역이 아니라는 주장[10]이 설득력을 얻기에 충분하다.

이 같은 영성 및 영성지수라는 용어가 현대인에게 더욱 설득력 있게 다가서는 것은, 역으로 보면 각 종교가 인간의 영성을 불러일으키는데 있어 그 역할을 충실히 해오지 못했기 때문이다. 이를테면 인간의 정신고갈로 인해 자의식이 열리지 못한 상황들, 궁극적 실재에의 무관심 내지는 존재의식의 불확실성, 인간들끼리의 불협화음, 종교분쟁 등이 그 증거이다. 여기에서 영성개념의 새로운 모색 내지 영성함양의 필요성은 그러한 인류의 고통을 극복, 전인적 인격형성 및 종교인들의 신행(信行)에 관련된 풍요로운 정신활동과 자기성찰에서 감지된다.

그리하여 자신구원은 물론 세계를 끌어안을 수 있는 동서종교의 공동체정신의 발현으로써 영성함양이 종교인들의 일상생활에서 이뤄져야 한다. 역사적으로 가톨릭은 본교의 수도 공동체로서 오랜 역사를 통해 영성의 축이 되었다. 또 한국불교의 가나선과 선중심의 불교 성향의 문제점을 극복할 수 있는 방안으로 남방 상좌불교의 마아쉬샤야도에 의해 주도된 위빠사나 수행법이 각광을 받고 있으며, 개신교의 탁월한 라벨 브루더호프 공동체는 생활과 영성을 한데 이어주는 모습을 보여주고 있다.[11] 따라서 한국종교는 물론 원불교가 이를 타산지

---

10) 위의 책, p.79.

11) 황민정, 「교역자 공동체 생활 모색」, 2000학년도 《학술발표회요지》, 원불교대

석으로 삼아 영성함양의 필요성을 절감, 정신고양의 공동체로 도약할 수 있는 계기를 만들어야 한다.

어떻든 앞에서 영성의 일반적인 개념을 조명함과 더불어 영성지수의 등장을 통해 영성함양의 필요성을 거론하고자 하며, 이제 원불교적 입장에서 그러한 구체적인 작업들이 필요하다. 밝힌 바대로 네 가지 측면의 영성개념에 근간하여 원불교 영성개념을 도출하고자 하며, 원불교 영성의 의미가 보편적인 영성개념과 크게 상충되지 않는 선에서 그 접점을 찾고자 한다.

3) 원불교 영성개념의 도출

원불교가 영성의 힘을 발휘하는 공동체가 되기 위해서는 우선적으로 영성개념의 도출이 과제로 등장한다. 그간 교단적으로 영성에 대한 연구가 미흡했던 관계로 본 연구는 어쩌면 개념의 응용보다는 개념의 기초적 파악의 한 시도라 본다. 이의 모색에 있어 일반적 영성개념에 근간하여 원불교적 영성개념을 모색해 보고자 한다. 물론 여기에서는 원불교에서 자주 사용하는 용어를 원용하여 영성의 의미를 파악해 보려는 것이다.

첫째, 영성개념 도출의 실마리로서 원불교에서 자주 사용하는 자성(自性)이라는 용어를 음미해 보도록 한다. 이는 정신적으로나 육체적으로 완성을 지향하는 자아의 인격성숙이라는 일반적 영성개념과 통하고 있다. 우리의 자의식 곧 본자원성한 진여의 자성이 영성의 의미처럼 열려진 자의식을 가지고 사물을 자유롭게 스스로 관찰해 볼 수

학원대학교, 2000년 12월, pp.77-78.

있다는 면에서 더욱 그렇다. 소태산은 이의 경지를 '자성의 본래를 각득하여 마음의 자유를 얻었으므로'[12]라고 표현하고 있다. 자성의 본래를 얻으면 마음의 자유가 확보되고, 그것은 의식의 개방으로 인한 인격성숙으로서 자아가 현전하여 영성의 확충과 연결된다.

하지만 이 같은 영성의 자아의식이 사라지고 진여의 자성발현과 거리가 멀어지다보면 세상인심은 고갈되고 인격은 타락되어 오염되기 마련이다. 우리의 마음이 삼독 오욕으로 물들게 될 때 그것은 곧 염심(染心)으로 변하기 때문이다. 이에 원효는 다음과 같이 말한다. "본래부터 자성이 맑지만 무명에 물들어 염심이 있다"(「기신론소」, 한불전 1, 762쪽 상단).[13] 물론 원효는 기본적으로 맑음과 물듦, 보리와 번뇌의 상관성을 언급하고 있지만, 무명에 의해 자성을 잃으면 본래 마음이 경계에 따라 세속에 오염될 수 있기 때문에 맑은 자성을 유지해야 한다는 수도인의 영성수련의 당위성을 강조한 것으로 풀이할 수 있다.

이러한 자성발현은 또한 맑은 청정불성의 발현이기도 하다. 곧 불성은 본래 구유한 자성과 다를 것이 없으므로, 불성과 자성 두 용어는 하나같이 원불교적 영성의 개념에 근접된다. 영성이 자성이요 또 불성이라 할 수 있는 것은, 소태산이 마음의 형상과 성품의 체가 완연히 눈앞에 있어서 눈을 궁굴리지 아니하고도 능히 보며 입만 열면 바로 말할 수 있어야 가히 밝게 불성을 본 사람(『대종경』, 성리품 6장)이라 했기 때문이다. 영성이라는 것도 우리에게 발견되는 투명하고 밝은 불성의 한 모습이라고 할 수 있다면, 마음의 청정한 형상과 성품의 체

12) 『대종경』, 천도품 5장.

13) 안옥선, 「원효사상에 있어서 인권의 기초이념」, 『범한철학』 제26집, 범한철학회, 2001년 가을, p.126.

로서 완연히 나타난 불성이 곧 자성 발현으로서 영성개념에 다가선다는 것이다.

둘째, 영성개념의 모색에 있어 신령한 지혜 곧 영지(靈知)라는 용어를 도출할 수 있다. 자의적으로 영성은 신령한 분별성이라 이미 언급하였다. 그리고 불교에서는 일찍 영지를 영성과 같은 개념으로 사용한 바 있다. 곧 영지는 공적(空寂)의 진성으로 깨치지 못한 중생도 본래 지니고 있는 바, 규봉 종밀은 이 영성을 신령스럽게 밝고 공적한 것으로 영지불매(靈知不昧), 요요상지(了了常知)라 표현하였다.[14] 그의 언급처럼 영성이란 영지로서의 마음의 밝은 분별력과 같다. 신령한 품성으로서의 영성이 신령스런 지혜로서의 영지와 하나 되는 이유가 되기에 충분하다. 영성이란 무명에 매하지 않고 정신을 신령하게 각성시킨다는 면에서 종밀이 말하는 영지 개념에 일치하기 때문이다.

그 같은 영성개념과 유사한 용어로서 원불교에서는 공적 영지란 말을 사용하고 있으며, 「일원상의 진리」를 설명할 때 이는 주로 사용되고 있다. 즉 '공적 영지의 광명을 따라'라는 문구가 그것으로, 영지의 경지는 원불교신앙의 대상인 일원상의 진리를 밝게 체득할 때 가능한 일이다. 일원상 진리의 체득은 일체의 분별이 끊어진 무상의 진공이면서도 공적한 가운데 본유의 영지광명을 따라 신묘한 묘유작용을 나타내는 것[15]이며, 영성이란 무명을 극복하고 진리의 묘용을 발견해내는 지혜작용으로서의 영지이다.

따라서 영지로서의 신령한 지혜는 불교 아미타불의 지혜광명처럼

---

14) 朴道廣, 「정산종사의 공적영지에 대한 견해」, 제17회 원불교사상연구 학술대회보 《鼎山思想의 현대적 조명》, 원불교사상연구원, 1998년 2월 5일, p.38.

15) 노대훈, 「원불교의 불타관」, 『원불교사상시론』 제III집, 원불교 수위단회, 1998년, pp.77-78.

우리가 일원상의 진리에서 찾아내자는 것이다. 일원상의 진리를 깨닫지 못하고 일원상의 진리와 벗어나는 행동을 한다면 그것은 원불교를 신앙하는 사람의 참 모습이 아니다. 소태산이 제기한 전무출신 정신은 영성이 번득여야 하며, 그것은 공적영지를 말한다.[16] 신앙인은 영성이 번득여서 일원상의 영지를 삶의 현장에서 체득해야 한다는 뜻으로 이해된다. 일원상 진리의 광명을 나의 삶속에서 용해시키고자 할 경우 영성이 살아나며, 그것은 곧 공적영지를 체험하는 모습에서 발견된다.

셋째, 영성개념의 도출에 있어 무아라는 용어를 생각할 수 있다. 기독교에서 말하는 성성(聖性)의 영성개념을 원불교적으로 접근해 보면 무아의 경지이며, 이는 나 자신의 속화된 개인의 이기주의를 극복하여 공익을 위해 자신을 희생하는 무아의 성성이다. 이에 종교의 영역이 성스러움에 있고 인생과 사회의 유지발전에 그것이 필요불가결한 요소라면 자기의 성역을 또한 훌륭히 지켜나가야 한다.[17] 원불교인으로서 종교적 성스러운 삶을 살아가려는 출가동기를 비추어 보더라도 나 개인에 얽매인 삶보다는 무아의 성스러운 삶을 살아가는 것이 보람있는 삶일 것이다. 그것은 절대자와 합일된 영성의 성성으로 비추어지기 때문이다.

그런데 소태산대종사의 생존 당시는 물질문명이 팽배하고 개인의 이기주의가 극한 상황으로 치달았던 시기로서 무아의 심경이 간절히 요구되었다. 이에 세상을 구원할 간절한 염원으로 소태산은 제자들과

---

16) 류병덕, 「21C의 원불교를 진단한다」, 제21회 원불교사상연구 학술대회 《21세기와 원불교》, 원불교사상연구원, 2002.1, p.18참조.

17) 송천은, 『열린시대의 종교사상』, 원광대출판국, 1992, p.89.

혈성의 기도를 하며 사무여한의 백지혈인이라는 이적을 얻게 되었다. 그는 이에 말한다. "그대들의 전날 이름은 곧 세속의 이름이요 개인의 사사 이름이었던 바 그 이름을 가진 사람을 이미 죽었고, 이제 세계 공명(公名)인 새 이름을 주어 다시 살리는 바이니 삼가 받들어 가져서 많은 창생을 제도하라."[18] 개인의 사사 이름을 가진 사람은 이미 죽었다는 것은 제자들로 하여금 무아의 심경에서 창생을 제도하라는 비장한 부촉을 하면서 나온 법어이다. 이러한 경지가 되었을 때 속화된 개인이 성화된 공인으로 탄생하는 것이며, 그것은 영성이 충천된 상태에 의한 자신무아의 사회 희생적 삶을 말한다.

이러한 무아의 사회 희생적 삶은 원불교뿐만 아니라 불교 동체대비사상의 핵심으로 자리한다. 불교의 무아사상에서 나타나는 동일체관은 나와 너 및 그리고 그것이 하나인 경지에서의 삶을 강조하는 생활철학으로 전개되기 때문이다.[19] 만유와의 동일체적 사상은 불교의 자비사상의 다른 모습으로서, 자기중심의 이기심을 벗어나서 나와 너 및 사회를 동일체로 봄으로써 나보다 남을, 나보다 사회를 먼저 생각하는 무아적 삶에 바탕하는 것이다. 따라서 만유를 품어주는 불타의 대자대비의 사상이야 말로 무아론의 정점에 있으며, 이는 영성의 성화(聖化)와 같은 맥락에서 이해된다. 나와 너, 우리의 상의상자적 연기론에서 보면 더욱 동체대비의 무아적 삶이 표출되는 것이다.

넷째, 영성개념은 기쁨 곧 신바람의 경지로서 원불교에서 말하는 법열(法悅)이라는 용어가 이에 관련된다. 즉 한국의 3교사상에서 발

---

18) 『대종경』, 서품 17장.

19) 박선영, 「불교적 교육과 종교적 다원주의」, 『한국불교학』 제11집, 한국불교학회, 1986, pp.135-136.

견되는 풍류도 및 신바람 정신을 고려해 보면, 영성이 충만된 모습은 마음의 환희심이라는 점에서 이는 법열의 경지와도 같은 것이다. 법열의 충만감이란 정법 진리에 귀의하고 교조의 정신에 합일함으로써 얻어지는 신바람과 같은 신앙심의 열정이다. 이를테면 교단 초기에 소태산이 법을 설하면 많은 제자들이 백발을 휘날리며 춤을 추고 법흥을 돋아주니, 마치 시방세계가 다 우쭐거리던 모습[20] 바로 그것이다. 이처럼 법흥이 진작됨으로써 얻어진 법열은 신바람으로 우쭐해지는 신앙인의 영성이다. 영성과 법열은 둘 다 우리의 정신세계가 확충된 환희심에서 발휘되는 마음의 보고이기 때문이다.

이 같은 법열이 충만된 경지는 달리 말하면 환희심 혹 자락(自樂)이라고 해야 할 것이며, 영성의 충만도 그와 유사하리라 본다. 교단 초기의 선진들은 이러한 환희심 내지 자락의 경지를 누렸다. 일례로 조송광 교무는 1933(원기 18) 가을, 「자락」 시를 쓰며 "만고대의 참 도덕을 목적삼고 한 곡조를 불러보세 … 온갖 경전 갖은 풍금 벌려 놓으니 백년향락이 이 아닌가"라 했으며, 항타원 이경순 교무도 "이렇게 즐겁고, 보람된 생활이 어디 또 있겠는가"라며 박수를 치거나 춤을 추기도 하였다.[21] 초기교단의 법흥 속에서 법열이 충만된 종교적 선지자들의 자락은 우리의 영성이 충만된 행복한 삶과도 같았다.

그리하여 법열로서 영성의 충만은 생의 환희요 신앙인이 누리는 축복이기도 하다. 법열과 영성충만이 지속될 때 인간의 삶이 희열과 도락으로 향하는 것도 이 때문이다. 이 모두가 우리의 정신세계를 황홀

---

20) 『대종경』, 전망품 29장.

21) 조옥정 백년사(원불교사상연구원 編, 『원불교 인물과 사상』(Ⅰ), 원불교사상연구원, 2000, pp.422-423). 한창민, 「항타원 이경순의 생애와 사상」, 원불교사상연구원 編, 『원불교 인물과 사상』(Ⅱ), 원불교사상연구원, 2001, p.253.

하게 해주는 신바람으로서 생의 무한 잠재력을 키워주는 정신적 자원이다. 여기에서 법열 충만으로서의 영성은, 또 영성 충만으로서의 법열은 우리 신앙인들로 하여금 인격성숙, 교법과 스승에 대한 신뢰와 삶의 희열로 이어지게 하는 원동력인 바, 이의 함양은 결국 교단의 법풍진작으로 이어진다.

위에서 언급한 원불교 영성의 네 가지 개념들은 다양한 의미를 지니고 있다. 용심법이나 마음공부, 본성, 본래마음, 정신, 은혜 등의 용어만을 통해 보더라도 영성의 의미가 핵심적으로 잘 드러나 있다.[22] 궁극적으로 영성은 진리의 깨달음과 실천, 사회환원에 귀결된다. 이를 한마디로 말하면 깨달음인데, 원불교는 깨달음의 종교이자 중생구원의 종교이기 때문이다. 이러한 깨달음은 불교적 깨달음과 상통한다고 볼 수 있다. 불교의 경우, 세계의 진실상(眞如)을 구하고, 더욱이 그것을 깨닫는다고 하는 영위가 곧 불교이며, 이 깨침성(性)이야말로 영성이라 불릴 수 있을 것이다.[23] 따라서 불교나 원불교에 있어서 영성이란 각자의 심신을 자각케 하여 깨달음으로 이어지도록 하는 생명력인 셈이다. 그러한 생명력이 자신의 인격고양과 더불어 사회봉사의 정신으로 이어진다.

어떻든 원불교 영성개념의 도출은 몇 가지 측면에서 시도될 수 있다. 그리하여 원불교적 영성개념에 부합하는 위의 용어들은 정신개벽에 합류한다는 점에서 심도를 더하는 영성개념으로 정착될 수 있다.

---

22) 백준흠, 「영성에 대한 원불교 교리적 고찰」, 『원불교사상과 종교문화』 32집, 원불교사상연구원, 2006.2, p.181.

23) 田中典彦, 「불교적 영성의 일고찰-불성의 자각과 전개」, 제19회 국제불교문화학술회의 《지식정보화사회에 있어서 불교-생명과 영성》, 원광대·일본불교대, 2005.9.9-10, p.39.

원불교 영성개념의 정착은 곧 원불교 영성함양의 방법론을 좀 더 구체적으로 모색하지 않으면 안 되는 과제를 던져주고 있다.

4) 원불교 영성함양의 방법

영성함양의 방법은 여러 측면에서 거론될 수 있지만, 이미 정립한 원불교의 영성개념에 근간하여 영성함양의 방법을 접근해 보고자 한다. 이른바 영성함양의 방법이 각자의 관점에 따라 다채롭게 전개될 수 있으므로 여기에서는 가능한 원불교 교의에 근거한 영성개념을 모색고자 한다. 그러면 원불교 영성을 네 가지 측면에서 그 방법론을 찾아보고자 한다.

첫째, 원불교 영성함양의 방법으로는 자아확충을 향한 인격수양의 길로서 선(禪)수행을 거론할 수 있으며, 이는 자성발현이라는 원불교의 영성개념에서 추론할 수 있는 방법이다. 주로 자성회복이라는 수양의 측면에서 선수련은 이 영성함양의 방법에 보다 용이하게 접근될 수 있다고 본다. 여기에 대해서 김영두 교수는 「선에서 본 생명과 영성」이라는 주제로 연구발표(제19회 국제불교문화학술회의, 원광대・일본불교대, 2005.9.9~10)를 한 것을 보면 영성이라는 것이 선을 통해 확충된다는 것을 밝혀주고 있다. 곧 불성이 인간에게는 영성으로 나타나는데 이러한 영성을 잘 보존하고 활용하기 위하여 선수행이 필요하다[24]고 하였다. 선은 심성의 맑음과 고요함을 가져다주는 수행법으로서 영성적 삶의 에너지가 되는 바, 부단한 선수행을 통해 우리의

---

24) 김영두, 「禪에서 본 생명과 영성」, 제19회 국제불교문화학술회의 《지식정보화사회에 있어서 불교-생명과 영성》, 원광대・일본불교대, 2005.9.9-10, p.60.

맑은 자성을 노정하는 적공을 해야 하리라 본다.

특히 선(禪)의 적공이 영성함양에 도움이 된다는 것은 좌선의 목적을 보면 잘 알 수 있다. 그것은 산만한 마음을 공(空)으로 돌리며, 진여의 자성에 합일하는 것이 큰 목적이므로 영성함양의 핵심적인 방법이 된다. 소태산은 좌선이라 함은 모든 망념을 제거하고 진여의 본성을 나타내는 것이라고 하였다. 좌선의 목적이 바로 망념을 쉬고 진여자성을 확보하는 길임을 알게 해준다. 아울러 선에서 본 진정한 영성이란 깨달음에 이르기 위한 과제로 볼 수 있으며, 그것은 어떠한 영성도 결국은 깨달음을 통하여 궁극적이고 올바른 해답을 얻을 수가 있기 때문이다.[25] 본래의 자성을 회복하는 길로서의 좌선은 심성의 맑음과 깨달음의 경지를 얻게 해주는 것으로 이는 영성함양의 목적과 같은 것이다.

이처럼 선의 수행을 통해서 본래 맑은 자성을 회복하는 것은 내 마음에 물듦이 없이 깨끗한 마음함양, 곧 영성함양을 통해 가능하다는 것이다. 이에 인간이 영성을 키우기 위한 훈련들은 선수련이 그 핵심[26]이라는 주장은 설득력이 있다. 부단한 수행자의 적공으로 좌선을 통해서 번뇌의 마음을 잠재우고, 내 마음속에 있는 잠재적 직관력을 드러내는 심신 수련이 그 효력을 발한다는 면에서 더욱 그렇다. 그것이 바로 종교적 수행법으로서 오염된 삶에서 자성을 회복하는 길이요, 영성을 함양하는 길이다. 이에 선이 수도인의 영성확충에 도움이 된다는 점을 알아서 진여의 성품회복에 진력하는 일이 남아있다.

---

25) 위의 책, p.57.

26) 김익철, 『과학이 살아야 나라가 산다』, 현실과 미래, 1999, p.23. 카알 구스타브 융 著, 金聖觀 驛, 『융心理學과 東洋宗敎』, 1995, p.19참조.

둘째, 일원상 진리의 공적영지를 체험하는 반야지의 체득을 영성함양의 방법으로 언급해 본다. 이는 영지라는 원불교 영성개념과 관련한 방법모색이다. 소태산대종사는 「일원상 진리」 장에서 '공적영지의 광명을 따라 대소유무에 분별이 나타나는 것을 믿으며'라고 했던 바, 그는 법신불 일원상 진리의 한 속성을 영지의 광명으로 요해하여 우리로 하여금 영지의 광명을 체득할 수 있도록 하였다. 이를 위해서는 근본지로서 반야지의 체득이 필요하다. 반야지란 과학의 건조한 지식에서 나오는 것이 아닌 도학의 밝은 지혜에서 나오는 것인 만큼, 그것은 일원상 진리의 지혜광명(靈知)을 체득하는 원동력이 된다.

그렇다면 어떻게 해야 반야지를 체득하게 되며, 그것이 영성함양의 길이 되는가? 소태산대종사는 대도를 수행하여 반야지를 얻는다(『대종경』, 불지품 3장)고 하였다. 대도란 다름 아닌 일원상의 진리이며, 그것은 반야지에 의해 우리에게 깨달음의 빛을 선사해주는 것이다. 불교에서는 이 깨달음을 통해 나타나는 정신적 밝음을 반야라고 하는데, 이 반야지는 정신적 어둠과 반립(反立)되는 정신적 상태를 가리키는 동시에 어둠을 제거하여 모든 것을 분명하게 해주는 정신적 기능과 능력을 의미한다.[27] 이처럼 반야지란 대도 즉 일원상 진리의 밝은 지혜를 얻게 해주는 것이요, 불교에서 말하는 아미타불의 지혜덕상을 얻게 해주는 것이다.

사실 범부 중생은 이러한 반야지를 체득하는데 소홀하거나 아예 그러한 기회를 갖지 못하는 사람들이다. 그래서 그들은 무명으로 인해 윤회의 굴레에서 순환하여 결국 온갖 고통을 겪으며 살아간다. 이들

---

27) 박선영, 「불교적 교육과 종교적 다원주의」, 『한국불교학』 제11집, 한국불교학회, 1986, p.137.

에게 영성이 발견될 수 없음은 물론이다. 경산 장응철 종사도 이에 말하기를, 중생들은 반야지 즉 불생불멸의 진리를 깨닫지 못하고 인과를 알지 못하기 때문에 삶 자체가 미혹의 세계로 무명 때문에 윤회를 한다[28]고 하였다. 이처럼 불생불멸과 인과보응의 이치는 다름 아닌 일원상의 진리이다. 이 일원상의 진리는 공적영지의 광명으로 나타나는데, 우리는 반야지 체득에 합류하지 못할 경우, 무명의 어둠으로 인해 일원상 진리를 향한 영성의 밝은 분별력을 얻지 못하고 만다.

셋째, 무아봉공의 헌신적 삶을 살아가는 것이 영성함양의 방법이다. 무아란 불교의 동체대비적 삶에서 발견되며, 봉공이란 용어는 무아에 바탕한 사회봉사를 말한다. 이에 소태산대종사는 부처님의 대자대비를 설명하면서 응용에 무념하여 무루의 공덕을 짓는 사람(『대종경』, 불지품 3장)이야말로 대자대비적 부처의 모습이라 하였다. 응용에 무념하여 무루의 공덕을 쌓는 것은 무아봉공의 정신으로, 이는 초기교단의 창립정신에 잘 나타난다. 따라서 원불교의 백지혈인을 나툰 날은 무아봉공의 최고표준을 실지와 영적(靈蹟)으로서 우리에게 보여준 날[29]인 셈이다. 이처럼 무아봉공의 결실을 영적이라 표현하는데, 이는 영성이라는 용어를 연상하게 하며 또한 영성함양에 근접된다.

이러한 영적(靈蹟)의 자취를 갖고 있는 교단은 신앙인들로 하여금 무아봉공의 삶을 체험하도록 교화의 현장을 많이 만들어야 하며, 그것이 영성을 살찌우는 길이요 영감을 불어넣어주는 방향이 된다. 리차드 맥키니는 원불교에 대하여 다음과 같이 말한다. "원불교의 영감

28) 장응철 역해, 『자유의 언덕-반야심경 강의』, 도서출판 동남풍, 2000, pp.104-105.

29) 이공전, 『凡凡錄』, 원불교출판사, 1987, p.91.

어린 교육은 계속되어야 한다. … 무아봉공의 정신과 일상생활 속에서 주의 깊고 가치 있는 수양을 강조함은 특별한 장점이 될 것이다."[30] 그가 표현한 영감은 곧 원불교 교육의 화두로 등장하며, 이러한 화두는 무아봉공의 삶에서 체험된다고 보았다. 따라서 영성함양이란 곳곳에서 영감을 발현하는 희생의 무아봉공적 삶에서 가능한 일이라 본다.

무아에 바탕하여 봉공을 하는 것은 차원 높은 사회윤리요, 종교인의 성화(聖化)된 삶이다. 따라서 우리가 목표하는 사회는 나를 무화(無化)시키는 무아봉공의 세상으로서 우리 모두 상없는 공도인이 되어야 하며, 구인선진의 백지혈인은 사무여한의 정신에서 나온 것이다.[31] 이에 원불교가 자신구원은 물론 사회구원의 목적을 지니고 출현하였다면, 원불교를 신앙하는 우리는 땀 흘리며 살아가는 무아봉공의 삶이어야 한다. 그것이 초기교단의 소태산대종사와 제자들이 우리에게 던져준 삶의 메시지이다. 서구종교의 성성(聖性)이 곧 원불교의 무아경지요, 이 무아의 경지는 무아봉공이라는 원불교의 창립정신에서 잘 드러난다. 이는 영성의 가치가 사회와 인류 공동체를 향해 극대화되는 경지로서 영성함양의 길과 직결되고 있다.

넷째, 풍류라는 교화방법이 영성함양의 길이다. 이는 법열이라는 원불교의 영성개념에 다가서는 방법론이기도 하다. 곧 풍류란 음악 등 예술적 방법이 동원되는 멋스럽고 운치가 있는 정신의 여유가치에 노크하는 것으로 신앙인의 법열진작에 도움을 준다. 풍류를 통해서

---

30) 리차드 맥키니(선학대학원 이사, 필라불교도회 부회장), 「인사말-서양불교의 미래와 세계화」, 『미래세계와 새로운 도덕』, 원광대도덕교육원, 2003. 5.4-7, p.7.

31) 박경석, 원사연 제149차 월례발표회 「네트워크 세대의 이해와 교화」, 원불교사상연구원, 2005.11.21, p.5.

신명나는 마음상태를 노정할 수 있다는 점에서 우리의 피곤한 마음을 풀어주고 삶을 안정시켜 준다. 정산종사는 풍류로 세상을 건지라고 하면서 성가를 일종의 노래로만 알지 말라고 하였다. 성가 속에 의미심장한 진리가 들어 있으니 경건히 부르라는 것이다. 정산종사의 풍류론은 고유의 풍류도와 유교의 예악사상을 혁신하여 수용한 것[32]으로 그것은 우리들의 마음에 흥을 고취시키며 신명을 돋아서 우리의 영성을 밝혀준다.

이러한 풍류의 신명나는 모습은 소태산 생존 당시의 깔깔회를 연상케 한다. 소태산은 교단 초창기에 깔깔회나 소창 등을 통해 척박한 마음을 살찌우는 것을 빠뜨리지 않았다. 불법연구회의 소가 소싸움에 출전하여 우승할 때 이틀간이나 지켜본 소태산이었다. 아울러 과거 삼순(三旬) 예회일에는 이따금 소창이 열렸다. 정식 예회가 끝나고 오후에 금강원에서 각기 기능대로 노래(성가 포함)도 하고 춤도 추며, 흥미 있게 뛰고 놀며 끝에 삼강팔조목 노래 일창에 모임을 마치는 것(『월말통신』 7호, 원기 13년)은 초기교단에서 자주 있는 일이었다.

또한 소태산은 병진 4월 28일에 대각을 하고 호남가를 외웠는데 팔산이 "그 전에 있는 노래입니다"라 말씀 드리니, "아, 선각자도 있는가보다"라고 하였다.[33] 그를 계승한 정산종사 역시 풍류로 세상을 건지라 부촉하였고, 대산종사는 제주도 대법회에서 호남가에 대하여 법을 설하고 그 내용을 법문집 『여래장』에 발표하였다. 이처럼 풍류의 음악 및 성가, 놀이를 통해 마음이 우쭐해지는 것이며 그것은 여유로운

---

32) 천인석, 「유교의 혁신운동과 송정산」, 정산종사탄생100주년기념 추계학술회의 《傳統思想의 現代化의 鼎山宗師》, 한국원불교학회, 1999.12, p.54.

33) 박정훈, 「호남가를 법문으로 공부하며」, 『차는 다시 끓이면 되구요』, 출가교화단, 1998, p.32.

마음의 흥취 곧 영성을 함양하는 방법이 된다. 이러한 풍류의 방법을 통해서 우리의 영성은 충천해지며, 그것은 초기교단의 법열충만과도 비교된다. 앞으로 더욱 창의적으로 개발되어야 할, 원불교 정서에 맞는 풍류교화는 신앙인의 법열 충만으로서 영성이 살아나는 적극적인 방법이라 본다.

어떤 방법을 응용하든 영성의 함양은 우리가 인간이라는 실존으로 살아가는 길이요, 자신의 깨달음과 사회구원을 향한 첩경이기도 하다. 자아가 확충되어 자성이 발현되는 장으로서 참선을 행할 때 영성은 살찌우게 된다. 그리고 신령한 분별성이 갖추어져 영지가 발현되는 장으로서 반야지가 체득될 때 영성은 함양되며, 성성(聖性)에 합일되어 무아가 발현되는 장으로서 무아봉공으로 살아갈 때 영성은 함양된다. 아울러 심신에 신바람이 일어서 법열이 발현되는 장으로서 풍류교화가 행해질 때 영성은 함양되는 것이다.

5) 영적 성숙과 영성운동

본 연구는 영성의 일반적 개념을 원불교에 응용하는데 초점이 맞추어져 있지만, 원불교 영성개념은 앞으로 다양한 시각에 의해 여러 측면에서 모색되어야 할 것이다. 그것은 원불교인들이 영성의 개념을 인지, 각자 근기에 맞게 영적 성숙을 돈독하게 함으로써 인격향상과 인성순화에 이르는 길이기 때문이다.[34] 오늘날 물질문명 위주의 사회에서 더욱 척박해져가는 현대인들의 마음상태를 종교 지성들이 그간

---

34) 불교의 정신적 가치는 전혀 감소하지 않았으며, 영적 성숙과 마음의 고향으로 삼기 위한 사람들이 오히려 증가하고 있는 추세이다(정순일, 『인도불교사상사』, 운주사, 2005, p.5).

방치해둔 점을 감안하면, 원불교에서 영성함양을 위해서라도 영성개념의 정착이 시급한 것은 사실이다.

물질중심의 가치에서 벗어나 정신가치가 강조되는 원불교의 개교정신에도 충실하려면 영성적 성찰은 두고두고 지속되어야 할 것이며, 이와 관련한 연구활동도 활발해야 할 것이다. 특히 종교인들은 영성이 풍요로운 사회 지도자여야 한다는 당위적 명제를 인정하는 한, 영성의 성찰을 통해 인류에게 깨달음과 구원의 영감을 줄 수 있어야 한다. 영성지수가 높은 사람이 참 지도자이며, 이런 사람은 다른 사람에게 영감을 주는 사람일 가능성도 크다.[35] 종교인이라면 누구나 영성함양에 활력을 넣어주는 지도자들이 되도록 해야 할 것이다.

아울러 전장에서 거론한 영성함양의 방법들이 얼마나 효율적으로 신앙인의 영성함양에 도움이 되는가라는 문제의 여지는 남아있다. 여기에는 영성개념의 변용, 프로그램의 수치화, 관련 앙케이트 등이 필요하다는 것이다. 영성함양 방법론의 참신성, 효율성 및 검증에도 해법이 필요하다고 본다.

이제 삶의 원동력을 확보하는 영성함양을 위해서 우리에게 던져진 과제는 분명하다. 영성함양의 방법들을 적극 실천하여야 하며, 이를 바탕으로 해서 신영성운동을 불러 일으켜야 한다는 것이다. 오늘날 신영성운동이라고도 불리는 것은 기수련, 정신운동, 뉴에이지 운동들이다. 이것들은 기존의 제도종교들과는 달리, 신자공동체와 교단제도, 그리고 집단적인 예배의식을 갖추지 않는 소위 보이지 않는 종교로서의 특성으로 나타나기 때문에 일종의 종교변용으로 이해할 수 있다.[36] 이처럼 보편화되고 있는 신영성운동을 원불교가 적극 대응하여

35) 김헌수, 앞의 책, p.76참조.

영성운동의 붐을 불러일으켜야 할 것이다.

지금까지의 원불교를 반성한다며, 원불교는 지도집단의 틀을 깨고 하루 빨리 영성을 수련하는 지혜도장으로 분위기를 돌려야 한다[37]는 주장도 같은 맥락이다. 본 연구를 하게 된 동기도 교단 교화의 중추적 과제가 인류의 감성을 순화시키는 영성도량으로 거듭나야 한다는 간절함일 것이다. 그러한 위기의식에서 출발한 것이 원불교를 개교한 최초 교명에서도 잘 나타난다. 「대명국 영성소 좌우통달 만물건판 양생소」가 그것인 바, 여기에 '영성소'(靈性巢)라는 말이 주목된다. 이 영성소는 정신개벽을 모토로 하고 있으며, 원불교는 이에 쇠약한 정신을 항복받기 위하여 '영성을 양성하는 집'이라 했던 것이다. 오늘날 교단이 직면한 교화지체 현상, 신앙인의 신앙적 정서고갈도 어쩌면 그간 원불교가 영성개발에 무관심했던 것과 전혀 관련이 없지는 않다.

2. 동양과 원불교의 인성론

1) 인성론의 의의

복잡다단한 현대사회 속에서 인성의 악한 단면들이 자주 노정되고 있다. 생존경쟁이 극에 달하면서 우리는 남을 상생의 대상이 아니라 상극의 대상으로 보고 있는지 성찰해야 할 것이다. 일상의 생활 속에

---

36) 노길명, 「한국사회에 있어서 원불교의 소명-사회발전을 위한 원불교의 역할과 과제를 중심으로-」, 제23회 원불교사상연구 학술대회 《원불교개교 백주년 기획(Ⅰ)》, 원불교사상연구원·한국원불교학회, 2004년 2월 5일, p.11.

37) 류병덕, 앞의 책, pp.15-16.

서 빈곤, 야만, 암흑, 부패, 추악한 현상들을 목격할 수 있을 뿐만 아니라 지구성과 세계성을 띤 중대한 위기가 계속 발생하고 있으므로 가혹(苛酷) 현상들을 볼 수 있다.[38] 우리가 염원하던 행복과 안정이 위협받고 있는 상황인 점을 고려하면 현대의 지성으로서 그 같은 인성의 순화문제를 간과할 수는 없는 것이다.

현대인들로서 인성의 악한 단면들에 무감각해져가고 있다하더라도 이에 상대적으로 인성순화가 요구되고 있는 상황이다. 인성론은 인간성에 대한 이론이라는 점에서 관심을 갖고 이론적 접근이 필요하다. 인성론은 인격을 중심으로 하는 연구 토론인 바[39] 필자가 논하고자 하는 것은 우리의 인격모델로 등장하는 선철들의 인성이론에 대한 고구(考究), 즉 그들 스스로의 생명과 생활 속에서 체험하여 얻은 자성에 대한 이론과 실천방법에 관련된다.

그렇다면 인성론의 키워드인 인성이란 무엇인가에 대하여 인지해야 할 것이다. 인간은 행위를 할 때 인성의 두 가지 현상으로 나타난다. 하나는 육체를 본능이나 감각적으로 활동하는 것이다. 다른 하나는 심신을 양심이나 이성적 판단으로 활동하는 것이다. 여기에서 인간을 감정적 존재 혹은 이성적 존재라고 하는 인성의 양태근거를 제공한다. 감정적 존재든, 이성적 존재든 인간에 내재한 인성의 본질을 인식하는 것은 인성론의 존재론적 측면을 밝히는 것이다. 감정적인 행위를 극복하고 이성적 행위로서 인간다움으로 구현하려는 것은 동양 인성론의 큰 축인 인성의 선한 측면을 드러내려는 것으로서 인성의 진정한

---

38) 김경진, 「소태산대종사 인성론 종합고찰」, 『원불교사상』 17・18 합집, 원불교사상연구원, 1994, pp.179-180.

39) 徐復觀 著(유일환 譯), 『中國人性論史』, 을유문화사, 1995, p.19.

의미를 부각시키려는 뜻이다.

이 같은 인성론의 의의를 상기하면서 성숙된 인품, 즉 인간다움의 구현을 위해 동양선철의 지혜에 의거해서 인성이론을 접근하려는 것이다. 하지만 인성론은 절대적 명제가 아니며 시대와 국가에 따라 다르게 나타난다는 데에 난제가 있다. 인성론의 여러 이론이 등장하는 만큼, 인간성이라는 포착하기 어려운 실체는 국가와 시대에 따라 너무 차이가 크기 때문에 지배적 사회조건과 관습에 의해 형성된 하나의 역사적 현상[40)]이라는 카아의 견해가 설득력이 있다.

역사적 현상에 따라 시공의 차이 내지 사회조건, 관습에 따라 다르게 나타나는 인간의 인품인 점을 고려하면 인성이론의 정립에 더하여 인성교육이 필요한 것이다. 필자가 「동양과 원불교의 인성론」이라는 주제로 접근하는 것은 동양의 가치관에 따라 성현의 인품을 품수(稟受)해야 한다는 지성의 성찰과 관련된다고 본다. 현대교육의 목적이 인간다운 인간을 만들기 위한 커리큘럼이 아니고 논리와 지식의 발달에 주력하고 있다[41)]는 점을 환기하지 않을 수 없다. 여기에서 인성교육의 필요성이 부각되며, 그것은 본 논제의 해법을 철학적·종교적 측면에 맥을 대고 있는 이유이기도 하다.

그간 우리는 지식의 가르침에 비해 인간다움의 가르침은 소홀했다는 점을 반성함과 더불어 성철(聖哲)의 지혜가 필요한 시점이기도 하다. 그것은 우리가 능력의 지식은 가르쳤지만 인성의 지혜는 가르치지 않았기 때문이다. 이때까지 우리가 지식은 가르쳤으나 인간은 가르치지 않았다는 비판은 사실상 이때까지 우리가 지식을 잘못 가르쳐

---

40) E. H. 카아 著(권문영 譯), 『歷史란 무엇인가?』, 圖書出版 孝鍾, 1983, p.44.
41) 현용수, 『IQ는 아버지 EQ는 어머니 몫이다』, 國民日報社, 1997, p.125.

왔다는 것으로, 다시 말하면 지식을 가르치되 그 안목으로 현상을 볼 수 있도록 하지 못했다는 뜻으로 해석해야 한다.[42] 오늘의 시점에서 지식교육의 실패를 인지하지 않을 수 없다.

여전히 우리는 인성이란 무엇인가에 대하여 진지한 토론에 길들어져 있지 않다. 그로인해 인성과 관련된 용어에 대해 단편적 지식을 가지고 있을 따름이다. 인류는 지금까지 인성의 비밀을 완전히 밝히지 못하고 있는 것이다. 곧 인성의 개념, 인성의 선악 문제에 더하여 어떻게 선과 악이 병존하는 이 세계를 인성으로 설명할 것인가의 문제들은 인성론에서 반드시 검토하여야 할 것들이다.[43] 동양고전에 근거한 동양철학적 시각에서 이러한 쟁점들의 해법을 찾아야 할 것이라 보며, 여기에는 동양과 서양의 인성론적 차이점이 우선적으로 밝혀져야 할 것이다.

2) 동양철학의 인성론

(1) 동서 인성론의 시각

동양과 서양에 있어서 누구나 매너 있고, 상대방을 배려하는 마음을 간직한 사람을 환영하는 것은 당연한 일이라 본다. 거친 성격을 지닌 사람과 대화 나누는데 부담을 갖지 않은 사람이 있겠는가? 이에 동서양에 있어서 각자의 인성은 인간관계에 있어서 친밀도로서 작용할 것이라는 추단은 어렵지 않다. 다만 인성론에 대한 시각에 있어서 동

42) 李烘雨, 『知識의 構造와 教科』, 教育科學社, 1980, pp.57-58.
43) 김경진, 「소태산대종사 인성론 종합고찰」, 『원불교사상』 17·18 합집, 원불교사상연구원, 1994, p.180.

서양의 차이가 있을 것이며, 그것은 철학적 관점 차이 내지 문화의 차이에서 기인되는 것이다.

동양과 서양의 인성론에 대한 시각은 서양의 합리적 인식과 동양의 인격수양이라는 양면에서 직시할 수 있다. 곧 인성론에 대한 서양의 관점은 인식이라는 큰 틀에서 현실적 법의 인식과 인간지배의 제도에 관련되어 있다면, 동양은 수양이라는 큰 틀에서 수양과 교육에 관련되어 있다. 인간 본성에 대한 논쟁은 동양에서는 선과 정의의 실현에 관련된 수양과 교육을 중시하게 되었고, 서양에서는 현실적인 법이나 제도를 통한 합법적 지배를 추구하였기 때문이다.[44] 이처럼 동서양의 인성론에 대한 입각지에는 서로 상이한 특징이 있는 것이다.

여기에서 주목할 바, 인성론에 대한 동서의 시각에 있어서 서양은 대체로 합의를 이루고 동양은 협의(狹義)의 합의를 이루고 있다는 점이다. 즉 서구사회는 인격이라는 개념 정의에 합의를 이루어 법사상을 형성한 것과 달리, 동아시아의 전통은 인성론에는 일치된 견해가 없이 인격의 완성자인 성인 개념에 대해서 대체적 합의가 있었다[45]는 것이다. 서양에서 인성개념 정의에 대한 공통된 시각으로는 법을 통한 인간의 지배에 주력했다면, 동양에서는 성자의 인품을 닮는 것을 지향하였던 점이 상이하게 나타난다.

인성론이 표출된 단서에 있어서도 동서양의 차이가 나타난다. 서구는 신으로부터 해방과 휴머니즘의 표출에서, 동양은 자아의식의 표출에서 인성론이 그 빛을 발하게 된 것이다. 대체로 서양은 신의 창조론

---

44) 온만금, 「현대사회의 도덕성 문제」, 제20회 원불교사상연구 학술대회 《원불교사상과 도덕성 회복》, 원광대 원불교사상연구원, 2001.2, p.23.

45) 金勝惠, 「道教의 人格理解」-老子·莊子·抱朴子를 중심으로-, 제8차 학술세미나 『道教와 倫理』, 한국도교사상연구회, 1995.8, p.3.

에 의해 인간은 그 부속물로 취급되어 무화과를 따먹은 성악적 존재로 인성이 부각되었다면[46] 동양은 만물의 영장인 인간으로서 자아발현이라는 성선적 존재로 인성이 부각되는 성향이었다.

동서양의 인성론에서 주목받는 두 부류가 있으니 서양의 홉즈와 루소에 대한 동양의 맹자와 순자이다. 성선설과 성악설의 주창자로서, 서양철학에서 홉즈와 루소가 맹자와 순자와 같은 대비를 이루고 있다. 순자는 맹자의 성선설이 선천적 자연감정을 통해 도덕규범을 정당화하는 것을 비판하면서 도덕규범이란 후천적 작위를 통해 합리적이고 객관적인 방식으로 정립되어야 한다고 본다.[47] 맹자는 인성의 선함을 인지하여 도덕성을 강조하였다면, 순자는 인성의 악함을 인지하여 예절교육의 필요성을 강조하였기 때문이다.

인성의 선함과 악함에 관련한 서양의 두 사람이 주목을 받고 있다. 영국의 철학자 토머스 홉스(Thomas Hobbes, 1588-1679)는 자연 상태를 '만인의 만인에 대한 투쟁'(hellum omnium contra omnes)이라 하여 투쟁적 고통의 세계를 말하고 있다. 나아가 그는 "인간은 인간에 대해 늑대이다"라고 하여 성악설의 시각을 가졌는데, 이처럼 성악설의 시각을 가진 것은 인간이 이기적이기 때문이라는 것이다. 그에 의

46) 기독교에 있어 어린이의 본성은 원죄설에 의한 악이다. 어린이는, 악을 줄이기 위해서는, 양떼를 말아 가둘 때 사용하는 장대와 같은 회초리를 달게 받아야 한다. 이 회초리는 신체에 고통을 주기 위한 것이며 죄는 육체적 고통을 통해 속죄가 됨으로 이는 사랑의 매라고 할 수 있다. 신약성서에 나오는 "나는 좋은 목자요, 좋은 목자는 어린 양을 위해" 목숨도 버리는 기독교의 시각은 어린이의 성악설의 기초를 확립한 아동관이라 하겠다(안인희 外 2인 著, 『루소의 자연교육 사상』, 이화여자대학교 출판부, 1996, p.15).

47) 정용환, 「공맹유학의 도덕감정론」, 『철학연구』 제128집, 대한철학회, 2013.11, p.243.

하면 인간의 생활은 고독하며 비참하며 험악하고 잔인하며 짧은 것[48]이라 했다. 서양에서 성악의 시각을 가진 홉스의 시각은 동양의 순자적 시각과 근접해 있다.

이에 반해서 프랑스 계몽가이자 『에밀』의 저자 루소(1712-1778)는 맹자처럼 성선의 입장을 취한다. 물론 동양에서와 달리 서양에서는 인간의 본성이 선하다고 보는 관점은 많지 않다. 스토아학파는 인성·물성의 자연에 근거한 공동의 이성 법칙을 찾았는데 인간은 단지 자연의 이성 법칙에 따라서 행하기만 하면 그것은 바로 지선(至善)한 행위라고 했으며, 루소는 인간의 본성이 본래 선한 것이지만 문명과 사회 제도의 영향으로 악화되었다고 하였다.[49] 서양에서 성선의 관점을 지닌 루소의 시각은 동양의 맹자적 시각과 매우 근접해 있다.

이처럼 홉스와 루소는 서양의 인성론을 언급할 때 자주 등장한다. 그들은 인성에 대하여 상반적 시각에 있다는 점에서 동양의 인성론과의 대비에 있어서 관심을 끌기에 충분하다. 계약론의 자연법적 전통과 유가의 자연법적 전통을 비교할 때, 홉스는 순자와 같은 계열에 속하고, 루소는 맹자에 접근한다.[50] 홉스는 자기보존을 위한 법치(法治)를 통해서 안전하게 살기를 원했고, 루소는 도덕적인 자유를 요구했다는 점에서 흥미롭다.

근래 미국을 중심으로 한 서양의 인성론은 윤리적인 측면과 직결되

---

48) 이태훈, 「사회계약론의 자연법과 孟子의 자연법」, 『전통과 현대』 통권 11호, 도서출판 전통과 현대, 2000년 봄호, p.75.

49) 온만금, 「현대사회의 도덕성 문제」, 제20회 원불교사상연구 학술대회 《원불교사상과 도덕성 회복》, 원광대 원불교사상연구원, 2001.2, p.22.

50) 이태훈, 「사회계약론의 자연법과 孟子의 자연법」, 『전통과 현대』 통권 11호, 도서출판 전통과 현대, 2000년 봄호, p.83.

어 있다는 점에서 일면 동양의 인성론과 닮은꼴이다. 미국 건국 후 최초 150년 동안 발간된 거의 대부분의 문헌들은 성품 윤리라고 부르는 인성에 관심을 집중시키고 있었으며, 여기에는 언행일치, 겸손, 충성, 절제, 용기, 정의, 인내, 근면, 소박, 수수함, 그리고 황금률 등이 있다.[51] 벤저민 프랭클린의 자서전을 보면 근본적으로 자신의 본성에 내재된 원칙과 습관을 일치하려는 인간을 다루고 있다. 서양의 인성론은 이성에서, 동양의 인성론은 감성에서 촉발된 성향이 없지 않다는 점을 참조할 경우, 서양의 감성적 인성으로의 접근과, 동양의 이성적 인성으로의 접근이 상보적으로 요구되는 것이다.

인성을 어떠한 시각에서 보느냐, 어떻게 촉발되었는가에 대한 논점이 필요하면서도, 동서양의 인성론에서 공히 주목해야 할 것이 있다. 그것은 인성의 순화에 대한 다양한 실천운동이 요구된다는 것이다. 요즘 유행하고 있는 뉴에이지라는 용어가 주목되는 것도 이와 관련된다. 뉴에이지란 미국 서해안을 중심으로 한 1960년대 후반부터 1980년대에 걸쳐서 일어난 영성 부흥운동으로서 이 운동에 직접적으로 연결 계승된 것은 1960년대 초의 히피운동 및 대항문화운동과, 정치적이며 극단적인 학생운동, 프리섹스, 사이키델릭 등의 슬로건이 혼연일체가 되어 기존의 가치관에 반발함으로써 사상·문화·정치·생활양식 등 여러 분야에서 문제가 제기되었다.[52] 이 운동이 1970년대 후반부터 1980년대에 걸쳐서 뉴에이지 운동으로 부상했으며, 여기에는 동양사상, 신비주의, 고대문화, 초자연현상, 원주민문화를 위시하여

---

51) 스티븐 코비 지음(김경섭 외 옮김), 『성공하는 사람들의 7가지 습관』, 김영사, 2001, pp.22-23.

52) 정인석, 『트랜스퍼스널 심리학』, 대왕사, 2003, pp.19-20(주1).

탈속적인 정신운동과 뉴사이언스, 전체론적인 세계관, 인간성개발 운동, 생태학적 운동, 에코 페미니즘, 힐링(요가, 태극권, 명상, 좌선, 자연식 등 정신성을 중시한 신체적 · 정신적 치료) 등 다양한 운동이 포함되어 있다. 가히 전인적 인성을 도야해야 하는 뉴에이지 운동이라 보며, 동서 공히 이 운동에 영향을 받게 된 것이다.

환기해보면 오늘날 세계는 혼돈과 전쟁 그리고 계층 갈등이라는 다양한 문제가 산적해 있다. 이를 서구식에 의한 법의 통제에 의해서 해결하려는 이성적 시각도 필요하지만, 동양식에 의한 만물의 영장으로서의 회복, 즉 인성교육을 통한 시각도 중요하다. 동서양의 지성들은 인성론 정립에 있어 건전한 인격과 세계 평화를 위해 공통의 과제를 지녀야 한다는 것이다. 정신활동의 질을 제고하고 도덕적 가치를 발양하며 인생의 바른 방향을 지도하기 위해서는 인문교육의 실시, 사회문제의 해결, 인간관계 조정 등의 해법으로서 건전한 인격을 양성하여 공동으로 화합과 질서를 창조한다는 과제가 포함되어야 한다.[53] 이것은 동서양의 지성들로서 인성론에 대한 상보적 시각과 그 해법이 요구된다는 것이다.

(2) 동양철학의 인성론 구조

서양철학은 주로 인식론적 측면에서 발전해 온 것이라면, 동양철학은 수양론적 측면을 강조해 왔다. 그것은 동서 문화의 차이에 기인한 것이며, 개념파악에 비중을 둔 서양인의 문화와 인격함양에 비중을 둔 동양인의 문화에 특징이 있는 탓이기도 하다. 동양철학의 근간으

53) 陳來(북경대교수), 「유가의 禮 관념과 현대세계」, 『새로운 21세기와 유교의 禮』, 전남대 인문과학연구소, 1999. 10, p.162.

로서 유가철학의 내용은 크게 보면 천도론과 인성론[54]이라는 흐름 속에서 파악된다. 여기에서 말하는 인성론은 인성순화 곧 수양론에 관련된 것으로 볼 수 있다.

이와 같은 동양철학의 구조는 태극이라는 것이 우주 존재의 정점에 있다는 데서 출발한다. 태극에서 음양, 오행, 남녀, 만물이라는 생성론적으로 접근되면서도 수양론으로 유도되는 동양철학은 특히 송대철학에서 그 꽃을 피우고 있다. 유교철학에서는 근본원리로서 태극을 정점으로 하고, 그 아래 태극에 바탕한 우주 만물론을 전개한다. 그 다음에 태극의 즉자적 적용으로서의 인성론을 설명한 뒤, 그에 따른 실천행위로서의 수양론 등을 순차적으로 설명하며, 태극도설 또한 그러한 입장에서 태극→음양2기와 오행→남녀의 인간과 만물의 순서로 전개된다.[55] 송대 주렴계의 「태극도설」이 이러한 도식의 대표이다.

동양철학에서 인성론은 또한 천성(天性)과 관련되어 있으며, 그것은 천도, 천명, 천성이라는 구조로서 이해가 가능하다. 천도와 천명은 천(天)에 비중을 둔 개념이라면, 천성은 인간의 성품에 연계된 개념이라는 면에서 이를 천과 인, 곧 천인합일이라는 지상과제를 인간에게 제시하고 있다. 다시 말해서 천도・천명은 인성이 주체로 자각되어져서 이미 심성 속에 내재되어 있는 형이상학적 존재이므로 인간내면적 천(天)은 인격적일 수밖에 없으며 천도, 천명, 천성은 상호 관점만 다를 뿐 존재구조 원리는 동일한 것이다.[56] 인간의 본성을 천성이라 한

---

54) 金忠烈, 『中國哲學散稿』Ⅱ, 온누리, 1990, p.257.

55) 노권용, 「교리도의 교상판석적 고찰」, 『원불교사상과 종교문화』 45집, 원광대 원불교사상연구원, 2010.8, p.289.

56) 김만산, 「주역에 있어서 성인・군자관」, 석사논문:충남대학교 철학과, 1986, p.34.

것도 같은 맥락이며, 그것은 인성이 천도가 천명을 매개로 해서 전화된 것이기 때문이다.

천도가 천명을 매개로 한 천성 곧 고유한 인성은 중국 상고시대부터 강조되어온 천인합일이라는 과제를 해결해야 한다는 점에서 인성론의 구조는 천(天)과 인(人)이라는 양면적 구조에서 접근이 가능하다. 그리하여 천인합일과 내재적 초월을 강조하는 유교의 실천윤리는 조화의 가치를 중시하여 대지, 몸, 가족, 사회공동체를 통합하면서 천덕(天德)과 천명에 응답적 참여자가 되는 것을 삶의 궁극적 이상으로 삼는다.[57] 하늘과 인간이라는 양면적 시각에 있어서 천인합일이라는 과제가 등장한 것이며, 이 천인합일의 과제는 천명에 응답한 것으로, 그것은 우리가 천도를 실천하면 천덕을 품수(稟受)하게 되어 성인의 인성에 합일된다는 것이다.

돌이켜 보면 천인합일의 주재자적 천(天)이 춘추전국시대에 지속되어 왔는데, 그것은 유학에서 인간 본성을 이해하는 두 가지 입장으로서 성선설과 성악설이 태동하는데 영향을 미쳤다. 당시 유학의 시조격인 공자와 맹자의 인성론이 이와 관련되며, 뒤이어 순자의 시각도 같은 맥락에서 접근된다. 유학에서 인성을 이해하는 데에는 맹자의 성선설과 순자의 성악설의 두 구조가 극명하다. 성선설과 성악설의 중요성은, 인간의 가치를 설정하는 사상과 의식, 제도와 그 이상의 지향하는 바가 서로 다르게 나타나기 때문이다.[58] 인간이 본래 선한 성

57) 김경재, 「기조발표-동서종교사상의 화합과 회통」, 《춘계학술대회 요지-동서종교사상의 화합과 회통》, 한국동서철학회, 2010.6.4, p.20.

58) 오종일, 「정산종사의 유교인식과 종교적 승화」, 제19회 원불교사상연구 학술대회 《鼎山宗師의 信仰과 修行》, 원광대 원불교사상연구원, 2000년 1월 28일, p.10.

품을 받고 태어났느냐, 아니면 악한 성품을 받고 태어났느냐는 고금을 통하여 지속적인 쟁점으로 부상하고 있다.

인성론의 양면적 구조에서 단연 주목받고 있는 것은 맹자의 성선설로서, 그 골간은 인의예지 사단에 근거한다. 사단(四端)은 인의예지 사덕(四德)이 밖으로 나타난 것이기 때문에 현실적 경험세계에서 인성의 선악을 판단하는 요체이며 수양의 골자가 되는 것이다.[59] 사단의 구조로서 측은지심은 인(仁)이요, 수오지심은 의(義)요, 사양지심은 예(禮)요, 시비지심은 지(智)라는 점에서 인의예지 사단은 맹자 성선설의 골자인 샘이다.

이어서 동양 인성론의 양대 구조에서 맹자의 이론에 대한 대대(待對) 관계로서 주목받는 것은 순자의 성악설이다. 그에 의하면 인간의 본성은 비인격적이고 도덕과 무관한 천(天)으로부터 유래하였으며, 사람의 감정과 본능적 욕망은 사람을 싸움으로 이끌기 때문에 나쁜 것[60]이라 하였다. 인간에게 악한 성품을 극복하려면 교정작업이 필요하다는 것이다. 그는 공맹이 언급한 도덕성에 의존하는 것은 혼란에 빠져 세상을 구제하기 어렵다고 판단했다. 이에 '화성기위'(化性起爲)를 언급함으로써 예절교육을 강조하기에 이른다. 공맹의 주재적(主宰的) 천에 대한 순자의 자연적 천은 합리적 예절교육의 강화와 관련된다.

동양의 인성론 구조는 맹자의 성선설과 순자의 성악설에 한정되어 있는가? 이에 고자의 '성무선무악설'(性無善無惡說)에 더하여 많은 성

59) 이문주, 「정보사회에 있어서 청소년의 심성교육에 대한 고찰-유교의 입장을 중심으로-」, 1997년도 춘계학술대회 《종교와 청소년의 심성교육》, 한국종교교육학회, 1997년 6월 20-21, p.17.

60) 존 K. 페어뱅크 外 2인著(김한규 外 2인譯), 『동양문화사』(상), 을유문화사, 1999, p.68.

품설이 등장하고 있다. 양웅은 성선악혼론(性善惡混論)을 주장했고 한유는 성삼품설(性三品說)을 주장했다. 뒤이어 송대 장횡거는 천지지성(天地之性)은 순선무악하고 기질지성(氣質之性)은 유선유악이라고 하였으며, 정이천이 천지지성을 본연지성으로 표현을 바꾸어 순선무악하고 기질지성은 유선유악하다고 하였다.[61] 이처럼 동양의 인성론에 대한 시각은 다양한 형태로 변화되어온 것이다. 동양의 인성 순화론에 있어서 다양한 시각을 제공받고 있다는 점에서 인문학적 인성론의 토론은 고무적인 일이라 본다.

이제 인성론의 구조를 개념 중심으로 접근해 본다. 동양철학에 있어서 인성의 내적 구성요소로 등장하는 개념은 인(仁)이요, 현실로 등장하는 것은 예(禮)이다. 곧 인성의 내적 구성요소인 인(仁)이 구체적인 현실사회에서는 예(禮)로 드러나는데, 다만 이것을 원리적 측면에서 보면 인(仁)을 근거로 삼는다고 말하는 것이요, 현실적 측면에서 보면 예(禮)로 드러난다고 말하는 것이다.[62] 실제적 사양지심의 예(禮)가 인간의 본래성에 존재하지 않는다면 자비로운 인(仁)이 예(禮)로 드러날 터전이 없기 때문이다.

덧붙여 불교의 성품론을 유교의 성품론과 비교할 때 어떠한 구조를 상정할 수 있는가? 인간 본성론에는 성선설, 성악설, 성중설(性中說), 성공설(性空說) 등이 있는 바, 본질적으로 성선설은 교육 불필요론에, 성악설은 교육 불가능론에 빠진다는 것이다. 이에 대해 원래 선도 악도 아니고 단지 후천적 영향에 의해 이렇게도 저렇게도 된다는 성중설

---

61) 한종만, 『원불교 대종경 해의』(下), 도서출판 동아시아, 2001, pp.31-32.

62) 송재국, 『주역의 인간관』, 석사논문:충남대학 대학원 철학과, 1986), pp.39-40.

은 단지 가능으로만 보는 관점으로써 교육 만능론에 빠지는 바, 불교의 인간 본성론은 성공설로써 모든 아집과 독선을 부정하는 공관(空觀)에 철저할 때 발현되는 깨달음 곧 자기교육의 이념인 것이다.[63] 불교의 성품설은 성선과 성악의 상대성을 부정하는 절대적 선(善)의 의미에 있어서의 성선설이라고 한다. 그러나 엄밀히 말해서 불교의 성품론은 성선설이라기보다는 공관(空觀)에 바탕한 성공설이라 할 수 있다.

유·불에 이어서 도가의 성품설도 궁금한 일이다. 노자에 있어 인간이란 누구나 다 같은 도(道)를 지니고 태어나지만, 어떤 인간은 착하고 어떤 인간은 착하지 못하게 된다[64]는 것이다. 여기에서 도가의 성향은 절대적 선·악의 인성론을 거부한다. 노자는 이에 말한다. "천하 사람들은 모두 아름다움이 그저 아름다운 줄만 알지 이에 악할 뿐이다. 또한 선이 그저 선되는 줄만 알지 선하지 못할 뿐이다"(『道德經』 2章, 天下 皆知美之爲美 斯惡已 皆知善之爲善 斯不善已). 인간의 간교한 지식에 의한 절대적인 선악 판단은 한계가 있을 따름이라는 것이다. 그의 인성론은 인위적 작위에 의한 인성 순화보다는 무위의 소박한 인성을 강조하고 있다. 따라서 노자는 인위의 인성 순화를 거부하고 소박 무욕의 성품을 지향한다.

요컨대 동양의 인성론은 인간의 존재와 인성 함양이라는 두 구조로 용이하게 다가설 수 있게 해준다. 인성문제가 밝혀질 때 인간의 존재문제(인간이 무엇이냐), 인간의 가치문제(인간이 어떻게 살아야 하느

---

63) 박선영, 「불교적 교육과 종교적 다원주의」, 『한국불교학』 제11집, 한국불교학회, 1986, p.142.

64) 김영기, 「노자의 天人觀 연구」, 『범한철학』 제15집, 범한철학회, 1997년 7월, p.73.

냐)가 해결될 것이기 때문에 인성 문제에 대한 물음은 인생에 대한 궁극적인 물음이 아닐 수 없다.[65] 인성론에 대한 다양한 시각에서 토론이 필요하다는 것이며, 그것은 만물의 영장인 인간으로서 품격을 간직하기 위함이다.

3) 동양의 인성론

(1) 중국 고전의 인성론

동양에 있어서 인성론은 중국 선철들의 인성에 대한 시각이 그 핵심을 이루고 있으며, 그것은 고금, 시공을 초월하여 우리의 자아형성에 심대한 영향을 미쳐왔다. 인성론의 골격이 중국 고대에 형성되었기 때문에 오늘날과 시공의 차이가 있다고 하지만 초시대적인 의미를 지니고 있다. 설사 중국 선철들의 인성론이 당시 사회조건과 지식배경의 제약을 받은 이상 시간과 공간상의 제한을 가지고 있다고 해도, 인성의 근본 문제를 다루어 자아인식의 계기를 가져다주었고 여전히 보편적 의의를 지니고 있다.[66] 인성의 문제를 다루고 있는 중국 고전의 가치가 동양 보고(寶庫)로서 지속적인 역할을 하고 있기 때문이다.

인성의 문제를 고전에서 연원한다면 우선『시경』과『서경』등일 것이다. 본 고전에 인성과 관련한 성(性)이라는 용어가 등장하고 있기 때문이다.『시경』과『서경』에 일찍부터 성(性)자가 나타나 있는 점을 감안해야 하며, 다만 인간의 본성이 무엇임을 토론하게 된 것은 공자

---

65) 이현택,「인성에 관한 연구」, 遺著『원불교 은사상의 연구』, 원광대학교출판국, 1989, p.109.

66) 김경진,「소태산대종사 인성론 종합고찰」,『원불교사상』17・18 합집, 원불교사상연구원, 1994, p.181.

이후의 일이다.67) 『시경』과 『서경』에서 밝힌 성(性)을 공자는 어떻게 이해했을까? 그는 말하기를 "성(性)은 본래 비슷하지만 습(習)에 의하여 서로 멀어진다"(『논어』, 양화편)라고 하였다. 인성은 본래 비슷하지만 후천적 습관에 의해 선악이 갈리게 된다는 공자의 언급은 후래 동양의 인성론에 선악 판단의 단초를 제공했다.

주목할 바, 『시경』에 나오는 성(性)은 공자에 이어 맹자는 성선설로 해석하였다. 『시경』과 『서경』에서 일반적으로 성(性)은 생(生)과 통하는 의미였고, 『시경』 증민(烝民)의 구절은 맹자 이래로 성선의 근거로 해석하지만 더 논의가 필요하다는 것을 지적하였다.68) 이처럼 인성의 문제는 『시경』과 『서경』에서 단초를 제공하였으며, 『춘추좌전』의 시대에 들어와서 공맹의 천성과 인성에 대한 견해가 제시되어, 오늘날까지 그 영향을 받고 있는 상황이다.

구체적으로 중국 노나라에 전해오던 『시경』에서 인성론의 단초를 모색해 본다. 공자는 40대 중후반에 『시경』을 정리하면서 사무사(思無邪)를 통해 인성론에 있어서 인(仁)의 의미를 새겼을 것이다. 『시경』의 내용에 의하면, "하늘이 모든 백성을 낳고, 사물이 있으면 법칙이 있게 하였다"(『시경』, 「大雅 烝民」, 天生烝民 有物有則)라고 하여 인간이란 천(天)에 의해 생겨나게 되었다는 것이다.69) 이처럼 인간을 하늘과 결부시켜 상호 의존적 관계를 설명하고 있다. 공자의 인(仁)에

---

67) 민황기, 「孟子의 人間理解」, 『汎韓哲學』 제20집, 범한철학회, 1999 가을, p.80.

68) 김병환, 「맹자의 도덕생명 사상」, 『범한철학』 제23집, 범한철학회, 2001년 봄, p.291.

69) 김영기, 「노자의 天人觀 연구」, 『범한철학』 제15집, 범한철학회, 1997년 7월, p.66.

더하여, 맹자는 인성의 선함을 설명함에 있어서 시서(詩書), 선성(先聖)의 설, 인간의 심리 및 오관(五官)의 작용 등을 열거하여 논증하였다.[70] 이처럼 『시경』과 『서경』은 공맹의 인성론 규명에 있어서 고전의 역할을 하고 있는 셈이다.

더욱이 『서경』에서는 천인합일이라는 인격적 상제(上帝)가 거론된다는 점에서 인성의 문제가 어떻게 실천적으로 접근되어야 하는가를 밝혀준다. 중국 상고로부터 전해오는 하늘(天)은 인간 존재의 존재론적 근거로서 천명(天命)을 내려주는 자이다. 이에 인간은 마땅히 하늘이 내려준 천명을 따라야 하는 바, 『서경』에서는 인격적 상제・천 등이 등장하여 인간에게 천명을 내려주며 인간 중 최영명자(最靈明者)는 그 명을 받아 행한다는 언표가 도처에 있다.[71] 『서경』에서는 하늘의 명을 인간이 실천해야 하는 관계로 인성 표출의 문제는 천인합일적 천명의 실천과 직결되어 있는 것이다.

다음으로 동양의 고전 『주역』에 나타난 인성의 문제를 살펴보도록 한다. 『계사전』 하 1장에 의하면, 천지감응은 만물이 탄생하는 대전제, 남녀 교감은 인간이 탄생하는 대전제, 인간은 내재된 인성에 의하여 인간답게 살아야 한다는 대전제가 필요하다는 것이다. 천지가 감응하여 만물이 화생한다 하였고, 천지 만물이 있은 후에 남녀가 있으며, 남녀가 있은 후에 부부, 부자, 군신이 있다[72]고 하였다. 여기에서 주목할 사항으로, 남녀의 교감에 의해 살아가는 우리는 내재한 인성

70) 金能根, 『中國哲學史』, 探求堂, 1973, p.73.

71) 김만산, 「주역에 있어서 성인・군자관」, 석사논문:충남대학교 철학과, 1986, p.17.

72) 『주역 계사전』 하 1장, 天地感而萬物化生 … 有天地然後 有萬物 有萬物然後 有男女 有男女然後 有夫婦 … 有父子… 有君臣.

을 통해서 인간이 인간답게 살아간다는, 즉 주체적 인간의 활동이 이루어진다는 것이다. 『주역』에는 천지 만물 인간이라는 관계가 밀접하게 연관되어 있음을 알 수 있으며, 여기에서 천인합일의 이념을 엿볼 수 있다.

이 같은 『주역』의 천인합일의 이념은 인간에 내재한 하늘, 곧 인성을 완벽하게 하는 것에 더하여 세계완성까지 포함하고 있다. 곧 『주역』과 유학적인 논리에 있어서는 인성을 모두 구현하는 그 자체로서 천인합일은 "천지의 변화를 규범화해서 지나치지 않게 하고 만물을 두루 성취시켜 하나도 빠뜨리지 않는다"(『주역』, 「계사전」 上, 範圍天地化而不過 曲成萬物而不遺)는 것이다.[73] 나 자신의 인성을 완성하는 것과 세계의 완성까지 지향하는 『주역』의 정신에서, 우리는 내면에 품부된 천성을 깊이 음미함으로써 인간과 우주의 합일정신, 나아가 만물에 대한 주체적 인간으로서의 역할을 새겨야 할 것이다. 결국 천도와 인도의 회통을 인지함으로써, 인성의 도덕적 인간에 대한 총체적 이해가 가능한 일이다.

본질적으로 『주역』에서는 맹자의 성선설을 주목하고, 순자 성악설을 경계하듯 천리의 선한 기운으로 만 생명이 탄생하고 있음을 밝힌다. "일음일양지위도 계지자선야 성지자성야"(『주역』, 계사전 상, 一陰一陽之謂道. 繼之者善也, 成之者性也)라는 언급을 보면, 천도는 음양으로 작용하며, 여기서 '계(繼)'라는 글자는 동(動)의 실마리이다. 천도가 음양으로 작용하는데, 주자는 이를 '이어받는(繼) 것이 선(善)이며, 이는 천리(天理)가 유행하는 곳'[74]이라 했다. 왕부지도 다음과

73) 권정안, 「주역의 세계관」, 『초자연현상연구』 창간호, 공주대 초자연현상학연구회, 1993, p.41.

같이 말한다. "도를 이어가면 선이요 이어가지 않으면 불선(不善)이다. 하늘은 이어가지 않은 곳이 없으므로 선은 무궁하다. 사람에게 이어가지 못하는 곳이 있으면 악이 일어난다."[75] 우주의 선한 상생기운이 있으므로 인성・물성이 탄생한다는 것이며, 인간은 이에 도덕성을 통해 선행을 추구해야 한다는 것이다.

다음으로 오경의 하나인 『예기』의 인성론에 대하여 살펴보도록 한다. 『예기』는 의식과 의례에 관한 자료를 모은 경전으로 기원전 2세기에 편찬되었다. "도덕과 인의는 예가 아니면 이루어질 수 없다. 교화를 통해 인도하고, 풍속을 바로잡는 일도 예가 아니면 갖추어질 수 없다. 분쟁을 해결하고 소송을 판단하는 일도 예가 아니면 결정할 수 없다. 군신, 상하, 부자, 형제 관계도 예가 아니면 안정될 수 없고, 벼슬살이나 배움을 위해서 스승을 섬기는 일도 예가 아니면 서로 친할 수 없다. 조정에 대신으로 참여하고, 군대를 다스리며, 관직에 부임해서 법령을 시행하는 것도 예가 아니면 위엄이 서지 않는다. 기도하고 제사하여 귀신에게 제물을 바치는 일도 예가 아니면 정성스럽지도 단정하지도 못한다. 이 때문에 군자는 공경과 절도에 맞음과, 물러나고 사양함으로써 예를 밝힌다."[76] 도덕과 인의는 예가 아니면 이루어질 수 없다는 본 『예기』의 언급에서 볼 때, 도덕적으로 옳고 그름을 판단하는 기준인 인(仁)은 우리의 본성에 이미 갖추어져 있다는 것이다. 물

74) 『朱子語類』 卷94, 繼之者善, 是天理之流行處.

75) 『周易外傳』 卷5, 「繫辭上傳」 第5章, 繼之則善矣, 不繼則不善矣, 天無所不繼, 故善不窮, 人有所不繼, 則惡興焉.

76) 『禮記』 「曲禮」, 道德仁義, 非禮不成, 教訓正俗, 非禮不備. 分爭班訟, 非禮不決. 君臣上下父子兄弟, 非禮不定. 宦學事師, 非禮不親. 班朝治軍, 涖官行法, 非禮威嚴不行. 禱祠祭祀, 供給鬼神, 非禮不誠不莊. 是以君子恭敬撙節, 退讓以明禮.

론 인한 마음이 우리에게 갖추어져 있지만 예를 실천해야 하는 단서를 드러낸다. 예를 실천해야 그러한 도덕과 인의가 그대로 드러나기 때문이다. 『예기』의 이러한 언급은 인간의 주체적 도덕성이 강조된 공자 전후에 나온 것[77]임을 알아둘 필요가 있다.

『춘추』 역시 5경의 하나이며, 본 경전은 공자 나이 71~73세에 편찬되었다(사마천의 『사기』, 공자세가 참조). 그것은 구체적으로 중국 춘추시대 노(魯)의 은공(隱公) 원년에서 애공(哀公) 14년까지 12대(代) 242년의 역사(歷史)를 편년체(編年體)로 기록하고 있는 것이다. 본 경전은 노나라의 입장에서 기록한 것이라 해도 공자가 편찬한 것으로 믿어져 왔으며, 주제나 표현의 절묘한 선택, 어떤 세부사항의 생략, 또는 다른 사건과의 병치(竝置) 등의 필법으로 국가의 공공 기록에 도덕주의적인 역사 해석을 의도적으로 불어넣은 것으로 주장되었다.[78] 본 경전은 역사서인 까닭에 과거 시간 속에서 인간 세계의 지속과 변화를 말했다. 이에 공자는 자신의 가치관에 따라 역사적 사실을 간략히 기록하면서 직분(職分)을 바로잡는 정명(正名)과 선악(善惡)을 분명히 판별하는 용어를 철저히 구별하여 서술하였던 관계로 『춘추』에서 인성론을 구체적으로 규명하는 것은 무리이며, 다만 이는 『논어』의 사상을 크게 벗어나지 않는다고 본다.

일반적으로 동양고전을 말할 때, 오경사서(혹은 사서오경)라고 한다. 여기에서 사서(四書)는 동양 인성론의 보고(寶庫)라고 해도 과언이 아니다. 공자의 사상과 맹자의 사상이 사서에 등장하고 있기 때문

---

77) 남상호, 「주역과 공자인학」, 『범한철학』 제28집, 범한철학회, 2003 봄, p.67.
78) 마이클 로이 著(이성규 譯), 『고대중국인의 생사관』, 지식산업사, 1998, p.204.

이다. 사서로 알려져 있는 바, 고전『예기』에서 분리된 것이『대학』과『중용』이다.『논어』와『맹자』만이 아니라 유교사상에서 중시되는 경전으로는 공자의 손자 자사가 지은 것으로 알려진『중용』과 공자의 도를 계승한 증자의『대학』이 있으며, 정주(程朱)는 사서를 도통의 소재로 삼았다.[79] 특히 주자는 사서를 주석하여 공자와 맹자 사상을 체계화하였다. 사서에서는『대학』『중용』외에『논어』와『맹자』에 성품론이 밝혀져 있어 동양 인성론의 주축으로서 공자의 성상근(性相近) 습상원(習相遠)과 맹자의 사단설이 구체적으로 밝혀져 있다.

위에서 대체로 언급한 고전은 인성론과 관련된 전적(典籍)을 살펴보려는 의도와 관련되어 있다. 이러한 고전을 통해 후래 중국철학의 인성론이 전개된 흔적이 드러나 있다. 난해한 고전의 해석작업은 다행히 한대와 송대학자들의 도움이 컸다. 한대의 학자들은 오경(五經)의 설정과 같이 고전의 범주를 고안해 냄으로써 고대 문헌들의 질서를 부여하려고 하였으며, 이들 난해한 고문헌들을 해석하기 위하여 상당한 노력을 경주하였다.[80] 중국의 고전으로서 5경은 불교의 원시경전·대승경전과 같이 수천여년 동안 중국의 정신계와 지식사회에 막대한 영향을 준 유교의 근본경전으로 알려져 있으며, 송대의 철학에도 지대한 영향을 미쳤다. 그것은 후세에 송대 성리학의 형성에 있어서 형이상학적 기초를 부여하는데 크게 이바지하였기 때문이다.[81] 송대 주자는 사서(四書)를 분류하고 이에 주석을 구체화하였던 것이다.

고경으로서 사서오경, 나아가 13경이 거론되고 있으며, 본 13경은

79) 金忠烈,『中國哲學散稿』Ⅱ, 온누리, 1990, p.172.

80) 존 K. 페어뱅크 外 2인著(김한규 外 2인譯),『동양문화사』(상), 을유문화사, 1999, p.85.

81) 홍순창,「역경의 성립에 대하여」,『철학연구』제3집, 대한철학회, 1966, p.60.

이미 송나라 이래로부터 정해진 용어이다. 유가의 경서는 최초 6경이 있어서 육예(六藝)라고 했지만 뒤에 『악경』(樂經)이 없어진 관계로 5경이라고 했다. 5경은 위에서 언급한 바와 같이 『시경』, 『서경』, 『예기』, 『역경』, 『춘추』이다. 뒤이어 7경이라는 말이 거론되었는데, 육경에 『논어』를 더한 것이다. 그리고 당나라로 내려와서 9경이란 명칭이 있었으며 9경으로는 『역경』, 『서경』, 『시경』, 『주례』, 『의례』, 『예기』, 『춘추』, 『논어』, 『효경』이며, 송나라에는 12경이 있었던 바, 그것은 『역경』, 『서경』, 『시경』, 『주례』, 『의례』, 『예기』, 『춘추좌전』, 『공양전』, 『곡량전』, 『논어』, 『효경』, 『이아』 등이다.[82] 주목되는 것은 송나라 주희가 『맹자』를 경전의 항렬에 넣어 13경이 탄생한 것이다. 기원전 300년경 『맹자』는 "군왕이 폭정을 하면 백성이 이를 뒤엎어야 한다"는 역성혁명론 때문에 금기시되다가[83] 공자사상을 계승하고 성선설을 밝힌 고경의 진수임을 인지한 송대 주자에 이르러 빛을 발하게 되었다.

여기에서 송대 정주와 주자의 덕택으로[84] 사서로 된 『맹자』에 주목하려는 필자의 의도가 있다. 그것은 인성론의 성경과도 같은 전적(典籍)이라는 사실 때문이다. 겸애설이라는 지고의 이상세계를 언급한 묵자는 자신의 가르침을 후세에 전하는 일에 실패했다. 하지만 『맹자』가

82) 이종호 편, 『유교경전의 이해』, 중화당, 1993, p.17-23 參照.

83) 주자는 단순 평판적인 守名論的 명분론에 근거하여 맹자를 호되게 비판 배척한 사마광, 李覯 등으로부터 맹자의 혁명론을 옹호하였다(安炳周, 『儒教의 民本思想』, 성균관대 대동문화연구원, 1987, p.14).

84) 『맹자』는 前漢 文帝 때에 『論語』 『孝經』 爾雅』와 함께 학관으로 내세워졌고, 武帝 때에는 오경박사에 꼽혔고, 그 후로는 제자의 하나로 되었다. 그러자 朱子에 의해 四書로 높이 받들어졌으며, 오늘에 이르기까지 널리 읽히고 높이 숭상되었다(張基槿 譯, 『孟子新譯』(上), 汎潮社, 1986, p.26).

고경으로서 성공하였으니 맹자의 언행을 기록한 『맹자』는 12세기에 이르러 『논어』 다음으로 존중되는 경전의 지위에 올랐던 것에 주목해야 한다. 높은 문학적 가치와 깊은 심리학적 의미를 갖고 있는 장편의 저작 『맹자』는 동아시아 문명에 심원한 자취를 남겨 놓았던 것이다.[85] 『맹자』라는 고전이 사서로 분류되지 않았거나, 주목받지 못했다면 인성론의 지남(指南)이 된 성선설의 가치를 어디에서 발견할 수 있을 것인가? 인성론에 대한 이해에 있어서 『맹자』라는 경전을 주목하지 않을 수 없는 이유이다. 더욱이 맹자는 천부의 성선(性善)·선단(善端)을 밝혔지만, 이에 인성을 보존 확충해야 한다며 그 방법으로 호연지기, 과욕(寡慾), 존야기(存夜氣), 존심(存心), 양성(養性) 등의 수양공부를 우리에게 제시하고 있다.

어떻든 고전은 우리에게 형이상학적이고도 본질적인 문제들을 이해하는데 있어서 현대에도 지속적으로 의미를 지니고 있다. '온고지신'(溫故知新)이라는 언급처럼 고경을 통해서 현대인의 삶에 지남(指南)이 되고 있기 때문이다. 고경이 어떤 문제에 대한 시대적 해결책을 제시하는 것으로 끝난다면 그 책의 고전으로서의 가치는 감소되어 한 시대의 책에 머무르고 말기 때문에, 한 작품이 고전으로 평가받기 위해서는 장기간의 시대변화에도 불구하고 항상 본질적으로 근원적인 문제들을 다루고 있어야 한다.[86] 고경은 또한 법고창신(法古創新)의 정신에서 볼 경우 고대의 철학을 현대에서 재음미할 수 있는 보배경전이라는 면에서 현대인들로서 정신의 생명수라는 점을 인지한다면, 고경

---

85) 존 K. 페어뱅크 外 2인著(김한규 外 2인譯), 『동양문화사』(상), 을유문화사, 1999, p.67.

86) 손자 지음(김광수 번역), 『손자병법』, 책세상, 2012, p.8.

을 재음미하는 시간이 많을수록 자부심을 가질 수 있으리라 본다.

(2) 유교의 인성론

동아시아를 중심으로 한 동양철학에 있어서 인성론의 선조는 공자로 알려져 있다. 중국철학에서 본성에 관한 논의라고 하면 일반적으로 맹자와 순자의 성선설과 성악설을 떠올리게 되지만 사실 맹자 이전에도 주목할 만한 본성에 관한 논의가 있었고 시기적으로도 은말 주초까지 소급되며[87] 여기에 공자가 거론되는 것이다. 유교의 시조로서 공자는 인성론에 대하여 관심을 가지고 인간으로서 어진 마음으로 바른 수양을 하면서 세상을 살아갈 것에 대하여 많은 고민을 한 성철로 알려져 있다.

고금을 통하여 사회혼란이 있었으며 또한 선인과 악인이 있었다. 공자 당시에도 사회 혼란으로 인성의 타락된 측면이 없지 않았을 것이며, 그로 인해 인륜부족을 탓할 수밖에 없었을 것이다. 공자는 그 시대에 문제가 일어난 원인을, 외적으로는 주나라 왕실 중심의 정치 체제인 봉건제도의 붕괴와 그에 따른 명분의 남용 등 정치와 사회질서의 혼란에서 찾고, 내적으로 인성의 타락, 즉 효제충신(孝悌忠信)과 같은 인륜도덕의 교화부족에서 찾았다.[88] 그가 인륜부족으로 인해 정치 사회의 정명(正名)을 밝히고 충서와 인애(仁愛) 등을 밝혀 사회의 정화 및 교육의 필요성을 언급한 것으로 알려져 있다.

주목할 바, 공자는 만년에 천도와 인성의 문제를 자주 언급하였다.

---

87) 김병환, 「맹자의 도덕생명 사상」, 『범한철학』 제23집, 범한철학회, 2001년 봄, p.269.

88) 김충열, 『노장철학강의』, 예문서원, 1995, p.41.

그의 만년 사상은 깊은 사색을 통해 천도와 인성의 근본 문제를 탐구한 인물로 알려져 있으며, 온 정신을 형이상학의 세계에 기울여 천도·인성의 근본 문제에 관심을 가졌다.[89] 그가 밝힌 인성은 처음엔 선악이 없으나 후천적 습성에 따라 선악이 나뉜다는 것이다. 그는 지식을 섭렵함에 있어서도 후천적 인간의 차이점을 밝혔다. 상지(上智)·학지(學知) 곤지(困知)가 그것이며 인간의 근기에 따라 지식의 차별성이 나타나므로 후천적 수양이 필요하다고 하였다.

인간의 차별적 지식의 이해가 있음을 인지한 공자는 인성의 선악에 대한 명확한 입론을 하지 않았지만, 인성이 후천적 교육을 통해 다르게 변할 수 있음을 언급하였다. 이는 유교의 수양, 곧 기질변화 이론의 단서를 제공한 셈이다. 곧 공자는 모든 사람에게 공통된 본성이 있음을 인정하였으나 이 본성이 선인지 악인지는 맹자나 순자처럼 자신의 주장을 분명히 하지 않았지만, 본래의 공통된 인성이 교육이라는 후천적 과정에 의해서 서로 다르게 변할 수 있다는 것을 언급하였다.[90] 공자는 후래 맹자와 고자에 이르러 인성론에 대한 입론을 분명히 하도록 하는 계기를 만들어주었다.

그렇다고 공자가 인성론의 단서를 전혀 제시하지 않은 것은 아니다. '성상근 습상원'(性相近, 習相遠)이라는 『논어』 양화편」의 언급이 그것이다. 이를 번역하면 "성은 서로 접근하나 습으로 인하여 점점 멀리한다"는 것이다. 인간의 성품은 원래 서로 근접해 있으나 후천적인 습관으로 인해 잠차 차별이 생겨난다는 것이다. 이는 인성론에 대한

89) 金忠烈, 『中國哲學散稿』 I, 온누리, 1990, p.97.

90) 김병환, 「맹자의 도덕생명 사상」, 『범한철학』 제23집, 범한철학회, 2001년 봄, p.273.

분명한 입론은 아니라 할지라도 근본적인 방향을 암시하는 내용이다. 만일 공자가 인성의 입론을 분명히 했더라면 맹자와 순자 같은 후래 선철이 창의력을 발휘하지 못했을지도 모른다. 공자가 성상근 습상원을 밝힘으로 인해 맹자와 고자, 맹자와 순자의 성품론에 창의적 아이디어를 제공한 셈이다.

공자사상을 계승하면서 인성론을 전개한 사람들로는 맹자와 고자이다. 중국철학에서 인성론은 맹자와 고자 두 주류였으며, 중국 인성론의 은주(殷周) 교체기로 거슬러가면서 이때 고자적 성향도 있었다.[91] 맹자의 성선설은 그의 학문에 있어서 골간을 형성하며, 그는 시서(詩書) 등의 고경과 인간의 심리 및 오관(五官)의 작용 등을 거론하였다. 여기에서 그는 양지(良知) 양능(良能)을 언급하며, 인간의 선한 성품을 노정하고 있는데 이는 후대 동양의 인성론에 있어서 근간을 이루고 있다.

그러면 맹자는 자신의 인성론을 기술하는데 어떠한 방식으로 접근하였는가를 살펴보자. 그는 성선을 논술하는데 연역적 및 귀납적인 두 가지 방법을 채용하였던 것이다. 연역적 방법으로는 특히 『시경』 「대아 증민」편에 이른바 "하늘이 뭇 백성을 낳으시고 사물이 법칙이 있게 하였다. 백성은 상도를 잡고 있어서 아름다운 덕을 좋아하도다"(天生烝民, 有物有則, 民之秉彝, 好是懿德)라는 어귀를 여러 차례 인용하였다.[92] 연역법은 두괄식으로 하는 기술법이라면, 귀납법은 미괄식으로 하는 기술하는 법으로서 전자의 경우 하늘이 백성들을 낳았다

---

91) 金忠烈, 「동양 인성론의 序說」, 『동양철학의 본체론과 인성론』, 연세대학교출판부, 1984, p.170.

92) 민황기, 「孟子의 人間理解」, 『汎韓哲學』 제20집, 범한철학회, 1999 가을, p.84.

는 두괄식의 방법론으로 그의 인성론을 전개한 것이다.

이처럼 나름의 독특한 방식으로 성선설이 전개되었는데, 이 인성의 선한 발단은 무엇인가를 살펴보자. 선한 발단, 곧 사단(四端)이 발현하면 인의예지 사덕(四德)이 되는 바, 그것은 선천적인 도덕성의 발단을 확인해주는 것이다. 인성의 선함을 밝힘으로써 인의의 실현이 인간 본성의 도덕적 구현이라는 점을 강조하였던 맹자는 「공손추」 상편에서 인간에게 보편적인 도덕원리, 즉 측은 수오 사양 시비지심의 사단이 없을 것 같으면 인간이 아니라고까지 극언하였다.[93] 사단으로서의 측은지심, 수오지심, 사양지심, 시비지심은 인의예지가 그 근저에 있다는 것이다.

맹자가 사단설을 언급한 것은 형이상학적이고 추상적인 인성의 선함을 드러내려는 것에 머물지 않고 인성의 실제적 선한 단면을 드러내려는데 의도가 있다고 본다. 이를테면 그가 인성의 선함을 주장할 때 추론적이거나 논리적 증명 방식보다는 우리 인간 내면의 모습을 잘 드러내는 구체적인 실례를 지적함으로써 인간 생명의 본질이 도덕성이라는 것을 실감나게 보여주었다.[94] 측은해하는 마음, 부끄러워하는 마음, 양보하려는 마음, 시비를 바르게 가리려는 마음은 인간 내면에 도덕성을 그대로 부여받고 있다는 것을 확신시켜 준 것이며, 그것은 인의예지라는 것으로 발현된 것이다.

그렇지만 맹자는 인성이 악으로 흐르는 것을 부정하지는 않는다. 이에 악으로 흐를 수 있는 욕심을 적게 하여 도덕성을 향상하려는 것

---

93) 송인창, 「周易의 感通論」, 추계학술회의 발표요지 《유불도 三教의 기공학》, 한국기공학회, 2001.12, p.13.

94) 김병환, 「맹자의 도덕생명 사상」, 『범한철학』 제23집, 범한철학회, 2001년 봄, p.288.

에 초점을 맞추고자 하였다. 다시 말해서 맹자는 악에 이르는 욕망에 대하여 수양을 통해 그 욕망을 적게 하여 천부적인 선한 심성을 길러내어 지배자나 피지배자 모든 사람의 도덕적 성향을 향상시키려 하였다.[95] 개인적으로는 선한 성품을 수양에 의해 드러내면서도 국가 지도자는 왕도정치를 통해서 덕으로 백성을 다스려야 한다고 하였다. 개인적으로는 도덕교육을 통해 백성들의 착한 심성을 발현시키고, 지도자는 왕도정치를 통해서 덕성을 발현하도록 하고 있다.

왕도정치에 의한 인성의 덕성 발현론은 사회에 어떠한 역할을 할 수 있을 것인가? 현대사회의 위기적 상황을 진단해 볼 때, 인간사회의 현상은 인성의 드러난 바이므로 인성에 대한 탐구는 사회문제의 근원적 해결방안을 모색하는데 매우 중요한 도움이 될 것이며, 이 문제를 가장 먼저 본격적으로 제시한 사상가는 맹자이다.[96] 맹자의 왕도정치가 사회에 실현될 때 그것은 사회의 위기를 극복하고 도덕사회로 나아가도록 하는데 일익이 될 것이라 본다. 도덕사회는 곧 인성의 덕성이 발현되는 사회이기 때문이다.

따라서 도덕사회로서 인성의 덕성 발현은 곧 인본주의 세상이 펼쳐진다는 뜻이다. 패도정치가 아닌 인간을 중심한 세상을 펼쳐가는 것은 위기의 사회가 아니라 평화 안락한 사회이며, 위에서 언급한 왕도의 덕치가 실현되는 것이다. 인본주의적 세계관과 인성론에 바탕하여 도덕적 이상세계를 실현하고자 한 것이 맹자 인간관의 요체[97]임을 고

95) 온만금, 「현대사회의 도덕성 문제」, 제20회 원불교사상연구 학술대회 《원불교사상과 도덕성 회복》, 원광대 원불교사상연구원, 2001.2, p.22.

96) 민황기, 「孟子의 人間理解」, 『汎韓哲學』 제20집, 범한철학회, 1999 가을, p.79.

97) 위의 책, p.95.

려하면, 그의 성선론적 인성론이 갖는 의의는 지대한 것이라 본다. 다만 인의예지가 세상에 그대로 발현되는 삶이어야 이러한 인본주의 정치가 실현될 것이다.

그렇다면 맹자가 성선설을 논하게 된 근간은 무엇인가? 그는 양기(養氣)를 논하였으며, 이 양기론은 성선설의 바탕이 되었다. 이처럼 선진유가에서 기수련의 교두보를 제일 먼저 마련한 사람은 맹자로서 그는 호연지기(『맹자』 공손추 상)의 확충(부동심)을 언급했는데 맹자의 이러한 양기는 그의 인성론인 성선설의 바탕이 되었다.[98] 맹자의 인성론은 순자의 인성론에 대한 대대적 관계를 형성하였고, 한대의 유학은 음양오행설이 등장, 발전하기에 이른다.

아무튼 맹자의 인성론은 다음 세 가지로의 정리[99]가 가능하다고 본다. 첫째, 인간이 다른 동물과 구별되는 인간만의 특성이 있음을 지적한다. 둘째, 그 특성이 되는 사단(四端)이 인간에게 본래적으로 갖추어져 있다는 주장이다. 셋째, 모든 사람이 본래적으로 내재하는 사단은 수양을 통해 확충하여 요순과 같은 성인의 경지에 오를 수 있다는 것이다. 이에 우리는 만물의 영장인 인간으로서 활동해야 하고, 내재된 사단을 확충하여 인의예지를 실천해야 하며, 결국 성자의 경지에 오를 수 있도록 수양해야 한다.

맹자의 성선설과 대립각을 세운 사람이 당시대의 고자였다. 그는 타고난 것(生)이 본성이라 하여 맹자의 성선설과 대립하고 있기 때문이다. 맹자 이전의 전통적 인성론을 대변해서 맹자와 인성에 대해 논

---

98) 박병수, 「정신수양의 기론적 접근」, 『원불교수행론연구』, 원광대출판국, 1996, p.134.

99) 김병환, 「맹자의 도덕생명 사상」, 『범한철학』 제23집, 범한철학회, 2001년 봄, p.279.

쟁한 사람은 고자인데, 고자는 "타고난 것을 그 본성이라 한다"(生之謂性)는 입장을 취하여 맹자의 성선설과 대립하였으니, 맹자의 도덕론적 입장과 달리 인성의 자연적 본성에 치중하였다.[100] 다만 고자의 저술이 없는 관계로 『맹자』에 언급된 자료를 가지고 고자의 주장을 접할 수 있다는 점이 아쉬운 것이다.

타고난 것이 본성(生之謂性)이라는 고자의 시각과 달리, 맹자는 인간을 금수와 비교하여 인간만이 도덕성을 가지고 있다고 하였다. 곧 고자와 맹자의 문답은 생물 일반이 태어나자마자 가지게 되는 식욕과 성욕과 같은 것을 인성으로 본다면, 인간과 그 밖의 생물을 구별할 수 없다는 맹자의 입장과, 경험적으로 볼 때 인간이 가지고 있는 식욕과 성욕과 같은 것을 인간의 성품으로 보려는 고자의 입장이 대립되어 있다.[101] 고자와 달리 맹자는 개나 소와 같은 금수와 인간을 구별하려는 것이며, 그로 인해 인간만이 도덕적 인성을 가진 것으로 보았다. 고자의 자연적 성으로서의 타고난 것(生)을 인성으로 본다면 인성과 동물성의 구분이 어렵기 때문에 맹자는 인간만이 지닌 도덕성을 강조하여 성선설을 거론하였으며, 후대 맹자 사상이 주목을 받게 된 것이다.

상대적으로 고자는 동물적 본성에 주목했다는 것으로, 인의와 같은 후천적 수련을 강조하고 있는 점이 두드러진다. 물론 고자의 타고난 그대로를 본성이라 한다는 입장을 인간과 다른 동물과 공통되는 본능적 동물성에만 치중하여 인간의 도덕성을 이해하지 못했다고 풀이하는 전통적 해석은 고자설의 한 측면만을 강조한 것으로 재고되어야 할

---

100) 김병환, 「맹자의 도덕생명 사상」, 『범한철학』 제23집, 범한철학회, 2001년 봄, p.275.

101) 민황기, 「孟子의 人間理解」, 『汎韓哲學』 제20집, 범한철학회, 1999 가을, p.82.

것으로 보인다.[102] 오히려 고자는 인간의 본능적 자연성과 사회적 도덕성을 구분함으로써 인성 이해의 용이성을 부여하였다. 상호 구분을 통해서 인간으로 하여금 인의(仁義)의 덕목을 실천토록 하여, 자기의 인성을 수련하게 하는 계기를 만들어 주었다.

이처럼 고자는 인간으로서 실천덕목인 인의(仁義)를 강조하면서 인간은 본래 무선무악하지만 이 같은 덕목을 실천토록 하는 교육의 필요성을 역설하였다. 고자는 이에 말한다. "성(性)은 버드나무와 같고 의(義)는 그것으로 만든 그릇과 같다. 인성을 인의(仁義)라 보는 것은 버드나무 자체를 그릇이라 하는 것과 같다."[103] 이러한 비유를 통해서 인간은 무선무악으로 태어나지만 교육을 통해서 유선유악으로 거듭난다고 함으로써 경험적 인성의 가변성을 설명하였다. 버드나무 자체는 중성이지만 그것이 그릇으로 만들어지면 의로운 것, 즉 선한 것으로 변화된다는 것을 설파하면서 무선무악에서 유선유악이라는 가변성을 설파하였다.

그럼에도 불구하고 맹자 사상이 인성론으로 주목받게 된 것은 동양의 인성론이 천인합일이라는 도덕적 일체성을 강조하였기 때문이다. 고대 종교가 타락하는 경향에 따라 인간에게는 도덕적 요구가 있게 되고 도덕이 자각되는 상황에서 천(天)은 신(神)의 의지 표현으로부터 점차 우회하여 나아가 도덕법칙으로 표현되며, 유가에 있어서는 도덕법칙적인 천(天)이 하향, 구체화되어 형성된 인성론으로 공자와 맹자를 중심으로 하여, 중국문화의 주류가 된다.[104] 선한 성품을 동양의

---

102) 김병환, 「맹자의 도덕생명 사상」, 『범한철학』 제23집, 범한철학회, 2001년 봄, pp.276-277.

103) 『孟子』「告子」上, "性猶杞柳也, 義猶桮棬也, 以人性爲仁義, 猶以杞柳爲桮棬."

인성론의 주류라고 하는 것은 천도와 인성에 있어서 천도를 인성으로 내재화시켜 이를 도덕적 실천덕목으로 접합하려는 의도와 관련된 것이다.

이처럼 원시유학에는 공자와 맹자에 이르러 체계적 인성론이 발달하기 시작했으며, 한대의 동중서에 이르러 인성론은 보다 구체화되기 시작했다. 동중서는 인성의 삼품설을 거론하였던 것이다. 그것은 인성을 성인지성(聖人之性), 중민지성(中民之性), 두소지성(斗筲之性)[105]이라는 인성 삼품을 언급했으며, 성(性)을 규정한 이름인 이상도 아니고 이하도 아니며 그 가운데서 이름하는 것이라고 인식하였다.[106] 마치 한유의 성삼품설을 연상하는 듯하다. 성인, 중인, 평민 등과 같이 성품설의 상중하를 언급하고 있는 것이다.

송대에 이르러 천도론과 인성론에 대한 심오한 토론이 전개되면서 성리학의 이론이 체계화되는 계기가 되었다. 장횡거는 천리와 인성으로 해서 수양의 단서를 세웠다. 즉 천지지성과 기질지성을 말하여 기질지성을 천지지성으로 화하는 것을 말한다. 장횡거는 『주역』, 한대의 기(氣), 맹자, 중용을 천리와 인성으로 하여 송대 수양의 단서를 세웠다.[107] 천도론의 천리, 인성론의 인성에 대한 성리학의 언급을 통해서 성즉리(性卽理)의 사상을 접근한 것이다.

이정과 주자는 성즉리에 대한 관심을 갖고 사람은 태어나면서 리

---

104) 徐復觀 著(유일환 譯), 『中國人性論史』, 을유문화사, 1995, p.41.

105) 『春秋繁露』, 「實性」, 聖人之性, 不可以名性, 斗筲之性, 又不可以名性, 名性者, 中民之性. 中民之性, 如繭如卵, 卵待覆二十日, 而後能爲雛；繭待繰以涫湯, 而後能爲絲.

106) 侯外盧 主編(양재혁 譯), 『中國哲學史』(上), 일월서각, 1988, p.191.

107) 金忠烈, 『中國哲學散稿』Ⅱ, 온누리, 1990, pp.280-281.

(理) 곧 인의예지(仁義禮智)와 같은 도덕적 본성을 부여받았다고 했다. 그는 우주의 궁극적 원리를 리(理)라고 보고, 천(天)이 곧 리(理)이며, 리(理)가 태극이라고 하였다.[108] 그가 말하는 리(理)는 만물의 궁극적 원인으로서 소이연이며, 천도와 인도를 포괄하는 도덕의 원리와 법칙으로서 소당연을 의미하는 바, 천(天)과 리(理)가 동일시됨으로써 천리와 천도의 개념이 고대 유교의 천이나 상제 개념을 불식시킴으로써 전통적인 신 개념은 신성성과 주술성을 탈각한 채 철저히 합리화되었다.[109] 그리하여 송대의 성리학은 윤리적이고 도덕적인 인간상을 현실에서 구현하는 문제가 제기되었고, 주자학에서 주장하는 천(天)은 도덕적 본성으로서의 인간에 내재하여 인간본성과 일치하게 되었으니 본래 인성은 선하다(『朱子語類』 卷4, 「性理一」, 人性本善)고 한 것이다. 송대 성리학에서의 인성은 궁극적으로 맹자의 성선설과 같은 맥락에서 이해된다.

(3) 도가와 법가의 인성론

도가의 인성론은 인간세계를 중심으로 하는 것보다 자연계를 중심으로 하여 전개되는 성향이 있으므로 우주론과 밀접하게 관련되어 있다. 도가의 우주론은 인성론인 것으로, 노자는 인간이 인간답다는 까닭의 본질을 우주 근원지에 두고서 그것과 일치를 요구하기 때문이다.[110] 자연과 우주를 중심으로 하여 인간을 연결하려는 노자 인성론

---

108) 『朱子語類』, 「理氣 上」, 太極天地 上, "太極只是天地萬物之理 在天地言 則天地中有太極 … 未有天地之先 畢竟是先有此理.

109) 차남희, 天 개념의 변화와 17세기 주자학적 질서의 균열, 『사회와 역사』 70호, 한국사회사학회, 2006, pp.212-213.

110) 徐復觀 著(유일환 譯), 『中國人性論史』, 을유문화사, 1995, p.42.

의 방향은 장자에 이르러 더욱 심화되었으며, 이는 유가의 우주론에 대한 도가의 우주론으로서의 정체성을 지니게 되었다.

따라서 도가의 인성론은 인간중심의 인위성보다는 자연과 연계하는 무위적 성향을 지닌 것이다. 유가에서 추구하는 작위적 행위를 거부한 까닭에 도가는 자연과 관련한 사유방식으로 논리가 전개된다. 곧 나무가 가장 잘 자라기 위해서는 가지치기를 한다든지 하는 인간의 수고보다도 햇볕과 물과 같은 자연의 수고가 더 가치 있으며, 사람들의 삶이란 이런 식으로 자연스러운 삶의 방식을 택할 때 인성의 순수함이나 육성, 곧 모든 것이 잘 자란다고 할 수 있다.[111] 도가의 인성론이 갖는 특징은 유가의 경우와 차별화된 것이다.

자연에 근거한 인성론인 까닭에 노자의 인성론은 인위적 판단의 선악론을 거부한다. 공맹이 추구하는 인위적 선행을 거부하기 때문에 자연 무위의 소박한 행위가 노장에서 강조되는 것이다. 『도덕경』 2장에서 이와 관련한 언급을 하고 있다. "천하 사람들은 아름다움이 아름다운 줄만 아는데 이에 추할 뿐이다." 선(善)이 선한 줄만 아는데 불선(不善)일 뿐이라는 것이다(天下 皆知美之爲美 斯惡已 皆知善之爲善 斯不善已). 그리하여 그는 선행(善行)이나 선언(善言)은 인위적 흔적이나 어떤 하자가 없다(『道德經』 27장, 善行, 無轍迹, 善言, 無瑕謫)고 하였다. 노자가 말하는 인성론에 의하면 유가에서 말하는 성선설과 성악설은 모두 인위적 계교와 관련된 것이므로 이를 부정하는 것으로 이해되고 있다.

인위적 계교를 싫어한 까닭에 장자는 유가의 시비나 도덕을 인성에

---

111) 박연규, 「도가적 공동체는 가능한가」, 『도가철학』 제3집, 한국도가철학회, 2001.6, p.34.

얽매이게 하는 것으로 간주한다. 장자는 우언 형식으로 의이자(意而子)와 허유(許由)의 대화를 창작하여, 유가가 내세운 시비의 준칙, 도덕적 규범, 윤리적 가치 등이 도가적인 인물의 눈으로 볼 때, 바로 인성을 구속되게 하는 하나의 그물임을 지적하고 있다.[112] 시비와 규범, 윤리 등은 장자에 있어서 작위적인 것으로 여기에 하등의 의미를 부여하지 않았다. 오히려 이러한 것들은 우리의 소박한 인성에 해를 가할 뿐이라는 것이다.

유가에서 말하는 인성은 가치지향적인 시각에서 바라볼 뿐으로 장자의 인성론은 이같은 가치를 거부한다. 장자는 피·차간의 관점의 이동을 통해 시비·선악이 상대적인데 불과하며 그 판단의 보편적 기준을 확보할 수 없다고 보았으며, 그래서 장자는 「천하편」에서 대동이(大同異) 소동이(小同異)라는 개념을 가지고 인간의 주관을 무한히 확대한다.[113] 가치적 시각에서 보면 선은 좋고 악은 그르다는 성견(成見)에 떨어져서 시비선악의 개념에 사로잡힌다는 것이다. 이에 자연무위의 세계에서 해방의 자유를 누리라는 것이다.

도가사상의 영향을 받은 회남자는 선한 인성은 기욕(嗜慾)이 방해하며 다만 성인만이 자유롭다고 하였다. 『회남자』란 책은 회남왕 유안과 그 손님들이 편집하여 지은 것으로 도가적 성향의 사상을 지니고 있다. 우리는 직하도가(稷下道家)와 여러 학자들에 의하여 도가사상이 주체가 되어 다른 학파의 사상을 흡수 종합하여 공동 편집된 『여씨춘추』 『회남자』 등의 황로학파 작품에서 『노자』의 도가 객관적 실재

112) 陳鼓應 著(최진석 譯), 『老莊新論』, 소나무, 1997, p.307.

113) 임채우, 「老莊의 세계이해 방식-整體와 部分」, 『道教와 自然』, 도서출판 동과서, 1999, p.76.

측면이 강조되어 어떻게 변용되었는지는 물론 그 철학적 사유의 틀을 종합적으로 그리고 분석적으로 고찰하여야 한다.114) 이에 회남자의 인성론은 도가의 인성론과 심도 있게 연계되어 있음을 알 수 있다.

회남자의 인성론은 다음에 잘 나타난다. "일월이 밝고자 하나 부운(浮雲)이 덮이고, 하수(河水)가 맑고자 하나 사석(沙石)이 더럽히며, 인성이 평안하고자 하나 기욕(嗜欲)이 방해하니, 오직 성인만이 능히 만물에 접해 자기를 반성한다."115) 우주 대자연의 맑고 소박한 모습이 외부적 요인에 의해 물들게 되는 것과 같이 인간의 성품 역시 맑고 소박하지만 인간의 온갖 욕심이 들어서서 이를 더럽힌다는 그의 견해는 담박한 인성을 간직할 수 있도록 도가의 성인과 같은 인품을 닮아가야 한다는 것을 드러내고 있다.

이어서 도가사상과 유가사상을 비판한 묵가의 인성론을 보면 흥미롭다. 묵자가 인성의 타락을 막기 위해서 징벌적 힘을 갖춘 귀신 개념을 동원하였음을 참조할 일이다. 즉 묵자는 유가의 인(仁)과 충서를 초월하는 노자의 가치중립적인 자연개념으로는 인성의 타락을 막을 수 없다고 지적하고, 징벌의 힘을 갖춘 종교적 신귀(神鬼) 관념의 회복을 주장하였다.116) 묵자는 위에서 언급한 유가와 도가의 인성론을 아울러 비판하고 인성의 타락방지를 위한 초월적 귀신개념을 동원하고자 하였다.

묵자가 귀신개념을 동원한 목적은 제사가 현세의 축복을 가져다 줄

---

114) 金白鉉, 「現代 韓國道家의 硏究課題」, 『道家哲學』 창간호, 韓國道家哲學會, 1999, pp.334-335.

115) 『淮南子』, 「齊俗訓」, 故日月欲明, 浮雲蓋之, 河水欲淸, 沙石濊之, 人性欲平, 嗜欲害之, 惟聖人能遺物而反己.

116) 김충열, 『노장철학강의』, 예문서원, 1995, p.41.

것으로 생각했기 때문이다. 곧 그는 도덕적인 하느님이 상과 벌을 적절하게 배분함으로서 자신의 가르침에 결정적인 강제력을 제공해 줄 것으로 기대하였다.[117] 그리하여 귀신을 통해 인성의 악한 측면으로의 전개를 막고자 했으며, 악행을 범하면 반드시 귀신의 징벌을 받는다고 한 것이다. 돌이켜 보면 춘추전국시대 제자백가 중에서 공자와 묵자는 쌍벽을 이루었지만, 인성론의 선구인 맹자는 이기주의자 양주와 겸애주의자 묵자를 비판하기에 이른다. 아무튼 인성의 선악가치의 양면보다는 무위자연의 인성을 강조한 도가의 성품론이 노자에 강조된 사실도 비교해볼만한 일이다.

한편, 묵가는 도가·법가와 전혀 관련이 없는가? 법가주의자들은 묵자의 공리주의와 절대 복종을 강조하는 묵가 사상으로부터도 영향을 받았으며, 이와 아울러 초도덕적 자연 질서를 중시하고 인습적인 윤리와 서적에 의한 학습을 멸시하는 도가주의로부터도 영향을 받았다.[118] 이 도가와 법가의 사상을 융합한 사람이 관자로 알려져 있으며, 그는 도가의 도(道), 나아가 무위를 실천하는데 노력하였다. 관자의 인성론을 볼 때 이러한 도가사상은 물론 법가의 영향을 받았던 것으로 이해된다.

그러면 법가의 인성론에 대하여 살펴보고자 한다. 법가는 신상필벌로써 사회질서를 유지하려 하였으며, 이에 보다 법에 호소하는 성향이 있다. 그로 인해 권위주의적 경향과 인간 본성에 대한 순자의 비관적 평가는 법가로 알려진 사상가 및 실제 정치가 집단에 의해 더욱 발

---

117) 존 K. 페어뱅크 外 2인著(김한규 外 2인譯), 『동양문화사』(상), 을유문화사, 1999, p.66.

118) 위의 책, p.69.

전되었는데, 이들의 대부분은 진(秦)나라와 밀접하게 연관되어 있었다.[119] 여기에서 법가를 향도한 한비자와 법가로 인정되는 진나라의 정치가인 이사(李斯)는 흥미롭게도 순자의 제자였다. 이를 감안하면 법가는 인성의 악한 면을 노정함으로써 법으로 악한 인성을 바르게 향도하도록 하였으리라 판단된다.

법가로서 상앙의 인성론은 어떠한가를 살펴보도록 한다. 그의 인성론에 대한 입장을 보면 인성중 이성적 판단에 의한 성향은 실리를 추구하는 데로 흐르기 쉽고, 감정적 성향은 편안함과 음일(淫逸)로 흐르기 쉽다는 입장에서 인성을 전제하는 것으로 여겨진다.[120] 상앙이 관심을 갖고 있는 것은 사회질서를 파괴하거나 욕심이 치성한 정욕에 대하여 법치를 강조하였으리라 보며, 그의 인성론은 법치로서 다스릴 수밖에 없었던 것으로 이해되었을 것이다. 그는 인성이 선하거나 악하다고 단정하는 것이 아니라, 있는 그대로의 인성을 어떻게 악으로 흐르지 않도록 할 것인가에 대하여 관심을 기울였다. 무질서를 극복하기 위한 그의 의지가 인성과 관련되어 있었기 때문이다.

법가의 중심인물로서 한비자는 순자를 따라 성악설을 주장하였다. 그에 의하면 유가와 달리 인간은 철저히 이익만 추구한다고 본 것이다. 그가 인간 본성이 이기주의에 관련되어 있다고 한 것은 유교의 맹자가 설한 성선설과 상반되는 것으로, 한비자의 성악설 유래는 그의 스승인 순자의 영향이 많았을 것이다.[121] 다만 순자는 성악설을 밝히면서 자기 수양을 통해서 선한 면으로 인도해야 한다는 점에서 예절교

---

119) 위의 책.

120) 李在龍, 碩士學位論文「商鞅의 法思想」, 高麗大學校 大學院 法學科, 1985, p.75.

121) 南晩星 譯註, 『韓非子』, 玄岩社, 1981, p.13.

육 등을 강조하였지만, 한비자는 이러한 가능성을 밝히기 보다는 엄한 법치로 다스려야 한다는 점을 드러냈을 것으로 판단된다.

4) 원불교의 인성론

(1) 유불도와 원불교의 인성론

인성론을 유불도로 접근하는 것은, 여기에 동원되는 개념들이 심학(心學)을 중시하는 유불도와 공통점이 적지 않기 때문이다. 인성론은 명(命), 성(性), 심(心), 정(情), 재(才) 등의 명사로 대표되는 관념과 사상을 그 내용으로 하는 것[122]임을 고려하면 심학과 관련된다고 볼 수 있다. 즉 마음을 대상으로 하여 이에 대한 이론을 정립한 것이 인성론이라는 것이다. 이 마음은 본래 인간이 선한 마음으로 태어났는가, 아니면 악한 마음으로 태어났는가를 정립하는 것이므로 인성론에 직결된다.

돌이켜 보면 중국철학은 인성론만을 언급해 온 것이 아니다. 이보다 먼저 우주론을 언급하여 우주론이 활발하게 전개되었는데, 우주론에 이어 인성론이 전개된 것이다. 천도론과 인도론이 이와 관련되며, 천도・천명・인도라는 흐름 속에서 보면 송대 성리학에서 꽃을 피운 것은 우주론과 인성론으로 성리학의 체계를 세운 것으로 이해된다. 이 점에서 볼 때 원불교의 인성론은 일원상에 근거하면서 성리학에서 말하는 인성론의 논리와 유사하다. 즉 교법이란 곧 그 시대의 사상으로 표현된 것이기 때문에 일원상 진리의 설명 체계는 성리학적 우주론과 인성론의 논리체계가 유사한 일면을 가지고 있다[123]는 점에서 유

---

122) 徐復觀 著(유일환 譯), 『中國人性論史』, 을유문화사, 1995, p.24.

불도와 원불교의 인성론의 비교는 의미 심대한 것이다.

사실 유불도의 인성론에 영향을 준 중국 송대 이전까지는 우주론・인성론이 주류를 이루었으며, 송대에 이르러 도・불의 형이상학의 학문체계를 비판하면서 신유학의 시대에 진입한 것이다. 송대는 성리학이 꽃을 피우게 되었는데, 유교는 도가와 불가의 형이상학적인 체계를 따라가지 못했던 것도 사실이다. 당대(唐代) 말에 이르러 불타와 노자에 대한 배척운동이 일어나자 이 이론상의 열세는 더욱 심각하게 느껴졌다. 이를 극복하고자 새로운 모색을 하게 되어 나온 것이 주렴계의 태극도설인 바, 유교는 신유교 시대를 펼치게 되면서 우주론의 이론체계를 갖게 되어 비로소 불교와 도교에 비해 손색이 없는 철학체계를 구성할 수 있게 되었다.[124] 신유학의 부흥기가 이것으로 당시에는 성즉리(性卽理) 사상이 부상하여 천성으로 부여받은 우리의 인성은 선한 것이라는 이론이 힘을 받게 된다.

위에서 언급한 공자와 맹자, 순자의 인성론을 고려할 때 중국철학의 인성론을 원불교의 사상과 관련하여 보면, 중국철학과 소태산의 인성론에 있어서 몇 가지 동이점[125]이 있을 것이다. 첫째, 인간을 도덕적인 존재로 간주하였다는 점이다. 둘째, 도덕의 본질을 어떻게 볼 것인가 하는 문제로 도덕의 본질은 현실적인 인간의 물질생활 조건에서 찾아야 합당하다는 점이다. 셋째, 도덕인격 수련문제로 인격 수련

123) 申淳鐵, 「鼎山宗師의 儒學과 宋浚弼 선생」, 《院報》 제20호, 원불교사상연구원, 1983, p.2.

124) 김순금, 「21세기 원불교의 과제와 방향」, 『원불교학』 6집, 한국원불교학회, 2001.6, p.112.

125) 김경진, 「소태산대종사 인성론 종합고찰」, 『원불교사상』 17・18 합집, 원불교사상연구원, 1994, pp.198-200.

은 중국선인들이나 소태산이나 모두가 중요시했다는 점이다. 넷째, 인간 도덕성에 대한 범위문제로 중국 선인들이 서술한 인간과 인간사이의 도덕범위는 주로 오륜(五倫)에 국한하며 원불교에서 말하는 사은의 윤리는 인간과 인간사이의 윤리만 아니라 천지 부모 동포 법률에 대한 윤리이다. 그 동이점을 살펴 볼 때 인성의 문제는 중국철학과 원불교에 있어서 심도 있게 거론될 필요가 있는 단서를 제시한 셈이다.

물론 유불도 사상의 인성론은 성선설이라는 큰 흐름에서 통한다. 원불교 역시 이러한 맥락에 있다는 것은 의심의 여지가 없다. 동양사상의 불교나 성리학, 노장사상은 표현은 달라도 내용에서는 마음이 절대적으로 선하다는 복성론(復性論)에 관련되어 있다. 또 원불교에서 말하는 요란함, 어리석음, 그름이 없다는 것은 본래의 마음이 절대선하기 때문에 요란함, 어리석음, 그름을 없게 하는 것으로써 자성의 정과 혜와 계를 세움으로써 얻게 되는 성품의 절대성을 말하는 것이다.[126] 따라서 원불교에서 심지의 계정혜를 유지함으로써 맑고 밝고 바르게 되는 인성을 견지하는 것은 유불도의 복성론과 상통함을 알 수 있다

심지의 계정혜를 견지함으로써 진여자성의 소식을 알게 된 소태산은 유불도의 사상과 회통하는 기쁨을 누리게 된다. 그는 대각을 이룬 후 마음에 홀로 기쁘고 자신이 충만(心獨喜自負)하여, 그 경로를 생각하되 “동양에는 예로부터 유불선 삼교가 있고, 이 나라에도 근래에 몇 가지 새 종교가 일어났으며, 서양에도 몇 가지 종교가 있다 하나, 내가 지금까지 그 모든 교의를 자상히 들어본 적이 없었으니, 이제 그 모든 교서를 한 번 참고하여, 나의 얻은 바에 대조하여 보리라”며, 당

126) 한정석, 『원불교 정전해의』, 도서출판 동아시아, 1999, p.319.

시 열람한 경전은 유교의 『사서』와 『소학』, 불교의 『금강경』 『선요』 『불교대전』 『팔상록』, 선가의 『음부경』 『옥추경』, 동학의 『동경대전』 『가사』, 기독교의 『구약』 『신약』 등인 바, “나의 안 바는 옛 성인들이 또한 먼저 알았도다”[127]라고 하였다. 이처럼 그는 심학을 중시하는 유불도 삼교의 인성론과 회통하였으며, 다면 불성을 중시하는 불교를 주체로 하여 완전무결한 새 종교를 설립하고자 하였던 것이다.

불교를 중시하면서 불성의 회복을 주장한 소태산은 수행을 통해서 유교의 인성과 불교의 불성을 원불교적 성리공부로 회통하였다. 유교에서는 인성 곧 사람의 성품으로 인성문제를 가장 중시하였고, 불교에서는 마음 즉 즉심시불이라 마음을 아는 것을 견성으로 마음을 중시했으며, 소태산은 성리의 성품을 논하지 않는 종교는 사도라 했다.[128] 성품에 대한 표현에 있어서 유교의 성선(性善) 발현과 불교의 불성 발현이 같은 의미로 보아 원불교에서는 이를 유불도 삼교 활용의 정신에서 언급하였다. 원불교에서 말하는 성리 역시 유교적 용어에서 유래한 것이라 해도 무방하다고 본다.

수행을 통해서 성품의 선한 측면을 발현하려는 것은 심성수양과 기질수양이라는 두 가지 측면에서 가능한 일이다. 여기에서 한국 실학은 성리학의 성리(性理)만이 아니라 기(氣)로서 인성을 언급하였다는 점에서 원불교의 심성수양과 기질수양에 연결되고 있다. 조선 중·후반기에 실학자들은 일을 천시하는 성리학을 조선사회에서 발전의 장애물로 여겼던 관계로 그들은 성(性)이니 리(理)니 하는 논의가 인간 본성을 올바로 설명할 수 없으며, 이(理)만이 아니라 기(氣)로서 인간

127) 『원불교 교사』, 제1편 개벽의 여명, 제3장 제생의세의 경륜, 1. 교법의 연원.
128) 이은석, 『정전해의』, 원불교출판사, 1985, p.160.

본성을 인정해야 한다고 주장함으로써 근대 인간주의 사상을 보여주었던 점[129)]을 고려하면, 소태산이 심성수양과 기질수양(『대종경』, 수행품 16장)을 밝힌 본의를 알 수 있게 해준다. 인성의 균형 잡힌 공부법이 갖는 의의가 크다고 본다.

사실 유불도의 회통적 시각에서 조망해본 인성론은 한국의 신종교, 곧 민중종교가 지향하는 것과 연결된다. 이를테면 동학사상의 이론적 체계화를 모색한 이돈화가 그 가르침에 관해 "오도(吾道)는 원래 유도 아니며 불도 아니며 선도 아니니라. 그러나 오도는 유불선의 합일이니라. 천도는 유불선이 아니로되 유불선은 천도의 일부분이니라. 유교의 윤리와 불교의 각성과 선교의 양기(養氣)는 인성의 자연한 품부이며 천도의 고유한 부분이니 오도는 그 무극대원(無極大源)을 잡은 자니라"(이돈화, 『천도교창건사』 제1편, 경인문화사, 1982, p.33)라 말한 바와 같이, 동학사상은 내용적으로는 유불도의 융합을 지향하였던 것이다.[130)] 소태산이 천명한 유불선 삼교합일의 정신이 이처럼 한국의 동학, 증산 사상과 그 맥을 같이하고 있다.

아무튼 소태산이 지향하는 바, 원불교사상은 유불도 삼교의 회통활용이라는 점에서 인성의 관점을 바라보아야 한다. 그렇다면 원불교의 인생관을 어떻게 설정해야 할지 그 방향성이 모색될 수 있을 것이다. 유불도 삼교의 융합을 지향하는 원불교의 교법에서 볼 때 인생관의 방향 설정은, 소태산대종사의 가르침에 의하면 공부하는 삶, 일하는 삶, 유유자적한 삶이라는 세 가지로 생각할 수 있다.[131)] 이처럼 인

129) 차인석, 「근대성을 향한 철학」, 범한철학회 2000년 봄 학술발표회 《21세기, 철학적 화두의 모색》, 범한철학회, 2000년 5월, p.5.

130) 김낙필, 「한국 근대종교의 삼교융합과 생명·영성」, 『원불교사상과 종교문화』 39집, 한국원불교학회·원불교사상연구원, 2008.8, p.31.

생관은 제 종교와 소통하면서도 인도상의 요법에 관련된 인성론으로 연결된다는 점에서 생각해 볼 수 있으며, 그것은 궁극적으로 일원상 진리에서 추출해야 할 것이다.

(2) 일원상 진리와 인성론

인성문제는 주어진 삶의 고통에서 자주 거론된다. 인간성이 고통의 현실에서 쉽게 노출되기 때문이다. 소태산은 시대상황을 인지한 결과, 물질의 고통을 받고 있는 민중들의 인성을 그대로 직시하는 것에만 머무를 수 없었다. 어떻게 하면 물질 범람의 시대적 상황에서 민심을 달랠 것인가 하는 과제를 갖게 된 것이다. 이에 그는 일원상 진리를 깨닫고 새 종교를 창립하게 되며, 인류가 곤경에 고통 받는 현실을 그대로 둘 수가 없었다. 인성의 문제는 인류사회를 곤경에 빠지게 하는 심각한 현실적인 문제이므로 소태산이 이미 지적한 바와 같이 인류는 물질문명과 과학기술[132]의 문제를 거론하며 "물질이 개벽되니 정신을 개벽하자"라고 한 것이다. 깨달음이라는 안목에서 민중의 아픈 마음을 구원하기 위해서 선한 인성의 회복과 활용을 생각하지 않을 수 없었다.

소태산의 구원관은 교리적으로 보면 그가 깨달은 일원상 진리에서 비롯되며, 이에 원불교의 인성론은 일원상과 연계하여 설명할 필요가 있다. 원불교는 일원상을 인성론의 기반으로 보고 있는데 이것은 원

131) 김기원, 「조화로운 삶의 방향」, 《월간교화》 154호, 2006년 2월호, 원불교 교화훈련부, p.28.

132) 김경진, 「소태산대종사 인성론 종합고찰」, 『원불교사상』 17 · 18 합집, 원불교사상연구원, 1994, p.179.

불교의 특징이라고 볼 수 있는 바, '일원은 우주만유의 본원이요, 제불제성의 심인이요, 일체중생의 본성'이라고 하고 있음을 고려하면 인간이 타고난 본성은 일원의 도덕임을 보여주고 있다.[133] 일원상 진리에서 우주, 성현, 중생이라는 삼 단계를 통해서 본원, 심인, 본성이라 하고 있는 것은 인간의 본성이 우주의 궁극적 진리이자 성자의 성품을 닮아가야 하며, 아울러 모두가 도덕적 품성을 지니고 있음을 언급한 것이다.

따라서 일원상 진리를 인성론과 관련할 때 이를 구체화해 보면 '일체중생의 본성'이라는 언급이 인성론에 보다 접근된다. 일원상 진리에 있어서 '일체중생의 본성'이라는 명제는, 우주 만유의 본원으로서의 법신불은 동시에 나 자신을 포함한 모든 생명존재의 본성 그 자체임을 명시하는 바, 진리의 내재성과 그에 따른 인간 스스로의 주체적 자각성을 강조한 것이다.[134] 일원상의 진리가 중생이 간직한 본래의 성품임을 확신하는 것임을 드러내고 있다.

일원상 진리를 우주와 인간으로 구분할 경우, 우주만유의 본원이면서 일체중생의 본성이라는 것으로 이는 존재론적 측면에서 우주 만유를 언급하였다는 점과 인성론적 측면에서 일체중생의 본성을 언급하였다는 점에서 차별화가 가능해진다. 존재론적 법신불 일원상은 우주만유의 본원이라는 용어에서 얼마든지 해석이 가능하며, 인성론적 법신불 일원상은 일체중생의 본성이라는 용어에서 해석의 길이 활짝 열려 있다. 따라서 「교리도」에 명시된 '우주만유의 본원'과 '일체중생의

133) 위의 책, p.190.

134) 노권용, 「교리도의 교상판석적 고찰」, 『원불교사상과 종교문화』 45집, 원광대 원불교사상연구원, 2010.8, pp.264-265.

본성'이라는 2대 명제는 법신불 일원이 우주만유와 인간 자아와의 관계에 있어 지니는 존재론적 내지 인성론적 의의를 단적으로 드러낸 것[135]임을 알 수 있다.

일원상의 진리가 일체중생의 본성이라는 점에서 원불교의 인성론의 단초가 제공되고 있는데, 왜 일체중생의 본성으로서의 일원상 진리가 언급되고 있는지가 궁금한 일이다. 그것은 인간 개성이 경험적 세계에서는 일원의 진리와 본질적으로 동일하다는 것으로 일원과 개체는 현상적으로는 근원자와 개별자로 인식되는 것이지만, 심층적 본질적으로는 일원의 진리와 인간의 개성이 동일한 원리를 가지고 있다는 것을 뜻한다.[136] 더욱이 「일원상 법어」에서 "이 원상의 진리를 각하면 우주 만물이 이름은 각각 다르나 둘이 아닌 줄 알라"는 언급은 일원상의 진리가 일체중생의 본성임을 증명해주고 있다.

이제 원불교의 인성론을 일원상 진리에 근거하여 조망해보면서 자아의 본성을 얻기 위한 방법론에 대하여 언급하고자 한다. 법신불 일원의 존재론 전체가 바로 사은론(우주 만유론)인 신앙문이라면, 수행문은 그러한 존재 전체 가운데서도 특히 인간 자아에 초점을 두고 주체적으로 나 자신에 적용한 인성론 내지 즉자적 실천론(수행론)이라 볼 수 있다.[137] 일원상의 자아 본성을 얻기 위해서는 일원상 진리의 양대문을 통과해야 한다. 사은으로서의 신앙문과 삼학으로서의 수행문이라는 양대문에 진입할 수 있는 종교적 신행이 필요한 것이다. 우

135) 위의 책, pp.262-263.

136) 이현택, 「인성에 관한 연구」, 遺著 『원불교 은사상의 연구』, 원광대학교출판국, 1989, p.114.

137) 노권용, 「교리도의 교상판석적 고찰」, 『원불교사상과 종교문화』 45집, 원광대 원불교사상연구원, 2010.8, p.289.

선 인성을 신앙문에 속하는 사은 사요와 관련하여 접근해 보고자 한다. 인성은 나와 천지, 나와 부모, 나와 동포, 나와 법률의 관계 속에서 규명해보자는 것이다. 또한 나와 자력양성, 나와 지자본위, 나와 타자녀교육, 나와 공도자숭배의 측면에서 인성의 발현 문제를 고려하자는 뜻이다. 인간 도덕성의 발양은 인성의 실현 문제로서 주로는 사은사요에서 표현되는 바, 나는 사은의 은혜에 보답하고 사요에 불공하지 않으면 안 되는 존재이다.[138] 나의 인성은 이처럼 사은과 사요의 대상에 대한 보은과 불공, 즉 인생의 요도를 실천함으로써 발현되는 것임을 알아야 한다.

이어서 원불교의 인성을 수행문에 속하는 삼학과 관련하여 언급해 보고자 한다. 삼학 수행은 정신수양, 사리연구, 작업취사라는 세 가지 방법으로 전개되는데, 이것은 원만한 인성을 함양하기 위한 방법이다. 삼학이 일원상 진리의 속성에 의한 수행강령으로서 인간의 보편적 성품 그대로가 아닌 자의식이라는 특수성을 소유하고 있다.[139] 자의식 발현에 의한 삼학수행을 통해서 원만한 인품을 계발하자는 것으로, 그것은 우리가 심신을 수양하는 가장 기본적인 수행방법이라는 점에서 주목된다.

팔조 역시 인성론과 관련할 경우 흥미롭게 다가선다. 팔조의 수행은 진행4조와 사연4조의 양면적 방법이 전개되기 때문이다. 그것은 긍정적 측면에서 진행4조와 같은 성선설적 접근이라면, 부정적 측면에서 사연사조와 같은 성악설적 접근과 유사하다고 할 수도 있다고 본

---

138) 김경진, 「소태산대종사 인성론 종합고찰」, 『원불교사상』 17・18 합집, 원불교사상연구원, 1994, p.196.

139) 이성택, 『교리도를 통해본 원불교』, 도서출판 솝리, 2003, pp.107-108.

다. 즉 팔조에서 진행사조와 사연사조를 제시한 것은 인성의 양면성 때문으로, 인성이 현실세계에 작용할 때는 반드시 양면성을 가지고 서로 반대로 작용하는 요소들이 있음을 지적하는 것이다.[140] 이에 진행4조는 인성을 긍정적 측면에서 전개하자는 뜻이며, 사연4조는 인성의 부정적인 면에서 극복하자는 뜻이다.

이처럼 원불교의 인성론을 일원상 진리를 중심으로 한 교강과 관련지어 언급할 수 있는데, 정작 소태산의 인성론은 어떻게 정의할 수 있을 것인가? 다시 말해서 성선설의 입장인가, 아니면 성악설의 입장인가 궁금한 일이다. 소태산의 인성론은 지선설에서 출발한다고 볼 수 있다. 그는 이에 말한다. "선과 악을 초월한 자리를 지선(至善)이라 이르고, 고와 낙을 초월한 자리를 극락이라 이르나니라."[141] 인성론을 선이라든가, 악이라는 일상적이고 상대적인 관점을 벗어나자는 뜻이다.

여기에서 소태산이 언급한 인성론으로서 지선설이란 의미를 구체적으로 설명해 본다. 소태산은 『대종경』 성리품 2장에서 말하기를, 사람의 성품이 정한즉 선도 없고 악도 없으며, 동한즉 능히 선하고 능히 악하다고 하였다. 무선무악과 능선능악을 아울러 말한 것으로 이는 상대적 선악을 초월한 측면을 드러내는 것이다. 즉 무선무악이면서 능선능악할 수 있는 것은 상대성을 초월한 절대선이다. 이것은 융통자재한 능동성으로 발현될 수가 있는 것으로 선과 악이 없는 본래 자리가 원만구족하기 때문에 지선이라고 한다.[142] 따라서 맹자가 말하는 성선설과 순자가 말하는 성악설은 소태산의 입장에서는 상대적 선

---

140) 위의 책, p.35.

141) 『대종경』, 성리품 4장.

142) 이현택, 「원불교 선악관에 관한 고찰」, 『원불교사상』 10·11집, 원불교사상연구원, 1987, pp.186-187.

악으로 이해되고 있다. 선을 염두에 두면 악을 버려야 한다는 것에 집착하고, 악을 생각하면 선을 실천해야 한다는 것에 집착하는 점을 염두에 둘 필요가 있다. 원불교의 지선설이 인성론의 핵심을 이루고 있기 때문이다.

(3) 정산종사의 인성론

정산종사의 유년기는 고향 성주에서 유학을 학습하던 시기였다. 동양사상에서 볼 때 정산종사의 인성론은 당연히 유년기의 영향을 받을 수밖에 없었던 것이다. 이에 정산종사의 유교 인식은, 선(善)을 최고의 가치로 여기고 이를 실현하는 것을 목적으로 모든 의지가 발현되었다는 점에서, 유학의 이념이 지선(至善)을 실현하는 것을 그 목표로 삼고 있는 것과 같은 인식에서 출발하였다.[143] 이는 근본적으로 동양의 인성론과 직결된 것이며 원불교의 소태산대종사가 언급한 지선설과 같은 맥락이라 본다.

동양의 우주론과 인성론에서 거론되는 것으로 섬성이기(心性理氣)라는 용어가 자주 등장한다. 이기는 우주론에, 심성은 인성론에 주로 관련된다는 사실 때문이다. 소태산은 『정전』 「의두요목」 15조에서 "마음과 성품과 이치와 기운의 동일한 점은 어떠하며 구분된 내역은 또한 어떠한가"를 연마하도록 하였다. 이는 우주론과 인성론에 대한 포괄적 의두연마인 바, 정산종사는 영기질(靈氣質)이라는 용어로 이를 확대 이해하였다. 정산종사의 심성영기론(心性靈氣論)은 성(性)·

143) 오종일, 「정산종사의 유교인식과 종교적 승화」, 제19회 원불교사상연구 학술대회 《鼎山宗師의 信仰과 修行》, 원광대 원불교사상연구원, 2000년 1월 28일, p.15.

신(神)·심(心)·의(意)와 영기질론으로 이루어져 있어 심성이기론과 상통하는 패러다임으로, 그의 영기질론은 불교의 심식설을 기본으로 하여 유교의 이기론 및 도교의 기론을 수용 지양한 포괄적 존재론[144)] 이라고 할 수 있다.

이처럼 유년기에 유불도 사상에 영향을 받으며 성장한 정산종사의 인성론은 소태산대종사의 인성론과 일치하면서도 유불도 사상과 크게 다르지 않다. 다만 유학의 가르침이나 원불교의 종지는 인간의 윤리와 도덕적 가치를 실현하는 것을 목적으로 하고 있지만, 그 귀결처에 있어서 유교적 이념은 지어지선(止於至善의) 치국 평천하를 이룩하는 것을 목적으로 하고 있는 것에 대하여 원불교는 일원세계를 이룩하는 데 목적이 있다.[145)] 유교와 원불교의 특성을 감안할 때 당연한 귀결이라 볼 수 있다.

따라서 정산종사의 인성론은 그 정체성으로 볼 때 일원상 진리와 관련하여 인성론을 모색해야 하는 것이 마땅하다. 원기 17년(1932) 8월 정산종사는 「원각가」를 발표하였는데, 이 「원각가」는 변·불변의 이치에 바탕하여 교리 전반을 다루면서 수도에 인도하여 사람들에게 각성을 주기 위한 노래인 바, "지어지선(止於至善) 하고 보면 일원대덕 결과로다. 어화 우리 동모들아 일원대덕 지켜내어 불변성심 맹서하고 만세동락 하여보세. 장하도다 장하도다. 춘추법려 되었도다"라고 하였다.[146)] 본 원각가는 일원상 진리의 깨달음을 글로 읊은 성격

144) 김성관, 「정산종사 心性靈氣論의 연원(2)」, 『원불교사상과 종교문화』 35집, 원불교사상연구원, 2007, p.66.

145) 오종일, 「정산종사의 유교인식과 종교적 승화」, 제19회 원불교사상연구 학술대회 《鼎山宗師의 信仰과 修行》, 원광대 원불교사상연구원, 2000년 1월 28일, p.8.

을 지니는데 여기에서 말하는 지선(至善)은 다름 아닌 원불교 교법에서 본 인성론의 귀결인 것이다.

지선(至善)의 세계를 만들기 위해서는 어떠한 방법이 필요한가? 맹자가 성선설을 밝히면서 과욕(寡慾), 존야기(存夜氣), 존심(存心), 양성(養性) 등의 방법을 제시한 것처럼, 정산종사는 「원각가」에서 그 방법으로 바른 육근작용과 솔성수도를 제시하고 있다. "육근식심(六根識心) 싫다해도 당연지사 알았거든 / 천진심(天眞心)의 명령으로 일령시행(一令施行) 복종하여 / 솔성수도 하여보면 지어지선 되나니라."[147] 오욕칠정에 유혹되지 않도록 육근작용을 바르게 함과 동시에 솔성(率性)으로 수도를 하도록 하였다. 수도와 행동 여하에 따라서 각자 업인으로 진급 혹은 강급이 되는 것(『정산종사법어』, 원리편 37장)이 이와 관련된다.

이 같은 지선설에 대하여 정산종사의 인성론은 이를 계승하면서도 보다 구체적으로 '계선설'을 언급하고 있음을 참조할 필요가 있다. 정산종사는 맹자의 성선설과 순자의 성악설을 듣고 말하였다. "성품이 고요한즉 선도 없고 악도 없으나 움직인즉 능히 선하고 능히 악한 것이니 성품의 본체 자리를 그대로 체받아서 행할 때에는 선으로 나타나야 하므로 계선설(繼善說)이라고 하여야 옳을 것이다."[148] 고요한 본

146) 『월말보고』제 38호, 원기 17년)하고 있는데 「원각가」라고 하는 이름에서 보나 속 깊은 수행의 결과로 얻어지는 '일원대덕'이라는 용어를 통하여 보더라도 '수행의 결과 얻어진 깨달음의 경지'를 노래하는 내용이라 할 수 있다(정순일, 「일원상 신앙 성립사의 제문제」, 제21회 원불교사상연구 학술대회 《21세기와 원불교》, 원불교사상연구원, 2002.1, p.92).

147) 정산종사, 「원각가」, 『월말통신』 38호, 원기 17년 7월호(박정훈 편저, 『한울안 한이치에』, 원불교출판사, 1982, p.295).

148) 『한울안 한이치에』, 제3장 일원의 진리 90장.

래의 성품은 능선・능악하면서도 본래 청정한 자성의 면에서 보면 불성으로서 본래 선한 그 경지에 있으므로 계선설에 가깝다는 것이다.

물론 계선설이라 해서 지선설과 다른 것이 아니다. 그것은 엄밀한 의미에서 지선설의 다른 표현으로 이해해야 할 것이다. 지선설이 성선설이나 성악설이라는 상대성을 극복한 것이며, 계선설도 이러한 맥락에 이해된다. 선악이 갈리는 것은 '원래 청정한 성품'이 고요한 상태를 벗어나 어느 쪽으로 움직이는가에 달린 일이지만, 학습자의 성품은 성선설이나 성악설로 해명될 수 있는 것이 아니라 계선설(繼善說)의 적용을 받아야 하는 것으로 규정된다.[149] 이처럼 계선설은 맹자나 순자의 성선・성악이 아니라 무선무악과 능선능악의 지선설에 기반한 것이다.

따라서 정산종사의 인성론은 고요한 자성의 상태를 언급하면서 '경계'를 설정함으로써 자성이 선악으로 흐르게 된다고 하였다. 그가 구성심 조항(『정산종사법어』, 권도편 30장)을 밝혀 심지는 원래 요란함, 어리석음, 그름이 없지만 경계를 따라 있어진다고 했다. 인간의 본성이란 후천적인 경계에 따라서 선하기도 하고 악하기도 하기 때문에, 선한 환경에 처하면 선하기 쉽고 악한 환경에 처하면 악하기 쉽다는 것이 그의 인성론으로, 인성은 습관에 따라 선악이 다를 수 있기 때문이다. 이는 후천적인 수양과 노력 없이는 훌륭한 성품을 간직하기 어렵다는 적극적 인간상을 창출하고자 한 것이다.[150] 정산종사는 일상

---

149) 강태중, 「정산종사의 교육사상」, 《원불교 교수협의회 하계세미나 요지》, 원불교 교수협의회, 2000년 7월, p.9.

150) 오종일, 「정산종사의 유교인식과 종교적 승화」, 제19회 원불교사상연구 학술대회 《鼎山宗師의 信仰과 修行》, 원광대 원불교사상연구원, 2000년 1월 28일, pp.10-11.

생활에서 자신을 항상 성찰함으로써 살아갈 수 있도록 일상수행의 요법을 조석으로 외우며 반조하도록 하였다.

정산종사의 인성론에 있어서 경계와 관련한 것은 『세전』에도 나타난다. 선한 환경에 처하면 자연히 그 선(善)에 화하기 쉽고 악한 환경에 처하면 자연히 그 악에 물들기 쉽다(『세전』, 2장 교육, 3 유교의 도)는 것이 이것이다. 이는 인간성의 형성은 후천적 노력에 따라서 영향을 받는다는 것이며, 여기에서 그러한 노력은 환경의 조성과 교육을 통하여 이끌어져야 한다는 당위성이 있다.[151] 종교적 수행과 교화를 받아야 하는 이유는 그가 언급한 것처럼 선한 환경에 처하도록 노력해야 하기 때문이라 본다.

종교에 입문하여 교화를 받아야 함에도 불구하고 중생은 현실경계와의 대립 때문에 인간의 본래성이 가리게 된다. 인간은 현상적 경험세계의 지배를 받으면서 고유의 본성에 근원해 있는 존재지만 경험적 대립을 부정할 수가 없는 존재인 바, 이러한 모순, 대립, 갈등을 해소하는 길이 근원적 본질인 자성의 회복[152]임을 숙지해야 한다. 현실의 갈등을 극복하고 본래 자성을 회복하기 위해서는 자기적공에 진력해야 할 것이다.

여기에서 교당의 교화적 역할이 필요하며 인성의 순화를 위해서 교당 교무는 영적 성숙을 선도해야 한다. 교당은 스스로 인간의 존엄성을 깨닫고, 참다운 인성을 함양시켜 갈 수 있도록 끊임없이 그 장을 개설하고, 이를 통하여 교도의 영적 성장을 도모해야 한다.[153] 영성

---

151) 위의 책, p.11.

152) 이현택, 「인성에 관한 연구」, 遺著 『원불교 은사상의 연구』, 원광대학교출판국, 1989, p.127.

153) 박혜훈, 「21세기의 원불교 교당교화 방향 모색」, 『원불교와 21세기』, 원불교

지수가 높아지도록 인간의 인성을 순화하기 위해서 교역자 스스로 인성함양에 관심을 가져야 할 것이며, 교당은 이러한 감성과 관련한 교화에 진력해야 할 것이다.

아무튼 원불교 인성론은 동양의 인성론과 관련하면서 소태산대종사와 그를 계승한 정산종사의 사상에서 참조해야 할 것이다. 중국선인들의 사상을 소태산대종사는 활용하였으니 그들의 지혜 가운데서 필요하고 유익한 사상을 수용해야 한다. 여기에서 지적할 것은 원불교가 종교성을 띤 인학(人學)으로서 참된 인간의 양육과 원만을 주지로 하여 인성의 비밀 탐구에 집중하였기 때문에 그 내용이 아주 풍부하다는 점이다.[154] 대종사의 풍요로운 사상의 기초해석학으로서 정산종사의 사상은 유불도 삼교의 인성론과 같은 흐름에 있다는 점에서 고유한 인성교육의 프로그램 개발에 관심을 가질 필요가 있다.

5) 인성교육의 프로그램화

원불교 인성교육의 프로그램화는 동양의 인성론을 참고할 필요가 있다. 동양의 인성론에 있어서 살펴야 할 것은 서양의 인성론이 무엇인가를 아는 것이 필요하다. 서양의 인식론적 인성론과 동양의 수양론적 인성론의 대비는 상호 인성론의 정체성을 아는데 도움이 된다. 그리고 동양철학에서 본 인성론의 구조를 파악하려는 것은 인성론의 의미를 평면적으로의 접근보다는 입체적 구조를 통해서 인성론의 의미 파악이 용이하게 접근된다는 점을 염두에 둔 것이다.

사상연구원, 2002, p.273.

154) 김경진, 「소태산대종사 인성론 종합고찰」, 『원불교사상』 17·18 합집, 원불교사상연구원, 1994, pp.180-181.

또한 중국 고전의 인성론을 거론한 것은 동양 인성론의 보고가 다름 아닌 중국무대이며, 그것은 인성론의 연원적 전적(典籍)을 밝히려는 것이다. 인성의 보고(寶庫)인 사서오경에 근거한 인성론을 거론함으로써 고전의 1차자료가 논문형식의 2-3차 자료보다는 우선적으로 참조되어야 한다. 고전에 바탕한 인성론의 언급들을 통하여 유교의 인성론을 논함으로써 동양의 인성론을 정립할 수 있다. 이어서 유학에 이어 도가와 법가의 인성론을 접근함으로써 유불도의 인성론을 다채롭게 조명하고자 한 것이다.

이러한 동양의 유불도에서 거론하는 인성론은 원불교 인성론의 정립에 도움이 된다. 소태산이 유불도 삼교를 통합 활용한 점[155)]을 참조하면, 원불교 인성론의 근간은 이러한 유불도 인성론과 직결되어 있음을 알 수 있다. 물론 기본교의에 충실한 원불교 인성론의 정체성을 모색하려는 뜻에서, 소태산대종사의 대각에서 비롯된 일원상과 관련지음과 동시에 정산종사의 인성론을 조명하였다.

특히 동양의 인성론을 언급하면서 원불교 인성론을 모색한 것은 현대사회의 생존경쟁과 갈등을 극복하고 평화로운 사회를 위하여 인성의 중요성 및 인성교육의 필요성을 부각시키고자 함이다. 원불교 성직자의 지원에 있어서 「면접시험」에서 첫째 항목으로 인성이라는 항목이 등장하였다. 이를테면 ① 서원, 인성, 역량, 건강, 가정환경, ② 중·고교 성적 및 수능시험 성적[156)] 순이었다. 이처럼 현대사회의 치열한 경쟁논리로 인한 시험위주의 면접보다는 인성위주의 면접을 중

155) 『정전』의 제1 총서편, 제22장 교법의 총설.

156) 교정원 교육부 보고, 「84년 전무출신 지원자(교무품과) 면접 착안사항」 이어서 세 번째 항목으로 신입 30세미만, 전문대졸 32세미만, 4년제 35세미만(제23회 《교무회의자료집》, 원불교중앙총부, 1999년 9월 13-14일, p.12).

시한 측면을 고려해 봄직한 일이다. 원광대 원불교학과 교수위원회에서는 예비교무 인성지표가 필요하다며, 책임감, 대인관계에서 갈등을 스스로 해결해 나갈 수 있는 유연한 심성(「원불교 예비교무 교육발전안」, 2002년 4월 29일)을 강조한 바 있다.

이처럼 인성교육이 강조된 배경에는 현대사회를 교화할 수 있는 전인교육의 필요성 때문이라 본다. 인성교육이란 도학공부를 말하며 그것은 마음공부를 통해서 이루어진다. 일선 학교의 교육은 인성교육에 해당하는 도학공부와 마음 닦는 공부를 근간으로 하여 모든 학문의 기술적 교육이 이루어져야 한다.[157] 마음을 기반으로 하면서 그 바탕에 과학공부를 하도록 한다면 도학과 과학의 균형 잡힌 교육이 이루어질 것이며, 그것은 자라나는 청소년들의 인성교육의 바람직한 방향이라 본다.

여기에서 좋은 대학에 입학하려는 입시 중시의 학교교육은 인성교육을 소홀히 할 수 있다는 점에서 오랜 동안 문제점으로 제기되어 왔다. 사실 청소년들에게 학교교육만 한다고 다 되는 것이 아니며, 도덕교육, 인성교육, 양심교육, 인격교육, 정신교육 등을 다 잘해야 한다.[158] 동양의 인성론을 조명한 것도 이러한 인성교육이 삶의 현장에서 실행되어야 하다는 점을 지적하려는 뜻이다.

알다시피 인성교육은 후천적 교육에 이루어진다. 인성교육이 필요한 철학적 근거로는 인성의 변화가 후천적 습성의 의한 것이라는 점이

157) 박광수, 「원불교 사회참여운동의 전개양상과 과제」, 『원불교사상과 종교문화』 30집, 원광대·원불교사상연구원, 2005.8, p.235.

158) 안병욱, 前 숭실대 철학과 교수의 언급이다(박혜명 대담, 「특별인터뷰 안병욱교수-정산종사님은 道人, 그 자체」, 《원광》 291호, 월간원광사, 1998년 11월, p.122).

다. 중국은 인성을 후천적 습성에 변화된다고 하여 수양에 중점들 두었다.[159] 후천적 소양을 도야하는 차원에서 본다면, 학교에서 청소년들의 인성교육을 전개함으로써 전국가적 청소년의 감성치유도 가능한 것이라 본다. 여기에는 다양한 인성교육 프로그램이 필요한 것이다. 오늘날의 청소년들은 초등학생에서부터 고등학생까지 입시라고 하는 한 가지 목표를 향해 내몰리고 있으며, 교화를 하려고 해도 대상자인 청소년을 만날 수조차 없는 것이 오늘의 현실인 점[160]을 고려하면 보다 실질적인 인성교육의 프로그램이 절실한 상황이다.

원불교에서는 청소년들의 감성교육을 중요시하는 차원에서 대안학교를 세워서 인성교육의 프로그램을 구체화하고 있다. 기존 학교에 적응하지 못하는 학생들을 대상으로 한 영산성지고등학교의 활동상은 대한민국 대안교육의 귀감이 된 것도 사실이다. 원불교 대안교육의 기본적인 교육이념은 인성교육에 그 중심을 두고 있는 바, 양은미는 인성교육에 있어서 마음을 바탕으로 교육하고 사람됨의 바탕을 교육하는 도학교육의 개념에 포함시키고 있다[161]고 하였다. 경주 화랑고 역시 개교 초부터 지금까지 국립소록도병원, 수계농원, 음성꽃동네, 익산 왕궁재가복지센터 등의 봉사활동을 통해 인성교육의 프로그램을 가동하고 있는 것이다.

중고등학교에 이어 대학교 역시 이러한 인성교육의 중요성을 인지

---

159) 金忠烈, 『中國哲學散稿』Ⅱ, 온누리, 1990, p.185.

160) 조경철 전북교구 청소년전담교무, 「청소년전문가를 키우자」(유용진 외 編(문향허 외 집필), 『원불교 개교 100주년을 연다』, 원불교신문사, 2006, pp.26-27.

161) 양은미, 「원불교 대안학교의 비전」, 제1회 전국대안학교 학술·대동제자료, 2003, p.36(박광수, 「원불교 사회참여운동의 전개양상과 과제」, 『원불교사상과 종교문화』 30집, 원광대·원불교사상연구원, 2005.8, p.235).

할 필요가 있다. 대학에서 교양교육이 수행되는 것도 인성교육 프로그램의 구체적 실현이라 본다. 대학에서 교양과목 교육의 강화는 그 학생들로 하여금 고결한 인격과 인성 그리고 민주사회의 책임 있는 구성원으로 성장하도록 도와주는 역할을 해야 하며, 이런 역할이 바로 대학에서의 교양교육의 명분인 것이다.[162] 이처럼 청소년들을 대상으로 한 인성교육의 실시는 밝은 사회를 향한 맑은 마음의 소유가 얼마나 중요한지를 사회에 환기시키는 일이라 본다.

동양 선철의 인성론을 조망하면서 원불교 인성론을 연계하려는 의도는 인성교육이 시대적 현안으로 떠올랐기 때문이다. 특히 원불교 2세기에 당하여 청소년 교화의 부재현상을 간과할 수만은 없다는 점에서 인성교육에 대한 원불교의 깊은 관심이 필요하다. 원불교의 인성론이 동양의 인성론과 같은 흐름에 있다는 점에서 원불교의 청소년 교화의 방향이 인성교육에서 출발해야 한다고 보며, 그것은 원불교 교화의 키워드라 본다.

---

162) 문용린, 「대학에서의 인성 및 민주시민 교육의 방향과 과제」, 도덕교육 국제학술대회기념 논문집 《21세기 문명사회와 대학의 도덕교육》, 원광대 원불교사상연구원, 2001.12.7, p.12.

3. 원불교의 생명윤리

1) 생명의 가치

인류가 중요하다고 생각하는 여러 가치 중에서도 생명의 가치가 그 핵심으로 자리한다. 동식물 및 인간이 존재하는 가장 소중한 근거로서 생명은 지고의 가치로서 각자에게 하나밖에 없다는 사실 때문이다. 이처럼 소중한 생명체에 대해 이성적 동물인 인간은 생명경외라는 가치를 실천하며 살아가고 있다. 이에 우리는 삶의 현장에서 각종 생명체에 대한 경외감을 드러내기 위해서는 생명・자연・환경에 대해 바른 인식과 보호방안을 제시할 필요가 있다. 우주 대자연의 환경 속에서 존재하는 삼라만상의 생명체에 대해 가치를 부여하는 일은 성찰적 인간으로서 할 일이며 그것은 만물의 영장이기 때문이다. 오늘날 성개방의 풍조, 자본주의의 물결, 의료과학의 발달로 인해 인간의 생명경시 풍조가 만연하고 있는 상황에서 더욱 그렇다.

사회에 만연한 생명경시의 극복은 오늘날 인류의 지상과제로 등장하고 있으며, 같은 맥락에서 생명윤리에 대한 담론이 학계와 종교계에서 자주 거론되고 있는 상황이다. 원불교의 경우도 이의 예외일 수는 없다. 2006년 1월, 원광대 원불교사상연구원에서 관련 학술회의를 개최한 것도 생명윤리의 중요성을 직시한 까닭이다. 물론 1995년 8월 26일 부산 국제문화센터에서 원불교교수협의회가 「원불교와 생명윤리」로 하계세미나를 한차례 개최한 바 있었다.[163] 필자 역시 『월간교

---

163) 원불교교수협의회 編, 《원불교와 생명윤리》, 원불교교수협의회, 1995년 8월 26일, pp.1-21(이날 발표는 김순금(원광대) 교수의 「원불교 기본철학으로 본 생명윤리」, 박순달 교수(서울대)의 「생명공학과 원불교」, 정해왕 교수(부산

화』 1월호(2006)에 생명윤리와 관련한 학술회의 개최의 타당성을 밝히었다. 앞으로도 전 교단적 관심 속에 생명윤리에 대하여 다양한 접근은 있을수록 좋다고 본다.

이에 시류에 따라 나타나는 생명경시의 폐단을 극복하기 위해 생명윤리의 재조명이 필요하며, 이를 통해 현대인의 생명경외 의식을 키워가는 것이 요구된다. 본 연구는 이러한 상황들의 위기의식에 대응하여 원불교의 생명윤리를 큰 틀에서 어떻게 정립할 수 있을 것인가의 방향성을 제시하고자 한다. 예컨대 사회적 문제로 등장하는 낙태, 안락사, 자살, 사형제도, 생명복제 등 5항목을 원불교 교리정신에 비추어봄으로써 생명윤리 정립의 미래적 방향을 점검하자는 것이다.

생명윤리의 방향제시에 있어 관점에 따라 생명을 보는 시각이 다양하다고 본다. 이를테면 생명에 대한 철학자의 시각이 있고, 생물학자의 시각이 있으며, 의사의 관점도 있고, 사회과학자 내지 법학자의 관점이 있다. 아울러 종교학자의 시각도 있는 것이다. 본 연구는 이러한 제반 학자들의 시각 중에서도 종교적 시각에 초점을 맞추었음을 밝힌다.

다시 말해 자비적 종교의 생명윤리론에 초점을 둔만큼 생명을 바라보는 시각은 상생상화적 생명의 존엄성을 강조하는 기반이 되리라 본다. 아무튼 생명윤리에 대한 사회적 과제가 무엇인가를 노정함으로써 원불교 교리에 입각하여 생명존중의 방향에 대한 해법을 제시하는 일은 본 연구의 핵심 과제이자 교단의 인류구원이라는 근본 목적과 직결된다고 본다.

대)의 「유교사상의 측면에서 본 생명윤리」가 개최되었다). 뒤이어 2005년 12월 11일 서울청운회와 원불교교수회가 생명복제에 대한 교리적 접근을 시도했다.

2) 생명윤리와 사회적 제문제

인간의 생명윤리론을 거론함에 있어 개인 및 조직의 관심사에 따라 시각차가 있을 수 있다. 그로 인한 생명윤리 정립의 문제가 발생하게 되어, 보편적이고 합리적인 시각을 통한 생명경시의 현상을 극복해야 하는 당위성에 직면하기도 한다. 사실 1970년대 이후 물질문명의 발달로 인하여 황금 만능주의적 사고방식에 의한 사회성원들의 갈등과 생명경시 풍조[164]가 만연되었던 것도 이와 관련된다. 생명 경시는 물질가치가 정신가치를 압도하는 자본주의적 풍조에서 주로 나타나는 것으로, 이는 인간의 소외현상으로 치닫고 있는 현 사회상의 반영이기도 하다.

따라서 오늘날 우리에게 천명으로서 부여된 생명에 대한 거부행위 및 인위적 작태들이 없는지를 살펴보자는 것이다. 예컨대 인간의 생명에 관련되는 낙태, 안락사, 자살, 사형제도, 나아가 생명복제의 사회적 쟁점들은 생명 존엄의 가치에 부응하기 보다는 인욕의 차원으로 쏠림으로써 보편적 생명의 신성함을 침해할 가능성이 있기 때문에 인간의 존엄성에 해를 끼칠 수 있다.[165] 특히 생명과학의 발전에 따라 자기중심적 사고로 인해 나타나는 작위적 행위들은 기존의 전통적 사고와는 거리가 있는 상황에서, 생명윤리에 반하는 행위들을 다음 몇 가지 항목을 중심으로 살펴본다.

첫째, 낙태에 대한 견해를 살펴보고자 한다. 우리나라의 낙태율은

---

164) 박종주, 「한국사회의 발전과 도덕성 함양」, 제20회 원불교사상연구 학술대회 《원불교사상과 도덕성 회복》, 원광대 원불교사상연구원, 2001.2, p.57.

165) 이희재, 「유교의례와 생명윤리」, 『종교교육학연구』, 제20권, 한국종교교육학회, 2005.5, p.90.

세계 상위권에 속한다. 2011년 통계를 보면 신생아 수는 47만 명인데 낙태아 수는 16만9000명이었다. 통계에 포함되어 있지 않은 음성적인 낙태아 수까지 계산에 넣으면 하루 500명보다 더 많은 생명이 낙태로 죽어가고 있다(여성신문 인터넷, 2014.9.11)는 것이다. 이처럼 많은 낙태가 발생하는 원인으로 여러 가지가 있다. 성교육의 부재, 남아 선호[166], 피임실패, 산아제한, 근대의 여성해방 등이 이에 관련된다. 특히 한국인의 높은 낙태율은 1960년대 이후에 싹튼 개인의 편의주의적 경제논리에서 기인하며, 이에 더하여 근래 성윤리의 타락에 의한 인명경시의 풍조도 무시 못 한다.

여기에서 과연 낙태가 사회적으로 필요한 것인가 하는 점이 검토되어야 하며, 만약 필요하다면 낙태로 인한 사회적 문제점은 무엇인가 하는 점도 고려의 대상이다. 직설적으로 말해서 낙태가 필요한 것인가 하는 것은 인구를 조절하기 위해, 혹 태아는 죽어도 상관없는 존재인가를 윤리적으로 생각해보자는 것이다. 낙태로 인한 사회적 문제점으로는 생명경시의 현상, 산모의 심신건강의 해로움 등을 생각해 보아야 한다. 더욱이 젊은이들의 성 인식 부족 및 성개방 풍조에 따른 부도덕한 성의식도 낙태를 부추기는 한 원인이다.[167] 그렇다고 낙태를 무조건적으로 반대만 할 경우 생육의 부담, 기형아 출산 우려, 미혼모 출산, 입양아 수출 세계 1위라는 오명을 쓰는 결과를 초래한다.

둘째, 안락사에 대한 사회적 문제점은 없는가를 살펴보면서 이에

---

166) 오늘날까지도 한국인의 낙태의 원인 가운데 태아가 딸일 경우 임신중절을 시도하는 경우가 있다(김영진, 「유전공학과 도덕적 문제」, 《생명의료윤리》, 1999, pp.166-167참조).

167) 고영섭, 「임신중절(낙태)」, 『불교생명윤리 정립을 위한 공개 심포지움』, 불교생명윤리 정립을 위한 연구위원회, 2005.12.3, p.93.

나타난 생명윤리상의 문제점을 점검해 본다. 안락사란 치료 가능성이 없는 환자를 고통 없이 죽게 하는 것으로서 영어로는 유서네시아(Euthanasia)에서 파생, '좋다'는 뜻인 'Eu'와 '죽음'을 뜻하는 'thanatos'를 합친 말이다. 독일어의 'Sterbehilfe'는 '죽음에 대한 도움'이란 뜻이기도 하다. 영어의 'mercy killing'도 이와 같은 뜻이며, 여기에는 '살인'(killing)이란 의미가 들어 있다. 사실 죽음에는 일반적으로 고통이 뒤따르는데 고통 없이 죽기위해 안락사를 시도하는 인간의 인위적 욕망이 과연 인간의 생명윤리에 있어 타당한가 하는 문제를 유발하는 것이다. 따라서 사회적으로 안락사는 생명의 천명과 천리를 거스르는 행위에 속한다[168]는 견해가 설득력을 더하고 있다.

본 문제의 심각성을 보면 130여 환자의 안락사를 도와온 미국의사 케보키언이 2급 살인죄로 유죄판결을 받아 파문을 일으킨 적이 있으며, 특히 안락사 장면을 텔레비전으로 방영 유포시킨데 대해 죄가 인정되었다. 물론 안락사 문제는 미국 수정헌법 제14조의 '적법절차조항'에 의한 개인의 자유권 일종으로 논의되기도 하였으며, 2006년 1월 17일엔 미 연방대법원이 안락사 허용의 판결을 내렸다. 영국에서 2004년엔 2,866명(하루 8명)이 안락사했다. 또 네덜란드에서는 세계 최초로 2000년 11월 28일 의사에게 불치병 환자의 안락사를 허용하는 법안을 의결하였다. 본 안락사법에 따르면 환자가 불치병을 앓고 있고, 환자가 건강한 정신을 잃지 않은 상태에서 안락사에 동의하며, 환자의 고통이 견딜 수 없을 경우 등 세 가지 기준에 모두 부합하면 의사가 환자를 안락사시킬 수 있도록 허용한다는 것이다. 어떻든 안락사는 국내외적으로 생명윤리 차원에서 논란의 여지가 커지고 있다.

---

168) 이희재, 앞의 책, p.86.

셋째, 자살에 대하여 언급해 보도록 한다. 지난 몇 년간 전 세계 170여 개국에서 1백60명의 전문가들이 참여한 조사결과를 바탕으로 작성된 WHO의 「폭력과 보건에 관한 세계보고서」를 살펴보면 다음과 같다. 2000년 기준으로 1백65만9천명에 이르는 폭력으로 인한 전체 사망자 중 자살로 인한 사망자는 절반가량인 81만5천명(49.1%)에 달하며, 자살이 많은 지역은 동유럽이다. 우리나라의 경우도 자살률이 세계의 상위에 속한다. 즉 2004년도 한국인의 자살 숫자는 1만2천여 명으로, 하루 평균 32명이 스스로 목숨을 끊었으며 그중 젊은이의 자살률이 매우 높게 나타났다. 인구 10만 명당 자살자 수도 25.2명으로, 10여년 전(1994년)의 10.5명에 견주어 2.4배나 늘어났다. 자살이 늘어나는 추세이므로 사이버에 자살사이트가 생기는 등 자연히 생명경시에 따른 사회적 파장도 커지게 된 것이다. 2014년 한국의 자살률은 하루 평균 40명으로 OECD국가에서 1위를 차지하였다.

그러면 자살이란 왜 발생하는가? 자살동기로는 염세・비관, 병고, 치정・실연・부정, 빈곤・사업실패, 가정불화, 정신이상 등이 그 주류를 이룬다. 개인적으로 히스테릭한 대중감정이 자살을 초래할 수 있는 위험한 때[169]라고 한다. 자살이 사회적으로 문제가 되는 것은 생명경시라는 사회 병리현상의 하나이기 때문이다. 개인의 자포자기 상태에 더하여 사회적 인간관계의 희박화 등에서 나타나는 극단적 행위로서 자살은 개인문제와 사회의 복합적인 관계 속에서도 그 증가율이 늘어난다. 자살률이 늘어난다는 것은 사회의 관심부족이 한 원인이라는 면에서 자살도 일종의 살인방조인 바, 자살충동을 극복하게 하는 사회의 생명경외 의식이 요구된다.

---

169) 막스 베버 著(이상률 譯), 『儒教와 道教』, 文藝出版社, 1993, p.245.

넷째, 사형제도는 과연 생명윤리에 있어서 사회적으로 문제점이 없는가를 살펴보자. 사형이란 중형을 범한 죄인의 생명을 박탈함으로써 그를 사회로부터 영구히 격리하는 형벌이다. 이러한 사형이 존속되는 이유로는 인과응보에 의한 위협적 효과로서 강력범죄의 감소를 가져오기 위한 수단이라고 한다. 그러나 사형제가 지속된다고 해도 사회에 강력범죄가 지속되고 있으니 사형만이 능사는 아닌 것이다. 사형제도 존폐론의 근거로서 ① 국가가 범죄인의 생명을 박탈할 수 있는 권한이 있는가, ② 사형제도가 헌법의 기본권 규정을 통하여 인정되는 생명권 침해는 아닌가, ③ 사형이 형사정책적으로 타당한가, ④ 사형의 오판 가능성을 어떻게 구제할 것인가, 5) 국민의 법의식적 관점에서 어떻게 대립하고 있는가[170] 등을 거론할 수 있다.

역사상 사형제 폐지를 처음 주장한 인물은 11세기 영국의 정복왕 윌리엄 1세로 알려져 있다. 뒤이어 본격적으로 사형폐지를 주장한 사람은 이탈리아의 계몽사상가 베카리아로서 1764년 발간한 『범죄와 형벌』 저술에서 국가의 살인에 정당성이 없다고 했다. 국제사면위원회(앰너스티)의 집계에 따르면 전 세계에서 사형제를 유지하고 있는 나라는 한국과 미국, 일본, 중국, 북한 등 86개국이다. 반면 사형제 폐지국은 이보다 많은 109개국이다. 1990년대에 들어 사형폐지의 추세가 뚜렷해져, 지난 10년 동안 30여 개국이 사형 폐지국 대열에 합류했을 정도이다. 유럽연합(EU)은 사형폐지를 가맹요건으로 규정하고 있는 실정에 있다. 우리나라의 경우는 1997년 12월 지존파 등 23명에 대해 마

170) 이훈동, 「사형제도에 대한 새로운 시각교정 연구」 제16호, 한국교정학회, 2002, p.157. 김재성, 「사형제도」, 『불교생명윤리 정립을 위한 공개 심포지움』, 불교생명윤리 정립을 위한 연구위원회, 2005.12.3, pp.184-186참조.

지막으로 사형을 집행한 이래, 1999년 12월 사형폐지 특별법안을 국회에 제출하였으며 2005년 4월 국가인권위가 사형제 폐지를 권고해 놓고 있다.

다섯째, 생명윤리 정립에 있어서 주요 이슈로 등장하는 것은 생명복제이다. 이 생명복제를 화두로 떠올리면 현대과학의 끝이 무엇인가를 판단하기 어렵게 한다. 신의 영역이라고 일컬어지는 생명의 창조를 과학이 정복하려는 것 자체가 신비롭고 경이적인 과학기술의 결과이다. 사실 우리는 미래 인간에 대한 여러 생각들을 떠올려 볼 수 있는데, 그중 하나가 복제인간 탄생의 가능성이다. 인간은 부모로부터 생명을 선사받아 출생하고 있지만, 만일 생명과학의 발달로 인해 생명복제가 실현되면 출생하는 것이 아니라 제조하는 개념이 된다[171]는 면에서 사회적 파장은 클 수밖에 없다. 이미 동물복제를 성공시킨 의료과학 기술은 인간 복제를 시도하고 있는 상황이어서 언제 이것이 현실이 될지 모를 일이다.

이러한 시도가 사회적 큰 파장으로 다가올 수밖에 없는 것은 나와 똑같은 사람이 존재할 수 있다는 가정 때문이다. 1997년 2월에 세계 최초의 포유류로서 복제양 돌리가 탄생하였으며[172] 1997~1999년에는 체세포 핵치환으로 생쥐·소·염소의 복제에도 성공하였다. 2000년에는 복제돼지가 탄생하였으며, 고양이도 복제되었다. 2005년엔 우리나라에서 체세포 복제 개(스너피)가 탄생하기도 했다. 동물의 복제 실험이 성공한 이후 대부분의 기성종교는 인간복제의 가능성에 대

171) 정우열, 「일원상의 삼속성과 한의학 원리」, 원사연 131차 월례발표회, 원불교사상연구원, 2002.10.10. p.9.

172) 이경준, 석사학위논문 『생명복제에 대한 불교적 관점』, 동국대대학원, 1999, p.23.

해 심각한 우려를 표명하고 생명복제 실험을 금지하도록 촉구하였다. 특히 1987년 2월, 교황청의 신앙 교리성에서 반포한 훈령 '생명의 선물(Donum Vitae)'에서는 사람의 생명이란 수태된 순간부터 온전한 인격체로 존중받아야 함이 강조되고 있다.

위에서 언급한 제반사항들로 인해 현대인에게 생명윤리 정립의 필요성이 시급해지고 있는 실정이다. 그것은 생명체에 대한 경시나 편의주의적 발상을 극복하자는 것으로, 인류에게 무엇보다 시급한 일로 다가오고 있는 현실을 직시하자는 뜻이다.

3) 생명윤리의 필요성

모든 생명체들은 대기권 내에서 살고 있으며, 그것도 대기의 99.9%를 차지하는 지상 80km 이내에 몰려 있다. 이 세상에서 무엇과도 견줄 수 없는 가치가 유정(有情)의 생명가치로서 그 가치는 생명체에 대한 존엄성에서 비롯된다. 생명존중의 대상도 인간만이 아니라 우주 대기권의 전 생명체에 해당된다. 인간 이외의 다른 생물이나 자연은 인간의 이용대상으로서 객관화되어지는 것이 아니고, 인간과 동등한 존재가치로 인정되기[173] 때문이다. 따라서 우리와 시공을 함께 하고 있는 동식물을 포함한 모든 생명체는 그것이 존재할 이유가 있고, 보호받아야 할 가치를 지닌다. 생명의 소중성이 오늘날 환경보호, 자연보호, 생명윤리라는 범주에서 자주 거론되는 것도 같은 맥락이다.

생명의 소중성과 관련된 생명윤리는 포괄적으로 고전적 의료윤리와

---

173) 마루야마 테츠오, 「새로운 시대의 知와 불교-포스트모던과 글로벌화 물결의 가운데에서-」, 제18회 국제불교문화학술회의 『불교와 대학-21세기에 있어서 전망과 과제』, 일본 불교대학, 2003.10.28-29, p.120.

환경윤리, 그리고 현대의 생명과학 기술이 제기한 윤리를 뜻한다. 곧 생명의 윤리를 연구하는 생명윤리학은 일종의 응용과학으로서 어떻게 우리가 다 같이 인정하고 있는 윤리적 원칙을 생명의 영역에서 생기는 특수한 상황에 적용해야 하는가의 기술적 문제를 검토하는 분야이다. 또 이것은 의학과 첨단 생물학의 발달로 가능해진 여러 가지 문제들의 윤리적 정당성과 그 한계를 다룬다.[174] 본 연구에서 초점을 두는 것도 인간의 생명과 관련한 그 같은 윤리적 당면과제가 무엇인가를 밝히고, 생명윤리를 거스르는 일이 있어서는 안 된다는 당위성을 강조하려는 것이다.

이러한 과제해결을 위해서는 사회적 이슈로 등장한 생명경시 현상, 생명복제 문제들을 윤리적으로 혹은 도덕적으로 되짚어보고, 또 신중한 접근을 통해서 존엄한 인간의 생명가치를 폄하시키지 않도록 하려는 노력이 절실하다. 다시 말해서 도덕과 생명을 참구하는 과학자들이 많이 나와야 하는 바, 도덕이 없는 생명은 인간이 아니므로 생명체에 도덕성을 불어넣어 줄 때 그 생명은 가치를 창조하는 인간존재로 탈바꿈할 수 있다.[175] 이 생명가치를 긍정적으로 접근하는 생명과학이라 해도, 인간의 생명을 접근할 때에는 과학의 한계를 보완하는 종교적·윤리적 측면과 접목해야 한다. 오늘날 사회적으로 이슈가 되고 있는 생명윤리의 용어가 종교계에서 자주 등장하는 것도 이 때문이다.

이 같은 생명윤리가 처음으로 등장한 것은 언제부터인가? '생명윤

---

174) 송상용, 「생명공학의 도전과 윤리적 대응」, 퇴계·남명선생 탄생 500주년 기념 제14회 한국철학자대회보, 『생명공학시대의 철학적 성찰』, 대한철학회·원광대, 2001.10.26-27, p.4.

175) 류기현, 「정산종사의 도덕관」, 제19회 원불교사상연구 학술대회 《鼎山宗師의 信仰과 修行》, 원광대 원불교사상연구원, 2000년 1월 28일, p.103.

리(bioethics)'라는 말은 1970년 미국의 종양학자 포터가 처음으로 사용하였다. 포터가 밝힌 생명윤리학은 생물학 지식과 인간의 가치체계에 관한 지식을 결합하는 새 학문분야를 말한다. 그에 있어 생명윤리는 진화론적·생리학적·문화적 측면에서 인간이 환경에 적응할 수 있는 생명권을 유지하기 위한 생존의 학문이었다.[176] 그의 뒤를 이어서 1971년 라익은 생명윤리를 의학 및 생명과학의 윤리적 차원에 관한 연구라고 정의하면서 생명윤리 백과사전의 편찬에 착수한 것으로 알려졌다.

이처럼 생명윤리의 용어는 20세기 후반에 들어서 급부상한 것으로, 그것은 21세기에도 여전히 인기 상승의 학문으로서 제반 학계의 지대한 관심을 끌고 있다. 사실 10여 년 전까지만 해도 산업화의 물결로 인해 자본주의적 부(富) 창출이 세인의 주된 관심사였으나, 오늘의 경우 인간소외 및 생명경시의 풍조가 사회적 문제로 급부상한 것이다. 또 생명과학의 급속한 발달에 따른 동물의 생명복제 문제가 사회적으로 관심을 끌기 시작하였고, 그것은 인간의 난치병 치료라는 명분으로 여성의 난자제공과 같은 생명윤리 문제를 야기하기에 이르렀다.

결국 생명윤리에 대한 관심은 세계적 관심사로 부상하여 국제생명윤리학회가 탄생되었다. 이 국제생명윤리학회(IAB)는 1992년에 암스테르담에서 창립되어 부에노스아이레스, 샌프란시스코, 도쿄, 런던을 돌며 다섯 차례 세계생명윤리회의를 열었으며, 1995년 베이징에서 동아시아 생명윤리학회가 결성되기도 하였다.[177] 뒤이어 1997년 일본 고베에서 열린 제2회 동아시아 생명윤리회의에서는 동서 아시아를 포

---

176) 송상용, 앞의 책, p.4.
177) 위의 책, p.3.

괄하여 이름을 아예 아시아 생명윤리학회로 바꾸기로 했다. 한국에서도 관련 학회가 결성되었는데 1996년에는 의사들을 중심으로 한 한국의료 윤리교육학회가 결성되었고, 1997년에는 철학자, 생물학자, 의사, 사회과학자, 법학자들을 중심으로 한 한국 생명윤리학회가 탄생되었다.

이러한 흐름에서 볼 때 종교계에서도 나름대로 생명윤리의 정립이 시급함을 인지한 이상, 의학계의 생명윤리학회 결성을 타산지석으로 삼아 종교마다 생명윤리학회를 결성해야 할 것이다. 여기에서는 주로 우주 전 생명체에 대한 사랑과 존중, 자연 생태계의 보호, 인명을 경시하는 풍조의 극복, 생명공학·생명과학의 발전에 따른 종교적 생명윤리의 정립 등이 다루어져야 할 것이다. 특히 종교 지도자들은 인간의 생명현상을 다룸에 있어서 다른 어떠한 가치보다 생명가치가 더 소중하다는 생명윤리의 정신에 부합하는가를 점검해야 할 것으로 본다.

그리하여 종교생명윤리학회(가칭)는 오늘날 사회적으로 심각해져 가고 있는 낙태, 안락사, 자살, 생명복제, 장기이식 등의 문제를 생명윤리적 입장에서 어떻게 접근해야 할 것인가를 심각히 고민해야 할 것이다. 성윤리의 혼탁함으로 인한 낙태수술을 대수롭지 않게 생각하고, 병자의 고통을 감소시켜주는 수단으로서 안락사를 허용하는 국가도 생겨났으니, 이러한 사회현상에서 생명윤리적으로 무엇이 문제인가를 냉철히 분석해 보아야 한다. 그리고 자살 숫자의 증가, 생명복제에 따른 또 다른 나의 탄생이 있을 수 있다는 윤리적 무력감이 간과되어서는 안 된다. 또 중죄를 저지른 사람에 대한 형벌수단으로서 사형이라는 제도가 생명윤리적으로 타당한가, 아니면 그 모순은 없는가에 대해 윤리적 관점을 제시해야 한다.

어떻든 이 같은 생명윤리의 정립은 종교와 과학(의학)의 이분법을 극복하는 큰 방향에서 접근되어야 할 것이다. 생명과학 일방으로 나아갈 경우 자칫 인간의 욕심에 편승하여 그 결과물이 보편적 생명윤리의 갈등요인으로 작용할 수 있기 때문이다. 결국 생명윤리의 정립은 종교계와 의학계가 상호 보완적으로 접근해야 하는 것이다. 이를테면 지금의 서양종교나 과학은 마음과 몸, 정신과 육체를 갈라놓았기 때문에 한계가 나타나는 이상 원불교의 회통성, 한의학의 일원성(一元性)만이 가능하다[178]는 주장이 설득력을 더한다. 육신을 분석의 대상으로 보는 의료계와 정신수련을 목적으로 삼는 종교계가 공히 생명을 경외의 대상으로 보아서, 사회의 생명윤리에 거슬림이 없는 상보적 동반의 관계로 나아가야 한다는 것이다. 원불교 생명윤리의 방향을 가늠해 보려는 것도 이 때문이다.

4) 원불교 생명윤리의 방향

생명윤리의 정립은 원불교의 사회윤리적 방향제시에 있어 반드시 필요하다. 종교와 사회라는 공동체에서 지고의 생명가치가 다른 가치에 앞선다는 사실 때문이다. 더욱이 생명의 소중성과 생명경시의 풍조는 교단 안팎의 주요 이슈로 등장하고 있기 때문에 이를 더 이상 미루어둘 수도 없는 상황이다. 오늘날 우리가 접하고 있는 낙태, 안락사, 자살, 사형, 생명복제의 항목들 하나하나에 대해 각 종교에 있어 생명윤리의 정립이 시급하다는 뜻이기도 하다. 여기에서는 종교와 사회 양면성을 고려, 원불교 교리의 정신에 입각하여 다음 5항목들에 대한 생명윤리의 대체적인 방향을 제시하고자 한다.

---

178) 정우열, 앞의 논문. p.10.

먼저 낙태에 대한 생명윤리의 방향을 언급해본다. 이 낙태문제의 해법을 살펴본다면 그것은 기본적으로 원불교의 생명관에서 추출해볼 수 있다. 우선 원불교에서 태아를 생명으로 보는가의 실마리를 찾기 위해 교리적으로 회통관계에 있는 불교와 연계하여 생명관을 접근해 볼 수 있다. 대체로 불교의 생명관은 삼세 인연연기론을 통해 그 모색이 가능하다. 이를 유추해 보면 모든 생명이 모태에서 수태하는 생유(生有), 모태에서 수태한 후 일생을 마칠 때까지를 본유(本有), 생명이 다하여 죽음을 맞이한 사유(死有), 중생이 죽은 후 그 업력에 의해 다음 생을 받을 때까지를 중유(中有)로 구분한다.[179] 원불교의 생명관도 불교의 삼세 인연연기론과 원리 면에서 회통한다고 본다. 불교의 생명 연기론에서 모태로부터 수태하는 '생유'에 대해 언급한 것처럼 소태산 역시 3세의 인연 연기에 따라 현생의 출발인 모태에서 수태한 태아에 대하여 직접 언급하고 있다. '태아는 모태 가운데 있을 때는 그 영식이 어리는 때'(『대종경』, 인도품 44장)라는 것이 이것이다.

같은 맥락에서 정산종사도 『예전』「가례편」에서 입태와 출생을 말하여 입태 후에는 태교의 법을 준수하여, 몸을 삼가고 마음을 깨끗이 하며 행실을 바르게 하라고 하였다. 그가 밝힌 「태교의 도」에서 사람의 교육은 태교로부터 비롯된다고 했다. 태교의 법으로는 먼저 몸을 삼가고, 마음을 청정히 하라[180]는 것이다. 이처럼 원불교에서는 태아를 생명의 출발로 보아 태교를 밝혔으니 낙태란 곧 태아의 생명체를 살상하는 결과를 가져다준다. 이에 생명윤리의 입장에서 볼 때 결국

179) 목정배, 「인공출산과 불교의 생명관」, 『多寶』 제7호, 대한불교진흥원, 1993, p.9.

180) 『정산종사법어』 「세전」, 제2장 교육, 2. 태교의 도.

인명의 존엄성이 무너지게 되는 것이다. 물론 가톨릭과 불교, 유교의 경우 낙태에 대한 시각도 매우 부정적 입장이다. 가톨릭은 생명창조론의 입장에서 낙태 반대의 선봉에 있으며, 유교의 인(仁) 사상에서도 천리에 따른 생명존중 사상이 묻어나오고 있다.

그러면 낙태란 있을 수 없는 일인가에 대한 원불교의 입장도 분명히 해야 할 것이다. 대한의사협회가 밝힌 바, 낙태할 경우 윤리헌장의 지침 제54조(태아관련 윤리)를 살펴보자. 가출 여중생과 같은 미성년자가 임신을 했을 때처럼 의학적·사회적으로 적절하고 합당한 경우 신중히 낙태수술을 시행할 수 있도록 했다. 그리고 현재 모자보건법상 낙태는 강간에 의한 임신이나 선천성 기형·정신질환 등 극히 제한적으로 허용되고 있다. 이러한 사회적 상황에 대해 원불교는 낙태를 어떻게 수용할 것인가도 과제이다. 원불교 계문에서도 관련 조항이 나온다. “간음을 하지 말며.”[181] 이를테면 불의에 의한 원하지 않은 임신을 하였을 경우에 대해 무조건 낙태를 금할 수만은 있겠는가? 원불교 생명윤리의 정립 방향에서 고심해야 할 것이다. 물론 생명의 소중성을 고려한다면 논란의 여지는 크겠지만 계문 ‘연고’(없이 살생을 말며) 조항을 여기에 융통성 있게 대응할 수 있는 방향을 검토해보자는 것이다.

다음으로 원불교에서 생명윤리적으로 안락사를 어떻게 볼 것인가의 규명이 필요하다. 이 또한 원불교에서 생사를 바라보는 시각이 무엇인가를 살펴보면 그 해법이 가능하리라 본다. 안락사가 지속적인 사회문제로 등장하고 있기 때문에 원불교의 생사관에서 이를 어떻게 해서든 규명해 주어야 한다. 실제 최근 사회의 논란거리는 안락사의 허

---

181) 『정전』 제3수행편, 제11장 계문 보통급3조 및 법마상전급 2조.

용과 관련된 것이며, 이 문제 역시 생명이란 무엇이며 어디까지 지켜져야 하느냐에 집중되어 있다[182]고 할 것이다. 이러한 문제점은, 모든 생명활동은 사은의 공물(公物)인 이상, 죽음을 개인의 선택권으로 넘겨줄 수 없는 인연 연기의 소산이라는 원불교 생사관에서 문제해결의 실마리를 찾아보는 것이 필요하다.

구체적으로 안락사 문제를 원불교의 인연 연기적 생명형성의 관점과 연계해 본다면, 현생의 고통을 극복하기 위해 죽음이라는 극단의 방법을 취함에 있어 문제가 있음을 교리적으로 규명하는 것이 필요하다. 소태산의 경우 어떤 존재든 유정(有情)이라면 인연 연기의 생명체이므로 생사를 둘로 보지 않고 하나의 연장선으로 보라는 입장이다. 생사일여의 사상이 그것으로 생사를 하나의 입장에서 본다면, 환자가 비록 불치의 병으로 고통 받고 있다 해도 그 고통의 극복을 위해 스스로 죽음을 택한다고 해서 도와주는 것은 바람직하지 않다. 곧 생사의 고락을 끊는 방법에 있어 물리적 방법이 아니라 정신적 수양력으로 생사의 둘 아닌 자리를 관조하여 생사해탈을 하라는 것이다. 그러면 거기에는 생사도 없고 업보도 없으니 이 지경에 이르면 생사업보가 멸도된다. 이를 현대적 활동과 연결해보면 호스피스 병원에서 죽음에 임박한 환자에게 존엄하게 죽을 권리[183]를 권면하여 고통 받는 당사자에게 생전 천도를 해주며 생사해탈을 통한 고통과 죽음을 편하게 받아들이도록 하는 일이 필요하다.

---

182) 김도종, 「종교는 21세기 문화통합의 주체일 수 있는가」, 제17회 국제불교문화학술회의 『21세기 불교의 전망과 과제』, 원광대 원불교사상연구원, 2001.5, p.56.

183) 김도공, 「21세기의 생명문제와 원불교의 대응」, 『원불교와 21세기』, 원불교사상연구원, 2002, p.321.

또한 의료계에서 주장하는 안락사의 타당성을 어떻게 보아야 하는가? 이 역시 원불교 생명윤리의 접근에 있어 중대 사안이다. 일반적으로 안락사의 타당한 조건 세 가지를 소개해보면, 환자가 불치병으로 참을 수 없는 고통을 겪고, 다른 의학적 치료법에 대해 환자가 충분히 알고 있어야 하며, 환자가 이성적인 상태에서 안락사를 꾸준히 자의적으로 요청해야 한다. 이에 대한 원불교적 시각은 어떠한가? 여기에 대해서 원불교적 입장은 안락사도 일종의 간접 살인행위라는 점이며, 그것은 'mercy killing'이라는 영어의 의미에서도 발견된다. 원불교 교리에 의하면 연고 없이 살생을 말라는 조항이 있으나, 이를 자의적으로 해석하여 안락사를 연고 조항으로 이해한다면 곤란하다. 따라서 원불교적 생명윤리 정립의 방향에서 본다면 불치병으로 환자의 고통이 뒤따른다 해도 물리적 살인협조가 있어서는 안 된다고 본다.

이어서 사회적 문제로 인지되는 자살을 원불교 생명윤리의 측면에서 언급해본다. 안락사가 타인의 도움에 의한 죽음이라면 자살은 자의에 의한 죽음이라는 점에서 차이가 있을 뿐 둘 다 살인의 행위라는 점에서 사회적 파장을 일으키기에 충분하다. 안락사와 큰 차이 없는 이상 자살은 생명윤리에 반하는 행위인 바, 스스로 선택한 자살이라 해도 살인행위가 되는 것이다. 우주에 살아가는 어느 생명체건 인연연기적 생사순환의 고리에서 보면 생과 사는 분리된 것이 아니다.[184) 설사 스스로 생명을 끊었다 해서 생사업보가 절멸되는 것이 아니라 또 다른 업보를 받게 된다는 의미이다. 이를테면 일시적 충동으로 자살을 한다고 해서 주어진 생명은 그대로 끝나지 않고 삼세를 걸쳐 생사순환의 고통스런 윤회를 계속하게 된다는 것이다.

---

184) 『대종경』, 부촉품 14장.

그리고 자살의 부당성은 사은윤리에서 살펴보면 특히 부모에 대한 배은행위로 나타난다. 소태산은 부모은 조항의 「부모피은의 조목」 1조에서 부모가 있으므로 만사 만리의 근본이 되는 이 몸을 얻게 된다고 하였다. 곧 나의 생명은 부모의 선물에 의함이라는 것이다. 이어서 그는 「부모 배은의 결과」에서 부모에 배은을 할 경우 당장 제가 낳은 제 자손도 그것을 본받아 직접 앙화를 끼칠 것[185]이라고 하였다. 이러한 앙화 속에는 자살행위도 포함된다. 이에 자살은 결국 자신을 낳아준 부모에 대한 배은으로서 불효의 극치가 아닐 수 없다. 부모가 선사한 소중한 생명을 자살이라는 극단의 방법으로 배은한다는 것은 불효가 되어 생명윤리에 있어 용납될 수 없는 것이다. 나의 생명이니 천리를 거스르고 내 맘대로 한다는 것처럼 어리석은 행위가 아닐 수 없기 때문이다.

그리고 자살의 원인과 그 방지책에 대하여 원불교 교리정신을 살펴보면 삼학의 정신수양에서 그 모색이 가능하다. 소태산은 「정신수양의 목적」에서 직접 자살이라는 용어를 동원하고 있다. 즉 번민망상과 분심초려로 자포자기의 염세증도 나며, 혹은 신경쇠약자도 되며, 혹은 실신자도 되며, 혹은 극도에 들어가 자살하는 사람까지도 있게 된다는 것이다. 이에 소태산은 천지만엽으로 벌여가는 인간의 욕심을 제거하고 온전한 정신의 자주력을 얻도록 수양하라고 하였다. 이에 자살하는 사람이 극단적 방법으로 괴로운 인생을 끝내려고 하지만 윤회에 의해 다시 괴로운 인생으로 살기 때문에[186] 이의 극복을 위해 온전한 수양력으로 윤회 해탈하는 적공이 필요하다. 결국 자살은 배은

---

185) 『정전』 제2 교의편, 제2장 사은, 7.부모 배은의 결과.

186) 한종만, 『원불교 대종경 해의』(下), 도서출판 동아시아, 2001, pp.143-144.

및 수양력 결여에 의한 것이므로 원불교 생명윤리 정립의 방향도 자살의 절대 불가성을 밝히는 차원에서 접근되어야 하리라 본다.

다음으로 사형제도에 대한 원불교 생명윤리 정립의 방향을 살펴보도록 한다. 사형이란 그 의미에서 보면, 상대방의 생명을 앗아가는 등 중죄를 저질렀을 때 인과응보로 가해자에게도 죽음의 형벌을 내린다는 것으로 그럴듯한 법치 논리이다. 그러나 사형의 중형을 내린다고 해서 사회에 그러한 범죄가 없어지지 않는다는데 문제가 있다. 사형은 일종의 가해자의 생명을 절멸해야 하므로 인도적 입장에서 보면 또 다른 살상이다. 특히 법신불 사은은 생명의 근원이므로 아무리 극한 징벌 행위자라 해도 그의 생명을 끊는다는 것은 상극의 죄업이 쉬지 않는 행위이다. 소태산은 이에 "사람만 믿지 말고 그 법을 믿을 것이요"라고 솔성요론 1조에서 밝혔다. 설사 탐진치의 경계에 잠시 가려 중죄를 저질렀다 해도 그 죄를 미워할지언정 사람은 미워하지 말라는 것이며, 이는 세상 누구에게나 불성이 있음을 뜻한다.

누구나 불성을 가진 존재이므로 잠시 무명에 가려 저질러진 죄업에 대해 사형이란 언도를 내린다 해도 죄인의 죄과를 평생토록 뉘우칠 기회를 박탈하는 행위가 문제인 것이다. 종교는 죄과에 대한 참회 수도를 통해서 얼마든지 죄인이 거듭날 수 있다는 것을 가르치는 곳이라는 면에서 더욱 그렇다. 살도음을 행한 악인이라 할지라도 마음 한번 돌리면 불보살이 될 수 있는 바, 용수도 출가 전에는 방탕한 생활을 하여 사형을 당할 위기에 있었으나 위기를 모면하고 출가하여 수도 정진을 하였다.[187] 원불교에서 말하는 죄업의 소멸이란 죄인으로 하여금 자신이 지은 죄를 진심으로 뉘우치도록 하여 죄성이 본래 없는 성품을

187) 위의 책, pp.264-265.

깨치도록 인도하는 데에서 발견된다. 이참과 사참의 경우가 이것이다.

따라서 원불교는 생명윤리적 차원에서 사형의 부당성을 알리고 사형제 폐지에 앞장서야 할 것이다. 오늘날 종교계에서 이러한 운동이 활발하게 펼쳐지고 있는 상황이다. 종교계의 협력운동 가운데에는 불교 원불교 유교 천도교 천주교 한국민족종교협의회 등 6개 종단이 「사형제도 폐지를 위한 범종교연합」을 조직하여 "사형제도 폐지, 우리 모두의 힘으로"란 주제의 행사를 여는 등 사형제도 폐지운동에 힘을 모았다(경향신문, 2001.5.29). 종교가 합력하여 생명의 존엄성을 확인시켜 주고, 사형만이 응보의 최후수단이 아니라는 사실도 알려야 한다. 따라서 극형의 사형보다는 종신형 등을 통해 참회의 기회를 주고 용서라는 종교적 가치를 부각시킨다면[188] 생명경외의 정신에 부합하리라 본다. 경외심에 더하여 참회라는 죄업 소멸의 가치를 생각하게 한다면 상생을 추구하는 원불교 생명윤리 정립의 기본방향이 될 것이다.

끝으로 생명복제에 대한 원불교 생명윤리의 방향을 접근해본다. 우선 생명복제에서 등장하는 배아의 경우, 수정 후 14일까지의 상태인 배아를 생명으로 볼 것인가가 궁금한 일이다. 왜냐하면 과학기술이 인간 복제를 과연 어느 정도까지 성공시킬 수 있느냐에 있어, 논란의 핵심사항은 수정 후 14일까지의 배아를 생명으로 볼 수 있느냐에 집중되어 있기 때문이다.[189] 물론 과거의 전통적 사고에 의하면 배아도 태아의 범주에 해당한다. 그것은 최근 생명과학 기술이 발달하기 이

---

188) 황민정, 「교역자 공동체 생활 모색」, 2000학년도 《학술발표회요지》, 원불교대학원대학교, 2000년 12월, p.86참조.

189) 김도종, 「종교는 21세기 문화통합의 주체일 수 있는가」, 제17회 국제불교문화학술회의 『21세기 불교의 전망과 과제』, 원광대 원불교사상연구원, 2001. 5, p.56.

전으로서 과거 농경사회의 전통적 임신과정에 의하면 정자와 난자가 수정하는 순간부터 임신한 것으로 간주하기 때문이다. 이미 언급한 바 있듯이 1980년대에 배아줄기세포 연구가 보고되기 시작하여 1998년에 배아줄기세포가 소의 난자에 핵을 이식하여 만들게 되었으며, 그 후 2004년부터 더욱 생명복제와 조작 관련 보고들이 쇄도하였으니[190] 이 이전의 상황들은 전통적 사고에 의한 생명관이 주류를 이루었다.

그런데 난치병 치료를 목적으로 생명의료 기술이 발달하면서 생명복제의 문제가 등장했다. 이 생명복제에 필수적인 배아복제를 하는 상황에서 본다면, 현대과학에서 배아를 태아의 생명체로 보기보다는 세포로 간주하는 성향이 있다. 그것은 전통적 정자와 난자의 결합이 아니라 정자가 필요 없는 체세포 방법으로 생명이 복제될 수 있기 때문이다. 여기에서 생명복제에 대한 논란이 일기 시작한 것이다. 어떤 방법이든 기독교의 경우 '생명은 신의 창조물이며 생명이 태어나고 죽는 것 역시 신의 영역'이라고 하여 생명복제에 대해 적극 반대의 입장을 표명하고 있다. 사실 기독교에서는 수태 순간 영혼이 들어온다고 보아 배아도 생명체로 보는 경향이다. 생명 과학자들은 배아를 세포로 보는 반면, 종교계에서는 체세포 수정이든 다른 방법이든 배아를 하나의 생명체로 보려는 것이다. 원불교의 경우 태아를 '영식이 어리는 때'에 비중을 두고 있지만[191] 수정의 방법상 전통적 방식과 생명복제 방식에 차이가 있으므로, 이를 어떻게 해석해야 하느냐는 과제가

---

190) 미산스님, 「생명조작」, 『불교생명윤리 정립을 위한 공개 심포지움』, 불교생명윤리 정립을 위한 연구위원회, 2005.12.3, p.67.

191) 졸고, 「소태산의 생명관」, 『정신개벽』 제13집, 신룡교학회, 1994, p.171참조.

발생하게 되므로 공히 생명경외라는 면에서 이의 접근이 필요하다.

여기에서 참고로 불교의 생명관을 접근해 본다. 불교 생명론의 출발에 있어 인연 연기설은 『아함경』에 다음과 같이 거론된다. "이것이 있음으로 저것이 있고, 이것이 없음으로 저것이 없다. 이것이 생김으로 저것이 생기고, 이것이 멸함으로 저것이 멸한다." 불멸 후 이 연기설을 이해하는 방법도 발전하여 업감연기설, 아뢰야연기론, 여래장연기론 등으로 접근된다. 다시 말해 생명복제에 대한 불교의 견해는 초기불교에서의 의식이나 요가학파에서의 아뢰야식 또는 여래장사상에서의 여래장·진여가 어떻게 영향을 받아 형성되는가를 묻는 것이었다.[192] 생명체의 구성요소로 볼 경우, 지수화풍이나 오온(색수상행식)으로 생명이 탄생한다는 것이 불교의 기본견해이며 원불교 생명관의 출발 역시 이와 유사한 입장이다. 물론 4대와 오온에 더하여 육체와 영혼을 완전히 조합된 인간 탄생으로 보느냐는 또 다른 논란으로 남는다.

이에 더하여 난치병 치료의 명분으로 배아줄기세포를 복제할 경우 여성의 필연적 난자 제공은 윤리적으로 타당한 것인가도 문제이다. 이른바 근래 생명과학계가 주장하고 있지만 아직 검증이 안 된 상태이나, 난자 제공에 의한 체세포핵이식 등을 통해 줄기세포를 복제한다고 하여 생명체가 아닌 세포로 간주하는 것은 카르마에 의한 생명체의 윤회 내지 "살생을 하지 말며"의 취지와 어긋나는 일은 아닌가를 검토해 보아야 한다. 어떻든 인간복제에 대한 수위단회의 견해(「출가교화

---

192) 이평래, 「정보화시대에 있어서 영성의 문제」, 제19회 국제불교문화학술회의 《지식정보화사회에 있어서 불교-생명과 영성》, 원광대·일본불교대, 2005.9. 9-10, pp.20-21.

단보」 62호, 1997.4)가 있어 이를 소개해 본다. "우리는 인간 복제가 현실로 나타날 경우 윤리적으로나 문화적으로 인간 존엄성의 붕괴가 비극적으로 전개된다는 사실을 경고하며 이에 인간 복제를 반대한다." 아무리 인간복제가 이루어진다 하더라도 그것은 삼세 윤회의 색신을 거부하는 일이며, 아울러 인간 영혼의 독자성이 무너질 수 없으므로 영원히 윤회하는 업의 역할은 변함이 없는 일이다.

위에서 다섯 가지로 언급한 것처럼 원불교 생명윤리 정립의 방향에 있어서 기본 원리는 교법의 생명존중 사상에서 나타난다. 즉 원불교의 생명존중 사상은 사은윤리에 입각, 처처불상과 사사불공이라는 실천적 신앙행위에서 절정을 이루며, 이는 개체의 자아와 큰 자아의 안위를 보장하는데 절대적으로 필요한 가치관이다.[193] 이처럼 처처를 불상으로 보고, 모두를 부처 모시듯 불공하여 살리라는 교리정신에서 새겨 본다면 세상의 온갖 유정물이 경외의 대상이 아닐 수 없다.

5) 생명경외와 생명윤리

위에서 언급한 원불교 생명윤리 방향을 종합적으로 살펴볼 때, 낙태의 여부 및 생명복제의 경우 기본적으로 태아에 대한 생명의 존엄성이 뒷받침 되어야 하며, 무명에 의해 자행되곤 하는 자살과 안락사는 단생만 있는 것이 아니라 인연 연기에 따른 다생의 윤회적 시각이 있음을 알아야 한다. 그리고 사형제도는 징벌만이 최후의 수단이 아니며, 여기에 참회와 용서라는 종교적 가치가 필요하다. 다시 말해 안락

193) 박상권, 원불교의 생명사상, 『원불교학』 제2집, 한국원불교학회, 1997, p.307.

사, 자살, 사형제도에 대해서는 반대하는 방향으로 나아가야 하는 것이 원불교의 생명윤리 정립의 기본 방향이라고 본다. 그리고 낙태와 생명복제는 원칙적으로 생명경외가 뒤따르지만 '연고' 조항을 통해서 불의의 임신 내지 난치병 치료(동물중심의 복제)라는 명분에서 볼 때 생명과학계의 입장을 신중히 검토해 볼 수 있다고 본다.

이에 더하여 앞으로 생명과학이 발전하는 한, 종교와 철학 및 과학 등 제반 분야에서 인간의 생명윤리와 관련한 학제간 연구가 바람직할 것이다. 이처럼 다양한 연구가 지속될 때 원불교가 추구하는 생명윤리의 방향에 많은 시사점을 얻으리라 본다. 여기에 기본적으로 필요한 것은, 원불교가 지향하는 21세기적 인간관과 생명관은 무엇이며, 환경 및 생태문제에 대한 구체적인 실천방법이 무엇인지에 대한 연구가 뒷받침되는 일이다.[194] 원불교 교리정신에 근간한 관련 연구가 지속될 때 원불교의 생명윤리는 시류에 편향될 수 있는 사회적 문제점을 비판, 설득력 있는 종교윤리의 기반을 제공해줄 것이다.

아울러 각 종교단체가 합력하여 범종교적으로 인간의 생명윤리 정립에 앞장서야 한다. 생명윤리의 정립은 원불교만의 과제가 아니기 때문이다. 이에 생명윤리와 관련한 각 종교단체의 활동이 기대된다. 예컨대 사형과 관련한 범종교 연합체의 협력사항을 보면, "우리는 어떠한 경우에도 '살인은 안 된다'라고 거듭 호소합니다. 아무리 가증할 범죄를 저지른 흉악범에게라도 치유와 용서를 통한 갱생의 삶을 살아갈 기회를 주는 사랑과 자비가 절실히 요청되는 지금입니다."[195] 또

194) 김성장, 「원불교학 연구의 당면 과제」, 《원불교학 연구의 당면》, 한국원불교학회, 2002.12.6, p.17.

195) 2001년 6월 2일 사형제도 폐지를 위한 범종교 연합 공동 대표(불교, 원불교, 유교, 천도교, 천주교, 한국민족종교협의회).

편의적 낙태라든가, 자살방지 운동도 같은 맥락에서 종교간 협력 운동을 통해 펼쳐져야 할 것이다. 이를 위해 원불교를 비롯한 제반 종교들이 사회에서 이슈가 되고 있는 생명윤리 문제에 대하여 적극 관심을 갖고 이에 대응해야 할 것으로 보인다. 그것은 모든 종교가 공히 생명존엄의 가치를 최우선으로 생각하는데서 비롯된다.

여기에는 두 가지 제안이 뒤따른다. 첫째, 종교연합체의 생명윤리 헌장을 만들자는 것이다. 둘째, 원불교생명윤리위를 탄생시키자는 것이다. 그것은 모든 종교의 사회적 과제이자 원불교가 인류구원과 사회구원을 향한 구체적 실천의 방법이다. 이는 원불교 교의의 생명경외 정신에 따라 생명윤리를 구체적으로 정초하여 적극 대응하는 일이기도 하다. 여기에는 우주 만유의 생명 존엄성을 원불교 교리 속에 용해하는 일, 그리고 원불교 생명론에 대한 정체성을 확보하는 일에서 비롯된다고 본다.

그리고 보다 깊은 원불교 생명윤리의 정립에는 기본적으로 연계해야 할 바, 『대종경』의 천도품 등과 『정산종사법어』의 생사품 등을 참조하여야 할 것이며, 나아가 전생과 현생 그리고 내생의 삼세론에 바탕한 전통불교의 생명관과도 깊이 관련지어야 한다.196) 소태산의 기본 생명론과 연계하여 그 정체성을 드러내고, 또 전통불교의 생명론과도 깊은 천착을 도모할 때 불살생의 생명존중, 삼세 윤회적 생명윤리 정립의 방향이 모색될 것이다. 이러한 바탕 하에서 낙태나 생명복제 등의 한 테마를 집중 연구할 수 있는 길도 열리리라 본다.

---

196) 장응철, 원불교 생사관, 『원불교사상시론』 1집, 수위단회사무처, 1982, p.66.

제2장 치유론과 해석학

1. 원불교의 치유론

1) 생존경쟁과 소외

오늘날 생존경쟁의 일상에 매몰되다 보면 자신의 건강을 돌아볼 여유를 찾지 못한 채 번다한 외부환경에 노출되어 심신의 스트레스를 받기 쉽다. 이러한 피로현상은 물질문명의 범람에 따른 인간소외의 문제가 삶의 질을 떨어뜨리기 때문이다. 현대는 문명이 고도로 발달한 시대로서 인간의 생활은 편리해졌지만, 상대적으로 인간의 정신적 장애는 더 심각해지고, 그로 인해 현대인들은 과거 어느 때보다도 더 많은 정신장애를 가지게 된 것이다.[1] 사람들의 심신 피로도가 과거와 달리 급증하고 있다는 것은 심신을 치료 받아야 할 대상이 많아지고 있다는 뜻이다.

현대인들은 현란한 물질문명의 혜택에도 불구하고 오히려 심신피로를 더 겪는 까닭에 인문과학에서조차 치유라는 문제가 거론되고 있는 것은, 지금까지 의·약학계에서 주로 담당해 온 치료의 문제가 학제간의 이슈로 확대되고 있기 때문이다. 많은 사람들이 자신이 환자인

---

1) 윤종모, 『치유명상』, 정신세계사, 2009, p.171.

줄도 모르고 심신간 고통을 감내하며 살고 있다는 것이며, 이에 대응한 치료의 담론들이 인문학, 사회학 심지어 예술계에서 심도 있게 회자되고 있는 것도 사실이다.

종교 분야에서도 치유의 문제가 화두로 등장하고 있는 바, 물질 중심의 병폐에 따른 현대인의 정념(情念)을 치유해야 할 종교 본연의 사명이 커졌다. 우리를 괴롭히는 욕정의 정념과 그 실체를 파악하게 하고 이를 극복할 수 있도록 해준다면 그것은 가장 바람직한 치료의 형태일 것이며, 현대사회에서 고통 받는 인간의 마음병을 치유하는데 적지 않은 역할을 수행할 수 있을 것이다.[2)] 심신 치유의 과제는 더 이상 의료계에 맡겨질 사안이 아니라 보며, 이제 종교계가 나서야 한다는 점을 숙고할 때 치유와 관련한 각종 학술회의는 그만큼 요청되는 시점이다.

종교와 철학, 심리학 등 학술 영역에서 치유에 대한 관심이 점증하고 있다는 것은 바람직한 현상이라 본다. 종교와 관련된 영성치유라는 용어가 유행하고 있으며, 그것은 종교가 치유 문제에 적극 뛰어들고 있다는 신호이기도 하다. 영성이라는 용어는 보편화되어 이제 종교인뿐만 아니라 일반인들에게도 익숙해져 있으며, 신영성운동은 20세기 후반부터 유행한 인간성 회복의 치유법으로 조명을 받고 있다. 영성함양을 통한 치유론이 마음의 안정과 세계평화를 가져다주는 방안이 되기에 충분하다고 보는 이유이다.

같은 맥락에서 명상도 치유의 해법으로 등장하고 있다. 많은 명상

---

2) 김익진, 「문학과 마음치유」, 제334회 학・연・산 연구성과교류회 《인문학적 마음치유와 한국의학의 만남》, 마음인문학연구소, 한국연구재단, 2012.4.14, pp.45-46.

가들이 주장하는 명상치료의 요법은 현대인의 고통을 극복케 하는데 효력을 발하고 있으며, 이는 근대화의 부작용에 대한 치료제로서 검토되고 있다.[3] 근래 영성과 명상은 보편화되면서 현대인들의 스트레스 해소는 물론 고통 치유의 방법으로 각광을 받고 있으며, 그것은 물질 위주의 산업사회에 따른 부작용의 현상으로 인간소외, 생존경쟁과 상호 반목을 치유할 있는 심신치료의 요법으로 인지되고 있기 때문이다. 우리에게 엄습하는 각종 병증(病症)에 대한 치유법으로서 영성과 명상은 수련요법과 직결된다는 점에서 종교의 역할이 더욱 커지고 있다.

원불교의 개교는 만연되어가는 현대인의 병증(病症)을 치유하려는 것과 관련되어 있다. 원불교를 창립한 소태산대종사는 과학의 문명이 발달됨에 따라 물질을 사용하여야 할 사람의 정신은 점점 쇠약하고, 물질의 세력은 날로 융성하여 그 지배를 받게 되므로 물질의 노예생활을 면하지 못하였다고 보았다. 이에 후천시대의 화두를 정신개벽에 두고 인류를 구원하고자 하였으며, 정신개벽은 물질문명의 이기(利器)에 빠져 인간의 주체성을 상실한 현대사회의 병맥 진단이라는 점에서 치유론을 전제하고 있다.[4] 정신개벽을 「개교의 동기」로 하여 출발한 원불교는 개인과 사회의 병맥 치유에 관심을 갖지 않을 수 없다는 것이다.

종교의 선각들이 주장한 것처럼 종교의 존재이유와 그 생명력은 무엇보다도 고통 받는 개인과 사회의 병맥을 진단, 치유하는 것에 있다고 본다. 그것은 인류구원이 종교를 존재케 하는 명분이기 때문이다.

---

3) 송천은, 『일원문화산고』, 원불교출판사, 1994, p.167.

4) 양은용, 「원불교의 마음공부와 치유」, 『한국그리스도 사상』 제17집, 한국그리스도사상연구소, 2009.12, p.110.

종교의 생명력은 무엇보다도 현재 처해진 역사와 사회에 대한 나름대로의 진단을 통하여 어떠한 종류이든지 치유책을 제시해 주는 데서 찾아야 할 것이다.[5] 불교를 포함한 원불교가 치유론에 대하여 소홀히 할 수 없는 이유가 여기에 있다.

본 연구는 정신개벽을 통한 제생의세의 차원에서 원불교의 치유론을 밝히고자 한다.[6] 소태산의 포부와 경륜 나아가 원불교사상에서 본 치유의 개념, 치유대상의 진단, 치유방법론 등을 모색하려는 것이다. 원불교 창립 100년에 당도한 현 시점에서 원불교 치유론에 대한 연구는 개교의 동기를 실현하는 지름길이다.

2) 원불교 치유의 개념

치유의 일반적 개념을 접근함에 있어서 치유를 치료와 개념상 혼동하는 경우가 있다. 그것은 우리가 일상생활에서 치료와 치유를 크게 구분하지 않고 두 단어 모두가 고통으로부터 벗어나게 한다거나 고친다는 정도로 구분 없이 이해하는 성향 때문이다.

의료계에서는 대체로 치료와 치유 개념을 구분하고 있다. 이 두 단어는 의학적으로, 종교적으로도 개념의 차이가 있다. 의료계에서 치료란 치유의 과정(process)을 뜻한다. 우리 몸에 상처가 나면 치료(treatment)를 한다고 하며 치유(healing)를 한다고 하지는 않는다. 그러나 중병이나 마음의 병이 생겼을 때는 치료보다는 치유라는 말이

---

5) 김탁, 「원불교 사요교리의 체계화 과정」, 『인류문명과 원불교사상』(上), 원불교출판사, 1991, p.260.

6) "제생의세를 목적하는 우리의 책임이 어찌 중하지 아니하리요"(『대종경』, 교의품 36장).

더 어울린다. 치료는 병을 고치거나 상처를 아물게 하기 위한 단순히 외과적 조치를 취하는 것을 말한다면, 치유는 병의 근본원인을 제거해 그 병이 없던 상태로 되돌리는 것[7]을 말한다.

본 연구는 이러한 치료와 치유의 개념을 엄격히 구분하지 않고 원불교 경전에 나타난 관련 법어의 상황성에 근거하여 사용하였음을 밝힌다. 소태산은 제자들에게 수기설법을 하였고, 더욱이 원불교는 의료계의 육신치료를 존중하면서 마음병을 치유하려는 양면적 성향을 지니고 있기 때문이다. 다만 치유라는 용어를 선호한 것은, 일반 종교계에서도 육신치료보다는 정신치유에 관심을 두고 있으며, 또 종교의 역할이 treatment보다는 healing으로서 이와 관련된 영성함양 및 명상수련에 초점을 두고 있기 때문이다.

그렇다면 원불교 치유개념의 설정에 있어서 전제해야 할 것이 있다. 그것은 원불교의 역할이 인류의 구원과 교화라는 두 가지 큰 틀에서 접근해야 한다는 사실이다. 소태산이 원불교를 개교한 목적은 인류의 구원과 교화라는 이념을 실행하기 위함이며, 이러한 원불교 개교이념에 근거하여 구체적으로 치유의 개념을 모색하는 것이 타당하다고 본다. 즉 치유라는 개념은 인류 구원과 교화를 이루기 위한 부속개념으로 이해된다고 사료되기 때문이다. 원불교 개교 당시, 소태산은 세상의 병맥을 물질위주의 가치혼돈 현상과 무명에 가린 인간의 고통을 파란고해[8]라 표현하면서 이들을 구원하고 교화할 제생의세의 사명을 실현코자 한 것이다.

이에 파란고해의 세상을 낙원세상으로 인도하려는 교조 소태산의

7) 네이버, 오픈백과, http://kin.naver.com/open100.

8) 『정전』 제1 총서편, 제1장 개교의 동기.

경륜과 원불교 개교의 이념으로서 구원과 교화라는 큰 틀 속에서 원불교의 치유개념을 모색해 본다.

첫째, 중생의 고통은 무지무명에서 비롯되는 것인 바, 이의 극복을 위해 원불교신앙의 대상인 일원상 진리의 깨달음과 교법의 실천이 원불교의 근본적 치유개념이다. 소태산은 깨달음에 이르기 전, 유년기부터 기나긴 구도과정을 통해 수많은 의심과 고행을 하였으며 청년이 되면서 이 의심들을 해결하고자 피골이 상접하기까지 했다. 22세 때부터는 "이 일을 장차 어찌할꼬"라 하며 돈망(頓忘)의 상태에 들었으며, 25세에는 온 몸에 종기가 가득하였고 어느 때에는 혹 분별이 있는 듯하다가 다시 혼몽하였다.[9] 26세 되던 해(1916년 4월 28일) 소태산은 '일원상 진리'의 깨달음을 얻음과 더불어 무명에서 고통 받는 중생들을 구원하기 위해 원불교를 창립한 것이다.

소태산이 깨달은 내역으로는 일원상 진리의 불생불멸과 인과원리이며, 깨달은 직후 소태산은 자신이 깨달은 바가 석가모니와 같다면서 석가모니를 성중성(聖中聖)이라 하여 연원불로 삼았다. 또한 중생의 무지무명을 극복하도록 하기 위해 교법을 만방에 천명하였으며, 그것이 그의 열반 직전(1943년 3월)에 친간(親刊)한 『불교정전』이다. 본 경전 「교의편」의 일원상 진리 · 사은(원불교신앙의 대상) 및 「수행편」의 염불, 좌선, 계문, 솔성요론 등 교법을 제시하여 인류구원의 교화방편을 천명한 것이다.

둘째, 번뇌 망상을 야기하는 우리의 마음병을 다스리는 것이 원불교 치유의 개념이다. 소태산은 마음병이란 『정전』의 「정신수양의 목적」에서 밝힌 바와 같이 번민과 망상 등으로 나타난 불같은 욕심이라

---

9) 『원불교 교사』, 제2장 소태산대종사, 4. 대종사의 입정.

하여, 이를 정서의 불안상태로 본 것이다. 인간이 겪는 마음병의 심각성을 인지한 소태산은 마음에 병이 없으면 복락을 자기 마음대로 수용할 수 있으니 마음병 치료에 정성을 다하라(『대종경』, 수행품 56장)고 하였다. 불교의 시각에서도 마음병이란 내면의 정서적 안정이 없는 불안 상태로서, 최고의 영식(靈識)인 말나식이 오온(五蘊)으로부터 철수한 것이며, 이로부터 정신이 맑아졌을 때 비로소 심리적인 치료가 시작된다[10]고 본다.

셋째, 과거 종교의 무기력한 병맥현상으로서 영과 육의 괴리현상을 극복하는 것이 원불교 치유의 개념이다. 소태산은 과거 도가에 있어서 정신적인 면에 중심을 두어 육신을 소홀히 하는 경향이 있었던 점을 지적, 상호 괴리에서 오는 고통의 치유를 강조한 것이다.[11] 『정전』 수행편의 「영육쌍전법」을 보면, 과거에는 세간생활을 하고 보면 수도인이 아니라 하므로 수도인 가운데 직업없이 놀고먹는 폐풍이 치성하여 개인 가정 사회 국가에 해독이 많이 미쳐 왔지만, 이제부터는 묵은 세상을 새 세상으로 건설하게 되므로 새 세상의 종교는 수도와 생활이 둘이 아닌 산 종교라야 할 것이라 하였다.

넷째, 병든 사회를 구원하는 것이 원불교 치유의 개념이다. 종교가 사회의 병리현상에 무관심할 경우, 사회구원이라는 성스런 의무에 불성실해지는 것이다. 소태산이 물질문명 위주의 사회 병리현상에 대해 깊은 관심을 갖고 「병든 사회와 그 치료법」을 내놓은 이유가 여기에 있다. 사회가 병이 들었으나 종교 지도자가 병든 줄을 알지 못한다거

10) Bruce W 外 5人 공편, 김명권 외 7인 공역, 『자아초월심리학과 정신의학』, 학지사, 2008, p.170.

11) 한종만, 『원불교 대종경 해의』(上), 도서출판 동아시아, 2001, p.292.

나, 설사 안다 할지라도 치료의 성의가 없다든지 하여 그 시일이 오래 되면 사회는 불완전한 사회가 될 것이며, 혹은 부패한 사회가 될 수 있고 파멸의 사회가 될 수도 있다[12]고 하였다. 종교의 사회구원이란 사회병리의 진단과 치료에 의한 건강한 사회를 향도하는 것이기 때문이다.

이러한 원불교 치유개념의 단서는 원불교가 탄생한 시대와 관련되는 것으로 구한말 시폐의 처방임과 동시에 기성종교의 아노미(Anomie) 현상을 극복하는 것에서 출발한다. 소태산이 살았던 때는 선후천 교역기로서 기성종교는 물론이고 국가와 사회가 구제되기 어렵다는 패배의식 속에 있었으며[13] 소태산은 이에 새 시대를 교화할 생활불교로서 정신개벽을 통한 인류 구원에의 의지를 불태웠다. 원불교의 치유개념이 인류의 구원 및 교화에 근거하고 있다는 것이다.

3) 치유대상의 진단

위에서 언급한 원불교 치유의 개념에 근거하여 치유대상을 진단해 보는 것은 원불교에서 구체적으로 무엇을 치유해야 하는가에 대한 시각을 분명하게 해준다는 점에서 필요한 일이다. 원불교의 치유론에서 살펴볼 때 치유대상의 진단에는 크게 개인적 진단과 사회적 진단으로 접근할 수 있다.[14] 그것은 원불교가 구원해야 할 대상이 개인과 사회

---

12) 『정전』, 제3 수행편, 제15장 병든 사회와 그 치료법.

13) 이은봉, 「미래종교에 대한 원불교적 대응」, 제18회 원불교사상연구 학술대회 《少太山 大宗師와 鼎山宗師》, 원광대 원불교사상연구원, 1999년 2월 2일, p.11.

14) 제2장 「원불교 치유의 개념」의 정립에 있어서 첫째~둘째는 주로 개인적으로 접근한 것이며, 셋째~넷째는 사회(종교)적으로 접근한 것이다.

라는 범주 속에 있기 때문이다.

우선 치유대상의 개인적 진단부터 살펴보고자 한다.

첫째, 일원상(法身佛 四恩) 진리에 대한 무지무명으로부터 고통을 받는 사람의 경우가 치유대상이다. 무명을 물리치고 일원의 광명을 밝히어 일원의 진리에 합일하기 위해서는 끝없는 노력이 요청된다[15]는 것이 이와 관련된다. 일원의 광명에 무지하다는 것은 불생불멸과 인과의 이치를 터득하지 못하며 살아가는 것이기 때문이다.

둘째, 삼독과 오욕의 욕심경계에 끌려 마음에 분란을 일으키는 사람의 경우가 치유대상이다. 그것은 과욕으로 인해 자신의 욕구를 만족시키지 못하기 때문이다. 소태산은 『정전』에서 다음과 같이 말한다. "욕심만 채우려 하다가 결국은 가패신망도 하며 번민망상과 분심초려로 자포자기의 염세증도 나며, 혹은 신경쇠약자도 되며, 혹은 실신자도 되며, 혹은 극도에 들어가 자살하는 사람까지도 있게 되나니…."[16] 번민을 야기하는 오욕을 제거하고 온전한 정신을 회복하라는 뜻에서 언급한 것이다. 『정전』의 「참회문」에서도 죄업의 근본은 탐진치라 하고 있으며, 「계문」에서도 탐진치 문제를 거론하고 있으니, 삼독 오욕에 구속된 마음의 소유자가 치유대상인 것이다.

이어서 치유대상의 사회적 진단을 살펴보고자 한다.

첫째, 물질문명 중심으로 사회가 발전하면서 가치가 전도된 사회를 치유대상으로 삼는다. 원불교가 탄생한 구한말 선후천 교역기는 물질문명 위주로 전환하던 근대화의 시기였으므로 사회의 병맥이 깊어지

15) 김팔곤, 「일원상진리 소고」, 『원불교사상』 제2집, 원불교사상연구원, 1977, p.49.

16) 『정전』, 제2 교의편, 제4장 삼학, 제1절 정신수양, 2. 정신수양의 목적.

기 시작했다. 과거와 달리 문명한 시대가 도래한 것을 본 소태산은 다음과 같이 말한다. "지금 세상은 밖으로 문명의 도수가 한층 나아갈수록 안으로 병맥의 근원이 깊어져서 이것을 이대로 놓아두다가는 장차 구하지 못할 위경(危境)에 빠지게 될지라."[17] 물질문명에 치우치고 정신문명을 등한시한다면 가치 혼돈의 사회에서 철모르는 아이에게 칼을 들려준 것과 같기 때문이다. 따라서 물질과 정신가치가 전도된 사회는 병든 사회이므로 이를 치유대상으로 진단하였다.

둘째, 사회유지의 공동체적 이념에 반하거나 결여된 사회를 치유대상으로 삼는다. 사회가 병들어가는 증거는 여러 가지가 있다. 각자가 서로 자기 잘못은 알지 못하고 다른 사람의 잘못하는 것만 많이 드러내는 것이라고 소태산은 말했다. 또 부정당한 의뢰생활을 하는 것이며, 또는 지도받을 자리에서 정당한 지도를 잘 받지 아니하는 것이며, 또는 지도할 자리에서 정당한 지도로써 교화할 줄을 모르는 것이다. 아울러 "착한 사람은 찬성하고 악한 사람은 불쌍히 여기며, 이로운 것은 저 사람에게 주고 해로운 것은 내가 가지며, 편안한 것은 저 사람에게 주고 괴로운 것은 내가 가지는 등의 공익심이 없는 연고라"[18]고 볼 수 있다. 『정전』의 「병든 사회와 그 치료법」에서 사회 공동체적 이념결여의 병든 사회의 실상을 드러내면서 이를 치유 대상으로 삼은 것이다.

한편, 개인과 사회의 병맥을 진단하고 치유함에 있어서 그 주체는 누구인가를 살펴볼 필요가 있다. 비컨대 육신의 고통을 겪는 환자를 치유하는 주체는 병원의사라면 개인과 사회의 병맥을 치유하는 주체

17) 『대종경』, 교의품 34장.
18) 『정전』, 제3 수행편, 제 15장 병든 사회와 그 치료법.

는 누구인가에 대한 것이다.

소태산은 세상을 구원하는 성자를 진단의 주체로 보아 부처를 의왕(醫王)이라 하고 있다(『대종경』, 수행품 56장). 부처는 모든 중생의 아픔을 함께하고 치유하는 대자대비의 심법을 소유한 성자이기 때문이다. 예수나 석가, 노자 같은 성자들은 깨달음을 이룬 자로서 인류의 위대한 스승이므로 사람들이 그들로부터 구원과 치유를 경험한다면 사실 그들은 마땅히 치유자요 위대한 영혼의 의사[19]인 것이다.

진단과 치유에 있어 의왕으로서 부처의 주체적 역할을 상기한다면, 교조 소태산의 제생의세적 경륜을 대행하는 교역자 역시 이 시대의 병맥을 진단, 치유하는 주체자라 볼 수 있다. 정산종사는 지방교역자들에게 훈시하기를, 교도들의 모범이 되어 그들을 잘 교화하여야 할 것이며, 만일 교화를 잘못하면 회상은 반드시 병들게 된다(『정산종사법어』, 공도편 51장)고 했다. 교역자가 마음병 환자와 병든 사회를 진단하고 치료하는 전문능력을 소유하지 못하면 원불교의 인류구원이라는 개교의 동기를 실현할 수 없을 것이다.[20] 원불교 교역자들이 일선교당에서 제생의세의 사명을 수행하고 있는 것은 이러한 진단과 치유의 주체자적 역할을 하기 위함이다.

물론 진단주체는 성자나 스승으로부터 오는 타력의 힘도 필요한 일이지만, 진단주체는 나 자신임을 상기하지 않을 수 없다. 죄업의 근본원인은 나에게서 비롯되는 바, 나의 죄업은 누구보다도 자신이 진단하고 처방할 수 있기 때문이다. 이에 원불교에서는 마음공부를 강조

---

19) 윤종모, 『치유명상』, 정신세계사, 2009, p.55.

20) 최영돈, 「결복기 교운을 열어갈 교무상」, 《원불교교무상의 다각적인 모색》, 원광대 원불교사상연구원, 2003.2.7, p.9.

하며, 각자가 마음치유의 조련사라 하고 있다. 오직 마음 사용하는 법의 조종 여하에 따라 이 세상을 좋게도 하고 낮게도 하므로 우리 각자가 마음의 조종사가 되라[21]고 소태산은 당부하고 있다.

덧붙여 개인과 사회에 대한 진단의 주체자가 됨과 동시에 그들을 위해 사용할 의술과 약재가 필요한 것도 사실이다. 소태산대종사는『정전』에서 공부의 요도 삼학팔조는 의사가 환자를 치료하는 의술과 같고, 인생의 요도 사은사요는 환자를 치료하는 약재와 같다[22]고 하였다. 그리하여 고통 받는 인류를 구원할 치유제로서 원불교 교강인 사은사요와 삼학팔조의 중요성을 밝히고 있다. 치료대상의 진단과 그 주체자, 나아가 이에 사용할 의술과 약재는 교법실천에 의한 사회구원이라는 명분 속에서 얼마든지 거론될 수 있는 부분이라 본다.

치유대상의 진단을 분명히 설정하여야 그에 맞는 적절한 방법론을 모색할 수 있는 것이다. 소태산은 인류사회를 구원하고 교화함에 있어서 개인적 진단과 사회적 진단을 분명히 하였다는 점에서 개인과 사회를 치유할 수 있는 방법론 모색은 원불교의 미래적 역할과 방향을 가늠하는 데에도 도움이 될 것이다.

4) 원불교 치유의 방법론

치유대상으로 진단을 받은 환자는 병 치료에 임하는 정성이 중요하다. 환자가 자신의 병을 치료함에 있어서 치료에 임하는 마음자세가 흐트러진다면 그만큼 치유의 효과는 감소되기 때문이다. 소태산은 이

---

21)『대종경』, 교의품 30장.

22)『정전』, 제2 교의편, 제6장 인생의 요도와 공부의 요도.

에 대하여 말하기를, 병을 치료하는 사람이 치료에 정성이 있는 것은 그 치료가 자기의 건강 보존에 중요한 관계가 있는 것을 아는 연고[23] 라고 하였다. 치료의 방법에만 의존하기 이전에 치료에 임하는 환자의 간절한 염원이 중요하다는 것이다.

환자의 정성도 하나의 치료법이라 볼 수 있겠으나 그것은 치료의 자세에 관련된 것이라 보며, 여기에서는 원불교의 치유 방법론들을 모색해 보고자 한다. 원불교 출현의 목적이 인류구원과 교화라는 점에 근거하여 구체적 치유 방법론을 모색해 보려는 것이다.

첫째, 무지무명의 극복에 관한 것으로 절대은(법신불 사은)에 대한 지은보은(知恩報恩)이 원불교 치유의 방법론이다. 『정전』「사은」에서 원불교의 절대은으로서 사은의 충만된 은혜에 의하여 모든 생명체가 온전한 생명을 유지할 수 있다고 하였다. 사은은 원불교신앙의 대상이라는 점에서 절대은으로 인지되며, 이 절대은에 보은함으로써 생명체가 고통을 극복, 온전한 생명을 유지하게 된다. 따라서 '우리가 천지와 부모와 동포와 법률에서 은혜입은 내역을 깊이 느끼고 알아서 그 피은의 도를 체받아 보은행을 하는 동시에, 원망할 일이 있더라도 먼저 모든 은혜의 소종래를 발견하여 원망할 일을 감사함으로써 그 은혜를 보답하자는 것'[24]이라고 소태산은 말한다. 보은의 대상으로서 천지은, 부모은, 동포은, 법률은이라는 네 가지 절대은혜가 없다면 천지만물이 생명을 보존할 수 없으므로, 우리가 온전한 생명을 유지하려면 사은에 보은하는 삶이 필요한 것이다. 이처럼 사은에 보은하는 삶은 자신의 생명보전에 불가결한 근본 치유제인 셈이다.

---

23) 『대종경』, 수행품 5장.

24) 『정전』, 제2 교의편, 제7장 사대강령.

둘째, 마음병 치유에 관한 것으로 원불교에서 강조하는 마음공부가 치유의 방법이다. 소태산에 의하면, 세상 사람들은 육신의 병은 병으로 알고 치료에 힘쓰지마는 마음의 병은 병인 줄도 모르고 치료해 볼 생각을 내지 않으니 어찌 뜻 있는 이의 탄식할 바 아니겠는가(『대종경』, 수행품 56장)라고 하였다. 정산종사 역시 사람들은 몸에 병이 없는 것만으로 강녕을 삼으나, 수도인들은 마음에 번뇌와 착심이 없는 것으로 강녕을 삼는다(『정산종사법어』, 무본편 48장)고 하였다. 마음병의 치료 없이 심신의 강녕을 보장할 수 없다는 것이다. 육신병은 의사에게 치료하듯이 마음병은 마음병 의사에게 치료를 받도록 한 이유[25]가 이것이며, 소태산은 마음공부를 강조함으로써 이 마음병 치유에 정성을 다하도록 하였다.

셋째, 가치가 전도된 사회를 구원하는데 있어서 도학과 과학의 병행이 원불교 치유의 방법론이다. 소태산은 사회를 진단함에 있어서 물질문명 중심으로 사회가 발전하면서 가치가 전도된 사회를 매우 안타깝게 여겼다. 현하 과학의 문명이 발달됨에 따라 물질의 세력은 날로 융성하여 물질의 지배를 받게 하므로 물질의 노예생활을 면하지 못하게 되었으니, 이러한 세상을 파란고해(『정전』, 개교의 동기)라고 지적하였다. 그것은 물질과 정신의 균형, 곧 도학과 과학을 병행하자는 뜻이다. 소태산은 과학문명이나 물질의 가치에 대하여 이를 긍정적으로 받아들이고 물질문명과 정신문명의 조화된 세계를 가장 이상적인 세계로 보았다[26]는 점을 상기하지 않을 수 없다.

넷째, 원불교의 사회 불공법으로서 균등사회 건설의 방법인 사요가

25) 『대종경』, 수행품 57장.

26) 송천은, 『종교와 원불교』, 원광대출판국, 1979, p.334.

원불교 치유의 방법론이다. 사회가 온갖 차별상으로 인해 고통을 겪고 있다면 그것은 건전한 사회가 아닐 것이다. 이른바 무자력한 사람들, 배우고 가르칠 줄 모르는 사람들, 자기만을 위하는 사람들이 많다면 그것은 병든 사회라는 점에서 과거 불합리한 차별조항 등을 없애자는 뜻이다. 사요는 자력양성, 지자본위, 타자녀교육, 공도자숭배인데, 이 모두가 균등사회를 이루는 구원적 성격의 치유방법이라 할 수 있다. 사요는 차별로부터 균등사회를 이루는데 있어서 간과할 수 없는 치유책[27]이라는 점에서 사회불공으로 이해되는 것이다.

원불교의 치유법은 위의 네 가지 방법을 그 골간으로 볼 수 있다. 대체로 첫째와 둘째는 개인을 대상으로 삼은 치유법이며, 셋째와 넷째는 사회를 대상으로 삼은 치유법이라 보아도 무방하다. 그 외에 원불교의 치유법으로 거론할 수 있는 세부적인 방법들은 또 있을 것이다. 염불과 좌선을 통한 명상법, 나아가 내담자에 대한 상담 치유법이 거론될 수 있다.

부연하여 상담 치유법을 상기하는 것은, 치유진단의 주체는 물론 자신에게서 비롯되지만 부처와 종교지도자가 전문치유의 주체인 이상 이들로부터의 상담이 필요한 것이다. 『정전』「교당내왕시주의사항」에서는 교당에 주재하는 교역자와 이곳을 찾는 교도들 간의 상담에 관한 조항들이 거론되고 있다. 어느 때든지 교당에 오면 그 지낸 일을 교역자에게 일일이 문답하는데 주의할 것이며, 어떠한 사항에 의심이나 감각된 일이 있으면 해오와 감정을 얻도록 하라는 것이다. 교당은 마음을 치료하는 병원이자 진리와 도덕으로써 병든 마음을 어루만져

---

27) 노권용, 「교리도의 교상판석적 고찰」, 『원불교사상과 종교문화』 45집, 원광대 원불교사상연구원, 2010.8, p.284.

주고 치유하는 곳으로 그 근본은 언제나 참 마음을 회복하게 하는 것[28]이라는 점을 고려하면, 교당의 역할은 교도들의 아픈 마음을 치유하도록 상담해주는 곳으로서 심신안정의 보금자리가 되어야 한다.

이러한 치유 방법론들을 거론함에 있어서 근본적으로 상기할 것이 있다. 그것은 불법에는 본래 고락·생사 없는 자성회복이 치료법의 근간을 이룬다는 점이 있다. 차별상을 떠난 자성의 경지를 누리게 되면 생사도 없고, 고통도 없기 때문이다. 정산종사는 이에 말하기를, 모든 고락은 원래 실상 없는 것으로, 자성을 관조하면 본래 탕평하다(人間苦樂元無實 自性觀照本蕩平)[29]고 하였으며, 그것은 진여자성을 수용한 결과라는 것이다. 그는 또 말하기를 "나고 죽음도 없고 병들고 성함도 없나니 스스로 안심 공부로 불토에 길이 즐기라(不生不滅 不垢不淨 修以自安 永樂佛土)"[30]고 하였다. 본래 병듦과 건강이 따로 없는 자성본연을 회복하는 것이 치유법의 근간이라는 점이다.

그러면서도 원불교는 불교혁신을 통한 교판적 입장에서 나름의 치료법을 전개하였다. 소태산은 유불선 삼교가 각각 그 분야의 교화를 주로하여 왔다고 하면서 종교회통의 정신 속에서도 시대화 생활화 대중화의 기치를 내세우고 치유와 직결된 실제적 불법의 활용을 강조했다. 앞으로는 이 모든 교리를 통합하여 세계 모든 종교의 교리며 천하의 모든 법에 능히 사통오달할 수 있는 일원대도를 지향하라[31]고 하였다.

28) 박혜훈, 「21세기의 원불교 교당교화 방향 모색」, 『원불교와 21세기』, 원불교사상연구원, 2002, p.261.
29) 『정산종사법어』, 생사편 34장.
30) 『정산종사법어』, 응기편 60장.
31) 『대종경』, 교의품 1장.

전통종교의 사상을 수렴하면서도 생활불교의 가치관에 입각하여 원불교 치유법을 활용하였으니, 여기에는 몇 가지 특징적 단서가 성립된다.

첫째, 법신불 사은에의 기도를 통한 타력의 위력에 힘입어 보은활동 및 심신건강을 견지하는 것이다. 또 자력적 수행에 바탕하여 자성불을 회복하도록 함으로써 치유를 도모하는 성향이다. 그 하나는 신앙의 대상인 법신불 사은이라는 타력에 간절히 기도를 올림으로써 그 위력에 힘입어 심신의 건강과 쾌유를 염원하는 것이다. 법신불 사은을 신앙의 근원으로 삼고 즐거운 일을 당할 때에는 감사를 올리며, 괴로운 일을 당할 때에는 사죄를 올리라[32]는 법어가 이와 관련된다. 순역 난경에 임하여 절대타력에 간절히 다가서서 기도를 올림으로써 치유의 위력을 얻자는 것이다.

그러나 원불교 치유법은 타력에만 의존하지도 않는다. 마음병 치유 곧 마음공부를 통한 자성불의 회복이라는 자력적 수행을 간과하지 않기 때문이다. 소태산은 절대적인 신 또는 절대적 능력을 가진 절대타자에 의해서만이 아니라 주체적 자아의 자력적 노력으로 고해를 벗어나 해탈할 수 있다고 했으니 자력과 타력이 함께 만나는 가운데 위력과 합일이 이루어진다[33]는 것이다. 원불교 치유법의 특징은 곧 법신불 사은의 위력이라는 타력과 자성불의 회복이라는 자력에 의존함으로써 자타력 병진의 치유효과를 극대화하는 것에서 발견된다.

둘째, 개인의 자각의식과 사회 병맥의 예방이라는 것이 원불교 치

32) 『정전』, 제3 수행편, 제9장 심고와 기도.

33) 박광수, 「원불교 후천개벽 세계관」, 『원불교사상과 종교문화』 44집, 한국원불교학회・원불교사상연구원, 2010.2, p.101.

유법이다. 소태산은 「솔성요론」과 「계문」을 통해 날마다 자신을 대조하며 자각의식을 불러일으키도록 하였다. 주색낭유하지 말고 그 시간에 진리를 연구할 것이며, 무슨 일이든지 잘못된 일이 있고 보면 남을 원망하지 말고 자기를 살필 것[34]이라 했다. 또 계문을 통해 심신을 병들게 할 요소를 미리 경계하며 그 예방을 다하도록 하였다. 연고 없이 쟁투를 말고, 금은보패 구하는데 정신을 빼앗기지 말며, 술과 담배를 피우지 말라는 등 심신건강에 해로운 일을 사전에 경계하도록 하였다.

또 사회의 병맥을 예방하는 차원에서 언급된 「병든 사회와 그 치료법」은 종교의 사회구원론과도 같은 것으로 이해된다. 『정전』에서 병든 사회의 실상을 거론하였던 바, 현대의 병맥의 근원이 깊어졌으니, 병맥의 근원을 빨리 알면 치료할 수 있지만 늦으면 치료할 수 없다[35]는 예방적 치유방법을 숙지해야 하는 것이다.

셋째, 원불교 치유법으로는 환자의 치료에 있어 합리적 치유방식을 거론할 수 있다. 교당에 내왕하는 교도들에 다가서서 상담을 통해 그들을 인도하는 방법이 합리적이라는 것이다. 더불어 육신병은 병원의사에게 맡기고, 마음병은 마음병 의사에게 맡긴다(『대종경』, 수행품 57장)는 소태산의 치유법은 매우 합리적인 치유방식이다. 마음병 의사는 주로 종교 지도자를 지칭하는 것이다. 정산종사는 의사들이 올 때마다 반기며 말하기를 "당신들은 모든 사람들의 육신병을 치료해 주는 양의가 되고, 우리는 모든 사람의 마음병을 고쳐 주는 양의가 되어, 다 함께 이 세상을 좋게 만들자"[36]라고 하였다. 육신병 환자를 끌

---

34) 『정선』, 제3수행편, 제12장 솔성요론.

35) 한종만, 『원불교 대종경 해의』(上), 도서출판 동아시아, 2001, p.157.

36) 『정산종사법어』, 유촉편 32장.

어들여 치병의 방편을 남용하였던 일부 기성종교의 측면을 고려하면 원불교의 합리적 치유방식은 마음병 치유의 성향과 직결되는 것이다.

따라서 합리적 치유방식이란 진단 및 치유에 마음을 초점으로 하는 것이며 단지 육신치료의 이적을 바라는 것과는 상반된다. 과거 일부의 종교 지도자들이 육신치유의 신비적 이적을 부추긴 점을 고려하면, 평상심에 바탕한 마음치유를 강조한 원불교의 치유방법론은 사실적이고 합리적이라 할 수 있다. 제자 이운외의 병이 위중하자 친척이 교조 소태산에게 그 방책을 물었다. 이에 소태산은 곧바로 의사에게 찾아가 치료하라고 하였다. 얼마 후 제자의 병이 치료되자 소태산은 말하기를 "일전에 운외가 병이 중하매 나에게 먼저 방침을 물은 것은 그 길이 약간 어긋난 일이니라. 나는 원래 도덕을 알아서 그대들의 마음병을 치료해주는 선생이요, 육신병의 치료는 각각 거기에 전문하는 의사가 있나니…"(『대종경』, 실시품 31장)라고 하였다. 그는 "앞으로는 마음병 치료는 나에게 문의할지라도 육신병 치료는 의사에게 문의하라"고 하며 종교가 육신병을 고친다는 신비주의적 사고를 벗어나도록 했다. 종교는 일반병원과 같이 육신병을 치료하는 것이 아니라 종교 본연의 마음병을 치료하는 것[37]이 바람직하기 때문이다.

이러한 제반의 측면에서 거론되는 원불교 치유론의 특징은 원불교가 후천시대라는 시대상황을 적극 반영, 대중화된 종교를 지향하는 생활불교와 직결되어 있는 것에서 드러난다. 소태산은 당시의 시대상이 병들어 있음을 간파하고 새 종교를 창립함으로써 이 시대를 구원할 정신개벽의 사명을 천하에 천명하였던 것이다.

---

37) 한종만, 『원불교 대종경 해의』(上), 도서출판 동아시아, 2001, p.507참조.

5) 선병자의와 치유

원불교가 출현한 근본 의도는 인류구원에 있고, 구원의 구체적 내용은 인간의 마음난리의 극복과 관련되어 있다. 세상 사람들이 마음난리를 난리로 생각하지 않는다는 사실의 심각성을 인지한 소태산은 '개인 가정과 사회 국가의 크고 작은 모든 전쟁도 그 근본을 추구해 본다면 다 이 사람의 마음난리로 인하여 발단되는 것'[38]이라 했다. 이 마음난리는 그가 말한 바대로 모든 난리의 근원이며, 마음난리를 평정하는 법이 모든 법의 조종인 동시에 제일 큰 병법이라는 사실에 기인한다. 이에 그는 '우리의 공부법은 난리 세상을 평정할 병법(兵法)'이므로 마음나라의 평안을 위해 사욕의 마군을 치유하라고 했다. 병든 사회의 치유도 근본적으로 마음난리의 치유에서 출발하는 것이다.

마음병 치료를 환기하는 측면에서 소태산은 이 마음난리와 치유의 병법을 거론하고 있는 점을 보면 원불교 제생의세의 구원관이 마음병 치유와 관련된다는 뜻이며, 그것은 개인과 사회구원에 있어서 종교의 치유적 역할이 얼마나 중요한지를 가늠할 수 있게 해준다. 마음병 환자와 병든 사회에 도움을 주는 새 시대의 종교적 역할이 적지 않은 것이다. 만일 개인과 사회의 치유를 통한 낙원세계의 건설에 소극적이라면 그것은 원불교 본연의 사명에 소홀해진다는 뜻이다. 종교 지도자로서 사회의 고통을 알지 못한다든지, 설사 안다고 할지라도 치료에 성의가 없으면 그 사회는 불완전한 사회가 되거나 부패한 사회가 될 수도 있으며, 혹은 파멸의 사회가 될 수도 있다[39]는 점을 새겨보아

38) 『대종경』, 수행품 58장.

39) 『정전』, 제3 수행편, 제 15장 병든 사회와 그 치료법.

야 할 시점이다.

현대는 물질문명이 편만하여 일상이 편리해짐에도 불구하고 오히려 심신의 질병으로 인해 고통스런 삶이 가중되고 있다. 정신문화의 가치가 위축되다보니 심신건강을 상실할 요건이 산재해 있는 상황이다. 복잡한 산업구조 속에서 경쟁과 성공의 신화에 내몰리고, 갈등의 인간관계에 시달린 현대인은 그 해결책으로 치유에 관심을 갖기에 이르렀다.[40] 오늘날 치유 담론이 유행하고 있는 상황에서, 각 종교의 치유론을 점검하고 그 대안을 모색하는 여러 학술모임은 간절하다고 본다.

소태산은 선병자의(先病者醫)라는 용어를 사용하고 있다. '선병자의라는 말과 같이 밖으로 세상을 관찰하여 병든 세상을 치료하는 데에 함께 노력하여야 할 것'(『대종경』, 교의품 35장)이라 했다. 선병자의라는 말은 누구나 자신의 병을 치료했던 경험을 의술로 삼아서 남을 보다 잘 치료하는 명의가 된다는 뜻이니, 죄악의 두려움을 자각하고 실답게 공부하여야 한다.[41] 현대인들은 누구나 개인과 사회의 고통을 남 먼저 인지함으로써 선병자의의 경험을 토대로 하여 자신의 치유는 물론 고통 받는 이웃을 치유하는데 도움을 주어야 것이다.

---

40) 윤종모, 「명상과 치유」, 『원불교사상과 종교문화』 30집, 한국원불교학회・원불교사상연구원, 2005.8, p.28.

41) 장응철, 『죄업으로부터의 자유-참회문 해설』, 도서출판 동남풍, 2005, p.173.

2. 병든 사회와 치료 문제

1) 치유용어의 유행

요즘처럼 치유라는 용어가 자주 등장하는 경우는 별로 없을 것이다. 세상살이가 그만큼 복잡해지고 어려워졌다는 사실 때문이다. 마음 치유의 담론들이 인간과 사회의 병리현상을 완전히 치유하겠다는 희망은 쉽지 않지만, 마음 치유에 있어서 환자 개인만이 아니라 환경 전체에 대한 기본적인 문제제기가 요구된다.[42] 양자의 관계는 본 연구에서 접근하고자 하는 구조의 큰 틀로서 치유 논제의 초점이 된다.

치유의 문제가 주로 의료계에서 거론되어 왔지만 오늘날 종교와 철학, 심리학 등 학술 영역에서 치유에 대한 관심이 점증하고 있다는 것은 바람직한 현상이라 본다. 영성치유라는 용어가 유행하고 있으며, 그것은 종교계가 치유 문제에 적극 뛰어들고 있다는 신호이기도 하다. 명상치유도 현대인들에게 자주 회자되고 있다. 명상치료의 요법은 현대인의 고통을 극복하는데 효력을 발하고 있으며, 이는 근대화의 부작용에 대한 치료제로서 검토되고 있다.[43] 근래 영성과 명상은 보편화되면서 현대인의 스트레스 해소는 물론 고통 치유의 방법으로 각광을 받고 있으며, 그것은 물질 위주의 산업사회에 따른 부작용으로서 인간소외, 생존경쟁과 삶의 질 저하 등을 치유할 있는 심신 치료의 요법으로 인지되고 있기 때문이다.

---

42) 김수일, 「인문학적 마음치유」, 제334회 학・연・산 연구성과교류회 《인문학적 마음치유와 한국의학의 만남》, 마음인문학연구소, 한국연구재단, 2012.4.14, p.3.

43) 송천은, 『일원문화산고』, 원불교출판사, 1994, p.167.

오늘날 치료의 문제가 두각을 나타내고 있는 현실을 직시, 이를 더 이상 방관해서는 안 된다는 인식이 확산되고 있는 것도 사실이다. 우리가 내외적으로 겪고 있는 사회적 역기능 현상이라든가 개인의 고통을 방치할 경우, 그것은 환자가 자신의 병을 방기하듯이 현대사회의 병맥을 그대로 묵인하는 꼴이 되기 때문이다.

이러한 치유의 문제를 종교의 역할에서 본다면 화급을 요할 일이라 본다. 종교의 기능을 보면 사회 지지의 기능과 인격성숙의 기능[44]이라는 면이 있다는 점에서 종교의 출현과 그 역할이 주목되는 것이다. 한국의 신종교들은 개인과 사회의 치유 문제를 개교의 명분으로 삼았다. 동학의 교조 최수운(1823~1864)의 후천개벽론, 증산교의 교조 강증산(1871~1909)의 해원상생론 등이 그것이다. 최수운과 강증산의 사상은 불교의 래법(來法)과 용화회상, 기독교의 종말과 메시아사상, 한국 고유의 남조선신앙, 운도설 등의 영향을 받은 데다, 1800년대 초기부터 발생하기 시작한 대유행병(病怯)은 그들의 사상과 결부되어 어려운 현실을 부정하고 미래의 선경을 그리는 메시아적 구원론[45]으로 전개되었던 것이다.

같은 맥락에서 원불교 교조 소태산(1891~1943)은 물질문명의 팽배에 따른 가치전도의 병리현상을 매우 심각히 인식하였다. 그는 26세에 대각을 이룬 후 1916년 원불교를 개교하여 정신개벽을 그 동기로 선포하였으니, 이는 최수운의 후천개벽 및 강증산의 해원상생과 유사한 맥락에서 접근되는 것이다.

---

44) "종교의 기능을 오데아는 사회지지 기능, 사제적 기능, 합법화 기능, 일치의 기능, 인격성장의 기능 등으로 요약한 바 있다"(송천은, 『열린시대의 종교사상』, 원광대출판국, 1992, p.89참조).

45) 김홍철, 『원불교사상논고』, 원광대학교출판국, 1980, pp.332-333.

한국의 신종교들은 한결같이 사회병맥을 지적함과 동시에 전통종교의 혁신과 사회구원을 개교의 명분으로 삼았다. 유교를 혁신한 수운과 도교를 혁신한 증산에 대하여, 소태산은 유불도 삼교를 섭렵하되 불교를 혁신하여 개인과 사회의 치유에 관하여 많은 언급을 하였다. 시대를 구원할 한국 신종교들의 고유한 개교 명분에서 보면, 소태산은 생활불교를 표방하여 새 시대를 선도할 화두를 정신개벽에 두고 "물질이 개벽되니 정신을 개벽하자"라는 슬로건을 「개교의 동기」로 삼았다.

개교의 슬로건은 구한말 시폐의 청산과 새 시대의 정신개벽이라는 구호와 직결되어 있다. 당시 자본주의의 모순과 이를 매개로 하는 제국주의의 식민지 지배로 인한 민중의 고난 극복을 정신개벽의 논리에서 추구하였으며, 정신개벽은 파란고해를 극복하는 방법임과 동시에 후천개벽의 역사인식에 바탕한 인류사의 새로운 시대에 대한 전망이기도 하다.[46] 그가 살았던 시대의 병맥을 파란고해라 규정하고 후천개벽의 새 종교로서 정신개벽을 통해 이 세상을 구원, 치유하고자 하였던 것이다.

소태산이 지적한 바와 같이 시대상의 병폐와 관련된 개인과 사회의 병증(病症)을 살펴봄으로써 그에 적합한 치유론을 추출하는 것은 원불교의 구원관과 맞물려 접근될 수 있다는 점에서 그 기대효과가 크리라 본다. 본 연구는 원불교의 「개교의 동기」라는 큰 틀 속에서 현대사회의 병맥을 사회와 개인의 측면에서 진단하고 그 치유 방법론을 모색하고자 한다. 이러한 방법론은 원불교 교의(教義)를 통해서 얼마든지

---

46) 신순철, 「원불교 개교의 역사적 성격」, 『원불교사상』 14집, 원불교사상연구원, 1991, p.18.

모색할 수 있다고 본다. 이는 특히 원불교 개교 100년(2015)을 맞이한 시점에서 교단의 낙원건설이라는 미래적 목표를 실현하는데 일익이 될 것이다.

2) 현대사회의 병맥진단

(1) 파란고해와 병든 사회

현대사회의 병맥을 진단하는 데에는 개인적 측면과 사회적 측면이 있다. 여기에서 사회적 측면은 크게 두 가지로 접근할 수 있다. 그 하나는 근대 과학문명이 발달함에 따라 물질 위주로의 가치가 전도된 사회로서 소태산은 이를 「개교의 동기」에서 파란고해라 하였고, 그 둘은 사회의 공익정신이 사라지고 이기주의가 만연한 사회로서 그는 이를 「병든 사회와 치료법」에서 병든 사회라고 하였다. 물론 「개교의 동기」 속에는 파란고해와 병든 사회를 아우르는 면도 있지만, 이를 구분하여 사회 병맥의 양면으로 진단할 수 있다[47]는 것이다.

이에 두 가지 측면에 초점을 맞추어 사회의 병맥을 진단해보고자 한다.

첫째, 「개교의 동기」를 통해 이를 접근하여 본다. 오늘날 과학의 문명이 발달됨에 따라 물질을 사용하여야 할 사람의 정신은 점점 쇠약해졌다는 것이다. 물질세력에 압도되어 정신이 쇠약해진 관계로 모든 사람이 도리어 저 물질의 노예생활을 면하지 못하게 되었으니, 그 생

---

47) 「개교의 동기」는 원불교 창립의 동기를 말하는 것으로, 사회 전반을 구원하려는 소태산의 포부와 경륜을 포괄하고 있지만, 이를 치유의 성격 측면에서 양분할 수 있는 이유는 「개교의 동기」가 『정전』 제1 총서편에 등장하며, 「병든 사회의 그 치료법」은 『정전』 제3 수행편에 등장한다는 사실에 기인한다.

활에 어찌 파란고해가 없겠느냐[48]는 것이다. 따라서 원불교는 진리적 종교의 신앙과 사실적 도덕의 훈련을 통해서 물질에 빼앗긴 정신의 세력을 회복, 확장함으로써 물질의 세력을 항복받자는 것이다. 이것이 파란고해의 일체 생령을 광대무량한 낙원으로 인도하는 방법이다.

위의 언급처럼 물질가치가 정신가치를 압도하는 가치전도의 사회를 파란고해라 한다. 고해의 실상으로서 물질가치와 정신가치가 전도된 이유에 대하여 소태산은 「개교의 동기」에서 분명히 밝히고 있다. 과학문명이 발달됨에 따라 물질을 사용하여야 할 사람의 정신은 점점 쇠약하고, 사람이 사용하여야 할 물질 세력은 날로 융성하게 되었다는 것이다. 그가 밝힌 파란고해는 물질에 지배된 사회의 실상을 말하고 있다.

정신문명에 대하여 상대적으로 급부상한 물질문명은 근대화의 물결에 따른 것으로 19세기 곧 선천시대와 후천시대의 교체기라는 상황에서 일어난 문명의 병으로 인식할 수 있다. 소태산은 선천과 후천의 과도기적 해체현상과 무질서를 예고하고 이를 문명의 병으로 표현하였으며, 그 병폐를 벗어나기 위해 "물질이 개벽되니 정신을 개벽하자"라는 표어를 제창하였다.[49] 물질의 가치가 정신의 가치를 앞선 파란고해의 전도(顚倒)된 실상을 치유하지 않고서는 사회를 구원할 수 없음을 알았던 것이다.

물질문명의 기세가 정신세계를 압도하는 상황에서 이기주의가 팽배한 사회는 심각한 폐단을 지닌 채 반목과 갈등으로 나아갈 수밖에 없

48) 『정전』 제1 총서편, 제1장 개교의 동기.

49) 이성전, 「원불교 개교정신과 생명질서」, 『원불교사상과 종교문화』 39집, 한국원불교학회・원불교사상연구원, 2008, p.101.

다. 「개교의 동기」에 의하면 현실은 파란고해로 설명되고 그 원인은 물질문명의 발달로 인하여 인간성이 상실되었기 때문이며, 그것은 인간 정신의 주체가 전도된 사회로 이어진 것이다.[50] 파란고해는 물질가치의 선호에 의한 노예생활이며, 그로 인해 나타나는 물질병폐의 파란고해를 벗어나는 노력이 필요하다.

둘째, 「병든 사회와 그 치료법」을 통해 이에 접근하여 본다. 소태산은 여기에서 말하기를, 사람도 병이 들어 낫지 못하면 불구자, 폐인 등이 되는 것처럼 한 사회도 병이 들었으나 그 지도자가 병든 줄을 알지 못한다든지 설사 안다 할지라도 치료의 성의가 없으면 그 사회는 불완전한 사회, 부패한 사회, 파멸의 사회가 될 수 있다고 하였다. 이에 병든 사회를 치료하기로 하면 항상 자기의 잘못을 조사할 것이며, 부정당한 의뢰생활을 하지 말 것이며, 지도받을 자리에서 정당한 지도를 잘 받을 것이며, 지도할 자리에서 정당한 지도로써 교화를 잘 할 것이며, 자리주의를 버리고 이타주의로 나아가면 그 치료가 잘 될 것이다[51]고 하였다.

위의 언급처럼 사회에 병이 만연한 상태를 병든 사회라 규정하였다. 소태산은 사람도 병들면 폐인이 되거나 죽는다고 하면서, 사회 역시 병이 들면 고통의 세상이 되는 바, 이 병든 사회를 그대로 방치할 경우를 사회 병맥은 매우 심각해진다고 하였다. 불완전하거나 부패한 사회, 나아가 파멸의 사회가 되고 마는 세상이 올 수 있음을 밝히면서 병든 사회의 치유가 절실함을 환기시키고 있다.

---

50) 신순철, 「건국론의 저술배경과 성격」, 『원불교학』 제4집, 한국원불교학회, 1999, pp.503-504참조.

51) 『정전』, 제3 수행편, 제15장 병든 사회와 그 치료법.

여기에서 소태산은 병든 사회의 실상을 몇 가지로 나열하였다. 각자가 서로 자기 잘못은 알지 못하고 다른 사람의 잘못하는 것만 많이 드러내는 병이며, 부정당한 의뢰생활을 하는 병이며, 지도 받을 자리에서 정당한 지도를 잘 받지 아니하는 병이며, 지도할 자리에서 정당한 지도로써 교화할 줄 모르는 병이라는 것이다. 또한 착한 사람은 찬성하고 악한 사람은 불쌍히 여길 줄 모르며, 이로운 것은 저 사람에게 주고 해로운 것은 내가 가질 줄 모르며, 편안한 것은 저 사람에게 주고 괴로운 것은 내가 가질 줄 모르는, 이른바 공익심이 없는 병이라는 것이다.

다양한 측면에서 밝힌 병든 사회의 원인을 교학적 측면에서 다음과 같이 요약할 수 있다. 봉타원 김순임 교수에 의하면 자타(自他)가 분리될 수 없는 이타주의적 사회성을 외면한 이기적 행위와 무명이 사회의 여러 병리현상을 유발하기 때문이라[52] 했으며, 여산 류병덕 교수에 의하면 사회 지도자의 역할 부족 때문이라[53]고 했다. 쉽게 말해서 사회의 집단 이기주의 및 사회 지도자들의 지도력 결핍이 그 원인이라는 뜻이다.

주의할 바 병든 사회의 실상을 소태산 당시에 한정된 사회의 모순으로만 볼 수 없다고 본다. 소태산이 출현한 전후의 시기는 말세적 사회상황임과 동시에 시대적 전환의 소용돌이에서 헤어나지 못하고 있었기 때문이다.[54] 선후천 교역기의 사회상이 근대화된 물질문명 중시

52) 김순임, 「소태산대종사의 윤리관」, 『인류문명과 원불교사상』(上), 원불교출판사, 1991, p.341.

53) 류병덕, 「원불교의 사회관」, 『원불교사상』 10·11집, 원불교사상연구원, 1987, p.158.

54) 서경전, 『교전개론』, 원광대학교 출판국, 1991, p.506.

의 사회상과 맞물려 사회의 병맥을 가중시킨 것으로 이해된다. 이에 소태산이 제시한 「개교의 동기」와 「병든 사회와 그 치료법」은 위에 거론된 사회의 병맥을 그대로 방치할 경우, 앞으로도 병들어갈 수 있다는 것을 밝힘으로써 그 병맥을 지속적으로 치유해야 한다는 성자의 구원의지가 간절히 표출된 것이라 본다.

(2) 마음난리와 마음병

현대사회의 병맥을 진단하는데 있어서 개인적 측면을 간과할 수 없다. 개인도 사회의 일부이며, 그로 인해 파란고해와 병든 사회 속에서 살아가는 우리의 고통은 적지 않기 때문이다. 개인이 겪는 고통은 무엇인가? 사회적 원인이 있겠지만 근본적으로 내부적 원인에 있다는 것에 주목할 필요가 있다. 쉽게 말해서 마음에서 찾아야 한다는 것이며, 소태산은 이를 마음난리라 하였다. "마음나라는 원래 온전하고 평안하여 밝고 깨끗한 것이나, 사욕의 마군을 따라 어둡고 탁해지며 복잡하고 요란해져서 한없는 세상에 길이 평안할 날이 적으므로, 이와 같은 중생들의 생활하는 모양을 마음난리라 한 것이요."[55] 그의 언급처럼 우리에게 고통을 가져다주는 이 마음난리는 자신 내면의 사념 망상 등에 의하여 요란해지기 때문에 나타난다는 것이다.

따라서 우리의 마음난리는 모든 난리의 근원이 되기에 충분하다. 모든 고통은 근본적으로 자신의 마음에서 비롯된다는 것을 지나쳐서는 안 된다. 하지만 많은 사람들은 고통의 근원이 자신의 마음에서 비롯된다는 사실을 모르는 경우가 태반이다. 이에 소태산은 "세상 사람

---

55) 『대종경』, 수행품 58장.

들은 이 마음난리는 난리로 생각하지도 아니하나니 어찌 그 본말을 안다 하리요. 개인 가정과 사회 국가의 크고 작은 모든 전쟁도 그 근본을 추구해 본다면 다 이 사람의 마음난리로 인하여 발단되는 것이라"[56]고 하였다. 그에 의하면 마음난리로 인해 중생들은 편할 날이 없다는 것이며, 그로인해 이 세상을 평정하는 도원수(都元帥)가 되어야 하는 당위성을 밝힌 것이다.

마음나라의 마음난리는 달리 말해서 우리 각자의 마음병이라 할 수 있다. 일반적으로 마음병에는 다음의 두 가지 유형이 있는데[57] 첫째 유형의 마음병은 선천성 우울증, 조증, 강박증, 편집증과 같이 뇌의 물리적 결함이나 기능적 장애 때문에 발생하며, 이는 약물치료를 필요로 하는 병이다. 둘째 유형의 마음병은 신경생리적 원인이 아니라 자아, 사회, 인생, 가치 등과 관련된 사실 때문에 발생하며 이러한 마음병을 철학적・종교적 병이라고 부를 수 있다.

물론 소태산이 지적하는 마음병은 후자에 속한다. 다시 말해서 소태산은 당시의 의료상황에서 이를 언급한 것으로, 마음의 병에 있어서 병원의 정신과에서 치료하는 것과 종교에서 치료하는 병을 구분하지 않고 통틀어 마음의 병으로 밝히고 있다. 그는 비교적 소박한 의미에서 마음병을 이해함과 동시에, 인간의 병을 육신병과 마음병으로 구분하고 있다. 이에 육신의 병은 병원의 처방에 의해 치료하는 것이며, 마음의 병은 종교에서 치료하는 것으로 이해하고 있는 것이다.

---

56) 위의 책.

57) 이영의, 「철학과 마음치유」, 제334회 학・연・산 연구성과교류회 《인문학적 마음치유와 한국의학의 만남》, 마음인문학연구소, 한국연구재단, 2012.4.14, pp.49-50.

어느 날 선원 결제식에서 소태산은 대중에게 다음과 같이 말하였다. "그대들이 선원에 입선하는 것은 마치 환자가 병원에 입원하는 것과 같나니, 사람의 육신에 병이 생기면 병원에서 의약으로 치료하게 되고, 마음에 병이 생기면 도가에서 도덕으로 치료하게 되는지라."[58] 세상 사람들은 육신의 병은 병으로 알고 치료하려 하지만, 마음의 병은 병인 줄도 모르고 치료할 생각을 갖지 않는다는 것이다. 마음에 병이 있으면 마음의 자유를 잃고 외경의 유혹에 끌리어 죄고에 떨어져 다시 회복할 기약이 없다는 것을 강조하려는 뜻이다. 소태산은 이러한 사실을 인지하고 "그대들이여, 이 선기 중에 각자의 마음병을 잘 발견하여 그 치료에 정성을 다하여 보라"[59]고 당부하였다.

특히 소태산이 언급한 바, 육신의 병은 병원에서 치료하고, 마음의 병은 종교에서 치료하라는 뜻은 과거 일부종교의 치병중시에 의한 신비나 이적을 바라는 요행을 극복하도록 한 것이다. 우리의 병을 육신병과 마음병으로 구분함으로써 육신병 담당은 의사이므로 병원을 찾고, 소태산 자신은 마음병 치료인이므로 그에 관해 문의하라고 분명하게 밝히고 있는 점에서 현대의학을 중시하는 태도가 분명해진다.[60] 이는 원불교 치유론의 한 특징으로 거론될 수 있는 바, 원불교 출현의 목적이 불교혁신을 통한 진리적 종교의 신앙과 사실적 도덕의 훈련으로 인도하고자 하는 소태산의 구원관이기 때문이다.

이제 원불교의 교법을 실천하면서 전법교화라는 인류구원의 사명은 교조 소태산의 분신인 교역자의 몫으로 남아있다. 교무가 세상에 만연

58) 『대종경』, 수행품 56장.

59) 『대종경』, 수행품 56장.

60) 양은용, 「원불교의 마음공부와 치유」, 『한국그리스도 사상』 제17집, 한국그리스도사상연구소, 2009, p.105.

된 마음병과 병든 사회를 진단하고 치료하는 전문능력을 소유하지 못하면 제생의세의 대의를 실현할 수 없기 때문이며[61] 세상을 건지고 일체중생의 마음병을 치료하는 교무가 자기 적성에도 맞지 않는 일을 하게 될 때 교무직을 수행하기도 어렵고 힘들게 느껴지기 때문[62]이다.

현대사회의 병맥을 정확히 진단, 세상 사람들을 구원하려는 제생의세의 사명은 병든 사회를 치료하는 것임과 동시에 개인의 마음병을 치료하는 것이다. 따라서 원불교의 구원론에 있어서 병든 사회의 치유가 급선무이며, 사회를 구성하는 개개인의 마음병 치료 또한 시급한 일이다. 치유적 사명은 달리 말해서 소태산이 원불교를 개교한 동기의 실현이라는 사실을 잊어서는 안 된다.

3) 자리이타와 사회불공

파란고해의 병든 사회의 치유문제를 심각히 인지한 이상, 원불교 교리에 근거하여 사회의 치유론에 대하여 살펴보고자 한다. 파란고해의 병든 사회를 치유할 수 있는 원불교의 교리적 근거는 사은과 사요에서 찾아야 할 것이다. 소태산은 선병자의(先病者醫)라는 말을 인용하면서 병든 세상을 치료하는데 큰 방법은 인생의 요도인 사은 사요[63]라고 하였다. 병든 사회의 병맥 조항들이 무한 은혜의 실재인 사은의 이타적 보은에 의해 치료가 가능하기 때문이며, 또한 균등사회를 지향하는 사요의 사회불공에 의해 치료가 가능하기 때문이다. 이

61) 최영돈, 「결복기 교운을 열어갈 교무상」, 《원불교교무상의 다각적인 모색》, 원광대 원불교사상연구원, 2003.2.7, p.9.
62) 이종진, 「원불교 교무론」, 『원불교사상시론』 1집, 수위단회사무처, 1982, p.239.
63) 『대종경』, 교의품 35장.

를 두 가지 측면에서 접근해 보도록 한다.

첫째, 사은 보은과 관련해서 병든 사회를 치유하는 길을 살펴보고자 한다. 사은은 천지은, 부모은, 동포은, 법률은 네 가지를 말하며 소태산이 깨달은 일원상 진리의 현현(顯現)으로 간주된다. 이에 원불교 신앙의 대상인 법신불 사은은 우주의 모든 생명체가 없어서는 살 수 없는 상생의 절대은으로 다가서는 바, 사은의 무한 은혜에 보은함으로써 병든 사회를 치유하자는 것이다. 이에 무한은혜의 덕상으로서의 절대은혜를 본질로 삼고 있는 사은신앙에 있어, 조건적이고 상대적인 은혜 차원에 머물지 말아야 한다.[64] 개인이든 사회든 서로 없어서는 살 수 없는 절대은이므로 사회관계를 유기체적 관계로 알고 상호 상생적으로 보은하는 삶이 병든 사회를 치유하는 길이다. 파란고해는 물질문명 위주로 가치가 전도된 사회실상인 바, 물질문명의 이기(利器)에 의한 가치 전도의 이기주의적 사회를 균형 잡힌 사회로, 그리하여 영육 조화의 사회로 나아가도록 은혜로운 사회를 만들어가야 할 것이다.

사은이라는 네 가지 항목이 있는데, 그 첫 번째에 해당하는 천지은이 베푼 무념보시에 의해 살아가고 있으며, 부모은이 베푼 생명의 선물을 통해 살아가고 있으며, 동포은이 베푼 자리이타의 정신으로 살아가고 있으며, 법률은이 베푼 정의로움으로 살아가고 있다. 이를 보은의 도라고 하는 바, 사은 보은의 도를 말하자면 천지은의 응용무념의 도, 부모은의 무자력자 보호의 도, 동포은의 자리이타의 도, 법률은의 정의의 도로서, 이 네 가지 도에 보은하여 세상과 법계에 덕을 베푸는 것이다.[65] 사은의 네 가지 도를 사회에 혜시한다면 그것은 물

---

64) 노권용, 「교리도의 교상판석적 고찰」, 『원불교사상과 종교문화』 45집, 원광대 원불교사상연구원, 2010, pp.274-275.

질문명 중심으로 가치가 전도된 파란고해의 병든 세상을 치유할 수 있는 약재가 되기에 충분하다.

사은 중에서 특히 「동포은」에서 밝히는 '자리이타'의 도에 주목할 필요가 있다. 자리이타는 일반적으로 자리(自利)를 중심으로 한 이타(利他)로서 "나도 이롭고 너도 이롭다"는 뜻을 지니지만, 원불교 동포은은 한걸음 나아가 자리(自利)보다는 이타(利他)를 배려하는 이타 우선주의인 것이다. 소태산은 이에 말한다. "자리주의를 버리고 이타주의로 나아가면 그 치료가 잘 될 것이며, 따라서 그 병이 완쾌되는 동시에 건전하고 완전한 사회가 될 것이니라."[66] 원불교에서 동포은의 범주로는 사농공상으로 분류되며, 이들이 이타를 중심한 자리이타 정신으로 살아간다면 사회의 갈등과 반목은 극복될 것이다. 원불교의 동포은에서 밝히는 바와 같이 이타(利他)를 자리(自利)로 삼는 사회적 관계라면 능히 물질가치 중심의 이기주의에 만연된 병든 사회는 치유될 것이다. 불교의 보살정신도 이러한 이타를 자리주의로 삼는 것과 직결된다. 이기주의가 만연한 세상에서 남의 이로움을 자신의 이로움으로 삼아 실천에 옮기는 것이 보살행이기 때문이다. 불교윤리는 연기의 이법이 상의상자에 있는 관계를 깨닫게 되므로 일체 모든 중생에게 자리 못지않게 이타가 중요함을 인식시키고 있다.[67] 남의 행복을 자신의 행복으로 알고 이에 보은하며 살아가는 자세가 부처의 가르침을 세속에서 실현하는 보살도라는 것이다.

둘째, 사요의 사회불공과 관련해서 병든 사회를 치유하는 길을 살

65) 박장식, 『평화의 염원』, 원불교출판사, 2005, p.255.
66) 『정전』, 제3 수행편, 제15장 병든 사회와 그 치료법.
67) 조용길, 「불교윤리의 현실성」, 『한국불교학』 4(한국불교학회 편, 한국불교학 제6집), 불교학술연구소, 1995, p.99.

펴보고자 한다. 사요는 자력양성, 지자본위, 타자녀교육, 공도자숭배 네 가지를 말하며 사회불공으로 간주된다. 원불교 교리에 사요가 등장하게 된 배경은 구한말 사회 불평등의 갈등구조와 관련되며, 이것은 당시 한국의 신종교에서 주장하는 바와 같이 조선사회의 봉건적 신분제도를 혁파하자는 시대적 흐름과 그 맥을 함께 한다. 원불교는 당시 신분적 차별을 위시한 사회적 모순들에 주목하고 그 해법으로 사요를 제시한 것이며, 소태산이 밝힌 사요는 또한 수운과 증산으로 이어져 내려오는 민중종교의 성향과도 관련이 있다[68]는 것이다.

이에 사요는 사회가 안고 있는 시폐(時弊)를 치유하는 불공법으로서 사은과 더불어 원불교 신앙문에 속하는 교리적 위상을 지니고 있다. 곧 자력양성, 지자본위, 타자녀교육, 공도자숭배를 통해서 사회가 안고 있는 시폐를 치유할 수 있는 사회불공인 셈이다. 사요는 온갖 차별상으로 인해 야기되는 불평등 사회를 개선, 평등사회를 지향하도록 하는 불공행위이기 때문이다. 무자력한 사회, 배울 줄 모르는 사회, 가르칠 줄 모르는 사회, 공익심 없는 사회를 극복함으로써 평등사회가 되도록 적극 불공하자는 것이다.

주지하듯이 소태산은 불평등 구조로 인해 차별이 만연한 사회를 병든 사회로 규정하고, 그 병맥을 여섯 가지로 예시하고 있다. 그것은 돈병, 원망병, 의뢰병, 배울 줄 모르는 병, 가르칠 줄 모르는 병, 공익심 없는 병이다.[69] 이러한 병든 사회의 치유법은 그에 맞는 사회 불공법으로 치유하되, 자력양성은 의뢰병을 치유하고, 지자본위는 배울

68) 한종만, 「정산종사의 건국론 고」, 『원불교사상』 15집, 원불교사상연구원, 1992, pp.412-413.

69) 『대종경』, 교의품 34장.

줄 모르는 병을 치유하며, 타자녀교육은 가르칠 줄 모르는 병을 치유하고, 공도자숭배는 공익심 없는 병을 치유하자는 것이다. 소태산이 지적한 사회의 6가지 병은 대체로 사요의 실천으로써 치유가 가능하다는 것이다.

물질가치에 따른 이기주의적 사회병에 대한 자리이타의 사은 치료법에 더하여, 온갖 차별로 인해 고통 받는 불평등한 사회에 대한 사회불공 행위로서의 사요 치료법은 균등한 사회의 해결방안이라는 점에서 의의가 크다. 물론 사회시폐의 해법으로서의 사요는 어느 한 시대의 처방에만 머무르지 않는다는 것에 주목할 필요가 있으며, 그것은 사요의 지속적인 사회불공 정신에서 발견된다. 여전히 사회는 무자력자가 급증해 있으며, 배울 줄 모르는 병이 생겼으며, 남을 가르치는 마음의 여유가 생기지 못했고, 자기 이익만을 챙길 뿐 공중을 위한 봉사심이 점점 줄어든 것이 현실의 문제로 남아있다[70]는 사실을 주시해야 한다.

오늘날 사은 사요가 중시되는 이유는 물질 위주의 병든 사회, 또는 과거지향의 시폐가 남아있는 불평등 사회가 지속되는 상황이기 때문이다. 그로인해 자리이타 정신과 사회불공이 더욱 요청되고 있으며, 그것은 원불교의 신앙심에 바탕한 보은 및 불공행위로서의 사회적 역할이 중시되고 있다는 뜻이다.

4) 마음공부와 치유

사회 전반의 치유문제에 못지않게 개인의 치유문제도 원불교 구원

---

70) 한기두, 『원불교 정전연구』-교의편-, 원광대학교 출판국, 1996, p.218.

론에서 풀어가야 할 큰 과제이다. 소태산이 밝힌 바와 같이 개인의 마음난리와 마음병의 문제를 심각히 인지한 이상, 이에 대한 처방으로서 교법에 근거한 치유론을 살펴보고자 한다.

원불교 교강(教綱)은 사은사요와 삼학팔조인 바, 전장에서 거론한 자리이타와 사회불공은 사은 사요에 근거한 것이라면 본장의 마음공부는 삼학 팔조[71]에 근거한 것이다. 소태산은 세상의 마음병을 치료함으로써 불보살이 되는 길은 공부의 요도인 삼학 팔조라고 하면서 "이 법이 널리 세상에 보급된다면 세상은 자연 결함 없는 세계가 될 것이요, 사람들은 모두 불보살이 되어 다시없는 이상의 천국에서 남녀노소가 다 같이 낙원을 수용하게 되리라"[72]고 하였다.

마음난리를 겪는 무명 중생의 고통을 벗어나 낙원을 수용할 수 있는 불보살의 길은 이처럼 삼학수행의 마음공부에 직결되어 있는 것이다. 여기에서 우리는 마음공부를 왜 해야 하는가에 대하여 고민해야 한다. 그것은 삼학수행을 통하여 내면에서 유발하는 사념 망상의 마음병을 치유함으로써 마음의 안정을 추구할 수 있기 때문이다. 곧 정신수양을 통해서 마음을 온전하고 편안하게 하며, 사리연구를 통해서 마음을 밝게 하고, 작업취사를 통해서 마음을 깨끗하게 하는 것이 마음 난리를 평정하는 법이다.[73] 이처럼 마음난리를 평정하는 것이 마음공부의 필요성으로 연결된다.

또한 마음공부를 하는 이유는 외면의 재색명리라는 유혹의 경계를 당하여 온전한 마음으로 취사하도록 하기 위함이다. 소태산대종사가

---

71) 八條는 信・忿・疑・誠(進行四條)・不信・貪慾・懶・愚(舍捐四條)이며, 본 팔조는 삼학을 용이하게 실천하는 세부적 방법론으로 간주된다.

72) 『대종경』, 교의품 35장.

73) 한종만, 『원불교 대종경 해의』(上), 도서출판 동아시아, 2001, p.295.

열반한 후 종통을 계승한 정산종사는 송죽의 가치를 상설(霜雪)이 드러내듯이 공부인의 가치는 순역경계가 드러낸다면서 각자에 난관이 있는 때나 교중에 난관이 있는 때에 마음공부의 가치가 더 드러난다고 했다. "국가에서 군인을 양성하는 것은 유사시에 쓰자는 것이요, 도인이 마음공부를 하는 것은 경계를 당하여 마음실력을 활용하자는 것이니라."[74] 이처럼 마음공부는 순역경계에 임하여 마음실력을 활용하기 위함이라 볼 수 있다.

그렇다면 마음공부는 구체적으로 어떻게 하는 것인가? 그것은 『정전』 수행편에 밝혀져 있듯이 삼학병진을 하되 정신수양을 중심으로 하는 것이다. 이를테면 원불교의 정신수양의 과목으로서 염불과 좌선이 있는데 염불은 마음을 무위안락에 돌아오게 하고, 좌선은 몸과 마음이 한결같으며 정신의 기운이 상쾌해지는 공부라는 것이다.[75] 이처럼 염불 좌선의 정신수양을 하는 것은 오염되지 않은 맑은 마음을 소유하자는 뜻이다. 맑은 마음 곧 자성을 회복함으로써 마음병을 치유하는 마음공부야말로 정신수양의 목표가 된다.

마음공부를 하는 심경 역시 주목해야 하는 바, 일상적 삶에서 마치 농부가 전답에서 잡초를 뽑는 심경으로 임해야 한다. 농부가 곡식이 잘 자라도록 잡초를 뽑아야 풍성한 수확을 거둘 수 있듯이, 수행인이 심전(心田)의 사심 잡념을 없애야 자성을 회복할 수 있을 것이다. 소태산은 다음과 같이 말한다. "우리의 마음을 자주 살피지 아니하면 잡념 일어나는 것이 마치 이 도량을 조금만 불고하면 어느 틈에 잡초가

74) 『정산종사법어』, 권도편 31장.

75) 양은용, 「원불교의 마음공부와 치유」, 『한국그리스도 사상』 제17집, 한국그리스도사상연구소, 2009, p.111.

무성하는 것과 같아서 마음공부와 제초 작업이 그 뜻이 서로 통함을 알리어, 제초하는 것으로 마음공부를 대조하게 하고 마음공부 하는 것으로 제초를 하게 하여 도량과 심전을 다 같이 깨끗하게 하라는 것이라."[76] 숭산 박길진 박사는 이에 말하기를, 어느 분야에서 무엇을 하든지 간에 마음공부는 그곳 그곳의 일 속에서 계속해야 한다[77]고 하였다. 우리 각자가 처한 일터에서 순간순간의 마음작용을 바르게 대조하지 않으면 마음난리에 떨어져 마음병으로 고통받기 때문이다. 이처럼 마음을 살피는 공부는 「일기법」의 유무념(有無念) 대조[78]를 통해서 전개되기도 한다.

따라서 마음공부는 모든 공부의 근본으로서 우리의 심신을 운전하는 보배라 하지 않을 수 없다. 소태산은 옛 성인의 법어를 인용하기를, '사흘의 마음공부는 천년의 보배요, 백년의 탐낸 물건은 하루 아침 티끌'이라 하면서 "범부는 이러한 이치를 알지 못하므로 자기의 몸만 귀히 알고 마음은 한 번도 찾지 아니하며, 도를 닦는 사람들은 이러한 이치를 알므로 마음을 찾기 위하여 몸을 잊나니라"[79]고 하였다. 범부와 불보살의 차이가 마음공부 여하에 있다는 것이다.

결국 소태산은 범부와 중생의 차이를 자신의 마음 사용법과 관련지

---

76) 『대종경』, 실시품 15장.

77) 朴吉眞, 『大宗經講義』, 圓光大學校 出版局, 1980, pp.116-117.

78) "유념・무념은 모든 일을 당하여 유념으로 처리한 것과 무념으로 처리한 번수를 조사 기재하되, 하자는 조목과 말자는 조목에 취사하는 주의심을 가지고 한 것은 有念이라 하고, 취사하는 주의심이 없이 한 것은 無念이라 하나니, 처음에는 일이 잘 되었든지 못 되었든지 취사하는 주의심을 놓고 안 놓은 것으로 번수를 계산하나, 공부가 깊어가면 일이 잘되고 못된 것으로 번수를 계산하는 것이요"(『정전』, 제3 수행편, 제6장 일기법, 2. 상시일기법).

79) 『대종경』, 불지품 16장.

어 말하고 있는데, 그것은 세상을 평화롭게도 하고 고통스럽게도 하기 때문이다. "천하에 벌여진 모든 바깥문명이 비록 찬란하다 하나 오직 마음 사용하는 법의 조종 여하에 따라 이 세상을 좋게도 하고 낮게도 한다."[80] 이어서 그는 당부하기를, 용심법을 부지런히 배워서 모든 것을 선용하는 마음의 조종사가 되라고 하였다. 각자가 마음 조종사로서 마음공부를 하는 것은 일종의 용심법과 같은 것이라는 것이다.

오늘날 원불교에서 비교적 활력 있게 전개되고 있는 마음공부 프로그램으로 몇 가지가 있다. 이를테면 「정전마음공부」[81], 「행복가족캠프」[82], 「환경운동과 마음공부」[83] 프로그램 등이 그것으로, 이들의 활동상을 통해 알 수 있듯이 마음공부는 원불교 교도는 물론 일반대중을 대상으로 널리 보편화되고 있다. 특히 권도갑 교무가 지도하는 가족중심의 마음공부 프로그램은 대중매체인 매스컴을 통해 활발하게 전개되고 있는 바, 자신이 부처라는 것을 강조하여 외경과 내경을 분리하여 내경 중심으로 하는 수행을 강조하고 있다.[84] 위에 언급된 마음공부 프로그램들은 자신 주변의 경계를 따라 일어나는 요란해진 마

80) 『대종경』, 교의품 30장.

81) 대산종사 생전, 원불교 수익기관인 수계농원을 중심으로 진행되어온 정전마음공부 프로그램은 장산 황직평 교무의 지도하에 전개되어 온 것으로, 이는 정전공부를 마음대조와 관련지어 전개되는 특징을 지닌다.

82) 근래 비교적 활발하게 가족캠프와 언론 매체 등을 통해서 마음공부 프로그램을 전개하고 있는 권도갑 교무의 역할이 돋보이고 있다.

83) 장연광 교무가 시민사회운동과 더불어 진행하는 환경운동과 마음공부 프로그램이 있는 바, 장교무는 2012년 6월 『환경보전 마음공부』(도서출판 한맘)라는 책을 저술하여 이의 실천방향을 구체적으로 제시하였다.

84) 김성훈, 「원불교 마음공부 개념에 대한 연구」, 원불교 마음공부 세미나 《마음공부의 정체성 연구》, 원불교교화연구소 · 원불교사상연구원 주최, 2004.10.15, p.23참조.

음을 대조하며 자성을 회복함으로써 마음병을 치유하는 것에 초점을 두고 있다.

사실 원불교에서 마음공부 프로그램이 처음 전개된 것은 원기 62년(1977)부터이다. 원불교 수계농원에서 촉발된 이 마음공부는 대내외적인 반향을 불러일으키며 큰 성과를 거두어 왔던 바, 일반 교도들을 비롯하여 청소년과 유아들에 이르기까지, 그리고 가정을 비롯하여 삶의 현장이나 교화현장에 이르기까지 많은 사람들에게 프로그램이 시도되면서 도덕성 회복 및 발달에 기여하고 있다.[85] 다양한 분야의 사람들이 교의실천적 혹은 탈종교적 성향에서 접근되는 마음공부 프로그램에 적극 관심을 가진 결과이다.

덧붙여 2008년, 원불교에서는 「마음공부연구소」(2008.12.11일 개원)를 발족하여 마음병으로 고통을 겪는 중생의 치유는 물론 병든 세상을 구원하기 위한 치유 중심의 연구활동을 전개하고 있다.[86] 교단에서 특히 강조하는 공부로서 마음공부 프로그램의 응용, 나아가 마음공부연구소의 활동은 마음병을 적극 치유하려는 방향에서 기여하고 있어서 고무적인 일이 아닐 수 없다.

최근 주목을 받고 있는 원광대학교 원불교사상연구원의 「마음인문학연구소」는 2010년부터 10년간 한국연구재단으로부터 75억원의 지원과 원광학원 대응연구비 35억원의 지원으로 운영되고 있어, 마음공부와 관련한 학술적 활동이 주목되고 있다. 본 연구소는 마음인문학

85) 한창민, 「원불교 마음공부 정의의 한 시도」, 원기 90년도 전반기 원불교 마음공부 세미나 《원불교 마음공부 방법론 연구》, 원불교 교화연구소, 2005.4.12, p.1.

86) 양은용, 「원불교의 마음공부와 치유」, 『한국그리스도 사상』 제17집, 한국그리스도사상연구소, 2009, pp.115-116참조.

이라는 아젠더의 설정이 마음공부로 상징되는 원불교교의 내지 원불교학적인 배경을 전제로 하고 있으나 그 연구활동은 독립된 형태를 취하며, 원사연의 마음인문학연구소의 운영은 원불교학계에 시사하는 바가 크다.[87] 마음인문학연구소는 사상, 치유, 도야, 공유의 4개 분야로 연구활동을 전개하고 있는 만큼 학술적으로 지성층을 향해 마음공부와 관련한 치유 실천프로그램을 계발, 활력 있게 전개하고 있다.

이처럼 교단 내외의 많은 관심 속에서 전개되는 원불교의 각종 마음공부 프로그램을 원불교 수행의 트랜드로 정착시킨다면, 그것이 사회에 미치는 상징적 파급력은 클 수밖에 없을 것이며, 이에 원불교 교화는 탄력을 받을 수 있으리라 본다. 오늘날 유행하는 명상치유 및 영성치유를 같은 맥락에서 마음공부 치유론으로 정착시킨다면 현대인의 스트레스의 해소는 물론 수행인의 자성회복에 효력을 발할 것이다. 필자는 그것이 원불교 교화의 미래 방향을 튼실하게 할 수 있는 길이라 확신한다.

5) 낙원건설의 본의

본 연구에서 치유 논제의 근간(根幹)으로 거론해온 바, 소태산은 근대사회의 현상을 병든 사회로 규정하고 개인이 겪는 고통을 마음난리로 규정하여 이를 구원하고자 하였으니, 그것은 자리이타와 사회불공이요 마음공부라는 것이다. 이 모두가 개인과 사회를 치유하려는 소태산의 포부와 경륜에서 나온 것으로 원불교의 교법 실천의 정수(精

---

87) 양은용, 「원불교 학술활동의 현황과 과제-원불교사상연구원의 학술・연구활동을 중심으로」, 『원불교사상과 종교문화』 47집, 원불교사상연구원, 2011, p.153.

髓)이기도 하다.

자리이타와 사회불공은 쉽게 말해서 원불교의 교강인 사은사요와 삼학팔조 중에서 전자에 해당하는 것이라면 마음공부는 후자에 해당한다. 그것은 사은의 무한은혜에 의한 자리이타의 공익정신을 심화하자는 것이요, 사요의 실천으로서 사회불공을 하자는 것이다. 또한 삼학팔조의 수행을 통해 자성불을 회복할 수 있도록 마음공부를 하자는 것이다.

1916년에 개교된 원불교가 100년(2015)을 맞이하였다. 원불교 100년 성업회에서는 「원불교 100년 슬로건」으로 '정신개벽으로 하나의 세계' '마음공부로 은혜로운 세상'을 대내외에 선포하여 이를 적극 전개하고 있다. 본 성업회에 의하면, 은혜로운 세상은 천지 부모 동포 법률이라는 사은에 보은하고, 자력양성 지자본위 타자녀교육 공도자 숭배라는 사요를 실천하자고 했고, 또 삼학수행으로서 마음공부에 의하여 몸과 마음을 원만하게 지키는 정신수양, 일과 이치를 원만하게 아는 사리연구, 몸과 마음을 원만하게 사용하는 작업취사의 공부를 하여 낙원으로 인도하자고 했다.[88] 이 모두가 현대사회와 현대인의 병맥을 정확히 진단, 그에 적절한 불공을 통해 인류사회를 구원하자는 것이다. 그것은 분명 파란고해의 병든 사회, 마음난리의 마음병을 치유할 수 있는 시대적 처방이기 때문이다.

소태산은 1916년 대각과 동시에 원불교를 창립한 후 조선불교의 혁신을 통해 생활불교를 표방함과 동시에 원불교 교법의 특징인 인도상의 요법[89]에 바탕하여 사회구원 활동을 전개한 점에서 의의가 있다고

88) 원불교100년기념성업회, 《세상의 희망이 되다-원불교 100년》, 원불교 교정원 100년 기념성업회, 2010, p.5.

본다. 세상 구원을 향한 치유의 화두는 신비로운 이적을 급속히 나투는 것이 아니라 합리적인 방안제시에 의해 차근차근 풀어가야 할 성격을 지닌다. 돌아오는 세상은 밝은 세상이니 오직 진리로써 신앙의 대상과 수행의 표본을 삼고, 돌아오는 세상은 사실을 위주하는 세상이니 사술과 이적을 떠난 인도상 요법을 본위로 하려는 것이다.[90] 그가 강조하듯이 인도상의 요법에 의하여 병든 사회를 치유하고 마음난리를 치유한다면, 그것은 「개교의 동기」에서 밝힌 것처럼 진리적 종교의 신앙과 사실적 도덕의 훈련에 근거하여 파란고해의 일체 생령을 광대무량한 낙원으로 인도하는 것이다.

광대한 낙원건설을 향한 「병든 사회와 치료 문제」라는 본 연구는 물론 사은사요 삼학팔조 외에 교법의 다른 측면에서도 접근이 가능하며, 일례로 그것은 원불교의 「최초법어」이다. 소태산은 1916년 4월 28일 대각을 이루고 시대를 선도할 구상에 몰두하였다. 그는 안으로 모든 교법을 참고한 후 다시 밖으로 시국을 살펴보고 동년(同年) 5월에 「시국에 대한 감상」으로서 새 세상 건설의 대책을 최초법어로 발표하니, 곧 수신의 요법, 제가의 요법, 강자 약자의 진화상 요법, 지도인

89) 소태산대종사를 이어 종통을 계승한 정산종사는 「인도상의 요법」에 대하여 다음과 같이 말한다. "과거에 모든 부처님이 많이 지나가셨으나 우리 대종사의 교법처럼 원만한 교법은 전무 후무하나니, 그 첫째는 일원상을 진리의 근원과 신앙의 대상과 수행의 표본으로 모시고 일체를 이 일원에 통합하여 신앙과 수행에 직접 활용케 하여 주셨음이요, 둘째는 사은의 큰 윤리를 밝히시어 인간과 인간 사이의 윤리 뿐 아니라 천지 부모 동포 법률과 우리 사이의 윤리 인연을 원만하게 통달시켜 주셨음이요, 셋째는 이적을 말씀하지 아니하시고 오직 '인도상 요법'으로 주체를 삼아 진리와 사실에 맞는 원만한 대도로써 대중을 제도하는 참다운 법을 삼아 주셨음이라"(『정산종사법어』, 기연편 11장).

90) 박정훈, 『정산종사전』, 원불교출판사, 2002, pp.117-118.

으로서 준비할 요법이다.[91] 최초법어는 개인, 가정, 사회국가, 세계라는 구조 속에서 대안 제시를 하고 있으며, 이는 개인의 마음난리에서 비롯하여 병든 사회에 이르기까지 그에 맞는 치유의 방편을 단계적으로 제시한 것이다.

따라서 소태산의 사회를 바라보는 첫 구상으로서 「최초법어」는 현대사회의 병맥을 진단, 이에 대한 점증적 처방을 내리고 실질적 방안을 제시하였으니, 각종 세미나 등에서 개인과 사회치유에 대하여 우선적으로 주목받을 사항이라 사료된다. 필자가 참여했던 바, 2012년 일본 불교대학에서 개최된 한일불교학술회의에서 「개교의 동기」와 「병든 사회와 치료법」을 중심으로 한 원불교 치유론이 그 물꼬를 텄다는 점을 밝혀두려는 의도가 여기에 있다.

3. 원불교해석학의 방향과 과제

1) 21세기의 성향

21세기에 진입하여 어느 단체나 회사 등 자신의 존재가치를 의미있게 설명할 수 있는 컨셉(concept)이 중요한 시대가 되었다. 어떠한 일이든 그것의 존재가치가 있어야 한다는 것이며, 이러한 명분을 충분히 해석해내는 의미가 중요하다는 것이다. 의미의 용이한 전달 방식에 따라 설득력 있는 명분의 확보와 여기에 지속 가능한 방법론의 생명력이 부여되기 때문이다.

91) 한정석, 「교리형성사」, 『원불교70년정신사』, 원불교출판사, 1989, pp.379-380.

그럼에도 불구하고 현대사회는 의미 부여를 간과하는 일들이 비일비재하다. 일의 의미 파악보다는 밖의 형식과 장식에 매몰되는 경우가 적지 않기 때문이다. 어쩌면 현대인의 위기는 의미의 위기일 것이며, 급변하는 상황들과 수많은 정보들을 의미 있게 이해하거나 해석해내지 못하는 의미 위기의 시대가 도래하였다.[92] 물질의 범람과 기술과학의 발달로 인해 외형적 장식에 치닫다 보면 그것이 담고 있는 내면적 의미 모색에 소홀해지는 현상이 적지 않다는 것이다.

어떠한 조직의 사상이나 이념 전달에는 컨셉이 더욱 중요하다. 그것은 인간의 정신세계와 관련된다는 점에서 단순한 사유나 의미 없는 주장은 충동적 행동으로 이어지기 쉽다. 특히 종교적 사유의 세계에는 의미부여가 중요하다. 여기에는 종교 교리가 지니는 심오한 진리성 때문이다. 종교적 의미부여란 학문적으로 말하면 종교 해석학과 직결된다.

아무리 거창한 학술이론이나 종교 성자의 사상이라 해도 거기에 해석학적 의미부여가 간과된다면 공허한 이론으로 멈추어버리기 쉽다. 이에 해석학적 방법론이 충분히 동원되어야 체계적 이론으로서의 체계성은 물론 해석의 수월성이 요구된다는 것이다. 이론철학의 임무는 보편 개념들을 통한 경험세계의 이해와 해석이며, 그 다음으로는 이해와 해석이 중요한 의미를 지니기 위해서는 그 해석을 위해 사용되는 개념들에 대한 정합적·논리적·필연적 체계화가 가능해야 한다.[93] 본 연구에서 관심을 갖는 것은 교서의 다양한 의미파악 및 원불교학의

---

92) 김성관, 「원불교 일원상 상징의 융화 효능성」, 『원불교학』 제2집, 한국원불교학회, 1997, p.173.

93) 김성진, 「전통적 형이상학의 문명철학적 의미」, 『형이상에 대한 동서양의 철학적 접근』, 한국정신문화연구원, 1999, pp.95-96.

체계화 등을 위한 원불교해석학적 접근에 있다.

과거에 비해 오늘날 해석학이 더욱 요청되고 있는 것도 사실이다. 해석의 중요성이 커진다는 것은 정신노동 위계체계의 상층부에서 처리해야 할 일이 증가한다는 것을 의미한다.[94] 이러한 정신노동의 세련화는 종교지도자의 경우 본업이라는 점에서 이와 관련된 교리정신과 사회구원의 다양한 방법론을 모색하는 것이 원불교해석학에서 더욱 요청되는 것이다.

본 연구에서 강조하는 원불교해석학이란 단순한 개념설명이나 판이한 방법론의 모색보다 창의적・체계적으로 재해석할 수 있는 것으로 교학연구 방법론과 직결된다. 『원불교 전서』의 창의적 이해와 원불교학 연구의 미래지향적 접근이 필요하다는 것이다. 아울러 교화 방법론의 창안에 다양한 접근이 요구된다고 본다.

비교적 짧은 역사 속에서 발전해 온 교단으로서는 교학의 정립과 재해석, 나아가 교화 방법론에 대한 다양한 접근을 위해서 원불교해석학의 역할이 기대되는 것이다. 원불교 100년에 당도하여 원불교사상을 단순한 해석에 머무르지 않고 체계적으로 새롭게 재음미해야 한다. 이와 동시에 소태산의 경륜인 낙원건설의 해석학적 방법론이 요구된다는 것이다. 원불교해석학의 범주, 방향, 교학연구의 해석학적 한계와 과제 등을 고찰하려는 의도가 여기에 있다.

94) 앨빈 토플러 著(李揆行 監譯), 『권력이동』, 韓國經濟新聞社, 1992, p.355.

2) 해석학의 의미와 전개

(1) 동서 해석학의 대두

해석학이란 무엇인가? 우선 그 의미를 살펴보도록 한다. 해석학의 용어는 원래 희랍어 동사인 헤르메네인에서 유래한 것으로 알려져 있다. 이 헤르메네인은 언표, 알림, 해석, 설명 그리고 번역을 의미하며, 무엇인가 감춰진 의미를 드러내어 이해되어져야 한다는 데에 근거하고 있으므로 어떤 의미의 구성내용을 다른 언어적 이해의 지평에로 옮겨 놓는다는 뜻이다.[95] 고금을 통하여 고전의 문구, 당위명제, 이데올로기 등에 대하여 보다 깊이 있고 폭넓은 해법을 도출하고 합리적 접근의 방법을 모색하는 것이 포괄적인 해석학의 의미일 것이다.

포괄적 해석학이란 우리가 세계를 보다 넓게 혹은 구체적으로 해석하려는 세계관과도 같다. 세계를 바라보는 시각이 다양하면서도 심도 있는 의미로의 접근이 모색된다는 점에서 해석학은 현대의 필수학문으로 등장한 것이다. 세계해석의 방법에 있어서 크게 두 가지를 전제하면 존재철학의 논리적 패러다임이 요구되고 생성철학의 논리적 패러다임이 요구되는 바, 글자 그대로 전자는 모든 것은 존재한다는 관점으로 세계를 해석하는 사유방식이며, 후자는 모든 것은 생성한다는 관점으로 세계를 바라보는 사유방식이다.[96] 이에 더하여 인간의 삶과 밀착시켜 실천에 옮기는 수양론으로 해석해내는 것이 포함된다면, 그것은 존재론과 생성론에 더하여 수양론을 의미 있게 도출한다는 점에

---

95) 박상권, 「소태산의 해석학에 대한 연구-대종경 변의품을 중심으로」, 『원불교사상』 제17・18집, 원불교사상연구원, 1994.12, pp.157-158.

96) 박재주, 『주역의 생성논리와 과정철학』, 청계, 1999, p.33.

서 관심을 갖지 않을 수 없다.

해석학 성립의 근원을 거슬러 올라가면 그것은 고대의 플라톤이나 아리스토텔레스까지 소급할 수 있다. 하지만 직접적으로는 성서나 고전의 해석기술에서 생겨나 성립된 해석학의 역사는 딜타이가 그의 「해석학의 성립」에서 언급한 바와 같이 보편화를 지향하여 내딛게 된 역사라고 할 수 있고, 이는 슐라이엘 마하를 경유하여 딜타이에게서 정신과학의 기초 부여라고 하는 철학적 기반을 획득하였다.[97] 뒤이어 보편화의 길을 걷게 된 것은 하이데거로서 그는 해석학을 기초적 존재론의 수행으로 파악하였으며, 해석학을 존재가치에 그 기초를 부여함으로써 존재론적 차원으로 전환하게 되었다.

여기에서 주목되는 바는 해석학의 시각을 현상학과 관련지어볼 필요가 있다. 해석학이란 세계 현상의 해석, 곧 현상학에서 관심을 갖는 현상의 파악과 직결되기 때문이다. 물론 해석학의 역사는 현상학의 역사보다도 오래되었으며, 후설의 현상학이 등장하기 이전에 이미 슐라이엘 마하나 딜타이의 해석학이 성립되었다. 해석학이 현상학보다 앞서 수립되었다고 해도 그 기초를 확고히 한 점에서는 현상학적 자각의 방법이 해석학에 앞서 수립되었다고 리쾨르(P. Ricoeur)는 말하고 있으며, 그것은 해석학의 중심이 의미에 관한 것이라 할 때 그 의미의 탐구를 자각적으로 취한 것이 현상학이라는 사실 때문이다.[98] 이러한 점에서 해석학과 현상학은 의미에 관한 물음을 모태로 하여 상호 직결되어 있으며, 해석학은 현상학을 그 전제로 삼게 된다고 리쾨르가 생

97) 梅原猛・竹市明弘 編(朴相權 譯), 『해석학의 과제와 전개』, 원광대출판국, 1987, p.66.
98) 위의 책, p.203.

각한 것이다.

이러한 맥락에서 볼 때 학문으로서의 해석학은 엄밀히 말해서 동양보다는 서양에서 발달했다고 본다. 해석학과 직결되는 서양의 분석철학적 인식론은 동양의 고전 주해 및 심신 수양론과 충분히 대비될 수 있는 사항이다. 서구에서는 주로 존재의 규명과 생성의 규명 등에 있어서 해석학적 방법론으로 등장한 것이며, 동양의 고전의 주석 등을 넓은 의미에서 해석학의 범주로 보면 동양 해석학의 역사도 서양철학 못지않게 오랜 전통을 이어왔다고 본다.

여기에서 동서학문의 경향에 비추어볼 때 해석 방법론에 있어서 다소의 차이가 있다고 해도 동양 문화권에서도 해석학의 존재가치가 부각되어 온 것은 사실이다. 해석학이 서구사상사에서 유태교나 기독교의 경전 이해를 둘러싸고 제기되었으며, 동양에서 꾸준히 해석학적 반성과 검토가 행해져 왔던 것이다.[99] 동양 나름의 해석학적 반성이 고전이해와 자신수양의 해법 찾기에서 부각되었던 것이다.

해석학은 근대 서구에서 성립된 해석학의 전개 이전에 동양철학의 경우 석의(釋義)로서 고전을 다채롭게 해석해 왔음을 고려할 필요가 있다. 그것은 특히 동양의 유불도를 중심으로 한 경전 해석으로서 석의 곧 경전해석학이나 고전문헌학으로 성립했다는 것이다. 이를테면 동양사상의 경우 석의로서 『주역』이 그 중심에 있다. 문왕·주공의 역(易)과 공자의 역은 모두 주대(周代)에 이루어진 것이므로 『주역』이라 하는데 통상 문왕·주공의 역은 경(經), 공자의 십익은 전(傳)이라 하며, 한대 이래로 십익을 통하여 경문을 해석하는 이전부경(以傳附

---

99) 김낙필, 「원불교학의 동양해석학적 접근」, 『원불교사상』 12집, 원불교사상연구원, 1988, p.87.

經) 또는 이전해경(以傳解經)의 바람이 일어나 경과 전을 하나의 책으로 묶게 되었다.100) 가장 오래된 경전의 하나인 『주역』이 동양인들의 길흉화복을 예언해주는 점서였다는 점에서 널리 애용되었으며 여기에는 수많은 주석가의 해석 방법론이 전수되어 왔던 것이 사실이다.

따라서 『주역』이라는 고전의 해석은 시대의 흐름을 따라 그 나름의 특성을 지닌 해석학적 전개가 이루어진 것이다. 이를테면 이것은 고대에 주로 점서로, 한대에는 천인합일을 해명하는 책으로, 위진대에는 존재론적 사고를 규명하는 책으로, 송명대에는 의리서 등으로 다양하게 해석되어 왔다.101) 구체적으로 말해서 고대에는 경구 하나하나가 주재자적 의미를 지니게 되었고 한나라 때에는 천인상관론에 근거한 율력과 상수(常數)의 한역(漢易)이 등장한 것이다. 위진시대에 이르러서는 도가의 노장철학적 해석이 등장하였고 송학은 불교적 해석에 대등한 신유학적 접근이 강하게 부각되었다는 것이다.

동양철학에서 해석학적 대상은 『주역』 외에도 유교의 사서삼경 등 경전 해석과 관련된 경학이 발전해 왔다. 특히 한대의 학자들은 『오경』의 설정과 같은 고전의 범주를 고안해 냄으로써 고대 문헌들에 질서를 부여하려고 하였으며, 이들 난해한 고문헌들을 해석하기 위하여 노력을 경주한 결과 그들의 고전해석, 혹 주석작업은 그 뒤 중국의 주요 지적인 활동의 하나가 개시되었음을 가리킨다.102) 이러한 과정을 거치면서 최초의 체계적 사서(辭書)인 『설문』 역시 기원 후 100년경에

100) 곽신환, 『주역의 이해』, 서광사, 1990, p.24.

101) 진성수, 「주역의 인간이해에 관한 연구」, 『한국고전연구』 15권, 한국한문고전학회, 2007, p.261.

102) 존 K. 페어뱅크 外 2인著(김한규 外 2인譯), 『동양문화사』(상), 을유문화사, 1999, p.85.

출현하였으며, 9천자 이상의 한자가 540개의 부수에 의해 정리되었음은 놀랄만한 일이다. 특히 중국의 경우 유교경전에 관한 해석학적 입장을 반영한다고 볼 수 있는 경학은 역사적 시각에서 경전을 접근한 고문학파가 있고, 유교의 경서에서 공자의 정치사상을 밝히어 사회질서를 정당화하려는 근거를 찾으려는 금문학파가 있다. 뒤이어 인륜도덕으로의 경전이해, 유물론과 유심론으로 이어지는 근대적 사유는 경학의 해석을 다채롭게 하였다.

아무튼 중국철학의 발달사에서 볼 때 동양 해석학은 한대의 경학에 이어 또 다른 발달사가 있으니 그것은 경학의 훈고학으로의 변천, 당송대의 사장학, 청대의 고증학 등으로 이어졌다. 곧 훈고학적 방법이든, 고증학적 방법이든, 동서의 해석학적 방법이든, 현상학적 방법이든 연구목적에 들어맞는다면 모두 유용하며, 유물론적 방법 또한 유용하다면 받아들이면 될 따름이다.[103] 이러한 시대적 변천사에서 볼 때 청대의 고증학이 중국 고전의 난해한 부분을 해석하는데 많은 기여를 한 점은 고전이해에 있어 해석학적 평가가 있어야 할 것이다.

불교 해석학 역시 유교 고전의 해석학과 유사한 차원에서 접근될 수 있으리라 본다. 불교 제 경전의 해석과 관련한 많은 업적이 있었다. 경전 문구 하나하나를 중심으로 해석하느냐, 아니면 불타의 본의를 해석하느냐 하는 것도 불교 해석학에서 첨예한 논쟁이었다. 이를테면 원시(부파)불교와 후래 대승불교의 경우가 이것이다. 부파불교로서 아비달마(Abhidharma · 論)는 불타가 설한 교법에 대한 해석을 말하는 것으로서 많은 논(論)이 만들어지고 정비되어 논장(論藏)이 되었다. 논장의 유행은 부파불교 시대의 특징으로 각 부파는 불타의 교

103) 한국철학사상연구회, 『韓國哲學』, 예문서원, 1995, p.18.

법에 대한 해석·주석에 의거하여 자파의 교리학설을 수립하였지만 한편으로는 틀에 박힌 해석방법이 교법 자체의 생명력을 잃게 하는 결과를 가져오기도 하였다. 여기에 대하여 대승불교의 특징은 법에 대한 자각인 바, 아비다르마 철학으로 대표되는 법에 대한 객관적 해석과 이론적 분석태도를 지양하고, 스스로의 체험과 실천을 통하여 주체적으로 감득하는 법의 자각이 강조되었다.[104] 대승불교에서는 직관적 선정체험이 요구된 관계로 공(空)사상이 등장하여 불타 본의에 대한 해석 지향이라는 대승불교의 해석학적 기반이 된 것이다.

대승불교의 시각에서 불교 해석학의 원융성을 부각시킨 원효의 경우를 살펴보자. 그의 화쟁 원리(三性異義和諍門, 佛身異義和諍門)는 당시 종파의 다원화 상황을 극복하기 위한 해석학의 기반이 되었고, 그 자신은 불교의 어느 한 전통이나 종파만을 고집한 적이 없었다.[105] 그가 저술한『십문화쟁론』에서 보여주는 것처럼 다양한 불교의 이론과 종파들을 원융하게 조화를 도모하였고 불타의 본의 파악에 충실하고자 하였으니, 문자 그대로 종파불교의 난립을 화쟁원리로 화해시키려 했던 점은 후래 불교 해석학의 전형이 되었다고 사료된다.

이러한 해석학적 전개에 있어서 불교의 논점은 수행과 신앙의 방법론에 있어서 정법에 대한 견해차이에 대한 것이 주류를 이루었다. 그것은 정법 상법 말법이라는 불타 멸후 자기 종파적 정법 지향성 때문인 것이다. 이에 대한 기본준거는 일찍이 사의경(四依經)에서 지적되

104) 정현인,「새로운 대승 정신의 구현」,《원광》통권 321호, 월간원광사, 2001년 5월호, p.95.

105) 김명희,「원효 화쟁론의 해석학적 접근-종교대화 원리를 중심으로」, 제27회 원불교사상연구 학술대회《현대사회와 원불교해석학》, 원광대 원불교사상연구원, 2008년 1월 29일, p.33.

었고 범본 아비달마 구사론 등에서 거론한 바 있으며, 그후 유식계통 경전 등에서 크게 강조된 네 가지 원칙에 나타나 있다. 곧 ① 법에 의하되 사람에 의하지 말라, ② 의(義)에 의하되 어(語)에 의하지 말라, ③ 지(智)에 의하되 식(識)에 의하지 말라, ④ 요의경(了義經)에 의하되 불요의경(不了義經)에 의하지 말라 했는데, 이 원칙은 이미 1949년 E. Lamotte 교수가 '불교 해석의 비판적 준칙'이라는 일문(一文)을 초(草)하여 불교 해석학의 선편(先鞭)을 친 이후, 오늘날 미국에서 시작된 불교 해석학의 태동을 낳게 한 일반 해석학에서도 주의해야 할 심오한 의미를 지닌다.[106] Lamotte 교수의 견해는 문자나 경전 의존에 비중이 크므로 불립문자 직지인심 견성성불을 표방한 선사들의 비판을 받게 되는 한계에 노출되었다.

하여튼 동서를 물론하고 주요 가치를 지니는 경전의 해석이란 시대적 위기를 겪을 때마다 해석학적 지혜가 요구되었다. 공자를 비롯한 고대 중국의 사상가들은 초기의 고전적 문헌들로부터 자신이 가르쳐야 할 가치를 끌어낼 수 있을 것으로 생각하였으며, 이러한 생각은 최근에 이르기까지 동아시아에서 유지되었고 2000년이 지나도록 중국의 학자들은 새로운 문제를 접할 때마다 고전을 재해석함으로써 그 해답을 짜내려고 노력하였다.[107] 중국이 이데올로기적 성향으로 문화혁명을 겪을 때 공맹과 노장사상을 왜곡하였지만, 근래에 이르러서 이를 재해석하고 고전의 가치를 새롭게 부각시키려 하고 있으니 동양의 고전이 갖는 해석학적 가치는 지속되고 있다고 본다.

---

106) 이기영, 「현대에 있어서의 종교의 진리성」, 『인류문명과 원불교사상』(下), 원불교출판사, 1991, pp.1392-1393.

107) 존 K. 페어뱅크 外 2인著(김한규 外 2인譯), 『동양문화사』(상), 을유문화사, 1999, pp.53-54.

앞으로 동서사상에 있어서 서구 기독교와 동양의 제 종교는 해석학적 접근을 더욱 모색해야 할 것이다. 그것은 성경과 고전을 새롭게 해석하고 종교의 미래지향적 해법모색을 위해 해석학적 가치가 부각될 것이기 때문이다. 특히 유불선 삼교는 해석을 기다리는 방대한 분량의 경전을 보유하고 있으므로 경전의 분류나 해석이 더욱 절실한 과제로 제기될 수밖에 없다.[108] 서양의 기독교 역시 성경해석에 새로운 시대를 선도할 가치기준으로 삼고, 성경 문구 하나하나를 사회정의 실현의 준거로 삼는 점에서 더욱 주목되고 있다.

(2) 해석학의 필요성

오늘날 인문과학에서 존재론, 생성론, 수양론 등에 관심이 점증하는 상황에서 해석학이 필요한 이유를 하나하나 밝히는 것이 해석학의 의의와 관련된다. 해석학은 존재론적으로 또는 수양론적으로 단순한 앎의 차원을 넘어서 전통적 사고방식으로 재해석하고, 현재에 직면한 모든 대상을 합리적 방법론에 의해 해법을 모색하는 점에서 존재의 가치가 있다는 것이다.

우선 해석학의 필요성은 원시시대로부터 우주의 형성 등에 대하여 호기심으로 또는 신성한 것으로 이해되어 왔던 신화의 해석에 도움이 된다. 종교적 신화의 해석학이란 존재론적인 신화에서 출발해 의지적인 것과 비의지적인 것에 관한 철학의 완성인 인간의식의 움직임을 서술하는 것이다.[109] 곧 해석학이란 고대의 설화, 신의 창조, 예수·석

---

108) 김낙필, 「원불교학의 동양해석학적 접근」, 『원불교사상』 12집, 원불교사상연구원, 1988, pp.87-88.

109) 베르나르 시셰르 著(유지석 譯), 『프랑스 지성사 50년』Ⅰ, 도서출판 끌리오,

가의 탄생 등 일종의 신화적 성격을 지닌 것에 대하여 종교적 정서와 합리적 이성을 보충하여 접근하려는데 그 의의가 있다. 일례로 우주 질서의 파기로서 종말론은 신화적 표현이므로 이성적으로 접근될 필요성이 있으며, 신화해석에 있어서 합리적 해석학이 요구된다는 것이다.

또 해석학은 철학이나 종교학 분야에 인간의 실존 이해에 도움이 된다는 점에서 그 필요성을 모색할 수 있다. 인간의 실체는 무엇인가, 그리고 인간의 탄생 기원은 무엇인가에 대한 의심이 수없이 일어난다. 이에 인간의 실존적 접근은 자기 성찰능력 곧 정신의 자기초월적 능력을 가져다주며, 누구나 자기가 태어나고 성장한 문화적·역사적 동굴 속에서 형성된 일정한 해석학적 패러다임에 의하여 자신과 세계와 진리를 이해하는 것이다.[110] 해석학이란 이처럼 인간 실존에 대한 깊은 이해를 도모하는 역할을 한다. 이러한 실존의 해석학적 접근을 통해 인간 존재에 대한 의미파악이 용이해진다.

아울러 철학적·종교적 진리의 심오함을 규명하는데 해석학적 접근이 요구된다. 우주와 인간에 관련된 이법이나 성자가 설한 진리의 이해에서 해석학적 규명이 필요하다는 것이다. 합리적 자기반조에 의해 자각적으로 심화를 통해서 진리의 본래를 파악하는 것이 해석학의 철학적 작업이다.[111] 해석학의 방법론에 있어서 철학적인 진리규명에 더하여 오늘날 종교학이나 여타 자연과학적 진리규명이 요구된다고 본다.

1998, p.53.

110) 김경재, 「기조발표-동서종교사상의 화합과 회통」, 《춘계학술대회 요지-동서종교사상의 화합과 회통》, 한국동서철학회, 2010.6.4, pp.16-17.

111) 梅原猛·竹市明弘 編(朴相權 譯), 『해석학의 과제와 전개』, 원광대출판국, 1987, p.64.

우리가 삶의 동기부여에 있어서 중요한 가치가 역할을 하는 점에서 종교마다 가치관이 있으며, 해석학에서 이러한 가치관의 의미부여에 깊은 관심을 가진다. 그것은 종교적 행위가 가치 지향적으로 전개된다는 점에서 더욱 그렇다. 가치란 우리들의 해석 가운데 있는 것이며, 우리들의 가치 해석을 떠나서 세계가 있을 수 없다고 생각하는 불교의 입장과 본질적으로 다르지 않다.[112] 따라서 해석학은 인간이 추구하는 가치를 재음미하고 새로운 가치창조로 이어지도록 하는 것이다. 인간이 동물과 다른 점은 세상을 가치 지향적으로 살아가고 그러한 행동을 유도하는 것이므로, 해석학적인 가치관을 정립하는 것은 의미심대한 일이라 본다.

해석학은 또 모든 개체의 의미 실재와 관련되며, 이는 우리가 해석학을 통해서 개체의 고유한 개념에 머무르도록 의미를 부과함으로써 그것을 실재화하는 것과 연계된다. 사실 모든 사물은 무한한 해석이 가능한 의미의 실재가 되는 것이다.[113] 어떠한 대상에 대한 단순개념을 중층적 개념으로 확대 해석함으로써 그 단순개념에 생명력을 불어넣는 계기가 된다. 각 사물에 대한 의미의 해석학적 접근으로 인해 그 실재의 의미를 심대하게 재구성하는 것이다.

아울러 해석학은 의미해석의 정확성이 뒷받침되도록 하는 역할을 한다. 어떤 대상의 규명에 있어서 정확성을 벗어난 위증이나 모호성은 해석학에서 극복하도록 해야 한다. 무엇이든 서술에는 언제나 두 가지 문제에 직면하는 바, 하나는 사실 자체의 기술이 내포하는 한계

---

112) 아베 마사오, 히사마쯔 신이찌 지음, 『선과 현대철학』(변선환 역, 1996, 대원정사), p.211.

113) 김헌수, 「영성발달과 원불교」, 제6차 전무출신훈련 교재 『하나 적공 체득』, 원불교중앙중도훈련원, 2001. 6.22-28, p.69.

이고, 또 다른 하나는 그 사실기술에 대한 해석의 적법성이 지니는 모호성의 한계이다.[114] 사실성과 정확성을 담보하기 위해 해석학적 방법을 통하여 비사실적이고 애매한 해석을 극복해야 한다는 것이다.

해석학에서 또 요구되는 것은 주장의 타당한 논리근거를 모색하는 것이다. 어떠한 대상이든 이를 비판적으로 음미함에 있어서, 그것을 뒷받침하는 논리적 근거 즉 논증의 내용을 해명하고 그 논증의 구조를 분석하여 그 타당성을 평가하는 단계를 거쳐야 한다.[115] 논리와 논증의 단계를 거치는 것은 연구대상의 타당성을 지향하는 것이다. 예컨대 고전의 어려운 문구들을 해석할 경우 이와 관련된 타당한 근거를 제시하여 논증하는 것이 해석학으로서 할 일이다.

또한 해석학에서 사물의 이해방법의 다양성과 이해의 수월성을 제시하는 것이 요구된다. 일면 이해 방법론의 성격을 지닌 해석학은 해석의 구체적 장에서 규정되고 지배되는 것이다.[116] 딜타이의 해석학적 입장에서 보면 우리가 추구하는 해석학이란 그것이 제시하고 있는 표현의 정도를 넘어서 보편적 연관성에 대한 이해의 다양한 방법론을 제시한다.

해석학은 나아가 연구대상에 대한 상황 및 이해의 시대적 변천의 해법제시에 그 필요성이 있다. 예컨대『도덕경』해석서는 각 시대의 반영이며 동시에 각 해석가의 철학이 담겨져 있음에 주의하여 이를 연구 검토해야 할 과제를 안고 있다.[117] 따라서 해석학에 의해 논제의

114) 정진홍,『종교문화의 이해』, 書堂, 1992, p.205.

115) 이지수,「인도 불교철학의 몇 가지 문제들」,『한국불교학』제11집, 한국불교학회, 1986, p.372.

116) 梅原猛·竹市明弘 編(朴相權 譯),『해석학의 과제와 전개』, 원광대출판국, 1987, p.69.

상황성을 파악하고 시대의 흐름을 추론하여 그에 맞는 해법을 제시하는 것이 요구된다. 논제에 대한 전문가의 견해와 해설, 다양한 의견제시, 시의적절한 판단은 그 논제를 이해하는 지평의 확대로 이어진다.

이처럼 해석학이 보다 필요한 이유는 과거와 달리 현대의 지식 정보의 확대로 인해 공유와 소통의 가치가 점증하면서 연구대상에 대한 인식론의 확충과 관련된다. 인류 문명권이 상호 만남과 협동, 그리고 배움을 통한 창조적 자기변화를 경험하게 된 것은 20세기 후반이었으며, 그것은 지구촌의 교통·통신수단의 발달, 타문화권 여행의 자유, 원전언어로 읽는 이웃종교의 경전연구, 성숙한 현대인들의 인식론적 한계성에 대한 해석학적 통찰 등이 대화와 협력시대로 이끈 동인이 된 것이다.[118] 이처럼 현대사회는 지적 호기심과 인식론의 확충으로 이어지는 시대적 환경 속에 있다.

(3) 해석학의 전개

어떠한 대상이나 실재를 심도 있게 이해하기 위해서 해석학의 필요성이 점증되는 오늘의 상황에서 해석학은 어떠한 방향으로 전개되어야 하는가를 파악해야 한다. 해석학의 필요성을 인정한다면 해석학의 심오한 전개와 관련된 구체적인 담론들이 요구되기 때문이다. 이와 관련한 몇 가지 사항들을 살펴보고자 한다.

먼저 해석학의 전개는 지식의 원근법 차원에서 이루어지는 것이 필

---

117) 金白鉉, 「現代 韓國道家의 硏究課題」, 『道家哲學』 창간호, 韓國道家哲學會, 1999, p.333.

118) 김경재, 「기조발표-동서종교사상의 화합과 회통」, 《춘계학술대회 요지-동서종교사상의 화합과 회통》, 한국동서철학회, 2010.6.4, p.13.

요하다. 우리가 인지하는 지식을 멀리 비추어 보고, 또 가깝게 비추어 봄으로써 해석의 심층적 전개가 용이하다는 것이다. 우리의 편리한 지식이 미치는 영향을 고려하면 우리에게 가깝게 보이는 세상뿐만 아니라 우리가 세상을 멀리 바라보는 것도 파악해야 한다는 것이며, 이는 광각렌즈와 망원렌즈에 따라 세상에 대한 우리의 해석을 좌우하기 때문이다.[119] 아름다운 사진을 담으려면 광각으로 담아야 할 상황이 있고 망원으로 담아야 할 상황이 있는 것이다. 인식대상의 원근을 자유로이 다가설 때 지평의 다양한 시각에 의해 구체적으로 해석된다는 뜻이다.

해석학의 전개는 또 변증법의 방식으로 전개되는 성향이 있다. 이를테면 일원철학의 입장에서는 긍정과 부정을 조화시키는 변증법적인 해결을 의미하는 것 등이 거론될 수 있으며, 그것은 원만한 이해와 지엽적인 해결에 직결된다.[120] 해석학은 이론을 전개할 때 양면의 대립이 있을 수 있으며, 그로 인해 한편은 정(正)의 측면에서, 다른 한편은 반(反)의 측면에서 의견이 팽팽하게 맞선다. 이에 정과 반에 이어 합(合)이라는 도식이 산출되는 것이며, 해석학은 이러한 논증 전개에 있어서 대립 극복의 차원으로 해석해내는 성향이 있다.

아울러 해석학은 기본적으로 중립의 논리 전개방식을 유도하는 것이다. 고금 해석학은 해석이라고 하는 방법에 관한 방법론적 학문이었으며, 이 방법론이란 말은 해석학이 적용되는 대상(당체)에 관해서는 어디까지나 중립적이라는 것을 의미하고 있다.[121] 중립의 해석학

---

119) 스티븐 코비 지음(김경섭 외 옮김), 『성공하는 사람들의 7가지 습관』, 김영사, 2001, p.21참조.

120) 이광정, 「원철학 형성의 기초적 방향」, 『원불교개교반백년 기념문총』, 원불교반백년기념사업회, 1971, p.691.

은 주관과 객관 일면보다는 중립의 측면을 수용하며, 그 중립성을 상실할 경우 해석의 신뢰성을 상실하는 경우가 있다. 양극단에서 어느 한편에 매몰되는 해석의 한계를 벗어나지 못하기 때문이다.

또 해석학 전개에 있어서 간과할 수 없는 것은 학제간 비교연구의 성향을 띤다는 사실이다. 과거에는 보편 학문의 경우 미분화적 성향이었으나 오늘날 전문학문의 발달로 인하여 세분된 학문이 탄생하였다. 중세에는 종교가 철학 내지 과학이었고, 철학·과학이 종교에 종속되는 성향이었지만 오늘날 종교학과 종교철학, 과학 등이 엄연히 구분되어 있다. 이에 종교와 과학은 학제간 입장이 서로 다르므로 이들은 서로 보충의 대상이지 갈등의 대상이 아니라는 것이며, 종교는 인간학적, 인류학적, 사회적, 심리적, 실존적, 가치론적, 우주론적인 총체적인 시야에서 이해해야 한다는 것이다.[122] 이러한 학제간 비교연구의 해석학적 전개는 각 종교의 교의를 보다 심오하게 객관적으로 해석할 수 있는 방법론을 창출한다.

해석학의 전개에서 무시할 수 없는 것은 유효 자료의 선택과 재해석이 중요시된다. 앨빈 토플러에 의하면 정보 해석자들은 지금 자료의 홍수에 빠져 있다고 했으며, 피터 드러커에 의하면 경영자든 전문가든 간에 어떤 정보를 이용할지, 무엇에 써야 하는지, 어떻게 사용하는지를 결정해야 하는 스스로 정보 해독자가 되어야 한다고 하였다.[123] 해석학에 있어서 다양한 자료의 분석 및 선택과 재해석의 과정을 통해서

121) 梅原猛·竹市明弘 編(朴相權 譯), 『해석학의 과제와 전개』, 원광대출판국, 1987, pp.67-68.

122) 송천은, 『열린시대의 종교사상』, 원광대출판국, 1992, pp.85-86.

123) 앨빈 토플러 著(李揆行 監譯), 『권력이동』, 韓國經濟新聞社, 1992, p.355.
피터 드러커 著(李在奎 譯), 『미래의 결단』, 한국경제신문사, 1999, p.136.

올바른 해석으로 유도할 때 그것은 설득력을 더하게 된다.

역사의 성찰이라는 방법 역시 해석학의 전개에 있어서 중요하다. 현재의 평면적 시각에서 벗어나 고금의 입체적 시각을 열어주는 것이 역사의 성찰적 방법이기 때문이다. 카아에 의하면 역사에 있어서의 해석은 가치판단과 결부된다고 했으며, 월시에 의하면 역사적 해석의 이론을 만들어 낸다고 하였다.[124] 이론전개나 문구 해석에서의 역사적 접근은 고금의 분석과 성찰을 통해서 그 가치를 판단하는 것이다. 과거의 성찰은 미래에 나아갈 방향을 바른 시각으로 보자는 것이며, 이를 해석학의 전개 측면에서 본다면 온고지신의 해석이라는 뜻이다.

해석학은 또한 고증을 통해 전개되는 특징을 지닌다. 고전 문구를 하나하나 해석함에 있어서 난해한 부분은 이를 고증에 의해서 해명하는 것이다. 청대의 고증학을 통해서 중국 고전 이해의 길을 넓혔던 것이 적절한 예이다. 당시 고증학적 학풍이 일어났으며 고염무와 황종희는 경전을 연구함에 있어서 널리 증거를 수집하여 정확한 판단을 내리지 않으면 안 된다고 하여 경험을 중시하고 실제적인 학문을 추구하였는데, 이 학풍이 청대를 지배하였다.[125] 오차・탈자의 난해한 문구를 고증 없이 해석해내는 일이란 쉽지 않다는 면에서 고증은 긴요한 것이다.

또한 해석학의 전개는 철학적 방식과도 관련된다. 해석학이 철학의 실제로 출현한데 대해서는 가다머의 「철학적 해석학」을 들고 있으며, 가장 합리적인 국면에 있어서 해석학적 철학은 해석학의 존재론적 보

---

124) E. H. 카아 著(권문영 譯), 『歷史란 무엇인가?』, 圖書出版 孝鍾, 1983, p.127. W.H.월쉬 지음(김정선 옮김), 『역사철학』, 서광사, 1989, p.34.

125) 정진일, 「유교의 致知論 소고」, 『범한철학』 제15집, 범한철학회, 1997년 7월, p.142.

편성의 요청으로써 출현한다.[126] 이러한 철학적 전개에는 넓은 의미에서 우주에 대한 형이상학적 접근이나, 근래 후설의 자연과학의 경험적 방법과 달리 일상적 보편양식을 증명하기 위해 현상학적 접근이 요구된다. 모든 철학의 대상은 논리학, 인식론, 형이상학, 윤리학, 미학의 가치를 공유한다는 점에서 해석학의 전개는 인문학 기반으로서의 철학적 전개방식과 관련되는 것이다.

이 모든 해석학의 전개방향은 해석의 기준설정과 관련된다. 해석학에 있어 기준설정이 없다면 그것은 해석의 일관된 논리성과 체계성을 담보하지 못하기 때문이다. 예컨대 동양철학의 기준척도에는 먼저 문자해석 능력의 구비이며, 그 다음 논리적 전개능력이며, 이어서 동양문화 생명에 대한 진정한 통찰력이 있어야 된다.[127] 서양학문의 해석에 있어서도 그에 합당한 준거가 있을 것이다. 현실진단, 자료섭렵과 분석, 대응방안이 거론될 수 있으며 해석학의 전개는 이러한 기준으로 이루어지는 것이다.

3) 원불교해석학의 시원과 대상

(1) 원불교해석학의 시원

원불교 교리해설서의 출간은 교학수립에 매우 고무적인 일이다. 원불교해석학의 총아인 교리해설서는 교학의 체계적 수립과 직결되며, 이는 소태산의 포부와 경륜을 드러내고 원불교 교법의 전파, 나아가

---

126) 梅原猛·竹市明弘 編(朴相權 譯), 『해석학의 과제와 전개』, 원광대출판국, 1987, pp.66-67.

127) 金白鉉, 「現代 韓國道家의 硏究課題」, 『道家哲學』 창간호, 韓國道家哲學會, 1999, p.330.

교도들의 교리 안내 및 교법의 사회환원이라는 점에서 의미 심대한 일이다. 곧 원불교사상과 교리 해설서와 개론서가 많이 출판된 것은 교학수립과 사상전개에 풍부한 자료 제시일 뿐만 아니라 교화에 매우 고무적인 작업이요, 원불교 문화형성에 큰 발전이 아닐 수 없다.128) 이에 원불교 해설서의 등장은 넓은 의미에서 원불교해석학의 시원을 고찰하는데 의의가 있는 것이다.

원불교해석학의 시원을 알기 위해서는 교단 초기의 교서 및 정기간행물을 살펴보는 것이 필요하다. 그것은 해석학의 기본 대상으로서 교단발전의 근간이 되는 초기교단사의 자료들이기 때문이다. 최초 해석학의 대상으로 삼을 수 있는 것으로는 원기 9년(1924) 불법연구회가 설립된 후 교단 최초의 교서 『수양연구요론』(원기 12년)이며, 여기에는 원불교 성리의 효시인 「문목」 137항목이 보이는 등 초기형태의 원불교 교법이 수록되어 있다. 소태산의 법어를 기록하며, 법풍을 굴리고 교리를 연마한 흔적을 발견할 수 있는 것이 정기간행물로서 그 효시는 『월말통신』(원기 13년), 『월보』(원기 17년), 『회보』(원기 18년)이다. 『월말통신』은 원기 13년(1928년) 5월 발행되어 초기교단의 상황을 잘 드러내는 간행물로서 효시의 성격을 띠고 있다. 본 『월말통신』은 송도성의 제안에 의해 발간되어, 법설의 요지, 총부전달 사항, 교단소식을 주로 보도하였다.129) 그것은 원기 17년(1932) 4월 『월보』로 바뀌고 원기 19년(1934) 12월 『회보』로 바뀌어 교화와 문화기능을 겸하였으며, 원기 69년(1984) 8월에는 영인본 『원불교자료총서』를 10권과 부록(목차집) 1권으로 출판하였으니 원불교해석학에 있어 자

128) 이운철, 「출판언론사」, 『원불교 70년정신사』, 성업봉찬회, 1989, p.571.
129) 위의 책, p.561.

료의 보고로서 역할을 하고 있다.

그러면 소태산대종사의 사상을 풀이한 원불교해석학의 효시는 누구인가? 정산종사를 그 시원이라 볼 수 있는데, 그는 소태산의 사상을 해석학적으로 보완하는 과정에서 영기질의 인간관을 제시한 바 있으며(김낙필), 또 그는 교단에서 법모라는 칭호까지 얻은 분으로 소태산 사상을 체계화하여 조직적인 원불교 교리의 정형을 창조하였으며(박성기), 그의 어록인 『정산종사법어』는 소태산이 내놓은 교리를 체계화하고 이를 전통사상과 연관지어 해석하는 것들로 구성되어 있으며 교리사상의 해석에 있어서 『세전』은 특히 생철학적, 현상학적 해석서라고 하였다(박상권).[130] 소태산의 교법이 드러난 경전으로서 『정전』과 『대종경』의 심오한 뜻을 해석하는데 『정산종사법어』는 그 근간이 되고 있으며, 『교전』 해석학의 시원이라 할 수 있다.

따라서 정산종사는 교단을 계승한 제2대 종법사로서 소태산대종사의 사상을 가장 심도 있게 섭렵한 해석학의 선구로 간주된다. 그는 동양도덕의 특성을 드러내 줌으로써 소태산대종사의 의지를 받들어 모든 종교 또는 모든 철학의 학설들을 생명 도덕의 길로 인도하고 해석하였으니 놀라운 신도덕 해석학자라고 할 수 있다.[131] 소태산의 포부와 경륜을 계승한 최초의 종법사라는 점에서 원불교사상의 근간을 밝히

---

130) 김낙필, 「한국 근대종교의 삼교융합과 생명·영성」, 『원불교사상과 종교문화』 39집, 한국원불교학회·원불교사상연구원, 2008.8, p.48.
박성기, 「정산종사의 과학사상」, 제19회 원불교사상연구 학술대회 《鼎山宗師의 信仰과 修行》, 원광대 원불교사상연구원, 2000년 1월 28일, p.167.
박상권, 「세전에 대한 연구」, 제19회 원불교사상연구 학술대회 《鼎山宗師의 信仰과 修行》, 원광대 원불교사상연구원, 2000년 1월 28일, p.60.

131) 류기현, 「정산종사의 도덕관」, 제19회 원불교사상연구 학술대회 《鼎山宗師의 信仰과 修行》, 원광대 원불교사상연구원, 2000년 1월 28일, p.103.

는데 있어서 우선 참고해야 하는 것이 그의 언행록인 『정산종사법어』이며, 그 뒤를 이어서 종법사위를 계승한 대산종사의 『정전대의』(대산종사법어집 1) 역시 『정전』 해석학의 효시로서 역할을 한 것이다.

다음으로 숭산 박광전은 일원상 해석의 선각자로서 역할을 하였다. 그는 소태산의 제자 가운데 현대적 지성으로서 현대학문을 섭렵하고 원광대학교의 초대총장이 되어 원불교사상연구원을 설립, 교학 요람의 장을 펼쳤던 것이다. 숭산은 첫째로 정보부족 시대에 있어서 일원사상 해석의 선각자적 역할로 좋은 후학들의 출현에 기초가 되었다는 점, 둘째로는 서양적 자료를 추가하여 일원상 해석의 세계화를 지향했다는 점[132]을 들어 그를 해석학의 선진성을 지녔다고 본다.

이에 원불교학 연구의 효시로 거론되는 것으로는 숭산 박길진의 「일원상 연구」라는 논문이 있다. 이는 원기 52년(1967) 2월 『원광대 논문집』에 수록되어 있다. 원불교학 논문의 효시로서 박길진의 「일원상연구」를 중시하였으며(양현수), 숭산의 일원상 연구 논문에서는 서양사상의 시원적이고 원불교의 일원상 해석학에 새로운 지평을 열었다(송천은)고 했으며, 이는 종래의 동양 중심의 일원상 해석의 전개에 있어서 새로운 일원상 해석학의 서양사적 자료를 추가한 것[133]으로 보았다. 원불교학 논문의 효시가 갖는 의의는 해석학적 견지에서 상당한 평가가 있을 것으로 보인다.

그리고 원불교해석학이라는 용어와 관련하여 발표한 글이나 논문으

132) 송천은, 「숭산종사의 종교관-일원상을 중심으로」, 숭산종사추모기념대회 『아, 숭산종사』, 원불교사상연구원, 2004.12.3, p.98.

133) 양현수, 「원불교사상연구사」, 『원불교70년 정신사』, 성업봉찬회, 1989, p.795. 송천은, 「숭산종사의 종교관-일원상을 중심으로」, 숭산종사추모기념대회 『아, 숭산종사』, 원불교사상연구원, 2004.12.3, p.89.

로는 류병덕의 「원불교해석학의 맹아, 숭산 박길진 박사」(『원광』 268호, 월간원광사, 1996년 12월호), 김낙필의 「원불교학의 동양해석학적 접근」(『원불교사상』 제12집, 원불교사상연구원, 1988), 김영두의 「원불교해석학의 서설적 연구」(『원불교사상』 10・11집, 원불교사상연구원, 1987)와 「원불교학 쟁점의 해석학적 고찰」(『원불교사상과 종교문화』 39집, 한국원불교학회・원불교사상연구원, 2008.8) 등이 있다.

원불교해석학과 관련한 저술의 효시도 있다. 2007년 3월 20일 『원불교해석학』(원불교출판사, 541쪽)이 발간된 것이다. 원불교학을 정립해 가는데 있어서 해석학은 매우 중요한 위치에 있음이 사실이며, 특히 철산 류성태는 『원불교해석학』 주제의 저술을 간행하여 교리에 대한 풍부한 해석학적 입장을 제시하고 있다.[134] 뒤이어 교학연구자에 의하여 순수한 해석학과 관련한 번역서가 발간되었으며, 그것은 『해석학의 과제와 전개』(梅原猛・竹市明弘 編/朴相權 譯, 원광대출판국, 1987)이다. 이 역시 원불교해석학의 발전을 위해 번역된 것으로 평가할 수 있다.

교학정립의 과정에서 볼 때 원불교학 연구가 본격적으로 시작되기 이전, 각산 신도형의 『교전공부』(1974)는 정전 해석학의 효시가 되었다. 본 『교전공부』는 각산이 편찬하려다 못한 것을 동산선원에서 출간했는데 교전해석의 지침서가 되었다.[135] 서론의 정전연마 방법론에 이어 본문 1부는 개교의 동기에서부터 법위등급을 하나하나 세부적으로 해석하고 있다. 교리의 심층적 이해를 위해서 이웃종교인 유불도

134) 김영두, 「원불교학 쟁점의 해석학적 고찰」, 『원불교사상과 종교문화』 39집, 한국원불교학회・원불교사상연구원, 2008.8, p.59.

135) 이운철, 「출판언론사」, 『원불교 70년정신사』, 성업봉찬회, 1989, p.570.

사상을 포괄적으로 섭렵하고 있음이 주목된다. 원불교학 연구가 시작된 이래 『정전』과 관련한 참고도서가 발간되었으며(이은석의 정전해의 1985, 이운권의 『정전강의』 1992, 안이정의 『원불교 교전해의』 1997, 오도철 외의 『원불교정전 길라잡이』 2000), 학계에서는 한정석의 『원불교 정전해의』(1999), 한기두의 『원불교 정전연구』(1-2, 1996, 1997), 류성태의 『정전풀이』(상하, 2011) 등이 주목된다. 『정전풀이』는 각 장을 핵심주제・대의강령・출전근거・어구해석・관련법문・보충해설・인물탐구・주석주해・문제제기・고시문제 등으로 항목을 나누어서 해설하고 있다.[136] 앞으로 『정전』과 관련한 해설서가 지속적으로 발간된다면 교학연구의 심화에 기여할 것으로 본다.

다음으로 『대종경』 해석학의 효시로서 주목되는 저서가 있다. 박길진 박사의 『대종경 강의』는 서품에서 성리품까지 해설함과 동시에 공안 24칙의 해의를 부록으로 하였으며, 한종만 박사의 『원불교 대종경 해의』(2권)[137]는 전 15품 547장을 해설하였으니 목차에 각 장별 대의를 간추려 항목으로 삼고, 모두(冒頭)에 「총설」을 두어 각 품을 개괄하고 있다. 류성태의 『대종경 풀이』(2권)는 목차에 각 장별 대의를 항목으로 삼고, 모두에 총설-대종경 연구 방법론-을 밝힌 다음, 전 15품 547장에 대해 해설하고 있다.[138] 『대종경』과 관련한 해설서의 발간은 앞으로 소태산대종사의 사상을 정립, 발전시키는데 주요 참고자료가 될 것이다.

---

136) 양은용, 「주산종사수필 소태산대종사법문집 法海滴滴의 연구」, 『원불교사상과 종교문화』 34집, 원불교사상연구원, 2006.12, pp.317-318.

137) 韓鍾萬, 『원불교 대종경 해의』2권, 동아시아, 2001.

138) 양은용, 「주산종사수필 소태산대종사법문집 法海滴滴의 연구」, 『원불교사상과 종교문화』 34집, 원불교사상연구원, 2006.12, pp.317-318.

이어서 『정산종사법어』 전반의 해석과 관련한 저서는 한동안 전무 상태였다. 그것은 『정전』 『대종경』과 달리 연구의 주목을 받기까지 다소 시간이 소요되었다는 뜻이며, 2008년에 이르러서야 이와 관련한 저서 3권의 출간이 이루어졌다. 곧 필자의 『정산종사법어풀이』(1-3, 원불교출판사, 2008)가 그 효시이며 본 저서는 『정산종사법어』 전체를 풀이한 것이다. 김영두에 의하면 『정산종사법어 풀이』는 교리해석학을 위한 주요 자료집이 되고 있다[139]고 하였다. 여기에서는 필자의 『대종경 풀이』 연구방법론의 연장선상에 있으며, 그 방법론이 대동소이하다는 것이다. 다시 말해서 핵심주제, 대의강령, 출전근거, 단어해석, 관련법문, 보충해설, 주석주해, 연구문제 등으로 풀이되고 있다.

주목컨대 대학 강단에서 원불교해석학에 대하여 강조한 선학으로는 류병덕 교수였다. 그는 원불교해석학이라는 말을 자주 써왔다. 원불교학과 대학원 박사과정 학생들에게 해석학을 강조하며 토론식 강의를 시도했으니, 그에 의하면 해석학적 방법론은 최근 철학자들에게까지도 영향을 주었고, 20C에 들어와서 독일의 철학자 딜타이는 해석학을 세계관학(世界觀學)의 한 방법으로 제창한 바가 있다[140]는 것이다. 이처럼 원불교해석학과 관련하여 문제제기를 함과 동시에 후학들로 하여금 해석학에 관심을 갖도록 한 것이다.

한편 학술마당의 기획발표에 의하여 원불교해석학과 관련한 발표는 2012년 5월 8일 서울 은덕문화원에서 개최한 「원불교해석학의 방향과 과제」가 효시인 것으로 안다. 여기에서 필자는 해석학의 의미와 전

---

139) 김영두, 「원불교학 쟁점의 해석학적 고찰」, 『원불교사상과 종교문화』 39집, 한국원불교학회·원불교사상연구원, 2008.8, p.59(주3).

140) 류병덕, 「21C와 대종경 해석의 몇 가지 과제」, 『원불교사상』 제24집, 원불교사상연구원, 2000.12, p.180.

개, 원불교해석학의 시원과 범주, 원불교해석학의 대상과 방향, 원불교해석학의 한계와 과제를 중심으로 논리를 전개하였으며, 특히 교당 교도 지성층을 대상으로 하여 원불교해석학의 과제가 무엇인가를 성찰하는데 초점을 두었다.

(2) 원불교학의 분류

원불교학의 분류를 분명히 해야 그 영역에 따른 해석학적 방법론을 모색할 수가 있다. 그러한 분류 속에서 보다 구체적인 연구방향이 정해지기 때문이다. 원불교학의 분류를 크게 몇 가지로 정형화할 수 있다.

먼저 원불교학의 분류는 다양한 시각에서 접근될 수 있다. 곧 원불교학을『원불교 교전』을 다루는 기본교학, 원불교사상을 전개하기 위한 해석학, 원불교 교화를 다루는 교화학, 원불교 사관을 제시할 수 있는 원불교사, 원불교인의 정서를 담은 문학·회화·음악 등 예술분야가 이것이다.[141] 이는 교단이라는 큰 틀에서 원불교학 연구의 각 분야를 배려하면서 분류하고 있음을 알 수 있다.

다음으로 과학의 문명이 순수과학, 응용과학을 함께 발전시키자는 측면에서 언급될 수 있다. 곧 과학과의 상보체계를 구축함에 의해서 물질개벽을 이룩함과 같이 원불교학의 연구도 그 근거와 원동력을 제공하기 위해서는 경전교학, 응용교학, 실천교학의 연구가 상보체계를 구축해야 한다는 것이다.[142] 이는 합리적 과학의 사유에 의하여 3가

---

141) 박희종,「원불교 실천교학의 정립 방향」,『원불교사상과 종교문화』31집, 원불교사상연구원, 2005.12, p.243(류병덕,「원불교학 연구의 현황과 과제」,『원불교학』창간호, 1996, p.8).

142) 최영돈,「자연과학의 발전과 원불교학 연구의 과제」, 한국원불교학회보 제10호《원불교학 연구의 당면과제》, 한국원불교학회, 2002.12.6, p.81.

지 측면에서 원불교학을 분류하였다.

무엇보다도 공신력 있는 원불교학의 분류로서 원기 76년(1991) 9월의 일로서 원불교교육발전위 연구위원들은 「원불교 예비교무 교육발전안」을 완성하였다. 그 대강을 보면 경전교학, 교의교학, 역사교학, 실천교학으로 구분하되, 점진적 심화과정을 염두에 두었다.[143] 원불교 교단의 대표성을 띤 교발위의 이러한 분류법은 심도 있는 토론과정을 통해 이루어진 것이다. 하지만 그러한 분류가 각 교육기관에서 시행되지 못한 점에서 교단과 교육기관의 소통문제가 한계로 봉착하였음을 알 수 있다.

필자 역시 원불교학의 분류를 어떻게 설정할 것인가를 숙고하였으며 그것은 졸저 『원불교해석학』에서 자세히 분류하고 그 타당성과 의의를 설명하였다. 필자 나름의 방식으로는 경전교학, 교리교학, 교사교학, 응용교학, 의례교학, 보조교학이 있다.[144] 경전교학, 교리교학, 교사교학은 위의 보편적 견해와 유사한 측면이 있지만, 실천교학의 경우 응용교학, 의례교학, 보조교학이라는 세 가지로 세분화하고 있다.

그러면 필자의 분류법에 의하여 원불교학의 각 분류법을 설명해 보도록 한다.

첫째, 경전교학은 원불교학 연구의 첫 분류에 속한다. 대산종사는 『교전』 해석의 주체강령으로 ① 실생활에 활용하도록 할 것, ② 평이 간명하게 밝힐 것, ③ 사통오달로 밝힐 것, ④ 일원의 진리 즉 불생불멸 인과보응을 믿어 깨치는데 주로 할 것, ⑤ 마음공부 하는데 부합시킬

143) 정순일, 「교립대학 교육개혁의 추이와 전망-원광대 원불교학과의 경우-」, 제18회 국제불교문화학술회의 『불교와 대학-21세기에 있어서 전망과 과제』, 일본 불교대학, 2003.10.28-29, pp.178-179.

144) 류성태, 『원불교해석학』, 원불교출판사, 2007, pp.145-177.

것[145)]을 거론하고 있다. 이는 경전교학이라는 큰 틀에서 조망할 수 있는 방법론이다. 정산종사는 그의 경륜으로서 교재정비를 밝혔는데 『원불교 교전』『불조요경』『정산종사법어』『원불교 예전』『원불교 성가』 등이 발간되었으니, 이러한 경전을 해석하는 방식에 있어서 대산종사의 교전해의 주체강령이 그 골간이 될 것이다.

둘째, 원불교학의 분류로서 교리교학이 있다. 원불교 신앙인으로서 공부해야 할 것은 교리이다. 교리는 소태산이 천명한 교강을 비롯하여, 『정전』에 나타난 총서편, 교의편, 수행편의 내용 전반이 해당된다. 이에 대하여 다양한 주제와 관점에 기초한 교의교학의 과목을 개발할 필요가 있다[146)]는 언급은 교의교학의 중요성을 지적하는 내용이다. 원불교학에서 분류되는 교리교학을 교의교학이라고도 할 수 있으며, 출가 재가 모두가 교리에 능숙해지려면 이러한 교리교학을 해석학적으로 다양하게 접근해야 할 것이다.

셋째, 교사교학을 거론할 수 있다. 원불교학에서 교사교학의 다양한 접근은 초기교단사를 비롯하여 현대사회와 미래의 방향을 가늠할 수 있는 것으로 사관에 입각한 해석학적 기반이 된다. 교단사 연구의 과제로 지적하고자 하는 것은 원불교사상의 연구분야와 관련을 갖는 문제로서 원불교적 역사관의 정립이다.[147)] 원불교 역사관의 정립은 소태산의 대각으로부터 비롯되어 초기교단사, 나아가 현재 진행의 교사도 관련된다. 원기 22년(1937) 발간된 정산종사의 『불법연구회창건

145) 『대산종사법문』 1집, 「정전대의」.

146) 김도현, 원기 93년도 기획연구 《예비교무 교과과정개선 연구》, 원불교 교정원 기획실, 2008.11.28, p.9.

147) 신순철, 「불법연구회창건사의 성격」, 김삼룡박사 화갑기념 『한국문화와 원불교사상』, 원광대학교출판국, 1985, p.911.

사』는 초기교단사를 가늠하는 척도이며, 최근의 교사는 『원불교 전서』에 편재되어 있는 것으로 원기 60년(1975) 발간의 『원불교 교사』가 있다. 교단의 교사연구를 통하여 고금을 성찰하고 미래지향적 교학으로 교단의 초석을 다지는 계기를 만들어야 한다는 점에서 교사교학은 원불교해석학에서 비중 있게 다루어야 할 분야라 본다.

넷째, 응용교학이 원불교학의 한 분류로서 거론될 수 있다. 원불교학을 이론교학 실천교학 실증교학 응용교학 원불교역사학 등으로 분류할 때 최근의 교학연구 활동에 대한 일반적 시각은 여러 가지 요인을 감안하더라도 답보상태이며[148] 응용교학이라는 용어가 사용되고 있다. 여기에서 말하는 실천교학 실증교학 응용교학은 유사분류에 속하며, 한동안 실천교학이라는 용어로 사용되어 오다가 근래 실천교학의 아류로서 실증 및 응용교학이라는 용어가 사용되고 있다. 교화현장에서 방법론적 접근에 도움이 되는 것으로 원불교 교화의 전반적 응용이 이와 관련될 것이다. 앞으로 교화학의 원불교해석학적 접근으로서 응용교학의 폭넓은 전개가 기대된다.

다섯째, 의례교학이 원불교학의 한 분류이다. 의식과 의례는 그 종교의 사상과 교리를 전달, 실현하기 위한 방편적 도구이므로 의식과 의례에 대한 연구는 그 종교의 사상과 교리를 온전히 이해하는 용이한 방법 중의 하나이다.[149] 이를테면 육일대재와 명절대재라는 경축일에 종교적 의례를 간절하고도 장엄하게 봉행할 필요가 있으며, 그것은 원불교의 의례교학에서 심도 있게 조명될 필요가 있다. 특히 종교의

---

148) 김성장, 「원불교학 연구의 당면과제」, 『원불교학』 제2집, 한국원불교학회, 2003.6, p.195.

149) 김응기, 박사학위논문 『영산재 작법무 범패의 연구』, 불교학과, 2004.6, p.1.

신앙정서에 있어서 의례는 상당한 영향을 미친다는 점에서 원불교해석학에서 관심을 가져야 할 분야이다.

이러한 원불교학의 분류법은 교단발전과 학문의 분기(分岐)에 따라 다양하게 접근될 수 있으리라 본다. 앞으로 다채로워질 분류법을 감안하여 원불교해석학에서 이를 조명한다면 교학의 발전 나아가 교화의 확산으로 이어질 것이다.

(3) 원불교해석학의 대상

원불교해석학에서 연구의 대상이란 무엇인가? 연구의 대상이란 원불교라는 범주에 직간접으로 접근될 수 있는 여러 주제들로서 교리, 교화, 제도 등을 말한다. 이를 구체적으로 언급해 본다.

우선 원불교해석학의 대상으로는 일원상과 제반 교리이다. 일원상은 원불교신앙의 대상이며, 일원상과 관련한 신앙 수행의 항목들을 통틀어 교리라고 한다. 원불교해석학에서 중점적인 대상으로 삼아야 할 것은 물론 일원상이다. 이 일원상은 원불교신앙의 대상이기 때문이다. 소태산이 대각한 일원상 진리를 어떻게 추리해 내느냐에 과제가 있으므로 그가 깨달은 진리의 위력이 무엇인가를 알기 쉽게 풀어나가야 하며, 원불교해석학의 발단은 21세기를 맞이한 이 시점에서 전개되어야 한다.[150] 소태산의 대각 경륜과 일원상의 진리, 나아가 교강을 해석학적으로 알기 쉽게 요해해야 할 것이다.

이어서 원불교를 창립한 소태산 교조론 역시 해석학에서 적극 연구되어야 할 분야이다. 여기에서 참조할 바 교조의 말씀 자체가 하나의

---

150) 류병덕, 「21C와 대종경 해석의 몇 가지 과제」, 『원불교사상』 제24집, 원불교사상연구원, 2000.12, p.181.

해석학적 설명이라는 점이며, 『정전』과 『대종경』은 교조가 생존하던 당시의 교설에 대해서, 그리고 이에 바탕한 미래적 예시의 말씀들이 모두 교조 자신의 이해를 토대로 한 기술이고 설명이라는 것이다.[151) 이에 근거하여 교조의 탄생과 관련한 언급은 물론 교조의 행적 하나하나가 해석학의 대상으로 다가선다. 교조론의 언급에 있어서 주목할 것은 교조의 생애와 경륜 나아가 인물론이 조명되어야 할 것이다.

또한 해석학의 대상으로 역사적 시각에 의한 교단관 정립이 거론될 수 있다. 이를테면 원불교 교단이 어떠한 교단이며, 앞으로 어떻게 되어 나가야 할 것인가 하는 문제는 교단관의 확립에 있어서 가장 중요한 문제의 하나이다.[152)] 원불교가 창립된 배경 및 창립의 과정에서 민족과 관련한 사관 나아가 사회문제를 역사적 시각에서 어떻게 해법을 제시하였는가에 대하여 교단사적 입장에서 바라보자는 것이다.

아울러 교서 및 소의경전도 원불교해석학에서 주목해야 한다. 『원불교 전서』에 있는 각종 경전류가 해석학의 연구대상이다. 이른바 9종교서로 불리는 『교전』을 비롯하여 원불교의 소의경전은 각각 내용과 성격 그리고 결집과정을 달리하고 있으므로 그 해석문제도 동일할 수는 없다.[153)] 따라서 『원불교 전서』와 소의경전의 결집과정에서부터, 경전해석에 있어서 논쟁의 여지가 있는 것은 깊이 있는 연구가 수행되어야 하리라 본다.

---

151) 박상권, 「소태산의 해석학에 대한 연구-대종경 변의품을 중심으로」, 『원불교사상』 제17·18집, 원불교사상연구원, 1994.12, p.159.

152) 신명교, 「원불교 교단관」, 『원불교사상시론』 1집, 수위단회사무처, 1982, p.24.

153) 양은용, 「주산종사수필 소태산대종사법문집 法海滴滴의 연구」, 『원불교사상과 종교문화』 34집, 원불교사상연구원, 2006.12, p.294.

또한 깨달음(覺)의 세계에 대한 관심도 원불교해석학의 주요 대상이다. 신앙인이라면 종교를 믿는 궁극적 목적이 깨달음에 있는 것이다. 이에 깨달음에 관련된 교리적 접근이 필요하며 거기에는 방법론으로서 의두와 성리가 포함된다. 우주의 본래 이치와 인간의 본래 성품을 성리의 대상으로 삼아 탐구하는 방법은 직관적 깨달음으로 이끌어주는 방법으로 격외의 문답과 같은 신비적 해의나 고도의 은유적 해의법이 상용되어 왔다.[154] 이는 보다 용이하게 깨달음의 세계로 유도해야 한다는 점에서 원불교해석학에서 간과할 수 없다.

그리고 원불교의 사명은 사회구원과 관련되어 있는 바, 원불교해석학에서 관심을 가져야 할 부분으로서 사회와 세계읽기에 대한 것이다. 종교는 사회운동에 유연성을 제공하고 변혁의 대상인 사회와의 상호작용의 과정이므로 다양한 해석 가능성과 논리적 근거를 제공하여 유연성을 높여준다.[155] 다시 말해서 종교는 사회가 요구하는 것을 종교 본연의 입장에서 수용하고 사회변화에 적극 대응해야 하는데, 원불교해석학에서는 이러한 사회문제의 조명에 소홀할 수 없다.

또한 이웃종교의 이해와 종교대화가 원불교해석학의 연구대상이다. 여기에는 종교다원화 시대의 당위성을 거론하고, 종교간 상호 이해를 위해 대화의 방법론을 제시하는 것이 포함될 것이다. 종교간 대화의 해석학은 종교의 동일성으로서 구원이 대화의 출발점이 되지만, 구원체험의 진술은 종교마다 다양하게 나타나기 때문에 다양한 체험 진술의 진위 여부를 위해 진리표준이 필요하다.[156] 이러한 진리이해의 표

---

154) 박상권, 「소태산 성리해석의 지향성 연구」, 『원불교사상과 종교문화』 32집, 원불교사상연구원, 2006.2, p.94.

155) 한내창, 「사회운동과 종교」, 『원불교사상과 종교문화』 27집, 원불교사상연구원, 2004.2, p.283.

준에 관심을 가져야 하는 것은 당연하다. 각 종교는 자기종교의 우월성을 강조하는 것에 머무르지 말고 각 종교의 구원론을 긍정적으로 접근하고 종교간 공통점이 무엇인가를 모색하면서 세계평화 건설에 도움이 되는 방향에서 해석학적 접근이 필요하다.

원불교해석학에서 또 주목해야 할 부분이 종교마다 고유의 상징성을 담고 있는 종교의례와 예술이다. 이에 종교는 정서를 순화하고 신앙감정을 북돋우는 측면에서 종교의례와 종교예술을 무시할 수 없다. 종교의 언어는 상징적인 언어요 상징예술과도 같은 것인데 이를 깊이 이해하도록 올바른 해석학이 적용된다면 종교의 관점은 깊고 포괄적인 것임을 알게 된다.[157] 곧 종교해석학에서 종교예술 및 종교의례 등에 이르기까지 포괄적으로 접근할 수 있으며, 그것은 신앙체험의 정립에도 도움이 되리라 본다.

아울러 원불교해석학에서 연구의 대상으로는 교리의 쟁점사항이나 해석의 이론(異論)에 관한 것이다. 예컨대 『정전』 수행편의 참회문에 있어서 주의할 사항이 있다. "경에 이르시되 전심작악은 구름이 해를 가린 것과 같고 후심기선은 밝은 불이 어둠을 파함과 같나니라 하시었나니"라는 인용구를 한문으로 복원하면 "前心作惡 如雲覆日 後心起善 如炬消闇"으로 성문(成文)할 수 있으나 불전에서 원문을 대조해 보면 『불설미증유인연경』(2권, 479-502 曇景 역)에는 "前心作惡 如雲覆月 後心起善 如炬消闇"(앞의 마음으로 악을 지음은 구름이 달을 덮은 것과 같은 것이요, 뒤의 마음이 선을 일으킴은 횃불이 어둠을 사라지게

---

156) 김명희, 「원효 화쟁론의 해석학적 접근-종교대화 원리를 중심으로」, 제27회 원불교사상연구 학술대회 《현대사회와 원불교해석학》, 원광대 원불교사상연구원, 2008년 1월 29일, pp.37-38.

157) 송천은, 『열린시대의 종교사상』, 원광대출판국, 1992, p.86.

하는 것과 같나니라)로 되어 있다.[158] 참회문은 '해(日)인데 원전은 달(月)이라는 점에서 『정전』을 원전대로 해야 하는가에 대한 해석학적 검토가 필요한 것이다. 『대종경』 인도품 7장의 의(義)와 리(利)가 원전에는 의(誼)와 리(利)(동중서, 『춘추번로』)로 되어 있으며, 이러한 용어의 해석학적 해법이 요구된다.

그리고 원불교해석학에서 주목할 것은 정신과학과 명상 등에 대한 것이다. 그것은 원불교사상이 특히 치유와 수행의 측면에서 정신과학과 명상의 도움이 필요하다는 뜻이다. 특히 딜타이의 해석학은 자연과학과 구별되는 정신과학의 방법론이다.[159] 명상 역시 원불교에서 정신치유 또는 수행방법이라는 면에서 깊이 있는 연구가 필요하다. 정신과학이나 명상은 마음치유의 측면에서 원불교 중심 수행법의 구체적 접근에도 도움이 될 것이다.

4) 원불교해석학의 방향과 과제

(1) 원불교해석학의 방향

원불교해석학의 방향을 분명하게 설정함으로써 교단 창립, 원불교사상의 이해와 교법의 사회구원 방향에 대한 담론들이 구체화될 수 있다. 이에 원불교해석학에서 지향해야 할 방향을 여러 측면에서 점검해 보고자 한다.

---

158) 오광익, 「정전 대종경 한문 인용구의 원전검토」, 제30회 원불교사상연구 학술대회 《인류정신문명의 새로운 희망》, 원광대 원불교사상연구원·한국원불교학회, 2011.1.25, p.137.

159) 梅原猛·竹市明弘 編(朴相權 譯), 『해석학의 과제와 전개』, 원광대출판국, 1987, p.68.

우선 비판적 교리검증 및 창의적 교의전개라는 방향에서 해석학적 접근이 요구된다. 아직도 원불교는 전통사상의 정확한 교리해석과 보급을 그 일차적 성격으로 하고 있는 실정이며, 원불교 학술활동도 비판적 자기수정을 통한 사상적 재창조 작업보다는 교리 해석학의 범주를 크게 벗어나지 못하고 있다.[160] 이처럼 외부학자의 시각에 의하면 원불교는 교리해석 정도에 머무는 것을 탈피하라는 것이다. 교리를 비판적으로 점검하고 그것이 교단과 교학의 창의적 발전에 도움이 되어야 한다는 의미이다.

이어서 개교동기와 사회구원의 방향에서 원불교해석학이 전개되어야 한다. 원불교가 창립된 이유가 낙원건설이라는 구원론적 시각에 초점을 맞추어 해석학이 다채롭게 응용된다면 그것은 교학연구에 있어서 매우 고무적인 일이다. 곧 개교의 동기에 밝혀진 물질개벽으로 인한 인간소외의 현상과 인류의 위기를 전망하는 제 견해들을 통하여 파란고해에 관한 설명이나 정신개벽의 필요와 그 방법의 타당성 등을 교리체계에 맞게 해석하고 그 근거를 밝히는 데에 주안점을 두어야 한다.[161] 개교동기에 의한 사회진단과 그 처방이 사회구원에 관련된다는 점에서 해석학의 전개방향은 원불교의 사회·국가 나아가 세계구원에도 직결된다고 본다.

또한 가치관의 정립과 정의실현의 방향에서 원불교해석학이 전개된다면 원불교의 가치 지향적 활동과 정의구현이라는 측면에 대한 다각적 모색이 가능한 것이다. 2세기에 접어든 시점에서 원불교의 과제는

160) 윤이흠, 『사회변동과 한국의 종교』, 1987, p.202.
161) 신순철, 「원불교 개교의 역사적 성격」, 『원불교사상』 14집, 원불교사상연구원, 1991, pp.8-9.

교역자나 교도가 다함께 인생관·가치관·생사관·미래관 확립을 위해 철학교육, 사상교육이 되살아나야 한다.[162] 원불교해석학이 그와 같은 원불교의 미래적 과제를 조망한다면 교단의 전망은 밝을 것이다. 21세기에 적합한 해석학은 미래적 해법제시와 관련되며, 이는 종교의 대의명분이 구현된다.

나아가 교리이해의 다양한 시각을 조정하는 것도 원불교해석학의 지향점이라 본다.[163] 예컨대 인과보응의 신앙문에 대한 설명에 있어 간과할 수 없는 과제로서 인과보응과 음양상승의 관계에 관하여 심도 있는 교리 해석학의 문제가 남아있으며(노권용), 일원상서원문에서 유상과 무상으로 표현된 두 측면은 순환무궁한 역동적 관계이기에 유상의 세계를 불변이라 하거나 무상의 세계를 변으로 단정하여 말한다면 적합하지 않은 표현이므로 해석학상의 보완 문제를 제기하는 것이다(김영두). 아울러 『대종경』 변의품에는 근거가 불충분한 것도 있고 현대과학으로 접근하기 힘든 형이상학적 메시지를 문자 그대로 해석하려고 하면 의미 파악이 안 되거나 왜곡될 가능성도 매우 크다(박상권)고 하였으니, 이러한 교학정립의 다양한 관점에 대하여 해석학적 해명이 요구된다.

또 간과할 수 없는 해석학의 방향으로는 종교상징과 초언어에 대한

---

162) 류병덕, 「21세기의 원불교를 진단한다」, 제21회 원불교사상연구 학술대회 《21세기와 원불교》, 원불교사상연구원, 2002.1, pp.16-18.

163) 노권용, 「교리도의 교상판석적 고찰」, 『원불교사상과 종교문화』 45집, 원광대 원불교사상연구원, 2010.8, p.275.
김영두, 「원불교학 쟁점의 해석학적 고찰」, 『원불교사상과 종교문화』 39집, 한국원불교학회·원불교사상연구원, 2008.8, p.65.
박상권, 「소태산의 종교적 도덕론 연구-『대종경』 인도품을 중심으로-」, 『원불교사상과 종교문화』 29집, 원불교사상연구원, 2005, pp.59-60.

해석이다. 곧 상징과 언어도단의 영역에 대한 해석이 갖는 한계를 어떻게 극복하느냐 하는 것이 관건이다. 과거 종교의 형식언어나 상징물들은 대부분 그 당시의 역사성의 산물이었음에도 일부 종교에서는 그것을 절대적인 것으로 믿어온 관계로 상징적 해석을 보완함으로써 억지를 극복할 수 있을 것이다.[164] 특히 종교의 경우 교조의 언어와 수행법이 신비화되거나 신앙대상의 절대 의미화의 성향이 있는데, 해석학은 이에 대하여 진리적이고 사실적 이해의 측면을 부각시켜야 한다.

교상판석에 의한 교리의 정체성을 확인하는 것도 원불교해석학의 방향이라 본다. 교상판석은 비교연구의 방법에 의한 일종의 불교 해석학이라 할 수 있는 바, 불교의 다양한 교설들을 여러 범주로 분류·종합하여 하나의 유기적인 사상체계로 이해하는 것을 말한다.[165] 소태산은 유불도 삼교의 사상을 비판, 섭렵하는 과정에서 편벽된 신앙과 수행을 극복하도록 교판론을 전개하였다. 이에 원불교해석학은 소태산의 전통종교 혁신의 정신에 따라 유불도는 물론 신종교와 서구종교의 비교연구를 통한 교판적 접근이 지속되어야 한다.

지나온 과거를 포함한 시대사의 역사적 성찰 역시 원불교해석학의 한 방향이다. 『불법연구회창건사』를 보면 정산종사의 초기교단사를 볼 수 있으며, 그것은 교단의 미래방향 설정에 도움이 되고 있다. 역사란 세상의 거울이라고 하면서 어느 시대를 물론하고 모든 일의 흥망성쇠가 모두 이 역사에 나타난다고 했다. "역사를 보는 자가 한갓 문자에 의지하여 지명이나 인명이나 경력의 연월일만 보는 것으로 능히

164) 서경전, 「21세기를 향한 원불교 교단행정 방향」, 『원불교와 21세기』, 원불교사상연구원, 2002, p.14.

165) 노권용, 「교리도의 교상판석적 고찰」, 『원불교사상과 종교문화』 45집, 원광대 원불교사상연구원, 2010.8, p.255.

역사의 진면을 다 알지는 못한다. 반드시 그때의 대세와 그 주인공들의 심경과 그 법도 조직과 그 실행 경로를 잘 해득하여야만 능히 역사의 진면을 볼 수 있고 내외를 다 비추는 거울이 되는 것이다."[166] 이처럼 그는 교단사의 역사적 접근을 환기하고 있으며, 그것은 원불교 해석학에서 조명해야 하리라 본다.

영성과 종교체험 역시 원불교해석학에서 주시해야 할 것이다. 종교의 생명력은 영성의 확충 나아가 종교체험을 통해서 지속되기 때문이다. 이에 교학연구는 교화 해석학과 영성개발의 방향이 요구된다. 더욱이 정서적인 언어와 다원적인 사고는 영적 개발을 통해서 가능해질 뿐만 아니라 이 시대의 종교가 제시해야 할 필연적인 방향이다.[167] 원불교가 정신개벽을 개교의 동기로 천명한 점에서 이러한 영성함양과 정서순화가 요구되며, 해석학에서 이와 관련한 해법제시에 노력해야 할 것이다.

나아가 경전해석이 난해하고 지엽적일 경우 교조 소태산의 본의를 부각시키는 방향에서 원불교해석학이 전개되어야 할 것이다. 이를테면 『대종경』 인도품 34장의 발언에 상욕눌(常欲訥)이라 했는데, 이를 잘못 해석하면 말만 어눌하게 더듬기만 하면 되는 것으로 오해할 수 있고(박장식), 이소성대라 함은 권모술수로 허황된 일을 하지 말라는 것이지 꼭 하나에 하나를 더하라는 뜻은 아니며(한종만), 일월성신이 천지만물의 정령인가의 부정적 논쟁이 있지만 이를 긍정적으로 보는 견해도 있다(소광섭).[168] 이처럼 원불교해석학에서는 제반의 교리이

166) 정산종사, 『불법연구회창건사』 「머리말」(박정훈 편저, 『한울안 한이치에』, 원불교출판사, 1982, p.181).

167) 김순금, 「21세기 원불교의 과제와 방향」, 『원불교학』 6집, 한국원불교학회, 2001.6, p.120.

해의 측면에서, 또는 교서의 해석에 있어서 곡해될 수 있는 부분을 합리적으로 해석하는 것이 요구되는 것이다.

(2) 교학연구의 한계

원불교해석학에서 주목할 바, 그간의 교학연구에 대한 평가와 문제점이 무엇인가를 파악하는 것이 요구된다. 원불교사상의 정립과정에 있어서 이러한 평가작업은 반드시 필요하기 때문이다. 원불교학에 관련된 첫 논문으로서 숭산 박길진의 「일원상 연구」가 원기 52년(1967) 2월 원광대 『논문집』에 수록된 이래 48년의 세월이 흘렀다. 원불교학 연구 논문집으로 대표되는 『원불교사상』 1집(1975년)~26집(2002)을 비롯하여 그 제호가 바뀐 『원불교사상과 종교문화』 27집(2004)~『원불교사상과 종교문화』 63집(2015)가 발간되어오고 있고, 그 외에도 각종 학술지에 개별기고 형식으로 편집되고 단행본으로 간행된 것을 감안하면 반백년이라는 원불교학 연구도 짧은 기간만은 아니라 본다.

지금까지의 교학연구를 성찰하는 의미에서 원불교학 연구에 나타난 연구의 한계점도 적지 않으리라 보며 여기에서 몇 가지 사항을 거론해 보고자 한다.

첫째, 교학연구가 주로 경전해석을 중심으로 전개되었다는 것이다. 평산 김성장에 의하면 원불교학이 불교학 및 신학처럼 객관성과 보편성을 확립하기 위해서는 『원불교 교전』을 중심으로 이해하고 해석하는 것만으로 부족하다고 했으며, 여산 류병덕에 의하면 원불교학이

168) 박장식, 『평화의 염원』, 원불교출판사, 2005, pp.232-233.
한종만, 『원불교 대종경 해의』(下), 도서출판 동아시아, 2001, p.453.
소광섭, 「일월성신론」, 『圓評』 창간호, 원불교교수협의회, 2011.1, p.47.

연구되기 위해서는 많은 과제들을 제기할 수 있으나 그동안 많은 선배들이 『교전』을 주해 내지 해석해 오면서 이를 어떻게 풀어나갈 것인가의 방법을 뚜렷하게 제시하면서 다루어진 『교전』 해석은 아직도 찾아볼 수 없다 했고, 상산 박장식에 의하면 경전 그대로를 하나하나 해석할 줄만 아는 것은 이미 지나간 시대의 것이라 했다.[169] 주로 경전의 자구해석에 머물러 온점을 냉철히 비판하고 있는 점은 경전을 창의적 시각에서 재해석하려는 논문이 부족했다는 뜻이다.

둘째, 원불교학 연구의 유불도 편향적인 점이 없지 않았다는 것이다. 원불교학 연구자들은 마음과 수행에 대한 학술적 담론은 기존 불교와 성리학 혹은 양명학 및 도가(도교)에서 논의되어 왔던 쟁점을 뛰어넘어 새로운 이론적 틀을 제시하는 데에 까지는 이르지 못하고 있으며(김방룡), 이상적인 원불교해석학의 방향을 모색하기 위해서는 힌두사상의 실재관 비교가 필요하며(노권용)[170] 서양철학과의 비교연구도 필요하다는 것이다. 앞으로 서구종교와 서양철학적 연구방법론이 시급히 보완되어야 할 과제[171]를 지니고 있는 것이다.

---

169) 김성장, 「원불교학 연구의 당면 과제」, 《원불교학 연구의 당면》, 한국원불교학회, 2002.12.6, p.15.
류병덕, 「원불교학 연구의 현황과 과제」, 『원불교학』 창간호, 한국원불교학회, 1996, p.13.
박장식, 『평화의 염원』, 원불교출판사, 2005, p.242.

170) 김방룡, 「禪 사상의 관점에서 본 원불교의 마음과 수행법」, 2011년 마음인문학 학술대회 《불교의 마음과 실천》, 원광대 원불교사상연구원 마음인문학연구소, 2011.12.15, p.93.
노권용, 「교리도의 교상판석적 고찰」, 『원불교사상과 종교문화』 45집, 원광대 원불교사상연구원, 2010.8, pp.267-268.

171) 그동안 정봉길 박사가 미국 플로리다국제대학에서 교수활동을 하면서 교학의 서양철학적 접근이 있어 왔으며, 현재는 원광대학교 원불교학과의 염승

셋째, 교학연구가 호교론 중심으로 전개되었던 점도 성찰의 대상이다. 지금까지의 연구가 원불교사상의 해석에 역점이 있었다면 자연히 호교학에 그치기 쉬우며, 이를 벗어나 보편화 작업으로서 원불교사상의 전개가 요망된다.[172] 원불교 교리와 사상의 변호에 치우친 성향이 적지 않다면 호교론 중심의 교학연구가 주류를 이루었다는 것이다. 교학연구가 호교론적 연구에 만족한다면 독단론에 떨어져 보편적 세계종교의 대열에 설 수 있는 기반을 확립하는데 문제가 따른다.

넷째, 종교 신크리티즘의 우려가 적지 않다. 원불교학 연구자들은 학문적 담론의 장에 있어서 주요 개념의 불명확성과 여러 종교의 이론들을 혼합하고 있어서 체계적인 이해를 하는데 많은 어려움을 주는 것이 사실이며, 아직 원불교해석학은 내놓지 못하고 흔히 원불교를 짬뽕종교니 혹 신크리티즘이라고 보는 사람들도 많다[173]고 지적한다. 원불교가 신종교인 관계로 종교간 비교연구에 있어서 여러 종교의 사상과 이념을 교리와 혼융하고 여기에 자족한다면 원불교학 연구의 한계에 봉착할 수 있다.

다섯째, 교학연구에 있어서 교조주의적 유혹을 벗어나야 한다. 다시 말해서 원불교 개교의 동기에 관한 해석에 있어서도 교조 개인의 깨달음이나 통찰력 등을 강조하여 이를 신비화하는 경향을 보이고 있으며, 도덕을 배운다고 할 때 진리에 근거하여 천명된 성자의 가르침

준(관진) 교수의 칸트 철학을 중심으로 원불교사상을 서양철학적 시각에서 접근하고 있다.

172) 양현수, 「원불교사상연구사」, 『원불교70년 정신사』, 성업봉찬회, 1989, p.808.

173) 김방룡, 「禪 사상의 관점에서 본 원불교의 마음과 수행법」, 2011년 마음인문학 학술대회 《불교의 마음과 실천》, 원광대 원불교사상연구원 마음인문학연구소, 2011.12.15, p.93.

이니까 조건 없이 그대로 배우고 실천해야 한다고 하면 이성적 존재인 인간에게 보편적인 접근 방법이 못 된다는 지적을 새겨야 할 것이다.[174] 원불교는 물론 이웃종교 역시 교조주의적 교학정립에 치우칠 우려가 있음을 알고, 또 교단을 지나치게 강조하는 교단주의적 해석학의 우를 범해서는 안 된다.

그 외에도 교학 연구자로서 수증(修證)의 괴리를 거론할 수 있다. 비록 불완전하고 위험성 있는 것이기는 할지라도 문자와 언어를 매개로 한 가르침을 통해 그 신(信)의 마음을 굳건히 머물게 하는 해석학적 노력이 필요하다(이기영)고 하였고, 교학교과에 있어 자의를 이해하고 해석하는 것을 넘어서서 실지로 수행해 보는 것이 필수적이다(김도현)라고 하였으며, 교의사상의 해석과 체계화는 물론 교화나 수행에 필요한 학문을 전제하는 것이 필요하다(양은용)고 하였다.[175] 물론 학문과 인격을 별리하여 생각할 수도 있겠지만, 원불교의 특색은 과학과 도학의 병행을 간과할 수 없다는 것이다.

---

174) 신순철, 「원불교 개교의 역사적 성격」, 『원불교사상』 14집, 원불교사상연구원, 1991, p.6.
박상권, 「소태산의 종교적 도덕론 연구-『대종경』 인도품을 중심으로-」, 『원불교사상과 종교문화』 29집, 원불교사상연구원, 2005, p.65.

175) 이기영, 「현대에 있어서의 종교의 진리성」, 『인류문명과 원불교사상』(下), 원불교출판사, 1991, p.1394.
김도현, 원기 93년도 기획연구 《예비교무 교과과정개선 연구》, 원불교 교정원 기획실, 2008.11.28, pp.8-9.
양은용, 「원불교 학술활동의 현황과 과제-원불교사상연구원의 학술·연구활동을 중심으로」, 『원불교사상과 종교문화』 47집, 원광대·원불교사상연구원, 2011.2, p.115.

(3) 원불교해석학의 과제

원불교해석학의 한계를 충분히 인지한다면 이에 대응한 과제가 거론되어야 한다. 한계를 어떻게 극복할 것인가의 방안을 찾아보자는 것이다. 여기에서 원불교해석학이 직면할 수 있는 것들을 염두에 두고 제반 과제들을 살펴보고자 한다.

우선 교서의 정역(正譯)에 대한 것을 언급하고자 한다. 원불교 100년 성업봉찬 5대지표의 세 번째에 해당하는 '세계 주세교단'과 관련한 실천항목의 하나가 주요 교서번역 사업이다. 해석학이라는 단어는 희랍어 동사인 '헤르메네인'에서 유래하며 그것은 해석과 번역의 개념이 들어있다. 번역을 정확하게 하는 것도 해석학의 영역이라는 것이다. 교단에서는 그간 국제교화를 위해 교서번역 사업이 추진되어 왔고 현재 25개국 언어로 『원불교 안내』와 『정전』 『대종경』 등 기초교서를 번역해 나가고 있으며, 이러한 교서 번역작업은 그 폭이 점점 더 확대되어 나갈 전망이다.[176] 정봉길 박사에 의한 『정산종사법어』[177]가 영역되는 등 교서의 번역은 진척되고 있으며, 이에 원불교해석학에서는 번역의 오류를 극복하도록 정역을 유도하는 것이 과제이며, 완역된 부분도 재수정 작업이 필요하다면 늦추어서는 안 된다고 본다.

또 원불교해석학의 과제로는 교서결집의 필요성과 그 과정에 있어서 역할을 해야 한다. 졸저 『정전변천사』(원불교출판사, 2010)에서 볼 수 있듯이 교서의 변천으로 인한 재결집이 필요하며, 여기에서 『정

---

176) 유용진 외 編(문향허 외 집필), 『원불교 개교 100주년을 연다』, 원불교신문사, 2006, p.30.

177) 유산 정유성 박사가 2012년 3월 the State of University of New York에서 발간한 英譯 『정산종사법어』를 필자에게 보내왔다.

전』『대종경』 자구의 변경에 따른 해석학적 뒷받침이 요구된다. 예컨대 원기 45년(1960) 1월 수위단회에서 「정전의 자구수정과 그 재간의 추진」이 의결됨으로써 정화사는 『대종경』의 편수와 『정전』의 재편을 아울러 진행하게 되었는데, 소태산의 본의가 국한된 듯 해석될 부분들을 소태산의 본의대로 바로잡아야 한다[178]고 했다. 현재 『원불교전서』에 있는 문장의 수정이 필요할 부분도 있으며, 교리이해의 수월성을 위해 앞으로 『정전』과 『대종경』의 재결집이 필요한 이상 원불교 해석학의 과제는 막중하다고 본다.

이어서 교화의 효율적 방안 모색과 관련된 실천교학에 대하여 원불교해석학은 주목해야 할 것이라 본다. 근래에 실천교학 연구의 필요성이 강조되면서도 경전교학, 교리교학에 비할 때 교학 연구자들에게 크게 주목받지 못했던 것도 사실이다. 원불교의 사회활동에 있어 아쉬운 점은 사회성을 지향하는 활동은 많고 다양한 반면에, 이를 실천교학적 차원에서 연구하고 정리하는 작업이 미흡하다는 것이다.[179] 다행히 원불교대학원대학교에서 실천교학 교과의 강화와 더불어 『실천교학』 13호(2015.1)까지 발행하였다는 점은 고무적이다. 교화에 대한 다양한 해석, 실천교학의 의의, 교화 방법론의 다각적 모색에 있어 해석학적 역할을 찾아야 할 것이다.

다음으로 교재개발과 저술활동이 더욱 요청되는 상황에서, 원불교 해석학은 저술의 심화를 위하여 나름대로 역할을 해야 한다. 오늘날 교리 입문서나 교리서가 얼마나 필요한가를 절감할 수 있으며[180] 이

178) 한정석, 「교리형성사」, 『원불교70년정신사』, 원불교출판사, 1989, p.398.

179) 박희종, 「원불교 실천교학의 정립 방향」, 『원불교사상과 종교문화』 31집, 원불교사상연구원, 2005.12, p.257.

180) 서경전, 『원불교사랑이야기』, 원불교출판사, 2000, p.35.

와 관련한 단순 교재개발 차원을 넘어설 수 있도록 해석학적 방법론에 눈을 떠야 한다. 21세기는 전문가의 시대인 만큼 해석학적 시각에 관심을 기울인다면 원불교의 교재개발은 그 수준이 높아질 것이다.

덧붙여 교리해석의 시대화, 생활화, 대중화를 지향해야 한다는 것이다. 이를 위해서는 교리해석에 있어서 보다 쉽게 누구에게나 읽힐 수 있도록 해야 하며 그것은 원불교해석학의 중심 과제이다. 이는 진리적이고 사실적인 신앙 수행의 교단이 되도록 부단한 해석학적 노력이 요구된다는 뜻이다. 원불교의 사실적 도덕에 대한 현시가 필요하며, 인간화에 적합한 도덕, 현실에 적합한 도덕, 시대에 적합한 도덕, 대중에 적합한 도덕이 되도록 하는데 원불교해석학은 도움을 줄 수 있을 것[181]이라 본다.

종합적으로 원불교학의 정립과 교단 청사진 계획에 있어서 기획연구가 필요하며, 여기에는 해석학적 접근이 요구된다. 앞으로는 사회이슈나 교단의 숙원사업에 관련된 학술대회가 빈번하리라 보며 여기에는 전문가들을 동원, 원불교해석학적 조명이 필요하다.

5) 원불교학과 원불교해석학

원불교해석학과 원불교학 연구의 관계는 어떻게 설정할 수 있는가? 이를 주종관계로 언급할 수는 있을 것이다. 원불교학이란 교학을 연구하는 주체적 학문이라면 원불교해석학은 원불교학의 발전을 위한 보조학문이라고 볼 수 있다. 경전교학, 교의교학, 역사교학, 실천교학이라는 제반의 원불교학이 정립되는데 원불교해석학의 역할은 방법론

181) 송천은, 『종교와 원불교』, 원광대출판국, 1979, pp.365-375참조.

적 역할을 하기 때문이다.

그렇다고 원불교학의 발전과 교화의 성장에 도움을 준다고 해서 원불교해석학이 능사는 아니라고 본다. 그것은 종교의 신앙적 정서가 중요하며 교리 해석만을 앞세울 수는 없기 때문이다. 소태산은 다음과 같이 말한다. "내가 회상을 연지 근 30년간에 너무 해석적으로 정법을 설하여 주었으므로 상근기는 염려 없으나 중하근기는 쉽게 알고 구미호가 되어 참 도를 얻기 어렵게 되니 이 실로 걱정되는 바이다."[182] 교리 해석만을 앞세우고 창의적 지혜나 수증(修證)의 노력에 소홀히 한다면 그것은 해석학의 역기능으로 작용할 수 있다.

하여튼 원불교해석학은 『정전』 「개교동기」에서 밝힌 바와 같이 진리적 종교와 사실적 도덕의 완수를 위해서 경전교학, 교의교학, 역사교학, 실천교학에 대하여 다채롭게 접근함으로써 의미부여와 실천 방법론의 다각적 접근이 필요하다. 이러한 접근에는 진리적이고 사실적인 해법을 제시하는 것이 요구된다. 다양한 방법론을 접근하여 효율적으로 해석해내는 것이 해석학의 기능이라는 면에서 원불교해석학은 원불교사상의 정립과 교화의 수월성에 대한 방안들을 내놓아야 하리라 본다.

원불교 100년에 진입한 현재, 원불교해석학은 불교혁신의 정신에 바탕하여 시대를 진단하고 새 지식을 섭렵함으로써 미래지향적 종교로 나가는 것이 필요하다. 시대에 따른 지식을 함양한다거나 또는 유사계통의 사상과 비교하는 등 교단의 한 대목 한 대목에서 사상을 추출해 내며 이것들이 축적될 때 원불교해석학의 역할은 충실해지는 것이다.[183] 해석학이란 이러한 시대진단과 대응방안을 여러 시각에서

---

182) 『대종경』, 부촉품 9장. 『대종경 선외록』, 원시반본 3장.

해석하는 것이 목적이기 때문이다.

앞으로 원불교 2세기의 과제로서 원불교해석학은 원불교사상을 심도 있게 전파하는데 그 역할을 해야 한다는 점에서 더욱 관심을 가져야 한다. 지금까지 원불교가 대외적으로 소개한 내용들을 관찰해 본다면 극히 피상적인 소개에 그치고 있다[184]는 지적을 새겨보자는 것이다. 원불교학은 이제 세계학문으로의 진입을 염두에 두어야 하기 때문이다.

---

183) 류병덕, 「원불교학 연구의 현황과 과제」, 『원불교학』 창간호, 한국원불교학회, 1996, p.13.

184) 이광정, 「원철학 형성의 기초적 방향」, 『원불교개교반백년 기념문총』, 원불교반백년기념사업회, 1971, pp.687-688.

哲山 **류성태**

現 원광대학교 원불교학과 교수

現 원광대학교 동양학대학원장

〈주요 저서〉

- 정전풀이(상~하)(2009)
- 정산종사법어풀이(1~3)(2008)
- 견성과 원불교(2013)
- 원불교 해석학(2007)
- 원불교와 동양사상(1995)
- 정산종사의 인품과 사상(2000)
- 원불교인, 무얼 극복할 것인가(2003)
- 장자철학의 지혜(2011)
- 소태산과 노자, 지식을 어떻게 보는가(2004)
- 21C가치와 원불교(2000)
- 지식사회와 성직자(1999)
- 정보사회와 원불교(1998)
- 원불교 100년의 과제(2015)
- 대종경풀이(상~하)(2005)
- 원불교와 깨달음(2012)
- 정전변천사(2010)
- 원불교와 한국인(2014)
- 정산종사의 교리해설(2001)
- 원불교인은 어떠한 사람들인가(2002)
- 성직과 원불교학(1997)
- 동양의 수양론(1996)
- 중국철학사(2000)
- 지식사회와 원불교(1999)
- 경쟁사회와 원불교(1998)

원불교 100년의 과제

초판 1쇄 인쇄 2015년 03월 20일
초판 1쇄 발행 2015년 03월 30일

저 자 | 류성태
펴 낸 이 | 하운근
펴 낸 곳 | 學古房

주 소 | 서울시 은평구 대조동 213-5 우편번호 122-843
전 화 | (02)353-9907 편집부(02)353-9908
팩 스 | (02)386-8308
전자우편 | hakgobang@chol.com
홈페이지 | http://hakgobang.co.kr
등록번호 | 제311-1994-000001호

ISBN 978-89-6071-478-6 93200

값 : 35,000원

이 도서의 국립중앙도서관 출판시도서목록(CIP)은 서지정보유통지원시스템 홈페이지(http://seoji.nl.go.kr)와 국가자료공동목록시스템(http://www.nl.go.kr/kolisnet)에서 이용하실 수 있습니다.(CIP제어번호: CIP2015007289)

※ 파본은 교환해 드립니다.